HISTOIRE

DE

L'AFRIQUE SEPTENTRIONALE

(BERBÉRIE)

DEPUIS LES TEMPS LES PLUS RECULÉS

JUSQU'A LA CONQUÊTE FRANÇAISE (1830)

PAR

Ernest MERCIER

TOME SECOND

PARIS
ERNEST LEROUX, ÉDITEUR
RUE BONAPARTE, 28

1888

HISTOIRE
DE
L'AFRIQUE SEPTENTRIONALE

II

DU MÊME AUTEUR

Histoire de l'établissement des Arabes dans l'Afrique septentrionale, selon les auteurs arabes. 1 vol. grand in-8, avec deux cartes. — Marle (Constantine). — Challamel (Paris). 1875.

Le Cinquantenaire de l'Algérie. — L'Algérie en 1880. 1 vol. in-8. — Challamel (Paris). 1880.

L'Algérie et les questions algériennes. 1 vol. in-8. — Challamel. 1883.

Comment l'Afrique septentrionale a été arabisée. Brochure in-8. — Marle. 1874.

La Bataille de Poitiers et les vraies causes du recul de l'invasion arabe. Mémoire publié par la *Revue historique*. — Paris, 1878.

Constantine, avant la conquête française (1837). Notice sur cette ville à l'époque du dernier bey (avec une carte). — Mémoire publié par la Société archéologique de Constantine. 1878. — Braham, éditeur.

Constantine au XVIe siècle. Élévation de la famille El Feggoun. — Société archéologique de Constantine. 1878. — Braham, éditeur.

Notice sur la confrérie des Khouan Abd-el Kader-el Djilani, publiée par la Société archéologique de Constantine. 1868.

Les Arabes d'Afrique jugés par les auteurs musulmans. (*Revue africaine*, n° 98, 1873.)

Examen des causes de la croisade de saint Louis contre Tunis (1270). (*Revue africaine*, n° 94.)

Épisodes de la conquête de l'Afrique par les Arabes. Kocéïla. La Kahena. — Mémoire publié par la Société archéologique de Constantine, 1883.

Les Indigènes de l'Algérie. Leur situation dans le passé et dans le présent. Revue libérale, 1884.

Le Cinquantenaire de la prise de Constantine (13 octobre 1837). Brochure in-8. — Braham, éditeur à Constantine (Octobre 1887).

Commune de Constantine. Trois années d'administration municipale. Brochure in-8. — Braham, éditeur à Constantine (Octobre 1887).

HISTOIRE
DE
L'AFRIQUE SEPTENTRIONALE
(BERBÉRIE)
DEPUIS LES TEMPS LES PLUS RECULÉS
JUSQU'À LA CONQUÊTE FRANÇAISE (1830)

PAR

Ernest MERCIER

TOME SECOND

PARIS
ERNEST LEROUX, ÉDITEUR
28, RUE BONAPARTE, 28

—

1888

PRÉCIS DE L'HISTOIRE
DE L'AFRIQUE SEPTENTRIONALE
(BERBÉRIE)

TROISIÈME PARTIE
PÉRIODE BERBÈRE ET ARABE-HILALIENNE
1045-1515

CHAPITRE Ier

L'AFRIQUE, LA SICILE ET L'ESPAGNE VERS 1045. — LES ARABES HILALIENS

Coup d'œil d'ensemble sur les modifications survenues dans les populations de la Berbérie. — Barka et Tripolitaine. — Tunisie. — Province de Constantine. — Mag'reb central. — Mag'reb extrême. — Grand désert. — Situation de la Sicile. — Situation de l'Espagne. — Relations commerciales et politiques des puissances chrétiennes de la Méditerranée avec les Musulmans d'Afrique et d'Espagne. — Notice sur les tribus de Hilal et de Soleïm. — Composition et fractions des tribus hilaliennes et soleïmides. — Athbedj, Djochem, Riah, Zorba. — Makil, Adi. — Soleïm-ben-Mansour. — Troud, Nacera, Azza, Korra.

Coup d'œil d'ensemble sur les modifications survenues dans les populations de la Berbérie. — Au moment où l'invasion arabe hilalienne va se répandre sur l'Afrique et modifier si profondément l'ethnographie de la Berbérie, tandis que la fondation de l'empire almoravide, qui doit redonner un peu de force à la race autochthone, se prépare, il convient de jeter un coup d'œil d'ensemble sur l'état du pays et d'examiner en détail les modifications qui se sont produites dans les tribus indigènes. Nous touchons, en effet, à une époque capitale dans l'histoire d'un peuple et, avant de commencer une nouvelle étape, il convient de bien préciser les conditions où nous nous trouvons.

Depuis près d'un siècle et demi, la Berbérie s'est débarrassée de la domination du khalifat; les derniers gouverneurs arabes sont tombés sous les coups des Ketama, et cette vieille tribu berbère a pris la prépondérance sur toutes les autres. Mais bientôt, ses meilleurs éléments ayant été absorbés dans les guerres ou entraînés en Egypte, à la suite des khalifes fatemides, c'est sa sœur, la tribu des Sanhadja, qui prend le pouvoir et l'exerce d'une manière tout à fait indépendante.

Pendant ce temps, les tribus zenètes des Mag'raoua et Beni-Ifrene connaissent aussi des jours de gloire; elles contrebalancent quelquefois la puissance des Ketama et des Sanhadja et, après avoir régné successivement sur les deux Mag'reb, finissent par se fondre dans les populations du Mag'reb extrême, où la dynastie arabe des Edrisides n'a laissé qu'un souvenir presque effacé. En se fractionnant, elles envoient des essaims à Sidjilmassa, à Tripoli et en Espagne.

D'autres Zenètes, les Ouemannou et Houmène les remplacent dans le Mag'reb central, tandis que les Beni-Badine, autres Zenètes, se massent sur la lisière des hauts plateaux et se préparent à entrer en scène et à jouer le grand rôle qui leur est réservé.

Enfin, à l'extrémité du désert, près du cours du Niger, d'autres autochthones, les Sanhadja-au-Litham (voile), véritables sauvages, se groupent autour de missionnaires, et se préparent à la conquête du Mag'reb.

On le voit, les anciennes populations berbères que nous avons trouvées occupant le pays, au viie siècle, lors de la conquête arabe, ont vu leur puissance décroitre; beaucoup d'entre elles ont disparu ou se sont fondues et partout elles ont dû ou vont céder l'occupation et le commandement à de nouvelles tribus indigènes venues presque toutes du Sud.

Examinons maintenant en détail la situation de chaque province.

BARKA ET TRIPOLITAINE. — Il ne s'est pas produit de grandes modifications dans l'ethnographie de ces provinces. Les *Louata* et *Houara* en occupent toujours la plus grande partie. Cependant, une tribu arabe, celle des *Beni-Korra*, a déjà fait irruption sur le territoire de Barka. Toute la région qui s'étend de l'Egypte à Tripoli vit dans la plus complète indépendance.

Tripoli est au pouvoir des *Beni-Khazroun*; mais ces Mag'raoua n'exercent leur autorité que sur un territoire restreint; ils sont entourés d'une colonie de *Zenètes*.

Au sud, le massif du Djebel-Nefouça, avec ses mêmes populations, ne reconnaît aucun maître. Le kharedjisme y compte de nombreux adhérents, de même que dans l'île de Djerba.

Tunisie. — Le nord-est de cette province obéit aux Zirides de Kaïrouan. Le Djerid est en partie sous l'influence des *Beni-Khazroun* de Tripoli.

Les *Nefzaoua* et quelques restes des *Ifrene* occupent l'intérieur du pays. A ces tribus il faut joindre des *Louata* et *Houara*. Ces berbères sont fractionnés et appauvris par suite des guerres incessantes qu'ils ont supportées.

A Kaïrouan, se trouve toujours une colonie arabe, d'une certaine importance. Des groupes de Ketama et de Sanhadja sont établis aux environs de Tunis, d'El-Medhia et de Kaïrouan.

Province de Constantine. — Cette vaste région obéit presque en entier aux Hammadites de la Kalâa.

Des *Nefzaoux* sont répandus dans l'est de la province; une de leurs fractions, celle des *Oulhaça*, est établie non loin de Bône.

Des *Houara* et *Louata* sont cantonnés sur les versants septentrionaux de l'Aourès, jusque vers Tebessa.

Les *Aoureba* et *Djeraoua* ont disparu; les *Ifrene* se sont fondus dans les autres populations.

Les *Rir'a*, fraction des *Mag'raoua*, occupent la région située au midi de l'Aourès avec les *Ouargla*.

Les *Ouacine* (Zénètes) se sont avancés vers le nord-ouest; les *Abd-el-Ouad*, une de leurs fractions, commencent à descendre de l'Aourès.

Les *Ketama* ont vu leur périmètre se resserrer; ils occupent cependant encore la vaste région comprise entre Constantine, Collo, Bougie et Sétif. Une de leurs fractions, celle des Sedouikch, occupe les environs de Constantine et la plaine qui s'étend de cette ville à Sétif.

Mag'reb central. — Les Hammadites de la Kalâa y exercent encore leur autorité jusque vers le méridien d'Oran.

Les *Zouaoua* et *Sanhadja* occupent tout le Tell compris entre Bougie, Tenès et les hauts plateaux.

Un groupe de *Mag'raoua* (*Beni-bou-Saïd*, etc.) est établi dans les montagnes des environs de Tenès.

Les *Ouemannou* et *Iloumene* se sont étendus sur les deux rives du Chelif et jusqu'auprès d'Oran, en refoulant devant eux les *Beni-Fatene* (*Mediouna, Koumïa, Mar'ila*, etc.....), qui se sont groupés au nord et à l'ouest de Tlemcen.

Les *Houara* et *Louata*, venus avec les Rostemides, occupent les environs de Tiharet avec les débris des *Lemaï* et *Matmata* (Beni-Fatene). Tous professent, plus ou moins ouvertement, le kharedjisme.

Les *Ouadjidjene* et *Ouar'mert* sont toujours dans les montagnes des environs du Hodna; auprès d'eux les *Demmer*.

Les *Sindjas* et *Lar'ouate* (Mag'raoua) occupent les régions méridionales des hauts plateaux; les *Rached* sont établis sur la montagne à laquelle ils ont donné leur nom, le Djebel-Rached, appelé maintenant Djebel-Amour.

Les *Toudjine* touchent au mont Ouarensenis; les *Beni-Merine* s'étendent vers l'ouest dans le Sahara, jusqu'auprès des sources de la Moulouïa. Les *Mezab* sont au midi des *Lar'ouate*.

Les *Ournid*, très réduits en nombre, ont été repoussés jusqu'auprès de Tlemcen.

Les *Ifrene*, sous le commandement des Beni-Yāla, leurs chefs, règnent à Tlemcen et dans les environs.

Les *Irnfane* ont été refoulés jusque vers Sidjilmassa.

Mag'reb extrême. — Une anarchie complète règne dans le Mag'reb extrême. Les *Mag'raoua*, *Ifrene* et *Miknaça* s'y disputent le pouvoir. L'influence de l'Espagne a disparu par suite de la chute de la dynastie oméïade. A Tanger, commandent les *Edrisides-Hammoudites* et, à Sidjilmassa, règnent les *Beni-Ouanoudine-ben-Khazroun*, dont l'autorité s'étend sur toute la vallée de la Moulouïa.

Sauf l'établissement des *Mag'raoua* à Fès et à Sidjilmassa, celui des *Beni-Ifrene* à Salé, et le refoulement des *Miknaça*, la population du Mag'reb extrême n'a pas subi de grandes modifications.

Les *Masmouda* de l'Atlas acquièrent chaque jour de la puissance. Les *Hentata* les avoisinent, ayant eux-mêmes, au sud, dans les provinces du Sous et du Deraa, les *Guezoula* et *Lamta*.

Les *Berg'ouata*, chez lesquels domine toujours le schisme de Younos, vivent dans l'indépendance.

Le grand désert. — Les *Sanhadja-au-Litham* (voile) et spécialement les fractions de *Lemtouna*, *Messoufa*, *Guedala* et *Targa*, semblent se préparer à un mouvement d'expansion les poussant vers le nord[1].

Situation de la Sicile. — Nous avons vu qu'à la suite du départ d'Abd-Allah, fils du Ziride El-Moëzz, et de l'expulsion des Byzantins, un démembrement se produisit dans l'empire musulman de Sicile.

---

1. Ibn-Khaldoun, *Berbères*, passim.

Au centre de l'île, Castrogiovanni, pays de culture, depuis longtemps converti à l'islamisme, obéissait à la noblesse militaire arabe; mais un esclave affranchi, du nom d'El-Haouachi, venait d'en prendre le commandement.

La pointe occidentale, pays maritime, obéissait à un autre plébéien nommé Ibn-Menkout.

Palerme vivait à part, de sa vie propre, gouvernée par une oligarchie de personnages importants par leur fortune ou les fonctions remplies par leurs familles.

La côte orientale, occupée en grande partie par des vassaux chrétiens, était sous l'autorité de Simsam.

Enfin Catane tenait pour l'aventurier berbère Ibn-Meklati.

Avec la chute des Kelbites, le royaume musulman de Sicile, voyant disparaître l'unité de commandement, avait perdu toute force propre et n'avait pu résister à l'attaque combinée des Chrétiens que grâce aux secours venus d'Afrique. Or, El-Moëzz allait avoir chez lui d'autres affaires lui interdisant toute expédition extérieure; aussi la perte de la Sicile était-elle proche[1].

SITUATION DE L'ESPAGNE. — L'empire musulman d'Espagne avait également achevé de se décomposer. Hicham III ayant été détrôné par une sédition populaire, les Cordouans avaient essayé de le remplacer par un autre prince; mais, forcés bientôt de renoncer à établir un gouvernement ayant quelques chances de durée, ils se constituèrent en république, administrée par un conseil de notables et une sorte de consulat, dont l'emploi fut confié à la famille des Ben-Djahouar.

Cette capitale était entièrement déchue de sa splendeur et, non loin d'elle, Séville aspirait à la remplacer. Vivant, elle aussi, sous un régime oligarchique, elle obéissait de fait à la famille des Ben-Abbad, dont un membre, le cadi Abou-l'Kacem-Mohammed, s'était mis à la tête d'un mouvement populaire qui, en 1023, avait débarrassé la ville de la garnison berbère laissée par Kassem le Hammoudite. Par son habileté politique, secondant une ambition sans bornes, Mohammed-ben-Abbad était arrivé à obtenir une grande autorité, en se posant comme le chef du parti arabe espagnol, opposé au parti berbère. Après plusieurs années de luttes, il finit par triompher de l'edriside Yahïa qui périt en combattant (octobre 1035). Mais la guerre ne cessa pas pour cela, elle continua entre les Arabes et les Berbères avec des

---

1. Amari, *Musulmani di Sicilia*, t. II, p. 417 et suiv.

alternatives diverses. En 1042, Abou-l'Kassem-Mohammed cessa de vivre et fut remplacé par son fils Abbad, surnommé *El-Motadhed*. C'était un homme érudit, mais soupçonneux, violent et cruel.

Le midi de l'Espagne était aux mains du parti berbère. Les Edrisides-hammoudites régnaient à Malaga et à Tanger et avaient comme vassaux les zirides sanhadjiens de Grenade, les Ben-el-Aftas, berbères arabisés, seigneurs de Badajoz, et les chefs de Carmona, de Moron et de Ronda, tous indépendants.

Après la mort de Yahïa, son frère Edris avait été proclamé à Malaga, mais ce prince avait abandonné la direction des affaires à ses vizirs et, bientôt, son autorité s'était affaiblie au profit des Zirides de Grenade. Après un court règne, interrompu par sa mort, la guerre civile avait éclaté. Son cousin Hassan, soutenu par un officier slave du nom de Nadja, était parvenu à monter sur le trône; mais il n'avait pas tardé à mourir, empoisonné peut-être par Nadja lui-même, qui voulut le remplacer et fut tué à son tour par ses propres soldats (1043). Edris, frère de Hassan, fut alors proclamé.

A Grenade, les Zirides étaient devenus, malgré leur qualité de vassaux des Hammoudites, de véritables souverains indépendants. Ils étaient entourés de sauvages berbères; aussi, leur cour ne ressemblait-elle en rien à celles des princes arabes de l'Espagne. Grenade renfermait alors un grand nombre d'israélites, ce qui lui valait le surnom quelque peu dédaigneux de « *Ville des Juifs* ». Un de ces Sémites, le savant rabbin Samuel-Halévy, était parvenu, par son habileté et sa supériorité sur les Africains, au poste de premier ministre des Zirides. Durant de longues années, il exerça à Grenade une autorité sans bornes.

Habbous, fils de Zaoui, était mort en 1038, en laissant deux fils, Bologguine et Badis, qui, appuyés sur un nombre à peu près égal de partisans, se disputèrent le pouvoir. Badis, bien que le cadet, finit par triompher et faire reconnaître son autorité par son frère. C'était un homme d'une grande énergie, guerrier redoutable, toujours en lutte contre ses voisins et même contre son suzerain. Il était l'ennemi né, le rival des Beni-Abbad de Séville.

Dans l'est de l'Espagne, dominaient les Slaves. A Alméria, Zoheïr, successeur du Slave Kheïrane, s'était posé en adversaire déclaré des Berbères, mais, en 1038, Badis ayant marché contre lui, l'avait vaincu et tué. Alméria était alors tombée aux mains de l'oméïade Abd-el-Aziz, seigneur de Valence.

Le Slave El-Medjahed était maître des Baléares et commandait à Denia, sur la terre ferme. C'était un célèbre corsaire, dont les vaisseaux sillonnaient la Méditerranée et portaient le ravage sur le littoral chrétien[1].

Valence obéissait, ainsi que nous l'avons vu, à l'omélade Abd-el-Aziz.

A Tolède dominait une famille berbère arabisée, les Ben-Dhi-en-Noun, que nous allons voir entrer en scène.

Enfin les Ibn-Houd, Arabes d'origine, commandaient à Saragosse.

Tels étaient les principaux chefs qui se disputaient alors les lambeaux de l'empire musulman d'Espagne ; nous ne les avons pas tous nommés, car, à côté de ces « princes », gravitaient une foule de petits seigneurs visant à l'indépendance ou en jouissant ; chaque ville avait pour ainsi dire le sien. C'étaient de petites royautés dont quelques-unes n'avaient pas plus de deux ou trois lieues carrées. Les prétentions de ces roitelets ont arraché à l'auteur Ibn-Bachik la boutade suivante..... « Tous ces prétendants « me font l'effet d'un chat qui se gonfle, miaule et se croit un « lion[2] ».

Les princes chrétiens étaient alors trop occupés chez eux pour pouvoir tirer parti de cette situation ; mais il était à prévoir qu'aussitôt qu'ils seraient débarrassés des affaires les retenant, ils envahiraient le territoire musulman[3].

RELATIONS COMMERCIALES ET POLITIQUES DES PUISSANCES CHRÉTIENNES DE LA MÉDITERRANÉE AVEC LES MUSULMANS D'AFRIQUE ET D'ESPAGNE. — La fin du xe siècle ayant coïncidé avec l'affaiblissement des empires musulmans d'Afrique et d'Espagne, leurs flottes cessèrent d'être maîtresses de la mer, en même temps que la Sardaigne et la Sicile étaient en butte aux expéditions heureuses des Chrétiens. Les républiques ou principautés italiennes saisirent habilement cette occasion de rétablir leur influence dans la Méditerranée et d'assurer la sécurité de leurs relations commerciales en Mag'reb. Gênes, Pise, le Saint-Siège, Venise firent de grands efforts dans ce sens, et nous avons relaté à la fin du premier volume les expéditions des Pisans et des Génois dans les îles, à El-Mehdïa et à Bône. Leurs succès, quelquefois chèrement achetés ou expiés par de dures représailles, ne tardèrent pas à les faire respecter par des gens qui ne s'inclinent que devant la force. Nous verrons

---

1. Amari, *Musulmans de Sicile*, t. III, p. 7 et suiv.
2. Cité par El-Kaïrouani, p. 168, 169.
3. Dozy, *Musulmans d'Espagne*, t. IV, p. 1 à 68. Ibn-Khaldoun, t. II, p. 62, 154. El-Marrakchi, p. 48 et suiv.

bientôt de véritables traités de commerce et de navigation conclus entre les Musulmans et les Chrétiens.

El-Bekri, l'Edrisi parlent des échanges qui se faisaient à cette époque dans les ports de Tunis, de Bougie, de Mellila, de Ceuta, de Tanger, de Salé, etc. Les laines, les peaux, le corail, les fruits secs, le miel, la cire, les bestiaux, les esclaves, les grains étaient les principales marchandises d'exportation qui s'échangeaient contre les étoffes, la quincaillerie, les armes d'Europe. Les Génois et les Pisans, successeurs des Amalfitains, leurs anciens rivaux, avaient presque partout le monopole de ce trafic.

Le souverain hammadite En-Nacer, lorsqu'il fonda Bougie, ainsi que nous le verrons plus loin, chercha à attirer dans sa nouvelle capitale des commerçants européens, et, à cet effet, entra en relations avec le Saint-Siège. Nous avons dit qu'un groupe important de chrétiens avait contribué à former la population de la Kalâa. Les souverains musulmans, au moins dans l'Ifrikiya, toléraient alors leur présence en nombre assez considérable pour que cinq évêques africains fussent en fonctions au milieu du XIe siècle. Celui de Karthage était, en quelque sorte, leur primat, et nous savons, par des lettres du pape Léon IX, qu'en 1503, un certain Gummi, titulaire de cette dignité, voulait s'arroger le droit de consacrer les autres évêques d'Afrique. Ces chrétiens soumettaient leurs difficultés intérieures aux princes musulmans ou à leurs représentants, qui agissaient en présence de ces controverses un peu comme Pilate à l'égard des Juifs.

Plus tard nous verrons En-Nacer, consulté par Grégoire VII sur la nomination du prêtre Servand à l'évêché de Bône, répondre au Saint-Père par l'envoi de riches présents et la mise en liberté de tous les captifs chrétiens, rachetés à cet effet par lui dans tous ses états. Des patriciens saisirent cette occasion pour entrer en relations avec le souverain hammadite et lui adressèrent, de même que le Pape, les lettres les plus flatteuses [1].

NOTICE SUR LES TRIBUS ARABES DE HILAL ET DE SOLEÏM. — Après cette rapide revue de l'état des empires musulmans du Mag'reb, au milieu du XIe siècle, il convient d'entrer dans quelques détails sur les tribus arabes qui vont faire invasion en Afrique et avoir une si grande influence sur l'histoire de la Berbérie.

Deux grandes tribus arabes, celles des Beni-Hilal et des Beni-

---

1. Elie de la Primaudaie, Villes maritimes du Maroc (*Revue africaine*, n°^{s} 92 et suiv. — De Mas-Latrie (*Traités de paix*, etc.), p. 22 et suiv. (de l'intr.) 3 et suiv. (de l'ouvr.) — *El-Bekri*, l'*Edrisi*, passim.

Soleïm appartenant à la famille des Moder [1], s'étaient établies vers l'époque de l'avènement des Abbassides dans les déserts du Hedjaz, touchant à la province du Nedjd. Durant de longues années, ils avaient parcouru en nomades ces solitudes, s'avançant parfois jusqu'aux limites de l'Irak et de la Syrie et descendant d'autres fois jusqu'aux environs de Médine. Leur état normal était le brigandage, complément de la vie nomade ; elles ne manquaient, du reste, aucune occasion de se lancer dans le désordre, prêtant leur appui à tous les agitateurs et rançonnant les caravanes, sans même respecter celle que le khalife de Bagdad envoyait chaque année porter ses présents à la Mekke. Les Karmates avaient trouvé, dans ces nomades, des adhérents dévoués qui s'étaient associés à toutes leurs dévastations et les avaient suivis en Syrie.

Lorsque les armées fatemides passèrent en Asie, pour combattre les derniers partisans des Ikhchidites, elles en triomphèrent facilement ; mais bientôt elles se trouvèrent en présence des Karmates, soutenus par les Hilaliens et Soleïmides et se virent arracher une à une toutes leurs conquêtes [2]. Il fallut recommencer la campagne, et ce ne fut qu'au prix de luttes acharnées que les Fatemides parvinrent à vaincre leurs ennemis. Le khalife El Aziz, voulant prévenir de nouvelles insurrections de ce genre, se décida alors à transporter au loin les turbulents nomades qui lui avaient causé tant d'ennuis. Par son ordre, les tribus de Hilal et de Soleïm furent, vers la fin du xe siècle, transportées en masse dans le Saïd, ou Haute-Égypte, et cantonnées sur la rive droite du Nil.

Mais si, par cette mesure, le danger résultant de leur présence en Arabie était écarté, leur concentration sur un espace restreint, au cœur de l'Egypte, ne tarda pas à devenir une cause d'embarras nouveaux. Habitués aux vastes solitudes de l'Arabie, n'ayant, du reste, aucune ressource pour subsister, ces Arabes firent du brigandage un état permanent, de sorte que le pays devint bientôt inhabitable, tandis qu'eux-mêmes souffraient de toutes les privations. Cette situation durait depuis près de cinquante ans et le gouvernement égyptien avait, en vain, essayé d'y porter remède, lorsque, par suite des événements que nous allons retracer dans le chapitre suivant, le khalife fatemide trouva l'occasion de se débarrasser de ces hôtes incommodes en les lançant sur la Berbérie.

---

1. Voir, pour la classification des races arabes, le ch. I de la IIe partie.
2. Voir ci-devant, ch. XI. *Conquête de l'Égypte par Djouher*, et *El-Moëzz se prépare à quitter l'Ifrikiya*.

COMPOSITION ET FRACTIONS DES TRIBUS ARABES HILALIENNES ET SOLEÏMIDES. — Les tribus arabes qui passèrent en Afrique se composaient de trois groupes principaux, savoir :

1° Tribus de la famille de *Hilal-ben-Amer* :
Athbedj,
Djochem,
Riah,
Zor'ba.

2° Tribus formées d'éléments divers se rattachant aux Hilal :
Makil,
Adi.

3° Tribu de *Soleïm-ben-Mansour* :

4° Tribus d'origine indécise, mais alliées aux Soleïm :
Troud,
Nacera,
Azza,
Korra.

Telles furent les tribus qui immigrèrent en Berbérie au xi° siècle et achevèrent l'arabisation de cette contrée.

Il est impossible d'évaluer, même approximativement, le chiffre des personnes qui composèrent cette immigration, mais, en tenant compte du peu d'espace sur lequel les Arabes venaient d'être cantonnés et des années de misère qu'ils avaient traversées en Egypte, après avoir subi les causes d'affaiblissement résultant de leurs longues guerres en Arabie et en Syrie, on est amené à réduire dans des proportions considérables le chiffre d'un million donné par certains auteurs[1]. Dans la situation où se trouvait alors la Berbérie, un tel nombre aurait tout renversé devant lui, tandis que nous verrons les envahisseurs arrêtés au sud de la Tunisie et forcés de contourner le Tel, en se répandant dans les hauts plateaux ; de là, ils saisiront toutes les occasions de pénétrer, pour ainsi dire subrepticement, dans les vallées du nord, et il ne leur faudra pas moins de trois siècles pour arriver à s'y établir en partie.

Nous verrons, lors du premier combat sérieux livré aux envahisseurs, à Haïderane, l'effectif des tribus Riah, Zorba, Adi et Djochem réunies, formant au moins le tiers de l'immigration, ne monter qu'à trois mille combattants ; or il est de règle, pour trou-

---

1. Notamment M. Carette, d'après Marmol (*Notice sur les Migrations*, etc., p. 199). Ce dernier n'a été, du reste, que le plagiaire de Léon l'Africain. Voir dans l'ouvrage de cet auteur (trad. J. Temporal). *Divisions des Arabes*, t. I, p. 36 et suiv.

ver approximativement le chiffre d'une population arabe, de tripler le nombre des combattants qu'elle met en ligne. Nous savons que ce chiffre de trois mille a dû être réduit à dessein afin d'augmenter la gloire des vainqueurs, mais, qu'on le multiplie par cinq, si l'on veut, on n'arrivera qu'à 45,000 personnes pour la population réunie de ces tribus. Pour toutes ces raisons, il est impossible d'admettre que l'invasion arabe hilalienne ait dépassé le chiffre maximum de deux cent mille personnes.

A leur arrivée en Berbérie, les Arabes trouvèrent des conditions d'existence bien supérieures à celles qu'ils venaient de traverser ; aussi leur nombre s'accrut-il rapidement, ce qui eut pour résultat de subdiviser les tribus mères en un grand nombre de fractions. Pour faciliter les recherches, nous donnons, dès à présent, le tableau des subdivisions qui se formèrent après un séjour plus ou moins long dans le pays.

TRIBUS HILAL-BEN-AMER

1° Athbedj

Doreïd (ou Dreïd).
- Oulad-'Atïa.
- Oulad-Serour.
- Djar-Allah.
- Touba.

Kerfa (ou Garfa).
- Beni-Moh'ammed.
- Beni-Merouane (ou Mernounia).
- H'adjelate
  - Kleïb (Koleba).
  - Chebib (Chebaba).
  - Sabah' (Sobh'a).
  - Serh'ane (Serah'na).
- Nabete.

'Amour.
- Morra.
  - Mihia } passèrent sous l'autorité des Zor'ba.
  - Oulad-Zekrir }
  - Oulad-Farès.
  - Oulad-Aziz.
  - Oulad-Mad'i.
- Abd-Allah.
- Beni-Korra.

Dahhak et Aïad'.
- Mehaïa.
- Oulad-Difel.
- Beni-Zobeïr.
- Mortafa
  - Oulad-Tebbane.
  - Oulad-H'annach.
  - Oulad-Abd-es-Selam.
  - Oulad-Guendous.
- Kharadj.
- Oulad-Sakher.
- Rah'ma.

Latif.
- Yetama
  - Doui-Metref (ou Metarref).
  - Doui-Bou-Khalil.
  - Doui-Djelal.
- Lokamena (Oulad-Lokmane)
  - Djerir.
  - Braz.

2° Djochem

Acem.
Mokaddem.
Djochem......... { Kholt. Soltane. Beni-Djâber. } .... { H'areth. Klabla. } | Oulad-Motâ.

3° Riah'

Mirdas ... { Daouaouïda... { Meçaoud-ben-Soltane. } { Oulad-Moh'ammed. Oulad-Sebâa. Oulad-Saoula. }
Açaker-ben-Soltane.
Sinber. Moussa.
Amer........ Moh'ammed.
Meslem. Djâber. }

Ali....... { Fader'. Dahmane. } | Menâkcha.

Amer .... | El-Akhdar (Khadr).

S'aïd...... | Oulad-Youçof.. { Mekhâdma. R'oïout. Bohour. }

4° Zor'ba

Malek..... { Souéïd......... { Chebaba.......... | H'assasna.
Flitta. S'béïh'. Modjaher.......... Djoutha. Oulad-Meïmoun. } { R'oféïr. Chafaï. Malef. Bou-Kâmel. Bou-Rah'ma. H'amdane. Habra. }
Bakhis.
'Attâf......... | Beni-Yakoub.
Dialem........ { Beni-bou-Zīad. Dehakna. Noual. Akkerma. } }

Yezid ..... { Oulad-Lahek. S'âad........... Khachna. Beni-Moussa. Moafâa. Djouab. Herz. Marbâa. Haméïane. } { Beni-Madi. Beni-Mansour. Zor'li. }

Hocéïne... { Djendel. { Oulad-Meçaoud.
Kharrach...... { Oulad-Feredj.
Oulad-Taref (ou Mahed).

'Amer ('Amour). { Yakoub.
H'amid......... | Beni-Obeïd | Beni-Hidjaz | Meharez, etc.
Chafaï......... { Chekara.
Metarref.

'Oroua... { En-Nadr,....... { Oulad-Khelifa.
Hamakna.
Cherifa.
Sahari.
Douï-Ziane.
Oulad-Slimane.
Homeïs......... { Obéïd-Allah.
Fedar'. | Beni-Naïl.
Yak'dane.

5° Makil et 'Adi

Sakil......... { Thâaleba.
Douï-Obéïd-Allah.... { Hedadj.
Kharadj. { Dj'aouna.
R'ocel.
Metarfa.
Othamna (Oulad-Othmane).

Moh'ammed.... { Beni-Mokhtar....... { Douï-Hassane.
Chebânate..... { Beni-Thabet.
Rokaïtate. Beni-Ali.
Douï-Mansour...... { Oulad-bou-l'-Hocéïne.
Hocéïne.
Amrâne } (Ahlaf).
Monebbate

TRIBU DE SOLÉIM-BEN-MANSOUR

Debbab... { Oulad-Ah'med.
Beni-Yezid.
Sobh'a.
H'amarna.
Khardja.
Oulad-Ouchah'......... { Mehamid.
Oulad-Sinane. Djouari.
Nouaïl. Hariz.
Slimane.

Heïb..... { Chemmakh. { Ah'amed.
Sâlem............... { Amaïm.
Beni-Lebid. Alaouna.
Oulad-Merzoug.
Zir'b.

14   HISTOIRE DE L'AFRIQUE

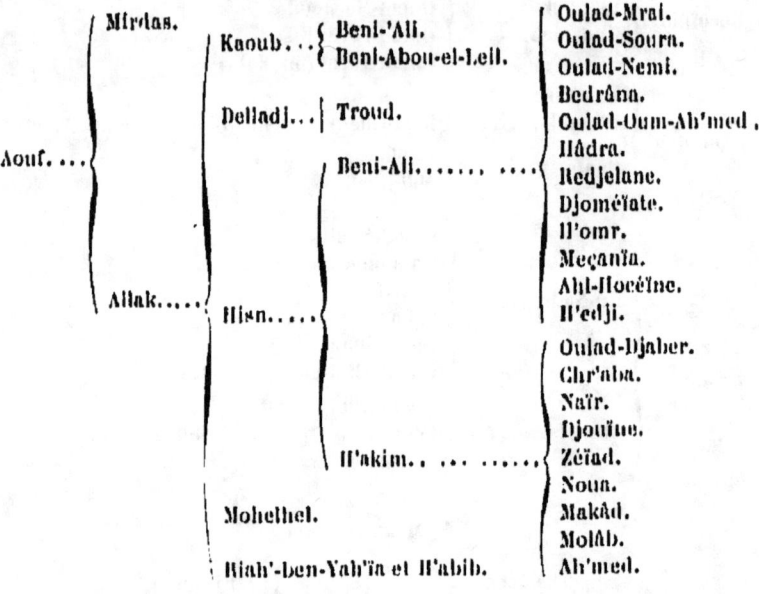

Tribus d'une origine indécise, mais alliées aux Soléïm

Troud et Adouâne.
Nacera.
Azza... { Chemal.
         Mehareb.
Korra.

CHAPITRE II

INVASION ARABE HILALIENNE. LES ALMORAVIDES

1045 — fin 1062

El-Moëzz répudie la suzeraineté fatemide. El-Mostancer lance les Arabes hilaliens sur la Berbérie. — Les Hilaliens envahissent la Berbérie et traitent avec El-Moëzz. — El-Moëzz essaie de repousser les Arabes, il est vaincu à Haïderane. — Pillage de la Tunisie par les Hilaliens. — Premier partage entre les Arabes. — Bologguine, souverain hammadite; ses succès. — Progrès des Athbedj et Makil. — Succès des Normands en Italie; arrivée de Roger. — Evénements de Sicile. — Fondation de la secte Almoravide par Ibn-Iacine. — Conquêtes des Almoravides dans le Sahara et le Mag'reb. Luttes des Almoravides contre les Berg'ouata. — Mort d'Ibn-Iacine. — Ioussof ben Tachefine. — Expédition du Hammadite Bologguine dans le Mag'reb; sa mort. — Règne d'En-Nacer. — Mort d'El-Moëzz; Temim lui succède. — Evénements d'Espagne. Succès de Ferdinand I. — Conquêtes des Normands en Sicile.

EL-MOEZZ RÉPUDIE LA SUZERAINETÉ FATEMIDE. — Le différend qui, depuis plusieurs années, existait entre la cour du Caire et ses vassaux de Kaïrouan était causée par des raisons trop sérieuses, trop profondes, pour que l'irritation réciproque n'allât pas en augmentant. La rupture était imminente et dépendait d'une occasion qui ne tarda pas à se présenter.

En l'année 1045, le berbère El-Djerdjeraï, premier ministre du khalife fatemide El-Mostancer, étant mort, fut remplacé par un certain El-Hacen-ben-Ali, dit El-Yazouri et, à peine le nouveau vizir eut-il pris en main la direction des affaires, qu'un grave dissentiment éclata entre lui et El-Moëzz. Le gouverneur Ziride refusa péremptoirement d'exécuter ses ordres, sous le prétexte qu'on ne lui avait pas notifié sa nomination. Des mots blessants furent échangés, à la suite desquels El-Yazouri adressa au gouverneur de Kaïrouan une lettre de reproches violents.

A la réception de cette missive, la colère d'El-Moëzz ne connut plus de bornes. Il jura aussitôt de répudier l'autorité fatemide et, passant de la menace à l'exécution, se rendit à la grande mosquée et fit arracher de ses étendards et des robes d'investiture les noms de ses suzerains; puis, du haut de la chaire, il proclama l'autorité d'Abou-Djafer-El-Kaïm, khalife abbasside, et le rétablissement du rite sonnite ou de Malek, seul orthodoxe. Cette déclaration fut faite en même temps dans toutes les mosquées de la Tunisie.

Le khalife abbasside accueillit avec la plus grande faveur cette soumission inattendue et s'empressa d'envoyer au prince Ziride une députation chargée de lui remettre des présents et le diplôme le nommant gouverneur de l'Afrique. L'ambassade arriva à Kaïrouan vers 1048 et fut l'occasion d'une nouvelle cérémonie: on déploya en grande pompe les drapeaux noirs du khalifat. El-Moëzz se revêtit de la livrée de cette dynastie, et tout ce qui avait appartenu aux Fatemides fut brûlé en public. On alla ensuite démolir l'école appelée: *Maison des Ismaïliens*, où s'enseignaient les doctrines de cette secte [1].

El-Mostancer lance les Arabes-Hilaliens sur la Berbérie. — Lorsque le khalife El-Mostancer eut acquis la certitude que son représentant El-Moëzz avait défininivement répudié son autorité; lorsqu'il apprit que la suprématie abbasside avait été solennellement proclamée à Kaïrouan, il chercha longtemps de quelle manière il pourrait tirer une éclatante vengeance de son vassal. La puissance de l'empire était trop affaiblie pour songer à agir par les armes. Ce fut le vizir El-Yazouri qui trouva le moyen cherché, en proposant à son maître de lancer sur la Berbérie les tribus de Hilal et de Soleïm, ce qui offrait le double avantage de se débarrasser d'hôtes incommodes et de créer de sérieux embarras à El-Moëzz. « *S'ils réussissent à vaincre, dit El-Yazouri, ils seront nos représentants et gouverneront en notre nom; si, au contraire, l'entreprise ne réussit pas, peu nous importe! Dans tous les cas il vaut mieux avoir affaire à des Arabes nomades qu'à une dynastie sanhadjenne.* » Cet avis fut goûté par le khalife fatemide qui, tout entier au désir d'assouvir son ressentiment, ne prévit pas quelles seraient pour l'Afrique les conséquences de l'invasion hilalienne.

Déjà une tribu arabe, celle des Korra, était établie sur la limite du pays de Barka. Cet exemple et le besoin absolu de sortir du territoire restreint où ils étaient parqués, rendaient les Arabes très disposés à accueillir l'idée d'un changement. Aussi El-Yazouri, qui s'était porté, de sa personne, au milieu d'eux, n'éprouva-t-il aucune difficulté à organiser un premier départ pour le Mag'reb: quelques pièces d'or, des pelisses d'honneur distribuées aux chefs et la concession des pays à conquérir décidèrent l'expédition. « Je vous fais cadeau du Mag'reb, leur dit-il, et du royaume d'El-

---

1. Ibn-Khaldoun, *Berbères*, t. I, p. 29 et suiv., t. II, p. 19 et suiv., 46. El-Kaïrouani, p. 142 et suiv.

Moëzz le Sanhadjien, esclave qui s'est soustrait à l'autorité de son maître ».

Mounès-ben-Yahïa, chef des Riah, fut désigné comme gouverneur de Kaïrouan et de Badja. Hassen-ben-Serhane, autre chef des Riah, reçut l'investiture de Constantine. Le territoire de Tripoli et de Gabès fut concédé à la tribu des Zorba[1].

LES HILALIENS ENVAHISSENT LA BERBÉRIE ET TRAITENT AVEC EL-MOËZZ. — Vers l'an 1049, une première troupe de guerriers arabes envahit le pays de Barka sans rencontrer de résistance. La renommée apporta la nouvelle de ce succès aux Arabes restés en Egypte. Aussitôt, tout ce peuple se disposa à l'émigration en masse, et cela, avec une telle ardeur que le khalife put exiger de chaque émigrant le paiement d'un droit, de sorte qu'il rentra et au delà dans les premières dépenses qu'il avait faites pour déterminer le mouvement. Une population, dont le chiffre devait varier entre 150 et 200,000 personnes[2], se précipita alors vers l'Ouest. Ces émigrants, quittant l'Egypte sans esprit de retour, entraînaient avec eux leurs femmes, leurs enfants et leurs troupeaux.

Le Nil franchi, les Arabes se jetèrent « *comme des loups affamés* » sur la province de Barka, déjà mise à contribution par les premiers arrivés. Toutes les villes de cette contrée, parmi lesquelles Adjebadïa et Sort, furent ruinées de fond en comble. Continuant leur marche vers l'Ouest, les envahisseurs pénétrèrent, en 1051, dans la Tripolitaine. Les Riah, sous la conduite de leur chef Mounès-ben-Yahïa, ouvraient la marche: « *Semblables à une nuée de sauterelles*, dit Ibn-Khaldoun *ils détruisaient tout sur leur passage* ». Les tribus berbères des Houara et Louata, abandonnées à elles-mêmes et divisées par des rivalités séculaires, ne tentèrent pas une résistance inutile: elles s'ouvrirent devant le flot envahisseur qui atteignit bientôt le sud de l'Ifrikiya.

Cependant le Ziride El-Moëzz, qui n'avait rien fait pour conjurer le danger avant qu'il fût imminent, ne se disposa nullement à combattre lorsque les Arabes furent sur la limite de sa province. Bien au contraire, il vit dans leur appui un moyen de se venger de son cousin, le Hammadite El-Kaïd, qui, loin d'approuver sa rupture avec les Fatémides et de l'imiter, avait envoyé à ces princes un nouvel hommage de vassalité, et reçu d'eux le titre de *Cherf-ed-Daoula* (noblesse de l'empire).

1. Ibn-Khaldoun, *Berbères*, t. I, p. 33, 34, t. II, p. 21. El-Kaïrouani, p. 143. Amari, *Musulmans de Sicile*, t. II, p. 507 et suiv.
2. Voir la discussion de ce chiffre dans le chapitre précédent.

Ayant donc appelé auprès de lui Mounès, chef des Riah, El-Moëzz lui prodigua les plus grands honneurs et eut la bassesse de signer avec lui un traité par lequel il permettait aux Arabes d'entrer dans la Tunisie, à la condition qu'ils lui fournissent leurs guerriers dans une campagne qu'il voulait entreprendre contre les Hammadites. Une princesse, accordée en mariage au chef des envahisseurs, scella l'accord. Mounès souscrivit à tout et appela vers lui ses compagnons restés sur la limite du désert. Les Riah, suivis bientôt des Zor'ba et des Djochem envahirent alors le sud de la Tunisie, qu'ils mirent à feu et à sang.

Les Makil et Athbedj, qui venaient ensuite, dépassèrent les précédents et continuèrent leur route vers l'occident, en contournant par le sud le massif de l'Aourès. Quant aux Soleïm, formant l'arrière-garde, ils s'établirent d'une façon définitive, dans la Tripolitaine et la province de Barka. La ville de Tripoli, avec ses environs, restait encore à El-Montaçar, prince régnant, de la famille des Beni-Khazroun [1].

El-Moëzz essaie de repousser les Arabes. Il est vaincu a Haïderane. — El-Moëzz essaya en vain d'empêcher les excès des envahisseurs et d'exiger d'eux l'exécution du traité consenti par leur chef. Voyant enfin qu'il ne pouvait rien obtenir de ces nomades indisciplinés, il se décida à les combattre. Mais il était trop tard, son fatal calcul se trouva déjoué, car ses auxiliaires devenaient ses pires ennemis. Cette invasion, que les Berbères auraient évidemment repoussée, s'ils avaient su s'entendre au début, était à jamais implantée chez eux. Un premier corps de Sanhadjiens, envoyé contre les Arabes, fut entièrement défait par eux.

Le prince zirîde comprit enfin que la gravité des événements exigeait des mesures décisives. Résolu à prendre en personne la direction des opérations, il forma un camp auprès de Kaïrouan et adressa un appel désespéré à ses deux adversaires, le Hammadite El-Kaid, et le Zenète El-Montaçar, les conjurant d'oublier leurs anciens différends et de s'unir contre l'ennemi commun. Tous deux répondirent à sa requête, le premier en envoyant mille cavaliers, le second en accourant lui-même de Tripoli à la tête de toutes ses troupes.

Vers 1053, lorsque toutes les forces Berbères furent concentrées, El-Moëzz en prit le commandement et marcha contre les Arabes,

---

1. Ibn-Khaldoun, *Berbères*, t. I, p. 34 à 135, t. II, p. 21, 47 et suiv., t. III, p. 267, 268.

avec une armée dont l'effectif s'élevait, dit-on, à trente mille combattants.

Les Arabes de leur côté, comprenant que le moment décisif était arrivé, s'étaient réunis sur le plateau de Haïderane, non loin de Gabès. Les tribus de Riah, Zor'ba, Adi et Djochem avaient fourni tous leurs contingents et néanmoins, s'il faut en croire un de leurs poètes [1], ils n'avaient pas, en ligne, plus de trois mille guerrriers.

Aussitôt que les deux armées furent en présence, El-Moëzz donna le signal du combat. Les Arabes furent attaqués avec vigueur, mais ils avaient l'avantage de la position, ce qui doublait leur courage. Devant cette résistance inattendue, le désordre se met dans les rangs des assaillants et, à ce moment, un fait imprévu vient augmenter la confusion : le contingent de la colonie arabe de Kaïrouan, reconnaissant dans les Hilaliens des compatriotes, passe de leur côté et abandonne les Berbères abhorrés. A cette vue, les Zenètes de Tripoli lâchent pied et les Sanhadja, qui soutiennent tout l'effort du combat, sont contraints de battre en retraite, après avoir vu tomber leurs meilleurs guerriers.

El-Moëzz, resté seul, entouré de sa garde noire et des gens de sa maison, combattit avec la plus grande valeur et ne se retira du champ de bataille que lorsque toute résistance fut absolument inutile.

Pillage de la Tunisie par les Hilaliens. Premier partage entre les Arabes. — Le résultat de la victoire de Haïderane fut décisif pour les Arabes.

Après avoir pillé le camp d'El-Moëzz, ils firent irruption dans la Tunisie septentrionale et portèrent la dévastation dans tout le pays ouvert : rien n'échappa à leur rapacité. Les populations berbères durent se retirer dans les montagnes ou chercher un refuge derrière les remparts de villes fortifiées. Après avoir ruiné les places d'Obba et d'El-Orbos, les Arabes vinrent mettre le siège devant Kaïrouan. L'émir des Riah, Mounès, dirigeait lui-même l'attaque, car il tenait à prendre possession de cette ville dont le khalife fatemide lui avait conféré le commandement. El-Moëzz essaya, pendant quelque temps, de défendre sa capitale ; mais ayant reconnu toute résistance inutile, il se décida à l'évacuer. En 1056, il se réfugia, *grâce à la protection de Mounès*, à El-Mehdïa. Le lendemain de son départ, son fils El-Mansour, auquel il avait laissé le commandement, évacua la ville, suivi des troupe et des

---

1. Ali-ben-Rizk, qui a célébré la victoire des Arabes en ces termes : « trois mille des nôtres ont vaincu trente mille d'entre eux. »

principaux habitants. A peine avait-il quitté Kaïrouan que les Arabes s'y précipitèrent et mirent la ville sainte d'Okba au pillage. En quelques jours, les palais que les souverains arabes et berbères s'étaient plu à embellir, les travaux d'utilité publique qu'ils avaient effectués à grands frais, furent détruits par les nomades.

Vers le même temps, El-Montaçar-ben-Khazroun, souverain de Tripoli, après avoir lutté en vain contre les Arabes, souscrivait avec eux une trêve par laquelle il les reconnaissait possesseurs du pays occupé par eux et ne réservait pour lui que sa capitale et ses environs.

À la suite de ces succès, un premier partage intervint entre les Arabes : Les Riah et Djochem conservèrent l'intérieur de la Tunisie avec Badja comme centre. Les Zor'ba eurent, pour leur part, Gabès et la région comprise entre cette ville et Tripoli. Les Athbedj se massèrent sur les versants de l'Aourès et envahirent le Zab. Les Makil continuèrent à s'avancer vers l'ouest. Quant aux Soleïm, ils conservèrent l'est de la Tripolitaine et la province de Barka.

Au profit de l'anarchie des dernières années, une petite dynastie berbère, celle des Beni-er-Rend, s'établit à Gafça ; son fondateur Abd-Allah-ben-er-Rend étendit, *avec l'appui des Arabes Athbedj*, son autorité sur le pays de Kastiliya. D'autres chefs se déclarèrent indépendants, ce furent : à Gabès, un Sanhadjien appelé Ibrahim ; à Benzert, un aventurier arabe du nom d'El-Ouerd ; et à Tebourba, un Kaïsite nommé Modafa. On voit combien cette anarchie était favorable à l'établissement des Arabes ; ils offraient leurs bras à tous les ambitieux et obtenaient en récompense des territoires [1].

En même temps, les puissances chrétiennes relevaient la tête et s'attachaient à purger la mer des pirates. Vers 1057, une flotte italienne vint faire une démonstration devant El Mehdïa [2].

BOLOGGUINE, SOUVERAIN HAMMADITE ; SES SUCCÈS. PROGRÈS DES ATHBEDJ ET MAKIL. — Cependant l'empire hammadite n'était pas encore sérieusement entamé. Le Zab, avec Biskra comme chef-lieu, les villes de Tobna, Mecila, Constantine, Alger et les contrées maritimes, jusqu'au méridien de Tiharet, reconnaissaient l'autorité des descendants de Hammad. Dans le Mag'reb central, les Ouemannou et Iloumene, alors prépondérants, leur fournirent leur appui.

Vers 1054, El-Kaïd mourut, laissant le pouvoir à son fils Mohcen,

---

1. El-Kaïrouani, p. 144. Ibn-Khaldoun, *Berbères*, t. I, p. 36, 37, t. II, p. 21 et suiv., 33, 35, 42, t. III, p. 268.
2. De Mas-Latrie. *Traités de paix, etc.*, p. 27.

mais ce prince, d'un caractère violent et cruel, indisposa contre lui les propres membres de sa famille, de sorte que son oncle Youssef se jeta dans la révolte. Mohcen fit alors mourir tous les descendants de Hammad qu'il put saisir, à l'exception de son cousin Bologguine, chargé par lui d'étouffer l'insurrection. Bientôt celui-ci ayant appris que le chef de sa famille en voulait aussi à sa vie, se tourna contre lui et, l'ayant atteint, le mit à mort après un court règne de neuf mois. Bologguine prit alors en main l'autorité et, bien qu'il signalât son gouvernement par de grandes cruautés, il sut donner un véritable lustre à l'empire hammadite.

En 1058, Djafer-ben-Abou-Rommane, chef d'une ancienne famille locale, d'origine latine sans doute, qui commandait à Biskra pour les Hammadites, se mit en état de révolte contre Bologguine et fit alliance avec les Athbedj; mais bientôt une armée sanhadjienne arriva devant cette oasis, s'en rendit maître et expédia ceux qui s'étaient compromis à Bologguine, qui les fit tous périr.

Malgré les efforts des Hammadites, les Arabes continuaient à avancer vers l'ouest. Les Athbedj envahissaient le Zab et les Makil s'étendaient dans les hauts plateaux, au détriment des Zenètes Ouacine. Ceux-ci firent alors appel à leurs cousins les Beni-Yala (B. Ifrene), de Tlemcen, qui commandaient aux Zenètes de cette région. Le chef de cette dynastie, nommé El-Bakhti, envoya contre les Arabes son vizir Abou-Soda avec des contingents de toutes les tribus alliées. Ce général livra plusieurs batailles aux Arabes Athbedj et Zor'ba, dans le Zab et le Sahara, mais après une série d'échecs, ses troupes finirent par être dispersées, et lui-même périt dans un combat. Cette campagne n'eut donc d'autre résultat que de consolider l'établissement des Arabes dans les steppes de la province de Constantine, en dépit des efforts du prince hammadite, secondé indirectement par les Zenètes, et d'accentuer le refoulement de ceux-ci vers l'ouest[1].

Succès des Normands en Italie. — Arrivée de Roger. — Événements de Sicile. — Détournons un instant les yeux de l'Afrique pour les reporter sur l'Italie et la Sicile. Nous avons laissé les Normands dans la Pouille expulsant les Byzantins de leurs conquêtes. Leurs succès excitèrent encore la jalousie des princes italiens et bientôt il se forma contre eux une vaste conspiration, qui se termina par le massacre de ceux qui se trouvaient alors dans la Pouille et de leur chef, Drogon, dont la confiance fut surprise

---

1. Ibn-Khaldoun. *Berbères*, t. I, p. 36 et suiv., t. II, p. 22, 46, 47, t. III, p. 125, 271, 294.

(août 1051). Les autres Normands se réunirent à Melfi et, ayant groupé toutes leurs forces, tirèrent bientôt vengeance de cette trahison. En 1053, le pape Léon organisa la guerre sainte contre les Normands, et se rendit à Worms, pour y entraîner l'empereur Henri III, mais il ne put y réussir, et, étant rentré en Italie, se mit en personne à la tête de ses adhérents. Les Normands firent tout leur possible pour éviter une lutte sacrilège avec le chef de la religion, mais ils s'humilièrent en vain et durent se décider à la guerre. Robert Wiscard accourut du fond de la Calabre avec ses compagnons et, grâce à son renfort, les Normands purent mettre en ligne trois mille guerriers éprouvés, avec lesquels ils défirent l'armée du Saint-Siège (juin 1053). Le pape ayant été fait prisonnier fut traité avec honneur, mais, retenu à Bénévent jusqu'à ce qu'il eût signé un traité par lequel il reconnut les Normands propriétaires de ce qu'ils avaient conquis et de ce qu'ils pourraient conquérir dans la Pouille.

Ces succès des Normands attirèrent en foule leurs compatriotes dans l'Italie. Robert Wiscard avait été élu comte de Pouille. Son plus jeune frère, Roger, ayant réussi à échapper à la tutelle paternelle, vint le rejoindre. C'était un jeune homme de vingt-cinq ans, d'une remarquable beauté, d'une taille haute et riche, éloquent dans le conseil, prudent dans l'exécution, aimable et accessible à tous, plein de libéralité, mais, ajoute l'auteur, trop accessible à la louange. Robert lui donna une troupe d'une soixantaine d'hommes avec laquelle il l'envoya en Calabre, où le jeune Roger obtint les plus grands succès (1058).

Pendant que l'Italie était le théâtre de ces événements, les guerres intestines continuaient à paralyser les forces des Musulmans en Sicile ; ils avaient cessé d'être en mesure d'intervenir sur la terre ferme et bientôt ils allaient avoir à se défendre chez eux contre les Chrétiens.

Quelques temps auparavant, un homme de noble race, appelé Mohammed-ben-Ibrahim-ben-Thimna, s'étant emparé du pouvoir à Syracuse, avait ensuite défait et tué Ibn-Menkout, caïd de Catane, époux de Meïmouna, sœur d'Ibn-Haouachi. Il était bientôt devenu maître de presque toute l'île, avait pris le titre d'El-Kader-b'Illah, et avait fait prononcer la khotba en son nom, à Palerme. Il avait épousé Meïmouna, veuve d'Ibn-Menkout, et, bien qu'une rupture fût imminente, il entretenait, pour la forme, de bonnes relations avec Ibn-Haouachi[1].

---

1. Amari, *Musulmans de Sicile*, t. II, p. 545 et suiv., t. III, p. 42 et

FONDATION DE LA SECTE ALMORAVIDE PAR IBN-YACINE. — Transportons-nous maintenant dans l'extrême sud du Mag'reb chez les farouches Sanhadja au voile, dont les Touaregs actuels sont les descendants. La tribu des Lemtouna, cantonnée dans les steppes qui avoisinent le haut Niger[1], exerçait la prépondérance sur les autres. Ces nomades sahariens, vivant principalement du brigandage et de la guerre sur leurs voisins, les nègres du Soudan, avaient reçu, deux siècles auparavant, des missionnaires qui les avaient catéchisés. Ils avaient alors abandonné l'idolâtrie et accepté l'islamisme, mais étaient demeurés dans l'ignorance absolue de leur nouveau culte : ils n'étaient, en réalité, musulmans que de nom.

Vers l'an 1049, un cheikh des Lemtouna, nommé Yahïa-ben-Ibrahim, fut amené par les circonstances à effectuer le pèlerinage de La Mekke. A son retour, s'étant arrêté à Kaïrouan, il fut mis en relation avec un savant docteur, Abou-Amrane-el-Fassi, qui y professait les doctrines malekites depuis que ce rite avait repris la faveur des habitants de l'Ifrikiya. Il reçut de lui une lettre pour un de ses disciples nommé Ou-Aggag, le Lamti, établi à Sidjilmassa, d'après Ibn-Kaldoun, à Nefis, dans le Sous, selon le Kartas. Ce dernier lui procura un de ses élèves nommé Abd-Allah-ben-Meggou, dit Ben-Yacine, originaire des Guezoula. Cet homme, plein de l'ardeur de l'apôtre, accepta la mission d'instruire dans la religion les sauvages porteurs de litham (voile), et partit avec Yahïa.

Parvenu à l'extrémité du désert, Ibn-Yacine se mit courageusement à l'œuvre, mais son rigorisme et les obligations qu'il imposait à ses élèves irritèrent contre lui l'opinion. Avant son arrivée, chacun épousait autant de femmes qu'il voulait. Ibn-Yacine réduisit ce nombre à quatre, selon les préceptes de la Sonna. Ses élèves ignoraient la prière et les obligations étroites (*fard*) de la religion. Il fallut tout leur apprendre.

Sur ces entrefaites, le cheikh Yahïa, son protecteur, étant mort, l'apôtre se vit en butte aux persécutions des Lemtouna, et dut prendre la fuite pour éviter la mort. Il se réfugia sur un îlot du haut-Niger et y fut rejoint par quelques néophytes dévoués. Il y fonda un couvent (*Ribat*), où de nombreux fidèles ne tardèrent pas à solliciter leur admission. Ibn-Yacine forma de ses adeptes une confrérie, professant le rite maleki et soumise aux obligations d'un puritanisme très sévère ; il fallait, pour être admis, subir un

---

suiv. E. de la Primaudaie, *Arabes et Normands*, p. 222 et suiv. *Art de vérifier les dates*. T. III, p. 608 à 818.

1. Ce sont ces Sanhadja ou mieux *Sanhaga* qui ont donné leur nom au Sénégal.

châtiment destiné à laver les souillures passées, et, celui qui, ensuite, manquait à l'accomplissement d'un de ses devoirs, encourait des peines corporelles. Chaque péché, chaque manquement aux prescriptions de la religion était puni d'un certain nombre de coups de fouet. Ces puritains furent appelés, en raison de leur séjour dans le *Ribat*, *Merabot* (pluriel : El-Merabtine), d'où nous avons tiré le nom de *Marabout* et les Espagnols, celui d'*Almoravides*.

Cette doctrine se répandit de proche en proche dans les tribus de Lemtouna, Guedala et Messoufa. Ibn-Yacine, se voyant entouré d'un grand nombre de disciples, engagea les Marabouts à faire la guerre, les autorisant à percevoir la dîme sur ceux qui ne reconnaîtraient pas leur secte, et le tiers sur toute propriété dont l'origine ne serait pas pure. C'était la meilleure sanction à donner à la conversion de ces pirates de terre. Bientôt ils soumirent leurs voisins, les Sanhadja du désert[1].

Conquêtes des Almoravides dans le Sahara et dans le Mag'reb. — Vers 1053, les Almoravides, grossis des Lamta, vinrent au nord, faire la conquête du pays de Deràa, et, après avoir perçu leur dîme, regagnèrent le désert. Ibn-Yacine avait créé un bit-el-mal (trésor public), où étaient déposés les produits de la dîme et de l'aumône destinés à acheter des armes, le surplus du butin était régulièrement partagé entre les guerriers. Ces premiers succès, grossis par la renommée, leur attirèrent un grand nombre de partisans. Bientôt, trente mille combattants quittèrent le Sahara et prirent la route du nord. C'était pour la plupart des fantassins très bien disciplinés, accompagnés de cavaliers montés, soit sur des chameaux de course (mehari), soit sur des chevaux. Les Lemtouna avaient conservé la prépondérance, ils avaient alors pour cheikh Yahïa-ben-Omar ; mais le commandement réel était exercé par Ibn-Yacine, qui se réservait le droit de corriger corporellement le cheikh.

Yahïa-ben-Omar étendit ses conquêtes sur tout le Sahara. Il venait de faire une expédition heureuse dans le Soudan, lorsqu'il reçut une missive des lettrés et des légistes du Sidjilmassa, implorant son appui et celui d'Ibn-Yacine contre les Beni-Ouanoudine dont la tyrannie ne respectait pas les savants. Bientôt l'expédition fut résolue et les Marabouts marchèrent en grand nombre vers le Tel. Ils commencèrent par enlever au roi de Sidjilmassa quinze cents chameaux qui étaient au pâturage dans le pays de Deràa. Le

---

1. Ibn-Khaldoun, p. 46, 67 et suiv. El-Kaïrouani, p. 173 et suiv. Kartas, p. 162 et suiv. El-Bekri, trad. de Slane, p. 262 et suiv.

Mag'raouien Messaoud-ben-Ouanoudine s'avança alors contre ses ennemis ; mais un seul combat vit sa défaite et sa mort. Un immense butin tomba aux mains des Almoravides, qui entrèrent bientôt à Sidjilmassa et mirent à mort tous les Mag'raoua qui s'y trouvaient. Ibn-Yacine s'attacha à détruire, avec une sauvagerie de Saharien, tout ce qu'il jugeait capable de détourner les musulmans de leur salut ; on brisa les instruments de musique, on incendia les lieux de plaisir, où l'on vendait du vin ; enfin il supprima toutes les taxes et impôts. Après avoir laissé des gouverneurs almoravides à Sidjilmassa et dans la province de Derâa, Ibn-Yacine ramena ses compagnons dans le désert.

Les Almoravides allèrent ensuite ravager les pays de l'extrême sud où habitaient de riches et paisibles populations nègres ; la religion servit de prétexte à tous leurs excès. Ils soumirent à leur autorité une partie de la Nigritie, ayant pour capitale une grande ville, nommé Aoudaghast, et implantèrent la race berbère dans le haut Sénégal.

En 1056, Yahïa-ben-Omar ayant été tué, Ibn-Yacine nomma pour le remplacer son frère Abou-Beker. Peu de temps après, le nouveau chef entraîna les Marabouts à une campagne contre le Sous et le pays des Masmouda de l'Atlas. Les Almoravides étaient alors parfaitement organisés pour la guerre. Un grand nombre d'entre eux combattaient à cheval ou sur des chameaux de race, mais la masse se composait de fantassins qui, dans l'ordre de bataille, se plaçaient sur plusieurs rangs. Le premier était armé de longues piques et les autres de javelots avec lesquels ils étaient fort adroits. Un homme portant un drapeau se plaçait devant eux et leur faisait des signaux[1].

Le Sous, avec les villes de Massa et de Taroudent, tombèrent d'abord en leur pouvoir.

Ar'mate obéissait à un prince zenatien du nom de Leghout. Les Marabouts marchèrent contre lui, le vainquirent, le tuèrent et entrèrent en maîtres dans sa capitale. Abou-Beker épousa sa veuve, la belle Zeïneb, originaire des Nefzaoua, femme d'une rare intelligence, qu'on surnommait *la magicienne* (1059).

Après avoir laissé, dans ces parages, des fonctionnaires chargés de les administrer selon les préceptes de la Sonna, Ibn-Yacine et Abou-Beker pénétrèrent au cœur du grand Atlas (*Deren*), et soumirent à leur joug la puissante tribu des Masmouda. Descendant ensuite des montagnes, ils conquirent la province de Tedla, entre les deux branches supérieures de l'Oum-er-Rebia, qui obéissait à

---

1. El-Bekri, trad. de Slane, p. 262 et suiv.

une fraction des Beni-Ifrenc. Enfin le Tamesna fut occupé par eux.

Luttes des Almoravides contre les Berg'ouata. Mort d'Ibn-Yacine. Youssef-ben-Tachefine. — Les Almoravides se trouvèrent alors en présence des Berg'ouata. Jusqu'alors, ils n'avaient combattu que des nègres idolâtres ou des musulmans se rattachant à la doctrine chiîte. Ils allaient maintenant avoir affaire à des schismatiques, sectateurs du faux prophète Salah-ben-Tarif, qui leur avait composé un koran en langue berbère et avait modifié à son gré les prescriptions de la religion islamique. Un descendant de Salah, nommé Abou-Hafs-Omar, commandait la tribu qui, bien qu'affaiblie par les luttes soutenues dans les dernières années, était encore fort puissante.

Les Sanhadja marabouts se ruèrent contre les hérétiques. Mais ceux-ci les attendaient en forces et, comme les guerres incessantes qu'ils soutenaient depuis longtemps les avaient rendus redoutables, la lutte fut sérieuse, acharnée. Après plusieurs combats dont l'issue était restée indécise, Ibn-Yacine, qui se lançait toujours au plus fort de la mêlée, fut criblé de blessures dans une rencontre. Rapporté mourant au camp, il adressa aux cheikhs des Sanhadja les recommandations les plus précises pour le maintien de l'œuvre qu'il avait fondée, et mourut le soir même (1059). On l'enterra au lieu dit Kerifla, et une mosquée fut construite sur son tombeau [1].

Grâce aux précautions prises par Ibn-Yacine et à la forte organisation de la secte, son œuvre ne périt pas avec lui. Abou-Beker-ben-Omar, demeuré seul chef temporel des Almoravides, les entraîna de nouveau contre les hérétiques pour achever de les dompter et venger leur apôtre. Cette fois, les Berg'ouata furent vaincus; leur chef périt en combattant et, bientôt, ils s'enfuirent dans tous les sens. Leur puissance fut à jamais détruite et le nom de cette tribu disparut de l'histoire de l'Afrique [2]. Abou-Beker réunit leurs dépouilles à Ar'mate où était restée son épouse Zeïneb. Puis, ayant vu son armée se grossir d'une foule de Masmouda, il conquit le pays de Fazaz et les villes du Mekença, puis la place forte de Louata. Dans toutes ces localités, les Marabouts massacrèrent les Beni-Ifrene, qui les avaient conquises quelques années auparavant [3].

---

1. Kartas, p. 182-183.
2. Ibn-Khaldoun, *Berbères*, t. II, p. 131, 132. El-Bekri, passim.
3. Kartas, p. 185, 186.

Abou-Beker, étant rentré à Ar'mate, reçut la nouvelle qu'une révolte avait éclaté parmi les Sanhadja, au fond du désert, à la suite d'un meurtre commis par le chef des Messoufa sur un lemtounien. Il résolut aussitôt de retourner dans ses steppes et choisit, pour commander ses conquêtes du Mag'reb, son cousin Youssof-ben-Tachefine. Nous verrons plus tard combien son choix avait été éclairé. Ne voulant pas entraîner à sa suite, pour vivre de la rude existence du désert, sa chère Zeïneb, craignant, du reste, le sort qui lui serait fait dans ces contrées éloignées, s'il venait à périr, il la répudia en décidant, qu'après l'expiration du délai légal, elle épouserait Youssof-ben-Tachefine. Il partit ensuite pour le sud, accompagné par son cousin, jusqu'à Sidjilmassa. Dans cette ville il fit officiellement reconnaître Youssof comme son représentant en Mag'reb; puis l'on se sépara; la moitié de l'armée partit pour le désert et l'autre moitié rentra dans le Tel (1061)[1].

EXPÉDITION DU HAMMADITE BOLOGGUINE DANS LE MAG'REB. SA MORT. RÈGNE D'EN-NACER. — La nouvelle des succès des Marabouts dans le Mag'reb étant parvenue à la Kalâa, suscita la jalousie du hammadite Bologguine. Ce prince, énergique et cruel, avait affermi son autorité et, depuis l'anéantissement de fait de l'empire ziride, par l'invasion arabe, était devenu le plus puissant souverain de l'Afrique septentrionale. Il jugea le moment favorable pour étendre ses états vers l'occident. En 1062, il marcha contre le Mag'reb à la tête d'une puissante armée et renversa tout sur son passage. Peut-être les Almoravides essayèrent-ils de le repousser et furent-ils défaits. Les auteurs sont muets à cet égard et nous représentent Youssof-ben-Tachefine se tenant avec eux sur la limite du désert, et laissant le champ libre au souverain hammadite.

Après avoir parcouru en vainqueur les contrées du Mag'reb, Bologguine vint mettre le siège devant Fès, où les descendants de Ziri-ben-Atiya achevaient d'user leurs forces dans des luttes intestines. Cette ville tomba bientôt en son pouvoir et sa chute termina brillamment la campagne. Bologguine, s'étant fait remettre des otages par les principaux du pays, reprit alors la route de l'est, mais il ne devait plus revoir sa capitale. Parvenu au Tessala, non loin de Tlemcen, il fut assassiné par son cousin En-Nacer-ben-Alennas, qui avait à venger des cruautés dont sa famille avait été victime de la part du souverain (1063).

En-Nacer prit alors le commandement et ramena les troupes à

---

1. El-Bekri, p. 187. Ibn-Khaldoun, *Berbères*, t. II, p. 71, 72.

la Kalâa, où il se fit proclamer souverain. Ses frères et ses fils reçurent de lui le commandement de places importantes, telles que Miliana, Hamza, Constantine, Negaous, Achir, Alger, tandis qu'il s'appliquait en personne à combattre les soulèvements qui grondaient autour de lui[1].

Mort d'El-Moëzz. Temim lui succède. — Quelques mois auparavant El-Moëzz terminait sa triste carrière à El-Mehdia (août 1062). Son fils Temim prit le commandement du mince territoire qui restait encore à la dynastie ziride et se réduisait à quelques villes fermées avec leur banlieue. Aussitôt, la province de Kastiliya, où régnaient déjà, en princes indépendants, les Beni-er-Rend, se déclara pour l'autorité hammadite. La ville de Tunis, devenue très florissante, en raison de la masse d'émigrés qu'elle avait recueillis, imita cet exemple. Elle envoya à En-Nacer une députation chargée de lui offrir sa soumission. Le prince hammadite accueillit avec empressement l'hommage des gens de Tunis, et leur donna, pour gouverneur, un sanhadjien nommé Abd-el-Hak-ben-Khoraçan, qui devait être le chef d'une nouvelle principauté.

Réduit à la possession d'El-Mehdia et de quelques places du littoral oriental de la Tunisie, entouré de toutes parts par les Arabes, Temim s'attacha à exciter les haines qui commençaient à se produire parmi les Hilaliens, maintenant qu'il ne restait rien à piller. Les Athbedj, jaloux des Riah et des Zor'ba, étaient sur le point d'en venir aux mains avec eux; mais, comme ils se sentaient les moins forts, ils adressèrent à En-Nacer une députation pour réclamer son appui[2].

Événements d'Espagne. Succès de Ferdinand Ier. — En Espagne la puissance des Ibn-Abbad de Séville avait continué à s'accroître. El-Motaded entreprit une série de conquêtes, et le succès couronna ses armes. Après avoir vaincu El-Modaffar de Badajoz, il enleva Niebla à Ibn-Yahïa. Abd-el-Aziz, seigneur de Huelva et de Saltès, évita le même sort par une prompte soumission. Silves et Santa-Maria furent ensuite conquises (1052).

Moron, Arcos, Xérès et Ronda étaient en la possession des Berbères. El-Motaded attira chez lui leurs cheiks et les fit mourir. En même temps, l'élément arabe s'étant soulevé contre les Africains, le roi de Séville en profita pour se rendre maître des localités ci-dessus désignées.

1. Ibn-Khaldoun, *Berbères*, t. II, p. 47, 72, t. III, p. 253.
2. El-Kairouani, p. 145. Ibn-Khaldoun, *Berbères*, t. II, p. 22, 29, 33.

En apprenant ce nouvel empiètement, Badis, seigneur de Grenade, réunit tous ses adhérents berbères, et envahit le territoire de Séville, mais il fut défait par l'heureux Motaded. Ce dernier détrôna ensuite l'edriside Kassem, roi d'Algésiras, auquel il assigna Cordoue comme résidence (1058). El-Motaded afficha alors la prétention d'exercer le commandement sur toute l'Espagne musulmane et prétendit que le dernier khalife lui avait légué, par testament, ses droits. Son objectif était Cordoue, et il ne cessait d'envoyer des expéditions sur son territoire afin d'amener les Cordouans à une rupture.

Dans le nord, Ferdinand I, roi de Castille et de Léon, débarrassé des difficultés qui l'avaient retenu chez lui, commença, vers 1055, ses courses sur le territoire musulman. En 1057, il enleva Viseu et Lamego à El-Modaffer de Badajoz, et les forteresses au sud de Duero, au roi de Saragosse. Enfin, il envahit le territoire d'El-Mamoun de Tolède. Trop faible pour résister seul, ce prince acheta la paix en offrant au roi chrétien une riche rançon et en se déclarant son vassal, comme les rois de Saragosse et de Badajoz l'avaient déjà fait. Ces succès n'étaient que le prélude de victoires plus décisives encore, facilitées et préparées par la désunion des Musulmans[1].

Conquêtes des Normands en Sicile. — Revenons en Italie où nous avons laissé Robert Wiscard et son frère Roger guerroyant avec succès et chassant les Grecs de la Calabre. En 1060, ils étaient maîtres de toute cette région ; aussitôt ils jetèrent les yeux sur la Sicile dans le double but d'augmenter leur royaume et de préserver la terre ferme des attaques des musulmans. Le moment était, du reste, on ne peut mieux choisi. Une rupture avait éclaté entre Ibn-Thimna et son beau-frère Ali-ben-el-Haouachi[2]; ils en étaient venus aux mains et ce dernier, ayant obtenu la victoire, avait enlevé Syracuse à son compétiteur et était resté maître d'une grande partie de l'île, sans cependant empêcher Ibn-Thimna de tenir la campagne.

En 1061, Robert, accompagné d'une soixantaine de chevaliers, traversa le détroit dans quelques barques, et aborda heureusement auprès de Messine. Les musulman, étant sortis pour anéantir cette poignée d'aventuriers, furent attirés dans une embuscade et mas-

---

1. Dozy, *Musulmans d'Espagne*, t. IV, p. 57 et suiv. Ibn-Khaldoun, *Berbères*, t. II, p. 62, 154.
2. Ibn-Thimna étant ivre avait fait ouvrir les veines de sa femme Meïmouna, sœur d'El-Haouachi.

sacrés. Les Normands, chargés de butin, se rembarquèrent. Sur ces entrefaites, Ibn-Thimna vint en Calabre et, s'étant rendu auprès de Roger, alors à Reggio, le décida à entreprendre la conquête de la Sicile, offrant de lui servir de guide, et lui affirmant qu'il triompherait d'Ibn-Haouachi. Roger promit d'agir. Robert étant arrivé, sur ces entrefaites, approuva les desseins de son frère, et bientôt Roger, accompagné d'Ib-Thimna, passa, avec 160 chevaliers, en Sicile.

Après avoir obtenu quelques succès, grâce à son audace et à son courage, Roger, qui s'était approché de Messine, comptait se rembarquer avec ses prises, lorsqu'il apprit que les musulmans étaient sortis de la ville pour l'écraser. Il leur tendit une nouvelle embuscade et en fit un grand massacre. La consternation fut immense parmi les musulmans, et Messine faillit tomber aux mains de Roger, qui rentra à Reggio avec un riche butin. Ibn-Haouachi envoya aussitôt toute sa flotte bloquer les abords de cette ville ; malgré le grand nombre de navires ennemis, Roger ne tarda pas à passer en Sicile, suivi d'une troupe plus forte, composée de guerriers choisis, pendant que Robert, resté sur le continent, détournait l'attention de la flotte. Roger, cette fois, s'empara de Messine, où les Normands firent un grand carnage des musulmans. A cette nouvelle, Ibn-Haouachi rappela sa flotte à Palerme, ce qui permit à Robert d'aller rejoindre Roger. Les deux frères, guidés par Ibn-Thimna, marchèrent sur Rameta, dont le commandant leur livra les clefs sans oser combattre, tant les succès des Normands causaient de terreur. Ils envahirent alors le Val-Demone ; puis ayant appris qu'Ibn-Haouachi marchait contre eux, ils vinrent audacieusement l'attendre auprès d'Enna. Quelques jours après, les musulmans parurent au nombre de 15,000 ; bien que les deux chefs normands ne pussent leur opposer qu'à peine le tiers de cet effectif, ils engagèrent le combat et, grâce à leur valeur personnelle, remportèrent une victoire décisive. Peu après, Robert rentra dans la Pouille, laissant son frère Roger, secondé par Ibn-Thimna, battre le pays, recevoir les soumissions, et réorganiser les communautés chrétiennes.

Sur entrefaites, Roger, lui-même, fut rappelé sur la terre ferme pour une raison d'un tout autre ordre ; sa fiancée, Judith de Giroie, qu'il avait abandonnée en Normandie, venait d'arriver et lui réclamait l'exécution de son serment. Le comte Roger s'exécuta de bonne grâce, et les noces se firent dans la petite ville de Melito. Peu de temps après, Ibn-Thimna, qui avait conservé le commandement en Sicile, périt assassiné dans une entrevue, où il s'était rendu sans défiance (mars 1062). Une réaction se produisit alors en Sicile contre les Chrétiens et il était urgent que Roger retournât dans l'île, lorsqu'une rupture éclata entre lui et son frère Robert, au sujet d'une partie de la Pouille que ce dernier avait promise au comte et qu'il refusait de lui donner. Ils en vinrent aux mains ; Robert assiégea même son frère dans Melito et était sur le point de réduire cette place, lorsqu'une révolte, éclatée sur ses derrières, le força à se porter lui-même contre les rebelles. S'étant, avec sa témérité habituelle, lancé au milieu des ennemis, il allait être mis à mort par eux, lorsque Roger, aussi généreux que brave, vint à son secours.

Cette fois, la paix était faite entre les deux frères et Roger pouvait passer en Sicile (août 1062)[1].

1. Amari, *Musulmans de Sicile*, t. III, p. 55 et suiv. Elie de la Primaudaie, *Arabes et Normands*, p. 247 et suiv.

CHAPITRE III

EMPIRE ALMORAVIDE. LES NORMANDS EN SICILE

Fin 1002-1088.

Youssof-ben-Tachefine, seul chef des Almoravides. — Fondation de Maroc par Tachefine ; il conquiert tout le Mag'reb. — Progrès des Arabes ; leurs luttes contre les Hammadites. — En-Nacer fonde la ville de Bougie ; apogée de sa puissance. — Les Zor'ba se fixent dans le Zab et le Hodna. Fractionnement des Athbedj et des Makil. — Évènements de Sicile ; succès du comte Roger. — Prise de Palerme par les Normands. — Le comte Roger achève la conquête de la Sicile. — Descente des Pisans et des Génois à El-Mehdia. — Évènements d'Espagne ; affaiblissement de la puissance musulmane. — Succès d'Alphonse VI ; les musulmans appellent les Almoravides en Espagne. — Youssof-ben-Tachefine s'empare de Tanger, du Rif, de Tlemcen et de Ceuta. — Les Almoravides passent en Espagne ; victoire de Zellaka.

Youssof-ben-Tachefine, seul chef des Almoravides. — Nous avons laissé les Almoravides dans le Mag'reb attendant, sur la limite du désert, que le Hammadite Bolloguine se fût retiré. Aussitôt après son départ, ils rentrèrent dans le Tel, sous la conduite de Youssof-ben-Tachefine qui avait épousé la belle Zeïneb, et recommencèrent la guerre de conquête.

Le jeune chef des Marabouts était un Saharien de la tribu des Lemtouna. Voici le portrait que le Kartas nous a laissé de cet homme remarquable : « Teint brun, taille moyenne, maigre, peu de barbe, voix douce, yeux noirs, nez aquilin, mèche de Mahomet retombant sur le bout de l'oreille, sourcils joints l'un à l'autre, cheveux crépus. Il était courageux, résolu, imposant, actif, généreux, bienfaisant ; il dédaignait les plaisirs du monde ; austère, juste et saint, il fut modeste jusque dans ses vêtements, il ne porta jamais que de la laine à l'exclusion de toute autre étoffe ; il se nourrissait d'orge, de viande et de lait de chameau, et se tint strictement à cette nourriture jusqu'à sa mort[1]. »

Tel était l'homme qui devait jouer un si grand rôle dans l'histoire de la Berbérie et de l'Espagne.

La nouvelle des succès d'Ibn-Tachefine étant parvenue à Abou-Beker, dans le Sahara, ce chef, qui avait rétabli la paix chez les

---

1. Kartas, p. 190, 191.

Sanhadja, revint vers le nord pour reprendre le commandement qu'il avait, selon lui, délégué simplement à son cousin.

Mais, celui-ci n'était nullement disposé à lui abandonner une puissance qu'il avait su conserver et affermir. Cédant, dit-on, aux conseils de son épouse Zeïneb, Youssof reçut son ancien cheikh avec une grande froideur; étonné de cette attitude, l'émir Abou-Beker, voyant en outre un grand nombre de soldats rangés, demanda à son cousin ce qu'il faisait de tout ce monde. « Je m'en sers, répondit Ibn-Tachefine, contre quiconque est mal intentionné à mon égard. ».

L'allusion était très claire, et l'émir, sans insister, préféra recevoir de riches cadeaux consistant en chameaux, vêtements, provisions et ustensiles manquant dans le Sahara et retourner au désert, laissant le champ libre à son cousin (1062). Il passa le reste de sa vie occupé uniquement à combattre les infidèles, et mourut en 1087, d'une blessure causée par une flèche empoisonnée [1].

FONDATION DE MAROC PAR BEN-TACHEFINE. IL CONQUIERT TOUT LE MAG'REB EXTRÊME. — Resté seul maître du pouvoir, Ibn-Tachefine songea à se construire une capitale digne de son empire et qui fût en même temps une solide base en vue des opérations qu'il allait entreprendre. Ce fut au pied du versant occidental de l'Atlas, sur le cours supérieur de l'Ouad-Tensift, dans une situation admirable, véritable oasis, au commencement des montagnes, qu'il arrêta son choix. Non loin, se trouvait l'emplacement d'une bourgade nommée Daï. Il acheta, dit-on, le terrain nécessaire, à un homme des Masmouda, et tint à honneur de travailler, comme un simple maçon, à la construction de sa métropole. On y éleva une forteresse destinée à recevoir ses richesses et ses armes. La nouvelle ville fut appelée Marrakch (Maroc).

En même temps, il organisait une nombreuse armée composée, en outre de ses Almoravides, de Guezoula, de Masmouda et même de Zenètes. Ayant ainsi tout disposé, il entra en campagne et se dirigea sur Fès, où un descendant de Ziri-ben-Atiya, nommé Moennecer, exerçait le commandement. Sur son chemin, un grand nombre de tribus, les Zouar'a, Lemaï, Louata, Sadina, Sedrata, Mar'ila, Behloula, Medionna et autres, se disposèrent à lui barrer le passage, mais il les culbuta, dispersa et poursuivit dans tous les sens. Il alla ensuite mettre le siège devant Fès, dont il ne tarda pas

---

1. Kartas, p. 188, 189. Ibn-Khaldoun, *Berbères*, t. II, p. 172, 173.

à s'emparer (1063). Moannecer put se réfugier dans une tribu voisine.

Ibn-Tachefine, laissant une garnison à Fès, alla enlever les places fortes de la vallée de la Moulouïa des mains des partisans des Beni-Ouanoudine, anciens rois de Sidjilmassa. De là, le chef des Almoravides envahit le pays des R'omara, qui obéissait aux Édrisides-hammoudites, représentés à Tanger par le général Seggout-el-Berg'ouati. Mais il n'osa entreprendre le siège de cette place forte et fut, du reste, rappelé dans l'intérieur par une grave nouvelle : Moannecer, ou peut-être son fils Temim, avait profité de son éloignement pour s'emparer par surprise de Fès et massacrer la garnison almoravide. Mehdi-ben-Youssof, chef de la province de Mekença, allié d'Ibn-Tachefine, ayant marché contre les Mag'raoua, avait été défait et tué par eux.

Youssof envoya alors un corps d'armée contre Fès, tandis qu'il allait lui-même réduire la province de Fazaz[1]. Moannecer, bloqué dans sa capitale, ayant essayé de se dégager par une sortie, périt dans l'action. Les débris des Mag'raoua se donnèrent alors pour chef un descendant d'Ibn-Abou-l'Afia, nommé El-Kacem, qui, ayant adjoint à eux ses guerriers, marcha contre les Marabouts et leur infligea une défaite à l'Ouad-Safir, près de Fès. Ainsi le siège de cette ville était levé ; El-Kacem en prit le commandement.

Pendant ce temps, Youssof-ben-Tachefine pressait en vain la place forte de Kalâat-Mehdi, dans la province de Fazaz. Cette forteresse ayant offert une résistance inattendue, il y laissa un corps de troupes chargé de continuer le blocus et, avec le reste de ses soldats, entreprit d'autres conquêtes (1064). Fendelaoua, le pays des Beni-Meracen et le territoire de Herga tombèrent successivement en son pouvoir.

En 1068, le chef des Almoravides envahit de nouveau le pays des R'omara (Rif). Peu après, il vint mettre le siège devant Fès. El-Kacem étant sorti à sa rencontre, à la tête des Mag'raoua et autres Zenètes et des Miknaça, fut mis en déroute, et, quelques jours plus tard, Youssof emporta d'assaut la ville. Tous les hommes valides qui s'y trouvaient furent massacrés ; on en tua trois mille, rien que dans deux mosquées.

Après avoir obtenu cette vengeance de la défaite de l'Ouad-Safir, Youssof dut s'occuper à faire déblayer la ville des cadavres qui l'encombraient : on les enterra dans d'immenses tranchées que l'on couvrit de chaux.

---

1. Contrée entre Tedla et Safraoua, à deux journées de Fès.

Le chef des Almoravides s'appliqua ensuite à effacer les traces des maux de la guerre. Les années suivantes furent employées par lui à réduire les régions qui n'étaient pas encore soumises et bientôt tout le Mag'reb, à l'exception de Tanger et de Ceuta, reconnut son autorité.

En une dizaine d'années de luttes acharnées, les Almoravides avaient conquis cette immense contrée s'étendant du désert à la Méditerranée et de la Moulouïa à l'Océan, détruit des tribus puissantes telles que les Berg'ouata, les Mag'raoua, les Beni-Ifrene et les Miknaça, et fait disparaître la royauté des Beni-Ouanoudine à Sidjilmassa, celle des Beni-Atiya à Fès, et un grand nombre d'autres principautés secondaires. Ils avaient beaucoup déblayé en Mag'reb : nous verrons comment ces places seront prises [1].

Progrès des Arabes. Leurs luttes contre les Hammadites. — Pendant que le Mag'reb était le théâtre de ces événements importants, les Arabes, dans l'est, continuaient à s'étendre. Presque tout le Zab était en leur pouvoir, et la tribu des Amer (Athbedj) s'était avancée jusqu'au pied du mont Rached, auquel elle devait donner son nom (Djebel-Amour).

Nous avons vu que les autres tribus athbedj, en luttes avec les Riah et Zor'ba de la Tunisie, étaient venues demander assistance au souverain hammadite de la Kalâa. En-Nacer, voyant une occasion de s'agrandir vers l'est, leur promit son appui et vint bientôt, avec une armée de Sanhadja et de Zenata, prendre position à El-Orbos (Laribus). Il se disposait à attaquer les Arabes près de Sebiba, lorsque Temim, fidèle à ses habitudes, parvint à semer la désunion dans l'armée de son cousin. Bientôt les Mag'raoua lâchèrent pied, et les Sanhadja furent mis en déroute avec leurs alliés. Le désastre d'En-Nacer fut complet. Ce prince, qui avait perdu dans l'action un de ses frères et son secrétaire, courut se réfugier à Constantine, suivi seulement de deux cents hommes, et de là regagna sa capitale (1065).

Temim profita de la défaite de son cousin pour reprendre Souça et Sfaks, qui s'étaient déclarées pour les Hammadites. L'année suivante il vint, avec l'appui de Zor'ba, attaquer Ibn-Khorassan, qui gouvernait à Tunis comme représentant d'En-Nacer. Après quatre mois de siège, cette ville, sur le point de succomber, n'échappa au pillage que par une soumission entière à Temim.

Cette guerre finie, les Arabes hilaliens firent irruption dans

---

1. Ibn-Khaldoun, *Berbères*, t. I, p. 271, t. II, p. 74, 154, t. III, p. 253, 254. Kartas, p. 190 et suiv.

l'empire hammadite et donnèrent un aliment à leur activité en ravageant d'une manière affreuse le pays ouvert. Mais bientôt la guerre éclata entre les Arabes eux-mêmes. Les Beni-Adi, repoussés de l'Ifrikiya par les Athbedj et les Riah, vinrent à Tripoli implorer le secours d'El-Montacer-ben-Khazroun, chef des Mag'raoua. Ce prince se mit à leur tête et, suivi sans doute par une partie des Arabes Soléïm, fondit sur les régions méridionales du Mag'reb. Une partie du Zab et la riche province du Hodna, avec les villes de Mecila et Tobna, furent livrées au pillage. Les Arabes poussèrent même l'audace jusqu'à venir fourrager auprès de la Kalâa. Mais En-Nacer étant sorti contre eux à la tête de quelques troupes, les fit reculer jusqu'à la limite du Zab. Le souverain hammadite n'osa cependant engager l'action, il préféra entrer en pourparlers avec l'ennemi et acheter la paix par l'abandon d'une partie des provinces conquises. Il se vengea de cette humiliation en attirant El-Montacer dans un guet-apens et le faisant assassiner par Ali-ben-Sindi, gouverneur de Biskra. Sa tête fut envoyée à En-Nacer et son corps mis en croix à la Kalâa [1].

Une paix qui consacrait l'établissement, au cœur du pays, de gens aussi remuants que les Arabes, ne pouvait être de longue durée, d'autant plus que la situation générale favorisait leurs désordres : les guerres intestines absorbaient les forces hammadites, car, en outre de la vieille querelle qui divisait toujours Temim et son cousin En-Nacer, celui-ci se trouvait entouré de séditions auxquelles il avait à faire face. Les tribus berbères, qui n'échappaient aux uns que pour tomber sous les coups des autres, renonçaient à tout espoir de paix et se joignaient aux Arabes pour dévaster, préférant profiter du pillage que de le subir.

En vain El-Nacer essayait de lutter contre ses ennemis et de réprimer, avec la plus grande rigueur, les révoltes des Berbères ou des Arabes, ceux-ci ne tardèrent pas à reparaître dans le Hodna et à y recommencer leurs dévastations ; ils étaient appuyés, cette fois, par les contingents des tribus zenètes des Mag'raoua et R'omert. El-Mansour, fils d'En-Nacer, ayant marché contre eux, les força à la retraite et les poursuivit jusqu'au delà de l'oasis de Biskra. Il parcourut ensuite le pays, châtiant les rebelles, et s'avança jusqu'à Ouargla, d'où il reprit le chemin de la Kalâa, en ramenant de nombreux otages de la tribu d'Athbedj. A peine était-il de retour de cette campagne, qu'il se vit contraint de marcher vers l'ouest pour combattre les Arabes de la tribu d'Adi, qui

---

1. Ibn-Khaldoun, *Berbères*, t. I, p. 45, 46, t. II, p. 49, 50, 86, t. III, p. 127, 128.

avaient fait alliance avec les Zenètes Toudjine. Les principaux chefs de ces tribus furent conduits à En-Nacer, qui ordonna de leur couper les pieds et les mains et de les laisser mourir en cet état.

En-Nacer fonde la ville de Bougie. Apogée de sa puissance. — Le Hammadite En-Nacer ayant vu ses provinces méridionales envahies par les Arabes et se trouvant dans l'impuissance absolue de réprimer les excès de ces nomades, auxquels les Berbères du sud ne s'associaient que trop, prit la résolution d'abandonner une capitale qui n'était plus au centre de ses provinces et dont les environs étaient devenus inhabitables. Vers 1067, il alla s'emparer de la montagne de Bedjaïa (ou Begaïa), où était campée une population berbère de ce nom. A peu de distance de cette montagne (le Gouraya), dont le pied baigne dans la mer, débouche une large rivière [1], arrosant une vallée fertile. Ce fut entre la rivière et la montagne, sur les ruines de l'ancien établissement romain de Saldæ, qu'En-Nacer construisit sa nouvelle capitale. Il lui donna son nom, *Nâceria*, mais celui de Bedjaïa (Bougie) a prévalu. Il y fit bâtir de magnifiques palais dans le but d'y transporter sa famille et ses trésors, certain d'être à l'abri des incursions des Arabes, grâce à l'abri naturel formé de tous côtés par des montagnes élevées. Pour attirer des habitants à Bougie, le prince les exempta de tout impôt; aussi la nouvelle capitale se peupla-t-elle rapidement et ne tarda-t-elle pas à acquérir une réelle splendeur.

Les tribus berbères montagnardes, et notamment les Zouaoua du Djerdjera, qui jusqu'alors avaient vécu dans l'indépendance la plus complète, subirent l'influence directe du gouvernement hammadite [2].

Les Zor'ba se fixent dans le Zab et le Hodna. Fractionnement des Athbedj et des Arabes Makil. — Pendant que les Athbedj et Makil luttaient contre les Hammadites pour gagner du terrain vers l'ouest, la guerre, depuis longtemps imminente, avait éclaté entre les Riah et les Zor'ba en Tunisie. Après plusieurs années de combats, les Zor'ba furent chassés successivement de tous leurs territoires et refoulés vers le sud-ouest. Abandonnant alors, et sans retour, la Tunisie aux Riah et aux Djochem, les Zor'ba émigrèrent. Pendant quelque temps, ils refoulèrent devant eux les

1. La Soumam, nommée plus haut Ouad-Sahel.
2. Ibn-Khaldoun, *Berbères*, t. II, p. 51.

Athbedj et Makil, puis ils forcèrent les premiers à se diviser pour leur livrer passage et s'installèrent à leur place dans le Hodna et les hauts plateaux du Mag'reb central, venant aboutir à cette plaine.

Les Athdedj se divisèrent en plusieurs groupes, dont l'un, Kerfa (ou Garfa) et Latif, occupa les oasis du Zab; un autre (Dreïd) les versants inférieurs de l'Aourés; un autre (Dahhak et A'iad) prit possession des montagnes bordant au nord le Hodna; enfin un quatrième, formé particulièrement des Amour, s'établit sur les plateaux attenant au mont Rached, qui prit son nom (Djebel-Amour).

Quant aux Makil, assez peu nombreux du reste, ils se massèrent aux environs du mont Rached. Une de leurs tribus, celle des Thaaleba, fit irruption dans le Tell, au sud de Médéa.

Ainsi les provinces du Zab et du Hodna se trouvèrent entièrement aux mains des Arabes, et furent changées en solitudes par ce peuple dévastateur, qui laissait le vide après lui [1].

Événements de Sicile. Succès du comte Roger. — Revenons maintenant en Sicile, où des événements importants s'étaient produits pendant ces dernières années.

Dans le mois de septembre 1062, le comte Roger retourna en Sicile avec un corps de soldats slavons qu'il avait enrôlés; il emmenait aussi sa femme, la courageuse comtesse Judith. La désunion des Musulmans les avait empêchés de profiter de leurs succès, après la mort d'Ibn-Thimna. Roger, appelé par les habitants de Trajana, déposa sa femme dans cette ville et recommença ses courses dans l'île, tombant à l'improviste sur les Musulmans et les mettant presque toujours en déroute. Sur ces entrefaites, arrivèrent à Palerme des secours envoyés d'Afrique par le prince zíride Temin, sous le commandement de ses deux fils Aïoub et Ali.

Un incident bien imprévu faillit mettre un terme à la brillante carrière de Roger. A la suite d'excès commis par les Normands, les habitants de Trajana appelèrent les Musulmans et leur livrèrent la ville. Le comte parvint cependant à se retrancher dans un quartier, où il fut bloqué étroitement pendant de longs mois et en proie à toutes les misères. On dit qu'il possédait un seul manteau pour lui et sa femme et qu'ils le prenaient alternativement lorsque l'un d'eux avait à sortir. Mais Roger n'était pas homme à se laisser ainsi mourir de faim : il inquiétait sans cesse l'ennemi par ses

---

1. Ibn-Khaldoun, *Berbères*, t. I, p. 46, 52 et suiv., 57, 70, 122, 123.

attaques, où il combattait toujours à la tête de ses guerriers. Un jour, dans une sortie, s'étant laissé emporter par son ardeur habituelle, il se vit tout à coup entouré de Musulmans, et, son cheval ayant été percé d'un coup de lance, il roula à terre. Les ennemis se jetaient sur lui pour le tuer, lorsque, parvenant à se dégager par des efforts surhumains, il fit, avec sa lourde épée, un tel moulinet autour de lui qu'il les éloigna à une distance respectueuse. Prenant alors la selle de son cheval sur sa tête, il rentra dans la ville sans être inquiété. Peu de temps après, les Normands forçaient leurs adversaires à lever le siège.

Le Ziride Aïoub avait pris le commandement et commencé avec entrain les hostilités. Roger marcha contre lui et lui infligea défaite sur défaite. Cependant, malgré ces succès, la situation des Normands était assez précaire en Sicile, car leurs troupes supportaient des pertes incessantes. Robert promettait bien de venir au secours de son frère, mais il était retenu par ses guerres contre les Byzantins.

Sur ces entrefaites, une flotte, envoyée par la république de Pise, arriva devant Messine et vint audacieusement enlever, dans le port, les galères musulmanes. Malgré les instances des Normands pour les retenir, les Pisans rentrèrent chez eux emportant un riche butin, qui leur servit à rebâtir le dôme de leur cathédrale [1].

Prise de Palerme par les Normands. — Roger était passé sur le continent pour faire de nouvelles levées et tâcher de décider son frère à le suivre. Au printemps de l'année 1064 [2], les deux frères passèrent en Sicile avec des renforts et vinrent essayer d'enlever Palerme. Mais ils ne purent y réussir, manquant de flotte, et les hostilités continuèrent sans succès de part ni d'autre, grâce à l'habileté guerrière d'Aïoub. Ibn-Haouachi avait fait son possible pour se rapprocher de ce prince. Mais bientôt la rupture éclata, et Aïoub resta seul maître de la Sicile musulmane. Ce fut alors la population de Palerme qui se souleva contre lui. Dégoûté de voir si peu de patriotisme parmi ses coreligionnaires dans un tel moment, Aïoub rentra en Afrique suivi de tous ses partisans.

Robert était retourné en Italie. Ainsi Roger se trouva seul, au moment où la discorde des Musulmans avait pour conséquence le départ du plus dangereux adversaire des Normands. Il redoubla

---

1. Elie de la Primaudaie, *Arabes et Normands*, p. 268 et suiv. Amari, *Musulmans de Sicile*, t. III, p. 89 et suiv.
2. Elie de la Primaudaie donne à tort la date de 1067.

d'audace et d'activité et terrifia les sectateurs de l'Islam par la rapidité de ses courses; il semblait qu'il fût partout à la fois. Pendant trois années, il ne cessa de combattre de cette façon, écrasant partout les centres de résistance et préparant la conquête définitive.

Pendant ce temps, Robert, sur la terre ferme, avait entrepris le siège de la place forte de Bari, dernier rempart des Byzantins. Le 16 avril 1071, il s'en rendit maître avec l'aide de son frère Roger. Celui-ci retourna en Sicile après avoir obtenu la promesse que toutes les troupes disponibles lui seraient envoyées pour achever la conquête. Bientôt en effet, Robert arriva dans l'île et aida son frère à s'emparer de Catane.

Pendant ce temps, on préparait la flotte dans les ports de la Pouille, et on chargeait tout le matériel qui avait servi au siège de Bari. Dans le mois de juillet, les deux frères vinrent la chercher et mirent à la voile avec cinquante-huit navires. Ils firent mine d'abord de se diriger sur Malte, puis ayant opéré une volte-face, ils cinglèrent sur Palerme et investirent cette ville par terre et par mer. « Le duc (Robert) s'établit au couchant..... et Roger dressa ses tentes au midi, sur les bords du fleuve Oreto. La flotte vint se ranger devant le port[1]. »

Les Musulmans, résolus à une défense désespérée, et confiants dans la solidité de leurs remparts, résistèrent d'abord à toutes les attaques. Temim ayant envoyé sa flotte au secours de Palerme, il se livra, en vue de la ville, une bataille navale qui se termina par la défaite et la dispersion des navires musulmans.

Le siège durait depuis quatre mois, sans que de grands progrès eussent été réalisés, lorsque, par suite de la trahison des mercenaires chrétiens qui gardaient la forteresse d'El-Khaleça, les Normands s'en emparèrent et y arborèrent leur gonfalon rouge. Dans cette affaire, le duc Robert, acculé au fond d'une rue étroite, avait failli périr et n'avait dû son salut qu'au secours apporté à point par son frère. Les Musulmans s'étaient réfugiés dans la vieille ville (El K'çar), et paraissaient disposés à résister jusqu'à la mort. Cependant, comme ils manquaient de vivres, ils se décidèrent à accepter une capitulation honorable que leur offrit le duc Robert (10 janvier 1072).

Le comte Roger achève la conquête de la Sicile. — Ainsi la capitale de la Sicile rentra, après deux cent quarante ans, en la possession des Chrétiens. Les princes normands se partagèrent

---

1. Elie de la Primaudaie, *Arabes et Normands*, p. 284.

alors leurs conquêtes : Robert conserva Palerme et le Val Demone ainsi que Messine. Le reste des possessions chrétiennes de l'île échut à Roger qui prit le titre de comte de Sicile ; il retint tous les soldats qui voulurent bien accepter ses offres, et il fut convenu que ce qu'il pourrait conquérir encore lui appartiendrait. Ainsi le duc de Pouille restait suzerain, avec le comte de Sicile comme vassal, et un certain nombre de barons comme feudataires.

Après avoir laissé à Palerme un « Emir » pour le représenter, Robert rentra chargé de butin dans la Pouille ; la plus grande partie de l'armée le suivit. Le duc trouvant ses feudataires et ses alliés du continent peu disposés à reconnaître son autorité, les réduisit alors par les armes et fit disparaître quelques petites principautés. La fortune lui était toujours fidèle et l'on dit que le pape Grégoire VII, après avoir lutté contre lui et l'avoir excommunié, finit par lui donner le titre de chevalier de Saint-Pierre et lui promettre l'empire d'Occident. En 1081, Robert passe en Grèce et combat l'empereur Alexis Comnène avec des chances diverses ; il rentre en Italie et bientôt est appelé par le pape assiégé dans le château Saint-Ange par l'empereur Henri IV, le vaincu de Canossa, maître de presque tous les quartiers de Rome. Le duc livre aux flammes une partie de la ville éternelle, car l'empereur n'a osé l'y attendre, rend la liberté au Saint-Père et lui offre, à Salerne, un refuge ressemblant assez à une prison. Peu après, étant retourné en Orient, il y obtient de grands succès et meurt d'un accès de fièvre à Céphalonie (17 juillet 1085). Il laissait deux fils : Boëmond et Roger qui se disputèrent son héritage.

Pendant que Robert essayait de réaliser en Orient ses visées ambitieuses, Roger étendait, pas à pas, son autorité en Sicile. Malheureusement, son sort était intimement lié à celui de son frère, et il arrivait souvent que Robert le requérait de lui fournir l'appui de son bras, pour ses guerres de terre ferme. Syracuse et le Val di Nota étaient le centre de résistance des Musulmans, et Roger trouva parmi eux quelques adversaires dignes de lui. En 1076, il s'empare de Trapani, après un rude siège. Au mois d'août 1078, Taormina subit le même sort. Pour récompenser son frère des services par lui rendus lors de la première expédition de Grèce, Robert lui abandonna le Val Demone.

Un Musulman, dont les auteurs arabes ne parlent pas et que les chroniques appellent du nom altéré de Benavert, avait pris en main la direction de la résistance contre les chrétiens dans l'île. C'était un homme vaillant et plein de ressources, et comme le comte Roger envoyait ses meilleures troupes à son frère ou passait lui-même sur le continent afin de l'aider, Benavert en profitait pour attaquer ses avant-postes ou piller ses alliés. En 1085, après la mort de Robert, le comte Roger traversa encore le détroit et s'employa à faire réussir l'élévation de son neveu Roger, au détriment de Boëmond. La moitié de la Calabre lui était promise, et il fallait aussi en prendre possession. Benavert poussa alors l'audace jusqu'à faire une descente en Calabre. Il pilla la ville de Nicotra, et, étant rentré en Sicile, saccagea, à Reggio, les églises de Saint-Nicolas et de Saint-Georges et enleva tout un couvent de femmes, qu'il emmena pour renforcer son harem. Roger ne tarda pas à tirer une éclatante vengeance de cette insulte. Il vint audacieusement attaquer Syracuse, où Benavert s'était réfugié, et se rendit maître de cette ville après avoir tué son défenseur (mai 1086). Peu après, les Normands s'emparaient de Girgenti, où régnait une colonie d'Edrisides hammoudites (1087). Enfin, en 1091, la chute de Butera fut le dernier épisode de la conquête : toute l'île appartint dès lors à Roger[1].

Descente des Pisans et des Génois a El-Mehdia. — En l'année 1087, les Pisans, alliés aux Génois et aux Amalfitains, effectuèrent une expédition contre El-Mehdia, dont le port était devenu le repaire de pirates audacieux, qui répandaient la terreur dans la Méditerranée et sur les côtes. Roger de Sicile avait refusé de prendre part à cette croisade, en raison des traités qui l'unissaient aux Zirides de l'Ifrikiya. Les flottes alliées se rallièrent à l'île Pantellaria. Prévenu du danger par des pigeons envoyés de l'île, Temim ne sut pas organiser la défense, et bientôt la rade se couvrit de trois cents voiles italiennes. Les alliés débarquèrent à Zouila au nombre de 30,000, dit-on, s'emparèrent de vive force de la ville qu'ils mirent au pillage, et incendièrent la flotte musulmane dans le port. Temim s'était réfugié dans la citadelle, et sa situation devenait critique, lorsqu'il se décida à traiter. Il versa une rançon de cent mille pièces d'or, mit en liberté les prisonniers chrétiens, s'obligea à faire respecter par ses corsaires les vaisseaux de ses ennemis, et enfin accorda, aux Génois et aux Pisans, des avantages commerciaux. Les alliés rentrèrent alors, chargés de dépouilles, dans leurs ports respectifs. On dit qu'ils avaient voulu d'abord faire hommage de leur conquête à Roger, mais que ce prince, ne se trouvant pas assez fort pour se lancer dans une nouvelle entreprise, déclina leurs offres sous le prétexte qu'il était en paix avec Temim[2].

1. Amari, *Musulmans de Sicile*, t. III, p. 134 et suiv. Elie de la Primaudaie, *Arabes et Normands*, p. 276 et suiv. Zeller, *Histoire d'Italie*, passim.
2. Amari, *Musulmans de Sicile*, t. III, p. 169, 170. Ibn-Khaldoun,

Événements d'Espagne. Affaiblissement de la puissance musulmane. — Nous avons dit, à la fin du chapitre précédent, que le roi de Castille et de Léon, Ferdinand I*er*, avait remporté de grands succès sur les Musulmans d'Espagne. Après avoir obtenu la soumission d'un certain nombre de petits rois, il s'attaqua au puissant maître de Séville, El-Motaded-ben-Abbad, et vint ravager le territoire de cette capitale. Le prince musulman, ne se sentant pas assez fort, dans ce moment, pour résister à son ennemi, plia devant l'orage et vint au camp du roi de Castille faire hommage de soumission. Il fut convenu qu'il paierait tribut au prince chrétien et, peu de temps après, des évêques arrivèrent à Séville pour fixer le montant de la redevance et recevoir les reliques d'un martyr (1063).

L'année suivante fut encore plus fatale aux Musulmans. Le roi Ferdinand s'empara de Coïmbre et expulsa les sectateurs de l'Islam du pays compris entre le Duero et le Mondego. Il alla ensuite attaquer Abd-el-Malek-el-Modaffer à Valence et lui infligea une grande défaite. Pendant ce temps, une armée normande au service du pape, opérant dans le nord-est, s'emparait de la forteresse de Babastro; un grand massacre des Musulmans suivit cette victoire. Peu après, les Normands ayant repassé les Pyrénées pour mettre leur butin en sûreté, El-Moktader, roi de Saragosse, se rendit maître de Babastro (1065).

La mort de Ferdinand délivra l'Espagne musulmane du plus grand danger qui l'eût encore menacée (fin décembre 1068). Presque en même temps, El-Motaded rendait le dernier soupir à Séville (février 1069). El-Motamed, son fils, lui succéda. C'était un prince éclairé, ami du plaisir et des poètes, aussi sa cour brilla-t-elle d'un grand éclat. Il en était ainsi dans presque toute l'Espagne musulmane : les principicules vivaient mollement dans de véritables cours d'amour, plus occupés de musique, de poésie et de fêtes où le vin et les belles se partageaient leurs faveurs, que de luttes et de combats. Les légistes (*fakihs*) déploraient cette décadence et la violation flagrante des règles de l'Islamisme, en présence du chrétien prêt à infliger de nouvelles humiliations au croissant.

En 1070, El-Motamed incorpora Cordoue à son royaume. El-Mamoun, de Tolède, appuyé par son allié Alphonse VI, voulut essayer d'enlever Cordoue, dont le commandement avait été laissé à Abbad, fils d'El-Motamed. Il s'en empara, en effet, par surprise, et

---

t. II, p. 24. El-Kaïrouani, p. 146. De Mas-Latrie, *Traités de paix et de commerce*, p. 29 à 33.

mit à mort le jeune prince (1075). Peu après, El-Mamoun mourait empoisonné. Dans le mois de septembre 1078, El-Motamed enleva d'assaut Cordoue et vengea les mânes de son fils; il conquit ensuite le pays tolédain compris entre le Guadalquivir et le Guadiana.

Cependant la dynastie de Ben-Abbad continuait à servir un tribut aux rois de Castille. Or, Alphonse VI, qui avait réuni à son royaume les provinces de ses frères Sancho et Garcia, était un suzerain exigeant et ayant sans cesse la menace à la bouche. Aussi les Musulmans vivaient-ils dans des transes perpétuelles, car à chaque instant le roi chrétien préparait ou annonçait une nouvelle invasion, et ce n'était qu'à force de sacrifices de toute nature qu'El-Motamed parvenait à écarter le danger.

El-Motamed avait, comme premier ministre, un certain Ibn-Ammar, homme de basse extraction mais poète consommé, qui avait été le meilleur ami de sa jeunesse. Ce vizir avait rendu à son maître les plus grands services, et, en dernier lieu, venait de conquérir la province de Murcie, arrachée par lui à Ibn-Tahar, lorsqu'une rupture éclata entre lui et le prince, que ses visées à l'indépendance avaient irrité. Forcé de fuir, Ibn-Ammar se réfugia d'abord auprès d'Alphonse, espérant le décider à servir ses projets de vengeance. N'y ayant pas réussi, il alla à Saragosse demander asile à El-Moutamen, qui venait de succéder à son père El-Moktader. Tombé entre les mains d'ennemis, il fut vendu à El-Motamed qui le tua de ses propres mains [1].

Succès d'Alphonse VI. Les Musulmans appellent les Almoravides en Espagne. — Alphonse VI, roi de Castille et de Léon, qui avait pris le titre d'empereur, se préparait ostensiblement à conquérir toute l'Espagne musulmane; il avait déjà un grand nombre de vassaux parmi les roitelets arabes, et, pour obtenir le maintien de leur existence précaire, ceux-ci étaient obligés de lui verser sans cesse de nouveaux tributs. El-Kader, roi de Tolède, était un des plus faibles et des plus exploités parmi ces tributaires : chassé de sa capitale par ses sujets révoltés, qui se donnèrent à El-Metaoukkel de Badajoz, il vint chercher asile près de son protecteur Alphonse, et celui-ci envoya son armée contre les Tolédains (1080).

En 1082, l'ambassade qu'Alphonse envoyait chaque année à Séville, et dans laquelle figurait un juif du nom d'Ibn-Chelbib, souleva, par son arrogance, la colère d'El-Motamed. Le juif fut crucifié et les envoyés chrétiens jetés en prison. Alphonse jura de

---

1. Dozy, *Musulmans d'Espagne*, t. IV, p. 134 et suiv.

tirer vengeance de cette injure. Après avoir obtenu la mise en liberté des chevaliers chrétiens, il envahit l'Espagne musulmane et s'avança, en détruisant tout devant lui, jusqu'à Tarifa. Il revint par le royaume de Tolède et y rétablit l'autorité d'El-Kader, auquel il extorqua des sommes considérables (1084). Mais ce n'était pas encore assez : il se fit livrer un grand nombre de forteresses.

Alphonse fit son entrée solennelle à Tolède le 25 mai 1085, et se proclama le *souverain des hommes des deux religions*. El-Kader, relégué à Valence, n'y restait que grâce à l'appui des soldats castillans, dont les excès n'avaient pas de bornes. Pendant ce temps, Alphonse assiégeait Saragosse, et ses capitaines faisaient des incursions incessantes dans les provinces d'Alméria et de Grenade. La terreur du nom chrétien régnait sur l'Espagne. Depuis longtemps les Musulmans tournaient leurs regards vers le Mag'reb, où les Almoravides obtenaient de si grandes victoires. Mais leurs princes hésitaient à appeler à leur secours le puissant Ben-Tachefine, comprenant bien que, s'ils le faisaient venir, ils n'échapperaient à un danger que pour tomber dans un autre.

Cependant El-Motamed, poussé par son fils Rached, se décida à se jeter dans les bras des Almoravides. « Je ne veux pas, dit-il, que la postérité puisse m'accuser d'avoir été la cause que l'Andalousie est devenue la proie des mécréants....., et, s'il me faut choisir, j'aime encore mieux être chamelier en Afrique que porcher en Castille ! » Ayant convoqué à Séville les envoyés des rois de Badajoz et de Grenade, ceux-ci dépêchèrent leurs cadis, lesquels se joignirent à ceux de Séville et de Cordoue et au vizir Ibn-Zaïdoun ; puis tous passèrent en Afrique [1].

YOUSSOF-BEN-TACHEFINE S'EMPARE DE TANGER, DU RIF, DE TLEMCEN ET DE CEUTA. — Youssof-ben-Tachefine discuta d'abord, avec les envoyés, les avantages qui lui seraient faits en échange du serment qu'on lui demandait de ne pas enlever aux princes andalous leurs royaumes ; il exigea qu'Algésiras lui fût cédé, et comme on fit des difficultés, il se tint dans une prudente indécision ; sans refuser absolument d'intervenir, il fit remarquer que son pouvoir n'était pas encore bien consolidé en Mag'reb, et qu'il devait, avant tout, abattre les derniers remparts de ses ennemis les Hammondites, Ceuta et Tanger. Selon Ibn-Khaldoun, El-Motamed promit son appui et envoya sa flotte bloquer Tanger, tandis qu'Ibn-

---

1. Dozy, *Musulmans d'Espagne*, t. IV, p. 156 et suiv. Id., *Recherches sur l'hist. de l'Espagne*, passim. Kartas, p. 202, 203. El-Marrakchi (éd. Dozy), p. 42 et suiv.

Tachefine chargeait son général Salah-ben-Amrane de l'attaquer par terre. Le vieux chambellan Seggout-el-Berg'ouati, qui commandait dans cette ville, marcha bravement contre lui et lui offrit le combat. La bataille, acharnée et meurtrière, se termina par la victoire des Almoravides et la mort de Seggout, qui se fit tuer pour ne pas survivre à sa défaite. Tanger tomba alors au pouvoir des vainqueurs, qui allèrent mettre le siège devant Ceuta. Le fils de Seggout, nommé Dïa-ed-Daoula, défendait cette place.

En attendant sa chute, Youssof s'occupa à réduire les régions maritimes du Rif. Guercif, Melila tombèrent en son pouvoir, puis ce fut Nokour, qu'il détruisit de fond en comble. De là, il se porta dans le cœur du pays et soumit les populations belliqueuses des Beni-Iznacen et leur capitale Oudjda. Continuant sa marche victorieuse, le chef des Almoravides vint mettre le siège devant Tlemcen, où s'étaient réfugiés les derniers débris des Mag'raoua et Beni-Ifrene, sous le commandement d'El-Abbas, rejeton de la famille d'Ibn-Khazer. Un assaut lui ayant livré la ville, les Zenètes furent massacrés.

Ibn-Tachefine séjourna un certain temps à Tlemcen, occupé à relever les fortifications de cette ville, dont il voulait faire le boulevard de son empire à l'est. Il fonda même, sur l'emplacement de son camp, un quartier qui fut appelé Tagraret. Après avoir laissé, comme gouverneur de la nouvelle conquête, son lieutenant Mohammed-ben-Tinâmer, le chef des Almoravides rentra à Maroc et envoya les troupes disponibles, sous la conduite de son fils El-Moëzz, contre Ceuta. Pressée de tous les côtés, cette place ne tarda pas à tomber au pouvoir des assiégeants. Dïa-ed-Daoula, amené devant le jeune vainqueur, provoqua sa colère et périt, par son ordre, dans les tourments (1084). Ainsi tomba l'autorité des Edrisides hammondites en Mag'reb [1].

LES ALMORAVIDES PASSENT EN ESPAGNE. VICTOIRE DE ZELLAKA. — Tout le Mag'reb obéissait dès lors à Ben-Tachefine, et rien ne s'opposait plus à ce qu'il passât en Espagne, où la situation des Musulmans était de plus en plus critique. El-Motamed continuait ses instances. Tout à coup il apprit qu'un premier corps d'Africains était en face d'Algésiras, et il dut, bon gré mal gré, ordonner à son fils Er-Radi d'abandonner la ville à ses auxiliaires. Peu après, le 30 juin 1086, Ibn Tachefine débarqua dans cette ville, où il s'installa en maître et où il fut rejoint par des forces considérables.

1. Ibn-Khaldoun, t. II, p. 77, 154, 155, t. III, p. 272. Kartas, p. 200 et suiv.

Bientôt, il se mit en route vers Séville et fut reçu par El-Motamed, qui lui apporta les plus riches présents ; l'armée almoravide profita de ces dons, qui furent partagés entre tous, conformément à l'usage. Abd-Allah, de Grenade, et Temim, de Malaga, petit-fils de Badis, lui amenèrent dans cette localité leurs contingents. El-Motacem, le roitelet d'Alméria, lui envoya un régiment de cavalerie. Après un repos de huit jours, l'armée se remit en route, rejoignit à Badajoz El-Metaoukkel et ses troupes et, de là, marcha sur Tolède.

A l'annonce du débarquement de ses nouveaux ennemis, Alphonse n'était pas resté inactif. Il avait levé le siège de Saragosse et, étant rentré à Tolède, avait appelé aux armes tous ses vassaux et alliés. Bientôt, à la tête de soixante mille guerriers environ, il s'avança sur la route de Badajoz. Les deux armées se rencontrèrent à Zellaka, entre cette ville et Tolède : l'effectif des Musulmans ne s'élevait guère qu'à vingt mille hommes, et comme les Andalous avaient souvent éprouvé la valeur des guerriers castillans, ils n'étaient nullement rassurés. Ibn-Tachefine envoya à Alphonse une sommation hautaine d'avoir à embrasser l'islamisme, ou à payer tribut, ou à lui faire la guerre. Le roi chrétien répondit en invitant son ennemi à se préparer au combat. Le vendredi 23 octobre 1086, l'action s'engagea entre les Chrétiens et les Musulmans andalous qui formaient l'avant-garde. En vain, El-Motamed supplia qu'on lui envoyât des secours ; le rude Saharien, qui avait son plan et dont l'âme de puritain avait été scandalisée par le luxe de ses coreligionnaires d'Espagne, ne tint aucun compte de leurs réclamations. On dit même qu'il prononça cette parole peu rassurante pour l'avenir : « Peu m'importe le sort de ces gens, ce sont tous des ennemis ! »

Cependant Youssof-ben-Tachefine, avec ses Almoravides, avait fait un détour et s'était jeté sur le camp mal défendu des Chrétiens. A cette nouvelle, ceux-ci, qui avaient déjà mis en déroute les Andalous, firent volte-face et coururent à la défense de leurs derrières. Un combat acharné s'engagea dans le camp même. Le chef des Almoravides y déploya la plus grande bravoure personnelle. En même temps, les Andalous, ralliés et appuyés par un corps d'Africains sous le commandement du général Sir-ben-Abou-Beker, fondirent sur l'autre front, et bientôt l'armée chrétienne se trouva coupée en plusieurs tronçons. La garde noire almoravide fit des prodiges de valeur et faillit s'emparer d'Alphonse, qui fut blessé à la cuisse par un nègre. La victoire des Musulmans était complète, et ce fut à grand'peine que le roi chrétien put se sauver suivi de quatre à cinq cents cavaliers, blessés comme lui, et se réfugier à Tolède. Toute la nuit, les Marabouts poursuivirent les fuyards et en firent un véritable carnage. Youssof envoya une grande quantité de têtes dans les principales villes d'Espagne et de Mag'reb. Des réjouissances publiques saluèrent, des deux côtés de la Méditerranée, la victoire des Almoravides.

Les Berbères avaient sauvé, une fois de plus, l'Espagne islamique; mais la puissance des Chrétiens était encore fort grande. Alphonse s'était jeté sur l'Espagne orientale, et Youssof ne se jugeait pas assez fort pour tenter de nouveau le sort des armes contre lui. Comme il venait, en outre, d'apprendre la mort de son fils à Ceuta, il se décida à rentrer en Mag'reb et laissa ses troupes sous le commandement du général Mohammed-ou-Medjoun.

Le succès des Almoravides fournissait au parti des fakihs (lettrés) l'occasion de relever la tête. Partout le nom d'Ibn-Tacheſine était prôné dans les mosquées comme celui d'un sauveur, destiné non seulement à venger les Croyants de l'humiliante domination des infidèles, mais encore à rétablir la pratique de la religion dans toute sa pureté. Les principicules musulmans voyaient bien le danger qui résultait pour eux de leur délivrance même; aussi commencèrent-ils à montrer de la méfiance et de l'éloignement pour le chef des Almoravides [1].

1. Dozy, *Musulmans d'Espagne*, t. IV, p. 198 et suiv. Id., *Recherches sur l'hist. de l'Espagne*, passim. Ibn-Khaldoun, *Berbères*, t. II, p. 78 Kartas, p. 206 et suiv.

CHAPITRE IV

LES ALMORAVIDES

1088-1122

Situation de l'Espagne depuis la bataille de Zellaka. — Youssof-ben-Tacheflne passe de nouveau en Espagne. — Condamnation des émirs musulmans d'Espagne par les fakihs. — Les Almoravides détrônent les émirs andalous et restent seuls maîtres de l'Espagne musulmane. — Mort du Hammadite En-Nacer. Règne d'El-Mansour. — Luttes entre les Hammadites et les Almoravides soutenus par les Ouemannou. — Youssof-ben-Tachefine Prince des Croyants. — Campagne d'El-Mansour contre Tlemcen. Apogée de l'empire hammadite. Mort d'El-Mansour. — Mort de Youssof-ben-Tachefine. Son fils Ali lui succède. — Mort du Ziride Temim. Règne de son fils Yahïa. — Règne du Hammadite El-Aziz. — Guerres du Ziride Ali contre les rebelles de l'Ifrikiya, les Hammadites et les Normands. — Apogée de la puissance almoravide. — Situation des Arabes en Afrique au commencement du xii siècle. — Les Normands en Sicile. Roger II.

SITUATION DE L'ESPAGNE DEPUIS LA BATAILLE DE ZELLAKA. — La victoire des Almoravides à Zellaka avait eu pour conséquence, ainsi que nous l'avons dit, de relever le parti des fakihs ou légistes, sorte de clergé laïque qui gémissait de la tiédeur religieuse, de l'hétérodoxie même, dont les princes musulmans donnaient l'exemple. Le sentiment du peuple était, en cela, conforme à celui des fakihs, et l'on entendait le nom de Ben-Tachefine invoqué par tous les humbles comme celui d'un libérateur qui, non seulement débarrassait les Musulmans de l'odieuse domination des infidèles, mais encore supprimait les impôts irréguliers et contraires aux prescriptions du Koran. Cette coalition, qui avait pour elle le nombre, ne cessait d'adresser des appels aux Almoravides. Les fakihs y joignaient des consultations (*fetoua*), dans lesquelles ils démontraient que, depuis la chute de la dynastie oméïade, les princes andalousiens s'étaient mis hors la loi par leur soumission aux infidèles et leur violation journalière des règles de la religion.

En face de ce parti se trouvaient les princes andalous avec leurs clients et les lettrés, qu'il ne faut pas confondre avec les fakihs. C'étaient d'aimables épicuriens sacrifiant tout au plaisir et à la poésie. Un vers bien tourné ouvrait la porte à toutes les positions. Dans cette existence amollie, les vertus guerrières et le sentiment de la justice s'étaient également atténués. Les principicules étaient fort heureux d'avoir échappé au joug d'Alphonse; mais ils ne tenaient nullement à voir revenir au milieu d'eux le sauvage Africain qui les avait sauvés. Ils affectaient, à son endroit, le plus profond mépris et criblaient d'épigrammes ce puissant souverain, qui pouvait à peine parler l'arabe et ne comprenait rien aux raffinements de la civilisation.

Quant aux Chrétiens, bien qu'ayant été durement éprouvés par le désastre de Zellaka, ils étaient encore très redoutables et menaçaient sans cesse Valence, Alméria, Murcie, Lorca. Fortement établis dans la citadelle d'Alédo, entre ces deux dernières villes, ils lançaient de là des bandes de hardis guerriers qui répandaient partout le pillage et la dévastation. A Valence, Rodrigue le Campéador (le Cid) exerçait un pouvoir tyrannique, en se parant du titre de protecteur d'El-Kader [1].

YOUSSOF-BEN-TACHEFINE PASSE DE NOUVEAU EN ESPAGNE. — El-Motamed, qui visait toujours à la suprématie de l'empire musulman d'Espagne, était fort inquiet de l'audace des Chrétiens. Il considérait particulièrement Lorca et Murcie comme les dépendances de son royaume, et tremblait de voir tomber ces villes aux mains de ses ennemis. Toutes les tentatives qu'il avait pu faire pour les repousser n'avaient abouti qu'à des désastres. Rassuré sur les intentions du chef des Almoravides par la loyauté avec laquelle il était retourné en Mag'reb, sans retenir d'autre place qu'Algésiras, il se décida à requérir encore son appui, et vint même à Maroc pour achever de le décider. Youssof céda enfin à ses instances et promit de retourner dans la péninsule.

Au printemps de l'année 1090, en 1088 selon le Kartas et Ibn-Khaldoun, il débarqua à Algésiras, et ayant rejoint l'armée d'El-Motamed, vint mettre le siège devant Alédo. Les rois de Grenade, de Malaga, de Murcie, d'Alméria et d'autres chefs arrivèrent à son camp avec leurs contingents. Mais la place forte d'Alédo était bien garnie de défenseurs et, grâce à sa situation, défiait un coup de main. Il fallut passer de longs mois sous ses murailles et se contenter de maintenir un blocus rigoureux. Dans cette période d'inaction forcée, les rivalités et les intrigues se donnèrent libre cours. Les princes andalous cherchèrent, par toute sorte de machinations, à se perdre mutuellement dans l'esprit du maître.

C'est à la suite de telles manœuvres que Yousso livra Ibn-Rachik à El-Motamed, sous la réserve que la vie sauve lui serait laissée.

---

1. Dozy, *Musulmans d'Espagne*, t. IV, p. 209 et suiv. Id., *Recherches sur l'hist. de l'Espagne*, t. I et II, passim.

Les Murciens, prenant parti pour leur chef, se mutinèrent et rentrèrent chez eux.

Mais, dans l'atmosphère où vivait Ibn-Tachefine, il y avait une autre source d'excitation à laquelle il lui était difficile de résister. C'était cet encens grossier, mais bien approprié à sa nature primitive, que brûlaient autour de lui les fakihs et les gens du peuple, avec cette invitation perpétuelle de prendre en main les intérêts de la religion. Il avait conservé strictement les pratiques d'un puritanisme sévère et ne faisait rien sans consulter les représentants officiels de la religion. Les raisonnements subtils de certains légistes eurent sur son esprit un grand effet, car ces gens surent lui persuader que les fakihs avaient le pouvoir de le délier du serment prêté à El-Motamed.

En même temps, El-Motacem, roi d'Alméria, ennemi personnel d'Ibn-Abbad, agissait sur le chef des Almoravides, en lui affirmant qu'El-Motamed le considérait comme un homme sans conséquence, dont il saurait se débarrasser quand il n'aurait plus besoin de lui. Rien ne pouvait être plus sensible à Youssof. Après avoir tenu Alédo assiégé durant quatre longs mois, les Musulmans se décidèrent à la retraite en apprenant qu'Alphonse arrivait avec une armée de secours [1].

Condamnation des émirs musulmans d'Espagne par les Fakihs. — Cédant aux instances des fakihs, Youssof-ben-Tachefine ordonna alors à tous les princes espagnols de supprimer les impôts et corvées en contradiction avec les principes du Koran. Aussitôt il marcha sur Grenade, dont le faible Abd-Allah lui ouvrit les portes. Le chef des Almoravides le chargea de chaînes; puis il proclama la suppression des taxes et impôts et fit une entrée triomphale dans la ville. Il y trouva des richesses considérables, qu'il partagea entre ses officiers.

Les émirs El-Motamed et El-Motaoukkel et le fils d'El-Motacem vinrent à Grenade féliciter le chef des Almoravides, dans l'espoir d'écarter l'orage prêt à fondre sur eux; mais ils furent très froidement accueillis, et le fils d'El-Motacem se vit brutalement arrêté. Les émirs se convainquirent alors qu'ils n'avaient plus rien à espérer. Ayant obtenu, non sans peine, de rentrer chez eux, ils conclurent ensemble une trêve et s'engagèrent à ne fournir ni vivres ni secours aux Almoravides. Puis ils entrèrent en pourpar-

---

1. Ibn-Khaldoun, *Berbères*, t. II, p. 79. Kartas, p. 216 et suiv. Dozy, *Musulmans d'Espagne*, t. IV, p. 217 et suiv.

lers avec Alphonse et sollicitèrent son appui contre celui qu'ils avaient appelé pour le vaincre.

Quant à Youssof, après avoir enlevé Malaga à Temim, il se rendit à Algésiras et fit savoir aux fakihs qu'il attendait d'eux une décision catégorique. Les légistes rendirent alors une fetoua qui condamnait, sur tous les chefs, les émirs andalous comme ennemis de la religion et alliés des infidèles. Cette consultation fut envoyée dans les principales villes du Mag'reb et de l'Orient et reçut l'approbation de tous les docteurs, y compris celle du grand El-R'azali. S'étant mis en règle avec sa conscience religieuse, Ibn-Tachefine rentra en Mag'reb et laissa, à son fidèle général Sir, le soin d'anéantir les petites royautés musulmanes de la péninsule.

Les Almoravides détrônent les émirs andalous et restent seuls maîtres de l'Espagne musulmane. — Dans le mois de décembre 1090, Tarifa tomba aux mains des Almoravides. Peu après, ceux-ci entraient en vainqueurs à Cordoue, après avoir tué un fils d'El-Motamed qui défendait cette ville (mars 1091). Carmona éprouva bientôt le même sort (mai). Les puritains vinrent alors assiéger El-Motamed à Séville. Ce prince se prépara à une résistance désespérée et adressa un nouvel appel à Alphonse, qui envoya des troupes à son secours; mais elles furent défaites, et bientôt la situation de Séville devint des plus critiques. Sir étant arrivé avec des troupes fraîches, on donna l'assaut le dimanche 7 septembre et, malgré la défense héroïque des assiégés, la ville fut enlevée et livrée au pillage par les Almoravides. Retranché dans son château, El-Motamed voulait s'ôter la vie; mais, cédant aux instances de sa famille, il consentit à se livrer sans conditions à ses ennemis. Son fils Er-Rad'i tenait encore à Ronda et pouvait y résister longtemps. Néanmoins, pour sauver la vie de son père, il se rendit au général qui l'assiégeait et qui, au mépris de sa parole, le fit lâchement assassiner.

Alméria tomba peu après, et El-Motacem, sur son lit de mort, put entendre les tambours almoravides. Son fils Azz-ed-Doula s'était réfugié à Bougie, à la cour des princes hammadites.

Murcie, Denia et Xativa subirent ensuite le sort d'Alméria. Enfin, en 1094, une armée nombreuse marcha contre El-Metaoukkel, qui avait espéré obtenir l'appui d'Alphonse en lui livrant les places de Lisbonne, Cintra et Santarem. La ville de Badajoz ayant été enlevée d'assaut, El-Metaoukkel fut pris et mis à mort avec son fils.

Ainsi, presque toute l'Espagne musulmane se trouva soumise aux Almoravides et les petites principautés disparurent. Une terreur religieuse dirigée par les fakihs, ayant comme bras séculier celui des puritains d'Afrique, régna dans la belle Andalousie, si aimable et si policée quelques années auparavant. Les poètes furent réduits à la mendicité. Quant aux philosophes et aux libres penseurs, ils expièrent souvent, dans les tortures, le crime d'irréligion.

Il nous reste à faire connaître le sort des princes dépossédés qui n'avaient pas péri. Abd-Allah et Temim, petits-fils de Badis, obtinrent la liberté, mais sous la réserve de l'internement à Maroc. El-Motamed fut envoyé, chargé de chaines, à Tanger. De là, on le transféra à Meknès, puis à Ar'mat, où il fut détenu dans une dure captivité. Pour le nourrir, sa femme, la fidèle Romaïkia, et ses filles, étaient contraintes de travailler de leurs mains. Quant à lui, il avait conservé son goût pour la poésie et passait tout son temps à composer des vers, où il rappelait sa grandeur passée. Parfois, un rayon d'espérance pénétrait dans la sombre prison : c'était un barde d'Andalousie qui lui récitait, du dehors, un poème dont les mots à double entente lui donnaient des nouvelles de son pays. El-Motamed, toujours captif, mourut en 1095 [1].

Mort du Hammadite En-Nacer. Règne d'El-Mansour. — En 1089, En-Nacer cessa de vivre à Bougie. Les dernières années de son règne lui avaient laissé une tranquillité relative, car il avait abandonné aux Arabes les contrées du sud et avait pu donner tous ses soins à sa nouvelle capitale. Ce prince avait su lier et entretenir de bonnes relations avec plusieurs républiques italiennes ; il fut particulièrement l'ami du Saint-Siège, et, par l'intermédiaire d'un prêtre, nommé Servand, qui fut plus tard évêque de Bône, il entretint avec Grégoire VII une correspondance dont l'intérêt des Chrétiens d'Afrique fit, généralement, le fond.

El-Mansour, fils d'En-Nacer, succéda à son père et s'appliqua, comme lui, à faire de Bougie une métropole de premier ordre. Il y transporta le siège de sa royauté en 1090. Selon le géographe Edrisi, Bougie s'était rapidement élevée au premier rang comme ville commerciale et entrepôt [2]. Malheureusement il fut distrait de ces soins par la révolte de son oncle Belbar, gouverneur de Constantine. Abou-Yekni, cousin d'El-Mansour, ayant marché contre

---

1. Dozy, *Musulmans d'Espagne*, t. IV, p. 271 et suiv. Ibn-Khaldoun, *Berbères*, t. II, p. 80, 81. Kartas, p. 221 et suiv. El-Kaïrouani, p. 183. El-Marrakchi (éd. Dozy), p. 66 et suiv.

2 De Mas-Latrie, *Traités de paix et de commerce*, p. 18 et suiv. Edrisi, t. I, p. 237 et suiv.

le rebelle, le mit en déroute et reçut, à sa place, le commandement de Constantine. Son frère Ouir'lane fut envoyé à Bône.

En 1093, l'Ifrikiya fut désolée par la famine et la peste. L'année suivante, Abou-Yekni leva l'étendard de la révolte à Constantine et intima à son frère Ouir'lane l'ordre d'aller à El-Mehdïa offrir leur soumission à Temim, en lui donnant comme garantie la possession de Bône. En même temps, il s'entendit avec les Arabes qui lui promirent leur appui, et entra même en pourparlers avec les Almoravides, sans doute par l'intermédiaire du gouverneur de Tlemcen, les engageant à entreprendre la conquête du royaume hammadite.

Le prince d'El-Mehdïa accepta avec empressement la soumission inattendue que lui apportait Ouir'lane, et envoya avec ce dernier son fils Abou-el-Fetouh occuper Bône. Mais bientôt une armée, envoyée de Bougie par El-Mansour, vint les y assiéger, et, après sept mois de lutte, s'empara de la ville. Les deux chefs furent expédiés, chargés de chaînes, à Bougie. El-Mansour entreprit alors le siège de Constantine. A son approche, Abou-Yekni abandonna la ville, en confiant sa défense à un Arabe de la tribu d'Athbedj, nommé Soleïsel-ben-el-Ahmar; quant à lui, il alla se retrancher dans l'Aourès. Presque aussitôt, Soleïsel livra Constantine aux Hammadites pour une somme d'argent.

Bien qu'étant ainsi rentré en possession de ces deux villes importantes, El-Mansour n'obtint pas encore la paix, car Abou-Yekni, appuyé par les Arabes, ne cessa de faire des incursions sur le territoire hammadite, et il fallut entreprendre une campagne en règle pour s'emparer de lui [1].

LUTTES ENTRE LES HAMMADITES ET LES ALMORAVIDES SOUTENUS PAR LES BENI-OUEMANNOU. — Pendant que le khalife El-Mansour était absorbé par ces révoltes, il avait dû négliger la surveillance de sa frontière occidentale. Il était gardé de ce côté par les Beni-Ouemannou, qui avaient toujours donné des preuves d'attachement aux Hammadites; aussi les princes de cette dynastie n'avaient-ils pas dédaigné de s'allier à leurs chefs par des mariages. Ces Berbères prêtèrent alors l'oreille aux suggestions de Mohammed-ben-Tinâmer, gouverneur de Tlemcen, et lui laissèrent franchir les limites de l'empire des Beni-Hammad.

Ibn-Tinâmer s'avança victorieusement vers l'est, conquit Oran et Ténès, dépassa les monts Ouarensenis et vint mettre le siège devant Alger. El-Mansour marcha aussitôt contre les Almoravides.

1. Ibn-Khaldoun, *Berbères*, t. II, p. 52, 53.

En traversant le territoire des Ouemannou, dont le chef, Makhoukh, était son beau-frère, il fut très surpris de voir l'attitude hostile de ses anciens alliés. Ravageant alors sans pitié leurs cultures, il poursuivit les Almoravides l'épée dans les reins et aurait, à son tour, franchi leurs limites, si Youssof-ben-Tachefine ne s'était empressé d'intervenir et d'obtenir la paix, en désavouant son officier.

A peine le souverain hammadite était-il de retour à Bougie que les hostilités recommencèrent de la part des Beni-Ouemannou et des Almoravides. El-Mansour, ayant envoyé contre eux son fils Abd-Allah, celui-ci remporta quelques succès et leur enleva la ville d'El-Djabate, située sur la rive gauche de la Mina, non loin de Tiharet; puis il rentra à Bougie. Mais après son départ, les Beni-Ouemannou recommencèrent les hostilités. El-Mansour marcha en personne contre eux et essuya la défaite la plus complète; il dut rentrer à Bougie, ne ramenant avec lui que quelques hommes. Ce fut à la suite de cet échec que, plein de fureur, il fit mettre à mort sa propre femme, dont le crime était d'être la sœur de Makhoukh [1].

Youssof-ben-Tachefine, prince des Croyants. — Vers 1097, Youssof-ben-Tachefine passa, pour la troisième fois, en Espagne et fit essuyer, dit-on, de nouvelles défaites au roi chrétien. De tous les principicules musulmans, Ibn-Houd restait seul indépendant à Saragosse. Valence, il est vrai, n'obéissait pas encore aux marabouts, mais son asservissement était proche. Maître d'un vaste empire, s'étendant sur les deux rives de la Méditerranée, le chef des Almoravides céda aux incitations qui, de toutes parts, le poussaient à prendre le titre de prince des Croyants (*Emir-el-Moumenine*). En même temps, il envoya à Bagdad, auprès du khalife abbasside El-Mostadher, une ambassade chargée de lui offrir son hommage. Ses envoyés, deux habiles légistes d'Andalousie, surent arracher au khalife d'Orient un diplôme conférant à Ibn-Tachefine le titre de « souverain de l'Espagne et du Mag'reb ». Cette concession, il est vrai, ne coûtait pas grand sacrifice à El-Mostadher, dont l'amour-propre avait été satisfait par l'hommage inattendu de ce lointain vassal.

You-sof s'entoura alors des insignes de la royauté et fit frapper des dinars (pièces d'or) qui portaient d'un côté l'inscription suivante : « *Il n'y a d'autre Dieu que lui; Mohammed est son prophète.* » Et plus bas : « *Le prince des Croyants, Youssof-ben-Tachefine.* » De l'autre côté : « *Celui qui prêchera une religion*

---

1. Ibn-Khaldoun, t. II, p. 54, t. III, p. 294.

autre que l'Islamisme ne sera pas écouté; il sera au nombre des réprouvés au jour du jugement » (Kor.). Et plus bas : « *L'émir Abd-Allah, prince des Croyants abbasside*[1]. »

CAMPAGNE D'EL-MANSOUR CONTRE TLEMCEN. — APOGÉE DE L'EMPIRE HAMMADITE. MORT D'EL-MANSOUR. — Après la défaite d'El-Mansour par les Beni-Ouemannou, le gouverneur de Tlemcen, Tachefine-ben-Tinâmer, qui avait succédé à son frère Mohammed, vint, avec l'appui de cette tribu zenète, dévaster de fond en comble la ville d'Achir.

A cette nouvelle, la colère d'El-Mansour ne connut plus de bornes. Il jura de tirer de cette insulte une éclatante vengeance, et, à cet effet, réunit toutes ses forces et adressa un appel aux tribus arabes et même zenètes. Les Athbedj, Zorba et Rebiâ-Makil lui envoyèrent leurs contingents et, en 1102, il se mit en marche à la tête d'une armée de vingt mille hommes. Rien ne résista à cette tourbe, qui parvint, tout d'une traite, dans les murs de Tlemcen.

Tachefine-ben-Tinâmer étant sorti à la rencontre de ses ennemis, essuya, auprès du Tessala, une entière défaite, et put, à grand' peine, se réfugier dans les montagnes abruptes du Djebel-es-Sakhera. A la suite de cette victoire, l'armée hammadite pénétra dans Tlemcen. Le pillage avait déjà commencé lorsqu'une femme de Tachefine, n'écoutant que son courage, vint se jeter aux pieds d'El-Mansour et le supplier d'épargner la ville, en lui rappelant les liens qui les unissaient, puisqu'ils appartenaient tous deux à la grande famille des Sanhadja. Touché par ses paroles, El-Mansour fit grâce à Tlemcen. Par son ordre, le pillage cessa, et bientôt l'armée reprit la route de l'est.

El-Mansour passa par la Kalâa, qui était toujours restée une place de guerre importante, et, après y avoir séjourné quelque temps, alla réduire les populations berbères qui, en plusieurs endroits, s'étaient encore lancées dans la révolte. A force d'activité et de talent, il parvint enfin à rétablir la paix dans l'empire hammadite, dont il porta la puissance à son apogée. La mort vint surprendre ce grand prince dans toute sa gloire, en 1104. Son fils Badis lui succéda[2].

MORT DE YOUSSOF-BEN-TACHEFINE. SON FILS ALI LUI SUCCÈDE. — De nouveaux succès avaient été obtenus en Espagne par les Almo-

---

1. El-Kaïrouani, p. 183.
2. Ibn-Khaldoun, *Berbères*, t. I, p. 46, 50, t. II, p. 54, 55, 82, t. III, p. 295.

ravides. Le Cid étant mort en 1099, sa veuve Chimène (Jimena) se maintint encore à Valence pendant plus de deux années, mais en 1102, les Castillans, ne pouvant plus résister, se décidèrent, sur le conseil d'Alphonse, à évacuer la ville ; toutefois, ils l'incendièrent en partant et ne laissèrent aux Musulmans qu'un amas de décombres.

Ce fut sur ces entrefaites que le chef des Almoravides apprit l'expédition d'El-Mansour contre Tlemcen. Il s'empressa, pour donner satisfaction au souverain hammadite, de destituer l'imprudent Tachefine, qui fut remplacé par le général Mezdeli. Laissant ensuite le commandement de l'Espagne à son fils Ali, qu'il fit reconnaître comme héritier présomptif, il rentra en Mag'reb. Les Almoravides remportèrent alors de nouveaux succès sur les Chrétiens en Espagne.

Dans le mois de septembre 1106, correspondant au commencement du vi^e siècle de l'hégire, Youssof-ben-Tachefine, qui était malade depuis quelque temps, termina sa glorieuse carrière ; il était âgé, dit-on, de près de cent ans. L'immense empire qu'il avait fondé, par son courage et son habileté, s'étendait sur les deux rives de la Méditerranée, et comprenait l'Espagne musulmane et tout le Mag'reb extrême, avec les solitudes du désert jusqu'au Soudan. On faisait la prière en son nom dans dix-neuf cents chaires. Le rôle d'Ibn-Tachefine, dans l'histoire de la Berbérie, a été considérable : en détruisant les petites royautés qui se disputaient le Mag'reb, en faisant disparaître les restes de vieilles tribus, usées et sans force, et en les remplaçant par du nouveau sang indigène, il redonna la vie à la nation berbère, et lui prépara les jours de gloire qu'elle allait connaître sous la dynastie almohâde. Au point de vue de l'ethnographie du pays, cette révolution eut des conséquences très sérieuses que nous indiquerons plus loin [1].

Le nouveau souverain était un homme d'un caractère mystique, entièrement dominé par la dévotion. « Il passa sa vie à prier et à jeûner. » Ce fut le triomphe des fakihs, qui entourèrent complètement son trône et guidèrent toutes ses déterminations [2].

Mort du Ziride Temim. Règne de son fils Yahïa. — Dans l'est, les luttes continuaient entre les tribus hilaliennes. Vers la fin du xie siècle, les Riah repoussèrent définitivement les Zor'ba de l'Ifrikiya, et l'une de leurs tribus, celle des Akhdar, s'empara de Badja.

---

1. Ibn-Khaldoun, *Berbères*, t. II, p. 82, 83. Kartas, p. 223, 224. El-Kaïrouani, p. 181.
2. Dozy, *Musulmans d'Espagne*, t. IV, p. 248.

Temim, ne se trouvant pas assez fort pour imposer sa volonté, dut rester spectateur de ces luttes. Il employa les forces dont il disposait à faire la guerre aux principicules qui s'étaient déclarés indépendants autour de lui. Nous avons déjà vus que Tunis, où commandaient les Ben-Khoraçan, avait reconnu sa suzeraineté; il obtint ensuite la soumission de Sfaks et des iles Djerba et Kerkinna. La mort le surprit au milieu de ces occupations (février 1108). Il était âgé de quatre-vingt-neuf ans, et son triste règne avait duré plus de quarante-six années. Il laissait un grand nombre d'enfants.

Yahïa, l'un des fils de Temim, succéda à son père. Un de ses premiers actes fut l'envoi de sa soumission aux khalifes fatemides d'Egypte. Il reçut d'eux, avec un riche cadeau, le titre presque dérisoire de représentant du gouvernement fatemide, que son grand-père avait répudié. Après être rentré en possession de Klibia (Clypée), Yahïa s'appliqua à reconstruire et compléter sa flotte, et donna tous ses soins à la direction de la course. Bientôt, ses navires sillonnèrent la Méditerranée et vinrent commettre des déprédations sur les côtes d'Italie, de France et des iles[1].

Règne du Hammadite El-Aziz. — A Bougie, le nouveau souverain n'avait pas tardé à se livrer aux écarts d'un caractère fantasque et cruel. Une terreur sanglante pesait sur cette ville depuis qu'il était monté sur le trône, lorsqu'une mort subite débarrassa de lui ses sujets. Il n'avait pas régné un an (1105). Son frère, El-Aziz, prit alors en mains les rênes du pouvoir, et, par une sage administration, ne tarda pas à faire oublier les désordres de Badis. La paix, renouvelée avec les Beni-Ouemannou, avait été de nouveau cimentée par le mariage du souverain avec une fille de Makhoukh.

L'empire hammadite goûta alors quelques années de paix, pendant lesquelles El-Aziz appliqua tous ses soins à l'embellissement de sa capitale. Sa cour brilla du plus vif éclat, car ce prince éclairé y attira les savants de l'Espagne et de l'Afrique.

Les incursions des Arabes, dans les provinces méridionales, et leurs déprédations jusque sous les murs de la Kalâa, le forcèrent cependant à reprendre le harnais du guerrier. Après leur avoir infligé quelques défaites, il obtint d'eux une fragile soumission, comme celles que les nomades s'empressent d'offrir en de telles circonstances.

Guerres du Ziride Ali contre les rebelles de l'Ifrikiya, les

---

1. Ibn-Khaldoun, *Berbères*, t. II, p. 24, 25, 30. El-Kaïrouani, p. 151.

HAMMADITES ET LES NORMANDS. — Dans le mois d'avril 1116, le Ziride Yahïa mourut à El-Mehdia ; il fut, dit-on, assassiné par ses frères. Son fils Ali lui succéda, et, comme Ahmed-ben-Khoraçan, gouverneur de Tunis, venait de répudier l'autorité ziride et d'envoyer son hommage de vassalité au prince de Bougie, il réunit un effectif imposant avec lequel il vint mettre le siège devant cette ville. S'étant bientôt rendu maître de Tunis, Ali contraignit Ibn-Khoraçan à la soumission.

Un autre rebelle restait à réduire. C'était Rafâ-ben-Kâmel, de la famille des Ben-Djama, à Gabès, chef qui avait acquis une grande puissance et était entré en relations avec les Normands de Sicile. Le prince ziride réunit les troupes dont il pouvait disposer et enrôla sous ses drapeaux les contingents de toutes les tribus arabes de la plaine de Kaïrouan et des environs, à titre de mercenaires.

Il se disposait à se rendre par mer à Gabès lorsque les vaisseaux de Roger II de Sicile, venus au secours de Rafâ, parurent dans le golfe (1117). On dit que la flotte musulmane lui offrit le combat et fut en partie capturée et détruite; selon d'autres versions, le succès des chrétiens aurait été moins décisif. Dans tous les cas, cet événement inattendu renversa tous les plans d'Ali, qui dut en remettre à plus tard la réalisation [1]. Les bonnes relations entre le prince ziride et les Normands de Sicile furent rompues, et Ali chercha à tirer vengeance des chrétiens en poussant les Almoravides à une expédition contre leur île.

L'appui qu'il avait trouvé porta à son comble l'audace de Rafâ. Soutenu par les Arabes, il marcha sur Kaïrouan et s'en empara. Le prince ziride s'avança aussitôt contre lui, à la tête d'autres contingents arabes; mais, tandis qu'il était occupé à cette guerre, les troupes d'El-Aziz, roi de Bougie, vinrent assiéger Tunis, firent rentrer cette ville sous l'autorité de leur prince, et y laissèrent les Ben-Khoraçan comme gouverneurs (1120). Dans le cours de sa guerre contre Rafâ, Ali cessa de vivre (juillet 1121), laissant un fils, El-Hassan, âgé de douze ans, qui hérita de son autorité. Un traité de paix fut alors conclu avec Rafâ, qui rentra à Gabès.

Dans la même année 1121, El-Aziz mourait à Bougie, et l'empire hammadite tombait aux mains de son fils Yahïa, prince incapable et efféminé [2].

Deux ans plus tard, la flotte de Sicile, forte de trois cents voiles, se présentait devant El-Mehdia. Mais, par suite de diverses cir-

---

1. Amari, *Musulmans de Sicile*, t. III, p. 369 et suiv.
2. Ibn-Khaldoun, t. II, p. 26, 30, 35, 36, 56. El-Kaïrouani, p. 152

constances, cette tentative échoua et les chrétiens y perdirent beaucoup de monde. Les débris de la flotte se réfugièrent aux îles Pantellaria (juillet 1122). L'année suivante, les gens restés à Pantellaria firent une descente sur la terre ferme, à dix milles d'El-Mehdia, et marchèrent sur cette ville; mais ils furent contraints de se rembarquer après avoir éprouvé de grandes pertes. Cent navires seulement rentrèrent en Sicile [1].

Apogée de l'empire almoravide. — En Mag'reb, le souverain almoravide continuait à régner assez paisiblement, partageant son temps entre la dévotion et la surveillance des travaux d'embellissement qu'il faisait exécuter à Maroc. Les affaires de l'état étaient abandonnées à la direction des fakihs, et un puritanisme étroit pesait sur le Mag'reb et sur l'Espagne. La tolérance qui avait favorisé, jusqu'alors, les chrétiens tributaires (Mozarabes) et les Juifs, avait fait place à des vexations continuelles et même à la persécution. Cependant, l'autorité almoravide s'étendait chaque jour en Espagne. Les Chrétiens avaient essuyé de nouveaux désastres et Alphonse était mort.

En 1109, le khalife Ali, voulant venger quelques échecs éprouvés par ses lieutenants dans le nord de l'Espagne, traversa le détroit et prit la direction de la guerre sainte. Il remporta des succès en avant de Tolède, et l'année suivante, son général Sir s'empara de Santarem, Badajoz, Oporto, Lisbonne et des régions occidentales. Dans l'année 1110, El-Mostaïn-ben-Houd étant mort, les habitants de Saragosse refusèrent de reconnaître son fils et firent hommage de leur ville au khalife Ali. En 1113, le général Mozdeli fit une razia heureuse à Tolède et rentra, chargé de butin, à Cordoue.

Déjà presque toute l'Espagne musulmane appartenait aux Marabouts. Cependant les Chrétiens luttaient avec courage, et souvent ils obtenaient des succès. C'est ainsi qu'en 1118, le roi chrétien rentra en possession de Saragosse, après une glorieuse campagne.

Les Baléares vivaient dans une sorte d'indépendance et leurs ports servaient de refuge à d'audacieux corsaires. Pour mettre un terme à leurs excès, les Pisans, alliés au comte de Barcelone, à celui de Montpellier, au vicomte de Narbonne et autres chefs chrétiens, organisèrent, en 1113, une expédition qui s'empara de ces îles. L'eunuque Mobacher, affranchi des Ben-Modjahed, qui commandait la résistance, fut pris et envoyé en captivité à Pise, avec les derniers descendants de cette famille (1115). Les Almoravides occupèrent alors les Baléares. Une famille de corsaires de Denia,

---

1. Amari, *Musulmans de Sicile*, t. III, p. 385 et suiv.

les Beni-Meïmoun, jouèrent un rôle actif dans cette affaire et obtinrent des commandements du souverain berbère¹. En 1119, Ali revint en Espagne et y resta deux années. Il laissa, en partant, le commandement de l'Espagne à son frère Temim.

La puissance de l'empire almoravide était alors à son apogée. Toutes les résistances avaient été brisées et, si le souverain, absorbé par sa dévotion, avait eu plus d'activité et d'initiative, il est certain que le royaume hammadite n'aurait pas tardé à disparaître et que l'empire des Marabouts se serait étendu jusqu'au golfe de la Syrte. Le prince ziride d'El-Mehdia ne cessait d'appeler Ali-ben-Youssof dans ces régions, afin de se venger de son cousin de Bougie et de Roger de Sicile.

Cependant la chute de cet immense empire était proche, une nouvelle et importante révolution se préparait au cœur de la race berbère et allait faire passer le commandement des mains des Sanhadja à celles des Masmouda².

SITUATION DES ARABES EN AFRIQUE AU COMMENCEMENT DU XIIᵉ SIÈCLE. — Vers le commencement du XIIᵉ siècle, le flot arabe cesse de progresser en Afrique; l'invasion est, on peut le dire, terminée, car les éléments qui la constituaient ont provisoirement trouvé leur place, et elle a refoulé, dans la limite du possible, la race autochtone. Pour conquérir leur domaine définitif et écouler leur trop plein, les Arabes devront, maintenant, se mettre au service des dynasties berbères, soutenir les révoltes locales, en un mot, lier étroitement leur sort à celui de leur patrie d'adoption. Toujours au guet pour se précipiter sur les emplacements disponibles, toujours prêts à louer leurs bras à la condition que des terres leur soient données, ils vont être constamment sur la brèche et exercer une influence considérable sur l'histoire de la Berbérie.

Voici quelle était, au commencement du XIIᵉ siècle, la situation générale des Arabes :

La province de Barka est occupée par les *Heïb*, fraction des *Soleïm*; le reste de cette grande tribu habite les plaines de la province de Tripoli. Les *Beni-Khazroun*, avec leur colonie de Mag'raoua, conservent encore la souveraineté de la ville de Tripoli et de ses environs immédiats³.

Les *Riah'* sont établis dans l'intérieur de la Tunisie; une de leurs fractions, les *Akhdar (Khadr)*, viennent de s'emparer de

1. Amari, *Musulmans de Sicile*, t. III, p. 375, 376.
2. Kartas, p. 228 et suiv. Ibn-Khaldoun, *Berbères*, t. II, p. 83.
3. Ibn-Khaldoun, t. I, p. 136 et suiv., t. III, p. 268.

Badja ; une autre fraction, les *Dahmane,* des *Beni-Ali,* occupent les plaines aux environs de Benzert, concurremment avec les *Mok'addem,* des *Djochem.* Dans le sud de la Tunisie, touchant partout au territoire des Riah' est cantonné le reste des *Djochem*[1].

Les *Kerfa* (Garfa), fraction des *Athbedj,* occupent les bourgades du Zab, jusqu'à la vallée de l'Ouad-Rir'. D'autres branches de cette tribu-mère, les *Dreïd,* se rapprochent de Constantine et occupent le versant oriental de l'Aourès ; les *Afad'* habitent les montagnes voisines de la K'alâa des Beni-Hammad (la chaine de Kiana), auxquelles ils ont donné leur nom (*Djebel-Afad'*). Enfin, le reste de la tribu, c'est-à-dire les *'Amour,* se sont avancés jusqu'au mont Rached (*Djebel-'Amour*) ; ils habitent le versant est de cette montagne et les plateaux voisins[2].

Les *Zor'ba* parcourent en nomades les plaines du Zab occidental et du Hod'na[3].

Quant aux *Makil,* ils occupent, au sud du Mag'reb central, les territoires voisins des 'Amour ; une de leurs tribus, celle des *Thäaleba,* s'est avancée au nord, dans le Tell, et habite les environs de Médéa[4].

Ainsi, les pays possédés alors par les Arabes étaient : la Tripolitaine, moins les régions montagneuses et le sud ; les plaines de la Tunisie ; les versants de l'Aourès ; le Zab ; le Hod'na, et les hauts-plateaux de la province actuelle d'Alger. Les populations berbères déjà refoulées par les Arabes étaient : les Houara, Louata et Nefzaoua, de la Tripolitaine et de la Tunisie, qui avaient cherché asile dans les montagnes ou avaient émigré vers le sud, et les Zénètes-Ouacine, complètement expulsés du Zab, et dont une partie, les Mezab et les Ouargla, s'étaient enfoncés au sud, tandis que les Toudjine se jetaient dans l'Ouarensenis, et que le reste de la tribu, Rached, Abd-el-Ouad et Beni-Merine, se reportait vers l'ouest, dans les contrées sahariennes comprises entre le Djebel-Amour et le méridien de Tlemcen, et de là, jusqu'aux sources de la Moulouïa et du Za[5].

Les Normands en Sicile. Roger II. — Revenons en Sicile et passons rapidement en revue les événements dont cette île a été le théâtre sous l'autorité des Normands.

1. Ibn-Khaldoun, *Berbères,* t. I, p. 36, 37, 45, 46, 70, t. II, p. 24, 35, 39.
2. *Ibid.,* t. I, p. 36, 52, 53, 54 et suiv.
3. *Ibid.,* t. I, p. 87 et suiv.
4. *Ibid.,* t. I, p. 115 et suiv., et 253.
5. *Ibid.,* t. I, p. 50, 230, 231, t. III, p. 202 et suiv., t. IV, p. 25 et suiv.

En 1091, Roger fit une expédition à Malte, s'empara de l'île, délivra les chrétiens prisonniers et rentra en Sicile avec un riche butin. Le prince normand eut d'abord à lutter dans l'île contre de nombreuses séditions. La résistance contre toute autorité était tellement passée dans les habitudes, que le peuple ne pouvait s'en désaccoutumer immédiatement. La rigueur de Roger, secondée par une grande habileté, rompit toutes les résistances, et le prince put s'occuper de l'organisation administrative de l'île et s'appliquer à faire régner partout la justice, dont le souvenir était à peu près perdu. Arabes, Berbères, Grecs, Siciliens, étrangers, furent traités également avec bonté et obtinrent la sécurité pour leurs personnes et leurs propriétés et le libre exercice de leur culte, à la condition de reconnaître l'autorité du comte.

Les Musulmans de l'île entrèrent, en grand nombre, sous ses étendards. Depuis la mort de Robert, il était le plus puissant chef de l'Italie méridionale et tous les regards se tournaient vers lui. Les papes, tenant à avoir pour allié et soutien un prince aussi puissant, ne lui ménageaient pas les cajoleries de toute sorte. Il était absorbé, sur la terre ferme, par ses luttes contre Boëmond, les autres barons et le peuple de la Pouille et de la Calabre.

Le comte fit alors monter sur le trône ducal son autre neveu Roger et reçut, en vertu d'un arrangement, de nombreuses places en Calabre. Néanmoins, la guerre continua en Italie, et Roger y amena beaucoup de Musulmans de Sicile. Ainsi l'élément actif était occupé, et son absence était un gage de tranquillité.

Le 22 juin 1101 eut lieu la mort de Roger; il était âgé de soixante-dix ans et se trouvait au comble de la gloire, car, dans sa longue carrière, la fortune lui avait toujours été fidèle. Il laissait plusieurs filles, mariées à des princes ou à des feudataires, et deux très jeunes fils, Simon et Roger, le premier âgé de huit ans et le second de six. Leur mère Adélaïde, dernière femme du comte, fut investie de la régence.

Le royaume laissé par le comte était dans la situation la plus prospère, et, grâce aux sages mesures prises par le prince normand, les populations si diverses qui l'habitaient pouvaient maintenant vivre côte à côte, avec la sécurité du présent et du lendemain. Un grand nombre de seigneurs et de prêtres français vinrent chercher, en Sicile, des positions honorables et avantageuses.

La comtesse Adélaïde gouverna l'île, au nom de son fils Simon, jusqu'en 1105, et, de cette date jusqu'en 1112, au nom de son autre fils Roger. L'année suivante (1113), ce dernier qui, dès son jeune âge, montrait le courage et la maturité d'esprit de son père, prit en main la direction du royaume, au détriment de son frère aîné Simon, auquel manquaient les vertus nécessaires au commandement. Adélaïde alla épouser Beaudoin I, roi de Jérusalem, et fut répudiée par lui quelques années après. Elle mourut en 1118.

La guerre contre les Zirides d'El-Mehdia occupa les premières années du règne de Roger II. Le désastre de l'expédition de 1122-23 fut vivement ressenti par lui, et il se promit d'en tirer vengeance. Les Ben-Meïmoun, de Denia, firent, vers cette époque, une expédition en Sicile et portèrent le ravage près de Syracuse. La mort de Guillaume, duc de Pouille, força alors Roger II à passer en Italie, où l'anarchie était à son comble [1].

1. Amari, *Musulmans de Sicile*, t. III, p. 200 et suiv. Elie de la Primaudaie, *Arabes et Normands*, p. 289 et suiv.

CHAPITRE V.

RENVERSEMENT DE LA DYNASTIE ALMORAVIDE PAR LA DYNASTIE ALMOHADE.

1105-1147

Commencements d'Ibn-Toumert le mehdi. Son séjour en Orient. — Ibn-Toumert rentre en Afrique. Ses prédications à Tripoli, El-Mehdïa et Bougie. — Abd-el-Moumene va chercher Ibn-Toumert et le conduit en Mag'reb. — Ibn-Toumert arrive à Maroc et brave le khalife almoravide. — Ibn-Toumert se réfugie dans l'Atlas. — Ibn-Toumert organise les Almohâdes et prend le titre de Medhi. — Le Mehdi à Tine-Meltel. — Le Mehdi entre en campagne. Sa défaite et sa mort. — Suite du règne d'Ali-ben-Youssof. Il partage l'Espagne en trois commandements. — Abd-el-Moumene, chef des Almoravides. Ses succès. — Abd-el-Moumene entreprend sa grande campagne. Mort d'Ali-ben-Youssof. Tachefine lui succède. — Campagne d'Abd-el-Moumene dans le Rif et le Mag'reb central. — Succès d'Abd-el-Moumene auprès de Tlemcen. — Mort du khalife Tachefine à Oran. — Soumission de Tlemcen, de Fès, de Ceuta et de Salé à Abd-el-Moumene. — Siège de Maroc par Abd-el-Moumene. — Chute de Maroc et de la dynastie almoravide. — Appendice. Chronologie des souverains almoravides.

COMMENCEMENTS D'IBN-TOUMERT LE MEHDI. SON SÉJOUR EN ORIENT. — Vers l'an 1105, un jeune Berbère, au caractère ardent, Mohammed-ben-Abd-Allah, connu plus généralement sous le nom d'Ibn-Toumert, originaire de la tribu de Herg'a, fraction de celle des Masmouda, du grand Atlas, quitta ses montagnes pour entreprendre un long voyage, dans le but de perfectionner son instruction religieuse et de visiter les lieux saints. Jamais âme plus énergique n'avait habité un corps plus disgracieux. C'était un petit homme ayant le teint cuivré, les yeux enfoncés et la barbe rare. Il boitait et avait les jambes presque soudées, de sorte qu'il ne pouvait se tenir sur un cheval autrement qu'assis. Ce jeune homme s'était fait déjà remarquer par son ardeur pour l'étude, à ce point que ses condisciples l'avaient surnommé dans leur langage Açafou (l'éclaireur). Après avoir séjourné dans les principales villes du Mag'reb, il se rendit alors à Cordoue, alors le foyer des lumières. En Occident, il profita des leçons des premiers docteurs de l'époque, puis il partit pour l'Orient et débarqua à Alexandrie au moment où Youssof-ben-Tachefine cessait de vivre à Maroc. En Orient, Ibn-Toumert se trouva bientôt dans le milieu de fanatisme mystique qui lui convenait. Les écoles de l'Occident, tout éclairées qu'elles étaient, subissaient trop l'influence de la haute culture et de l'esprit philosophique qui avaient fleuri en Espagne dans le siècle précédent; il lui fallait la soumission absolue, l'exaltation aveugle des sectes de l'Orient. Il effectua le pèlerinage, et, durant son séjour dans les villes saintes, la Mekke et Médine, suivit les leçons des docteurs de la secte d'El-Achâri et devint partisan zélé de sa doctrine, qui, tout en prétendant ramener la religion musulmane à sa pureté primitive, admettait la prédestination et l'influence des signes extérieurs sur les événements du monde. Il séjourna ensuite à Bagdad, et partout l'ardeur du jeune Mag'rebin fut remarquée par ses maîtres, qui lui accordèrent leur confiance et leur amitié.

A cette époque où l'astrologie était en grande faveur, les devins prédirent l'avènement prochain d'une nouvelle dynastie en Mag'reb. L'imagination d'Ibn-Toumert s'enflammant alors, il se persuada qu'il était destiné à fonder cette dynastie, et qu'à ses compatriotes, les Berbères-Masmouda, était réservée la gloire de le soutenir. Les docteurs, ses amis, consultés à ce sujet, le confirmèrent dans son opinion [1].

IBN-TOUMERT RENTRE EN AFRIQUE. SES PRÉDICATIONS A TRIPOLI, EL-MEHDIA ET BOUGIE. — Le futur fondateur d'empire reprit la route de l'Occident, vers l'année 1111; il était seul, à pied, sans ressources, mais plein de confiance dans sa destinée. Parvenu à Tripoli, il commença ses prédications, en exposant avec fougue les principes tracés par lui dans deux principaux ouvrages, la *Mourchida* (directrice) et le *Touhid* (profession de l'unité de Dieu). Il déclara que les seuls vrais Imam (pères de l'Église), étaient ceux de la secte sonnite achârite, et lança une foule de propositions qui parurent à beaucoup hétérodoxes. Enfin, il ne se contenta pas de rester dans le domaine de la théorie, il attaqua les mœurs et les usages du pays comme empreints d'hérésie.

Mais une révolution religieuse, et surtout sociale, ne s'opère pas sans difficultés, par la simple persuasion. Un tolle général s'éleva contre le réformateur, qui dut prendre la fuite, après avoir été fort maltraité par la populace.

Ibn-Toumert arriva à El-Mehdïa ayant, pour tout bagage, une outre à eau et un bâton. S'étant logé dans une mosquée, il commença aussitôt ses leçons et, plus heureux, ou peut-être moins

---

1. Ibn-Khaldoun, *Berbères*, t. I, p. 252, t. II, p. 161 et suiv. Kartas, p. 242 et suiv. El-Kaïrouani, p. 185 et suiv. El-Marrakebi, *Histoire des Almohâdes* (éd. Dozy), p. 128 et suiv.

violent qu'à Tripoli, sut attirer à lui un grand nombre de néophytes. Le souverain ziride, lui-même, fit comparaître le réformateur, écouta avec bienveillance l'exposé de ses doctrines et lui demanda sa bénédiction. Après un séjour de plusieurs années à El-Mehdïa ou dans les environs, Ibn-Toumert, dont le renom commençait à se propager et qu'on appelait *El-Fakih-es-Sousi* (le légiste du Sous), se transporta à Bougie (1117).

Dans la brillante capitale des Hammadites, il recommença les violences de Tripoli. Accompagné de quelques exaltés comme lui, il parcourait les rues de la ville, brisant sur son passage les vases destinés à recevoir le vin et mettant en pièces les instruments de musique. Mais ce fut surtout contre les mœurs qu'il s'éleva, les accusant d'être entachées d'idolâtrie; il osa même critiquer hautement les actes du khalife El-Aziz.

A ce dernier trait d'audace, le souverain hammadite, déjà fatigué de l'agitation que produisait le fanatique *légiste du Sous*, ordonna qu'il fût arrêté, en dépit de son caractère religieux. Avant de décider cette mesure, El-Aziz avait cru devoir prendre l'avis de son conseil, tant l'influence du réformateur était déjà grande. Mais Ibn-Toumert, prévenu à temps, échappa par la fuite au sort qui lui était réservé. Ce fut à Mellala, petite ville appartenant à la tribu sanhadjienne des Beni-Ouriagol, à quelque distance de Bougie, qu'il courut se réfugier. Il y fut bien accueilli, et ces indigènes, malgré les menaces du khalife, refusèrent de lui livrer le fugitif.

Abd-el-Moumene va chercher Ibn-Toumert et le conduit en Mag'reb. — Cependant la renommée du légiste du Sous était parvenue jusqu'à Tlemcen, alors un des principaux centres d'étude du Mag'reb. Les étudiants de cette ville, désireux de l'entendre exposer ses doctrines, dépêchèrent vers lui un des leurs, chargé de l'inviter à se rendre au milieu d'eux. Le jeune envoyé était Abd-el-Moumene-ben-Ali-el-Koumi, originaire de la tribu des Koumïa (Fatenc), établie dans le pâté montagneux situé entre le port de Rachgoun et Tlemcen. Selon les uns, il appartenait à une famille de notables; selon d'autres, ses parents étaient d'humbles artisans. Il avait été choisi par ses compagnons comme le plus digne de les représenter, tant par son instruction que par son éloquence.

Parvenu à Mellala, Abd-el-Moumene se mit à la recherche d'Ibn-Toumert et le trouva, à quelque distance de la bourgade, assis sur une large pierre, où il avait coutume de se reposer après avoir fini sa prédication. Il lui remit la lettre de compliments qu'on lui adressait de Tlemcen et échangea avec lui quelques paroles.

Dès cette première entrevue, une sympathie mutuelle unit ces deux hommes, et, bien que le réformateur eût décliné d'abord l'invitation, Abd-el-Moumene resta auprès de lui comme disciple et lui jura une amitié que rien ne devait ébranler.

Après avoir passé un certain temps avec lui en suivant ses leçons et avoir gagné entièrement sa confiance, Abd-el-Moumene le décida à se mettre en route vers l'Ouest. Ils partirent ensemble, suivis d'un faible noyau d'adhérents, et s'avancèrent à petites journées, s'arrêtant dans chaque localité importante pour y prêcher. En passant au sud de Médéa (Lemdia), chez les Arabes Thâaleba, fraction des Makil, Ibn-Toumert reçut en cadeau, de ces Hilaliens, un âne fort et vigoureux pour lui servir de monture; il le donna à Abd-el-Moumene, qu'il adopta pour son élève favori, destiné à lui succéder, et auquel il prédit, par des paroles mystiques, un avenir brillant. En traversant les monts Ouarensenis, il gagna à sa cause un certain El-Bachir, qui devint un de ses plus fermes adhérents et auquel était réservé un rôle actif dans l'exécution des plans du maître.

Ils arrivèrent enfin à Tlemcen, et là le *légiste du Sous* soutint une célèbre controverse contre les docteurs de cette ville, lesquels furent tous d'accord pour condamner ce qu'ils appelaient son hérésie. Mais, sans s'inquiéter de leurs remontrances, il continua son chemin, passa à Fès, puis à Meknès, où il s'éleva avec violence, selon son habitude, contre les usages du pays. Mais les gens de cette ville, irrités de ses sermons, s'ameutèrent contre lui et le chassèrent à coups de bâton.

Ibn-Toumert arrive a Maroc et brave le khalife almoravide. — Loin d'être découragé par ces épreuves, Ibn-Toumert se rendit à Maroc même, et son premier acte fut d'aller à la mosquée où le khalife almoravide présidait, en personne, à la prière, et de lui adresser de sévères reproches sur sa manière de vivre. Quelle ne dut pas être la stupeur de ce dévot, en s'entendant traiter d'hérétique?

L'audace du réformateur augmentant avec l'impunité, il osa, quelques jours après, accabler d'injures, en pleine rue, Soura, la propre sœur du khalife, qu'il avait rencontrée le visage découvert, selon l'usage du pays. Il serait même allé, d'après Ibn-el-Athir, jusqu'à frapper la monture de la princesse avec une telle force que celle-ci fut jetée à terre. Il continuait, dans ses prédications, à montrer la plus grande intolérance, déclarant, selon l'opinion achârite, infidèle quiconque aurait seulement une tendance vers une fausse doctrine.

Cette conduite ne pouvait manquer de soulever l'opinion. Cédant aux conseils de son entourage et à son propre ressentiment, le khalife se décida à agir contre l'audacieux réformateur. Cependant, par une modération qui surprendrait chez tout autre, il voulut, au préalable, le faire condamner par les docteurs de la religion. Assigné à comparaître devant une assemblée composée des principaux fakihs du pays, Ibn-Toumert fut sommé de s'expliquer et de se justifier. C'était tout ce que le réformateur demandait. Au lieu de répondre en accusé, il commença à interroger ses juges, leur posa des questions, et, tout rempli de la casuistique et de la métaphysique nouvellement professées en Orient, il n'eut pas de peine à réduire *à quia* ceux qui étaient là pour le confondre. A bout d'arguments, les légistes de Maroc lui répliquèrent par des injures ; mais lui, sans s'émouvoir, s'adressa au khalife lui-même et lui dit : « Oui, je suis un pauvre homme, et cependant je m'arroge vos droits, car ce serait à vous, chef du pays, qu'il appartiendrait d'extirper les vices ! »

Ibn-Toumert se réfugie dans l'Atlas. — A la suite de ce dernier scandale, Ibn-Toumert reçut l'ordre de quitter la ville. Il alla s'établir dans un cimetière voisin, où bientôt une foule d'adeptes vinrent le rejoindre. Prévenu que le khalife avait ordonné sa mort, il se réfugia à Ar'mate. Mais la population de cette ville fut peu disposée à l'écouter et, afin d'éviter un sort funeste, il dut prendre encore la fuite. Il atteignit, sous la protection d'un chef de la contrée, le canton dit Mesfioua, au cœur du grand Atlas, pays habité par les Masmouda, ses compatriotes. De là, il passa chez les Hentata (Masmouda) et se lia étroitement avec leur chef, Abou-Hafs-Omar, grand cheikh des tribus masmoudiennes. Après avoir séjourné quelque temps chez lui, il atteignit, vers 1121, son pays même, dans la tribu de Herg'a, qu'il avait quitté seize ans auparavant. Il s'y bâtit un petit couvent, où il professa ses traités du Touhid et de la Mourchida, qu'il avait traduits en langue berbère et divisés en versets, sections et chapitres, pour en faciliter l'étude. Le Touhid se répandit ainsi dans les tribus du grand Atlas, et ses adhérents reçurent une appellation formée de la même racine : *El-Mouahedoun* (Almohades), c'est-à-dire *disciples de la doctrine de l'unité de Dieu*. Vers la même époque, Ibn-Toumert prit le titre d'*Imam* ou chef de la religion.

Ibn-Toumert organise les Almohades et prend le titre de Mehdi. — Cependant le khalife almoravide commençait à être sérieusement inquiet de la tournure que prenait l'apostolat de l'Imam.

Mais ce qui acheva de le démoraliser, ce fut la prédiction d'un astrologue, annonçant l'avènement d'une nouvelle dynastie berbère, dont le chef serait désigné par le titre de : « l'homme au dirhem carré[1] ». Il envoya alors une troupe de cavaliers, avec ordre de se saisir du réformateur; mais il avait négligé de l'écraser lorsqu'il le tenait entre ses mains, et maintenant l'Imam était à l'abri de sa vengeance. Grâce à la protection de ses adeptes, Ibn-Toumert put encore s'échapper. Le gouverneur du Sous, Abou-Beker, le Lemtounien, tenta alors de le faire assassiner par des gens des Herg'a, ses compatriotes; mais le complot ayant été découvert, les traîtres furent mis à mort.

Ces tentatives infructueuses n'eurent d'autre effet que d'augmenter le renom de l'Imam et, par suite, le nombre de ses partisans. En 1122, il convia les tribus masmoudiennes à une grande réunion, devant marquer le point de départ de l'ère nouvelle. Toute la tribu des Herg'a, une grande partie de celles des Hentata, conduite par son chef Abou-Hafs, des Tine-Mellel, Guedmioua et Guenfiça, vinrent solennellement jurer fidélité à l'Imam et s'engager à combattre les hérétiques, c'est-à-dire tous ceux dont la croyance n'était pas pure et qui donnaient à Dieu un corps. Pour frapper davantage les esprits, Ibn-Toumert déclara qu'il était le douzième Imam, désigné comme le *mehdi*, *être dirigé*, dont Mahomet avait prédit la venue[2].

Après s'être ainsi appliqué le titre de *mehdi* et d'*imam impeccable*, il donna à ceux qui, les premiers, avaient accepté sa doctrine et qu'on appelait la bande des cinquante (Aïth-Khamsine), le nom de *Tolba* (étudiants). A leur tête étaient ses dix premiers compagnons, destinés à jouer un grand rôle, et dont voici les principaux :

Abd-el-Moumene-ben-Ali ;
Abou-Mohammed-el-Bachir (du Ouarensenis) ;
Abou-Hafs-Omar ;
Ibrahim-ben-Ismaïl ;
Abou-Mohammed-Abd-el-Ouahad ;
Abou-Amrane-Moussa.

Quant aux membres de la secte tout entière, on les appela Almohâdes (unitaires), par opposition au nom d'Almoravides, qui avait eu un si grand succès[3].

---

1. On sait que les monnaies almohâdes affectèrent la forme carrée.
2. Nous avons vu le fondateur de la dynastie fatemide prendre ce titre dont les agitateurs en pays musulman se servent encore, malgré l'abus qui en a été fait.
3. Pour le rituel de la secte almohâde, voir El-Marrakchi, *Histoire des Almohâdes* (éd. Dozy), p. 249 et suiv.

Le Mehdi a Tine-Mellel. — Cependant le gouverneur du Sous, ayant réuni une armée lemtounienne, marcha contre la tribu des Herg'a. Mais le Mehdi s'avança bravement à sa rencontre à la tête d'un grand rassemblement d'Almohâdes, dont il avait enflammé le courage par la promesse de la victoire, et lui infligea une défaite qui eut le plus grand retentissement. De toute part, les guerriers accoururent à la défense de leur prophète; aussi les débris de l'armée almoravide durent-ils rentrer au plus vite dans leurs cantonnements pour ne pas être entièrement détruits.

Durant plusieurs années, le Mehdi continua à étendre son influence et acquit à sa cause, dans chaque tribu, des partisans dévoués prêts à le soutenir, sans parler de ceux qui abandonnèrent tout pour venir se fixer auprès de lui et former sa garde. Leur chef songea alors à leur donner une capitale, qui leur servit en même temps de lieu de retraite et de ville sainte.

Ce fut dans les montagnes escarpées de Tine-Mellel[1], à la naissance des eaux de l'Oued-Nefis, droit au sud de Maroc, qu'il alla s'établir vers 1124. Il se construisit, à proximité de la ville, une maison et une mosquée dans une riche vallée, couverte de jardins. Ses partisans restaient à loger; pour cela il ne trouva rien de mieux que d'appeler un jour tous les habitants de la ville à la prière et de les faire massacrer par ses adhérents, qui se partagèrent ensuite les maisons des morts. Il s'appliqua aussi à élever de solides fortifications sur le sommet de la montagne, afin de rendre sa retraite imprenable.

Sur ces entrefaites, une armée almoravide s'avança au cœur de l'Atlas; ne pouvant enlever le nid d'aigle de Tine-Mellel, les troupes du khalife se bornèrent à bloquer la contrée et lui firent subir la plus cruelle famine. Les résultats de cette campagne n'eurent cependant rien de décisif, car l'armée fut, à la fin, forcée de lever le blocus et de rentrer dans ses cantonnements. La seule conséquence de cette démonstration fut d'ébranler les dispositions d'un certain nombre de nouveaux convertis qui avaient eu à souffrir de la guerre. Prévenu de cette défaillance, le Mehdi, qui voulait avoir des adhérents dévoués jusqu'à la mort, fit prendre, par ses émissaires, les noms de ceux dont la foi était chancelante. Il convoqua ensuite les tribus, et le fidèle El-Bachir de l'Ouarensenis, jouant le rôle d'un illuminé, désigna et fit lier à part tous ceux qui avaient été dénoncés. Sur un signe, les Almohâdes se ruèrent sur eux et les massacrèrent comme hérétiques (1125-6).

---

1. Le puits blanc, en berbère.

Cette trahison fut appelée « *le jour du triage* »; malgré son caractère particulièrement odieux, elle ne souleva pas l'indignation générale. Elle frappa, au contraire, les habitants grossiers de ces montagnes d'une terreur salutaire, car ils y virent une manifestation de la volonté divine. Ce fut alors à qui donnerait au Mehdi des preuves de dévouement [1].

LE MEHDI ENTRE EN CAMPAGNE. SA DÉFAITE. SA MORT. — Une fois sûr de ses partisans, le Mehdi combattit les tribus masmoudiennes qui ne reconnaissaient pas encore sa doctrine et, après les avoir converties, se crut assez fort pour attaquer de front les Almoravides. Vers 1127 ou 1128, ayant réuni une armée considérable, il marcha sur Maroc. Parvenue au lieu dit Guig, entre Tinc-Mellel et Ar'mat, cette tourbe se heurta contre une armée almoravide envoyée à sa rencontre, la culbuta et poursuivit les *Djichem* [2] jusqu'à Ar'mat.

Là, de nouvelles troupes lemtouniennes essayèrent encore de s'opposer au passage des Almohâdes; mais l'élan était donné, rien ne résista aux Masmoudiens qui, après avoir vaincu leurs ennemis et tué leur chef, s'avancèrent jusqu'auprès de Maroc et prirent position à El-Bahira. Leur armée montait, dit-on, à 40,000 hommes, avec 100 cavaliers seulement.

Le Mehdi avait trop présumé de ses forces; il était à El-Bahira depuis quarante jours, lorsque le khalife Ali-ben-Youssof sortit par la porte d'Aïlane et vint attaquer les Almohâdes à la tête d'un corps de troupes considérable. On combattit, de part et d'autre, avec un véritable acharnement, mais les Almohâdes n'avaient pas dans leur armée les éléments nécessaires pour résister à des soldats bien disciplinés. Après avoir vu tomber leurs principaux chefs, parmi lesquels El-Bachir, les Masmouda lâchèrent pied et furent bientôt en déroute, malgré les prodiges de valeur d'Abd-el-Moumene. En un jour, se fondit ce grand rassemblement qui paraissait devoir tout absorber. Les débris des soldats almohâdes regagnèrent comme ils purent leurs cantonnements.

Quant au Mehdi qui avait vu, devant Maroc, la ruine des espérances de toute sa vie, il ne put supporter un tel revers. Quatre mois après sa défaite, il mourut à Tinc-Mellel, après avoir donné les plus minutieuses recommandations à Abd-el-Moumene, et fut

---

1. Ibn-el-Athir, apud Ibn-Khaldoun, t. II, append. V, p. 573 et suiv.
2. Terme de mépris qu'ils appliquaient aux Almoravides, et qui paraît avoir eu le sens de *maris trompés*.

enterré dans sa mosquée (1128)[1]. Moins heureux qu'Ibn-Yacine, avec lequel son histoire a tant de points de ressemblance, il ne put assurer le triomphe de sa doctrine avant de mourir. Et cependant le temps est proche où la dynastie almohâde va, sous la direction d'un homme de génie, s'élever sur les ruines de l'empire almoravide[2].

SUITE DU RÈGNE D'ALI-BEN-YOUSSOF. IL PARTAGE L'ESPAGNE EN TROIS COMMANDEMENTS. — A ce moment, l'empire fondé par Ibn-Tacheline n'avait pas encore subi le moindre ébranlement du fait de l'attaque tumultueuse des Almohâdes. Partout, au contraire, régnait l'autorité du nom almoravide, en Espagne, en Mag'reb et jusqu'à El-Mehdia. Le prince de cette ville, pour se garantir de l'attaque imminente de Roger, ne cessait de presser le khalife de venir à son secours. Nous avons vu qu'en 1122, la flotte almoravide, commandée par l'amiral Ibn-Meïmoun, alla ravager la côte sicilienne.

Si donc le khalife Ali, au lieu de rester plongé dans son impassible quiétude, avait déployé un peu d'énergie pour détruire l'œuvre d'Ibn-Toumert, il aurait très probablement réussi, et l'empire almohâde n'eût peut-être jamais existé.

En Espagne, Alphonse le Batailleur, roi d'Aragon, appelé par les Mozarabes de Grenade, que les persécutions des fakihs avaient poussés à bout, car ils étaient allés jusqu'à détruire leurs églises, se mit en marche à la tête d'une armée nombreuse et envahit le territoire musulman. Dans le cours de l'hiver 1125-26, il ravagea l'Andalousie et remporta plusieurs victoires, mais il ne put s'emparer de Grenade, qui était le but de l'expédition, et les Mozarabes demeurèrent abandonnés à la vengeance de leurs ennemis. Un grand nombre d'entre eux, dix mille environ, émigrèrent vers le nord à la suite du roi d'Aragon. Quant à ceux qui étaient restés, ils subirent les plus cruels traitements, et ceux qui avaient échappé à tant de maux furent transportés en Mag'reb et établis entre Salé et Meknès, par l'ordre du khalife Ali[3].

1. Le Kartas, El-Kaïrouani et El-Marrakchi, se fondant sur des autorités respectables, donnent, pour la mort du Medhi, la date de 1130 ; nous adoptons la date d'Ibn-Khaldoun, parce qu'il est dit plus loin que la mort de l'Imam fut tenue secrète pendant deux ans, ce qui explique cette différence.

2. Ibn-Khaldoun, t. I, p. 264, t. II, p. 83, 166 et suiv. Kartas, p. 243 et suiv. El-Kaïrouani, p. 186 et suiv. El-Marrakchi (éd. Dozy), p. 128 à 139.

3. Dozy, *Recherches sur l'hist. de l'Espagne*, t. I, p. 343 et suiv., 360. Le même, *Musulmans d'Espagne*, t. IV, p. 256, 257.

En 1131, ce prince, voulant se décharger d'une partie des soucis du pouvoir, ou mieux assurer l'administration de son immense empire, divisa l'Espagne en plusieurs grands commandements. Il donna :

A son fils Tachefine, le gouvernement de l'Espagne occidentale, avec Séville et Cordoue ;

Au général Abou-Beker-el-Messoufi, celui de la partie orientale de la péninsule, avec Valence comme chef-lieu ;

Et à son parent par alliance, Mohammed-ben-R'ania [1], les Baléares, plus la ville de Denia sur le continent.

Quant à lui, il se réserva exclusivement le Mag'reb. Son épouse Kamar, dont il subissait de plus en plus l'influence, dirigeait tous ses actes.

La division des pouvoirs en Espagne eut pour effet de diminuer la force qui résultait de l'unité du commandement. Les chefs almoravides ne tardèrent pas à s'amollir au sein d'une civilisation dont ils n'avaient pu, jusque-là, avoir aucune idée ; en voulant imiter gauchement leurs brillants hôtes, ils perdirent, avec leur rudesse, leurs vertus militaires, tout en ne réussissant qu'à se rendre ridicules [2].

ABD-EL-MOUMENE, CHEF DES ALMOHADES. SES SUCCÈS. — Revenons à Tine-Mellel, où nous avons laissé Abd-el-Moumene enterrant le Mehdi en secret. Bien qu'ayant été expressément désigné pour lui succéder, le jeune disciple, qui avait à ménager les premiers compagnons et les cinquante Tolba, sans compter la masse des adhérents que la mort du prophète, suivant de près sa défaite, aurait consternés, proposa aux principaux Almohades de tenir, pendant un certain temps, cette nouvelle secrète [3]. On prétexta un état passager de maladie empêchant l'apôtre de se montrer, ou les soins de ses devoirs religieux, et les membres de la secte s'habituèrent à apprendre ses prétendues décisions de la bouche de son disciple préféré. Abd-el-Moumene montra, dans la conduite de cette affaire, comme plus tard dans les importants événements de sa vie, une habileté et une prudence qui ne se démentirent pas un instant.

---

1. Ce Mohammed et son frère Yahia étaient fils du Messoufien Ali-Ben-Youssof auquel Ibn-Tachefine avait donné en mariage une de ses parentes *R'ania*.

2. Ibn-Khaldoun, *Berbères*, t. II, p. 83, 84 ; Kartas, p. 235 et suiv. El-Marrakchi (éd. Dozy), p. 71 et suiv.

3. C'est ce qui explique les divergences de dates des auteurs, dont certains font reculer la mort du Mehdi jusqu'au moment où Abd-El-Moumene se fit reconnaitre pour son successeur.

Le cheikh Abou-Hafs, homme sage et de bon conseil, dont il avait épousé la fille, l'aida, du reste, de toute la force de son autorité et de son expérience. C'était autour du tombeau du Mehdi et en présence de sa sœur Zeïneb, qu'ils se réunissaient pour conférer sur les mesures à prendre.

En 1130, lorsque les esprits furent bien préparés, les chefs almohâdes convoquèrent toutes les tribus. Alors Abou-Hafs annonça la mort du Mehdi et présenta Abd-el-Moumene comme celui qu'il avait choisi pour lui succéder. Plusieurs cheikhs certifièrent par leur témoignage cette déclaration, et aussitôt les tribus masmoudiennes présentes jurèrent fidélité à leur nouveau chef.

Après avoir été ainsi reconnu, Abd-el-Moumene entraîna ses partisans à la guerre. Plusieurs expéditions heureuses donnèrent à son élévation la sanction de la victoire. En 1132, il soumit la riche contrée de Derâa. Se lançant ensuite vers le nord, il envahit la province de Tedla et y remporta de sérieux avantages. Ces succès et l'inaction inconcevable du gouvernement almoravide lui amenèrent un grand nombre d'adhérents. Dès lors, l'impulsion était donnée. Abd-el-Moumene avait l'auréole du succès, et son nom était accepté par tous comme celui du maître de l'avenir.

Pendant ce temps, le khalife Ali était passé en Espagne et avait pris la direction de la guerre sainte, abandonnant à ses pires ennemis le champ libre dans le Mag'reb. Rentré en 1137, il constata la gravité de la situation et se décida à appeler d'Espagne son fils pour lui faire prendre le commandement des opérations. Ce prince arriva en 1138 et réunit une armée imposante, renforcée par les contingents des tribus voisines de Maroc. Puis il marcha contre les Almohâdes, qui avaient reculé et l'attendaient au cœur de leurs montagnes. Après avoir traversé le Sous et rallié le contingent des Guezzoula, Tachefine pénétra dans la chaîne du grand Atlas et arriva au pied des contreforts de Tinc-Mellel. Aussitôt les Almohâdes, descendant comme une avalanche de toutes les pentes, se précipitèrent sur leurs ennemis et les taillèrent en pièces. Les débris de l'armée almoravide gagnèrent en désordre la plaine. Quant aux Guezzoula, ils offrirent leur soumission à Abd-el-Moumene, qui étendit son autorité sur toutes les régions situées au midi de la grande chaîne de l'Atlas.

Cet échec força les Almoravides à se tenir sur la défensive, et ils se bornèrent à surveiller de loin leurs ennemis et à protéger les villes de la plaine[1].

---

1. Ibn-Khaldoun, t. I, p. 254, t. II, p. 84, 174, 175. Kartas, p. 224 et suiv. El-Kaïrouani, p. 192 et suiv. El-Marrakchi (Dozy), p. 139 et suiv.

ABD-EL-MOUMENE ENTREPREND SA GRANDE CAMPAGNE. MORT D'ALI-BEN-YOUSSOF. TACHEFINE LUI SUCCÈDE. — En 1139, Abd-el-Moumene entreprit une mémorable campagne qui devait assurer le triomphe de sa cause après une lutte de sept années. Il s'avança pas à pas, en tenant toujours les régions montagneuses et en soumettant les populations jusqu'à la chaîne du Rif, habitée par les tribus r'omariennes, qui se prononcèrent sur-le-champ en sa faveur. Les Almohâdes trouvèrent dans ces montagnes de l'eau, des fruits, des ressources de toute nature, tandis que les Almoravides, qui les avaient suivis, sous le commandement de Tachefine, demeuraient exposés à toutes les privations.

Cette campagne durait depuis plus de deux ans, lorsque l'armée almoravide se trouva coupée de sa base par les Almohâdes. Aussitôt la discorde éclata parmi les officiers de Tachefine, et un grand nombre d'entre eux passèrent au service d'Abd-el-Moumene, en entraînant leurs contingents. Sur ces entrefaites, on apprit que le khalife Ali-ben-Youssof venait de mourir (1142). Son fils Tachefine, désigné depuis plusieurs années par lui comme successeur, fut alors proclamé par les soldats de l'empire almoravide. En Espagne, bien que l'anarchie fût grande, le nouveau khalife fut généralement reconnu.

Alphonse VII, de Castille, qui avait pris le titre d'empereur, comme son aïeul, avait profité de l'affaiblissement de l'autorité almoravide pour envahir, en 1133, l'Andalousie et porter le ravage aux environs de Cordoue, de Séville, de Carmona. Il avait pris Xérès et s'était avancé en vainqueur jusqu'au détroit. En 1138, après le départ du khalife, il avait renouvelé l'invasion de 1133 et pillé les alentours de Jaën, de Baëza, d'Ubéda, d'Andujar [1].

CAMPAGNE D'ABD-EL-MOUMENE DANS LE RIF ET LE MAG'REB CENTRAL. — Abd-el-Moumene, ayant laissé libre au nouveau khalife la route de sa capitale, se porta sur Ceuta et entreprit le siège de cette place, avec l'aide des tribus r'omariennes. Mais le cadi Aced, qui défendait cette clef du détroit, lui opposa la plus énergique résistance; si bien que le chef des Almohâdes, renonçant pour le moment à son projet, revint sur ses pas et se dirigea vers l'est, recevant sur sa route la soumission des territoires des Botouïa, Betalça, Beni-Iznacene, et enfin Koumïa, ses compatriotes.

Il reçut alors une députation des Beni-Ouemannou, venant réclamer son appui contre leurs cousins les Iloumene, qui, soutenus par des tribus de la famille d'Ouacine, envahissaient leur pays.

1. Dozy. *Musulmans d'Espagne*, t. IV, p. 265.

Ces tribus ouaciniennes : Abd-el-Ouad, Toudjine, Beni-Merine, après avoir été repoussées du Zab méridional par les Arabes [1], s'étaient, nous l'avons vu, tenues pendant quelque temps dans les contrées sahariennes du méridien de Tlemcen ; mais bientôt elles s'étaient avancées vers le nord et avaient commencé à se glisser dans le Tell ; puis la guerre avait éclaté entre elles. Les Toudjine et Abd-el-Ouad, appelés par les Iloumi, s'étaient cantonnés au sud du Zab et parcouraient le pays jusqu'à Figuig.

Abd-el-Moumene accueillit avec faveur les chefs des Ouemannou et leur donna un corps de troupes commandé par les généraux Ibn-Yar'mor et Ibn-Ouanoudine, avec lesquels ils partirent pour le Mag'reb central. En passant près de Tlemcen, ils défirent le gouverneur de cette ville, qui était sorti à leur rencontre ; puis, ayant attaqué les Abd-el-Ouad et Iloumi, ils leur enlevèrent un butin considérable.

Mais un renfort de troupes almoravides, avec le général de la milice chrétienne, Ibn-Zobertir [2], étant accouru au secours des Iloumi, les rallia, et cette armée vint prendre position à Mindas, sur la rive droite de la Mina, où elle fut rejointe par les contingents des Beni-Igmacene, Ourcifene et Toudjine. Ces forces considérables une fois réunies, leurs chefs les entraînèrent à l'attaque des Ouemannou et des Almohâdes, leurs alliés, et remportèrent sur ceux-ci une victoire complète, à la suite de laquelle ils reprirent tout leur butin. Les Ouemannou perdirent six cents de leurs guerriers, avec leur chef Ibn-Makhoukh. Quant aux Almohâdes, ils se réfugièrent dans la montagne de Sirat, sur la rive droite de l'Habra, et, de là, adressèrent un appel désespéré à leur chef.

Abd-el-Moumene, qui venait d'établir solidement son autorité sur les contrées situées au nord de Tlemcen, se porta vers les plaines de la province d'Oran, aussitôt qu'il eut appris la défaite de ses troupes. Il attaqua les Lemtouna et leurs alliés dans leur camp, les défit et s'empara de tout leur matériel. Les Abd-el-Ouad offrirent alors leur soumission au vainqueur et lui jurèrent une fidélité qu'ils devaient observer. Après avoir ainsi dégagé ses

---

1. Leurs autres fractions, les Mezab et Ouargla, coupées d'elles, étaient restées dans le sud ; et les Rached avaient occupé le Djebel-Amour. Les Ouacine étaient des Zenètes de la deuxième race.

2. Les Almoravides avaient formé, depuis quelques années, une milice chrétienne composée dans le principe de captifs que l'amiral Ibn-Meimoum allait enlever sur les rivages de la Méditerranée. Les Mozarabes concouraient aussi à former cette milice.

troupes et vengé leur échec, le chef des Almohâdes revint vers Tlemcen et prit position à Es-Sakheratine, au-dessus de la ville[1].

Succès d'Abd-el-Moumene auprès de Tlemcen. — En même temps, le khalife Tachefine, qui était accouru avec une armée, vint s'établir auprès de l'Ouad-Saf-Saf, afin de protéger Tlemcen. Il fut rejoint en ce lieu par un puissant renfort de troupes régulières, expédiées de Bougie par le souverain hammadite Yahïa, auquel il avait demandé du secours. Ce prince, effrayé, non sans raison, par les succès des Almohâdes, n'avait pas hésité à lui envoyer ses meilleurs guerriers. A peine arrivé, le général Tahar-ben-Kebbab, qui commandait les troupes sanhadjiennes de Bougie, demanda avec arrogance la permission d'attaquer les Almohâdes et montra aux Almoravides le plus grand dédain de leur prudence. « Je suis venu, dit-il, pour vous livrer prisonnier cet Abd-el-Moumene, qui est maintenant votre maître, et, cela fait, je dois rentrer chez moi. » Irrité de ses bravades, Tachefine l'autorisa à marcher contre l'ennemi. Les Sanhadja s'avancèrent alors, pleins de confiance, vers le campement des Almohâdes, mais, quand ils furent à bonne distance, ceux-ci se précipitèrent sur eux avec leur impétuosité habituelle et les mirent en déroute ; les débris de cette armée reprirent en désordre la route de Bougie.

Sur ces entrefaites, le général Ibn-Zobertir, qui venait de remporter quelques succès sur les tribus zenatiennes des Beni-Snous et accourait à la défense de Tlemcen, fut attaqué et défait par un corps almohâde. Tout le butin qu'il rapportait devint la proie des vainqueurs. Quant à Ibn-Zobertir, qui avait été pris, il fut mis en croix. Vers le même temps, une troupe almoravide, qui avait continué à opérer dans la province d'Oran, fut mise en déroute par les Beni-Ouemannou, commandés par Tachefine, second fils de Makhoukh. A la suite de ce succès, les vainqueurs, ayant rencontré l'armée sanhadjienne en retraite sur Bougie, l'attaquèrent et achevèrent de la débander.

Mort du khalife Tachefine a Oran. — Ainsi, tout se réunissait pour accabler le petit-fils du grand Youssof. Désespéré de tant de revers, Tachefine renonça à la lutte. Fès, Maroc et quelques autres places tenaient encore pour l'autorité almoravide ; il y envoya son fils Ibrahim, en le désignant pour son successeur, puis, abandonnant la défense de Tlemcen, il alla se réfugier à Oran, d'où il écrivit à son amiral Ibn-Meïmoun de venir le rejoindre (1144).

1. Ibn-Khaldoun, t. II, p. 176, 177, t. III, p. 295. 296, 308, 309, t. IV, p. 27.

Après le départ de Tachefine, Abd-el-Moumene continua, pendant quelque temps, le siège de Tlemcen, et, tandis qu'il en poussait les opérations, il envoya le cheikh Abou-Hafs, avec une armée, contre les Zenata encore insoumis. Ce général remporta une nouvelle victoire, qui eut pour résultat de forcer les Houmi, les Toudjine et les Rached à la soumission et de repousser définitivement les Beni-Merine dans le désert.

Pendant ce temps, Abd-el-Moumene avait marché sur Oran à la tête d'une armée considérable. Il fut rejoint sous les murs de cette place par le cheikh Abou-Hafs, lui amenant une députation des principaux chefs des tribus zenatiennes, dont il reçut le serment de fidélité.

Tachefine, depuis un mois à Oran, avait mis ce temps à profit pour se préparer à la résistance. Ses troupes s'étaient retranchées dans un camp près de la ville, et son amiral, étant enfin arrivé d'Espagne, avait mouillé à peu de distance. Mais toutes ces dispositions ne devaient pas retarder la chute de ce malheureux prince; son camp ayant été surpris et enlevé par les troupes almohades, ceux de ses soldats qui purent échapper rentrèrent à Oran. Quant à Tachefine, il n'en eut pas le loisir et dut se réfugier dans un ribat (couvent fortifié), où ses ennemis ne tardèrent pas à venir l'assiéger. Une longue résistance était impossible. Tachefine, n'ayant plus d'espoir de salut que dans la fuite, sortit, par une nuit noire, du ribat, monta à cheval et, prenant en croupe sa femme favorite Aziza, s'éloigna rapidement en suivant les collines qui bordent la mer. Reconnu bientôt par les postes almohades, il fut poursuivi, et, dans sa course nocturne, roula au fond d'un précipice escarpé. Le lendemain, on vint relever les cadavres; celui de Tachefine fut décapité et sa tête envoyée par Abd-el-Moumene à Tine-Mellel (mars 1145) [1].

Trois jours après, Oran capitula. On trouva dans cette ville un butin considérable, que Tachefine y avait sans doute envoyé pour le transporter en Espagne. Ces richesses furent expédiées à Tine-Mellel; mais les Beni-Merine, prévenus, attaquèrent en route le convoi et s'en emparèrent.

SOUMISSION DE TLEMCEN, DE FÈS, DE CEUTA ET DE SALÉ A ABD-EL-MOUMENE. — Une bande de soldats almoravides, qui avaient pu s'échapper d'Oran, se réfugièrent à Tlemcen, où ils apportèrent la

---

1. L'emplacement de la mort de Tachefine se trouve auprès du village de Sainte-Clotilde, sur la route d'Oran à Mers-el-Kebir. Voir *Chronique de Méquinez*, par M. Houdas (*Journal Asiatique* 1885, n° 2, p. 1279).

nouvelle de la défaite et de la mort du khalife. Abd-el-Moumene arriva à leur suite et s'empara du faubourg de Tagraret, dont les habitants, tous Almoravides, furent passés au fil de l'épée. Il reprit alors le siège de Tlemcen; mais cette ville lui opposa une résistance sérieuse. Pendant qu'il était sous ses murs, il envoya les troupes disponibles dans différentes directions, et ses lieutenants obtinrent de grands avantages. Il reçut alors l'hommage des habitants de Sidjilmassa.

Le siège durait depuis sept mois, et la solution approchait, lorsque les troupes almoravides, jugeant qu'elles ne pouvaient plus tenir, évacuèrent la ville et, sous la conduite du général Yahïa-es-Sahraoui, coururent se réfugier à Fès. Abd-el-Moumene, laissant à son lieutenant Ibn-Djama le soin d'achever de réduire Tlemcen, suivit les Almoravides à Fès et commença le siège de cette ville. Il y fut bientôt rejoint par Ibn-Djama, qui s'était emparé de Tlemcen (1146).

Abd-el-Moumene envoya comme gouverneur à Tlemcen Youssof-ben-Ouanoudine, avec l'ordre de fournir un corps de troupes à Abd-el-Hakk-ben-Menar'fad, émir des Abd-el-Ouad, pour qu'il allât châtier les Beni-Merine du pillage du convoi venant d'Oran. Ce chef, ainsi soutenu, infligea une cruelle défaite à ses cousins les Beni-Merine et tua leur émir El-Mokhaddeb.

Tandis qu'Abd-el-Moumene était devant Fès, il reçut la visite de l'amiral Ibn-Meïmoun, venant lui offrir sa soumission. Après avoir été bien accueilli par le chef des Almohades, l'amiral se rendit à Cadix, où il fit célébrer la prière publique au nom du souverain de la nouvelle dynastie.

Le siège de Fès durait depuis de longs mois et, comme il menaçait de se prolonger encore, Abd-el-Moumene laissa ses lieutenants Abou-Hafs et Abou-Ibrahim en continuer le blocus. Quant à lui, il se rendit à Meknès, et y était à peine arrivé, qu'on lui annonça la chute de Fès; le prévôt l'avait livrée par trahison à ses lieutenants. Yahïa-ben-Sahraoui put se réfugier à Majorque auprès d'Ibn-R'ania.

Ainsi tombaient un à un les derniers remparts des Almoravides. Il ne restait pour ainsi dire plus que Maroc, où s'étaient réunis les serviteurs encore fidèles à cette dynastie. Ibrahim, fils de Tachefine, après avoir donné la mesure de sa mollesse et de son incapacité, avait été déposé par les habitants de sa capitale, et l'on avait élu à sa place son oncle Ishak, fils d'Ali-ben-Youssof. Ce prince, encore enfant, était entouré de sages conseillers qui avaient pris en main la direction des affaires, et tout le monde, à Maroc, était décidé à mourir plutôt que de se rendre.

RENVERSEMENT DE LA DYNASTIE ALMORAVIDE (1146) 81

A la nouvelle de la chute de Fès, Abd-el-Moumene revint dans cette ville, en laissant à son lieutenant Yahïa-ben-Yar'mor la direction du siège de Meknès. Il se disposa alors à marcher sur la capitale et s'occupa activement de concentrer ses forces à Fès. Effrayés de ces préparatifs, les habitants de Ceuta lui adressèrent leur soumission. Il leur envoya comme gouverneur un chef hentatien nommé Youssof-ben-Makhlouf, puis il donna à son armée le signal du départ. Il passa par Salé, qu'il enleva après un léger combat. Divisant ensuite son armée en deux groupes, il confia un de ces corps au cheikh Abou-Hafs et lui donna rendez-vous à Maroc, en le chargeant de parcourir le pays des Bergouata, à l'effet d'en assurer la pacification.

Siège de Maroc par Abd-el-Moumene. — Au commencement de l'année 1146, les deux armées arrivèrent à Maroc et prirent position à l'ouest de la ville. Les opérations commencèrent par le massacre d'un grand nombre de Lamta, cousins des Lemtouna, qui étaient venus se réfugier sous les murs de la ville avec leurs familles et leurs troupeaux. Mais Maroc avait été fortifié avec soin par les souverains almoravides, spécialement par Ali-ben-Youssof, et ses murailles étaient garnies de défenseurs résolus à une lutte désespérée. Aussi ne pouvait-on espérer de s'en rendre maître que par un siège régulier, avec la famine pour auxiliaire.

Abd-el-Moumene, résolu à réduire la place, établit son camp d'une façon permanente, avec retranchements, logements pour les soldats, mosquée pour la prière et autres établissements nécessaires à une armée. Il fit aussi construire une tour très élevée destinée à lui servir d'observatoire. Puis, il intercepta rigoureusement toutes les communications avec la ville. Pendant onze mois, les assiégés firent de fréquentes sorties, toujours suivies de combats meurtriers. Les machines de guerre des assiégeants avaient à peine endommagé les murs, et le siège aurait pu se prolonger longtemps encore, car les assiégés réparaient les brèches à mesure qu'elles étaient faites; mais la famine commençait à sévir dans la place, et les Almoravides, en présence de ce nouveau fléau, dont les conséquences étaient fatales, se décidèrent à tenter un suprême effort.

S'étant précipités à l'improviste sur les Almohâdes, ils les repoussent devant eux et pénètrent dans leur camp en renversant tous les obstacles; sûrs déjà de la victoire, ils commencent le pillage, lorsque Abd-el-Moumene, du haut de son observatoire, donne à une troupe de réserve l'ordre de charger. Ces soldats, tout frais, attaquent les Almoravides sur leurs derrières; à cette vue, les fuyards du camp reprennent courage, se reforment et chargent les assiégés, dont les lignes sont rompues et qui ont, en grand nombre, quitté leurs armes pour piller. En un instant, les Almoravides sont en déroute et fuient vers la ville, poursuivis, l'épée dans les reins, par les Almohâdes.

Cette fois, tout espoir était perdu. Les assiégeants firent un carnage horrible de leurs ennemis, tant dans le camp que sous les murs mêmes de la ville, où un grand nombre d'entre eux périrent en se ruant sur la porte. Cette fatale journée décida de l'issue du siège. Un des principaux chefs almoravides, Abd-Allah-ben-Abou-Beker, vint offrir sa soumission à Abd-el-Moumene et obtint la vie sauve pour lui et sa famille. On dit qu'il indiqua aux assiégeants les points faibles des fortifications.

Maroc présentait, à ce moment, un spectacle affreux. Cent mille personnes avaient déjà péri, par le fer ou la famine. Les cadavres, sans sépulture, remplissaient les rues, répandant des émanations putrides. Malgré tout le courage des assiégés, la situation n'était plus tenable.

Chute de Maroc et de la dynastie almoravide. — Au mois d'avril 1147, un corps de cavaliers chrétiens, servant dans l'armée almoravide, mit fin à ces horreurs en ouvrant aux assiégeants une des portes de la ville, celle dite d'Ar'mat. Les Almohâdes se précipitèrent par cette entrée et commencèrent un massacre général des habitants. Le jeune khalife Ishak, saisi dans son palais, fut traîné, ainsi que les principaux chefs almoravides, devant le vainqueur. Abd-el-Moumene ordonna froidement leur supplice. Pendant qu'on décapitait ses officiers, l'enfant suppliait en pleurant qu'on lui laissât la vie; mais son heureux rival fut inflexible, et la tête d'Ishak roula sur celle de ses adhérents. Un de ses conseillers qui, un instant auparavant, l'avait exhorté à supporter courageusement son infortune, fut assommé à coups de bâton.

Pendant sept jours, la belle capitale d'Ibn-Tachefine fut livrée à toutes les fureurs de la soldatesque. Lorsqu'on fut enfin las de tuer, Abd-el-Moumene proclama une amnistie, et les derniers survivants, presque tous artisans et marchands inoffensifs, sortirent des refuges où la peur les tenait cachés.

Ainsi tomba la puissance almoravide, fondée moins d'un siècle auparavant par les sauvages du désert sous la conduite d'un homme de génie. On a vu au prix de quelles luttes leurs frères, les montagnards de l'Atlas, sont parvenus à les supplanter. La dynastie d'Abd-el-Moumene succède à celle de Youssof-ben-

Tachefine. Nous verrons que sa durée ne doit pas être sensiblement plus longue [1].

APPENDICE

CHRONOLOGIE DES SOUVERAINS ALMORAVIDES

Abou-Beker-ben-Omar............................ vers	1055
Youssof-ben-Tachefine............................	1061
Ali-ben-Youssof.................................	1106
Tachefine-ben-Ali...............................	1142
Ibrahim-ben-Tachefine...........................	1146
Ishak-ben-Ali...................................	1147

[1]. Ibn-Khaldoun, *Berbères*, t. I, p. 253 et suiv., t. II, p. 56, 85 et suiv. 87, 176 et suiv., t. III, p. 296, 307 et suiv., t. IV, p. 27. Kartas, p. 236 et suiv., 282 et suiv. El-Kaïrouani, p 190 et suiv. Ibn-el-Athir, *loc. cit.*, p 576 et suiv. El-Marrakchi, éd. arabe de Dozy, passim.

CHAPITRE VI

EMPIRE ALMOHADE. CHUTE DES DYNASTIES ZIRIDE ET HAMMADITE

1127-1157.

Roger II, roi de Sicile. Ses succès en Afrique. — Prise de Tripoli par les Siciliens. — L'amiral George s'empare d'El-Mehdïa. Chute de la dynastie ziride. — Le Ziride El-Hassan se réfugie chez le roi de Bougie. — Révoltes en Mag'reb. Abd-el-Moumene les dompte. — Événements d'Espagne de 1144 à 1150. Anarchie générale. — Expédition d'Abd-el-Moumene contre Bougie. Chute de la dynastie hammadite. — Défaite des Arabes à Sétif par les Almohades. — Prise de Bône par les Siciliens. Mort de Roger II. Son fils Guillaume I lui succède. — Abd-el-Moumene donne de grands commandements à ses fils. — Succès des Almohades en Espagne. — Anarchie en Ifrikiya. Abd-el-Moumene est appelé par les Musulmans. — Appendice : Chronologie des souverains zirides. Chronologie des souverains hammadites.

Roger II, roi de Sicile. Ses succès en Afrique. — Ayant consacré le chapitre précédent au récit de l'établissement de la dynastie almohàde et de sa substitution à l'empire almoravide, nous n'avons pas voulu interrompre ce grand drame par le mélange d'autres faits historiques, et il convient de nous reporter de quelques années en arrière pour passer en revue les événements dont la Sicile et l'Ifrikiya ont été le théâtre.

Roger II, étant passé en Italie au mois d'août 1127, y combattit avec succès les barons et le pape Honorius II. Celui-ci, qui l'avait excommunié avec ses partisans, était contraint, l'année suivante, de lui accorder l'investiture du duché. Le 25 décembre 1130, Roger prenait le titre de roi et se faisait sacrer, en grande pompe, dans la cathédrale de Palerme. C'était un défi jeté à tous les princes italiens, aussi la guerre reprit-elle de plus belle sur mer et sur terre ; elle dura neuf années.

Malgré ses nombreuses occupations en Italie, Roger II ne perdait pas de vue l'Afrique. Nous avons dit qu'il avait fait la paix avec le Ziride El-Hassan. En 1135, le roi de Bougie ayant envoyé une flotte contre El-Mehdïa, tandis qu'une armée envahissait les états zirides par terre, El-Hassan appela à son secours le roi de Sicile, qui lui envoya ses navires. La flotte hammadite, après avoir couru un grand danger, put s'échapper, mais les vaisseaux chrétiens, en se retirant, allèrent s'emparer de l'île de Djerba, nid de pirates ne reconnaissant l'autorité de personne ; les habitants, qui avaient lutté avec courage contre les chrétiens, furent réduits en servitude et expédiés, pour la plus grande partie, en Sicile. L'année suivante, une flotte génoise de douze galères vint audacieusement attaquer et surprendre Bougie dont les vaisseaux étaient en course : elle put reprendre le large en emportant un riche butin et de nombreux esclaves [1].

La paix qui unissait les deux souverains fut alors rompue. L'Afrique traversait une période de mauvaises récoltes et le pays était en proie à la disette ; il en résulta que les créances des commerçants siciliens ne rentraient pas, et comme, par suite de divers traités, le prince zirîde s'était en quelque sorte porté caution, Roger prétendit que les conventions n'étaient pas exécutées. En vain El-Hassan se soumit à toutes les exigences du puissant roi de Sicile, se reconnaissant, en quelque sorte, son vassal et lui abandonnant le produit de ses douanes, George d'Antioche, amiral et premier ministre du roi Roger, vint en 1141, avec sa flotte, devant la ville et exigea du prince berbère une véritable soumission qui, du reste, ne devait pas sauver son royaume.

En 1143, la flotte de Roger débarqua à Tripoli une puissante armée. Les Siciliens entreprirent le siège de cette ville, mais une vigoureuse sortie des assiégés força les chrétiens à se rembarquer, non sans laisser sur le rivage un grand nombre des leurs.

Tournant ses efforts d'un autre côté, le roi de Sicile lança ses vaisseaux contre Djidjeli. Les Siciliens, débarqués inopinément, détruisirent cette ville de fond en comble, ainsi que le château de plaisance que le souverain hammadite y avait construit.

En 1144, Brechk [2] et Cherchel subirent le même sort. La flotte ramena de ces expéditions un grand nombre d'esclaves musulmans. Enfin, en 1145, les îles Kerkinna tombèrent au pouvoir des Siciliens [3].

PRISE DE TRIPOLI PAR LES SICILIENS. — Roger II, on le voit, ne cessait d'inquiéter l'Afrique. Les régions orientales continuaient à être désolées par une épouvantable famine, durant depuis cinq années. Les populations décimées abandonnaient les campagnes, mouraient sur les chemins, et l'on vit durant cette calamité,

---

1. Caffaro, cité par Muratori, t. VI, col. 259.
2. Petit port entre Cherchel et Tenès.
3. Ibn-Khaldoun, t. II, p. 26, 57. Ibn-el-Athir, loc. cit., p. 578, 579. El-Kairouani, p. 154, 155. Amari, *Musulmans de Sicile*, t. III, p. 406, 407.

comme dans un récent exemple [1], de nombreux cas d'anthropophagie. C'était, pour le roi de Sicile, une occasion unique de mettre à exécution ses projets ambitieux.

Au mois de juin 1146, tandis que le grand duel des Almoravides et des Almohâdes se terminait devant Maroc, une flotte de deux cents voiles, sous le commandement de l'amiral George, jetait l'ancre devant Tripoli. La dynastie des Mag'raoua-Beni-Khazroun s'était éteinte quelques années auparavant et avait été remplacée par une famille arabe, celle des Beni-Matrouh. Sous la direction de ces chefs, les Tripolitains tentèrent d'abord de résister comme la première fois, mais bientôt la dissension éclata parmi eux : les Beni-Matrouh furent chassés et remplacés par un chef almoravide, arrêté au passage alors qu'il se rendait en pèlerinage.

Profitant habilement de ces troubles, le général sicilien redoubla d'énergie et se rendit maître de la ville. Après le pillage et les excès inévitables à cette époque dans une ville enlevée de vive force, George proclama une amnistie générale, releva les fortifications de la cité, et y installa une administration régulière, avec une garnison de soldats chrétiens et musulmans de Sicile. Puis il revint auprès de son maître, laissant le titre de gouverneur à Abou-Yahïa-ben-Matrouh. Grâce aux mesures par lui prises, Tripoli ne tarda pas à être repeuplée et à recouvrer toute sa splendeur [2].

L'AMIRAL GEORGE S'EMPARE D'EL-MEHDÏA. CHUTE DE LA DYNASTIE ZIRIDE. — Sur ces entrefaites, une révolte éclata à Gabès, ville qui obéissait toujours à la famille Ibn-Djama. Rachid, son chef, étant mort en ne laissant que de jeunes enfants, son affranchi Youssof y usurpa le pouvoir, au détriment de ceux-ci. Les princes détrônés vinrent alors demander justice à El-Hassan d'El-Mehdïa, qui leur promit de rétablir leur autorité. A cette nouvelle, Youssof s'adressa au roi de Sicile et offrit la suzeraineté de Gabès à Roger II, à la condition que lui, Youssof, en conserverait le commandement, comme Ibn-Matrouh à Tripoli.

Le roi de Sicile accueillit avec empressement cette soumission et envoya à Youssof son diplôme d'investiture ; mais la population de Gabès, mécontente d'être ainsi livrée aux Chrétiens sans son consentement, se révolta et ouvrit la ville à El-Hassan. Youssof, qui avait pu, non sans peine, s'échapper, tomba dans les mains de Maammar, fils de son maître Rachid, qui était aux environs avec

---

1. La famine de 1867-68.
2. Amari, *Musulmans de Sicile*, t. III, p. 408, 409.

les contingents des Arabes Beni-Korra. Il périt dans les tourments.

Un fils de Youssof passa alors en Sicile et supplia Roger de tirer vengeance de la mort de son représentant. Le roi avait enfin le prétexte qu'il cherchait depuis longtemps de rompre la trêve avec les Zirides et d'occuper El-Mehdïa. Au commencement de l'été 1148, l'amiral George sortit des ports de Sicile à la tête de deux cent soixante-dix navires chargés de troupes. A la hauteur de l'île de Cossura, la flotte s'empara d'un bateau d'El-Mehdïa dans lequel se trouvait une cage de pigeons courriers. George leur mit au cou un message annonçant que la flotte des Chrétiens avait fait voile pour l'Orient ; puis on les lâcha, et ils allèrent porter cette fausse nouvelle au prince ziride. Peu de jours après, c'est-à-dire le 22 juin, la flotte sicilienne parut en vue d'El-Mehdïa. L'amiral ayant jeté l'ancre à une certaine distance, fit dire par un petit bateau à El-Hassan de n'avoir rien à craindre, car le traité serait rigoureusement respecté ; mais il lui déclara qu'il réclamait seulement les meurtriers de Youssof et que, s'il ne pouvait les lui livrer, il eût à lui fournir des troupes pour l'aider à arracher Gabès des mains des usurpateurs.

Ne pouvant se tromper sur les projets des chrétiens, El-Hassan avait réuni les principaux citoyens à l'effet de prendre une décision. Plusieurs assistants opinaient pour la résistance ; mais le souverain ziride, les interrompant, déclara que pour conserver son pouvoir précaire et ses palais, il n'était nullement disposé à faire verser le pur sang musulman, d'autant plus qu'assiégée par mer et par terre, n'ayant qu'un petit nombre de défenseurs et manquant d'approvisionnements, la ville ne pourrait résister longtemps. Il annonça qu'il allait monter à cheval et se réfugier où il pourrait ; et aussitôt, ayant réuni une partie de sa famille et ses amis, et chargé sur des mulets ses objets les plus précieux, il partit, suivi de quelques personnes qui ne voulurent pas abandonner sa fortune. Les autres habitants cherchèrent un refuge chez les chrétiens établis dans la ville ou dans leurs églises, car ceux-ci avaient obtenu depuis longtemps le droit de célébrer leur culte ouvertement.

Vers le soir, l'amiral George, ayant opéré son débarquement, entra sans coup férir dans El-Mehdïa. Il se rendit au palais et y trouva d'immenses richesses, qu'il fit séquestrer. Le pillage de la ville durait depuis deux heures ; il y mit fin, proclama l'amnistie et, pour rappeler les habitants, leur offrit même de l'argent. Quelques parents du prince ziride, qui étaient restés dans la ville, furent traités honorablement. En apprenant avec quelle modération agissaient les vainqueurs, les Musulmans qui avaient émigré s'empressèrent de rentrer en ville et y trouvèrent leurs demeures intactes.

Après sa victoire, George envoya une partie de ses navires contre Sfak et l'autre contre Souça. Le gouverneur de Sfaks, soutenu par les tribus arabes, essaya de résister avec énergie, mais il fut vaincu, et la ville, ayant été enlevée de vive force, fut mise à sac (juillet). Enfin les vainqueurs proclamèrent l'aman, et la population put rentrer librement chez elle. Un gouverneur musulman fut laissé. Pendant ce temps, Souça, abandonné par son chef Ali, fils d'El-Hassan, tombait sans résistance aux mains des Chrétiens.

Ainsi, tout le territoire compris entre Tunis et Tripoli se trouva soumis à l'autorité du roi de Sicile et, sous la ferme direction de ce prince, recouvra un peu de tranquillité. La dynastie ziride qui, depuis longtemps, n'existait plus que de nom, disparut tout à fait; les chefs arabes reçurent leur investiture du gouvernement sicilien; quant au peuple, sa situation fut fort peu modifiée. Il dut, il est vrai, payer la djezia (capitation) aux Chrétiens, mais il fut débarrassé pour quelque temps de la tyrannie de ses principicules, appuyés sur les Arabes [1].

Le Ziride El-Hassan se réfugie chez le roi de Bougie. — El-Hassan, le souverain détrôné, se réfugia d'abord à la Malleka, près de Tunis, chez Mahrez-ben-Ziad, émir des Riah. De là il se disposait à passer en Egypte pour implorer le secours de son suzerain, le khalife fatemide; mais, ayant appris que le général chrétien voulait lui barrer le passage, il se rendit à Constantine auprès du commandant hammadite.

A Bougie, Yahïa, insoucieux de l'avenir, continuait son triste règne, partageant son temps entre la débauche et la chasse. Un des actes les plus importants de son règne fut celui par lequel il répudia définitivement la suzeraineté fatemide et fit frapper des monnaies d'or à son nom, avec la reconnaissance nominale de la suprématie du khalifat abbasside [2].

Après avoir séjourné quelque temps à Constantine, El-Hassan, le prince ziride, vint à Bougie demander humblement asile à son

---

1. Ibn-el-Athir, *loc. cit.*, p. 583 et suiv. El-Kairouani, p. 155 et suiv. Ibn-Khaldoun, *Berbères*, t. II, p. 27, 36, 37. Amari, *Musulmans de Sicile*, t. III, p. 418 et suiv.

2. Voir, pour la légende de ces monnaies, Ibn-Khaldoun, *Berbères*, t. II, p. 57.

cousin. Celui-ci le reçut assez courtoisement et l'interna à Alger, auprès de son frère El-Kaïd, gouverneur de cette ville.

Révoltes en Mag'reb. Abd-el-Moumene les dompte. — Dans le Mag'reb, Abd-el-Moumene avait continué à asseoir et à étendre son autorité et reçu la soumission de nombreuses tribus. Il se disposait à s'occuper sérieusement de l'Espagne où il avait envoyé un corps de troupes, lorsqu'une révolte sérieuse éclata dans le Sous, à la voix d'un agitateur natif de Salé et appelé Ibn-Houd, qui avait pris le titre d'*El-Hadi* (le directeur), sans doute par analogie avec le fondateur de la secte almohâde, dont le nom (Mehdi) a la même racine en arabe.

Ayant réussi à grouper autour de lui un certain nombre de partisans, il se retrancha dans le Ribat de Massa. Bientôt le pays de Sidjilmassa et de Deràa, les tribus de Dokkala, Regraga, Temesna, Houara, se soumirent à sa doctrine et se disposèrent à attaquer leurs voisins.

Un premier corps almohâde, envoyé contre les rebelles, dut rétrograder en désordre jusqu'à Maroc, après avoir été complètement défait. Abd-el-Moumene fit alors marcher contre eux son meilleur général, Abou-Hafs-Omar, à la tête de forces imposantes, et il réunit aussitôt d'autres troupes qu'il comptait conduire lui-même à son lieutenant.

A l'approche des Almohâdes, Ibn-Houd s'avança au devant d'eux, entraînant à sa suite une armée de soixante mille fantassins, avec quelques cavaliers. Le choc eut lieu, au mois de mai 1147, au delà de Temesna, et la victoire resta aux Almohâdes, après une lutte acharnée dans laquelle les rebelles perdirent leurs principaux chefs. Ibn-Houd fut tué, dit-on, de la main du cheikh Abou-Hafs.

Après la victoire, le lieutenant d'Abd-el-Moumene alla châtier, d'une manière exemplaire, toutes les populations qui avaient soutenu l'agitateur. Il s'avança ainsi jusqu'à Sidjilmassa et, ayant partout rétabli l'ordre, rentra à Maroc. A peine y était-il arrivé qu'il dut partir de nouveau pour le pays des Berg'ouata, où une révolte générale venait d'éclater. Cette fois, la campagne ne fut pas favorable aux Almohâdes : après avoir essuyé plusieurs défaites, ils furent contraints à la retraite. Le feu de la rébellion s'étendit alors dans le Mag'reb. Les habitants de Ceuta massacrèrent leur gouverneur, ainsi que ses adhérents. Salé imita son exemple. Le cadi Aïad, qui avait été le promoteur de ce mouvement, se rendit en Espagne et offrit les deux villes rebelles à Yahïa-Ibn-R'anïa. Ce chef envoya aussitôt avec lui en Mag'reb le général almoravide Yahïa-es-Sahraoui, que nous avons vu précédemment s'échapper lors de la prise de Fès. Le cadi Aïad et Yahïa, à peine arrivés, entrèrent en relations avec les Berg'ouata et Dokkala, afin d'organiser la résistance.

Mais Abd-el-Moumene en personne envahit le pays des Berg'ouata et contraignit les rebelles à la soumission, après leur avoir infligé de sévères châtiments. Privée de ses alliés, Ceuta dut aussi rentrer dans l'obéissance. Le vainqueur pardonna à ses habitants, ainsi qu'à Yahïa-es-Sahraoui, qui reçut des lettres de grâce (1148) [1].

Peu de temps après, Meknès, qui était assiégée depuis sept ans, fut enlevée d'assaut par Abd-el-Moumene. On fit un grand massacre des habitants, et les environs, qui étaient couverts de jardins et d'oliviers, furent dévastés [2].

Événements d'Espagne de 1144 à 1150. Anarchie générale. — Pendant que le souverain almohâde obtenait ces succès en Mag'r'b, l'Espagne, livrée à elle-même, était désolée par la guerre civile et l'invasion étrangère. Un ambitieux, du nom d'Ibn-Kaci, avait voulu y jouer le rôle du Mehdi et n'avait pas tardé à réunir un grand nombre d'adhérents, presque tous Musulmans andalous, heureux de trouver une occasion de protester contre le joug des Almoravides. En 1144, Ibn-Kaci s'empara de Mertola. Mérida lui ouvre ensuite ses portes, et les insurgés, franchissant le Guadiana, s'emparent de Huelva et de Niébla et s'avancent jusqu'à la banlieue de Séville. Ibn-R'anïa, qui commandait à Cordoue, se décida alors à marcher contre les rebelles et les poursuivit, l'épée dans les reins, jusqu'à Niébla. Il avait commencé le siège de cette place lorsqu'il fut rappelé par des révoltes éclatées derrière lui : Cordoue, Valence, Murcie, Alméria, Malaga avaient répudié l'autorité almoravide.

C'était un vassal du roi chrétien, un descendant des Ben-Houd de Saragosse, nommé Seïf-ed-Daoula, que les Cordouans avaient proclamé. Ce chef avait, au préalable, obtenu l'appui d'Alphonse et reçu de lui un corps de troupes chrétiennes, avec lesquelles il ne tarda pas à se rendre maître de presque toute l'Espagne orientale, au détriment d'un compétiteur nommé Hamdane. Ayant voulu ensuite congédier ses auxiliaires castillans, ceux-ci se révoltèrent contre lui et le tuèrent dans un combat (1146). Ce fut

---

1. Kartas, p. 270, 271. Ibn-Khaldoun, t. II, p. 181, 182.
2. On appelait cette ville Meknès des Oliviers, pour la distinguer de l'autre qui se nommait Meknès de Taza. Voir *Chronique de Meknès* par M. Houdas, *loc. cit.*

alors qu'Ibn-Kaci, ayant appris les succès d'Abd-el-Moumene, lui adressa l'hommage de sa soumission et reçut de lui un diplôme de gouverneur des provinces de l'ouest.

Sur ces entrefaites, Ibn-R'ania, réduit, sur la terre ferme, à la possession de quelques places dans le midi, implora l'assistance de l'empereur chrétien. Il en reçut des troupes, avec lesquelles il vint assiéger, à Cordoue, Hamdane, que les habitants de cette ville avaient proclamé émir.

Nous avons vu précédemment qu'Abd-el-Moumene, dont l'autorité avait été proclamée en Espagne par l'amiral Ibn-Meïmoun, envoya dans la péninsule une armée, dont le chiffre, évidemment exagéré, est porté par les auteurs à trente mille hommes. Le général Abou-Amran, qui la commandait, reçut d'abord la soumission de Xérès, dont les habitants furent gratifiés du titre bizarre de « premiers de la soumission » et obtinrent divers priviléges. Tarifa, Algésiras et enfin Séville lui ouvrirent aussi leurs portes. Vers le même temps, Ibn-R'ania se rendait maître de Cordoue et ne pouvait empêcher ses auxiliaires chrétiens de profaner la ville des Khalifes (1147). A cette époque, les Génois, soutenus par les forces de Barcelone et de Montpellier, s'emparaient d'Alméria et essayaient de s'y établir solidement. Mais bientôt les Almohâdes arrivèrent et Ibn-R'ania dut prendre la fuite. Il se réfugia à Grenade et fut tué dans un combat près de cette ville. Les Almoravides n'eurent alors d'autre ressource que de se jeter dans les bras de l'empereur (1148).

Les Almohâdes triomphaient, mais bientôt la conduite imprudente de leurs chefs et surtout les déportements de parents du Mehdi, qui avaient été pourvus de commandements, amena une réaction contre les nouveaux venus. Les musulmans espagnols, si policés et si avancés dans les arts et la civilisation, ne pouvaient se faire à la rudesse des sauvages montagnards du Mag'reb, et il se produisit pour eux ce qui avait eu lieu, près d'un siècle auparavant, à l'égard des Almoravides : un tolle général s'éleva contre les Mag'rebins. En même temps, l'empereur chrétien, soutenu par Garcie, roi de Navarre et un grand nombre de barons, envahit le territoire musulman, y porta le ravage et s'empara de Jaën. Une nombreuse députation de musulmans se rendit alors en Mag'reb pour demander l'intervention d'Abd-el-Moumene et obtint de lui une entrevue à Salé (1150) [1].

---

1. Kartas, p. 272 et suiv. Ibn-Khaldoun, t. II, p. 181 et suiv. Rosseuw Saint-Hilaire, *Histoire d'Espagne*, t. III, p. 444 et suiv.

EXPÉDITION D'ABD-EL-MOUMENE CONTRE BOUGIE. CHUTE DE LA DYNASTIE HAMMADITE. — Abd-el-Moumene avait accueilli avec bienveillance les Espagnols et leur avait promis d'intervenir. Bientôt, en effet, il se rendit à Ceuta et y réunit une armée considérable. On était persuadé qu'il allait passer en Espagne, car le souverain était venu, dans le mois de mars 1152, s'assurer par lui-même que tout était prêt. Enfin, au mois de mai, il arriva et se plaça à la tête des troupes, mais au lieu de s'embarquer avec elles, il leur fit prendre le chemin de l'est et, ayant dépassé Tlemcen, s'avança à marches forcées vers les provinces hammadites.

Après avoir traversé, comme un ouragan, le Mag'reb central, Abd-el-Moumene parut devant Alger. Aussitôt El-Kaïd prit la fuite et alla prévenir son frère Yahïa, à Bougie, de l'arrivée des ennemis. Pendant ce temps, la population d'Alger, conduite par le prince ziride El-Hassan, faisait sa soumission aux Almohâdes. Deux chefs arabes, l'un des Djochem, l'autre des Athbedj, vinrent dans cette localité offrir leur hommage à Abd-el-Moumene.

De là, l'armée envahissante marcha sur Bougie. Instruit par son frère de l'approche de ses ennemis, Yahïa envoya contre eux son général Meïmoun-ben-Hamdane, avec les troupes disponibles rassemblées à la hâte. Les deux armées se trouvèrent en présence au lieu dit Oum-el-Alou, sur le versant méridional du Djerdjera [1]; mais, à la vue de leurs ennemis, les miliciens hammadites, pris de terreur, abandonnèrent le vizir qui fut forcé de rentrer, derrière eux, à Bougie. Le lendemain, l'avant-garde almohâde, forte de vingt mille hommes, paraissait devant cette ville qui lui ouvrait ses portes sans combat. Le souverain hammadite avait eu le temps de s'embarquer avec ses richesses sur deux navires, qu'il avait fait tenir à sa disposition, et de prendre le large.

Deux jours après, Abd-el-Moumene fit son entrée solennelle dans la capitale hammadite dont il s'était rendu maître à si peu de frais. Quant à Yahïa, il alla débarquer à Bône, où il fut très mal reçu par son frère El-Hareth, qui lui reprocha amèrement sa lâche conduite et le chassa même de la ville. Le souverain détrôné se réfugia auprès de son autre frère, El-Hassan, à Constantine.

De Bougie, Abd-el-Moumene envoya son fils Abd-Allah, avec une armée, soumettre les régions de l'intérieur. La Kalâa, commandée par Djouchen, fils d'El-Aziz, offrit une résistance sérieuse; cependant, elle fut emportée d'assaut par les Almohâdes, qui la détruisirent de fond en comble. Djouchen, et un chef des Athbedj qui étaient avec lui, furent mis à mort, ainsi que tous les soldats

---

1. Sans doute dans la vallée de l'Ouad-Sahel.

tombés vivants aux mains des vainqueurs. L'incendie acheva la destruction de la première capitale hammadite dont la population qui échappa à la mort fut dispersée. La colonie chrétienne disparut sans doute à cette époque. En apprenant cette nouvelle, Yahïa fut tellement terrifié qu'il écrivit à Abd-el-Moumene pour lui offrir sa soumission et la remise de Constantine. Le chef des Almohâdes accueillit avec empressement cette ouverture et, ayant fait venir Yahïa, le traita avec honneur et l'interna à Maroc, après lui avoir assigné une pension.

Ainsi, le royaume hammadite, si puissant encore quelques années auparavant, s'était effondré avec la même facilité que celui des Zirides. Il avait suffi, pour l'un et pour l'autre, qu'un homme énergique se présentât pour faire tomber ces dynasties caduques. « Ainsi, dit philosophiquement Ibn-el-Athir, le roi Yahïa, qui s'était réjoui publiquement, en apprenant que Roger s'était emparé des états de son cousin El-Hassan, ne se doutait pas qu'un sort semblable lui fût réservé à si brève échéance[1] ».

Défaite des Arabes a Sétif par les Almohades. — Satisfait des immenses résultats obtenus, Abd-el-Moumene ne jugea pas prudent de pousser plus loin, vers l'est, avec les forces dont il disposait. Il nomma à Bougie un gouverneur almohâde, auquel il adjoignit l'ancien roi d'El-Mehdïa, El-Hassan, amené par lui d'Alger ; puis, il se mit en route vers le Mag'reb.

Mais les Arabes du Zab et de l'Ifrikiya, qui voyaient instinctivement, dans les Almohâdes, des adversaires redoutables, s'étaient réunis, sous le prétexte de venger Yahïa, qu'il leur plaisait alors d'appeler leur roi, et avaient décidé la guerre. Oubliant leurs querelles intestines, les Athbedj, R'iah et Zor'ba se concentrèrent sur les versants de l'Aourès et, de là, marchèrent vers Sétif, où guerroyait le prince Abd-Allah. Prévenu de leur approche, le fils d'Abd-el-Moumene demanda des renforts à son père et se prépara à recevoir de son mieux les Hilaliens.

Mahrez-ben-Zïyad, émir des R'iah, commandait les Arabes. Il excita, à un haut degré, leur enthousiasme en leur rappelant les exploits de leurs ancêtres et, pour leur enlever tout moyen de fuite, leur ordonna de couper les jarrets de leurs chevaux.

Enfin leurs femmes les avaient suivis, selon leur coutume, pour exciter les combattants du geste et de la voix et insulter les fuyards. L'émir des R'iah les entraîna alors à l'attaque des Almohâdes. Pen-

---

1. Ibn-el-Athir, *loc. cit.*, p. 585, 586. El-Kaïrouani, p. 157, 195. Kartas, p. 574, 575. Ibn-Khaldoun, t. II, p. 28, 58, 188, 189.

dant trois jours, on combattit, de part et d'autre, avec le plus grand acharnement, sans que le succès se décidât pour l'un ou pour l'autre parti. Enfin, le quatrième jour, les Arabes commencèrent à plier ; ce que voyant, les Almohâdes redoublèrent d'efforts et les mirent en déroute. Ils les poursuivirent jusqu'à Tébessa et, dans cette course, s'emparèrent de leurs campements. Le prince Abd-Allah revint alors vers l'ouest ramenant un butin considérable, comprenant, non seulement les troupeaux et les richesses des vaincus, mais encore leurs femmes et leurs enfants [1].

Vers la fin de l'année 1152, Abd-el-Moumene rentra à Maroc après avoir ajouté à ses états tout le territoire compris entre Oran, Sétif, Constantine et la mer. Des députations des tribus arabes vinrent le trouver dans sa capitale, pour lui offrir leur soumission. Reçus avec bienveillance par le chef des Almohâdes, les Hilaliens rentrèrent dans leurs douars chargés de présents et ramenant à leur suite les prisonniers de Sétif.

PRISE DE BÔNE PAR LES SICILIENS. — MORT DE ROGER II ; SON FILS GUILLAUME Ier LUI SUCCÈDE. — Connaissant les dispositions de Roger II et ses vues ambitieuses sur l'Afrique, on doit être surpris qu'il eût laissé le souverain almohâde effectuer paisiblement ses conquêtes dans la province de Constantine. C'est que, depuis deux ans, le roi de Sicile était absorbé par sa guerre contre l'empereur de Constantinople. Tous ses navires étaient en Grèce et l'amiral George ajoutait à sa gloire de nouveaux fleurons. Malheureusement, cet homme remarquable mourut en 1150, et Roger n'eut plus de lieutenant digne de sa confiance. Il chercha néanmoins à étendre son influence en Ifrikiya et il est possible que l'expédition malheureuse des Arabes à Sétif ait été entreprise à son instigation, ainsi que le pense M. Amari. Peu après il donna à son représentant en Afrique, le général Philippe, l'ordre d'aller s'emparer de Bône. Vers la fin de l'année 1153, Philippe partit d'El-Mehdïa avec la flotte, et vint se présenter devant Bône, tandis que les Arabes attaquaient par terre. Bientôt la ville fut enlevée de vive force ; après y être resté dix jours, Philippe rentra en Sicile rapportant des prises de valeur et un grand nombre de captifs réduits en esclavage. Un Hammadite représenta à Bône le roi de Sicile. Peu après son retour, Philippe, accusé du crime d'hérésie fut condamné au bûcher par un tribunal religieux, et exécuté à Palerme en même temps que ceux qu'on lui donna pour complices.

Roger, atteint par la maladie, ayant perdu plusieurs enfants et

---

1. Ibn-Khaldoun, *Berbères*, t. I, p. 46, 47, t. II, p. 58, 188 et suiv.

deux femmes en quelques années, voyant son étoile pâlir, partagé entre les croyances orthodoxes chrétiennes, la philosophie musulmane et les pratiques de l'astrologie [1], ordonna une persécution religieuse, dans laquelle les musulmans et les juifs eurent beaucoup à souffrir.

Le 27 février 1154, le roi Roger cessa de vivre, à l'âge de cinquante-huit ans. Ce grand prince s'était montré le digne successeur de son père, et c'est grâce à son courage et à son génie que le royaume de Sicile avait pu achever de se constituer et de s'étendre, et devenir un des plus puissants de l'Europe méridionale. Respecté, aimé, même en Sicile, Roger avait su se faire craindre de l'Italie entière, et son nom était prononcé non sans terreur dans l'Archipel, à Constantinople, sur tout le littoral de l'Afrique et jusque dans les déserts de la Berbérie. Il avait institué dans ses états une organisation judiciaire très complète et un système administratif fort compliqué, où les fonctions étaient nombreuses mais bien définies [2]. Les beaux résultats obtenus pendant deux règnes, longs et fructueux, allaient être perdus en quelques années, car Guillaume Ier, fils et successeur de Roger II, était un prince indolent, féroce et cupide.

ABD-EL-MOUMENE DONNE DE GRANDS COMMANDEMENTS A SES FILS. — Peu après son retour de Bougie, Abd-el-Moumene divisa son empire en plusieurs grands commandements. Le Sid [3] Abou-l'Hassan fut nommé à Fès ; le Sid Abou-Hafs, à Tlemcen ; le Sid Abou-Saïd, à Ceuta ; et le Sid Abou-Mohammed à Bougie. Chacun d'eux eut, auprès de lui un conseiller sûr, pris parmi les fidèles Masmouda. Abou-Abd-Allah-Mohammed, son autre fils, fut désigné comme héritier présomptif.

Ces dispositions, qui n'étaient rien moins que l'établissement d'une dynastie héréditaire, blessèrent les parents du Mehdi, qui prétendaient avoir des droits directs au trône. Ils profitèrent de ce prétexte, au moment où le khalife était absent, pour s'emparer de la citadelle et soulever la populace à Maroc. Pendant tout un jour, on combattit dans la ville, mais à la fin la victoire resta aux troupes almohâdes. Les fauteurs de cette révolte furent tous mis à mort. L'influence du cheikh Abou-Hafs, rappelé d'Espagne, où

---

1. Amari, *Musulmans de Sicile*, t. III, p. 439.
2. Voir, Elie de la Primaudaie, *Arabes et Normands*, dernière partie. Amari, *Musulmans de Sicile*, t. III, p. 442 et suiv.
3. Les princes du sang portaient le titre de Sid (seigneur).

il avait été envoyé, fut employée pour faire accepter au peuple la désignation du futur souverain.

Succès des Almohades en Espagne. — Quelque temps avant de partir pour Bougie, Abd-el-Moumene, ayant appris que les Chrétiens s'étaient emparés d'Alméria[1], avait envoyé en Espagne son fils Abou-Saïd avec des renforts. Ce prince commença aussitôt le siège d'Alméria et ce fut en vain que les Chrétiens et leurs alliés essayèrent de le repousser. Réduits à eux-mêmes, les assiégés se défendirent avec le courage du désespoir et le tinrent en échec pendant six longues années.

Mohammed-ben-Merdenich, seigneur de Murcie et vassal d'Alphonse, s'étant emparé de Grenade, Abou-Saïd alla enlever cette ville et massacra toute sa garnison, en partie chrétienne. Ibn-Merdenich put s'échapper (1156). Ali-ben-R'ania, fils de Yahïa, qui commandait le parti almoravide, fut, vers le même temps, chassé des derniers postes qu'il occupait en Espagne. Il mourut à Almuñecar, et ses partisans allèrent rejoindre ses parents dans les Baléares.

Peu après, Alméria tomba aux mains des assiégeants, et dès lors, presque toute l'Espagne musulmane reconnut l'autorité almohâde (1157).

Dans le cours de cette même année, 1157, l'empereur Alphonse VII trouva la mort en combattant les infidèles.

Anarchie en Ifrikiya. Abd-el-Moumene est appelé par les Musulmans. — La population de l'Espagne ne cessait d'appeler Abd-el-Moumene, mais ce prince avait toujours ses regards tournés vers l'Est. Avec une très grande prudence et cette logique qui dirigeait tous ses actes, il ne voulait pas mettre le pied hors de l'Afrique avant de l'avoir entièrement soumise à son autorité. Or, les Chrétiens étaient maîtres de la Tunisie, il fallait les en chasser, et sa première expédition dans l'est avait trop bien réussi pour qu'il n'eût pas l'idée d'en exécuter une seconde. Les nouvelles qu'il recevait de l'Ifrikiya le confirmaient de plus en plus dans sa résolution. Cette province était, en effet, livrée à l'anarchie : les Arabes ne cessaient de piller et de dévaster le pays ouvert, tandis que, sur le littoral, les gouverneurs siciliens, livrés à eux-mêmes depuis la mort de Roger, avaient poussé les populations à l'exaspération, par leur tyrannie. Plusieurs d'entre eux se mettaient, au contraire, résolument à la tête du mouvement contre les Chrétiens.

---

1. Voir ci-devant p. 91.

L'un d'eux, Aboul'-Hacen, de Sfaks, emmené à Palerme comme otage, donna à son fils Omar l'ordre de se révolter et se livra ainsi, de lui-même, au bourreau.

Les îles Djerba et Kerkinna s'étaient d'abord insurgées et avaient été sévèrement châtiées. Sfaks, Gabès s'étaient ensuite lancées dans la révolte et leur exemple avait été suivi par Zouila. Les habitants de ce faubourg, soutenus par les gens de Sfaks et des localités environnantes, ainsi que par des contingents arabes, mirent le siège devant El-Mehdïa et interceptèrent toute communication entre cette ville et l'intérieur. Mais une flotte envoyée de Sicile vint la débloquer. Les assiégeants furent écrasés et les malheureux habitants de Zouila réduits à la fuite.

Une députation des leurs se rendit à Maroc pour supplier le souverain almohâde d'intervenir et de mettre fin à leurs maux, en chassant l'infidèle du territoire musulman. Abd-el-Moumene était trop profond politique pour ne pas comprendre que le moment d'agir était arrivé, et trop habile pour laisser échapper l'occasion [1].

APPENDICE

CHRONOLOGIE DES SOUVERAINS ZIRIDES

Bologguine, fils de Ziri............................	972
El-Mansour.......................................	984
Badis..	996
El-Moëzz..	1016
Temim...	1062
Yahiya..	1107
Ali..	1116
El-Hassan.......................................	1121
Sa chute..	1148

---

1. Amari, *Musulmans de Sicile*, t. I, p. 468 et suiv. Ibn-Khaldoun, p. 39. Ibn-el-Athir, p. 287. El-Kairouani, p. 195.

CHRONOLOGIE DES SOUVERAINS HAMMADITES

Hammad, fils de Bologguine....................	1014
El-Kaïd.......................................	1028
Maheene.......................................	1054
Bologguine, fils de Mohammed..................	1055
En-Nacer......................................	1062
El-Mansour....................................	1088
Badis...	1104
El-Aziz.......................................	1105
Yahiya..	1121
Sa chute......................................	1152

CHAPITRE VII

APOGÉE DE L'EMPIRE ALMOHADE

1157-1184

Abd-el-Moumene entreprend la conquête de l'Ifrikiya. Marche de l'armée. — Prise de Tunis. — Siège d'El-Mehdīa. — Bataille navale. Défaite de la flotte sicilienne. — Chute d'El-Mehdīa. Toute l'Ifrikiya obéit aux Almohâdes. — Abd-el-Moumene dans le Mag'reb. Il dirige la guerre d'Espagne. — Mort d'Abd-el-Moumene. Appréciation du caractère et des actes d'Abd-el-Moumene. Avènement d'Abou-Yakoub-Youssof, fils d'Abd-el-Moumene. — Etat de l'Espagne. Succès des Almohâdes. — Fin du règne de Guillaume Ier de Sicile. — Abou-Yakoub, prince des croyants. — Succès des Almohâdes en Espagne. — Saladin en Égypte. Chute des Fatemides. — Abou-Yakoub en Mag'reb. Suite de son règne. — Abou-Yakoub passe en Espagne. Siège de Santarem. Mort du khalife.

ABD-EL-MOUMENE ENTREPREND LA CONQUÊTE DE L'IFRIKIYA. MARCHE DE L'ARMÉE. — Abd-el-Moumene était décidé à conquérir l'Ifrikiya, mais il n'avait pas pour habitude de se lancer dans une entreprise sans avoir assuré d'avance toutes les conditions possibles de réussite. Durant plusieurs années, il fit amasser des vivres et même creuser des citernes sur le parcours qu'il devait suivre. En exécution de ses ordres, les gouverneurs des provinces orientales réunirent d'immenses tas de grain qu'on recouvrit de gazon et préparèrent tout ce qui pouvait être nécessaire aux troupes.

Au commencement de l'année 1159, le souverain almohâde nomma son fils Abou-Yakoub gouverneur de Séville et de l'Andalousie orientale, et son autre fils Abou-Saïd, gouverneur de Grenade et de ses dépendances. Il confia ensuite le commandement de Maroc à son fidèle Abou-Hafs-Omar, auquel il adjoignit son fils Abou-el-Hassen ; puis, dans le mois de mars, il donna à l'immense armée qu'il avait réunie dans le Mag'reb l'ordre du départ pour l'Est. Cette armée, dont l'effectif atteignait, dit-on, cent mille hommes, sur quoi 70,000 fantassins et 30,000 cavaliers, sans compter les valets et goujats, était composée d'Almohâdes, de Zenètes, (Abd-el-Ouad, Merine, etc.,) et d'archers Ghozz. En même temps, une flotte de soixante navires, commandée par Mohammed-ben-Meïmoun, sortait des ports et suivait, au large, la marche de l'armée. Celle-ci était divisée en quatre corps, marchant à une journée de distance l'un de l'autre, pour éviter l'encombrement, et ne pas épuiser tout d'un coup les sources. On partait à l'aube du jour, l'on s'arrêtait à midi et l'on campait depuis ce moment jusqu'au lendemain matin. Le signal du départ se donnait en frappant trois coups d'un immense tambour de quinze coudées de large qu'on entendait à une journée de distance. Chaque tribu avait sa bannière ; celle de l'avant-garde, la seule déployée dans la marche, était blanche et azur avec des croissants d'or. Venaient ensuite les tentes et les provisions portées à dos de chameaux et de mulets, outre un immense troupeau, provision vivante, gardée par une armée de bergers[1].

Au moment du départ et de l'arrivée, l'imam faisait la prière, et, de toutes ces poitrines, partait en même temps le cri de « *Dieu est grand !* » Abd-el-Moumene chevauchait entouré d'un brillant état-major, devant lequel on portait en grande pompe le Koran du khalife Othmane, apporté de Cordoue.

Les dispositions ordonnées par le khalife étaient si bien prises que, pendant le voyage de cette puissante armée, non seulement les soldats ne manquèrent de rien, mais ils ne commirent aucun excès. Cet admirable spectacle causa une impression profonde aux populations du Mag'reb et de l'Ifrikiya, qui s'empressèrent d'offrir partout l'hommage de leur soumission.

Prise de Tunis. — En passant à Bougie, Abd-el-Moumene prit avec lui le Ziride El-Hassan, qu'il plaça à l'avant-garde. Partout, sur son passage, il mit fin à la tyrannie des chefs qui se décoraient du nom de princes, et ne maintenaient une autorité contestée qu'au profit de l'anarchie générale.

Le 14 juillet 1159, l'armée et la flotte arrivèrent ensemble devant Tunis. Cette ville, sous l'influence directe de Mahrez-ben-Ziyad, chef des Riah, obéissait alors à Ali-ben-Ahmed de la famille Ben-Khoraçane, qui avait reconnu jusqu'alors l'autorité du roi de Sicile. Dirigés par ce chef, les habitants essayèrent d'abord de résister, mais, convaincus bientôt de l'inutilité de leurs efforts, ils vinrent avec lui offrir leur soumission à Abd-el-Moumene. Ce prince leur accorda la vie sauve à la condition qu'ils se rachetassent par l'abandon de la moitié de leurs biens, et que la famille Ben-Khorassan quittât le pays ; ces clauses ayant été acceptées, le souverain almohâde fit empêcher le pillage. Les juifs et les chrétiens, habitant la ville, durent choisir entre la profession de l'isla-

---

1. Roseeuw Saint-Hilaire, *Histoire de l'Espagne*, t. III, p. 454.

misme et la mort et c'est vraisemblablement à partir de cette époque que l'évêché de Karthage cessa, en fait, d'être occupé. Quant à Mahrez et aux Riah, ils se retirèrent à l'intérieur du pays.

Siège d'El-Mehdïa. — Quelques jours après, Abd-el-Moumene se mit en marche vers le sud. Après s'être emparé de Souça, il arriva sous les murs d'El-Mehdïa et s'établit dans le faubourg de Zouila, abandonné depuis sa révolte. En même temps, la flotte prit position de manière à bloquer la presqu'île, du côté de la mer : mais El-Mehdïa, admirablement fortifiée du côté de la terre, comme sur le front de mer, renfermait de nombreux défenseurs, la fleur de la chevalerie sicilienne, commandés par le terrible Maïo, de Bari. Chaque jour, ils opéraient une sortie, suivie de combats, dont l'issue était favorable, tantôt aux uns, tantôt aux autres.

Afin de mettre un terme à une situation qui, en se prolongeant, aurait pu démoraliser ses troupes, Abd-el-Moumene fit élever un grand mur, barrant complètement les communications de la presqu'île avec la terre ferme, et, convaincu qu'il ne pourrait enlever d'assaut la place, il se contenta de maintenir strictement le blocus, et attendit, en évitant tout combat, l'effet certain de la famine.

Zouila, quartier général des assiégeants, était devenu, en peu de jours, une grande ville munie de tout ce qui pouvait être nécessaire à la cour et à l'armée. D'immenses tas de grains avertissaient les assiégés que rien ne manquerait de longtemps à leurs ennemis.

Bataille navale. Défaite de la flotte sicilienne. — Le siège d'El-Mehdïa durait depuis deux mois, sans qu'aucun secours fût encore venu de Sicile. La flotte chrétienne qui, dans les années précédentes, avait remporté de si grands succès contre les Byzantins, était alors en croisière du côté des Baléares. Enfin l'eunuque Pierre, qui la commandait, reçut l'ordre d'aller au secours d'El-Mehdïa et, le 10 septembre, elle parut en rade de cette ville, au nombre de cinquante galères et d'une grande quantité de bateaux plus petits. A cette vue, les Musulmans, qui n'étaient nullement préparés à une bataille navale, furent terrifiés. Mais l'amiral Ibn-Meïmoun réclama audacieusement l'autorisation de combattre et, interprétant à son profit le silence d'Abd-el-Moumene, il arma rapidement ses galères et se mit en mouvement. Il n'était que temps, car les navires chrétiens, ayant cargué les voiles, se préparaient à entrer dans le port.

L'impétuosité de l'attaque d'Ibn-Meïmoun jeta le trouble parmi la flotte chrétienne, qui s'avançait pleine de confiance, et bientôt la bataille s'engagea sur tous les points. Les chevaliers chrétiens, du haut de leurs murailles, et les guerriers Almohâdes, accourus sur le rivage pour s'opposer au débarquement, suivaient avec anxiété, dans un sens différent, les péripéties de la lutte. Abd-el-Moumene, le front dans la poussière, ne cessait d'implorer le Dieu de l'Islam pour le triomphe des armes musulmanes. Après un combat assez long, on vit peu à peu les vaisseaux siciliens reprendre le large, poursuivis par la flotte almohâde. La victoire restait encore une fois à Abd-el-Moumene, et cependant, les Chrétiens avaient pour eux le nombre ; hélas ! Roger II était mort et George ne les commandait plus ! En Sicile, on cessa de s'occuper d'El-Mehdïa sous le prétexte qu'un arrangement avait dû intervenir entre ses défenseurs et les musulmans.

Chute d'El-Mehdïa. Toute l'Ifrikiya obéit aux Almohades. — Abd-el-Moumene combla de faveurs et de gratifications les marins qui avaient pris part au combat. Le blocus continua comme par le passé et, pour occuper ses troupes disponibles, le chef des Almohâdes les envoya réduire les places de l'intérieur. Sfaks, Gabès, Tripoli, les montagnes de Nefouça, les oasis, Sicca-Vénéria et Laribus reconnurent l'autorité almohâde. Partout les petites royautés furent anéanties. Gafsa restait encore et l'armée avait reçu l'ordre de marcher contre cette ville, lorsqu'une députation de ses habitants vint remettre sa soumission au khalife.

Vers la fin de l'année, El-Mehdïa tenait toujours, mais la famine commençait à se faire sentir ; tous les chevaux et animaux domestiques avaient été mangés, et les Chrétiens attendaient en vain un secours de Sicile. Des pourparlers s'engagèrent alors entre les assiégés et les Almohâdes, sur la base d'une capitulation honorable. Abd-el-Moumene exigeait d'abord la conversion des chrétiens assiégés ; mais, réfléchissant que le roi de Sicile, qui avait tant de musulmans parmi ses sujets, pourrait venger sur eux la rigueur dont les défenseurs d'El-Mehdïa seraient victimes, il finit par accepter leurs propositions. Les Siciliens sortirent de la ville avec les honneurs de la guerre et montèrent sur des vaisseaux almohâdes qui les reconduisirent en Sicile.

Le 22 janvier 1160, Abd-el-Moumene fit une entrée triomphale à El-Mehdïa et s'occupa aussitôt de réparer ses remparts et faire disparaître les traces du siège. Ainsi, toute l'Ifrikiya était soumise à l'autorité almohâde. C'en était fait de ces petites royautés, appuyées sur les Arabes, et dont les chefs, véritables tyrans, écrasaient les populations et détruisaient toute force gouvernementale dans le pays. C'en était fait également de la conquête normande : l'œuvre du roi Roger était morte avec lui.

Abd-el-Moumene nomma à El-Mehdia un gouverneur, auquel il adjoignit El-Hassan, le prince ziride, qu'il avait doté d'apanages importants dans son ancien royaume. Les principales villes de l'Ifrikiya furent également pourvues de commandants almohâdes [1].

ABD-EL-MOUMENE DANS LE MAG'REB. IL DIRIGE LA GUERRE D'ESPAGNE. — Abd-el-Moumene reprit alors la route du Mag'reb. Mais, si des gens n'étaient pas contents du nouvel état de choses en Tunisie, c'étaient certainement les Arabes. Mahrez, qui s'était réfugié vers le sud, avec les Riah, rentra dans le Tel aussitôt qu'il sut le souverain almohâde en route. Prévenu de ce mouvement, Abd-el-Moumene donna l'ordre d'attaquer les Arabes, et son représentant parvint à les disperser et à s'emparer de leur chef, qui périt du dernier supplice. Parvenu dans la province d'Oran, Abd-el-Moumene renvoya un certain nombre d'Arabes de l'Ifrikiya, qui l'avaient accompagné.

C'est à ce moment, s'il faut en croire le Kartas [2], que quelques soldats, ayant formé l'intention d'assassiner le khalife, un cheikh almohâde, au courant de la conjuration, sollicita l'honneur de passer la nuit dans sa tente et fut tué à sa place. Abd-el-Moumene le fit enterrer avec pompe au lieu dit El-Batcha, sur la rive droite de la Mina, et fonda une ville dans cette localité.

A son arrivée à Maroc, le souverain Almohâde apprit que des revers importants avaient été essuyés en Espagne par ses armes. Son fils, le Sid Abou-Yakoub avait été défait, sous les murs de Séville, par le roi chrétien, assisté d'Ibn-Merdenich. Jaen et Carmona étaient ensuite tombés au pouvoir de ce dernier, qui avait poussé l'audace jusqu'à mettre le siège devant Cordoue.

Le souverain almohâde réunit au plus vite, son armée et se transporta lui-même à Gibraltar, pour organiser la campagne. Il savait, en effet, qu'il ne laissait en Afrique aucun royaume rival et qu'il pouvait enfin s'éloigner, en toute sécurité, de ce pays. Cependant, il ne s'engagea pas dans l'intérieur de l'Espagne et, ayant expédié ses troupes, il rentra à Maroc, après deux mois d'absence. Le cheikh Abou-Mohammed-ben-Abou-Hafs, conduisit les

---

1. Ibn-el-Athir, p. 592, 593. Ibn-Khaldoun, t. II, p. 29, 31, 37, 192, t. III, p. 142, 158, 171. El-Kaïrouani, p. 196, 197. Kartas, p. 281. Cheikh-Bou Ras (*Revue africaine*, n° 162), p. 465 et suiv. Amari, *Musulmans de Sicile*, t. III, p. 477 et suiv.
2. P. 282.

troupes almohâdes jusqu'aux environs de Badajoz et remporta de grands succès. Alphonse, roi de Portugal, accouru en toute hâte, essuya une défaite, dans laquelle il perdit, dit-on, six mille hommes. L'année suivante, Badajoz et plusieurs places importantes tombèrent au pouvoir des Musulmans.

Abd-el-Moumene, qui, vers cette époque, avait pris définitivement le titre de *Prince des Croyants*, s'occupa activement de faire construire des navires et de préparer des armes et du matériel, pour pousser avec activité la guerre contre les Chrétiens (1162). Ce fut alors qu'il fit venir, à Maroc, un corps de ses compatriotes, les Koumïa, dont il s'entoura comme d'une garde particulière, car il n'avait plus de confiance dans les Masmouda, depuis la tentative d'assassinat dont il avait failli être victime.

Mort d'Abd-el-Moumene. — En l'année 1163, Abd-el-Moumene se rendit à Salé, où il avait convoqué des contingents de toutes les tribus pour la guerre sainte, et expédia en Espagne une première armée, dans laquelle figuraient quelques escadrons formés par les Riah et les Zorb'a de l'Ifrikiya, sous la conduite de ses deux fils, Abou-Saïd et Abou-Yakoub.

Tandis qu'il était encore dans cette localité, le souverain almohâde ressentit les premières atteintes du mal qui devait l'emporter. En devinant tout de suite la gravité, il manda auprès de lui son fils Abou-Yakoub, alors en Espagne, et le désigna officiellement pour son successeur, en remplacement de Sid Abou-Abd-Allah-Mohammed qui, par sa conduite, se rendait indigne de régner.

La maladie empirant, Abd-el-Moumene, qui sentait sa fin prochaine, réunit ses enfants et leur donna les conseils suivants : « De tous les disciples de l'Imam-el-Mehdi, il ne reste qu'Abou-Hafs-Omar et Youssof-ben-Slimane. Le premier est votre ami : quant à celui-ci, il faut s'en débarrasser en le chargeant d'une expédition en Espagne. *Faites de même avec tous les Masmouda, dont vous aurez à vous méfier.* Laissez Ibn-Merdenich tranquille, et guettez le moment où il sera sans défiance pour l'écraser. *Eloignez de l'Ifrikiya les Arabes, transportez-les en Mag'reb et en Espagne, et employez-les comme corps de réserve dans toutes vos guerres.* » Tel fut le testament politique du fondateur de la dynastie almohâde. On ne saurait trop admirer sa sagesse surtout en ce qui avait trait au danger causé, pour la Berbérie, par l'arrivée des Arabes : tant que ses successeurs suivirent la voie qu'il leur avait tracée, ils virent leur puissance grandir, mais du jour où ils s'en écartèrent, commença pour eux la décadence.

Au commencement de l'été (mai-juin) 1163, Abd-el-Moumene

rendit le dernier soupir; son corps fut transporté à Tine-Mellel, et enterré auprès de celui du Mehdi.

APPRÉCIATION DU CARACTÈRE ET DES ACTES D'ABD-EL-MOUMENE. — Abd-el-Moumene est une des plus grandes figures de l'histoire de l'Afrique septentrionale. Ce fut lui qui porta la puissance berbère à son apogée. Des rivages de l'Atlantique à l'Egypte, du désert à la frontière de la Castille et de la Navarre, les peuples si divers qui habitaient ces contrées, où l'arrivée des Arabes Hilaliens avait créé de nouveaux sujets de trouble, obéirent à une seule volonté. Les gouverneurs de provinces furent tenus à une soumission absolue envers le chef de l'empire almohâde, qui s'appliqua à conserver intacte l'unité de direction.

La sécurité bien établie partout, les caravanes pouvant circuler librement et effectuer sans danger leurs échanges, la discipline sous laquelle les troupes étaient tenues, même en campagne, firent goûter à l'Afrique, depuis si longtemps désolée par l'anarchie, un véritable bonheur dont le souvenir était perdu.

Parmi les créations attribuées à Abd-el-Moumene, on cite l'établissement de l'impôt foncier en remplacement de la *kebala* ou gabelle, frappant les objets de consommation. Il avait, dit El-Kaïrouani, fait arpenter tout le sol de l'Afrique, de Barka au Sous. On mesura à la parasange, puis on divisa en milles carrés, et, du chiffre obtenu, on retrancha un tiers pour les montagnes, rivières etc.; chaque tribu fut alors taxée sur ces bases, d'après le terrain occupé par elle, et dut payer son impôt en argent.

Il adopta la forme carrée pour sa monnaie, afin de la distinguer de celle des Almoravides, qui était ronde. Les pièces almohâdes portent cette légende: *Allah est notre Dieu, Mohammed notre prophète et le Mehdi notre Imam.*

Comme relations extérieures, il accorda ses faveurs aux Génois, au détriment des Pisans et de leurs associés les Provençaux ou les Vénitiens, car Pise avait reçu une protection spéciale des Almoravides. Dès 1153 ou 1154, un traité fut signé par le khalife almohâde avec la république de Gênes et les conventions qui suivirent eurent pour conséquence de réunir entre ses mains le monopole du commerce de la Berbérie.

De même que la vie du Mehdi offre beaucoup de rapports avec celle d'Ibn-Yacine, il existe une certaine analogie entre le rôle historique d'Abd-el-Moumene et celui d'Ibn-Tachefine. Mais ce dernier n'était qu'un sauvage sans instruction, chez lequel l'audace courageuse tenait lieu de génie. Le fondateur de la dynastie almohâde, au contraire, était un lettré doublé d'un profond politique, calculant la portée de tous ses actes, les soumettant à une logique inflexible et montrant en toute circonstance une prudence qu'on ne saurait trop admirer. Plus cauteleux qu'Ibn-Tacheûne, il ne fut peut-être guère moins cruel ; dans tous les cas, il s'attacha à ne pas l'être sans nécessité, et, en bien des circonstances, il sut, avec politique, éviter des massacres inutiles.

Au physique, voici le portrait que le Kartas nous donne de lui : son teint était blanc, ses joues colorées, ses yeux noirs, sa taille haute, ses sourcils longs et fins, sa barbe épaisse. Il possédait une réelle éloquence et était un cavalier consommé.

Il n'aimait ni les plaisirs ni les distractions et ne se reposait jamais. Doux dans le commandement, dit El-Kaïrouani, il était généreux et affable. « Que Dieu accorde sa miséricorde à ces créatures d'élite, ajoute l'auteur, elles périssent, mais leur mémoire ne périt pas [1]. »

Avènement d'Aou-Yakoub-Youssof, fils d'Abd-el-Moumene. — Aussitôt après la mort d'Abd-el-Moumene, son fils Abou-Youssof fut reconnu souverain, conformément aux dispositions prises par son père, et reçut à Salé, où il se trouvait encore, le serment des troupes et de la population. Seul, le cheikh Abou-Hafs se tint à l'écart, on ne sait au juste pour quelle raison, et refusa péremptoirement de reconnaître le nouveau khalife. Peut-être cédait-il à la pression de ses contribules, les Masmouda, pour lesquels Abd-el-Moumene avait, en dernier lieu, montré de la défiance. Nous avons vu, en effet, qu'après le complot ourdi contre lui par les Masmouda, il avait reporté toutes ses faveurs sur les gens de son pays, les Koumïa, dont il s'était entouré. Peut-être aussi avait-il eu à subir quelques froissements d'amour-propre de la part du jeune prince.

Quel qu'en fût le motif, le cheikh Abou-Hafs resta sous sa tente, et son appui fit grand défaut à Abou-Yakoub, que des embarras de toute sorte assaillirent, dès le commencement de son règne. Heureusement pour les Almohâdes, le nouveau khalife avait hérité d'une partie des qualités d'homme de gouvernement qui distinguaient son père, auquel il ressemblait physiquement avec cette différence qu'il avait la barbe blonde. « Il était plein

---

1. Kartas, p. 288. El-Kaïrouani, p. 197, 198. Ibn-Khaldoun, t. II, p. 193 et suiv. El-Marrakchi (Dozy), p. 139 à 169. Elie de la Primaudaie (*Villes maritimes du Maroc*) Rev. Afr., nos 92 et suiv. De Mas-Latrie, *Traités de paix et de commerce*, p. 47 et s.

de jugement, dit le Kartas, n'aimait point à verser le sang ; était agréable, capable et bon conseiller [1]. »

Avec l'aide de son frère, Abou-Hafs, qu'il s'attacha en qualité de vizir, il se disposa résolument à faire face à toutes les difficultés. S'étant rendu à Maroc, le nouveau souverain fut assez bien accueilli par les habitants. Il prit possession du trône, mais sans s'arroger le titre de *Prince des Croyants*, de crainte de soulever l'opposition du cheikh Abou-Hafs. Peu de temps après, deux frères du khalife moururent, le sid Abou-l'-Hassan, à Fès et le sid Abou-Mohammed, à Bougie.

ÉTAT DE L'ESPAGNE ; SUCCÈS DES ALMOHADES. — Il est temps de jeter un coup d'œil sur la situation de l'Espagne, où le khalife almohâde, passionné pour la guerre sainte, va reporter toutes ses forces.

Après la mort de l'empereur Alphonse VII, ses états furent partagés, selon les dispositions par lui prises, entre ses deux fils, Sancho, qui eut la Castille, et Ferdinand, qui fut roi de Léon. Il en résulta un réel affaiblisssement de la puissance chrétienne, augmenté bientôt par la mort de Sancho (1158), qui ne laissa qu'un enfant de dix ans, Alphonse VIII, exposé à de bien grands dangers, car son oncle fit son possible pour rétablir l'unité de l'empire... à son profit. Mais, grâce au dévouement de ses partisans, *le petit roi*, comme on l'appelait, put échapper à tous les dangers.

Alphonse Enriquez, roi de Portugal, en lutte contre Ferdinand de Léon, avait été vaincu par lui et forcé de reconnaître sa suzeraineté. Dans le nord, Sancho V, roi de Navarre, avait remporté de grands succès, et était rentré en possession de tous les territoires qu'Alphonse VII lui avait enlevés autrefois (1160).

Enfin, l'Aragon, sous la direction de son régent, Raymond-Bérenger IV, était devenu un royaume dont la puissance contrebalançait celle des autres princes chrétiens. En 1162, Raymond-Bérenger V, âgé seulement de 11 ans, s'était trouvé, par la mort de son père, chargé du fardeau du pouvoir [2].

Telle était la situation de l'Espagne chrétienne. Tous ces princes rivaux savaient au besoin s'unir pour tomber sur les possessions musulmanes, et il était urgent que le khalife almohâde envoyât sans cesse des secours, s'il voulait que ses frontières fussent respectées.

---

1. Kartas, p. 200.
2. Rossenw Saint-Hilaire, *Histoire de l'Espagne*, t. IV, p. 1 et suiv.

En 1164, les princes Abou-Hafs et Abou-Saïd passèrent dans la péninsule, à la tête de bandes considérables d'Arabes fournies par les tribus des Riah, Athbedj et Zor'ba. Le khalife leur avait donné pour mission spéciale de combattre Ibn-Merdenich qui, soutenu par les rois d'Aragon et de Castille, avait recommencé ses courses. A l'approche des Africains, l'Emir de Murcie marcha contre eux avec une armée de treize mille soldats chrétiens ; mais il fut entièrement défait par les Almohâdes. Les derniers cheikhs andalous qui tenaient encore pour lui abandonnèrent sa fortune et se soumirent aux frères du khalife (1165). Après avoir obtenu ces succès, les princes rentrèrent en Mag'reb, et il est probable que les Arabes revinrent à leur suite [1].

Fin du règne de Guillaume I de Sicile. — Pendant que le Mag'reb et l'Espagne étaient le théâtre des événements qui précèdent, les Siliciens, reprenant courage après la mort d'Abd-el-Moumene, faisaient une expédition contre l'Ifrikiya. Dans l'automne 1163, une flotte parut inopinément devant El-Mehdïa, et un corps de débarquement vint porter le ravage dans le vaste faubourg de Zouila. Puis, l'expédition alla à Sousa et mit cette ville au pillage. Son gouverneur et les principaux citoyens furent emmenés en captivité ; quant à la ville, elle ne se releva de ses ruines que deux siècles plus tard.

Peu après, Guillaume I, surnommé le Mauvais, mourut à Palerme (15 mai 1166). Il fut remplacé par son jeune fils nommé aussi Guillaume, qui devait mériter le surnom de *Bon*, par opposition à son père, et qui régna sous la tutelle de sa mère Marguerite de Navarre. De grands troubles se produisirent dans l'île pendant sa minorité [2].

Abou-Yakoub, prince des croyants. — Vers cette époque, le khalife almohâde, Abou-Yakoub, confia à ses frères les principaux commandements de l'Afrique et de l'Espagne.

Ces contrées goûtaient un moment de répit bien appréciable après tant de secousses lorsque la paix fut rompue par une révolte des R'omara, insurgés dans leurs montagnes à la voix de leur chef Sebâ-ben-Menar'fad. Une première armée, envoyée contre eux, sous les ordres du cheikh Abou-Hafs, qui s'était déjà rapproché de son souverain, n'obtint aucun avantage. Le khalife se décida alors à combattre en personne la révolte et son arrivée fut suivie

---

1. Ibn-Khaldoun, t. I, p. 47, t. II, p. 197 et suiv. El-Kaïrouani, p. 197.
2. Amari, *Musulmans de Sicile*, t. III, p. 490 et suiv.

d'une victoire complète, dans laquelle Ben-Menar'fad trouva la mort. Les fauteurs de sédition furent sévèrement châtiés et la paix se trouva bientôt rétablie. Pour surveiller le Rif, Abou-Yakoub créa à Ceuta un commandement important qu'il confia à son frère Abou-Ali-el-Hassen.

A la suite de ces événements, le cheikh Abou-Hafs-Omar, qui, en voyant la sage administration du souverain, avait abandonné son attitude hostile, jura fidélité à Abou-Yakoub et déclara publiquement le reconnaître comme successeur légal d'Abd-el-Moumene. Cet acquiescement entraîna la soumission effective de tous les mécontents, et spécialement de la tribu des Masmouda. Le khalife prit alors le titre officiel de *Prince des croyants* (1167-8).

Succès des Almohades en Espagne. — Peu de temps après, de graves nouvelles arrivèrent d'Espagne. Le roi de Léon, Ferdinand, avait repris l'offensive et enlevé, encore une fois, Badajoz aux musulmans ; de son côté, le roi de Portugal avait étendu ses frontières à leur détriment. Le khalife s'occupa aussitôt du soin de réunir une armée et adressa aux Arabes de l'Ifrikiya une invitation de concourir à la guerre sainte. Cette épître en vers est restée comme un modèle de poésie et de versification. Avec une noble émulation, les contingents accoururent de toutes parts et, lorsqu'un effectif, s'élevant, dit-on, à vingt mille cavaliers, fut réuni, il l'envoya en Espagne sous le commandement du Cheikh Abou-Hafs (1170).

Les troupes almohâdes remportèrent aussitôt des avantages signalés. Badajoz fut repris, et, de nouveaux renforts de guerriers arabes étant arrivés, sous la conduite de deux frères du khalife, les Musulmans prirent une vigoureuse offensive. L'année suivante, Abou-Yakoub, laissant le Maroc sous le commandement de son frère Abou-Amrane, passa lui-même en Espagne, avec de nouvelles troupes, et vint s'établir à Séville, pour diriger la guerre sainte. Ce fut contre Ibn-Merdenich qu'il s'attacha à porter les plus rudes coups. Valence fut d'abord livrée aux Almohâdes, et ce fut en vain que l'émir de Murcie, arrivé sur les vaisseaux du prince d'Aragon, essaya de reprendre cette ville.

Sur ces entrefaites, Ibn-Merdenich, étant allé entreprendre la conquête des Baléares, y mourut. Son fils et ses parents, que le roi d'Aragon essaya en vain de retenir, vinrent offrir leur soumission au khalife qui les accueillit avec bienveillance (1172). C'était un immense résultat. Pour le compléter, Abou-Yakoub se mit à la tête d'un corps de troupes, et, ayant pénétré sur le territoire

chrétien, s'empara de la ville d'Alcantara et revint ensuite à
Séville, avec de riches dépouilles[1].

SALADIN EN ÉGYPTE. CHUTE DES FATEMIDES. — Pendant que ces
événements se passaient en Espagne, les Turcs, appelés en Égypte
par le khalife fatemide Aded, afin de résister à l'attaque du roi de
Jérusalem et des Croisés, se fixaient dans le pays. En 1171, Aded
étant mort, Saladin, général de Nour-ed-Dine, prit en main l'autorité, sous la suzeraineté nominale du khalife abbasside. Ainsi
finit la dynastie fatemide. « La couleur noire des Abbassides remplaça la couleur blanche des enfants d'Ali, et le nom du khalife de
Bagdad fut seul prononcé dans les mosquées[2] ».

Peu après, Guillaume II de Sicile envoyait, ou conduisait lui-même,
une puissante expédition contre l'Égypte. 260 galères portant 30,000
fantassins, 1,000 hommes d'armes, et 500 cavaliers, en outre une
masse de valets et d'auxiliaires, jetaient l'ancre dans le port
d'Alexandrie et le siège de cette ville commençait. Mais Saladin,
prévenu par des pigeons messagers, de sa situation critique,
accourut du sud et força les Chrétiens à lever le siège et à se
rembarquer après avoir subi les plus grandes pertes[3].

ABOU-YAKOUB EN MAG'REB; SUITE DE SON RÈGNE. — Après avoir
passé cinq années en Espagne, Abou-Yacoub rentra à Maroc
(1175). Il laissait les affaires dans la péninsule sous la direction de
ses deux frères. Le Mag'reb était alors ravagé par une peste affreuse,
à laquelle succombèrent trois des frères du khalife. Sur ces entrefaites, le cheikh Abou-Hafs, étant rentré d'Espagne, fut sans doute
atteint par le fléau, à son arrivée à Salé, car il mourut dans cette
ville et y fut enterré. Ce chef, qui avait, après Abd-el-Moumene,
le plus contribué à l'établissement de la puissance almohâde, devait être l'ancêtre d'une nouvelle dynastie, celle des *Hafsides*. Il
laissa plusieurs fils, qui jouirent, après sa mort, de la consideraration qui lui était attribuée (1176).

Pour combler les vides faits dans sa famille, Abou-Yakoub rappela d'Espagne ses deux frères et confia à ses deux neveux le
commandement de la guerre sainte. Les hostilités avaient recommencé sur toutes les frontières. En 1179, un fils d'Ibn-Merdenich,
nommé R'anem, fut chargé par le khalife, son beau-frère[4], d'aller

1. Ibn-Khaldoun, t. II, p. 198 et suiv. Kartas, p. 293 et suiv.
2. Michaud, *Hist. des Croisades*, t. II, p. 24. El-Kaïrouani, p. 122.
3. Amari, *Musulmans de Sicile*, t. III. p 506 et suiv.
4. Abou-Yakoub avait épousé une fille d'Ibn-Merdenich. Kartas,
p. 299.

ravager les côtes du Portugal et cette expédition fut très fructueuse pour les Musulmans. Peu après mourait le Sid Abou-Hafs, prince du plus grand mérite ; ainsi, tous les fils laissés par Abdel-Moumene s'éteignaient les uns après les autres, laissant le khalife presque seul.

Vers 1177-78, la flotte sicilienne vint faire une descente à Tunis et se rendit, pour quelques jours, maîtresse de cette ville. A peu près à la même époque, les Génois et les Pisans se présentaient inopinément devant El-Mehdia, attirés sans doute par la nécessité de réprimer l'audace des pirates. Ils mirent au pillage l'ancienne capitale des Fatemides et se rembarquèrent.

En 1180, une révolte éclata à Gafça à l'instigation d'Ali-ben-Motazz, de la famille Ben-Djama, qui espérait, avec l'appui des Arabes, recouvrer l'indépendance dont les siens avaient joui sous les derniers souverains zirides. Mais les temps étaient bien changés. Abou-Yakoub jugea l'affaire assez importante pour se mettre, en personne, à la tête d'une colonne expéditionnaire et marcher sur l'Ifrikiya. Les chefs arabes de la tribu de Riah, sur lesquels le rebelle comptait, l'abandonnèrent et vinrent au devant du khalife almohâde protester de leur fidélité. Bientôt, Ali-ben-Motazz fut livré à Abou-Yakoub qui lui pardonna, et se contenta de l'interner en Mag'reb, avec sa famille.

Après être rentré en possession de Gafça, le khalife se rendit à El-Mehdia où il trouva un ambassadeur de Guillaume II de Sicile, venant lui proposer la paix. Une trêve de dix années fut alors conclue entre les deux princes et les relations commerciales reprirent[1]. Ayant ainsi tout fait rentrer dans l'ordre, il reprit le chemin de l'Ouest, suivi d'un grand nombre de guerriers arabes.

ABOU-YAKOUB PASSE EN ESPAGNE. SIÈGE ET DÉFAITE DE SANTAREM. MORT DU KHALIFE. — Cependant, en Espagne, la guerre entre chrétiens et musulmans continuait, avec ses alternatives de succès et de revers. En 1181, le roi de Castille vint insulter les environs de Séville. Celui de Portugal se vengea, sur mer, de l'échec que le fils de Merdenich lui avait fait éprouver. En résumé, les chrétiens gagnaient du terrain, tandis que les musulmans ne se maintenaient que grâce aux renforts envoyés sans cesse d'Afrique. Abou-Yakoub se décida alors à passer, encore une fois, dans la Péninsule, pour donner une nouvelle impulsion à la guerre sainte. A cet effet, il fit réunir

---

1. El-Marrakchi, *Histoire des Almohâdes*, apud Amari, *Musulmans de Sicile*, t. III, p. 516, 517.

des forces imposantes et, en 1183, se transporta à Fès, d'où il expédia un premier corps, composé de troupes masmoudiennes, fournies par les tribus de Hentata et Tine-Mellel; puis il partit lui-même, avec les contingents arabes, qu'il venait de recevoir de l'Ifrikiya, et débarqua à Gibraltar, à la fin du printemps de l'année 1184. La flotte resta à sa disposition pour assurer le ravitaillement.

Après avoir concentré ses troupes à Séville, Abou-Yakoub se porta vers l'ouest, et, arrivé devant la place-forte de Santarem, en commença le siège, pendant qu'une partie de la flotte allait bloquer l'embouchure du Tage et du Duero. Mais il éprouva à Santarem une résistance inattendue; enfin, au prix des plus grands efforts, il était parvenu à réduire cette citadelle à la dernière extrémité, lorsqu'un ordre mal compris lui fit perdre le fruit de ses travaux. Son fils, Abou-Ishak, ayant reçu l'invitation de marcher sur Lisbonne, l'armée, fort démoralisée par la longueur du siège, se laissa, comme le dit l'auteur du Kartas, envahir par l'esprit de Satan et crut qu'on se disposait à décamper. Chacun alors se prépara à fuir pendant la nuit, et, lorsque le jour se leva, le khalife s'aperçut qu'il ne restait autour de lui que sa garde noire; car son fils même, en exécution de ses ordres, était parti.

En même temps les assiégés, au fait de ce qui s'était passé, sortirent en masse de la ville pour attaquer le camp. Abou-Yakoub, entouré de quelques serviteurs, se disposa à vendre chèrement sa vie. Quand la garde nègre eut été détruite, et que ses derniers officiers furent morts, le khalife combattit comme un lion, et abattit, dit-on, six ennemis de sa main: enfin il succomba sous le nombre et fut atteint de plusieurs blessures. Sur ces entrefaites, des soldats, qui avaient été ralliés par leurs chefs, revinrent en grand nombre sur le théâtre du combat, en apprenant le danger couru par le prince. Ils parvinrent, après une lutte acharnée, à dégager le khalife et à forcer les Chrétiens à rentrer derrière leurs remparts.

Abou-Yakoub, placé sur un cheval, fut emmené, tandis que son fils, Abou-Youssof-Yakoub, ralliait cette immense armée, débandée sans savoir pourquoi. Le khalife mourut des suites de ses blessures le 13 juillet 1184, avant d'avoir atteint Algésiras. Son corps fut transporté à Tine-Mellel et enterré auprès de celui de son père.

La défaite de Santarem marque le commencement de la décadence de l'empire almohâde. Le règne d'El-Mansour, qui va suivre, lui donnera cependant encore de beaux jours de gloire. Mais l'ère des révoltes est proche ; celle d'Ibn-R'anïa, soutenu par les Arabes, portera le premier coup au vaste empire fondé par Abd-el-Moumene[1].

[1]. Ibn-Khaldoun, t. II, p. 203 et suiv. Kartas, p. 301 et suiv. El-Kaïrouani, p. 198, 199. Rosseeuw Saint-Hilaire, *Histoire de l'Espagne*, t. IV, p. 17 et suiv. El-Marrakchi (Dozy), p. 169 à 189.

CHAPITRE VIII

EMPIRE ALMOHADE. RÉVOLTES DES IBN-R'ANIA.

1184-1210

Règne d'Abou-Youssof-Yakoub, dit El-Mansour. — Révolte d'Ali-ben-R'ania. Ibn-R'ania s'empare de Bougie et dévaste le Mag'reb central. — Les Almohades reprennent le Mag'reb central à Ibn-R'ania. — Ibn-R'ania, allié à Karakoch, s'établit à Tripoli et proclame la restauration de l'empire almoravide. — Expédition d'Abou-Youssof en Ifrikiya : il y rétablit son autorité. — Abou-Youssof transporte les tribus arabes en Mag'reb. Mort d'Ali-ben-R'ania. — Relations des puissances chrétiennes avec le gouvernement almohâde. — Mort de Guillaume II de Sicile. — Guerre d'Espagne; ambassade de Saladin au khalife almohâde. — Yahia-ben-R'ania, chef de la révolte en Ifrikiya; ses succès. — Abou-Youssof passe en Espagne; victoire d'Alarcos. — Abou-Youssof-el-Mansour rentre en Mag'reb; sa mort. — Affaiblissement du royaume normand de Sicile. — Règne d'En-Nacer; prise des Baléares par les Almohades. — Révolte d'Er-Regragui en Ifrikiya. — Expédition d'En-Nacer en Ifrikiya; il y rétablit son autorité. — Le Hafside Abou-Mohammed gouverneur de l'Ifrikiya. Ibn-R'ania reparaît. — Succès du Hafside Abou-Mohammed; il est maintenu à la tête de cette province.

Règne d'Abou-Youssof-Yakoub, dit El-Mansour. — Après le désastre de Santarem, l'armée musulmane rentra à Séville et, lorsque la mort du khalife fut connue, on proclama, dans cette métropole, Abou-Youssof-Yakoub, auquel ses victoires devaient mériter le surnom d'El-Mansour. Il était l'un des dix-huit fils laissés par Abou-Yakoub. Issu d'une négresse, et c'est sans doute pour cela qu'il avait le teint brun, à l'opposé de ses ascendants, le Kartas le représente comme de taille moyenne avec les yeux noirs, les épaules larges, le nez aquilin, les dents écartées, le visage ovale, la barbe rare, les sourcils épais et longs, se rejoignant [1]. Ce portrait nous indique que le type d'Abd-el-Moumene est sensiblement modifié dans son petit-fils. Il était, du reste, instruit, libéral et brave. Le Kartas lui attribue l'usage, conservé depuis, de mettre en tête de ses lettres la formule : « *Louanges à Dieu seul* ».

Le nouveau khalife reprit aussitôt l'offensive, car il ne voulait pas rentrer en Mag'reb sans avoir vengé la mort de son père. Après avoir, avec l'aide d'Abou-Mohammed-Abd-el-Ouahad, petit-fils du

---

1. P. 304.

cheikh Abou-Hafs, repris quelques places fortes et remporté divers succès, il repassa la mer et vint à Maroc, où il s'appliqua à régulariser la marche des affaires quelque peu en désarroi par suite de l'absence et de la mort du souverain. Mais, des complications inattendues vinrent le détourner des réformes qu'il projetait et, surtout, de la reprise de la guerre d'Espagne.

Révolte d'Ali-ben-R'ania. — A cette époque, les îles Baléares étaient soumises à la famille des Ibn-R'ania, alliée aux souverains almoravides et fermement attachée à leur dynastie. Nous avons vu les Ibn-R'ania combattre avec acharnement l'établissement de l'autorité almohâde en Espagne. Après la mort de son chef, cette famille offrit enfin sa soumission nominale à la nouvelle dynastie, mais les Baléares continuèrent à être un centre d'opposition. Quelque temps avant le désastre de Santarem, Ishak, chef des Ibn-R'ania, mourut en laissant un grand nombre de fils dont l'aîné, Mohammed, lui succéda et envoya au khalife son hommage de vassalité. Mais Abou-Yakoub, soupçonnant, non sans raison, la sincérité de cette conversion, envoya à Majorque le général Ibn-Zoberteïr, comme résident, chargé de surveiller ce qui se passait dans les Baléares. Cette mesure acheva d'indisposer les fils d'Ibn-R'ania, dont le premier acte, en apprenant la défaite et la mort du khalife almohâde, fut de se mettre en état de révolte. Ils jetèrent en prison Ibn-Zoberteïr ; quant à Mohammed, considéré par ses frères comme trop peu énergique, il fut déposé et remplacé par Ali, le second des fils de Yahia.

Doué d'une énergie et d'une ambition égales, Ali résolut d'entreprendre la restauration de l'empire almoravide. Ayant équipé une flotte de trente-deux navires, il laissa le commandement des Baléares à son oncle El-R'azi, et fit voile pour l'Afrique, emmenant avec lui ses frères Yahia, Abd-Allah, et El-R'azi, et une troupe d'aventuriers.

Ibn'-R'ania s'empare de Bougie et dévaste le Mag'reb central. — En mai 1185, les vaisseaux almoravides se présentèrent inopinément devant Bougie et jetèrent l'ancre dans le port de cette ville. Les habitants étaient loin de s'attendre à une pareille agression ; le gouverneur lui-même, Abou-Rebïa, petit-fils d'Abd-el-Moumene, se trouvait en excursion dans l'intérieur. Bougie tomba donc sans coup férir au pouvoir d'Ibn-R'ania qui livra cette ville au pillage. Sur ces entrefaites, le Sid Abou-Mouça, gouverneur de l'Ifrikiya, se rendant en Mag'reb pour y porter les impôts de sa province, vint se jeter entre les mains des Almoravides, dont il ne pouvait soupçonner la présence dans l'ancienne capitale hammadite.

Cependant, le commandant de la Kalâa et le Sid Abou-Rebïa, qui avaient opéré leur jonction, se mirent en marche sur Bougie avec les forces dont ils pouvaient disposer. Mais Ibn-R'anïa se porta immédiatement au devant d'eux, les défit, et s'empara de leur camp. Les deux chefs almohâdes furent tellement terrifiés de leur défaite, qu'ils coururent se réfugier à Tlemcen et s'empressèrent de réparer les fortifications de cette ville, croyant avoir les Almoravides à leurs trousses.

Après ces premiers succès, qui mirent en sa possession un immense butin, Ibn-R'anïa commença à porter le ravage dans l'intérieur et appela à la curée les Arabes. Aussitôt les tribus de Djochem, Riah et Athbedj, oubliant les serments qui les liaient aux Almohâdes, vinrent se ranger sous sa bannière. Seuls, les Z'orba demeurèrent fidèles aux souverains de Maroc et s'unirent avec les Zenètes-Badine (Toudjine, Rached et Abd-el-Ouad) pour défendre le territoire méridional du Mag'reb du milieu.

Le chef almoravide, laissant le commandement de Bougie à son frère Yahia, se mit en marche vers l'Ouest, à la tête de ses aventuriers et d'un grand nombre d'Arabes. Alger, la première grande ville qu'il rencontra sur sa route, était hors d'état de résister. Ibn-R'anïa y entra sans difficulté, et, après y avoir laissé son neveu Yahia comme gouverneur, alla enlever Mouzaïa, puis Miliana. Son plan avait été d'abord d'aller attaquer les Almohâdes dans le Mag'reb, au centre de leur puissance, mais il craignit, en s'avançant davantage, d'être coupé de sa base d'opérations, car il avait derrière lui des places fortes, telles que la Kalâa et Constantine, obéissant encore à ses ennemis. Revenant donc sur ses pas, il assiégea la Kalâa et s'en rendit maître.

Dans le cours de cette campagne, les plus grands excès furent commis ; aucune discipline, en effet, ne réfrénait les hordes almoravides, pour lesquelles le pillage et la dévastation semblaient être un droit. De la Kalâa, Ibn-R'anïa se porta sur Constantine, en suivant les plaines de Sétif, et fut rejoint, en chemin, par des nuées d'Arabes accourant à sa suite avec leurs familles et leurs troupeaux. Constantine, par sa forte position, arrêta l'essor des succès du chef almoravide et il fallut qu'il se résignât à en commencer le blocus [1].

---

1. Ibn-Khaldoun, *Berbères*, t. I, p. 48, 71, 87, 136, t. II, p. 89, 208, t. III, p. 330. Kartas, p. 305, 306. El-Kaïrouani, p. 200, 201.

Les Almohades reprennent le Mag'reb central a Ibn-R'ania. — Aussitôt qu'Abou-Youssof eut appris ces graves événements, il nomma son cousin Abou-Zeïd gouverneur du Mag'reb central et l'envoya sur le théâtre de la guerre, tandis qu'il faisait partir sa flotte pour l'appuyer par mer. Abou-Zeïd rentra d'abord en possession de Miliana, dont le commandant almoravide prit la fuite; il s'avança ensuite vers Alger, et, comme il avait répandu d'avance l'annonce d'une amnistie générale, les habitants s'insurgèrent contre les chefs qu'Ibn-R'ania leur avait laissés, et vinrent les lui livrer en protestant de leur dévouement. Sur ces entrefaites, l'ancien commandant de Miliana, ayant été rejoint et pris, fut mis à mort, avec les autres prisonniers, sur les bords du Chelif.

Vers le même moment, la flotte almohâde paraissait devant Bougie. A cette vue, les habitants expulsèrent Yahia-ben-R'ania et ouvrirent les portes de la ville à leurs anciens maîtres. Abou-Zeïd survint alors et fut reçu par son cousin Abou-Monça, auquel le peuple avait rendu la liberté, puis tous deux marchèrent au secours de Constantine, qui se trouvait réduite à la dernière extrémité, car les assiégeants avaient arrêté l'eau du Remel qui contourne la ville, et cela au moyen d'un grand barrage [1]. A l'approche de ses ennemis, Ibn-R'ania leva prudemment le siège et prit la route du Sud. Les Almohâdes le poursuivirent jusqu'à Negaous, mais n'osèrent s'aventurer au delà.

Après avoir obtenu ces rapides succès, qui replaçaient sous l'autorité almohâde les provinces conquises par Ibn-Rania, les lieutenants du khalife rentrèrent à Bougie, puis ils envoyèrent leurs troupes contre un certain R'azi le Sanhadjien, qui avait profité de leur éloignement pour enlever la ville d'Achir, au nom de l'Almoravide. Les troupes almohâdes eurent bientôt raison de cet agitateur qui fut mis à mort.

Ibn-R'ania allié a Karakoch, s'établit a Tripoli et proclame la restauration de l'empire almoravide. — Pendant ce temps, l'aventurier se portait, par le Sahara, vers le midi de la Tunisie et entreprenait le siège de Touzer, dans le Djerid. Mais cette ville lui opposa une si vive résistance qu'il dut renoncer à la réduire. Il se jeta alors sur Gafsa et s'en rendit maître par un coup de main. De sa nouvelle conquête, il adressa un appel aux débris des Lemtonna et Messoufa, et bientôt, accourent, du Mag'reb, un grand nombre

---

[1]. Ce fait est rapporté par l'auteur de la Faresiade, poème en l'honneur de la dynastie hafside, publié par Cherbonneau dans le *Journal asiatique*.

de partisans de la dynastie almoravide. Après avoir reçu ces renforts, il contracta alliance avec des fractions de la tribu arabe de Soleïm, qui avaient déjà refoulé les Riah vers le nord de la Tunisie et occupaient les territoires situés entre Gabès et Tripoli.

Mais il fallait à Ibn-R'anïa une capitale digne de sa nouvelle puissance. Ce fut vers Tripoli qu'il tourna ses regards. S'y étant transporté, il y rencontra deux aventuriers de son espèce qui avaient été envoyés en Tripolitaine par Saladin, avec son neveu Taki-ed-Dine, pour s'y emparer de places fortes sur lesquelles il eût pu s'appuyer, car il s'attendait à être attaqué en Égypte par son maître Nour-ed-Dine [1].

L'un de ces chefs, Karakoch-el-R'ozzi [2], était kurde d'origine, l'autre se nommait Ibrahim-ben-Kariatine-el-Moaddemi. Restés dans la Tripolitaine, malgré l'ordre de retour que leur avait expédié Saladin, ils venaient de conquérir les contrées du Fezzan, où ils avaient mis à néant la petite royauté berbère houaride des Beni-el-Khattab. Dans ces contrées éloignées, ils avaient proclamé l'autorité de Saladin. Soutenus par un grand nombre de brigands de la pire espèce et par les Arabes Debbab, fraction des Soleïm, ils s'étaient attachés à combattre les tribus berbères établies dans les montagnes, telles que les Nefouça, chez lesquelles se trouvaient encore quelques richesses. Après avoir ainsi répandu la terreur et la dévastation, ils avaient vu s'accroître le nombre de leurs adhérents et étaient venus s'établir à Tripoli.

Ibn-R'anïa trouva dans ces chefs de bande des hommes capables de le comprendre. Une alliance, qu'un désir commun de pillage et de désordre cimenta, fut conclue entre eux. Aussitôt les tribus arabes de l'Est : Riah, Djochem et Soleïm, vinrent offrir leurs services aux nouveaux alliés, qui purent s'emparer de Nefta, de Gabès, de Touzer et autres villes du Djerid, qu'ils saccagèrent. Ces succès donnèrent à Ibn-R'anïa un territoire assez étendu ; ce fut l'apogée de sa gloire. Il s'entoura d'une pompe royale, proclama la restauration de l'empire almoravide et écrivit au khalife abbasside pour lui offrir sa soumission [3].

---

1. Après la mort de Nour-ed-dine, Saladin (Salah-ed-dine) avait usurpé le commandement des Turcs. Maître de l'Égypte et de la Syrie, il avait attaqué et réduit à la dernière extrémité les chrétiens de Palestine.

2. Le nom de Karakoch signifie en langue arménienne *oiseau noir* : par altération les Algériens en ont fait *Garagous*, une sorte de polichinelle vieux et bossu.

3. Il lui aurait même, paraît-il, envoyé son fils en ambassade.

Le khalife s'empressa de lui adresser un diplôme le reconnaissant comme son représentant dans les contrées de l'Ouest ; il donna, en même temps, à Saladin, l'ordre de lui fournir son appui au besoin. L'aventurier put donc espérer que les beaux jours de l'empire almoravide allaient renaître, mais son illusion fut de courte durée.

Expédition d'Abou-Youssof en Ifrikiya. Il y rétablit son autorité. — Tandis que la Tripolitaine était le théâtre de ces événements, une nouvelle révolte se produisait dans les Baléares. Au profit de ces troubles, Ibn-Zoberteïr sortit de sa prison et parvint à fuir avec Mohammed, l'aîné des fils d'Ibn-R'ania. Ils arrivèrent ensemble à Maroc, en même temps que l'annonce des nouveaux succès d'Ali dans l'Est. Aussitôt, le khalife almohâde résolut de se porter lui-même en Ifrikiya. L'Almoravide, de son côté, fit partir de Tripoli son frère Abd-Allah, avec la flotte, pour Majorque. Peut-être, comme le dit Ibn-Khaldoun, obtint-il, à cette occasion, quelques navires du roi de Sicile ; dans tous les cas, le chef de l'expédition disposait de forces importantes avec lesquelles il réussit à rentrer en possession des Baléares.

Après avoir concentré ses troupes expéditionnaires à Fès et à Taza, le khalife almohâde se mit à leur tête et, en 1187, donna l'ordre du départ. Ayant pris la route de l'Est, il rallia en chemin les contingents des Arabes Zor'ba et la majeure partie des Athbedj, demeurés fidèles. Il arriva à Tunis avec des forces imposantes et fit de cette ville son quartier général. De là, il lança une première colonne contre les rebelles. Mais Ibn-R'ania et ses alliés arabes qui, eux aussi, s'étaient préparés à la lutte, vinrent à la rencontre des Almohâdes et les mirent en déroute au lieu dit R'omert. Les troupes du khalife, après avoir perdu leurs principaux chefs, se replièrent en désordre sur Tunis, poursuivis de près par les Almoravides.

Prenant alors en personne la direction des opérations, Abou-Youssof sortit de Tunis, avec toutes ses forces, et se porta rapidement jusqu'à Kaïrouan, en balayant devant lui les insurgés ; de là, il vint prendre position à El-Hamma, dans le Djerid, à peu de distance de l'endroit où était campée l'armée d'Ibn-R'ania. Les deux troupes s'attaquèrent avec une ardeur égale et, après un combat acharné, la victoire se prononça pour les Almohâdes. Ibn-R'ania et son allié Karakoch ne purent, qu'avec la plus grande difficulté, sauver leur vie par la fuite. Le lendemain de sa victoire, le khalife s'empara de Gabès où se trouvaient les trésors et le *harem* de son ennemi. Touzer lui ouvrit ensuite ses portes et, peu après, les troupes almohades enlevèrent d'assaut Gafsa où s'étaient réfugiées les troupes kurdes avec Ibn-Kariatine. Ce chef périt du dernier supplice et les fortifications de la ville furent rasées. Enfin, Tripoli, qui tenait encore pour l'Almoravide, ne tarda pas à retomber sous l'autorité du khalife.

Cette même année 1187 voyait la chute du royaume des Croisés de Jérusalem. Le terrible Saladin avait chassé les chrétiens de presque toutes les places de la Palestine et était resté maître d'un vaste royaume [1].

ABOU-YOUSSOF TRANSPORTE DES TRIBUS ARABES EN MAG'REB. MORT D'ALI-BEN-R'ANIA. — Après avoir ainsi réduit les villes qui tenaient pour l'usurpateur et être rentré en possession de son territoire, Abou-Youssof s'attacha à combattre les Arabes qui avaient soutenu son ennemi. Les tribus de Djochem, Acem et Riah, qui s'étaient le plus compromises, eurent à supporter tout le poids de sa colère. Lorsqu'il eût châtié ces Arabes avec la dernière sévérité, il chercha le moyen de les mettre dans l'impossibilité de nuire encore et, comme il ne se fiait pas à leurs serments, il se décida à les exporter en Mag'reb.

En 1188, il se mit en route vers l'Ouest en poussant devant lui ce flot de population. Pour éviter toute collision avec les gens du Tel, il passa par le désert, guidé par un émir des Toudjine, rentra dans le Tel par le Djebel-Amour, et enfin gagna le Mag'reb. Les Djochem et Acem, avec leur fraction des Mokaddem furent cantonnés dans le Tamesna, vaste plaine entre Salé et Maroc. Quant aux Riah, moins leur fraction des Dauoaouïda, restée en Tunisie, ils furent établis dans le Hebet, canton au sud de Tétouan, entre El-Kçar-el-Kebir et le pays d'Azghar.

Ainsi, par la force des événements, l'élément arabe se fixait au cœur de la race berbère. Son établissement sur les bords de l'Atlantique allait devenir un sujet de troubles incessants et une cause d'affaiblissement pour l'empire almohâde.

Après le départ d'Abou-Youssof, les fractions soleïmides prirent, dans la Tunisie, la place des tribus qu'il emmenait. En même temps, Ibn-R'ania et Karakoch, son acolyte, reparurent dans le Djerid et y recommencèrent leurs dévastations. Ce fut alors que, dans un engagement contre les Nefzaoua, Ali-ben-R'ania trouva la mort. Il fut, dit-on, enterré dans une localité du Djerid; cepen-

---

1. Michaud, *Hist. des Croisades*, t. II, p. 39 et suiv. Amari, *Musulmans de Sicile*, t. III, p. 525 et suiv.

dant certains auteurs prétendent que son corps fut transporté à Majorque et inhumé dans cette île [1].

Cet événement n'eut malheureusement pas pour effet d'éteindre la révolte, car Yahia, frère d'Ali-ben-R'ania, en prit la direction et renouvela alliance avec Karakoch.

RELATIONS DES PUISSANCES CHRÉTIENNES AVEC LE GOUVERNEMENT ALMOHADE. — Nous avons dit qu'Abd-el-Moumenc avait spécialement protégé les Génois, au détriment des autres navigateurs de la Méditerranée. C'était, en quelque sorte, une revanche prise par ces habiles commerçants contre leurs rivaux, les Pisans, qui avaient su, naguère, obtenir les faveurs des princes zirides et hammadites. La chute de ces dynasties entraîna la perte de leurs privilèges. En 1161, ou 1162, le consul génois Ottobone vint à Maroc avec une ambassade des siens pour féliciter le fondateur de la dynastie almohâde sur les succès qui lui avaient donné la possession de toute l'Afrique du nord. Ce souverain consentit alors aux Génois un traité leur accordant le monopole du commerce du Mag'reb, avec fixation d'un droit d'entrée de 8 pour cent sur leurs marchandises, sauf à Bougie, où le chiffre fut maintenu à dix, en vertu de dispositions antérieures stipulant que le quart de cette perception ferait retour à la république de Gênes. Il se forma alors, dans cette ville, des compagnies de particuliers qui s'associèrent pour l'exploitation commerciale de l'Afrique et de l'Espagne. Les bénéfices étaient partagés au prorata des avances de chacun.

Cependant les Pisans ne tardèrent pas à rentrer en faveur auprès du gouvernement almohâde, et très peu de temps après la mort d'Abd-el-Moumenc, ils obtinrent de son fils, Abou-Yakoub-Youssof, une décision leur rendant une partie de leurs privilèges, particulièrement en Ifrikiya. Ils recouvrèrent ainsi le *droit de Fondouk*, monopole qu'ils exerçaient à Zouila, faubourg d'El-Mehdïa, pour le magasinage de toutes les marchandises d'importation. Enfin, le 18 novembre 1186, El-Mansour signait avec eux un véritable traité de paix et de commerce pour une durée de 25 ans. Toutes les dépendances de la république de Pise, avec les îles de Sardaigne, de Corse, d'Elbe et autres, sont comprises dans ce traité qui stipule l'obligation réciproque d'empêcher la course sur les vaisseaux des contractants et fixe le droit de perception du gouvernement almohâde sur toutes les ventes faites par les trafiquants de

---

1. Ibn-Khaldoun, *Berbères*, t. I, p. 55, 60, 69 et 71, t. II, p. 95, 132.

Pise, à ses sujets musulmans, au chiffre de 10 pour cent. Quant aux transactions entre chrétiens, elles étaient libres de toute charge.

En 1181, Guillaume le Bon, de Sicile, signa également un traité de paix pour dix années avec le gouvernement almohâde et obtint, pour ses sujets, le rétablissement de leurs comptoirs à Zouila et El-Mehdïa[1].

Mort de Guillaume II de Sicile. — Sur ces entrefaites eut lieu la mort de Guillaume II de Sicile, dit le Bon (11 novembre 1189). Ce prince, qui, depuis plusieurs années, employait toutes ses forces à soutenir les croisés, se disposait à se transporter en personne en Orient, avec Philippe-Auguste et Richard Cœur-de-Lion. Lorsque cette nouvelle parvint en Orient, l'amiral sicilien Magarit qui avait remporté de grands succès sur mer et était arrivé à bloquer entièrement Saint-Jean-d'Acre et autres places occupées par les musulmans, s'empressa de rentrer en Sicile.

Guillaume, si malheureux dans ses expéditions lointaines, avait donné à la Sicile, dans la seconde partie de son règne, la paix, la tranquillité et la justice. Sous son égide, musulmans et chrétiens avaient vécu libres et en bonne intelligence et le surnom de Bon, à lui accordé, est le témoignage de la reconnaissance de ses contemporains. Les persécutions religieuses n'étaient pas son fait. « Que chacun adore tel Dieu qui lui plaira », avait-il coutume de dire, avec un esprit de tolérance qui n'est guère de son époque. Mais malgré lui, le clergé et la population chrétienne cherchaient sans cesse à convertir les musulmans, si bien que ceux qui le pouvaient, parmi ceux-ci, envoyaient leurs enfants en Afrique ou en Andalousie.

Le prince normand, ne laissant pas d'enfant, avait stipulé par testament que la reine Constance, fille posthume de Roger II, épouse de Henri VI, fils de Frédéric Barberousse, roi des Romains, lui succéderait. Mais les barons ne se souciaient pas de donner le pouvoir au parti allemand et la révolte éclata à Palerme. Ce furent les musulmans qui en portèrent tout le poids ; ils durent même, pour échapper à la mort, se réfugier dans les montagnes de l'ouest de l'île, au nombre de près de cent mille, avec leurs femmes et leurs enfants. Puis ils se mirent à opprimer les populations chrétiennes. Enfin, Tancrède, frère naturel de Constance, ayant été élu, obtint, à force d'argent, l'appui de Richard

---

1. De Mas-Latrie, *Traités de paix*, etc., p. 48 et suiv. (de l'introd.), 22, 27, 88, 106, 108 (du texte). Elie de la Primaudaie, *Villes maritimes du Maroc* (*Rev. afr.*, n°s 92 et suiv.). Amari, *Diplomi arabi*, passim.

Cœur-de-Lion, établi à Messine pour réclamer de prétendus droits, et dès lors les révoltes cessèrent [1].

Guerre d'Espagne. Ambassade de Saladin au khalife almohade.

— Abou-Youssof, à son arrivée en Mag'reb, crut devoir sévir contre plusieurs de ses parents qui, profitant de son absence, avaient tramé un complot dans le but de s'approprier le pouvoir. Par son ordre, ses deux frères, Abou-Yahia et Omar et son oncle Abou-Rebïa furent mis à mort.

De graves nouvelles étaient arrivées d'Espagne ; les Chrétiens, profitant des embarras dont le khalife était assiégé en Mag'reb, avaient repris partout l'offensive. En Europe, les malheurs de Terre-Sainte avaient provoqué une nouvelle croisade (la troisième). De toutes parts, les chrétiens volaient au secours de leurs frères ; le roi de Portugal profita du passage de Croisés anglais et danois, pour reprendre la ville de Silves dans laquelle soixante mille musulmans furent, dit-on, massacrés. Un certain nombre de Croisés restèrent dans le pays. Beja et Evora étaient également tombés au pouvoir du roi chrétien.

Abou-Youssof se décida aussitôt à préparer une grande expédition qu'il voulait conduire lui-même en Espagne. En attendant, il envoya des renforts au gouverneur de Cordoue, qui remporta quelques succès sur les chrétiens (1191).

C'est sans doute vers cette époque que le khalife almohâde reçut de Saladin une ambassade dont le but était de solliciter l'appui de sa flotte, pour l'aider à réduire les dernières places de Syrie et à résister à la troisième croisade. Le chef de cette ambassade Ibn-Monkad, dernier représentant d'une famille princière, apporta au khalife de Maroc de riches présents, parmi lesquels deux korans en caractère mensoub, 600 mithcals de musc et d'ambre gris, des selles brodées, du baume, etc.. Abou-Youssof reçut ces présents et ajourna, dit-on, l'envoi de son secours. Ce n'est que plus tard qu'il aurait expédié une flotte de 180 navires, dont l'aide fut fort utile à Saladin [2].

Yahia-ben-R'ania chef de la révolte en Ifrikiya. Ses succès.

— Ainsi que nous l'avons dit, Yahia, frère d'Ali-ben-R'ania, prit le commandement des Almoravides après la mort de celui-ci. Allié à Karakoch, et avec l'appui des Arabes de la tribu de Soleïm, il

---

1. Amari, *Musulmans de Sicile*, t. III, p. 543 et suiv. Zeller, *Histoire d'Italie*. L'Italie Guelfe et Gibeline.
2. Ibn-Khaldoun, *Berbères*, t. II, p. 212, 213, 215.

entreprit de nouvelles courses dans les régions méridionales. Mais, en 1190, une mésintelligence ayant éclaté entre les deux aventuriers, Karakoch vint faire sa soumission au gouverneur de Tunis; peu de temps après, il s'échappa de cette ville et alla s'emparer par surprise de Gabès. Il livra cette cité au pillage, puis, étant entré en relations avec la fraction soleïmide des Kaoub, il réussit à attirer auprès de lui quatre-vingts des principaux cheikhs de ces Arabes, et les fit mettre à mort pour les dépouiller. Cet événement décida l'émigration des Kaoub vers le pays de Barka, afin d'y chercher l'appui des autres tribus soleïmides, pour tirer vengeance de la perfidie du Kurde.

Karakoch, avec l'aide des bandits qui l'accompagnaient, parvint alors à s'emparer de Tripoli. Cette malheureuse ville dut lui verser une contribution de 60,000 pièces d'or. Ayant ensuite fait la paix avec Yahia-ben-R'anïa, tous deux se portèrent contre le Djerid, qui retomba en leur pouvoir. Mais une nouvelle rupture au sujet du partage du butin et de l'autorité éclata entre eux.

Ibn-R'anïa appela à lui les Debbab, tribu comprenant la fraction des Kaoub, et, soutenu par ces Arabes qui brûlaient du désir de venger l'assassinat de leurs cheikhs, il vint attaquer avec vigueur son ancien allié. Karakoch gagna au plus vite le désert, mais il fut poursuivi à outrance par les Arabes jusqu'à Oueddane, au sud de Morzouk dans le Fezzan. Cette ville ayant été enlevée d'assaut, Karakoch fut pris et mis à mort.

Débarrassé de son rival, Ibn-R'anïa alla attaquer Tripoli où s'étaient réfugiés les derniers partisans de Karakoch. Il dut, pour réduire cette ville, demander des secours à Majorque, et son frère lui envoya deux navires, avec l'aide desquels il s'en rendit maître. De là, il vint enlever Gabès et frappa les habitants d'une lourde contribution [1].

Abou-Youssof passe en Espagne. Victoire d'Alarcos. — A l'annonce des premiers succès d'Ibn-R'anïa et de Karakoch, Abou-Youssof résolut de se porter une seconde fois, en personne, sur le théâtre de la révolte. Ayant adressé des appels à toutes les tribus alliées, il se mit en route vers l'Est. Mais, parvenu à Meknès, il reçut d'Espagne les plus mauvaises nouvelles, et même une véritable provocation du roi de Castille; il se décida alors à passer dans la péninsule (1195).

L'année précédente, Alphonse VIII roi de Castille, qui marchait sur les traces de son aïeul, avait envahi le territoire de Séville et

---

[1]. Ibn-Khaldoun, *Berbères*, t. II, p. 93 et suiv., 210 et suiv.

s'était avancé jusqu'à Algésiras. C'est de là qu'il écrivit au khalife almohâde pour le provoquer et le prier de lui envoyer des vaisseaux afin de l'aider à passer le détroit, pour aller le combattre chez lui, puisqu'il n'osait venir.

Au mois de juin 1196, le khalife conduisit en Espagne une immense armée, dans laquelle figuraient les contingents de toutes les tribus berbères du Mag'reb, y compris les Abd-el-Ouad, Toudjine et Beni-Merine, et les guerriers arabes, tant des Z'orba que des tribus récemment transportées dans l'Ouest. La concentration se fit à Séville et l'on dit que jamais armée musulmane aussi nombreuse ne s'était trouvée réunie en Espagne. Dans les premiers jours de juillet, Abou-Youssof donna le signal du départ.

Le roi de Castille, de son côté, n'était pas resté inactif. Selon les auteurs musulmans, les rois de Léon et de Portugal lui auraient fourni leur appui, mais il paraît plus probable que ces princes, occupés, ainsi que ceux de Navarre et d'Aragon, à vider leurs querelles particulières, laissèrent Alphonse à peu près seul soutenir le choc de l'ennemi. Avec un courage chevaleresque, le roi de Castille s'avança au devant de l'ennemi et prit position près de la forteresse d'Alarcos, entre Cordoue et Calatrava.

Les musulmans s'avançaient par la vallée du Guadalquivir, et, le 19 juillet, les deux armées se trouvèrent en présence. Guidé par un cheikh andalou de beaucoup d'expérience, nommé Ibn-Senani, le khalife almohâde disposa très habilement son armée en trois corps; le premier, composé de milices andalouses, des archers Ghozz et des troupes almohâdes proprement dites, devait soutenir l'attaque des Chrétiens. Abou-Yahia, petit-fils d'Abou-Hafs, et Ibn-Senani commandaient cette ligne. En arrière, étaient massés les auxiliaires arabes et berbères. Enfin le prince, avec sa garde noire, formait la dernière réserve.

A la vue de l'ennemi, les chevaliers chrétiens ne purent rester dans leurs positions : les plus vaillants, au nombre de six à sept mille, se précipitèrent sur le premier corps musulman comme une avalanche. Mais l'impétuosité de leur attaque se brisa contre la solidité des lignes de fantassins armés de piques. Ils durent revenir plusieurs fois à la charge et quand, enfin, ils parvinrent à rompre la ligne ennemie, Abou-Yahia ayant été tué, ils étaient épuisés par les efforts surhumains qu'ils avaient dû faire. Alors la cavalerie de la deuxième ligne les enveloppa dans un immense demi-cercle et en fit un carnage horrible. Ceux qu'Alphonse envoya à leur secours subirent le même sort. Le roi se disposait à se lancer enfin dans la mêlée avec sa réserve, lorsqu'on vit s'avancer, en belle ordonnance, au son des tambours, le prince des croyants entouré de sa garde noire. Ce fut, pour les Chrétiens, le coup de grâce : ils s'enfuirent en désordre dans toutes les directions, entraînant le roi dans la déroute. Bien peu d'entre eux échappèrent aux sabres et aux lances des cavaliers musulmans.

Abou-Youssof, pour compléter sa victoire, vint aussitôt assiéger la forteresse d'Alarcos, où il croyait que le roi s'était réfugié ; mais Alphonse, entré par une porte, était sorti par l'autre et avait pu ainsi échapper à son ennemi. Alarcos ne tarda pas à tomber aux mains des Musulmans qui y firent vingt mille captifs auxquels le khalife rendit la liberté : quant à la ville, elle fut rasée. Ce fut à partir de ce moment qu'Abou-Youssof fut désigné sous le nom d'El-Mansour (le victorieux) [1].

ABOU-YOUSSOF-EL-MANSOUR RENTRE EN MAG'REB. SA MORT. — La victoire d'Alarcos aurait pu avoir, pour les musulmans, un résultat bien plus décisif si le khalife avait su en profiter en poursuivant son ennemi, sans lui laisser le temps de se reconnaître. Il se contenta d'envoyer sa cavalerie ravager les environs de Tolède, où Alphonse s'était réfugié avec les débris de son armée. Puis, en 1197, il vint lui-même mettre le siège devant la ville ; mais il reconnut bientôt qu'il fallait renoncer à l'enlever de vive force, et, levant le siège, alla brûler Salamanque. Les Almohâdes commirent, dans cette campagne, les plus grands excès.

De retour à Séville, El-Mansour, qui avait déjà obtenu des rois de Navarre et de Léon des traités où ils se reconnaissaient presque ses vassaux, reçut des ouvertures de Ferdinand de Castille et conclut avec lui une trêve (1197). Seul, le roi de Portugal persistait dans son attitude hostile. Rappelé en Mag'reb par la gravité des événements de l'Ifrikiya, le souverain almohâde laissa le commandement des possessions musulmanes dans la péninsule à ses fils, et repassa la mer.

Dès son arrivée en Afrique, le khalife ressentit les atteintes du mal qui devait l'emporter. Il renouvela la désignation qu'il avait déjà faite de son fils Abou-Abd-Allah-Mohammed qui prit le titre d'En-Nacer-li-Dine-Allah, comme héritier présomptif, et lui abandonna la direction des affaires. Le 23 janvier 1199, ce grand prince rendit le dernier soupir. On dit qu'avant de mourir, il tint à son fils le discours suivant : « De toutes les actions de ma vie et « de mon règne, je n'en regrette que trois : la première, *c'est*

---

1. Kartas, p. 309 et suiv. Ibn-Khaldoun, t. II, p. 213 et suiv. El-Kaïrouani, p. 203 et suiv. Rosseeuw Saint-Hilaire, *Histoire de l'Espagne*, t. IV, p. 24 et suiv. El-Marrakchi (Dozy), p. 189 à 225.

« d'avoir introduit dans le Mag'reb les Arabes de l'Ifrikiya, parce
« que je me suis aperçu qu'ils sont la source de toutes les sédi-
« tions ; la deuxième, c'est d'avoir bâti la ville de Rabat, pour
« laquelle j'ai épuisé le trésor public, et la troisième, c'est d'avoir
« rendu la liberté aux prisonniers d'Alarcos, car ils ne manqueront
« pas de recommencer la guerre » [1].

El-Mansour fut un grand bâtisseur ; Séville fut ornée par lui de
beaux monuments ; la Kasba, la mosquée sacrée et son beau minaret et la mosquée d'El-Ketoubiïne furent construites par son
ordre à Maroc. Enfin, comme nous venons de le voir par l'expression de ses regrets, il fonda la ville de Rabat, appelée aussi Rabat-
el-Fetah (de la victoire), en face de Salé. Il léguait à son fils le
souvenir d'un glorieux règne, dans lequel la fortune lui avait toujours été fidèle.

Comme ses prédécesseurs, il avait entretenu de bonnes relations
avec le Saint-Siège. On possède une lettre d'Innocent III, du
8 mars 1198, lui recommandant des religieux de l'ordre de la
rédemption des captifs, allant en Mag'reb remplir leur géné-
reuse mission. Le ton en est amical, malgré une certaine hauteur
de la part du chef de l'Eglise chrétienne, à l'égard du souverain
« païen » [2].

AFFAIBLISSEMENT DU ROYAUME NORMAND DE SICILE. — Avant de
retracer le règne d'En-Nacer, il convient de jeter un coup d'œil
en Sicile afin de suivre l'histoire de la dynastie normande dont
nous avons vu la fondation.

Tancrède, en prenant le pouvoir, avait trouvé le royaume à
l'apogée de sa splendeur. La richesse, la sécurité de la Sicile en
faisaient un objet d'envie pour toute la chrétienté. Malheureusement, Tancrède mourut après quelques mois de règne, ne
laissant qu'un enfant en bas âge (20 février 1194) et, dès lors,
le bonheur et la paix quittèrent la Sicile. Henri VI avait
envoyé une armée dans la Pouille pour soutenir les droits de sa
femme. Bientôt, l'empereur, qui avait assis son autorité sur toute
l'Italie méridionale, passa dans l'île et se fit reconnaître comme
souverain à Palerme (nov. 1194). Les Allemands furent agréable-
ment surpris des richesses qu'ils trouvèrent en Sicile ; ils enlevèrent tout ce qu'ils purent et envoyèrent trophées et butin dans
leur pays.

Revenu dans l'île en 1196, Henri s'appliqua à organiser l'admi-

1. Kartas, p. 325, 326.
2. De Mas Latrie, *Traités de paix*, p. 70 de l'intr., 8 du texte.

nistration. De toutes parts, la réaction se produisait contre l'étranger : les guet-apens des Siciliens contre ceux qui les pressuraient amenèrent de terribles représailles, et le meurtre, les supplices, les conjurations, les persécutions, remplacèrent la paix de l'époque de Guillaume le Bon. Au retour d'une expédition contre les révoltés, Henri mourut d'une attaque de dyssenterie (28 sept. 1197) et fut enterré à Palerme.

Constance, déchirant le testament de son mari, qui la dépouillait de la régence, fit proclamer à Palerme son fils Frédéric, âgé de quatre ans (11 mai 1198). Quelques mois après (le 27 novembre) elle cessait de vivre et dès lors commençait une longue minorité, pendant laquelle divers ambitieux se disputaient la régence. La révolte, les luttes entre musulmans et chrétiens, les compétitions étrangères désolèrent pendant plusieurs années la Sicile et achevèrent de détruire la puissance du royaume normand [1].

RÈGNE D'EN-NACER. PRISE DES BALÉARES PAR LES ALMOHADES. — Le nouveau khalife, En-Nacer, dont la destinée devait être moins heureuse que celle de son père, rappelait, comme physique, le type d'Abd-el-Moumene. Il était blanc, haut de taille, teint pâle, yeux doux et noirs, grande barbe et sourcils épais. Il était très attentif en toutes choses et dirigeait seul son gouvernement [2]. Il s'adjoignit comme premier ministre Abou-Mohammed, petit-fils du cheikh Abou-Hafs, homme dont la sagesse et le dévouement aux Almohades étaient éprouvés. Il nomma ensuite le Sid Abou-Zeïd, gouverneur de l'Ifrikiya, et le Sid Abou-l'Hassen, à Bougie.

Ses premiers soins furent pour l'Ifrikiya où le feu de la révolte continuait de ravager les régions du sud. Pour atteindre plus sûrement Ibn-R'ania, qui avait trouvé dans les Baléares un secours si efficace, et lui enlever son repaire, le khalife envoya contre Majorque une flotte sous le commandement de son oncle le Sid Abou-el-Ola et d'un petit-fils du cheikh Abou-Hafs, nommé Abou-Saïd. Ces généraux réussirent promptement à arracher les îles Baléares des mains de l'Almoravide Abd-Allah-ben-R'ania qui, néanmoins, put s'échapper. Selon El-Kaïrouani [3] et le Kartas [4], En-Nacer aurait conduit lui-même l'expédition de Majorque, mais nous préférons la version d'Ibn-Khaldoun et pensons que, s'il alla dans ces îles, ce fut plus tard.

1. Amari, *Musulmans de Sicile*, t. III, p. 548 et suiv.
2. Kartas, p. 327.
3. P. 205.
4. P. 327, 328.

RÉVOLTE D'ER-REGRAGUI EN IFRIKIYA. — En Ifrikiya, les affaires étaient loin de tourner à l'avantage des Almohades. Tandis que Yahïa-ben-R'anïa continuait à ravager le sud, une nouvelle révolte éclata à Tunis même, à la voix d'un certain Mohammed-Er-Regragui, chef d'un corps franc qui avait combattu avec succès Ibn-R'anïa et les Arabes. Cet officier avait rendu les plus grands services à la cause de la paix ; il fut indisposé par les exigences du gouverneur alors en fonctions, Abou-Saïd, le Hafside, au sujet du partage du butin. Poussé à bout par ses procédés, Er-Regragui se jeta dans la révolte et enleva El-Mehdïa où commandait Younos, frère d'Abou-Saïd. Après s'être établi dans l'ancienne capitale des Obéidites, il se fit proclamer khalife, sous le nom d'*El-Metaoukkel-âla-Allah* (celui qui met sa confiance en Dieu). Ce fut sur ces entrefaites, c'est-à-dire en l'année 1199, que le Sid Abou-Zeïd arriva comme gouverneur à Tunis.

Presque aussitôt Er-Regragui vint l'y assiéger. Ayant établi son camp à Halk-el-Ouad (La Goulette), il serra la ville de près, tandis qu'il envoyait des corps de troupes fourrager dans les environs. Cependant, après avoir passé quelques semaines devant Tunis il leva tout à coup le siège, car le Sid Abou-l'Hassen arrivait de Bougie, avec Abou-el-Ola et la flotte, au secours du gouverneur de l'Ifrikiya. Ces deux princes allèrent tenter une attaque contre El-Mehdïa, où s'était réfugié El-Regragui, mais, s'étant convaincus de la résistance que cette ville pouvait opposer, ils renoncèrent bientôt à leur entreprise et rentrèrent à Bougie.

Aussitôt après leur départ, Er-Regragui se porta sur Gabès, où se trouvait Ibn-R'anïa, qu'il n'avait cessé de combattre, suivi des contingents des Riah de l'Ifrikiya, commandés par Mohammed-ben-Messaoud, surnommé *el Bolt*, (le pavé), dont le père s'était échappé du Mag'reb. En présence de son ennemi, ces Arabes, sur lesquels Er-Regragui comptait, l'abandonnèrent pour aller grossir l'armée d'Ibn-R'anïa. Réduit à la retraite après avoir été défait, Er-Regragui courut s'enfermer dans El-Mehdïa.

Prenant à son tour l'offensive, Ibn-R'anïa l'y suivit, et, chose étrange, reçut, du gouverneur almohade de Tunis, une flottille avec laquelle il força son ennemi à capituler. Er-Regragui sortit de la ville avec la promesse de la vie sauve, mais, une fois hors de l'abri de ses murailles, il fut lâchement assassiné par ordre de l'Almoravide (1200-1).

SUCCÈS DE YAHIA-BEN-R'ANÏA EN IFRIKIYA. — Abou-Zeïd, gouverneur de Tunis, avait commis la plus grande faute, quand, aveuglé par son ressentiment, il avait aidé Ibn-R'anïa à écraser Er-Regragui. Après cette victoire, en effet, l'audace d'Ibn-R'anïa ne connut plus de bornes. Maître de Tripoli, du Djerid et d'El-Mehdïa, il marcha vers le nord-ouest et, s'étant emparé de Badja, détruisit cette ville de fond en comble. Il se disposait à attaquer Chekbénaria[1], lorsqu'il apprit que le gouverneur almohâde de Bougie marchait contre lui. Se portant audacieusement à sa rencontre, il le défit près de Constantine.

Après ce succès, Ibn-R'anïa se rendit à Biskra et enleva d'assaut l'oasis. Tous les habitants mâles eurent, par son ordre, la main droite coupée, pour les punir de s'être défendus. Revenant ensuite vers la Tunisie, il se rendit maître de Tébessa, puis de Kaïrouan. Il réunit alors un grand nombre d'Arabes et, plein de confiance, marcha sur Tunis (1202-3). Après avoir soutenu deux mois de siège, Abou-Zeïd dut capituler et fut jeté dans les fers avec ses deux fils. Le vainqueur, selon son habitude, imposa aux habitants de Tunis une énorme contribution, payable en pièces d'or. Son vizir, Ibn-Asfour, chargé de percevoir cette taxe, déploya une telle rigueur en accomplissant sa mission, que plusieurs membres des principales familles périrent dans les tourments auxquels on les soumettait pour leur extorquer de l'argent; d'autres se donnèrent volontairement la mort.

La chute de Chekbenaria, de Benzert et de Bône, suivit de près celle de Tunis. Des contributions énormes furent frappées sur toutes les villes et l'Ifrikiya gémit de nouveau sous la tyrannie d'Ibn-R'anïa et des Arabes. A l'imitation de son frère, ce prince proclama la suprématie des Abbassides[2].

EXPÉDITION D'EN-NACER EN IFRIKIYA. IL Y RÉTABLIT SON AUTORITÉ. — La nouvelle de ces événements répandit la consternation à Maroc. Le khalife En-Nacer, qui venait d'étouffer dans le pays des Guezzoula, une révolte suscitée par un certain Abou-Ferès, agitateur religieux, se parant du titre de prophète, réunit son conseil afin d'être éclairé sur le parti à prendre dans cette conjoncture. Tous ses conseillers, moins un, opinèrent pour qu'on traitât avec le Majorquin, en lui abandonnant la possession du pays conquis. Seul Abou-Mohammed, petit-fils du cheikh Abou-Hafs, s'éleva avec violence contre une pareille lâcheté. Il conseilla, au contraire, de lutter à outrance contre l'usurpateur, et, comme En-Nacer était de son avis, une expédition dans l'est fut résolue. En 1204,

---

1. Sicca Vénéria.
2. Ibn-Khaldoun, *Berbères*, t. II, p. 97, 98, 219, 284 et suiv., t. III, p. 158. El-Kaïrouani, p. 205, 206. El-Marrakchi, p. 234.

le khalife quitta le Mag'reb à la tête de l'armée, tandis que la flotte almohâde sortait des ports et cinglait vers l'est.

A l'annonce de l'approche de ses ennemis, Ibn-R'anïa évacua Tunis et alla renfermer sa famille et ses trésors derrière les remparts d'El-Mehdia, puis il se rendit à Gafça et se fit remettre par ses partisans arabes des otages devant servir de garants à leur fidélité. Il alla ensuite concentrer ses forces à El-Hamma des Matmata, près de Gabès, et, comme Tripoli venait de se révolter, il y poussa une pointe et détruisit cette ville de fond en comble.

Sur ces entrefaites, la flotte almohâde arriva à Tunis à peu près en même temps que l'armée. En-Nacer y entra en vainqueur et fit mettre à mort tous ceux qui s'étaient compromis avec le Majorquin. Le khalife se porta ensuite sur El-Mehdia et, pendant qu'il en commençait le siège, détacha un corps de 4,000 Almohâdes, dont il confia le commandement à Abou-Mohammed le Hafside, avec mission de combattre les Arabes qui tenaient la campagne. Les ayant rencontrés au Djebel-Tadjera, non loin de Gabès, le général d'Ibn-Nacer les attaqua avec vigueur et leur infligea une défaite dans laquelle périrent Djebara, frère de Yahïa, et plusieurs autres chefs. Abou-Mohammed rentra à El-Mehdia, en traînant à sa suite un gros butin et ramenant le prince Abou-Zeïd qu'il avait délivré.

La nouvelle de cette défaite démoralisa tellement les assiégés d'El-Mehdia que le gouverneur Ibn-R'azi, parent du chef almoravide, conclut aussitôt la reddition de la place. En-Nacer envoya alors son frère Abou-Ishak, avec Abou-Mohammed et les troupes disponibles, à la poursuite d'Ibn-R'anïa. Quant à lui, il rentra à Tunis et s'y appliqua à la réorganisation de l'Ifrikiya.

Les troupes almohâdes délogèrent successivement Ibn-R'anïa de tous ses refuges et firent rentrer sous l'autorité d'En-Nacer le pays que l'aventurier avait conquis. Les populations qui l'avaient soutenu, et notamment les Beni-Demmer et Matmata, habitant les monts Nefouça, furent sévèrement châtiées. Les lieutenants du khalife s'avancèrent ainsi jusqu'à Sort et à Barka, après avoir contraint Ibn-R'anïa à se réfugier dans les profondeurs du désert.

LE HAFSIDE ABOU-MOHAMMED GOUVERNEUR DE L'IFRIKIYA. IBN-R'ANÏA REPARAIT. — Lorsque cette expédition, qui semblait assurer la pacification complète du pays fut terminée (1207), En-Nacer se disposa à rentrer en Mag'reb où l'appelaient d'autres soins. Mais les derniers événements l'avaient averti qu'il fallait laisser à Tunis un représentant aussi habile qu'énergique, s'il ne voulait perdre en un jour le fruit de ses sacrifices. Personne, autour de lui, n'était plus digne de recevoir cette mission que le Hafside Abou-Mohammed. Mais ce chef refusa, d'une manière absolue, de l'accepter ; les instances du khalife furent inutiles et ce ne fut qu'à la suite d'une dernière démarche faite par le jeune fils d'En-Nacer, qu'il se décida à recevoir le titre de gouverneur, à la condition, toutefois, qu'on ne le laisserait pas en Ifrikiya plus de trois ans, durée qui lui paraissait suffisante pour assurer la pacification de cette province. Il stipula aussi que le commandement direct des troupes lui serait laissé, avec une initiative complète dans la direction des affaires et le choix de ses auxiliaires. En-Nacer souscrivit à toutes ces conditions et, plein de confiance dans les talents et le dévouement de son lieutenant, reprit la route de Maroc où il arriva dans le milieu de l'automne 1207. Ni le khalife ni le nouveau gouverneur ne se doutaient que les fondements d'une nouvelle et glorieuse dynastie venaient d'être posés.

Abou-Mohammed avait accompagné le prince jusqu'à Badja. A son retour, il tint dans la citadelle de Tunis une séance solennelle d'inauguration. Mais, à peine les troupes almohâdes avaient-elles quitté le sol de l'Ifrikiya, que l'infatigable Majorquin y reparaissait à la tête d'une bande d'Arabes et spécialement de Daouaouida (Riah), dont l'émir, Mohammed-el-Bolt, lui était toujours fidèle. Ibn-R'anïa avait compté se rendre maître de Tunis par un coup de main, mais Abou-Mohammed, qui s'attendait à son attaque, s'était assuré le concours des tribus soléïmides de Merdas et d'Allak en leur concédant des terres dans la Tunisie. Soutenu par les contingents de ces tribus, il se porta contre l'Almoravide, qui s'était mis en retraite, l'atteignit à Chebrou, près de Tébessa et, après avoir lutté contre lui tout un jour, le mit en déroute. Ibn-R'anïa, blessé dans la bataille, n'échappa qu'à grand'-peine et en laissant son camp aux mains des vainqueurs.

Succès du Hafside Abou-Mohammed en Ifrikiya. Il est maintenu a la tête de cette province. — Après cette sévère leçon, qui était pour lui un avertissement de ne plus s'attaquer au gouverneur de l'Ifrikiya, le Majorquin rallia ses partisans, et, changeant de direction, les entraîna vers l'ouest. Il parvint ainsi, en traversant le désert et passant sur le corps des Zenètes Ouacine et des Arabes Athbedj et Makil, jusqu'à l'oasis de Sidjilmassa, qu'il livra au pillage. Il rapporta de cette expédition audacieuse un butin considérable. Cédant ensuite à l'invitation de chefs d'une tribu zenète, alors en guerre avec les Abd-el-Ouad, il se porta rapidement sur Tiharet, où se trouvait le gouverneur almohâde de Tlemcen, Abou-Amrane, occupé à faire rentrer les contributions du pays. Ce chef essaya de repousser l'agitateur, mais il fut tué et Tiharet tomba au pouvoir d'Ibn-R'anïa, qui mit cette ville à sac. Après avoir porté le ravage dans les plaines du Mag'reb central, l'Almoravide revenait vers l'est, chargé de dépouilles lorsqu'il se heurta contre Abou-Mohammed, accouru de la Tuni.. avec son armée. Cette fois encore, Ibn-R'anïa essuya un désastre ; ses Riah furent dispersés et lui-même dut, au plus vite, chercher un refuge dans le Sahara, en laissant ses prises aux mains des Almohâdes. Cet échec décida Sir, un des frères d'Ibn-R'anïa, à l'abandonner. Il vint offrir sa soumission au khalife de Maroc qui l'accueillit avec bonté.

Mais Ibn-R'anïa n'était pas homme à se laisser abattre par les revers. Ayant gagné le sud de la Tripolitaine, il y forma une nouvelle armée arabe, composée, non seulement des Riah, avec leur chef Mohammed-el-Bolt, mais encore des tribus Soleïmides, telles que les Zirb, Debbab, Aouf (Merdas), Nefath et Cherid, jalouses de la faveur dont jouissaient les Allak en Tunisie. Lorsqu'il se vit entouré de tant de guerriers, Ibn-R'anïa conçut l'espoir d'effectuer une seconde fois la conquête de l'Ifrikiya et, en l'an 1209, il entraîna ses partisans vers le nord.

Abou-Mohammed, non moins infatigable que lui, se porta rapidement à sa rencontre. Les deux troupes en vinrent aux mains auprès du Djebel-Nefouça, non loin de Tripoli, et combattirent l'une et l'autre avec un acharnement extrême ; enfin une fraction des Aouf étant passée du côté des Allak leurs cousins, qui combattaient dans les rangs Almohâdes, ceux-ci redoublèrent d'efforts, et, vers la fin du jour, restèrent maîtres du champ de bataille. Le camp des Arabes, où se trouvaient leurs femmes qu'ils avaient amenées pour qu'elles les excitassent au combat, tomba au pouvoir des Almohâdes, avec tout leur butin. Il fut fait un grand carnage des Hilaliens et surtout des Riah, qui avaient supporté tout l'effort de la bataille, et dont les principaux chefs avaient été tués.

Quant à Ibn-R'anïa, il put encore gagner le désert, son refuge habituel ; mais cette défaite le réduisit pour quelque temps à l'inaction. Les Berbères Nefouça se révoltèrent alors contre lui et massacrèrent ses deux fils restés au milieu d'eux.

Pour compléter sa victoire, Abou-Mohammed alla châtier sévèrement les tribus soleïmides qui avaient soutenu l'agitateur. Celles qui, au contraire, étaient restées fidèles à l'autorité almohâde, furent comblées d'honneurs et reçurent en fief une partie de la plaine de Kaïrouan, où elles s'établirent, au détriment des Daouaouida, expulsés pour toujours de la Tunisie. Le gouverneur rentra à Tunis en rapportant un immense butin, fait sur les Arabes, et en poussant devant lui 18,000 bêtes de somme enlevées dans cette campagne.

Considérant alors sa mission comme terminée, puisque l'Ifrikiya semblait pacifiée pour longtemps, le Hafside écrivit au khalife En-Nacer pour lui demander l'autorisation de rentrer en Mag'reb, ainsi que cela avait été convenu entre eux. Mais le souverain almohade, qui se disposait à passer en Espagne, lui répondit en le suppliant de conserver un emploi dont il s'acquittait si bien ; de riches présents accompagnaient sa lettre. Ainsi, Abou-Mohammed le Hafside se vit, pour ainsi dire, contraint de rester à Tunis. On dit qu'il écrivit au khalife pour le dissuader de quitter le Mag'reb [1] (1210).

1. Ibn-Khaldoun, *Berbères*, t. I, p. 50, 71, 130, 140, t. II, p. 99, 100, 221, 287, 291, t. III, p. 330, 331, t. IV, p. 6. El-Kairouani, p. 217 et suiv. Kartas, p. 328 et suiv. El-Marrakchi, p. 236.

CHAPITRE IX

DÉMEMBREMENT DE L'EMPIRE ALMOHADE

1210-1233

En-Nacer porte la guerre en Espagne ; long siège de Salvatierra. — L'armée chrétienne s'empare de Calatrava ; les croisés se retirent. — Défaite des musulmans à Las Navas de Tolosa ; ses conséquences. — Mort du khalife En-Nacer ; son fils El-Mostancer lui succède. — Les ennemis de l'empire Almohade ; puissance des Abd-el-Ouad et Beni-Merine. — Succès des Beni-Merine dans le Mag'reb extrême. — Frédéric de Sicile empereur d'Allemagne. — Mort du hafside Abou-Mohammed ; nouvelles incursions d'Ibn-R'ania. — Mort d'El-Mostancer ; court règne d'Abd-el-Ouahad-el-Makhloua. — Situation de l'Espagne. — Règne d'El-Adel ; il est mis à mort. — Dernières dévastations d'Ibn-R'ania dans le Mag'reb central. — Règnes simultanés de Yahïa et d'El-Mamoun. — El-Mamoun obtient la soumission de l'Ifrikiya ; il passe en Mag'reb. — Victoires d'El-Mamoun ; ses rigueurs contre les Almohâdes. — Révolte de Tlemcen ; El-Mamoun confie cette ville aux Abd-el-Ouâd. — Abou-Zakaria, le hafside, répudie à Tunis l'autorité d'El-Mamoun. — Nouvelles révoltes contre El-Mamoun ; sa mort. — Les chrétiens en Mag'reb sous les Almohâdes.

En-Nacer porte la guerre en Espagne. Long siège de Salvatierra. — Pendant qu'Abou-Mohammed établissait solidement son autorité en Ifrikiya, le khalife En-Nacer s'appliquait à embellir et à orner la ville de Fès, destinée à s'élever avant peu au rang de capitale. Il reçut, vers cette époque (1210), une ambassade de Jean-sans-Terre, lui demandant de l'aider à conquérir le Plantagenet, et lui promettant, en cas de réussite, de se convertir à l'Islamisme et de reconnaître la suzeraineté des Almohâdes. Le khalife refusa d'accéder à toute proposition.

Sur ces entrefaites, de graves nouvelles arrivèrent d'Espagne : Alphonse VIII avait rompu la trêve et envahi, en 1209, les possessions musulmanes. L'année suivante, son fils Ferdinand portait le ravage jusqu'à Jaën. En-Nacer appela aussitôt les musulmans à la guerre sainte et, durant près d'un an, ne cessa de faire passer des contingents en Espagne. Au printemps de l'année 1211, il traversa la mer et établit son quartier général à Séville. On dit que son armée forma un effectif de 450,000 hommes, mais nous savons qu'il faut grandement réduire ces chiffres. Selon El-Kaïrouani, le roi de Castille, effrayé de ce déploiement de forces, serait venu en personne auprès du khalife pour faire une tentative de conciliation, ce qui semble peu probable[1].

Alphonse, de son côté, n'était pas resté inactif : sur ses instances, le pape Innocent III, dont l'ardeur guerrière remuait la chrétienté, fit prêcher une véritable croisade contre les musulmans d'Espagne, et bientôt les chevaliers chrétiens accoururent de toute part sous la bannière du roi de Castille.

Après avoir divisé son immense armée en cinq corps, En-Nacer marcha directement sur Tolède. Une place forte, nommée Salvatierra, entre Ubéda et Jaën l'arrêta, car il ne voulait laisser aucun ennemi sur ses derrières. Malheureusement pour les Almohades, cette place située au sommet de montagnes escarpées était pour ainsi dire imprenable. En-Nacer, néanmoins, cédant aux conseils de son vizir Ibn-Djama, s'entêta à la réduire et, après y avoir passé de longs mois, lorsque l'hiver, toujours rigoureux dans ces régions, arriva, il n'était guère plus avancé qu'au commencement du siège. Les troupes, mal nourries et souffrant du froid, ne tardèrent pas à se démoraliser. Enfin, après huit mois de blocus, Salvatierra capitula, mais l'Espagne était sauvée[2].

L'ARMÉE CHRÉTIENNE S'EMPARE DE CALATRAVA. LES CROISÉS SE RETIRENT. — Alphonse, qui avait perdu son fils Ferdinand, enlevé par une fièvre maligne, au retour d'une de ses courses sur le territoire musulman, brûlait du désir de le venger. Les guerriers chrétiens de toute condition étaient arrivés en grand nombre de France, d'Allemagne et d'Italie. Invités par le pape à se joindre à la croisade, les princes espagnols s'étaient conformés à ses ordres. Le roi de Léon avait envoyé ses meilleurs guerriers ; ceux d'Aragon et de Navarre étaient venus en personne avec toutes leurs forces ; enfin, don Pedro, infant de Portugal, avait amené l'élite de ses chevaliers. Les évêques marchaient en tête des armées. Tolède avait été fixée pour le lieu de rassemblement ; le chiffre des croisés qui s'y trouvèrent réunis fut considérable.

Au mois de juin 1212, l'armée chrétienne se mit en marche et éprouva de grandes privations, en traversant les plateaux dénudés de la Manche. Les croisés faillirent même se débander, et il fallut toutes les instances du roi de Castille pour les retenir. Enfin ils parvinrent devant la forteresse de Calatrava, sur le Guadiana, et ne tardèrent pas à l'enlever, malgré la défense du général Youssof-

---

1. Le Kartas dit la même chose (p. 333), mais en l'attribuant au « roi de Bayonne ».
2. Rosseeuw Saint-Hilaire, *Histoire de l'Espagne*, t. IV, p. 58 et suiv.

ben-Kadès, qui avait en vain imploré le secours du khalife En-Nacer. Mais le vizir Ibn-Djama interceptait ses lettres et, lorsque, après avoir obtenu une capitulation honorable, il se présenta à la cour, on le fit mettre à mort. Cette cruelle injustice acheva d'indisposer l'armée musulmane.

Pendant ce temps, les croisés, que le roi de Castille avait déjà eu tant de peine à retenir, se décidaient à partir et reprenaient, évêques en tête, le chemin du nord, pillant sur la route ceux qu'ils étaient venus défendre. Tolède faillit même être surprise par eux et ne dut son salut qu'à la hauteur et à la force de ses murailles.

Défaite des musulmans a Las Navas de Tolosa. Ses conséquences. — Ainsi les Espagnols demeuraient livrés à eux-mêmes. Ils acceptèrent bravement la situation et ses conséquences, et s'emparèrent de plusieurs places fortes dans les environs d'Alarcos, endroit célèbre par la défaite qu'El-Mansour avait infligée aux Castillans, dix-sept ans auparavant. Les trois rois conduisirent leur armée à travers les ravins escarpés de la Sierra-Morena et vinrent, non sans peine, prendre position en avant d'une place fortifiée appelée par les auteurs musulmans *Hisn-el-Ougab* (le château de l'Aigle). Devant eux s'étendait le plateau dit *Las Navas de Tolosa*.

En-Nacer, sortant enfin de son inexplicable inaction, marcha contre l'armée chrétienne et vint poser son camp en face d'elle. Le samedi 14 juillet, les guerriers s'avancèrent de part et d'autre pour s'adresser des provocations dans l'espace qui s'étendait entre les deux camps; mais il ne s'engagea aucune action. En-Nacer, croyant tenir la victoire, se figurait que les chrétiens n'osaient pas tenter le sort des armes. Mais, pendant la nuit, ceux-ci entendirent la messe, et, au point du jour, le dimanche 15, ils étaient prêts à combattre et à mourir pour sauver leurs croyances et leurs foyers.

La tente du khalife, en étoffe de soie rouge, était dressée sur une hauteur; elle était entourée de chaînes de fer et défendue par la fidèle garde nègre. En avant se déployaient les lignes de fantassins et, sur les deux ailes, étaient les cavaliers auxiliaires presque tous arabes. En arrière, la cavalerie andalouse formait la réserve. Dans les lignes de soldats les plus proches de la tente du khalife, les hommes s'étaient attachés ensemble, coutume berbère pratiquée par les guerriers voués à la mort, puisqu'ils ne peuvent fuir, et qu'on appelle *les fiancés*[1].

Les Biscayens engagèrent la lutte et, comme ils ne pouvaient

---

1. Imesselebène. Voir à ce sujet l'art. de M. Robin (*Revue africaine*).

enfoncer les lignes ennemies, les contingents de Castille et d'Aragon arrivèrent à leur secours et bientôt on combattit sur toute la ligne, les ailes même de chaque armée luttant les unes contre les autres. Un instant, les miliciens de Castille plièrent ; ce que voyant, Alphonse crut la bataille perdue et voulut chercher la mort au plus fort de la mêlée ; on tâcha en vain de retenir son cheval par la bride. L'ardeur du roi l'emporta et, comme il arrive sur le front de bataille suivi de sa réserve, il releva bientôt le courage de tous et ce fut au tour des musulmans de plier. Ils se firent bravement tuer et, quand on donna à la cavalerie andalouse l'ordre d'aller à leur secours, on la vit tourner bride et se retirer de la bataille. C'était la vengeance des Andalous contre le vizir.

Les Almohâdes, supportant seuls les efforts des chrétiens et démoralisés par la défection des Andalous, commencèrent à leur tour à lâcher pied et ne tardèrent pas à être en déroute. Les chrétiens en firent un grand carnage. En-Nacer, vêtu d'une vieille robe noire ayant appartenu à Abd-el-Moumene, regardait, impassible, assis sur un bouclier, le désastre de son armée, et semblait attendre la mort.

Bientôt, les chrétiens arrivèrent contre le rempart de lances qui entourait la tente du khalife. La tourbe des musulmans fuyait en désordre et le dernier retranchement allait être forcé, lorsqu'un Arabe dévoué amena une monture à En-Nacer et le décida à partir. Il gagna, au milieu de la foule des fuyards, la ville de Baëza, puis celle de Jaën.

La plus grande armée que les musulmans eussent conduite en Espagne avait été détruite en une journée. Les chrétiens ne firent aucun quartier et, conformément aux ordres qui leur avaient été donnés, ne commencèrent à piller que lorsque tous les ennemis eurent disparu ou furent morts. Ils firent un butin considérable ; la tente et l'étendard d'En-Nacer furent envoyés au pape. La victoire de Las Navas de Tolosa eût des conséquences décisives. Dès lors, la domination musulmane en Espagne est frappée au cœur et ne fera que décroître, malgré les efforts qui seront encore tentés par les souverains du Mag'reb. Grand jour pour l'Espagne qui va pouvoir enfin reconstituer sa nationalité [1].

Mort du khalife En-Nacer. Son fils El-Mostancer lui succède. — Après être rentré à Séville, En-Nacer envoya le général Abou-Zakaria, petit-fils d'Abd-el-Moumene, rallier les débris de l'armée

---

1. Ibn-Khaldoun, *Berbères*, t. II, p. 224 et suiv. Kartas, p. 330 et suiv. El-Kaïrouani, p. 207, 208. Rosseeuw Saint-Hilaire, *Histoire d'Espagne*, t. IV, p. 68 et suiv. El-Marrakchi, p. 225 à 237.

et contenir les chrétiens qui avaient envahi l'Andalousie. Quant à lui, il rentra à Maroc, et son premier acte fut de désigner pour lui succéder son jeune fils Abou-Yakoub-Youssof et d'abandonner absolument la direction des affaires au vizir Ibn-Djama, dont l'influence lui avait déjà été si fatale. Le désastre éprouvé en Espagne semblait avoir brisé chez le khalife tous les ressorts de la volonté et de l'intelligence. Il se plongea entièrement dans la débauche, et le 22 décembre 1213, cessa de vivre. Sa mort assez mystérieuse donna lieu à des soupçons ; on croit généralement qu'il fut empoisonné par une de ses favorites ; peut-être succomba-t-il simplement à une maladie inflammatoire.

Le fils d'En-Nacer fut alors proclamé sous le nom d'*El-Mostancer-b'Illah* (qui attend tout du secours de Dieu). C'était un jeune enfant, à la taille élancée, ayant le teint clair, le nez fin et de longs cheveux ; un caractère doux et faible semblait le destiner aux tristes effets de la débauche précoce des cours d'Orient.

Et c'était au moment où l'empire almohâde venait d'être frappé au cœur que la direction des affaires tombait dans de telles mains ! Le vizir Ibn-Djama, assisté pour la forme d'un conseil de cheikhs, s'attribua le rôle et les prérogatives du khalife et s'appliqua à tenir le prince à l'écart, de façon à n'être gêné en rien.

LES ENNEMIS DE L'EMPIRE ALMOHADE. PUISSANCE DES ABD-EL-OUAD ET BENI-MERINE. — De tous côtés, les nuages menaçants s'amoncelaient autour du trône almohâde, en Afrique comme en Espagne.

La défaite d'El-Ougab (Las Navas de Tolosa) avait eu dans la péninsule les conséquences qu'on pouvait prévoir : les chrétiens, après avoir ravagé le territoire musulman, avaient imposé aux Almohâdes une trêve humiliante.

En Ifrikiya, le hafside Abou-Mohammed, voyant à quels abimes l'empire d'Abd-el-Moumene était entraîné par l'incapacité de ceux qui avaient la charge de le diriger, refusait de reconnaître le nouveau souverain, et, déjà indépendant de fait, semblait sur le point de rompre tout lien avec le gouvernement central. Ce ne fut que par esprit de dévouement à la dynastie que son grand-père avait si puissamment contribué à fonder, et pour ne pas augmenter les embarras auxquels le nouveau prince avait à faire face, qu'il se décida enfin à se rallier à lui.

Mais le danger le plus sérieux était dans le Mag'reb central. Nous avons suivi la marche des tribus Zenètes-Ouaciniennes repoussées des déserts de la province de Constantine à l'époque de l'arrivée des Arabes et venant se cantonner d'abord dans les régions sahariennes de la province d'Oran. Elles se sont ensuite fractionnées en trois groupes principaux. Entre le mont Ouarensenis et Tiharet, s'étaient cantonnés les Toudjine au détriment des Mag'raoua refoulés vers le nord et ayant à l'ouest le Rached. Les Abd-el-Ouad, alliés aux Arabes Zor'ba qui s'avançaient dans la plaine du Chélif, s'étaient étendus jusque vers Tlemcen et dominaient sur les hauts plateaux de cette région. Enfin, les Beni-Merine avaient quitté le désert, et, pénétrant dans la vallée de la Moulouïa, s'étaient avancés jusque du côté de Taza, où ils avaient fait alliance avec les débris des Miknaça et des Beni-Irnïane.

Commandées par des hommes hardis, ces tribus, surtout celles des Abd-el-Ouad et des Beni-Merine, pleines de sève, avaient hâte d'arriver au pouvoir et s'y préparaient en se tenant en haleine par un état de guerre permanent. La rivalité qui divisait depuis longtemps ces frères ennemis s'accentuait à mesure que la puissance de chacun d'eux augmentait.

Les Abd-el-Ouad avaient, ainsi que nous l'avons vu, donné des preuves non équivoques de fidélité au gouvernement almohâde qui les en récompensa en facilitant leur expansion aux environs de Tlemcen et en leur concédant les territoires des Houmi et Ouemannou dans le Mag'reb central. La famille des Aïth-Kacem exerçait depuis longtemps le commandement sur les Abd-el-Ouad, mais, comme elle s'était multipliée, des rivalités avaient éclaté dans les différents groupes la composant; on en était venu aux mains et il en était résulté une série de meurtres et de vendettas.

Les Beni-Merine, qui avaient également rendu de grands services aux Almohâdes, surtout dans la guerre d'Espagne, avaient obtenu de ce gouvernement la ratification de leurs usurpations dans la vallée de la Moulouïa. Ils étaient alors commandés par Abd-el-Hak-ben-Mahiou, guerrier intrépide, dont l'ambition égalait le courage [1].

Succès des Beni-Merine dans le Mag'reb extrême. — L'affaiblissement de l'autorité almohâde dans la dernière année du règne d'En-Nacer et durant la période qui suivit l'élévation de son successeur, la cessation de toute guerre, furent pour les Beni-Merine l'occasion de se livrer à leurs instincts conquérants. Leur audace devint extrême; c'étaient, à chaque instant, de nouveaux et hardis coups de mains et la rupture avec le gouvernement s'accentua de jour en jour. En 1216, s'étant avancés jusque dans la campagne de Fès, et de là dans le Rif et le pays des Botouïa, on envoya contre eux le général Ibn-Ouanoudine avec un corps de troupes

1. Ibn-Khaldoun, t. III, p. 326 et suiv., t. IV, p. 6 et suiv., 27 et suiv.

Almohâdes, parti de Maroc, qui devait opérer sa jonction avec le Sid Abou-Ibrahim gouverneur de Fés, puis couper la retraite aux Beni-Merine et les écraser jusqu'au dernier. Mais ceux-ci, à l'approche des Almohâdes, allèrent se retrancher dans la position fortifiée de Tazouta, d'où ils fondirent à l'improviste sur leurs ennemis. Les deux armées se heurtèrent auprès de la rivière Nokour; le combat fut acharné, mais la victoire finit par rester aux Beni-Merine qui poursuivirent leurs ennemis fuyant dans toutes les directions. Leurs bagages et un grand nombre de prisonniers, parmi lesquels le Sid Abou-Ibrahim lui-même, restèrent aux mains des vainqueurs qui se contentèrent de les dépouiller et les renvoyèrent chez eux entièrement nus.

Après ce succès, les Beni-Merine enlevèrent Taza, mais une mésintelligence s'étant produite entre eux, une partie des leurs allèrent demander asile à une tribu riahide du Hebet, et, avec l'appui de ces Arabes, revinrent attaquer leurs frères. Un grand combat fut livré dans lequel périrent Abd-el-Hak, émir des Merinides et son fils Edris. Ralliés alors par quelques-uns de leurs cheikhs, et enflammés du désir de venger Abd-el-Hak, ces Zenètes se jetèrent furieux sur les Arabes et finirent par les repousser. Un autre fils de l'émir nommé Othmane *Aderg'al* (le borgne en langue berbère) fut proclamé chef de la tribu. Ce prince, jugeant que la mort de son père n'avait pas été suffisamment vengée, vint encore attaquer les Riah dans leurs cantonnements et les obligea à implorer la paix et à lui payer un tribut annuel (1217-18).

La puissance des Beni-Merine augmenta alors avec une surprenante rapidité. Un grand nombre d'aventuriers se joignirent à eux et ils se mirent à répandre la désolation et l'anarchie dans les provinces orientales du Mag'reb extrême, forçant les villes mêmes à leur payer tribut. Le gouvernement de Maroc, en laissant par son inertie s'établir l'autorité des Beni-Merine, préparait sa propre chute.

Frédéric de Sicile, empereur d'Allemagne. — Pendant que le Mag'reb était le théâtre de ces événements, la dynastie de Sicile atteignait au rang suprême. Le jeune Frédéric, marié, à l'âge de 14 ans, avec Constance d'Aragon, avait été émancipé (1208). Avec l'aide du comte de Provence, allié de sa femme, il se fit reconnaître l'année suivante. Sur ces entrefaites, l'empereur Othon avait envahi le midi de l'Italie et jetait des regards pleins d'envie sur la Sicile. Mais le pape l'avait excommunié et cherchait à lui opposer un compétiteur sérieux. Il jeta les yeux sur Frédéric, jeune homme dans toute l'ardeur de ses dix-huit ans, et l'appela en Italie. Dans le courant de l'année 1212, Frédéric laissant à Palerme sa femme et son fils, passa sur la terre ferme et se porta aussitôt vers le nord. La lutte prit alors d'immenses proportions, Othon étant soutenu par l'Angleterre; le pape et son champion par Philippe-Auguste. La bataille de Bouvines (27 juillet 1214) termina le différend par la défaite d'Othon. Frédéric, ayant rétabli ses affaires en Allemagne et assuré le triomphe du parti gibelin, vint, avec sa femme Constance, se faire couronner empereur à Rome (22 novembre 1220).

Après avoir séjourné dans le midi de l'Italie, il passa en Sicile. La situation dans l'île était devenue fort critique; les musulmans, toujours en état de révolte, tenaient les régions de l'intérieur et étaient retranchés dans des montagnes d'où il aurait été difficile de les déloger. L'anarchie et la guerre civile avaient remplacé la paix et la tranquillité d'autrefois. Frédéric rétablit son autorité sur les chrétiens, puis, abandonnant à lui-même le berceau de sa puissance, il repassa sur le continent et alla résider dans la capitale de son vaste empire. Les musulmans se livrèrent alors à tous les excès de rebelles encouragés par l'impunité [1].

Mort du Hafside Abou-Mohammed. Nouvelles incursions d'Ibn-R'anïa. — Dans le mois de février 1221, le cheikh Abou-Mohammed-ben-Abou-Hafs, mourut à Tunis. Le gouvernement almohâde fut indécis sur le choix du successeur qu'il lui donnerait, et enfin, il se décida à nommer pour le remplacer son fils Abder-Rahmane. A peine ce prince avait-il pris la direction des affaires, qu'il reçut l'ordre de résigner ses fonctions et de transmettre l'autorité à Sid-Abou-l'Ola-Edris. Ce dernier était accouru d'Espagne à la nouvelle de la mort d'Abou-Mohammed et avait arraché au faible El-Mostancer sa nomination comme gouverneur de l'Ifrikiya.

Dès son arrivée en Tunisie, Abou-l'Ola commença par persécuter les anciens serviteurs des Hafsides et bouleverser tout ce que son prédécesseur avait institué. Mais presque aussitôt, Ibn-R'anïa, qui n'avait pas osé bouger tant qu'Abou-Mohammed avait été vivant, recommença ses déprédations dans le sud du Djerid, et, à la tête de quelques aventuriers, s'avança vers le nord. Pour le repousser, Abou-l'Ola, qui s'était transporté à Gabès, lança contre lui son fils Abou-Zéid avec des troupes régulières. Les Almohâdes, divisés en deux corps, forcèrent l'Almoravide à rentrer dans les profondeurs du désert et le poursuivirent jusqu'à R'adamès et Oueddan, sans pouvoir l'atteindre. En traversant les steppes du désert, ils

---

1. Amari, *Musulmans de Sicile*, t. III, p. 586 et suiv.

eurent à supporter des fatigues et des privations inouïes et, lorsqu'il fallut renoncer à la poursuite du Majorquin et opérer la retraite, l'armée almohâde se vit assaillie pendant tout le trajet par les Arabes et l'Almoravide lui-même, revenu à sa suite.

Ibn-R'anïa, qui avait grossi sa troupe d'un ramassis d'Arabes et de Berbères pillards, alla s'emparer de Biskra et d'une partie du Zab, mais une nouvelle armée almohâde ayant marché contre lui, il s'empressa de rentrer dans le désert. Le général Abou-Zéid, qui commandait cette colonne, châtia d'une manière exemplaire les habitants de Biskra, pour l'appui qu'ils avaient prêté au rebelle. A peine était-il parti que le Majorquin reparut, à la tête d'un rassemblement d'Arabes, et se remit à piller le Djerid.

Le gouverneur de l'Ifrikiya, voulant à tout prix en finir avec l'aventurier, donna à son fils Abou-Zéid le commandement des forces disponibles, en le chargeant de le poursuivre à outrance. Mais, par une fausse manœuvre, le prince almohâde découvrit la route de Tunis, et Ibn-R'anïa marcha audacieusement sur cette ville. Revenant aussitôt sur ses derrières, Abou-Zéid finit par l'atteindre à Medjdoul, non loin de Tunis, et l'obligea à accepter la bataille. Longtemps, le combat demeura indécis ; enfin le chef des Houara, allié des Almohâdes, ayant fait dresser ses tentes pour prouver à ses gens qu'il ne voulait pas reculer, ces Berbères firent un suprême effort qui décida de la victoire. Ibn-R'anïa, après avoir vu tomber ses meilleurs guerriers, dut encore prendre la fuite vers le sud en abandonnant son camp et ses bagages. Le prince Abou-Zéid avait pris ses mesures pour le poursuivre, lorsqu'il reçut la nouvelle que son père venait de mourir à Tunis. Il rentra alors dans cette ville et prit en main l'autorité (1224)[1].

MORT D'EL-MOSTANCER. COURT RÈGNE D'ABD-EL-OUAHAD-EL-MAKHLOUA. — Quelque temps auparavant (le 6 janvier 1224), le khalife El-Mostancer termina à Maroc sa triste carrière. Il était, dit le Kartas, grand amateur de taureaux et de chevaux, et il se faisait envoyer des taureaux de l'Andalousie même, pour les lâcher dans son grand jardin de Maroc. Un soir, étant sorti pour les voir, il était à cheval au milieu d'eux, lorsqu'une vache furieuse, se faisant jour à travers les autres, vint le frapper ». Atteint au cœur par les cornes de l'animal, il expira sur-le-champ. Il avait régné plus de dix ans et n'était pas sorti de Maroc depuis son élévation, le soin de ses affaires étant entièrement abandonné à ses officiers.

El-Mostancer n'ayant laissé aucun héritier direct, le vizir Ibn-

---

1. Ibn-Khaldoun, t. II, p. 101 et suiv., 228, 293 et suiv.

Djama et les cheikhs almohâdes firent proclamer Abou-Mohammed Abd-el-Ouahad, frère d'El-Mansour. C'était un bon vieillard, paisible et vertueux ; l'histoire le désigne sous le nom d'*El-Makhloûâ* (le déposé), car son règne devait être de courte durée.

En même temps, un fils d'El-Mansour, nommé Abou-Mohammed-Abd-Allah, se faisait proclamer à Murcie sous le titre d'*El-Adel* (le juste), et était bientôt reconnu dans la Péninsule. Cette nouvelle fut apportée en Mag'reb par des émissaires chargés de répandre de l'argent en son nom pour lui créer des partisans parmi les cheikhs almohâdes et la milice.

Le nouveau souverain régnait depuis huit mois lorsqu'une sédition, provoquée par les partisans d'El-Adel, éclata dans la ville. Les cheikhs almohâdes et les principaux officiers s'étant rendus au palais obtinrent facilement l'abdication du khalife, que cet acte de faiblesse ne sauva pas. Treize jours après, on l'étrangla, son harem fut pillé et son palais livré aux flammes (21 septembre 1224). Quant au vizir Ibn-Djama, il fut aussi mis à mort dans le pays des Hentata, où il avait cherché un refuge [1].

Situation de l'Espagne. — Au moment où l'Espagne va fournir les khalifes almohâdes et où la lutte entre les chrétiens et les musulmans, dans la Péninsule, doit avoir les plus graves conséquences, il est utile de passer une rapide revue des événements survenus et de constater la situation du pays.

Deux ans après la bataille de Las Navas, Alphonse VIII mourut en campagne (6 octobre 1214). Il était âgé de cinquante-huit ans et en avait régné cinquante-cinq. Il ne laissa, comme enfant mâle, qu'un fils de onze ans, Enrique 1er, qui lui succéda, mais qui ne tarda pas à périr des suites d'un coup reçu à la tête. Sa sœur Bérengère, femme divorcée du roi Alphonse de Léon, était appelée à lui succéder. Elle se démit de la royauté en faveur de son fils, qui fut couronné en août 1217 sous le nom de Ferdinand III.

Le roi de Léon, revendiquant pour lui la Castille, envahit les provinces de son fils, tandis que la révolte suscitée par l'ambitieuse famille de Lara se propageait d'un autre côté. Cependant Alphonse de Léon ne tarda pas à se dégoûter de cette guerre où il n'obtint que de faibles avantages. En même temps, les Lara, vaincus, rendaient à leur souverain les territoires usurpés, tandis que leur chef Fernand allait en Afrique offrir son bras aux souverains almohâdes.

---

1. Kartas, p. 348 et suiv. El-Kaïrouani, p. 209, 210. Ibn-Khaldoun, t. II, p. 229 et suiv. El-Marrakchi (Dozy), p. 237 et suiv.

En 1230, Alphonse de Léon cessait de vivre sans laisser d'autre enfant mâle que le roi de Castille, et, malgré ses tentatives pour le déshériter, celui-ci recueillit la succession paternelle et réunit enfin sur sa tête les deux couronnes de Castille et de Léon. Cet événement, en groupant dans les mêmes mains toutes les forces de la majeure partie de l'Espagne, devait avoir des conséquences funestes pour la domination musulmane, car le roi Ferdinand III était un guerrier hardi, ambitieux et actif. La Navarre, bien que conservant son autonomie, ne pouvait plus porter ombrage à la Castille. Quant à l'Aragon, il avait traversé une longue période d'anarchie pendant la minorité de Jayme ; mais ce prince atteignait l'âge de 18 ans et allait bientôt faire parler de lui (1225)[1].

Règne d'El-Adel. Il est mis à mort. — El-Adel ayant appris la déposition et la mort d'El-Makhlouâ, se disposait à passer en Mag'reb, lorsqu'on lui annonça que plusieurs émirs de l'Espagne s'étaient révoltés contre lui. L'un des plus puissants, Mohammed-el-Baïaci, émir de Jaën, suivant son exemple, se fit proclamer khalife sous le nom d'Ed-Dafer (le triomphant) et offrit son alliance au jeune roi de Castille, empressé à saisir toutes les occasions d'intervenir en Andalousie. El-Adel envoya contre lui son frère Abou-l-Ola, mais aucun résultat ne fut obtenu ; bien au contraire, les chrétiens infligèrent aux Almohâdes une défaite à Tejada.

El-Adel se décida alors à se rendre à Maroc. Laissant à son frère Abou-l-Ola le soin de pacifier les provinces musulmanes d'Europe, il traversa le détroit et fut reçu à Kçar-el-Medjaz, forteresse entre Ceuta et Tanger, par Abbou, fils du Hafside Abou-Mohammed, qui sut obtenir de lui sa nomination au poste de gouverneur de l'Ifrikiya, occupé naguère par son père avec tant de dévouement. Cette province était alors tyrannisée par Abou-Zeïd.

Le nouveau gouverneur chargea son cousin Abou-Amrane-Mouça, resté à Tunis, de prendre en main la direction des affaires.

En arrivant à Maroc, le nouveau khalife se trouva entouré des intrigues des grands personnages de la cour et surtout des cheikhs des Masmouda, dont l'esprit d'indiscipline devait être si funeste aux derniers jours de la dynastie almohâde. Pour augmenter encore l'anarchie générale, les tribus arabes implantées en Mag'reb par El-Mansour et principalement les Sofiane et les Kholt, des Djochem se mirent de la partie, et, après avoir contracté alliance avec leurs voisins les Berbères Heskoura, vinrent insulter jusqu'à la campagne de Maroc.

---

1. Rosseeuw Saint-Hilaire, *Histoire de l'Espagne*, t. IV, p. 80 et suiv.

Menacé dans sa propre sécurité, le khalife envoya contre les rebelles deux chefs des Hentata et Tine-Mellel, nommés Ibn-Ech-Chehid et Youssof-ben-Ali, qu'il était bien aise d'éloigner. Puis, comme ces généraux n'avaient obtenu aucun succès et que la révolte s'étendait, il fit partir un descendant du cheikh Abou-Hafs, du nom d'Ibrahim, à la tête d'une nouvelle armée. Cette fois, on en vint aux mains sérieusement ; mais le sort des armes ne fut pas favorable au khalife ; ses troupes furent mises en déroute et leur chef périt dans l'action.

Ibn-Ech-Chehid et Youssof-ben-Ali, qui étaient allés lever des troupes dans leurs tribus (Hentata et Tine-Mellel), ne tardèrent pas à ramener de nouveaux guerriers; mais, au lieu de marcher contre l'ennemi, ils se portèrent sur Maroc, pénétrèrent à l'improviste dans le palais et, s'étant saisis d'El-Adel, le mirent à mort après avoir en vain cherché à obtenir son abdication (septembre 1227).

DERNIÈRES DÉVASTATIONS D'IBN-R'ANIA DANS LE MAG'REB CENTRAL. — Pendant que ces événements se passaient en Mag'reb, Abbou[1] était allé en Ifrikiya prendre possession de son commandement et y avait été reçu par son frère Abou-Zakaria et son cousin Abou-Amrane qui exerçaient l'autorité en son nom. Il s'efforça aussitôt, en sage administrateur, de faire oublier les excès d'Abou-Zeïd.

Mais Ibn-R'ania avait profité du trouble résultant de tous ces changements pour relever la tête et réunir des partisans. Il se disposait même à recommencer ses courses en Ifrikiya lorsque le retour de la famille hafside au gouvernement de cette contrée le décida à changer de direction. Ce fut vers le Mag'reb central qu'il tourna ses efforts. Les Beni-Toudjine eurent d'abord à supporter ses attaques; puis, après les avoir mis à contribution, l'almoravide pénétra dans la vallée du Chelif. Une petite royauté berbère magraonienne, ayant à sa tête les débris de celle des Beni-Khazroun de Tripoli, s'était formée dans cette localité ; son chef, Mendil-ben-Abd-er-Rahmane rassembla un corps de troupes assez considérable et vint livrer combat à l'aventurier au lieu dit Ouédjer[2] ; mais les Mag'raoua ne purent résister aux hordes d'Ibn-R'ania et prirent la fuite en abandonnant leur chef entre ses mains. Mendil fut aussitôt mis à mort.

Après cette victoire, le Majorquin se porta sur Alger et, pour

---

1. Contraction pour Abou-Mohammed, usitée en Berbérie, comme Hammou, Haddou, etc.
2. Appelé improprement Oued-Djer, entre Blida et Miliana.

terrifier les habitants, il fit exposer devant les murs de cette ville le cadavre de Mendil, ignominieusement attaché à une croix. Maître d'Alger, Ibn-R'ania s'avança vers l'est en dévastant tout sur son passage, enleva Tedellès (Dellis) et, ayant traversé les montagnes des Zouaoua (le Djerdjera), fondit sur Bougie dont il se rendit maître. Les plus grands excès signalèrent, comme toujours, le passage des Almoravides.

Cependant Abbou, ayant réuni au plus vite un corps d'armée, marcha en personne contre le Majorquin et lui arracha successivement Bougie, Alger, Miliana, car Ibn-R'ania fuyait devant lui sans l'attendre ; il le poursuivit ainsi jusque sur la route de Sidjilmassa, puis rentra à Tunis (1227).

Quant à Ibn-R'ania il poussa une pointe audacieuse jusqu'à Sidjilmassa et regagna, par le sud, les contrées sahariennes de la Tripolitaine. Mais, ses dernières défaites lui avaient enlevé tout prestige. Réduit au rôle d'obscur chef de brigands, il continua d'errer dans les solitudes du Sahara, détroussant les voyageurs et les caravanes au nom de l'autorité almoravide [1].

Règnes simultanés de Yahia et d'El-Mamoun. — La dernière défaite d'Ibn-R'ania coïncida avec la mort d'El-Adel à Maroc. Après la fin tragique du khalife, les Almohâdes portèrent au pouvoir un fils d'En-Nacer nommé Yahïa qui prit le titre d'*El-Moatacem-l'illah* (celui qui s'appuie sur Dieu). C'était un jeune homme de seize ans, au teint frais, à la barbe claire, aux cheveux blonds.

Pendant ce temps, Abou-l'Ola, frère d'El-Adel, qui s'était déjà fait reconnaître comme khalife en Espagne, sous le nom d'*El-Mamoun* (qui inspire la confiance) luttait contre son dernier compétiteur El-Baiaci. L'histoire accuse El-Mamoun d'avoir été le promoteur du meurtre de son frère à Maroc. Mais ce que nous connaissons de son caractère, et surtout ce fait, que les conjurés proclamèrent Yahïa, après le meurtre, semblent démentir cette présomption.

Les Kholt et les Sofiane avaient reconnu El-Mamoun. Yahïa fit marcher contre eux une armée composée d'Almohâdes réguliers et irréguliers, mais les Arabes en triomphèrent et s'avancèrent en maîtres jusqu'à Maroc. Bientôt les partisans d'El-Mamoun augmentèrent en Mag'reb grâce à l'or habilement répandu en son nom et à la faiblesse du jeune khalife. La situation devenait tellement critique à Maroc même que Yahïa se décida à évacuer sa capitale

1. Ibn-Khaldoun, t. II. p. 102, 103, 296, 297 et t. III, p. 8, 313.

et à chercher un refuge dans les montagnes de Tinc-Mellel, au milieu des Berbères qui l'avaient élu.

A peine eut-il quitté Maroc que son compétiteur y fut reconnu, mais bientôt Yahïa, descendant de ses montagnes, pénétra de vive force dans la capitale et fit un grand carnage de ses ennemis (1228).

Cependant El-Mamoun continuait à faire agir en Mag'reb, et comme Yahïa s'était de nouveau retiré dans l'Atlas, il détacha successivement de son parti les gouverneurs des villes et des provinces du nord. Le fils d'En-Nacer ne conserva bientôt plus que les montagnes du grand Atlas, la province de Maroc et la région de Sidjilmassa. L'Ifrikiya lui restait fidèle, car Abbou refusait de reconnaître l'autorité d'El-Mamoun.

El-Mamoun obtient la soumission de l'Ifrikiya. Il passe en Mag'reb. — Sur ces entrefaites, El-Mamoun, ayant envoyé à Abou-Zakaria, commandant de Gabès pour le compte de son frère Abbou, le diplôme de gouverneur de l'Ifrikiya, à la place de celui-ci, les deux frères marchèrent l'un contre l'autre Mais, victime d'une rébellion de ses troupes, Abbou fut livré à son frère qui le chargea de chaînes.

Abou Zakaria fit alors son entrée solennelle à Tunis et y proclama l'autorité d'El-Mamoun auquel il expédia le malheureux Abbou. Il fit ensuite périr dans les tourments Ibn-Amer, secrétaire de son frère, qui l'avait desservi auprès de celui-ci.

Toujours en Espagne, El-Mamoun était obligé de repousser sans cesse les attaques d'El-Baïaci qui, allié du roi de Castille, était venu lui offrir le combat jusque sous les murs de Séville. Vaincu dans cette rencontre, El-Baïaci s'était jeté sur Cordoue, mais il en avait été repoussé par les habitants. Ces défaites l'avaient réduit à l'état le plus misérable, lorsqu'il périt assassiné par un de ses adhérents.

A peine El-Mamoun fut-il débarrassé de cet ennemi qu'il en surgit un autre plus redoutable encore. Mohammed-ben-Youssof-ben-Houd se fit proclamer khalife à Murcie et s'empara en peu de temps d'une grande partie de l'Espagne orientale. En vain El-Mamoun chercha à le réduire : vaincu par lui à Tarifa, il dut y renoncer et, comme les affaires de Mag'reb nécessitaient sa présence, il se décida à entrer en pourparlers avec le roi de Castille et à conclure la paix avec lui. L'abandon de dix places fortes aux chrétiens scella la trêve. En revanche, El-Mamoun reçut une troupe de douze mille cavaliers chrétiens, que Ferdinand mit à sa disposition moyennant certaines conditions que nous indiquerons plus loin.

Victoire d'El-Mamoun. Ses rigueurs contre les Almohades. — Arrivé en Mag'reb, El-Mamoun vit s'avancer contre lui son compétiteur Yahïa à la tête d'un rassemblement considérable de Berbères, des tribus de Hentata et Tinc-Mellel, et d'Arabes de la tribu de Sofiane qui avaient changé de bannière. Une grande bataille fut livrée, et, grâce à la valeur de la milice chrétienne, El-Mamoun resta maître du champ de bataille et entra en vainqueur à Maroc (11 février 1230).

El-Mamoun monta alors en chaire et maudit publiquement la mémoire du Mehdi qui avait eu l'audace de s'appliquer le titre d'impeccable. « *Il n'y a d'autre Mehdi (Messie)*, dit-il, *que Jésus, fils de Marie, et j'affirme que toute l'histoire de votre Mehdi n'est qu'imposture !* »

Ces déclarations imprudentes de la part du chef des Almohâdes devaient avoir les plus graves conséquences, au moment même où l'empire du Mehdi tombait en décomposition. El-Mamoun était un homme fort instruit, éclairé et détestant le fanatisme. Epoux d'une chrétienne, il avait, dans son long séjour en Espagne, appris à estimer les *infidèles*. Il voulait en outre annihiler l'influence des cheikhs almohâdes, qui avait pesé si lourdement sur les derniers khalifes. Dans ce but, il défendit de prononcer en priant le nom du Mehdi leur parent, et abolit un certain nombre de fondations qui avaient pour but de rappeler son souvenir. Il rendit même à la monnaie la forme ronde.

Mais tout cela n'était qu'un prélude. Ayant réuni, dans son palais, les principaux cheikhs almohâdes, dont plusieurs étaient ses parents ou alliés, il leur adressa les plus vifs reproches au sujet de leur esprit d'indiscipline qui les avait poussés à assassiner plusieurs khalifes. Après avoir consulté le grand Cadi, il leur appliqua la peine du talion. Tous furent mis à mort ainsi que leurs parents mâles et leurs têtes furent plantées sur les murs de la ville. « Il y en eut assez, dit le Kartas, pour garnir toute l'enceinte » et, comme les habitants ne tardèrent pas à se plaindre de la putréfaction qui en résulta, le khalife leur adressa cette apostrophe, variante d'une phrase célèbre: « Tout cela n'est qu'une excuse de ceux qui portent le deuil de ces têtes, dont la pourriture doit, au contraire, leur faire beaucoup de bien. *L'odeur des cadavres de ceux que l'on aime est douce comme un parfum ; les cadavres des ennemis, seuls, sentent mauvais* »[1].

Une telle rigueur, après l'imprudence d'avoir froissé, en

---

1. Kartas, p. 361, 362.

Afrique, les sentiments religieux de la masse, ne pouvait être profitable au khalife.

Révolte de Tlemcen. El-Mamoun confie cette ville aux Abd-el Ouad. — Quelque temps auparavant, il s'était produit à Tlemcen un fait qui eut les plus graves conséquences. Le Sid Abou-Saïd, frère d'El-Mamoun, qui commandait dans cette ville, se laissait entièrement diriger par un cheikh des Koumïa du nom d'Ibn-Habboun. Cédant aux conseils de cet homme qui était l'ennemi déclaré des Abd-el-Ouad, ces partisans si dévoués des Almohâdes, il fit emprisonner plusieurs de leurs cheikhs, venus en députation. Un chef almoravide, du nom d'Ibn-Allane, qui était employé au service du gouvernement almohâde, se mit à la tête d'un mouvement populaire, tua Ibn-Habboun, jeta en prison le Sid Abou-Saïd, délivra les Abd-el-Ouadites et répudia l'autorité d'El-Mamoun. En même temps, il adressa un appel pressant à Ibn-R'ania.

Mais, un des principaux cheikhs des Abd-el-Ouad, nommé Djaber-ben-Youssof, de la branche des Aïth-Kacem, résolut de conserver la ville aux Almohâdes. Il tua Ibn-Allane, rétablit à Tlemcen l'autorité d'El-Mamoun et écrivit à ce prince pour le mettre au courant de ces faits. Le khalife lui répondit par une lettre de félicitations et l'envoi d'un diplôme lui confiant le gouvernement de Tlemcen. Ainsi s'établit, dans cette ville, la famille princière des Abd-el-Ouad qui devait y fonder bientôt une dynastie. Les nomades Zenètes allaient, à leur tour, connaître l'ivresse du pouvoir.

Abou-Zakaria le Hafside répudie à Tunis l'autorité d'El-Mamoun. — A Tunis, les choses étaient encore plus avancées. Abou-Zakaria, qui, avec l'appui d'El-Mamoun, avait usurpé le titre de gouverneur de l'Ifrikiya, tendait ouvertement à l'indépendance. Prenant pour prétexte les actes du khalife à Maroc, c'est-à-dire le massacre des cheikhs almohâdes, et surtout les réformes édictées, il répudia l'autorité d'El-Mamoun et se déclara fort platoniquement le vassal de Yahïa.

A cette nouvelle, le khalife envoya à Bougie son cousin le Sid Abou-Amrane, avec mission de réduire le rebelle de l'Ifrikiya. Mais Abou-Zakaria, qui s'était préparé à la guerre, marcha sur Constantine et, après avoir bloqué cette ville pendant quelques jours, y pénétra par la trahison d'un habitant. De là, il alla s'emparer de Bougie qui ne paraît pas lui avoir opposé une grande résistance.

Ces victoires consacraient l'indépendance de l'Ifrikiya et, bien qu'Abou-Zakaria ne paraisse avoir proclamé officiellement la séparation, il est certain que, dès lors, l'empire hafside était fondé.

Nouvelles révoltes contre El-Mamoun. Sa mort. — Tandis que l'importante province de l'Ifrikiya se détachait ainsi de la couronne almohâde, les affaires de cette dynastie n'étaient guère plus heureuses en Espagne. Ibn-Houd voyait chaque jour sa puissance augmenter au détriment de celle d'El-Mamoun. Vers le même temps, les îles Baléares retombaient pour toujours au pouvoir des chrétiens. C'était le roi d'Aragon Jayme I, surnommé le conquérant, qui s'en emparait, à la suite d'une glorieuse campagne dans laquelle le courage des musulmans fut à la hauteur de l'audace et de la ténacité de leurs agresseurs (1229). A l'ouest, Sancho II, de Portugal, enlevait aux musulmans un grand nombre de places [1].

Quant à El-Mamoun, il était entièrement absorbé par ses luttes contre son compétiteur, Yahïa. Après lui avoir infligé une série de défaites, il le contraignit enfin à se cantonner dans les provinces de Deraa et Sidjilmassa. A peine était-il de retour de cette expédition qu'il lui fallut marcher contre un de ses frères, Abou-Moussa, qui venait de se faire proclamer à Ceuta sous le nom d'El-Mouaïed (soutenu par Dieu). Il alla d'abord combattre les populations berbères de Fazaz et Meklata qui, alliées aux Zenètes Beni-Merine, pressaient de leurs attaques la ville de Meknès. Après avoir dégagé cette place, il vint mettre le siège devant Ceuta. Mais son frère, qui avait fait alliance avec Ibn-Houd et avait reçu de lui des renforts, lui opposa une résistance énergique.

Pendant ce temps, Yahïa, toujours soutenu par les Hentata et les Sofiane, profitait de l'éloignement du khalife pour pénétrer par surprise dans Maroc et mettre cette ville à feu et à sang. La tâche d'El-Mamoun, il faut en convenir, était bien difficile. Dès qu'il eut reçu cette nouvelle, il leva le siège de Ceuta et se porta à marches forcées vers le sud ; mais, parvenu à l'Ouad-el-Abid, branche supérieure de l'Oum-er-Rebïa, il mourut subitement le 17 octobre 1232.

Dans le court règne de ce prince, les malheurs prévus depuis quelque temps s'étaient acharnés sur la dynastie fondée par Abd-el-Moumene. Ce vaste empire se démembrait naturellement ; il n'existait pour ainsi dire plus, et sa chute définitive était proche [2].

Les chrétiens en Mag'reb sous les Almohades. — Nous avons vu qu'El-Mamoun avait obtenu du roi de Castille un corps important de cavaliers chrétiens ; voici à quelles conditions, en outre

---

1. Rosseeuw Saint-Hilaire, *Histoire d'Espagne*, t. IV, p. 107 et suiv.
2. Ibn-Khaldoun, t. II, p. 235 et suiv., 315 et suiv. Kartas, p. 359 et suiv.

de la remise des dix places fortes qui avaient été la rançon de la paix :

« Vous ferez bâtir, dit le roi au khalife, une église chrétienne
« à Maroc, où les soldats qui vous auront accompagné pourront
« pratiquer leur culte et où les cloches sonneront l'heure des
« prières. Si un chrétien veut se faire musulman, vous ne l'accep-
« terez pas et le livrerez à ses frères qui le jugeront d'après leurs
« lois, mais si quelque musulman veut embrasser le christianisme,
« personne n'aura à s'y opposer »[1].

Il fallait toute la tolérance d'El-Mamoun pour que de semblables conditions fussent acceptées en pays musulman. Depuis longtemps, du reste, les chrétiens servaient en Afrique les souverains almohâdes et almoravides et il est probable qu'ils jouissaient d'une entière liberté de conscience. Les conditions imposées par le roi de Castille furent rigoureusement observées c'est-à-dire que la chapelle fut construite et que des religieux franciscains furent autorisés à la desservir. Il est vrai que le zèle des missionnaires leur attirait quelquefois de mauvais traitements et même la mort[2].

La chapelle chrétienne construite à Maroc dans les conditions qui précèdent fut détruite lors du sac de la ville par Yahia. Les chrétiens et les juifs se trouvant dans la capitale furent presque tous massacrés par les fanatiques almohâdes. Sous l'égide d'El-Mamoun un siège épiscopal fut créé à Maroc ou à Fès et l'on sait que le premier titulaire de ce poste périlleux fut l'évêque Agnellus, nommé par le pape Grégoire IX. Une correspondance, pour ainsi dire régulière, s'établit entre le Saint-Siège et le khalifat almohâde.

Les trafiquants de Gênes, de Pise et de Venise fréquentaient assidûment les ports du Mag'reb. Les derniers, surtout, entretenaient des relations constantes et avaient à Ceuta, un établissement important. Les Catalans et les Marseillais avaient également un comptoir dans cette ville[3].

1. Kartas, p. 357, 358.
2. Léon Godart, *Les évêques du Maroc* (*Revue africaine*, t. II, p. 124, 242, 433).
3. Élie de la Primaudaie. *Villes maritimes du Maroc* (*Revue africaine*, n° 93). — De Mas-Latrie, *Traités de paix*, p. 71 de l'intr., 10 et suiv. du texte.

CHAPITRE X

DERNIERS JOURS DE L'EMPIRE ALMOHADE

1232-1248

Règne d'Er-Rachid ; il rentre en possession de Maroc. Révoltes. — Mort d'Ibn-R'ania ; conquêtes d'Abou-Zakaria le hafside. — Succès d'Er-Rachid, mort de Yahïa. — Puissance des Abd-el-Ouadites ; Yar'moracène-ben-Ziane devient leur chef. — Puissance des Merinides. — Prise de Cordoue par Ferdinand III ; mort d'Ibn-Houd ; fondation du royaume de Grenade. — Puissance du Hafside Abou-Zakaria ; il reçoit la soumission de l'Espagne orientale. — Tlemcen s'élève au rang de métropole. — Expédition d'Abou-Zakaria contre Tlemcen ; Yar'moracène reconnait son autorité. — Mort d'Er-Rachid ; règne d'Es-Saïd. — Luttes d'Es-Saïd contre les révoltes. — Es-Saïd entreprend la restauration de l'empire almohâde. — Es-Saïd obtient la soumission de Meknès et des Beni-Merine. — Es-Saïd marche sur Tlemcen ; il est tué. — L'armée almohâde se débande ; succès d'Abou-Yahïa, chef des Merinides. — Espagne : succès des rois de Castille et d'Aragon. Chute de Séville ; consolidation du royaume de Grenade. — Sicile : alliances de Frédéric II avec les princes africains.

Règne d'Er-Rachid. Il rentre en possession de Maroc. Révoltes. — Après la mort d'El-Mamoun, sa veuve et ses partisans s'efforcèrent de cacher cet événement pour ne pas compliquer une situation déjà fort critique. On élut, en secret, pour remplacer le khalife, son fils Abd-el-Ouahad, âgé de quatorze ans, qui prit le nom d'Er-Rachid. La mère de ce prince, captive chrétienne du nom de Habbab, femme d'une réelle intelligence, agit, en cette occasion, avec beaucoup d'adresse pour conserver le trône à son fils. Ayant mandé auprès d'elle les trois principaux chefs de l'armée : Kanoun-ben-Djermoun, des Arabes Sofiane ; Omar-ben-Aoukarit, des Heskoura, et Francil, général chrétien, elle leur annonça le fatal événement et leur promit de leur abandonner la ville de Maroc comme rançon, s'ils parvenaient à faire reconnaitre son fils. Grâce au zèle des trois chefs, l'armée accepta le nouveau souverain et l'on continua la marche avec confiance.

Yahïa sortit alors à sa rencontre avec toutes ses forces, mais il fut complètement vaincu. Maroc ne pouvait plus tenir : on imposa aux habitants une très forte contribution qui fut partagée entre les principaux chefs de l'armée victorieuse et les soldats. Er-Rachid fit alors son entrée solennelle dans sa capitale. En même temps, on apprit que le Sid Abou-Moussa avait offert la ville de Ceuta à son allié Ibn-Houd, qu'il était allé rejoindre en Espagne où une place honorable lui avait été assignée, et que des troupes andalouses étaient venues occuper la ville rebelle.

Les premiers actes d'Er-Rachid furent très habiles : il commença par proclamer une amnistie générale, réhabilita la mémoire du Mehdi et rétablit les usages qu'il avait institués et dont la suppression avait été si funeste à El-Mamoun. Puis, laissant à son parent Abou-l'Ola-Edris le commandement de la capitale, il marcha contre Yahïa, l'atteignit dans la montagne des Hezerdja et le força à se jeter dans le sud. La plupart des cheikhs almohâdes des Hentata et Tine-Mellel vinrent alors lui offrir leur soumission et rentrèrent avec lui à Maroc.

Mais l'esprit de révolte était tellement entré dans les habitudes des Almohâdes qu'il eût été imprudent de compter sur une paix sérieuse. Bientôt, en effet, Omar-ben-Aoukarit, cheikh des Heskoura, fit alliance avec les cheikhs des Kholt (Djochem), tribu qui pouvait alors mettre en ligne un grand nombre de cavaliers, et choisit l'occasion de l'arrivée des cheikhs almohâdes à Maroc pour recommencer les hostilités. Leur ayant dressé une embuscade, il alla, avec ses alliés arabes, les y attendre et les assassina lâchement. La vengeance de ce guet-apens ne se fit pas attendre : peu après, Er-Rachid, ayant éloigné une partie de ses troupes pour détourner tout soupçon, réussit à attirer chez lui Messaoud-ben-Hamidane, émir des Kholt, avec les principaux cheiks de sa tribu, et Moaouïa, oncle de Ben-Ouakarit, et les fit tous massacrer dans la salle où ils étaient réunis et où ils opposèrent une résistance acharnée. Ces sanglantes représailles décidèrent les Kholt à se mettre en révolte ouverte contre l'autorité du khalife.

En 1234, Er-Rachid signa un traité d'alliance avec la république de Gênes qui s'engagea à lui fournir le secours de ses vaisseaux pour repousser les attaques imminentes des Croisés d'Espagne. Une flotte de 28 navires, commandée par un certain Lanfranco Spinola, ne tarda pas à paraître dans le détroit, mais elle ne trouva aucun ennemi à combattre. Des difficultés s'élevèrent ensuite pour le paiement des frais de l'expédition ; une nouvelle flotte de 70 vaisseaux génois vint attaquer sans succès Ceuta, alors aux mains d'Ibn-Houd. L'année suivante, le khalife almohâde traita de nouveau avec Gênes, moyennant l'obligation de payer 40,000 dinars (pièces d'or)[1].

1. Kartas, p. 394. Élie de la Primaudaie, *Villes maritimes du Maroc* (loc. cit.).

Mort d'Ibn-R'ania. Conquêtes d'Abou-Zakaria, le Hafside. — Vers cette époque, Yahïa-ben-R'ania, le Majorquin, qui depuis cinquante ans tenait la campagne avec une constance digne d'une meilleure cause, mourait obscurément (1233). Il ne laissa aucune postérité masculine et, dit Ibn-Khaldoun, « Dieu effaça de la terre les traces de sa révolte »[1].

Ses filles furent recueillies par Abou-Zakaria qui leur assigna une habitation convenable. Les autres frères d'Ibn-R'ania étaient morts ou avaient été dispersés. Avec Yahïa s'éteignit définitivement le nom almoravide.

A Tunis, Abou-Zakaria continuait à établir solidement sa puissance. En l'an 632 de l'hégire (1234-35), il sortit de Tunis à la tête de ses troupes et s'avança jusqu'à Bougie. Après être entré en vainqueur dans cette ville, il continua sa route vers l'ouest et vint recevoir l'hommage d'Alger et du pays habité par les Sonhadja. Puis, il alla réduire la petite royauté des Oulad-Mendil, établie au sud de Tenès et s'étendant jusqu'à Mazouna, ville qui avait été fondée par ces Zenètes Mag'raoua.

Les Beni-Toudjine dominaient alors sur le Mag'reb central et, par de récents succès, avaient soumis à leur autorité les peuplades de cette région. Ils commandaient en maîtres dans le Djebel-Ouarensenis, sur le pays de Médéa et jusqu'à la Mitidja. Abou-Zakaria leur infligea plusieurs défaites dans l'une desquelles il s'empara de leur chef Abd-el-Kaoui, et les contraignit à reconnaître sa suzeraineté. Cette brillante campagne terminée, Abou-Zakaria séjourna quelque temps à Bougie, et, après y avoir laissé son fils Abou-Yahïa comme gouverneur, il rentra à Tunis.

Succès d'Er-Rachid. Mort de Yahia. — Pendant que la dynastie hafside se consolidait en Tunisie, le feu de la guerre civile désolait le Mag'reb. Les Kholt, après s'être mis en révolte ouverte, avaient sur le conseil d'Omar-ben-Aoukaril appelé à eux le compétiteur Yahïa, puis ils étaient venu mettre le siège devant Maroc. Les assiégés, ayant tenté une grande sortie, essuyèrent une défaite complète dans laquelle périt une partie de la milice chrétienne.

Néanmoins Er-Rachid, espérant frapper au cœur son ennemi en l'attaquant dans son refuge et le forcer à rétrograder, laissa à Maroc une garnison qu'il jugeait suffisante et se porta rapidement sur Sidjilmassa dont il se rendit maître. Mais, en même temps, Yahïa pénétrait pour la seconde fois dans Maroc et s'établissait dans le palais du khalifat, entouré de ses vizirs comme le seul prince légi-

---

1. *Berbères*, t. II, p. 301.

time, pendant que ses soldats mettaient la ville au pillage. Ainsi, les deux compétiteurs avaient changé de capitale (1235-1236). Mais bientôt Er-Rachid, qui avait sévèrement châtié les adhérents de Yahïa et était parvenu à s'attacher définitivement les Arabes de la tribu de Soliane, sœur et ennemie de celle des Kholt, marcha sur Maroc. Yahïa, à son approche, s'avança contre lui et vint lui offrir le combat non loin de l'Oum-er-Rebia, champ de bataille qui, déjà, lui avait été fatal. Er-Rachid écrasa encore ses ennemis et en fit un carnage épouvantable. Cette victoire lui rouvrit les portes du Maroc.

Découragés par leur insuccès, les Kholt, qui ne se piquaient pas de constance, repoussèrent de leur sein Yahïa et offrirent leur soumission à Ibn-Houd le prince andalou, indépendant. Yahïa chercha alors un refuge chez les Arabes de la tribu de Makil établis non loin de Taza, mais il fut très mal accueilli par eux et, après avoir subi toute sorte de mauvais traitements, fut mis à mort. Ces Arabes envoyèrent sa tête à Er-Rachid qui la fit exposer sur les murs de Maroc. Le khalife était enfin débarrassé de son compétiteur. Il s'appliqua alors à châtier les Kholt de l'appui qu'ils lui avaient prêté. Les chassant de leurs cantonnements, il les repoussa devant lui jusqu'à Fès, entra en vainqueur dans cette ville qui obéissait aux Beni-Merine, ou plutôt était livrée à l'anarchie, et, après un séjour dans cette localité, envoya son vizir Abou-Mohammed faire rentrer les contributions dans les provinces de Fazaz et des R'omara. Sidjilmassa, qui s'était révoltée après le départ du khalife, rentra dans le devoir et l'empire almohâde sembla enfin avoir recouvré quelque tranquillité [1].

Puissance des Abd-el-Ouadites. Yah'moracène-ben-Ziane devient leur chef. — A Tlemcen, la puissance des Abd-el-Ouadites se fortifiait de jour en jour. Nous avons vu que Djaber, fidèle aux Almohâdes, avait obtenu le commandement de cette ville ; peu après, étant allé en expédition à Nedroma, il fut blessé d'un coup de flèche et mourut (1231-1232).

Son fils El-Hassen lui succéda et reçut du gouvernement almohâde la confirmation de son élection, mais c'était un homme d'un caractère faible et il dut, au bout de six mois, se résigner à laisser l'autorité à son oncle Othmane. On tomba alors dans un autre inconvénient, car le nouveau chef, par sa dureté et sa violence,

---

1. Ibn-Khaldoun, t. I, p. 62 et suiv., t. II, p. 238 et suiv., 302 et suiv., t. III, p. 314, 332 et suiv., t. IV, p. 8 et suiv., 31 et suiv. Kartas, p. 365 et suiv. El-Kaïrouani, p. 212 et suiv., 219 et suiv.

indisposa contre lui la population et fut expulsé par elle. Zegdane, fils de Zeyane-ben-Thabet son cousin, fut chargé du commandement.

A la suite des discordes survenues dans la tribu, un groupe important, les Beni-Ghommi, s'était réfugié en Ifrikiya auprès du souverain hafside. Aux environs de Tlemcen, les Beni-Mathar, jaloux de la prépondérance exercée par les Abd-el-Ouad, ces Zénètes nouveaux venus, obtinrent l'alliance des Rached et tâchèrent d'expulser les intrus, mais Zegdane, après plusieurs combats, finit par triompher d'eux. Dans une de ces rencontres, il trouva la mort (1235-1236).

Son frère, Yar'moracene-ben-Zeyane, prit alors le commandement et fut reconnu par les tribus abd-el-ouadites, par les villes du Mag'reb central, et par le gouvernement almohâde. Ce prince, qui devait être le véritable fondateur de la dynastie abd-el-ouadite, était un rude guerrier, entièrement dépourvu d'instruction et absolument étranger aux belles manières. Ibn-Khaldoun raconte que, les meurtriers du père de Yar'moracène ayant été pris et tués, leurs têtes furent envoyées à celui-ci, et, comme sa soif de vengeance n'était pas encore assouvie, il remplaça les pierres servant à soutenir sur le feu la marmite de sa tente, par les têtes de ses cousins. Mais, quels qu'aient été sa rudesse et son manque d'éducation, son intelligence et son énergie suffisaient pour faire de lui une des figures les plus remarquables de l'histoire de l'Afrique. « C'était, dit Ibn-Khaldoun, l'homme le plus brave, le plus redouté, le plus honoré de la famille des Abd-el-Ouad. Personne, mieux que lui, ne savait soigner les intérêts d'un peuple, soutenir le poids d'un royaume et diriger l'administration de l'État. Sa conduite, tant avant qu'après son avènement au trône, atteste chez lui une habileté extraordinaire[1]. »

Puissance des Mérinides. — En 1236, Omar-ben-Aoukarit parut devant la ville de Salé avec un certain nombre de navires fournis par Ibn-Houd et faillit s'en emparer; mais une nouvelle flotte envoyée par la ville de Gênes, au secours du khalife, le contraignit à la fuite.

A la suite de cet insuccès, Ceuta se révolta contre l'autorité d'Ibn-Houd et, presque en même temps, arriva en Mag'reb une députation des habitants de Séville qui avaient également répudié le commandement de ce chef et venaient offrir leur soumission au khalife. Enfin, en 1237, Omar-ben-Aoukarit, arrêté en Espagne, fut amené à Maroc et livré au khalife. Er-Rachid profita de cette

1. T. III, p. 340

occasion pour faire exécuter publiquement les principaux chefs des Kholt qu'il avait fait incarcérer. Omar fut mis en croix le même jour après avoir été promené, par dérision, sur un chameau.

Les Merinides reparurent alors dans les plaines du Mag'reb et mirent en déroute les Arabes Riah qui voulaient s'opposer à leur passage. Le général Abou-Mohammed-ben-Ounoudine, gouverneur de Meknès, envoyé contre eux, fut également défait. Il rallia néanmoins ses troupes et essaya de lutter encore, mais, dans chaque rencontre, le succès se tourna contre lui. A la suite de ces victoires, la puissance des Beni-Merine devint formidable. Leur chef Othmane le borgne, fils d'Abd-el-Hak soumit à son autorité les Chaouïa, Houara, Fechtala, Behloula, Mediouna et autres tribus du Mag'reb central, auxquelles il imposa le kharadj (impôt foncier), en sus des impôts ordinaires. Fès, Taza, Meknès, Kçar-Ketama, durent lui payer tribut. Après avoir écrasé les Riah d'Azr'ar et d'El-Hebet, il fut assassiné par un esclave d'origine chrétienne (1239-1240). Son frère Mohammed lui succéda et s'appliqua à continuer son œuvre [1].

Prise de Cordoue par Ferdinand III ; mort d'Ibn-Houd. Fondation du royaume de Grenade. — Dès que, par la mort de son père, Ferdinand III fut resté seul maître du royaume uni de Castille et de Léon, il donna carrière à ses projets ambitieux. Un traité, il est vrai, le liait à Er-Rachid ; mais, comme ce prince n'avait plus aucune autorité en Espagne, il était bien libre de combattre ses compétiteurs à la condition de garder pour lui ce qu'il parviendrait à leur enlever. Ibn-Houd, qui s'était déclaré le vassal des Abbassides, tenait tout le pays compris entre Murcie et Malaga. Un autre chef indépendant commandait dans le midi. Il se nommait Mohammed-ben-el-Ahmar et dominait à Grenade, Jaën, Cadix et Baëza. Ces deux rivaux employaient toutes leurs forces à lutter l'un contre l'autre et, pendant ce temps, les chrétiens envahissaient le territoire musulman.

En 1233, l'infant don Alphonse et Alvar Pérès s'avancèrent jusque sur les rives du Guadalete et, devant le péril commun, les musulmans firent trêve à leurs querelles et parvinrent à les repousser. Peu de temps après, quelques aventuriers, conduits par Alvar Pérès, pénétrèrent par surprise dans un faubourg de Cordoue (janvier 1236), et des troupes de renfort, envoyées par le roi de Castille, leur permirent d'en achever la conquête après un long siège. Ferdinand fit aussitôt placer une croix sur la plus haute tour de la mosquée des khalifes. Les habitants musulmans qui n'avaient pas péri, émi-

1. Ibn-Khaldoun, t. II, p. 241, t. IV, p. 31 et suiv.

grèrent pour la plupart, et l'ancienne capitale des Oméïades devint une des grandes métropoles chrétiennes de l'Espagne. Pendant ce temps, Ibn-Houd était allé au secours de l'émir de Valence attaqué par le roi d'Aragon. Mais en passant à Alméria, il fut noyé par le prince de cette ville qui l'avait enivré. Son armée se dispersa et ce fut son rival Ibn-el-Ahmar qui recueillit son héritage et s'établit en souverain à Grenade (1238).

La mort d'Ibn-Houd qui, depuis de longues années luttait avec courage contre les chrétiens, fut un coup terrible porté aux musulmans d'Espagne. La chute de Cordoue et des principales places de l'ouest, conquises par le roi de Portugal, achevèrent de les démoraliser.

Ceux qui n'obéissaient pas au roi de Grenade se tournèrent du côté du nouveau sultan hafside, Abou-Zakaria de Tunis, dont le renom était parvenu jusqu'à eux et lui envoyèrent une ambassade pour reconnaître sa suzeraineté et solliciter son appui. Quant à Ibn-el-Ahmar, il essaya de s'appuyer sur le gouvernement almohâde et envoya à Er-Rachid sa soumission [1].

PUISSANCE DU HAFSIDE ABOU-ZAKARIA. IL REÇOIT LA SOUMISSION DE L'ESPAGNE ORIENTALE. — En Ifrikiya, le prince hafside eut à sévir contre les Houara, travaillés par l'esprit de révolte. Ces Berbères, séparés de leurs frères de la Tripolitaine, avaient été refoulés par les Arabes envahisseurs, et s'étaient concentrés sur le versant sud-est de l'Aourès, où ils s'étaient laissé arabiser par leurs voisins. Abou-Zakaria ne trouva d'autre moyen, pour les réduire au silence, que d'appeler auprès de lui leurs principaux guerriers sous le prétexte de leur faire prendre part à une expédition; il ordonna alors de les massacrer. Cette tribu, dont le chef portait le nom de Ben-Hannach, forma le groupe important appelé maintenant les Hananecha (1238-1239).

Vers cette époque arriva à Tunis la députation des habitants de Valence et de l'Espagne orientale offrant leur soumission à Abou-Zakaria et réclamant son appui. Cette dernière ville était alors près de succomber sous les efforts du roi d'Aragon. Le prince hafside accepta leur hommage et envoya au secours de Valence une flotte chargée de vivres, d'armes et de munitions de toute sorte; mais l'officier qui la commandait ne put aborder dans le port de cette ville, qui était gardé, ni même s'en approcher en raison de l'inhospitalité du rivage. Il alla déposer ses vivres et ses secours à Denia,

1. Ibn-Khaldoun, *Berbères*, t. II, p. 242, 319 et suiv. Rosseeuw Saint-Hilaire, *Histoire d'Espagne*, t. IV, p. 123 et suiv.

et, comme personne ne venait les réclamer, les vendit et en rapporta le prix à son maître. Pendant ce temps, la famine exerçait ses ravages à Valence. Enfin, en octobre 1238, la garnison capitula et Ziane-ben-Merdenich, qui avait obtenu la vie sauve, alla dans l'île de Zucar proclamer la suzeraineté d'Abou-Zakaria. Cinquante mille musulmans quittèrent Valence pour n'y plus rentrer. Quant à Ibn-Merdenich, étant venu à Denia, il entra en relation avec Murcie et obtint des habitants de cette ville qu'ils se soumissent au sultan de l'Ifrikiya (1239-1240)[1].

Tlemcen s'élève au rang de métropole. — Pendant ce temps, Er-Rachid employait toutes ses forces pour repousser les attaques des Beni-Merine et était secondé à l'est par le gouverneur abd-el-ouadite de Tlemcen, Yar'moracene-ben-Zeyane; sous l'autorité de ce prince, Tlemcen s'élevait au rang de capitale. C'est grâce à la sécurité qu'il sut faire régner dans sa province que le commerce de Tlemcen commença à prendre le développement qui devait en faire le rendez-vous des marchands du bassin de la Méditerranée. En même temps, les savants, encouragés, se pressaient dans les écoles de Tlemcen et à la cour du prince abd-el-ouadite. Les désastres d'Espagne furent pour beaucoup dans la prospérité rapide de Tlemcen qui recueillit avec empressement les émigrés de la Péninsule. Yar'moracene, en même temps, prenait à sa solde un corps de mercenaires chrétiens et établissait dans la ville toute une colonie chrétienne couverte de sa protection.

Sur ces entrefaites, une rupture éclata entre les Abd-el-Ouadites et le sultan de l'Ifrikiya qui saisit un prétexte, l'interception d'un présent envoyé par lui à la cour du Maroc, pour essayer de détruire une puissance qu'il voyait, non sans jalousie, s'élever entre son empire et le Mag'reb[2].

Expédition d'Abou-Zakaria contre Tlemcen. Yar'moracène reconnait son autorité. — Avant de mettre ses plans à exécution, Abou-Zakaria dut s'occuper d'écraser la révolte d'un officier du nom d'El-Herghi, son représentant à Tripoli. Ce chef s'était soulevé en apprenant la mise à mort de son ami El-Djouheri qui, après avoir été longtemps ministre tout-puissant à la cour de Tunis, avait éprouvé les rigueurs de la fortune et expié par une chute mémorable ses jours de grandeur passagère. La révolte de Tripoli une

---

1. El-Kaïrouani, p. 219 et suiv.
2. *Histoire des Beni-Zeyane* par l'Imam Abou-Abd-Allah et Tensi, traduction de l'abbé Bargès, p. 12.

fois comprimée et son chef exécuté, Abou-Zakaria disposa tout pour son expédition dans l'ouest. A cet effet, il manda auprès de lui les émirs des Toudjine et des Beni-Mendil et les convia à la guerre, ce qui fut accepté par eux avec empressement en raison de leur rivalité avec les Abd-el-Ouad. Ces chefs retournèrent dans leurs cantonnements pour lever les *goum*, tandis que le sultan hafside adressait aux Arabes de l'Ifrikiya un appel auquel ces nomades répondirent.

En 1241, Abou-Zakaria quitta Tunis et se dirigea vers l'ouest, suivi d'une armée nombreuse composée en grande partie de troupes régulières hafsides et de contingents fournis par les Riah et Soleïm de l'Ifrikiya, traînant à leur suite femmes et enfants. Parvenu dans le Mag'reb central, il dressa son camp dans les contrées méridionales de cette région et y rallia les goum des Toudjine et Oulad-Mendil. De Miliana, où il se rendit ensuite, il adressa à Tlemcen une députation pour engager Yar'moracène à éviter, par une prompte soumission, les conséquences probables d'une défaite. Mais ce prince, qui était très attaché au khalife Er-Rachid, ne daigna pas seulement donner audience aux envoyés.

Abou-Zakaria ayant repris sa marche, en passant par le Djebel-Amour, faillit être abandonné par ses alliés arabes qui trouvaient son allure trop lente. Il parvint cependant à les retenir et même à entraîner sous ses étendards les Soueïd et les Amer, tribus Zor'-biennes, jusque-là fidèles aux Almohâdes. Ce grand rassemblement arriva enfin sous les murs de Tlemcen. Aussitôt, Yar'moracène sort bravement à la tête de ses troupes pour livrer le combat, mais, assailli par une grêle de traits, il est forcé de rentrer dans la ville. En même temps, les assiégeants se ruent de tous côtés sur Tlemcen qui ne peut résister à de tels efforts. Voyant sa capitale sur le point de succomber, l'émir abd-el-ouadite réunit autour de lui les gens de sa maison et se précipite « *comme un lion furieux* » sur ses ennemis. Tout recule devant lui, et grâce à ce passage qu'il s'est ouvert à la pointe de son épée, il peut trouver un refuge dans le sud.

Les vainqueurs, ayant alors pénétré dans la ville, la mirent à sac. Le jour suivant, lorsque les troupes furent lasses de tuer et de détruire, Abou-Zakaria ordonna de cesser le pillage. Au lendemain de sa victoire, le sultan hafside se trouva quelque peu embarrassé de sa lointaine conquête, car personne n'osait se flatter de la conserver après le départ de l'armée. En même temps, Yar'moracène, qui avait rallié ses partisans, reparut sur les hauteurs qui couronnent Tlemcen et, par une série d'escarmouches, inquiéta fort l'armée hafside dont les contingents arabes et berbères ne songenaient qu'au retour. Dans ces conditions, Abou-Zakaria accueillit facilement les propositions de paix que son ennemi, vaincu et humilié, lui fit porter par sa mère. Yar'moracène, rentré à Tlemcen, jura fidélité au prince hafside dont il se reconnut le vassal.

Dix-sept jours après son arrivée, Abou-Zakaria reprit la route de l'est, avec des troupes chargées de butin (1242)[1].

Mort d'Er-Rachid. Règne d'Es-Saïd. — Peu de temps après, Er-Rachid mourut subitement. Il fut, dit-on, trouvé noyé dans une des citernes du palais (4 décembre 1242). Son règne, entièrement rempli par les révoltes et les guerres, avait duré dix ans cinq mois et neuf jours.

Son frère, Abou-l'Hassen-Ali-es-Saïd fut proclamé khalife sous le nom d'El-Motaded-l'Illah (soutenu par la faveur de Dieu), que l'histoire ne lui a pas conservé. Ce prince, doué d'un caractère hardi et audacieux, nullement effrayé par la lourde tâche qu'il assumait, entreprit avec courage la restauration de l'empire almohâde.

De tous côtés, cependant, l'horizon était sombre : les Beni-Merine, se reconnaissant les vassaux du sultan hafside, occupaient Meknès et le cœur du pays. Au sud, un cheikh des Hezerdja venait de proclamer la souveraineté hafside à Sidjilmassa. Les dernières possessions musulmanes d'Espagne étaient dans la situation la plus critique ; attaquées à l'est par Jayme d'Aragon, au nord par Ferdinand de Castille et à l'ouest par Sancho II de Portugal. Les musulmans, ne pouvant être secourus par les Almohâdes, adressaient des appels désespérés au sultan hafside. Seule, Séville, commandée par un prince de la famille d'Abd-el-Moumene, tenait encore pour sa dynastie. Assiégée par le roi de Castille, elle réclamait des secours et n'obtenait que l'envoi de quelques navires qui ne parvenaient même pas à aborder.

Mais, ce qui rendait la situation particulièrement grave, c'est que les Abd-el-Ouadites, depuis leur soumission à Abou-Zakaria, étaient devenus presque des ennemis, eux jusqu'alors si fidèles. Les rapports étaient très tendus et l'on doit supposer que la tiédeur manifestée par Yar'moracène pour ses anciens maîtres était causée, au moins en partie, par le ressentiment éprouvé contre les Almohâdes de ce qu'ils l'avaient abandonné à lui-même lors de l'attaque des Hafsides[2].

Luttes d'Es-Saïd contre les révoltés. — Faisant bravement

---

1. El-Kaïrouani, p. 220 et suiv. Ibn-Khaldoun, *Berbères*, t. II, p. 315 et suiv., t. IV, p. 8.
2. Kartas, p. 366, 367. Ibn-Khaldoun, *Berbères*, t. II, p. 242, 243.

tête à l'orage, Es-Saïd commença par jeter en prison plusieurs chefs almohâdes dont les intrigues l'inquiétaient. Il s'attacha les Arabes Sofiane en donnant à leur chef, Kanoun-ben-Djermoun, la présidence du conseil, puis il se prépara à combattre ses ennemis. Ayant d'abord marché contre Sidjilmassa, il se rendit maître de cette ville après un court siège. Le rebelle qui y commandait fut envoyé à la mort, tandis que l'oasis était sévèrement punie.

De retour des contrées méridionales, Es-Saïd réunit une armée de vingt mille combattants : Almohâdes, contingents arabes et milice chrétienne. Puis il sortit de Maroc et vint se retrancher à l'Oued-Yabache entre Fès et Taza. Les Beni-Merine l'ayant attaqué dans cette position essuyèrent une grande défaite dans laquelle leur émir Mohammed-ben-Abd-el-Hak fut tué par un officier de la milice chrétienne. Réduits à la fuite, les Merinides se jetèrent dans les montagnes et gagnèrent le désert. Là, ils proclamèrent comme chef Abou-Yahïa, autre fils d'Abd-el-Hak qui envoya à Tunis l'hommage de sa soumission. En même temps, Kanoun-ben-Djermoun, chef des Sofiane, se mettait en état de révolte et faisait alliance avec les Merinides (1244-15).

Es-Saïd se disposa de nouveau à marcher contre les rebelles et écrivit à Yar'moracène pour solliciter son appui. Le prince abd-el-ouadite, qui n'avait cédé qu'à la force en se soumettant aux Hafsides, et qui, du reste, était très froissé des honneurs prodigués par Abou-Zakaria aux chefs des Oulad-Mendil et des Toudjine considérés par lui comme ses vassaux, accéda à la requête de son ancien suzerain et se mit lui-même à la tête d'un corps de troupes qu'il conduisit vers l'Ouest. Ayant opéré sa jonction avec le gouverneur almohâde de Fès, il agit pendant quelque temps sous son autorité et faillit en venir aux mains avec les Merinides auprès du Sebou. Mais, une dissension s'étant produite entre les alliés, par suite de leurs défiances réciproques, les Abd-el-Ouadites crurent qu'on voulait les attirer dans un guet-apens et reprirent au plus vite la route de Tlemcen. Cette défection ranima chez le khalife almohâde les sentiments de haine contre les Abd-el-Ouadites que leur soumission aux Hafsides avait fait naître.

Pendant ce temps, le khalife almohâde avait opéré, d'un autre côté, contre ses ennemis. Il était même sur le point de rejoindre les Merinides lorsqu'on lui apprit que Kanoun, émir des Sofiane, lui avait enlevé, sur ses derrières, la ville d'Azemmor, place forte à l'embouchure de l'Ouad Oum-er-Rebia. Revenant alors sur ses pas, il poursuivit, avec la plus grande vigueur, les Sofiane et, les ayant atteints, leur tua beaucoup de monde et leur reprit le butin qu'ils avaient fait.

La campagne contre les Merinides était manquée. Aussi, l'audace de ces Berbères ne connut-elle plus de bornes. Sous leur pression Meknès se déclara pour les Hafsides et fut imitée par Tanger et Ceuta.

Es-Saïd entreprend la restauration de l'empire almohade. — Loin de se laisser abattre par ces revers, Es-Saïd songea à tenter un suprême et dernier effort pour sauver la monarchie almohâde. Ayant donc réuni ses conseillers et ses généraux, il tâcha de relever leur confiance et leur parla en ces termes : « Le fils d'Abou-« Hafs nous a enlevé l'Ifrikiya ; Yar'moracène se détache de nous « pour s'allier avec lui en entraînant tout le Mag'reb central ; Ibn-« Houd nous a déjà arraché une partie de l'Espagne où ses fils « commandent au nom des Abbassides, tandis qu'Ibn-el-Ahmar « et d'autres prétendants tiennent pour les Hafsides dans une « autre partie de la Péninsule. Enfin, voici les Beni-Merine qui « attaquent le Mag'reb d'un autre côté et leur émir Abou-Yahïa « vient de proclamer à Meknès la suprématie d'Abou-Zakaria. Si « nous souffrons encore de tels opprobres, c'en est fait de notre « puissance et de notre vie[1] ! »

Ces généreuses paroles relevèrent le courage des Almohâdes et, d'une seule voix, ils demandèrent à marcher au combat.

Es-Saïd réunit alors toutes les forces dont il pouvait disposer et, dans le mois d'avril 1248, il sortit de Maroc à la tête d'une armée composée de troupes almohâdes et chrétiennes. Les tribus arabes auxquelles il avait adressé un appel lui amenèrent aussi leurs contingents et, parmi eux, arriva Kanoun-ben-Djermoun réconcilié avec le khalife et suivi des guerriers des Sofiane.

Le plan de Saïd était très hardi. Il consistait à réduire d'abord les Beni-Merine, puis attaquer Yar'moracène et, après l'avoir vaincu, tâcher d'arracher l'Ifrikiya au sultan hafside. Maître ainsi de tout le Mag'reb, il aurait pu s'occuper de l'Espagne et arriver à rétablir l'empire d'Abd-el-Moumene dans son intégrité. Mais, l'état de désorganisation était alors trop avancé pour que ce plan eût pu avoir des chances réelles de réussite ; il fallait un grand mouvement d'opinion pour le soutenir et cela fit absolument défaut.

Es-Saïd obtient la soumission de Meknès et des Beni-Merine. — Avec les forces sérieuses dont il disposait, le khalife almohâde obtint bientôt la soumission des villes récemment détachées de son

---

1. Ibn-Khaldoun, *Berbères*, t. IV. p. 35.

empire. Meknès, même, n'attendit pas son arrivée pour lui adresser ses protestations de fidélité : à son approche, les enfants des gens de cette ville s'avancèrent au devant de lui portant chacun un koran ou leur planchette sur la tête et suivis des femmes, en suppliantes, pour obtenir leur grâce.

Es-Saïd, ayant pardonné, rentra en possession de Meknès sans coup férir, puis il se prépara à combattre les Beni-Merine et, à cet effet, vint dresser son camp auprès de la rivière Beht. Mais Abou-Yahïa, émir des Merinides, renseigné sur l'effectif de l'armée almohade, qu'il vint, dit-on, visiter incognito, opéra une retraite prudente vers le sud. De là, il envoya au khalife, alors à Taza, une députation des principaux chefs de sa tribu pour entrer en pourparlers. Ils lui offrirent, au nom des leurs, une soumission absolue et s'engagèrent même à lui fournir leur appui pour vaincre les Abd-el-Ouadites. Es-Saïd, sans trop se laisser séduire par leurs protestations, préféra cependant accepter cette soumission que de courir les hasards d'une bataille ou de subir les lenteurs d'une campagne qui, en l'entraînant dans le sud, le détournait de son chemin. Se réservant le droit de régler plus tard les conditions de la soumission des Merinides, il choisit parmi eux cinq cents guerriers dont il confia le commandement à un de ses cousins, puis il marcha sur Tlemcen.

Es-Saïd marche sur Tlemcen. Il est tué. — Pour la seconde fois, l'empire naissant d'Yar'moracène était exposé au plus grand danger. A l'approche de ses ennemis, ce prince sortit de Tlemcen et vint, avec tous les gens capables de porter les armes, se renfermer dans la citadelle de Tamzezdekt, position fortifiée au milieu des montagnes abruptes voisines d'Oudjda. De là il dépêcha son vizir Abdoun au camp du khalife pour lui proposer un arrangement. Ce ministre offrit au nom de son maître la promesse de l'obéissance et de la fidélité la plus absolue et essaya de démontrer que le différend n'était que la conséquence d'un malentendu et qu'on n'avait aucun reproche sérieux à adresser aux Abd-el-Ouadites.

Mais, Es-Saïd se méprit sur le sens de ces protestations ; il se sentait fort, voyait successivement chacun s'incliner devant sa puissance et avait une entière confiance dans le succès. Il refusa de traiter avec le messager, exigeant que Yar'moracène vînt, tout d'abord, se présenter en personne au camp. Kanoun, chef des Sofiane, appuya avec force cette fatale résolution.

Après avoir attendu en vain l'arrivée de l'émir des Abd-el-Ouadites, qui, sans doute, se souciait peu de venir se livrer entre les mains de ses ennemis, Es-Saïd s'avança pour faire le siège de la montagne de Tamzezdekt. Il resserra, peu à peu, ses lignes d'investissement, et, le quatrième jour, ordonna l'assaut. Une querelle qui s'éleva, à ce moment, entre les Kholt et les Sofiane, paralysa la vigueur de l'attaque. Es-Saïd, voyant ses troupes faiblir, se porta aux premiers rangs, mais, dans son ardeur, il oublia les règles de la prudence et se trouva tout à coup isolé des siens, au milieu des ennemis. Après une courte lutte, dans laquelle on déploya de part et d'autre une grande vaillance, le khalife fut percé d'un coup de lance par un certain Youssof-ben-Abd-el-Moumene, surnommé Ech-Cheïtane (Satan).

Un des fils d'Es-Saïd, l'affranchi Nasah, l'eunuque Anber, le chef de la milice chrétienne et plusieurs autres officiers, se firent tuer sur son corps.

Yar'moracène lui-même, arrivé sur ces entrefaites, mit pied à terre et offrit au khalife les témoignages les plus vifs d'amitié et de regret ; il le fit transporter à son camp où Es-Saïd ne tarda pas à expirer (mai-juin 1248).

L'ARMÉE ALMOHADE SE DÉBANDE. SUCCÈS D'ABOU-YAHIA, CHEF DES BENI-MERINE. — Cependant la nouvelle de la mort du sultan s'était répandue dans l'armée assiégeante. Aussitôt, les éléments hétérogènes qui la composaient se disjoignent, les haines se réveillent et l'amour du pillage achève de mettre le désordre dans le camp : les plus sages se disposent à rentrer chez eux ; les autres, méconnaissant la voix de leurs chefs, en viennent aux mains. En même temps les assiégés font une sortie furieuse et mettent leurs ennemis en déroute. Tout le camp almohâde, renfermant de grandes richesses, avec la tente du khalife, tomba aux mains des Abd-el-Ouad réduits, quelques instants auparavant, à la dernière extrémité. Le Koran d'Othmane, que les Almohâdes avaient conservé et que leurs princes emportaient en grande pompe dans leurs expéditions, se trouva dans le butin.

Yar'moracène fit de belles funérailles au khalife dont il plaça le corps dans le cimetière d'El-Obbad (actuellement Sidi-bou-Medine). Il traita de la manière la plus honorable les femmes et la mère d'Es-Saïd tombées en son pouvoir. Peu de temps après, il les renvoya en les faisant accompagner jusqu'à la province de Deraa, la seule qui fût encore en paix.

Après la défaite de Tamzezdekt, l'armée régulière almohâde s'était mise en retraite sur Maroc et avait élu comme khalife le jeune Abd-Allah, fils d'Es-Saïd. Les contingents arabes avaient regagné en désordre leurs cantonnements. Quant aux cavaliers Mérinides, ils étaient allés rejoindre leur émir Abou-Yahia qui se trouvait dans les montagnes des Beni-Iznacène où il s'était tenu prudemment. Voyant une occasion de se venger des humiliations souffertes, Abou-Yahïa vint, par une marche détournée se transporter à Guercif et, au moment où l'armée almohâde, rentrant vers l'ouest, se présenta, il fondit sur elle à l'improviste. La lutte ne fut pas de longue durée, car les Almohâdes n'eurent pas le temps de se mettre en ligne. Tout ce qui avait échappé au désastre de Tamzezdekt tomba au pouvoir des Merinides. Le jeune prince Abd-Allah trouva la mort dans ce combat. La milice chrétienne et le corps d'archers R'ozz passèrent au service des Merinides.

Cette dernière défaite porta le coup de grâce à la puissance almohâde. Aussitôt en effet, les Beni-Merine reprirent la campagne et se lancèrent à la conquête de la vallée de la Moulouïa, tandis que les Abd-el-Ouadites se disposaient à leur disputer les contrées voisines de leur territoire [1].

ESPAGNE. SUCCÈS DES ROIS DE CASTILLE ET D'ARAGON. CHUTE DE SÉVILLE. CONSOLIDATION DU ROYAUME DE GRENADE. — Pendant que le Mag'reb était le théâtre de ces événements, l'Espagne continuait à voir les succès des chrétiens sur les musulmans.

Après la chute de Valence le roi d'Aragon n'avait pas tardé à violer le traité conclu avec les musulmans et à envahir de nouveau leur territoire. Il s'était rendu maître de Denia, après un long siège. Xativa lui résista davantage et Jayme n'y entra qu'en accordant une capitulation honorable à ses défenseurs (1248).

Dans l'Andalousie, les succès de Ferdinand étaient plus décisifs encore. En 1243, les villes de Murcie, Alicante et autres avaient reconnu sa suzeraineté plutôt que d'obéir à Ibn-el-Ahmar de Grenade. Celui-ci, réduit à la province de ce nom, y régnait non sans éclat, était le protecteur éclairé des lettres et des arts et faisait de sa métropole une capitale digne des derniers jours de la domination musulmane en Espagne. Il avait conclu, avec le roi de Castille, un traité par lequel il se reconnaissait son vassal et s'obligeait à lui payer un tribut annuel important. De son côté le roi s'engageait à lui laisser la libre possession de la province de Grenade et à le protéger contre ses ennemis. La remise de Jaën au prince de Castille avait scellé la convention (1246).

---

1. Ibn Khaldoun, t. II, p. 244 et suiv., t. III, p. 347 et suiv., t. IV, p. 34 et suiv. Kartas, p. 68 et suiv. El-Kaïrouani, p. 213 et suiv. L'Imam Et-Tensi, p. 16 et suiv.

Ce fut alors que Ferdinand, auquel ses vertus avaient mérité le nom de saint, vint mettre le siège devant Séville. Les Sévilliens s'adressèrent encore au souverain almohâde pour obtenir du secours, mais le khalife était trop occupé du soin de sa propre sécurité pour pouvoir leur venir en aide. Ils se tournèrent alors, ainsi que nous l'avons dit, vers le hafside Abou-Zakaria, sans plus de succès. La résistance de Séville abandonnée à elle-même fut héroïque. Il fallut que le roi de Castille adressât un appel à tous les chrétiens d'Espagne afin de pouvoir terminer ce grand siège. Ibn-el-Ahmar lui-même, en fidèle vassal, dut venir y coopérer. Enfin, dans l'été de l'année 1248, les défenseurs commencèrent à souffrir du manque de vivres; bientôt, ayant perdu tout espoir d'être secourus, les Sévilliens consentirent à se rendre. Abou-l'Hassen, prince de la famille almohâde, qui avait défendu la ville avec tant de courage, obtint une capitulation honorable. Il fut stipulé que les musulmans qui voudraient continuer à résider à Séville conserveraient leurs biens avec le droit d'exercer leur culte et que le roi fournirait des vaisseaux à ceux qui préféreraient émigrer en Afrique (23 nov. 1248).

Ferdinand s'établit dans l'Alcazar, tandis que la plupart des Sévilliens allaient demander un asile au prince de Grenade, ou passaient en Afrique. Ainsi la belle capitale des musulmans d'Espagne rentra pour toujours en la possession des Chrétiens. L'Andalousie avait été arrachée pièce à pièce aux conquérants africains. Il ne resta à ceux-ci que le petit royaume de Grenade et, sans l'habileté de son fondateur, Ibn-el-Ahmar, sa soumission et son dévouement à Alphonse, il est certain que, dès lors, le roi de Castille eût pu achever de chasser l'étranger de l'Espagne. En laissant échapper cette occasion, il prolongeait de deux siècles la libération complète du territoire. Peu de temps après, le 30 mai 1252, eut lieu la mort de Ferdinand qu'on appelait le Grand et le Saint. Il fut enterré dans la grande mosquée de Séville convertie en église métropolitaine [1].

SICILE. ALLIANCE DE FRÉDÉRIC II AVEC LES PRINCES AFRICAINS. — Nous avons perdu de vue, depuis longtemps, la colonie musulmane de Sicile; c'est qu'en réalité, son histoire est à peu près terminée, et le jour est proche où les descendants des anciens conquérants vont abandonner pour toujours leur domaine. En attendant, l'empereur Frédéric, qui avait des vues sur la Terre Sainte et vou-

---

1. Rosseuw Saint-Hilaire. *Histoire d'Espagne*, t. IV, p. 134 et suiv. Ibn-Khaldoun, t. II, p. 320 et suiv.

lait être tranquille sur ses derrières, pendant qu'il effectuerait sa croisade, entretenait de bonnes relations avec les souverains almohâdes de Maroc et les hafsides de Tunis. Les musulmans de Sicile et d'Italie ayant été vaincus et sévèrement châtiés, avaient obtenu des avantages et la sécurité pour leurs personnes et leurs biens. Ceux de Sicile avaient été particulièrement cantonnés à Lucera (1226); puis leurs guerriers étaient entrés au service de Frédéric et avaient formé un corps de hardis mercenaires. L'empereur conclut des traités de commerce et d'alliance avec les princes africains.

Le mariage de Frédéric avec Yolande, héritière du roi de Jérusalem, le poussait à entreprendre la conquête des pays d'Orient, c'est-à-dire à faire une nouvelle croisade. On sait qu'après être parti en grande pompe pour l'Orient (1227), il fut assailli par une tempête et atteint de maladie, de sorte qu'il renonça à son entreprise et se borna à se faire débarquer à Otrante. Excommunié par le pape Grégoire, il entra en guerre avec lui et le chassa de Rome. Pendant ce temps, l'Orient était le théâtre de luttes entre les héritiers de Saladin. L'un d'eux, Malek-Kamel, souverain d'Égypte, offrit à l'empereur Frédéric de le mettre en possession de Jérusalem s'il voulait lui fournir son appui. Reprenant alors son projet de croisade, Frédéric II partit pour l'Orient accompagné par les malédictions du Saint-Père. En Palestine, l'empereur chrétien et l'émir musulman de l'Égypte se lièrent d'amitié et finirent par conclure un traité de paix et d'alliance. Jérusalem et les principales villes de la Palestine étaient rendues aux Chrétiens, à la condition de laisser subsister dans la ville sainte la mosquée d'Omar et de permettre aux musulmans le libre exercice de leur culte. Mais le fanatisme dans les deux camps ne ratifia pas cette sage tolérance et Frédéric entra à Jérusalem au milieu d'un morne silence: personne ne se trouvait dans le temple pour le recevoir et il dut placer lui-même la couronne de Godefroy de Bouillon sur sa tête (1229). Pendant ce temps, le pape avait envahi les états de son ennemi, aussi l'empereur s'empressa-t-il de rentrer en Europe. Une paix boiteuse mit fin à cette triste guerre.

Ces luttes, on le comprend, détournaient de l'Afrique, presque de la Sicile, les regards de l'empereur. En 1231, il conclut avec Abou-Zakaria une trêve de dix ans, stipulant la restitution des prisonniers de part et d'autre et la protection des voyageurs et des marchands. Un article disposait que l'île de Pantellaria jouirait du bénéfice d'un régime mixte sans que les musulmans fussent soumis à l'autorité des chrétiens. Le prince de Tunis s'était en outre obligé envers le maître de la Sicile à lui fournir un tribut en numéraire afin d'être à l'abri des attaques des corsaires siciliens et de commercer librement.

Quant à Frédéric, débarrassé enfin de son ennemi Grégoire IX (1241), il n'avait pu s'entendre mieux avec son successeur Innocent IV, autrefois son ami. Déposé par celui-ci, en plein concile, comme ennemi de la religion (1245), il avait vu l'Italie se soulever contre lui, deux anti-Césars lui disputer le trône et, bien que luttant toujours avec courage et habileté, il avait connu les revers de la fortune [1].

---

1. Amari, *Musulmans de Sicile*, t. III, p. 621 et suiv. Michaud, *Croisades*, t. III, p. 1 et suiv. De Mas-Latrie, *Traités de paix*, etc., passim.

CHAPITRE XI

CHUTE DE L'EMPIRE ALMOHADE. DYNASTIES HAFSIDE, ZEYANITE ET MERINIDE

(1248-1269)

Règne de l'Almohâde El-Morteda; les Merinides s'établissent à Fès. — Mort du Hafside Abou-Zakaria; règne d'El-Mostancer. — Yar'moracène est défait par les Merinides à Isli. — Campagne des Abd-el-Ouadites dans le Mag'reb central; El-Mostancer écrase la révolte de son frère. — Succès des Beni-Merine contre les Almohâdes et les Abd-el-Ouad. — El-Mostancer reçoit du Cherif de la Mekke le titre de khalife. — Abou-Youssof-Yakoub, chef des Merinides, repousse l'invasion Abd-el-Ouadite et établit solidement son autorité. Luttes d'El-Morteda contre Ibn-Yedder et contre les Merinides; il traite avec ces derniers. — Guerres dans le Mag'reb central; extension de la puissance Abd-el-Ouadite. — Abou-Debbous, soutenu par les Merinides, s'empare de Maroc; fuite et mort d'El-Morteda. — Règne d'Abou-Debbous; il réduit le rebelle Abou-Yedder. — Révolte des Daouaouida; ils sont châtiés par El-Mostancer. — Attaque de Maroc par les Merinides. Diversion des Abd-el-Ouadites, leur défaite à Telar. — Défaite et mort d'Abou-Debbous; prise de Maroc par les Merinides; chute de la dynastie almohâde.

APPENDICE I. — Chronologie des khalifes almohâdes.
APPENDICE II. — Etat de l'Afrique septentrionale à la chute de la dynastie almohâde. Situation des tribus berbères et arabes.

RÈGNE DE L'ALMOHADE EL-MORTEDA. LES MERINIDES S'ÉTABLISSENT A FÈS. — Après la mort d'Es-Saïd et de son fils, les cheiks almohâdes, à Maroc, élurent comme khalife un neveu d'El-Mansour nommé Abou-Ibrahim-Ishak qui se trouvait alors à Salé. Ce prince se transporta aussitôt dans sa capitale, où il fut proclamé sous le titre d'El-Morteda (l'agréé). Son premier acte fut de renouveler alliance avec les tribus arabes, devenues pour ainsi dire le seul soutien de l'empire almohâde. Il confirma Yakoub-ben-Djermoun dans le commandement des Sofiane qu'il avait pris à la mort de son frère Kanoun et plaça Yakoub, fils de ce dernier, à la tête des Beni-Djaber. Le Sid Abou-Ishak, parent du khalife, nommé vizir, exerça la plus grande influence sur l'esprit d'El-Morteda dont le caractère faible et indécis n'était nullement à la hauteur de la situation.

Sur ces entrefaites, deux mois seulement après la mort d'Es-Saïd, Fès, qui était pressée depuis quelque temps par les Merinides et avait perdu l'espoir d'être secourue, capitula (août-septembre

1248). Les habitants prêtèrent serment à Abou-Yahïa et ce prince s'établit dans cette ville qui devint le quartier général, en attendant d'être la capitale des Beni-Merine. Bientôt Taza, Meknès, Salé, Rabat et tout le pays jusqu'à l'Oum-er-Rebïa, reconnut l'autorité d'Abou-Yahïa sous la suzeraineté hafside. L'empire des Merinides était fondé, de même qu'à Tlemcen, les Abd-el-Ouad, leurs cousins, avaient fondé le leur. Arrivés ainsi à la plus grande puissance, ces Zenêtes virent leur rivalité séculaire se transformer en une haine ardente que la concurrence et les difficultés de voisinage devaient aviver sans cesse durant plus de deux siècles[1].

Mort du hafside Abou-Zakaria. Règne d'El-Mostancer. — Le 2 octobre 1249, Abou-Zakaria cessa de vivre à Bône, où il s'était rendu à la suite d'une tournée faite dans ses provinces. Il fut enterré dans la grande mosquée et, quelque temps après, son corps fut transporté à Constantine. Ce prince remarquable, qui continua si bien l'œuvre commencée par Abou-Mohammed et fut le véritable fondateur de la dynastie hafside, laissa les caisses publiques pleines d'argent et toutes les contrées de l'est pacifiées et heureuses. Ce fut grâce à lui que l'Ifrikiya dut de ne pas tomber dans la plus affreuse anarchie. Il dota Tunis de nombreuses fondations et y réunit une bibliothèque de trente-six mille volumes.

Son fils Abd-Allah, âgé de vingt ans, lui succéda, et, dans une séance solennelle d'inauguration à Tunis, prit le nom d'*El-Mostancer-b'illah* (qui recherche le secours de Dieu).

Ce prince, qui n'était parvenu au trône que par suite de la mort d'un frère aîné, élevé avec le plus grand soin par Abou-Zakaria, pour lui succéder, se trouva bientôt en butte aux intrigues de son entourage et surtout des cheikhs almohâdes qui voulaient confier l'autorité à son cousin, fils de Mohammed-el-Lihiani. Bientôt la révolte éclata, mais le jeune khalife, averti à temps, put sans trop de peine étouffer cette sédition dans le sang de ceux qui en avaient été les promoteurs (août 1250). L'énergie déployée à cette occasion par le fils d'Abou-Zakaria inspira une crainte salutaire à ses ennemis, et ce prince, dont le règne devait être si glorieux, put s'occuper en paix des constructions dont il se plut à embellir Tunis.

Le changement de souverain avait eu pour première conséquence de détacher des Hafsides leurs derniers clients d'Espagne: Tanger et Ceuta firent de même et se soumirent à El-Morteda. La

---

1. Ibn-Khaldoun, t. II, p. 247 et suiv., t. III, p. 450 et suiv., t. IV, p. 37 et suiv. Kartas, p. 370 et suiv., 416 et suiv.

seconde fut la rupture des traités par Frédéric II qui acheva de déporter de Sicile les musulmans qui y restaient encore et les établit dans la Pouille. Ce fut ensuite le tour de Malte qui subit le même sort ; mais, sur ces entrefaites, l'empereur termina sa longue carrière (1250)[1].

Yar'moracène est défait par les Mérinides a Isli. — En Mag'reb, les Beni-Mérine continuaient à asseoir leur autorité sur les contrées précédemment soumises aux Almohâdes. L'émir Abou-Yahïa s'était même porté en personne à Fazaz dont il avait entrepris le siège. Le khalife El-Morteda ayant alors voulu marcher contre lui s'était vu abandonné par ses troupes et avait dû rentrer à Maroc sans combat. Sur ces entrefaites, les habitants de Fès profitèrent de l'éloignement de l'émir mérinide pour se soulever à la voix d'un chrétien nommé Chana, mettre à mort leur gouverneur et proclamer l'autorité d'El-Morteda. Le khalife almohâde, dans l'impuissance absolue d'agir pour soutenir ces partisans, écrivit à Yar'moracène en l'invitant, au nom de leur alliance, à porter secours aux gens de Fès (1250).

Yar'moracène adressa aussitôt un appel aux tribus zenatiennes, et, ayant obtenu leur coopération, y compris celle des Beni-Toudjine, dont le chef, Abd-el-Kaoui, amena le contingent, il se mit en marche vers l'ouest. Mais Abou-Yahïa, qui était venu mettre le siège devant Fès, y laissa une partie de ses troupes et accourut avec le reste de ses forces à la rencontre des Abd-el-Ouadites. Les deux armées se heurtèrent à Isli, dans la plaine d'Oudjda. Après une lutte acharnée dans laquelle périrent un grand nombre de chefs, des deux côtés, les soldats de Yar'moracène commencèrent à plier ; bientôt ils furent en déroute et coururent se réfugier à Tlemcen.

C'était la chute de Fès dont le blocus durait depuis neuf mois. Les habitants, ayant perdu tout espoir, se décidèrent à capituler moyennant une contribution de cent mille pièces d'or. Dans le courant du mois de septembre 1250, l'émir fit son entrée triomphale à Fès ; les têtes des personnages les plus compromis dans la révolte furent plantées sur les remparts.

Campagnes des Abd-el-Ouadites dans le Mag'reb central. El-Mostancer écrase la révolte de son frère. — A Tlemcen, après la défaite d'Isli, la discorde avait éclaté entre les Abd-el Ouadites et les autres tribus zenatiennes, leurs alliés d'un jour, et

---

1. Ibn-Khaldoun, t. IV, p. 335 et suiv. El-Kaïrouani, p. 223 et suiv. Amari, *Musulmans de Sicile*, t. III, p. 651 et suiv.

une rupture violente en avait été la conséquence. Dans les années 1251 et 1252, Yar'moracène fit deux expéditions dans le Mag'reb central contre les Toudjine ; mais il n'obtint aucun succès décisif et dût rentrer à Tlemcen, après avoir signé avec ces Berbères un traité qui devait être aussi fragile que les précédents. A peine Yar'moracène était-il rentré dans la capitale qu'il faillit tomber sous le poignard d'un assassin. Ce fut le chef de la milice chrétienne qui tenta de le tuer pendant qu'il passait une revue à Bab-el-Karmadi, quartier de la ville affecté aux chrétiens. Cet attentat fut suivi d'un massacre général des chrétiens et, à partir de cette époque, les Abd-el-Ouadites cessèrent durant quelque temps d'employer des auxiliaires de cette religion.

Vers la même époque, les troupes almohâdes parvinrent à arracher Salé des mains des Merinides. El-Morteda s'occupa ensuite de réunir tous les contingents des tribus qui tenaient encore pour lui, afin de tenter un dernier et suprême effort. Mais l'exécution de ses plans fut arrêtée par les révoltes qui grondaient autour de lui. Un certain Ali-ben-Yedder s'étant jeté dans le Sous, s'y déclara indépendant et rallia autour de lui les Arabes des Beni-Hassane et Chebanate (Makil). Les Kholt ayant alors donné quelques signes d'agitation, le khalife attira leurs chefs à sa cour et les fit mettre à mort.

L'émir des Merinides, au courant des préparatifs que faisait El-Morteda pour le combattre, envoya au sultan El-Mostancer à Tunis une ambassade pour l'assurer de nouveau de sa fidélité et lui demander son appui contre le khalife de Maroc. Mais le prince hafside était alors absorbé par la révolte de son frère Abou-Ishak, soutenu par les Arabes Soleïmides et Daouaouïda. Le prétendant s'était porté sur Biskra, y avait reçu la soumission de Fadol-ben-Mozni, chef de la famille princière qui exerçait le commandement dans cette oasis, et y avait été rejoint par le général Dafer, affranchi d'Abou-Zakaria. Comme l'armée hafside venait de partir pour le sud, le sultan ne put envoyer aucun secours aux Merinides. Biskra rentra alors sous l'autorité d'El-Mostancer. Quant à Abou-Ishak, il put se réfugier en Mag'reb et de là passer en Espagne, où il fut rejoint par Dafer et Ibn-Mozni. L'ordre une fois rétabli, le sultan hafside châtia avec sévérité les tribus arabes qui avaient soutenu la rébellion de son frère (1254-5).

Succès des Beni-Merine contre les Almohades et les Abd-el-Ouadites. — En Mag'reb, El-Morteda ayant fini par réunir une armée imposante, quitta Maroc à la tête de troupes masmoudiennes almohâdes et arabes et alla prendre position à Behloula, montagne proche de Fès (1255). Les Beni-Merine, sous la conduite de leur émir Abou-Yahïa, vinrent lui offrir bataille en ce lieu. Après un combat long et acharné, la victoire, jusque-là indécise, finit par rester aux Merinides. Réduit à la fuite, El-Morteda, accompagné seulement de quelques serviteurs, abandonna à ses ennemis tout son bagage et son matériel. Cette défaite fut le dernier coup porté à la puissance almohâde.

Après leur victoire, les Beni-Merine s'avancèrent vers le sud. Abou-Yahïa reçut alors la soumission de Sidjilmassa qui lui fut livrée par la trahison d'un certain Mohammed-el-Kitrani, officier du gouverneur almohâde de cette ville. Une garnison merinide y fut laissée sous le commandement d'El-Kitrani. La province de Deraa, ayant suivi cet exemple, Abou-Yahïa y envoya son fils Abou-Hadid comme gouverneur. El Morteda fit marcher aussitôt contre Sidjilmassa son général Ibn-Hattouch, mais ce chef, ayant appris que ses adversaires se disposaient à l'attaquer avec des forces bien supérieures aux siennes, dut rétrograder sans combattre.

Le khalife almohâde, espérant être plus heureux avec Ali-ben-Yedder, qui tenait toujours la campagne dans le Sous, expédia contre lui une autre armée qui eut moins de succès encore, car il était dit que, jusqu'à leur chute définitive, les Almohâdes n'éprouveraient que des revers. Le rebelle mit en déroute et dispersa les troupes envoyées contre lui..

En 1257, les Abd-el-Ouadites, conduits par leur émir Yar'moracène, vinrent de nouveau attaquer leurs cousins les Merinides. La rencontre se fit à l'Oued-Selit et eut encore pour résultat la défaite totale des Abd-el-Ouadites. Abou-Yahïa se disposait à les poursuivre pour achever leur déroute, mais il en fut détourné par son frère Abou-Yakoub qui avait des liens d'amitié et de parenté avec le prince de Tlemcen.

Yar'moracène, ayant eu ainsi le temps de rallier ses troupes, se porta sur Sidjilmassa où il s'était ménagé des influences et qu'il espérait enlever. A cette nouvelle Abou-Yahïa partit à marches forcées pour le sud, et, après plusieurs nouveaux combats contre les Abd-el-Ouadites, les força à opérer leur retraite sur Tlemcen. L'émir profita de son nouveau séjour dans le sud pour y régulariser la marche de l'administration, puis il rentra à Fès où il mourut dans le mois de juillet 1258 [1].

EL-MOSTANCER REÇOIT DU CHERIF DE LA MEKKE LE TITRE DE KHALIFE.

---

1. Kartas, p. 423 et suiv.

— Vers la même époque, l'Orient voyait la chute de la dynastie abbasside qui, depuis longtemps, ne régnait plus que de nom. Une nouvelle invasion, celle des Tatars, s'était jetée sur le nord de l'Arabie. Bag'dad étant tombée aux mains de leur chef Holaghou, frère du Khakan mongol Manghou, avait été mise au pillage et, dans le désordre, le trente-septième khalife, El-Môtacem, avait trouvé la mort. Les Tatars avaient alors envahi la Palestine.

Précédemment, la suprématie avait été exercée sur les villes saintes par Saladin, mais depuis la mort de ce prince, la guerre n'avait cessé de diviser ses descendants et ses affranchis et de paralyser leurs forces. Dans cette conjoncture, le grand Chérif (chef de la religion) de la Mekke, menacé de tous côtés et ne sachant sur quelle puissance temporelle s'appuyer, céda aux conseils d'un Andalousien nommé Abou-Mohammed-ben-Sebaîne, qui était allé s'établir en Orient, et se décida à reconnaître l'autorité du sultan hafside El-Mostancer. Il lui envoya à Tunis une ambassade chargée de lui remettre le diplôme le reconnaissant comme l'héritier des khalifes. Sa réception fut l'occasion d'une solennité qui, au dire d'Ibn-Khaldoun, fut un des plus beaux jours de l'empire.

La cour de Tunis brilla d'un véritable éclat et sa renommée s'étendit au nord et au sud; de toutes parts, on rechercha l'alliance et l'appui du successeur des khalifes. C'est ainsi que les envoyés de la Mekke trouvèrent à Tunis une ambassade mérinide et une mission arrivée du centre de l'Afrique et chargée par le souverain nègre de Kanem et de Bornou de remettre au prince hafside de magnifiques présents. A cette occasion, El-Mostancer prit le titre de prince des Croyants et le surnom d'El-Mostancer-b'illah. Cette gloire allait attirer à celui qui en était l'objet de graves difficultés avec les Chrétiens (1259)[1].

Abou-Youssof-Yakoub, chef des Merinides, repousse l'invasion Abd-el-Ouadite et établit solidement son autorité. — Après la mort de l'émir Abou-Yahïa, son fils Omar voulut prendre le commandement des Merinides, mais il se vit disputer le pouvoir par son oncle Abou-Youssof-Yakoub-ben-Abd-el-Hak et, après avoir essayé, sans succès, de lutter contre lui, il fut contraint d'abdiquer et de lui laisser le champ libre (1259). L'autorité des Beni-Merine s'étendait alors de la Moulouïa à l'Ouad Oum-er-Rebia et de Sidjilmassa à Kçar-Ketama. Leurs princes tenaient à Fès une cour dont

---

1. El-Kaïrouani, p. 224 et suiv. Ibn-Khaldoun, t. II, p. 344 et suiv.

l'éclat ne le cédait en rien à celles de Tlemcen et de Maroc car les réfugiés espagnols y apportaient aussi la civilisation de la Péninsule.

Profitant du moment de confusion qui suivit la mort du sultan de Fès, Yar'moracene crut l'occasion venue de venger les défaites que les Merinides lui avaient infligées. Il appela de nouveau à la guerre ses alliés, et ayant reçu des contingents des Oulad-Mendil et des Toudjine, ainsi que des Arabes Zor'ba, il envahit les contrées de l'ouest. Parvenu à Keldemane, non loin de Taza, il rencontra l'armée de Yakoub et lui livra bataille. Cette fois encore, la fortune se tourna contre lui, car il semblait écrit qu'il ne remporterait jamais d'avantages contre les Merinides. Mis en déroute, il se vit forcé de reprendre le chemin de Tlemcen et se contenta de dévaster en passant la ville de Tafercite.

Yakoub, qui avait trop souffert pour songer à poursuivre ses ennemis, se hâta de proposer une trêve à son rival. La ville de Salé venait de se révolter à l'instigation d'un de ses neveux qui en était gouverneur. Ce chef, nommé Yakoub-ben-Abd-Allah, pour assurer la réussite de ses projets, n'avait pas craint d'appeler à son aide les chrétiens, sans doute les Génois ou les Pisans qui entretenaient des relations commerciales suivies avec le port de Salé; mais sa trahison ne lui fut pas profitable. Les chrétiens, en effet, réunis en grand nombre dans le port, profitèrent du moment où les indigènes célébraient la fête de la rupture du jeûne pour pénétrer par une brèche dans la cité, la mettre au pillage, massacrer les habitants et s'emparer des femmes et des richesses. Le gouverneur, assiégé dans la citadelle, se hâta de demander à son prince pardon de sa conduite et d'implorer son secours. L'émir Abou-Youssof-Yakoub accourut aussitôt à la tête des forces dont il pouvait disposer et, après quatorze jours de siège, parvint à se rendre maître de la place. Il s'appliqua ensuite à réparer les dévastations commises par les chrétiens et donna lui-même l'exemple en travaillant de ses mains aux fortifications.

Quant à Yacoub, le gouverneur qui par sa conduite avait suscité ces difficultés à l'émir, il n'osa pas affronter sa colère. Espérant éviter un châtiment mérité, il se jeta dans les montagnes des R'omara et y arbora l'étendard de la révolte. L'émir chargea son fils Abou-Malek de le réduire, puis il rentra à Fès. Peu de temps après, Yacoub était contraint d'implorer son pardon. Abou-Malek étant de retour, son père l'envoya en ambassade auprès du prince Abd-el-Ouadite auquel il était uni par des alliances, ainsi qu'il a été dit, afin de lui proposer la paix. Ces ouvertures furent bien accueillies et un traité d'alliance et d'amitié fut signé entre le prince

Merinide et Yar'moracene au lieu dit Zaher, près des montagnes des Beni-Iznacene (1260-61)[1].

LUTTES D'EL-MORTEDA CONTRE IBN-YEDDER ET CONTRE LES MERINIDES. IL TRAITE AVEC CES DERNIERS. — Au milieu de ces luttes, le rôle du khalife almohâde de Maroc est complètement effacé. La dynastie d'Abd-el-Moumene a perdu tout son prestige et le moment approche où son trône va être définitivement renversé.

La guerre contre le rebelle Ibn-Yedder, dans le Sous, occupait les quelques troupes almohâdes dont pouvait encore disposer El-Morteda. Les intrigues des Arabes Sofiane, derniers adhérents des Almohâdes, leurs guerres contre leurs cousins les Kholt, si toutefois on peut donner le nom de guerres à une série ininterrompue de meurtres, de trahisons et d'attentats de toute sorte, appelaient aussi l'attention du khalife qui essayait, mais en vain, d'employer à son profit l'activité de ces nomades et ne réussissait qu'à augmenter l'anarchie.

En 1260, d'après Ibn-Khaldoun, 1263, selon Marmol, le roi de Castille, Alphonse X, vint s'emparer, par un coup de main, de la ville de Salé ; mais bientôt l'émir merinide accourut avec des forces et contraignit les Espagnols à se rembarquer. Salé fut entièrement bouleversé dans ces crises.

Sur ces entrefaites, les troupes almohâdes qui opéraient dans le Sous essuyèrent une défaite dans laquelle leur général trouva la mort. El-Morteda y envoya alors une nouvelle colonne sous la conduite d'Abou-Zeïd-ben-Iguite, auquel il adjoignit des troupes chrétiennes commandées par don Lopez. Mais une mésintelligence qui survint entre ces deux chefs paralysa entièrement leur action et El-Morteda, auquel Abou-Zeïd porta plainte, trancha le différend en faisant assassiner l'officier chrétien.

Vers le même temps, les débris de deux tribus kurdes, les Louine et les Taber qui avaient émigré d'Orient, chassés par l'invasion des Tatars, arrivèrent à la cour de Maroc où le khalife les accueillit avec empressement car ces Kurdes étaient des archers renommés.

Cependant à Fès, le prince merinide, resté définitivement maître du pouvoir que ses parents avaient encore voulu lui disputer, songea à tenter un dernier effort pour renverser le trône almohâde (1261-62). Il rassembla tous les contingents dont il pouvait disposer et, s'étant mis en marche sur Maroc, vint prendre posi-

---

1. Ibn-Khaldoun, *Berbères*, t. II, p. 248 et suiv., t. III, p. 351 et suiv., t. IV, p. 45 et suiv. Kartas, p. 425 et suiv.

tion au lieu dit Igliz, non loin de la ville. Il en commença aussitôt le blocus ; mais à la vue de leurs ennemis, le courage des assiégés se réveilla. Un descendant d'Abd-el-Moumene nommé Abou-l'Ola-Edris, dit *Abou-Debbous* (l'homme à la masse d'armes), appela les guerriers almohâdes au combat et chacun accourut se ranger à sa suite. Cette troupe, pleine d'ardeur, sortit alors de la ville et se rua sur les assiégeants. Le combat fut long et acharné, jusqu'à ce qu'un propre fils de l'émir Abou-Youssof, nommé Atadjoub, eût mordu la poussière. A cette nouvelle, l'armée merinide, prise de panique, abandonna ses positions et s'enfuit en désordre.

Après cet échec, l'émir de Fès accepta les ouvertures de paix qu'El-Morteda lui fit porter en même temps que ses compliments de condoléance sur la mort de son fils. Yakoub, ayant en outre reçu du souverain almohâde l'engagement de lui servir un tribut annuel, leva le siège et reprit la route de l'ouest ; mais, parvenu à l'Oum-er-Rebïa, il se heurta contre une armée almohâde commandée par le général Yahïa-ben-Ouanoudine qui accourait à la défense de Maroc. On en vint aux mains dans le lit de la rivière[1], et après un combat acharné, la victoire resta aux Merinides qui forcèrent leurs ennemis à rentrer en désordre à Maroc.

Cette bataille reçut le nom d'Oum-er-Ridjeleïn (1261-2)[2].

GUERRES DANS LE MAG'REB CENTRAL. EXTENSION DE LA PUISSANCE ABD-EL-OUADITE. — Pendant que ces événements se passaient dans l'extrême ouest, le feu de la guerre ensanglantait encore le Mag'reb central. De nouvelles discussions s'étaient produites entre les Mag'raoua et les Abd-el-Ouadites au sujet de leur défaite commune par les Merinides, chacun d'eux voulant en faire porter la responsabilité sur l'autre. Yar'moracene s'étant porté dans la région du bas Chelif, avait forcé les Oulad-Mendil, chefs des Mag'raoua, à une soumission nominale.

Vers le même temps, un certain Abou-Ali-el-Miliani, fils d'un célèbre jurisconsulte que le gouvernement hafside avait établi comme son représentant à Miliana, levait, dans cette ville, l'étendard de la révolte et se déclarait indépendant. Aussitôt que cette nouvelle fut connue à Tunis, El-Mostancer plaça son frère Abou-Hafs à la tête d'une armée, en le chargeant de réduire le rebelle. Don Henri de Hernandez, frère du roi de Castille, qui était venu,

---

1. On sait que les rivières d'Afrique ont un lit beaucoup plus large que le volume d'eau qui y coule habituellement ne le rendrait nécessaire.
2. *La mère aux deux pieds* à cause de deux îlots ayant cette forme qui émergeaient dans le lit de l'Oum-Er-Rebia.

quelque temps auparavant, se réfugier à la cour de Tunis, prit part à cette expédition.

Arrivé à Miliana, Abou-Hafs mit le siège devant cette ville et ne tarda pas à s'en emparer. Mais El-Miliani, ayant pu s'échapper, trouva un refuge chez les Beni-Yakoub, Arabes Zor'biens de la tribu des Attaf, qui l'aidèrent à passer en Mag'reb et à se rendre à la cour des princes merinides. Quant à Abou-Hafs, qui avait sans doute été soutenu par les Mag'raoua dans cette campagne, il laissa le commandement de Miliana à Mohammed-ben-Mendil et rentra à Tunis. Ainsi la puissance des Mag'raoua s'étendait tous les jours et leurs princes dominaient sur la vallée du bas Chelif et, de là, jusqu'à la mer (1262).

Toujours vers la même époque, des Arabes Makiliens de la tribu de Monebbate parvenaient à s'emparer de Sidjilmassa. Après avoir mis à mort le chef merinide qui y commandait, ils offrirent ce groupe d'oasis à Yar'moracene avec lequel ils avaient toujours conservé des intelligences. Ce prince étant arrivé pour prendre possession de sa nouvelle province reçut le serment des habitants et leur donna comme gouverneur son propre fils Yahïa [1].

ABOU-DEBBOUS, SOUTENU PAR LES MERINIDES, S'EMPARE DE MAROC. FUITE ET MORT D'EL-MORTEDA. — Pendant que l'autorité abd-el-ouadite s'implantait ainsi dans le sud, le gouvernement almohâde achevait son agonie au milieu des intrigues suscitées par de misérables compétitions. Le brave Abou-Debbous, calomnié auprès d'El-Morteda, se vit réduit à prendre la fuite pour éviter le sort trop certain qui l'attendait. Ainsi, à sa dernière heure, l'empire almohâde se privait du seul homme qui, par son énergie, eût pu, sinon le conserver encore intact, au moins retarder sa chute.

Abou-Debbous se réfugia d'abord chez Messaoud-ben-Gueldoum, cheikh des Heskoura, puis, cédant sans doute aux conseils de ce chef, il vint directement à la cour de Fès, proposer une alliance au sultan merinide contre le prince de Maroc. Abou-Youssof, comme bien on pense, accueillit avec empressement le transfuge et lui promit des secours en argent et en hommes, à la condition que la moitié du territoire conquis serait pour lui. Abou-Debbous ayant reçu du prince de Fès un subside de cinq mille pièces d'or (dinars) passa chez les Kholt, et, de là, chez les Heskoura, tous partisans des Merinides, afin de réunir son armée. De toutes parts,

---

1. Ibn-Khaldoun, *Berbères*, t. I, p. 66, 119, 128, t. II, p. 248 et suiv., 276 et suiv., t. III, p. 351 et suiv., t. IV, p. 49 et suiv. Kartas, p. 372, 431 et suiv.

les contingents vinrent se grouper autour de lui ; il arriva même des transfuges almohâdes et une partie de la milice chrétienne, désertant la cause impopulaire du khalife de Maroc. El-Morteda, qui ne savait, dans le danger, employer d'autre moyen que la cruauté, fit mettre à mort quelques chefs des Sofiane dont il suspectait la fidélité, ce qui eut pour résultat de détacher de lui ses adhérents arabes.

Vers la fin de l'été 1266, Abou-Debbous se trouva prêt à prendre l'offensive. Il se porta sur Maroc à la tête de ses adhérents, appuyés d'un corps de cinq mille Mérinides réguliers, et vint, au mois d'octobre, se heurter à Ar'mate contre le vizir almohâde Abou-Zeïd-ben-Iguite qui commandait ce poste. En vain, ce général essaya-t-il de résister sérieusement à l'ennemi ; après avoir perdu ses meilleurs guerriers, il fut mis en déroute et poursuivi l'épée dans les reins, jusque sous les murs de Maroc. Ainsi, l'armée d'Abou-Debbous avait déblayé sa route en un seul combat.

Loin de s'attendre à une attaque si subite, El-Morteda, qui se fiait sur ses postes avancés, célébrait en paix la prière du vendredi, tandis que les remparts étaient vides de défenseurs. Abou-Debbous pénétra donc sans coup férir dans Maroc par la porte d'Ar'mat et marcha droit sur la citadelle dans laquelle il fit son entrée. En même temps, le khalife, averti enfin du danger, prenait la fuite suivi de quelques vizirs, par la porte opposée. Le vainqueur s'installa en maître dans la capitale almohâde.

Quant à El-Morteda, réduit à l'état de fugitif, il tenta d'abord d'aller chercher asile chez les Hentata, mais, ayant appris qu'ils étaient les champions de son ennemi, il passa dans le pays des Guedmioua où il appela à son aide ses deux généraux Ibn-Ouanoudine et Ibn-Attouch qui opéraient avec quelques troupes, le premier dans le Haha et le second à Regraga. Mais bientôt, le malheureux prince, qui était de toute part entouré d'embûches, dut encore prendre la fuite. Il courut se réfugier à Azemmor auprès de son gendre Ibn-Attouch qui était parvenu à se jeter avec ses troupes dans cette place. C'était marcher de lui-même à la mort, car l'or d'Abou-Debbous avait gagné tout le monde. El-Morteda fut tout d'abord jeté dans les fers puis, sans tenir compte de ses prières, ni de l'alliance qui l'unissait à lui, Ibn-Attouch l'envoya, chargé de chaînes, à Maroc, c'est-à-dire au supplice. Mozahem, affranchi de l'usurpateur, vint en effet à la rencontre du khalife et le mit à mort. La tête d'El-Morteda fut seule apportée à Maroc (novembre 1266). Son triste règne avait duré près de dix-neuf ans[1].

---

1. Kartas, p. 373 et suiv. Ibn-Khaldoun, *Berbères*, passim.

Règne d'Abou-Debbous. Il réduit le rebelle Ibn-Yedder. — Resté ainsi seul maître de l'autorité suprême, Abou-Debbous se fit décerner le titre d'El-Ouathek-b'illah et d'El-Motamed-Ala-Alah[1], puis il entreprit courageusement la rude tâche de relever la dynastie almohâde. Sa première pensée fut pour le rebelle Ibn-Yedder qui tenait toujours dans le Sous ; il se préparait même à marcher en personne contre lui lorsqu'il apprit que Yakoub, le sultan merinide, s'avançait avec une armée et était déjà dans le Tamesna. Il venait réclamer l'exécution des conventions acceptées par Abou-Debbous et qu'El-Ouathek ou El Motamed semblait avoir oubliées. Ne se trouvant pas assez fort pour résister ouvertement, le prince almohâde tâcha de gagner du temps et, dans ce but, envoya un riche présent au sultan merinide, en lui promettant de nouveaux cadeaux avant peu.

Yakoub s'étant contenté de ces promesses, Abou-Debbous se mit en marche vers le Sous. Il avait envoyé en avant le général Yahïa-ben-Ouanoudine avec mission de rallier et de réunir les contingents des Guezoula, Lamta, Guenfiça, Zenaga et autres populations berbères des hauts plateaux, sur lesquelles Ibn-Yedder étendait précédemment son autorité. Abou-Debbous opéra sa jonction avec son lieutenant qui avait exécuté ponctuellement ses ordres, puis il marcha avec toutes les forces contre Taroudent. A son approche, les rebelles évacuèrent cette place pour se réfugier dans la forteresse de Tisekht, dont le commandement fut confié à Hamidi, cousin d'Ibn-Yedder. Rien ne résista à l'armée almohâde et bientôt Ibn-Yedder, ne sachant où fuir, se décida à se livrer à la discrétion de son ennemi. Ainsi, en une campagne, Abou-Debbous anéantit cette révolte qui, durant dix années, avait tenu en échec son prédécesseur (1266-7).

Révolte des Daouaouïda. Ils sont châtiés par El-Mostancer. — Pendant que le Mag'reb était désolé par cette suite ininterrompue de guerres, la puissance hafside se consolidait dans l'est et brillait d'un réel éclat. Jouissant de la paix, fruit de sa vigilance et de son habileté, le khalife El-Mostancer s'appliquait à doter Tunis de monuments somptueux, de façon à en faire une capitale digne de son royaume. Sur ces entrefaites, sa quiétude fut troublée par la révolte d'un de ses cousins nommé Abou-l'-Kacem-ben-Abou-Zeïd. Ce prince se rendit chez les Daouaouïda-Riah, toujours disposés à la révolte, et obtint d'eux et de leur chef Chibl, le serment de fidélité. Il entraîna ensuite ces Arabes à la guerre

---

1. *Celui qui place sa confiance en Dieu* et *Celui qui s'appuie sur Dieu.*

contre les tribus Soleïmides qui avaient fini par usurper entièrement leur place en Tunisie et les rejeter vers le Zab.

A l'annonce de ces événements, le khalife El-Mostancer réunit ses troupes et se disposa à marcher contre les rebelles, mais les Daouaouïda ne l'attendirent pas ; ils s'enfoncèrent devant lui vers le sud-ouest jusqu'au delà de Mecila, sans se laisser atteindre. Quant au rebelle Abou-l'-Kacem, il se réfugia à Tlemcen et, de là, passa en Espagne.

Le sultan hafside séjourna quelque temps à Mecila dans l'espoir de trouver une occasion favorable pour écraser les Daouaouïda ; mais ceux-ci se tinrent constamment à distance. Pendant son séjour dans cette ville, El-Mostancer reçut la visite de Mohammed-ben-Abd-el-Kaoui, émir des Toudjine, venant l'assurer de sa fidélité pour lui et de sa haine contre les Abd-el-Ouadites.

El-Mostancer dut cependant rentrer à Tunis sans avoir assouvi sa vengeance (1266-7). Les Daouaouïda lui adressèrent alors l'offre de leur soumission et le khalife, voyant que, pour châtier ces nomades, l'arme la plus sûre était la ruse, accepta leur hommage assez ironique et les engagea à rentrer en paix dans leurs cantonnements. En même temps, il expédia au gouverneur de Bougie des instructions pour qu'il tâchât, par tous les moyens, de les attirer vers le nord. Les Arabes ne se laissèrent prendre qu'à demi à ces assurances et s'avancèrent avec les plus grandes précautions. Aussitôt, le sultan, sortant de Tunis à la tête des contingents fournis par les Arabes soleïmides de Kaoub et de Debbab, se porta rapidement vers le sud-ouest ; une fraction des Daouaouïda, les Beni Açaker-ben-Soltan, vinrent à sa rencontre lui offrir leur soumission et demander à combattre avec lui contre leurs frères les Beni Messaoud-ben-Soltane, formant le reste des Daouaouïda, qui avaient décampé au plus vite et se disposaient à défendre les défilés du Zab. Parvenu à Negaous, El-Mostancer dut encore s'arrêter, n'osant pas s'aventurer dans un pays inconnu et désolé.

Sur ces entrefaites, Abou-Hilal, gouverneur de Bougie, qui était entré en relations avec les Riah et avait su leur inspirer plus de confiance que son souverain, leur donna le conseil d'envoyer au khalife une députation de leurs principaux chefs, leur garantissant la clémence d'El-Mostancer. Les nomades finirent par se rendre à ces conseils, et, oubliant leur prudence habituelle, les cheikhs de la tribu, ayant à leur tête l'émir Chibl, vinrent au camp du khalife, alors à Zeraïa, non loin de Tobna. A peine furent-ils arrivés qu'El-Mostancer donna l'ordre de les faire périr. Ils furent tous décapités et leurs corps demeurèrent sur place, plantés sur des pieux, tandis que leurs têtes étaient envoyées à Biskra pour être exposées.

Profitant de l'effet de terreur produit par cette exécution, El-Mostancer attaqua avec vigueur les campements des Riah, força ces Arabes à la fuite et les poursuivit jusqu'au delà de l'Oued-Djedi, sur le plateau aride de Hammada où ces malheureux cherchèrent un refuge. Après avoir perdu une grande quantité des leurs et tous leurs biens tombés aux mains de l'armée hafside, les débris des Daouaouïda se sauvèrent ensuite vers l'ouest et demandèrent un abri aux princes Abd-el-Ouadites, pendant qu'El-Mostancer rentrait chargé de trophées à Tunis (1267-68.)[1]

Attaque de Maroc par les Merinides. Diversion des Abd-el-Ouadites. Leur défaite à Telar'. — Pendant ce temps, les événements se précipitaient en Mag'reb. A peine, en effet, Abou-Debbous fut-il rentré à Maroc, au retour de son expédition du Sous, qu'il reçut du sultan merinide un message impératif lui enjoignant d'exécuter leur traité, c'est-à-dire de lui livrer sur-le-champ la moitié du pays conquis. Mais, Abou-Debbous, enivré sans doute par les succès qu'il venait de remporter, accueillit fort mal les injonctions du prince merinide et répondit avec hauteur à son envoyé : « Dites à Abou-Youssof-Yakoub-ben-Abd-el-Hak de se contenter de ce qu'il a maintenant, car, s'il en demande davantage, j'irai le châtier avec une armée assez nombreuse pour l'écraser. »

Ce n'était rien moins qu'une déclaration de guerre. En effet, Abou-Youssof, aussitôt qu'il connut cette réponse, à laquelle il s'attendait sans doute, lança ses troupes sur le territoire almohâde et se mit lui-même en marche vers Maroc. Abou-Debbous, qui avait beaucoup trop présumé de ses forces, chercha, à l'approche du danger, quel appui il pourrait trouver. Il songea aussitôt aux Abd-el-Ouadites, ennemis irréconciliables des Merinides, et expédia un riche présent à Yahia, fils de Yar'moracène, gouverneur de Sidjilmassa, en le priant d'écrire à son père pour qu'il vint attaquer l'émir de Fès sur ses derrières.

Yahia donna aux envoyés une escorte d'Arabes makiliens chargés de les conduire auprès de son père Yar'moracène, alors occupé à guerroyer dans les environs de Miliana. Le chef abd-el-ouadite, qui brûlait toujours de prendre sa revanche contre son rival, termina par une trêve ses affaires avec les Oulad-Mendil, puis il accourut à Tlemcen, réunit ses troupes et fit irrup-

---

1. Ibn-Khaldoun, *Berbères*, t. I, p. 73, 139, t. II, p. 354 et suiv. El-Kaïrouani, p. 222 et suiv.

tion sur le territoire merinide. Mais, malgré sa diligence, tout cela avait pris du temps, et Abou-Youssof avait commencé le siège de Maroc après avoir ravagé les contrées environnantes. Tandis qu'il pressait la capitale, on lui apprit que Yar'moracène avait fait invasion sur son territoire et qu'il s'avançait en semant sur son passage la dévastation.

A cette nouvelle, Abou-Youssof leva le siège de Maroc et se rendit à Fès où il s'occupa de réunir de nouvelles troupes, puis, dans l'automne de l'année 1267, il marcha vers l'est et chassa devant lui les Abd-el-Ouadites. Ceux-ci continuèrent leur retraite jusqu'à Telar', au sud-est de Tlemcen et prirent possession auprès de cette rivière. Les Merinides, après avoir traversé Guercif et la plaine de Tafrata, trouvèrent enfin leurs ennemis rangés en ligne et disposés à la bataille. Abou-Youssof ayant pris les plus habiles dispositions, on en vint aux mains. Le combat, long et acharné, ne se termina que le soir par la défaite totale des Abd-el-Ouadites dont le camp tomba au pouvoir des Merinides. Yar'moracène, après avoir perdu son fils Abou-Hafs-Omar, héritier présomptif, et plusieurs de ses parents, eut encore la douleur de laisser son harem aux mains des ennemis. Il rallia, cependant, les débris de son armée et les ramena en bon ordre à Tlemcen, tandis que son heureux adversaire rentrait triomphant à Fès (mars 1268).

DÉFAITE ET MORT D'ABOU-DEBBOUS. PRISE DE MAROC PAR LES MERINIDES. CHUTE DE LA DYNASTIE ALMOHADE. — Débarrassé des Abd-el-Ouadites, le sultan merinide se disposa à en finir avec les Almohades. Sans perdre de temps dans une inaction qui eût pu devenir funeste, il quitta Fès le mois suivant (avril), et alla d'abord attaquer isolément les populations qui tenaient encore pour le khalife de Maroc. Les Kholt, dont il avait si souvent éprouvé le manque de foi, eurent à supporter tout le poids de sa colère. Il entra ensuite dans l'Atlas et réduisit les Berbères Zanhaga à la soumission.

Partout, des soldats répandirent la dévastation, brûlant les récoltes et les approvisionnements, afin d'inspirer une terreur salutaire à ceux qui auraient pu avoir encore l'intention de résister.

Abou-Youssof continua cette tactique pendant tout le reste de l'année, certain d'avance que c'était le moyen le plus sûr d'attirer son ennemi en rase campagne. Les Sofiane et une partie des Kholt s'étaient réfugiés sous la protection de Maroc, laissant les Merinides ravager leurs terres. Ces Arabes ne cessaient de supplier Abou-Debbous de les mener au combat ; de leur côté, les troupes almohâdes frémissaient d'impatience en apprenant chaque jour les succès de leurs ennemis. Mais le dernier souverain almohâde, enfermé derrière ses remparts, résistait à toutes les sollicitations. Néanmoins, la pression de l'opinion publique eut raison de son entêtement et il se décida à courir les hasards d'une lutte en rase campagne ; c'était se jeter de lui-même dans le piège.

Les Almohâdes, pleins d'ardeur, sortirent de Maroc en nombre imposant. Avec une rare habileté, Abou-Youssof se replia devant eux comme s'il craignait d'engager la lutte, et, par cette retraite simulée, attira ses ennemis jusque sur les rives de l'Ouad-Ar'fou. Changeant alors subitement de tactique, les Merinides font volte-face et se rangent en bataille dans une position avantageuse. En vain, les chefs almohâdes veulent rétablir l'ordre dans leurs rangs, car le plus grand tumulte règne dans l'armée qui, voyant fuir l'ennemi devant elle, se croit sûre du succès et a négligé toutes les règles de la tactique. En même temps, les Merinides chargent avec ardeur les hordes almohâdes rompues et bientôt coupées dans tous les sens. Leurs chefs essaient vainement de les rallier : ils sont entraînés dans la fuite. Abou-Debbous lui-même doit abandonner le champ de bataille et reprendre la route de Maroc. Mais, poursuivi de près, il reçoit d'un soldat merinide un coup de lance qui le jette à bas de son cheval et les quelques officiers qui l'accompagnent se font tuer autour de lui sans pouvoir le sauver. La tête d'Abou-Debbous fut portée au sultan merinide.

Les débris de l'armée almohâde rentrèrent en désordre à Maroc où ils apportèrent la nouvelle du désastre d'Ar'fou et de l'approche imminente de l'ennemi. Aussitôt, tous les adhérents de la dynastie d'Abd-el-Moumene évacuèrent la ville et allèrent se réfugier dans la montagne de Tine-Mellel, et y proclamèrent comme khalife un frère d'El-Morteda, nommé Ishak. Abd-el-Ouahad, fils d'Abou-Debbous, reconnu d'abord, n'avait conservé l'autorité que cinq jours. Ainsi la localité qui avait été le berceau de la puissance almohâde allait être le témoin de sa chute.

Quant aux habitants de Maroc et à quelques hauts fonctionnaires, ils envoyèrent au sultan merinide une députation afin d'implorer leur pardon et de protester de leur dévouement à la nouvelle cause. Les Kurdes passèrent alors en grande partie au service du souverain merinide, quelques-uns des leurs allèrent cependant se réfugier auprès du prince de Tlemcen. Un petit groupe se rendit en Ifrikiya et fut bien accueilli par le khalife hafside.

Sept jours après la bataille d'Ar'fou, le 8 septembre 1269, Abou-Youssof-Yakoub-ben-Abd-el-Hak fit, en grande pompe, son entrée à Maroc, au milieu d'un concours immense de peuple.

Il envoya ensuite ses troupes rayonner dans les environs, afin d'achever la conquête de toutes les provinces.

Ainsi finit l'empire almohâde qui avait étendu sa puissance sur toute l'Afrique septentrionale et l'Espagne. Cette dynastie s'éteignait après un siècle d'existence, mais elle n'avait brillé de tout son éclat que pendant le long règne de son fondateur. A partir de la mort d'Abd-el-Moumene, la puissance almohâde n'avait cessé de décroître ; l'immense empire s'était fractionné, désagrégé, et, de même que les Sanhadja avaient dû céder la place aux Masmouda, ceux-ci s'effaçaient devant les Zenètes de la troisième race. Ainsi, chaque grande famille berbère arrivait successivement à régner sur le pays. Mais, cette élévation de la race autochtone devait être la dernière, l'influence lentement dissolvante de l'élément arabe allait détruire pour toujours la force et l'unité du peuple berbère, livrer le pays à l'anarchie et préparer son asservissement aux Turcs [1].

APPENDICE I

CHRONOLOGIE DES KHALIFES ALMOHADES

Abd-el-Moumene	1130
Abou-Yakoub-Youssof	1163
Abou-Youssof-Yakoub-el-Mansour	1184
En-Nacer	1199
Youssof-el-Mostancer	1214
Abd-el-Ouahad-el-Makhloua	1224
El-Adel	1227
El-Mamoun	1228-29
Er-Rachid	1232
Es-Saïd	1242
El-Morteda	1248
Abou-Debbous	1266
Chute de la dynastie	1269

1. Ibn-Khaldoun, *Berbères*, t. I, p. 73, 121, 139, t. II, p. 257, t. IV, p. 56. El-Kaïrouani, p. 224. Kartas, p. 376, 377, 431 et suiv. Imam-El-Tensi, passim.

APPENDICE II

Etat de l'Afrique septentrionale a la chute de la dynastie almohade. Situation des tribus berbères et arabes

DYNASTIES

Au moment où la dynastie almohâde disparaît, l'Afrique septentrionale est divisée en trois principaux empires berbères :

Les Almohâdes-Hafsides à Tunis, étendant leur autorité sur l'Ifrikiya et sur le Mag'reb central, jusque vers le méridien de Miliana.

Les Abd-el-Ouadites, qui vont être appelés Beni-Zeyane, ou Zeïanites, du nom du père de Yar'moracene (Zeyane). De Tlemcen leur capitale, ils règnent sur le reste du Mag'reb central, à l'est ; et à l'ouest jusque dans la vallée de la Moulouïa dont la possession, il est vrai, leur est fort disputée.

Et les Beni-Merine (ou Merinides) établis à Fès, et ayant sous leur autorité tout le Mag'reb extrême.

En outre, sur la rive droite du Chelif, près de l'embouchure de cette rivière, dans les montagnes des Beni-bou-Saïd, se trouve la petite royauté des Oulad-Mendil qui a réuni sous son autorité les débris des Mag'raoua ; elle est sous la dépendance nominale des Abd-el-Ouadites.

Dans le Ouarensenis, vivent les Zenètes-Toudjine dans un état d'indépendance presque complète.

RACE BERBÈRE

La race berbère est groupée de la manière suivante :

Tripolitaine

Les *Louata* et *Houara* ont abandonné le pays ouvert aux Arabes pour se réfugier dans les montagnes ou se cantonner dans l'extrême sud [1].

---

1. Les descendants des Houara se trouvent toujours dans les déserts de la Tripolitaine, où on les désigne sous le nom plus exact de Hoggar.

Les *Nefouça* sont toujours dans les montagnes auxquelles ils ont donné leur nom, au sud de Tripoli.

Les *Zouar'a* et *Demmer*, fort diminués en nombre, forment la population sédentaire des oasis, se rapprochant de l'Ifrikiya.

Tunisie et Djerid

Les *Nefzaoua* se sont retirés dans les oasis et dans les régions montagneuses. Les oasis sont habitées par des populations mélangées de *Nefzaoua*, *Houara*, *Demmer* et *Ouacine*.

A Tunis s'est formée une colonie d'*Almohades-Hafsides* (*Masmouda*).

Province de Constantine

Les montagnes de l'Aourès et les chaînes environnantes sont occupées par des fractions de *Nefzaoua* et *Louata* et des groupes d'origine Zenète (*Ouacine*, etc.).

Les *Houara* s'étendent sur les plateaux situés au nord-est de l'Aourès jusqu'au sud de Bône ; ils commencent à se laisser arabiser par le contact et ne tarderont pas à prendre de nouveaux noms (*Henanecha*, *Nemamcha*, *Harakta*).

Les *Ketama* sont toujours compacts dans les contrées montagneuses comprises entre Collo et Bougie. Une de leurs fractions les plus importantes, celle des *Sedouikech*, s'étend à l'ouest de Constantine jusqu'à Sétif.

Mag'reb central

Les *Zouaoua* sont intacts dans les montagnes du Djerdjera.

Les *Sanhadja* ont dû abandonner une partie de leurs plaines aux Arabes, ils n'occupent plus que la Mitidja et les montagnes environnantes. Une de leurs principales fractions est celle des *Beni-Mellikch*.

Entre Tenès et l'embouchure du Chelif habitent les *Mag'raoua* (O'Mendil).

Les *Toudjine* dominent dans le Ouarensenis, étendant leur autorité jusqu'à Médéa et Miliana, à l'est, et jusqu'au Seressou à l'ouest.

Les *Abd-el-Ouad* et *Rached* occupent Tlemcen et se rencontrent dans les environs de cette ville avec les débris des anciennes tribus : *Ournid*, *Ifrene*, etc...

Au nord de Tlemcen, jusqu'à la mer, les montagnes sont habitées par les *Beni-Fatene* (*Koumïa*, *Oulhaça*, etc...)

Mag'reb extrême

Le Tel de cette contrée est resté entièrement berbère, sauf dans le Tamesna et le Hebet, où ont été implantées les tribus arabes éloignées de l'est par El-Mansour.

Les *Beni-Fatene* et *Zenaga* occupent les montagnes voisines de l'embouchure de la Moulouïa, et les *R'omara*, le Rif, jusqu'à Ceuta.

Dans la vallée de la Moulouïa, les *Miknaça* et autres tribus berbères ont cédé la place aux *Beni-Merine* et se sont jetés dans les montagnes.

Les *Berg'ouata* ont à peu près disparu.

L'Atlas est habité par les *Masmouda*, *Zenaga*, etc.

Dans les contrées méridionales et le Sous, l'élément berbère s'est laissé pénétrer par les Arabes venus du sud-ouest.

Grand désert

Toujours habité par les Sanhadja-au-litham (voile).

Dans le Sahara du Mag'reb central, les Beni-Ouargla occupent l'Ouad-Rir ; les *Sindjas*, *Lar'ouate*, *Mezab*, les contrées au midi du Djebel-Amour.

TRIBUS ARABES

Les Soleïm occupent la plus grande partie de la Tripolitaine et de la Tunisie.

Voici comment se répartissent leurs fractions :

Les *Debbab* s'étendent sur la région littorale entre Barka et Tripoli.

Les *Mirdas* occupent les contrées méridionales de la Tunisie, le pays de Kastiliya, les villes de Touzer et de Nefta leur servent de séjour d'été.

Les *Allak* ayant pour chefs les *Kaoub*, sont établis dans la plaine de Kaïrouane et le pays au midi de cette ville où ils ont remplacé les *Daouaouïda* (*Riah*).

Les *Hakim* sont entre Souça et El-Djem.

Les tribus Athbedj sont cantonnées comme suit :

Les *Dreïd* et *Garfa* (Kerfa) sur le versant de l'Aourès et jusqu'aux environs de Tebessa.

Les *Latif*, dans le Zab, et à Biskra, où ils ont formé la petite dynastie des Beni-Mozni.

Les *Dahhak*, dans les steppes du Sahara au midi des précédents.

Enfin, les *Afad*, *Korra* et *Amer* dans les montagnes entre le Hodna oriental et le pays de Hamza.

Les *Daouaouïda* (Riah) occupent le Hodna et s'avancent jusqu'au versant sud du Djebel-Dira. Ils dominent à Mecila, bien que leur puissance ait été très affaiblie par le châtiment qu'El-Mostancer leur a infligé.

Les Zor'ba sont répartis de la manière suivante dans le Mag'reb central.

Les *Yezid*, depuis Djebel-Dira jusqu'à Dehous et à la vallée de l'Ouad-Sahel, touchant à l'est aux tribus Athbedj et au sud aux Daouaouïda, avec lesquels ils sont continuellement en guerre.

Les plateaux à l'ouest du Hodna sont occupés par les *Hoseïn*, jusque vers le Djebel-el-Akhdar. Ils ont été placés dans ces localités de même que les Yezid pour Abou-Zakaria vers 1235.

Les *Amer* (pluriel, Amour), tribu d'origine Athbedj, passée aux Zor'ba, s'étendent à l'est des précédents jusqu'au Djebel-Rached qui va recevoir leur nom. Les *Oroua* sont avec eux.

Les *Malek*, formant le reste de la tribu, occupent les plaines du Mag'reb central, dans la partie comprise entre Miliana et la Mina, les *Attaf* étant près de Miliana et les *Soueïd* et *Dialem* dans les plaines du Chelif et de la Mina.

Les Makil se sont fractionnés : une de leurs tribus, les *Thaaleba* sont fixés aux environs de la montagne de Titeri, ayant pour voisins les Sanhadja *Mellikch*, au nord, et les Toudjine à l'ouest.

Les autres tribus Makiliennes se sont avancées vers l'ouest par les régions sahariennes.

Au midi de Tlemcen sont les *Douï-Obeïd-Allah* ;

Près de Sidjilmassa, les *Monebbate* ;

Dans le Sous-el-Akça, les *Douï-Hassane* et *Chebanate*.

Les *Djochem*, comprenant les *Kholt* et *Sofiane*, occupent le Tamesna, mais ils sont très affaiblis par les dernières guerres.

Une fraction des Riah est toujours cantonnée dans le Hebet où elle a été transportée, en même temps que la précédente, par le khalife El-Mansour.

Les plaines, on le voit, deviennent peu à peu le domaine des Arabes. Plusieurs de ces tribus, qui se sont mises au service des souverains berbères, ont obtenu, en récompense de leurs services, soit des territoires à titre de fiefs (*Ikta*), soit d'autres faveurs telles que la *Djebaïa*, part de moitié sans le produit des impôts qu'elles faisaient rentrer.

En outre, les tribus arabes puissantes imposent à leurs voisins sédentaires, les habitants des oasis, diverses charges, notamment le droit de *Khefara* ou protection dont le but est surtout de les exempter des incursions de leurs « protecteurs ». Ce droit consiste en jeunes chameaux.

Enfin, certaines tribus sahariennes, à la suite de services rendus à leurs sœurs du Tel, dans les guerres, exigent d'elles le droit de *R'erara* (sac), dont ces dernières s'affranchissent par le versement d'un certain nombre de *R'rara* de grain [1].

---

1. Ibn-Khaldoun, *Berbères*, t. I, p. 52 et suiv., 75, 88 et suiv., 113, 125, 132 et suiv., 159, 241 et suiv., 278 et suiv., t. II, p. 4 et suiv., 257 et suiv., 345 et suiv., t. III, p. 126 et suiv., 247 et suiv., 286, 340, et t. IV, p. 3, 8 et suiv., 28 et suiv., 262.

CHAPITRE XII

DYNASTIES HAFSIDE, ZEYANITE ET MERINIDE
CROISADE DE SAINT LOUIS CONTRE TUNIS

(1260-1277)

Événements d'Espagne. — Sicile : chute des descendants de Frédéric II ; Charles d'Anjou, roi des Deux-Siciles. — Expédition de saint Louis contre Tunis : motifs qui l'ont déterminée. — Débarquement des Croisés, ils se retranchent à Karthage. — Inaction des Croisés ; mort de saint Louis. El-Mostancer traite avec les Croisés qui se retirent. Destruction de Karthage. — Le sultan mérinide asseoit son autorité et écrase les révoltes ; les Volontaires de la foi. — Abou-Youssof marche contre les Abd-el-Ouadites, les défait à Isli et arrive sous les murs de Tlemcen. — Abou-Youssof réduit successivement Tanger et Sidjilmassa. — Expéditions des Abd-el-Ouadites et des Hafsides dans le Mag'reb central. — Événements d'Espagne ; le prince de Grenade appelle les Mérinides. — Abou-Youssof passe en Espagne ; succès des musulmans. — Abou-Youssof rentre en Mag'reb ; apogée de sa puissance. — Mort du hafside El-Mostancer ; son fils El-Ouathek lui succède. — Relations commerciales des puissances chrétiennes en Afrique au XIII° siècle. Politique des nouvelles dynasties à leur égard.

Événements d'Espagne. — Avant de continuer l'histoire des dynasties de Mag'reb, il convient de passer une rapide revue des événements dont l'Espagne a été le théâtre pendant la longue agonie de l'empire almohâde.

Le successeur de Ferdinand III, son fils Alphonse X, n'avait pas hérité des qualités politiques de son père. D'autre part, Jayme d'Aragon, dont il avait épousé la fille, avait à lutter contre les révoltes suscitées par ses propres enfants. La succession du trône de Navarre, devenue vacante sur ces entrefaites (1253), appela et retint ces princes dans le nord. Les musulmans de Valence en ayant profité pour se révolter, Jayme résolut de les expulser de ses états et de les remplacer par des populations chrétiennes, ainsi qu'il l'avait fait pour les Baléares. Lorsque le délai qui leur avait été assigné fut expiré, un grand nombre d'entre eux, deux cent mille, dit-on, émigrèrent dans la province de Grenade ou en Afrique, d'autres se mirent en rébellion ouverte et furent traqués, massacrés, dispersés.

Jayme avait en outre des difficultés avec les rois de France qui prenaient encore le titre de comte de Barcelone, tandis que les souverains de Navarre avaient des possessions dans le Languedoc et des droits sur la Provence.

Un traité, conclu avec saint Louis, fit cesser ces anomalies ; Montpellier resta seul au roi de Navarre, mais sous la suzeraineté de celui de France. Le mariage d'Isabelle, fille de Jayme, avec Philippe, fils de saint Louis, scella le traité ; en même temps, le roi d'Aragon concluait l'union de son fils Pedro avec Constance, fille de Manfred, roi de Sicile. Son autre fils, Jayme, reçut, en 1262, la souveraineté du royaume de Majorque. Murcie, qui avait recueilli tous les rebelles musulmans, s'était détachée du roi de Castille. En 1266, Jayme vint enlever cette place et la faire rentrer sous l'autorité chrétienne.

A peine de retour de cette expédition, le belliqueux vieillard, sollicité par l'empereur de Constantinople, prépara une croisade contre les Turcs ; il mit à la voile au mois de septembre 1269, mais la tempête dispersa sa flotte et le força à chercher un refuge à Aigues-Mortes, tandis que quelques navires, avec son fils Herman-Sanchez, continuaient leur route vers l'Orient.

Pendant que le roi d'Aragon achevait ainsi sa glorieuse carrière, celui de Castille, Alphonse X, voyait sa puissance décroître et avait à lutter contre une révolte générale de ses sujets musulmans, soutenus en secret par son vassal Ibn-el-Ahmar, roi de Grenade (1261). Cette guerre civile se prolongea avec des chances diverses durant huit années et, au moment où le roi chrétien semblait avoir triomphé de ses ennemis et abaissé l'orgueil d'Ibn-el-Ahmar, il lui fallut lutter contre la révolte de ses nobles [1].

C'est à ce prince que l'on doit l'institution des *Alfaqueques*, ou *Rescatadores*, laïques dont la mission était d'aider les religieux des divers ordres de rédemption, chargés de racheter les captifs chrétiens chez les Musulmans.

SICILE : CHUTE DES DESCENDANTS DE FRÉDÉRIC II. CHARLES D'ANJOU, ROI DES DEUX-SICILES. — Nous avons laissé l'empereur Frédéric II, en 1248, luttant contre la mauvaise fortune, sans que les revers eussent la moindre prise sur son âme d'acier. En vain, saint Louis essaya de fléchir, par les conseils ou la menace, l'irritation du pape et d'amener une transaction entre lui et l'empereur. Cantonné dans le midi de l'Italie, Frédéric espérait triompher encore, même en appelant les Sarrazins d'Afrique, lorsqu'il mourut à Fiorentino, dans la Pouille (1250). Il laissait un fils légitime, Conrad IV, qui essaya de reconquérir l'empire, aidé par Manfred, fils naturel de Frédéric. Mais le pape voulait achever son œuvre contre la maison de Souabe ; se basant sur la déchéance dont le concile de Lyon

---

1. Rosseeuw Saint-Hilaire, *Histoire d'Espagne*, t. IV, p. 151 et suiv.

avait frappé Frédéric, il contesta les droits de son fils à l'hérédité et offrit les Deux-Siciles à Charles d'Anjou, frère du roi de France.

Manfred avait été nommé par Conrad, ou par une clause du testament de leur père, régent du royaume de Naples et de Sicile, mais la terre ferme ne lui obéissait pas et il avait dû rester confiné dans l'île. En 1253, Conrad avait entrepris la conquête du royaume de Naples, et le succès semblait devoir couronner ses efforts, lorsqu'il mourut subitement, empoisonné, dit-on, par son frère naturel. Il laissait un fils en bas âge, Conrad V, plus connu sous le nom de Conradin.

Resté seul maître du pouvoir, Manfred continua à porter le titre de régent jusqu'en 1258. Alors, sur la fausse nouvelle de la mort de Conradin, il se fit proclamer roi. Pendant tout le temps de sa régence et de son règne, il ne cessa de lutter contre le Saint-Siège et, pour augmenter sa force, il s'allia à l'Aragon, en mariant sa fille au fils de Jayme. Le pape Urbain IV, qui s'était en vain opposé à cette union, offrit la couronne de Sicile au roi de France; mais saint Louis ayant refusé, le pape se tourna vers Charles d'Anjou qui se décida à accepter sous diverses charges qui faisaient de lui le protégé et le serviteur du Saint-Siège (1263). Enfin, en 1265, Clément IV, successeur d'Urbain, désespérant de réduire son ennemi, appela Charles d'Anjou. Manfred périt dans le combat de Bénévent (1266). Le frère du roi de France restait ainsi maître du royaume des Deux-Siciles, mais bientôt, Conradin, devenu homme, voulut lui disputer le pouvoir et parut d'abord devoir réussir à vaincre le pape et les Français; mais, ayant été battu et fait prisonnier à la bataille de Tagliagozzo, son vainqueur le fit périr sur l'échafaud (1268). Ainsi, Charles d'Anjou recueillit l'héritage de la maison de Souabe et des princes normands. Arbitre de l'Italie, sénateur de Rome, son orgueil ne connut plus de bornes et nous allons voir à quelle entreprise désastreuse il poussera le roi de France.

Que devinrent, pendant toutes ces luttes, les rapports des souverains berbères avec la Sicile? Selon M. Amari, El-Mostancer cessa de servir le tribut à partir de l'année 1265, c'est-à-dire vers l'époque de la mort de Manfred. Il prétendit, en effet, ne pas reconnaître ce qu'il appelait l'usurpation de Charles d'Anjou et fournit à Conradin et à ses partisans un appui effectif. Henri et Frédéric de Castille, passés au service d'El-Mostancer, furent placés à la tête de troupes musulmanes, et, après la défaite, cherchèrent un refuge à Tunis. La victoire du prince français fut suivie de sanglantes représailles : le roi de Tunis ne pouvait échapper à la vengeance [1].

EXPÉDITION DE SAINT LOUIS CONTRE TUNIS. MOTIFS QUI L'ONT DÉTERMINÉE. — L'invasion des Tatars en Orient avait achevé de rendre des plus critiques la situation des colonies chrétiennes de Palestine, attaquées avec rage, d'un autre côté, par les souverains d'Égypte, successeurs de Saladin. En mai 1268, Antioche étant tombée aux mains de ces derniers, 17,000 habitants furent passés au fil de l'épée.

Personne ne ressentait les malheurs de Terre-Sainte aussi vivement que le pieux roi de France. Porter secours à ses coreligionnaires d'Orient fut bientôt sa seule pensée et rien ne put le détourner de son généreux dessein : ni l'état précaire de sa santé, ni le dénuement des caisses publiques, ni l'absence de flotte, ni les complications pouvant résulter de la situation de Charles d'Anjou en Italie.

Dans le mois de mars 1270, Louis IX se rendit à Aigues-Mortes, lieu de rassemblement des croisés. C'est là que les navires génois devaient venir les prendre. Mais la flotte se fit attendre, le découragement et la maladie se mirent dans le camp et ce ne fut que le 1er juillet que l'expédition prit la mer.

Après avoir essuyé une tempête qui les dispersa, les navires se réunirent le 8 dans la baie de Cagliari. Là, dans un dernier conseil de guerre, tenu en rade, il fut décidé que Tunis serait définitivement le but de l'expédition. En vain plusieurs seigneurs s'opposèrent-ils « à ce qu'on allât porter la guerre sur les terres d'un prince qui n'avait jamais fait de mal aux chrétiens, et opinèrent-ils pour qu'on se dirigeât vers la Terre-Sainte qui avait si grand besoin de leur secours », l'influence de Charles d'Anjou l'emporta et la fatale décision fut prise.

Les motifs qui la déterminèrent étaient, du reste, de diverse sorte. L'influence du frère de Saint Louis fut prépondérante, car il tenait avant tout à ne pas trop s'éloigner des Deux-Siciles ; de plus, héritier des princes normands, il espérait reconquérir leur prépondérance en Afrique et imposer son autorité au sultan hafside dont il avait, ainsi que nous l'avons dit, à tirer vengeance, et qui avait cessé de servir le tribut pris en charge par ses prédécesseurs. Il insinua alors que la Tunisie infestait les mers de ses

---

1. Amari, *Musulmans de Sicile*, t. III, p. 631. Michaud, *Histoire des Croisades*, t. III, p. 269. Zeller, *Histoire d'Italie (L'Italie monarchique et républicaine)*. — De Mas-Latrie, *Traités de paix*, etc., p. 134 et s.

pirates, qu'El-Mostancer, devenu *prince des Croyants*, était l'auxiliaire de l'Égypte (ce qui était faux), et qu'il pourrait bien couper la retraite aux croisés.

Saint Louis, de son côté, avait d'autres idées, qui lui tenaient fort au cœur : il espérait obtenir la conversion du sultan hafside avec lequel il vivait en bonne intelligence et qui, dans ses messages, ne cessait de l'assurer de son dévouement et même de sa sympathie pour la religion chrétienne, déclarant qu'il n'aurait aucune répugnance à la pratiquer. « Je consentirais volontiers, disait le roi, à passer le reste de mes jours enchaîné dans une prison, si je pouvais obtenir ce résultat, de convertir le roi de Tunis et son peuple à la religion chrétienne ».

Enfin, un autre fait, dont les auteurs musulmans parlent seuls, eut peut-être une influence quelconque sur la décision prise. Dans les années précédentes, un certain Abou-l'Abbas-el-Luliani, originaire du bourg de Luliana, près d'El-Mehdïa, avait acquis à Tunis une haute position commerciale. Il était en relations avec les gouverneurs de province, auxquels il avançait parfois des sommes considérables, garanties par le produit des impôts ; il faisait aussi des affaires importantes avec les commerçants français et italiens. L'immense fortune et la grande influence qu'El-Luliani avait ainsi acquises ne tardèrent pas à exciter la jalousie des officiers de la cour, que le luxe de ce marchand offusquait. Ils ne négligèrent aucune occasion de le desservir auprès du maître et finirent par lui attribuer l'intention de soulever la ville d'El-Mehdïa. Une enquête ordonnée contre lui fut confiée à ses ennemis qui l'accablèrent d'humiliations et lui arrachèrent, par la torture, à défaut d'aveux, des sommes considérables. Mais cela ne suffisait pas encore : on fit répandre le bruit qu'il allait passer en Sicile, de prétendus complices avouèrent le fait et sa sentence fut prononcée : livré à Hilal, chef du corps des affranchis européens, il périt sous le bâton et son cadavre, abandonné à la populace, fut mis en pièces. La famille et les amis de ce malheureux, entraînés dans sa chute, furent mis à mort par l'ordre du sultan.

Après le trépas d'El-Luliani, chacun se partagea ses dépouilles. Or, il se trouvait, paraît-il, débiteur de sommes importantes envers des marchands francs, notamment des Provençaux. Ces créanciers présentèrent au sultan hafside des réclamations dont le montant ne s'élevait pas à moins de trois cent mille dinars, soit environ trois millions de francs de notre monnaie. « Mais, dit Ibn-Khaldoun, comme ils ne fournirent aucune preuve à l'appui de leur demande, El-Mostancer repoussa leurs prétentions. Alors, ils allèrent se plaindre à leur roi (Louis IX). Ce prince prit parti pour eux et se laissa pousser à entreprendre une expédition contre Tunis, *ville très facile à prendre*, disaient-ils, vu la famine et la grande mortalité qui la désolent ».

Ainsi, de même que pour une foule d'autres expéditions lointaines, l'intérêt privé eut sa part dans les motifs déterminants. La croisade de saint Louis, préparée dans l'intérêt des chrétiens d'Orient, était détournée de son but par l'ambition de Charles d'Anjou, le fol espoir du roi de France de contraindre son ami le sultan de Tunis à la conversion, et les réclamations des créanciers d'El-Loliani. Saint Louis allait commettre une véritable iniquité en attaquant sans motifs sérieux un allié, et se lancer dans une aventure qu'il devait payer de sa vie et du désastre de son armée [1].

Débarquement des Croisés ; ils se retranchent a Karthage. — Après avoir en vain essayé d'arrêter l'orage qui se préparait contre lui, El-Mostancer n'était pas resté inactif en Afrique. Il fit d'abord approvisionner les ports de mer sur lesquels il pensait que se porterait l'effort de l'ennemi et réparer les fortifications. En même temps, il adressait un appel à toutes les tribus de l'Ifrikiya et même du Mag'reb central, leur représentant que, comme sujets et comme musulmans, il était de leur devoir d'accourir en Tunisie pour l'aider à repousser les chrétiens.

De partout, on répondit à son appel et Mohammed-ben-Abd-el-Kaoui lui-même, émir des Toudjine, amena ses contingents et ceux des Zenètes, ses tributaires. Des Maures andalous émigrés, dont on forma un corps de quatre mille combattants, constituèrent une des meilleures forces du khalife. Quant aux volontaires, leur nombre était grand, mais ils manquaient d'organisation et avaient plus de bonne volonté que de valeur au point de vue militaire.

Le 15 juillet, la flotte des croisés, composée de trois cents navires de toute grandeur, quitta la rade de Cagliari et parut le 17 devant Tunis.

El-Mostancer, se rendant bien compte du peu de solidité de la masse de ses auxiliaires, voulut tenter un dernier moyen de conciliation. Il envoya au roi de France une députation pour lui rappeler leur bonne amitié et lui offrir une rançon de 80,000 pièces d'or ; mais saint Louis fut inflexible et, du reste, les choses en

---

1. Ibn-Khaldoun, *Berbères*, t. II, p. 359 et suiv. Michaud, *Histoire des Croisades*, t. III, p. 260 et suiv. El-Kaïrouani, p. 224 et suiv. *Examen des causes de la Croisade de saint Louis contre Tunis*, par l'auteur (*Revue africaine*, juillet, août 1872).

étaient arrivées à ce point que toute solution pacifique était impossible. S'il faut en croire les historiens musulmans, Ibn-Khaldoun, El-Kaïrouani et El-Makrisi, le roi de France aurait néanmoins gardé la somme offerte, à titre de présent, mais cela ne s'accorde guère avec ce que nous savons du caractère chevaleresque de saint Louis.

Le lendemain, les croisés abordèrent en face des anciens ports de Karthage et débarquèrent sans peine après avoir fait fuir des nuées d'infidèles occupant le rivage. Les forces des Croisés se montaient à six mille cavaliers et trente mille gens de pied. A cette époque, les ruines de Karthage étaient encore debout et il fut facile aux chrétiens de s'y installer et de s'y retrancher, au moyen de quelques fortifications faites à la hâte : on ferma les brèches des murailles avec des planches, on y pratiqua des créneaux, et ce vaste camp fut entouré d'un fossé profond. Louis IX, qui comptait sur la conversion du roi de Tunis, reçut alors de ce prince un message dans lequel il lui annonçait qu'il viendrait lui demander le baptême à la tête de cent mille hommes.

INACTION DES CROISÉS. MORT DE SAINT LOUIS. — En dépit de leurs bravades, les Musulmans n'étaient nullement rassurés et il est probable que si les Croisés, au lieu de se retrancher si solidement à Karthage, avaient marché sans retard sur Tunis, ils n'auraient pas tardé à en obtenir la reddition. Ils se contentèrent de bloquer le golfe et les indigènes s'habituèrent à eux en venant tous les jours insulter leurs avant-postes.

Dans cette situation critique, El-Mostancer adressa de nouveaux et pressants appels aux musulmans et ceux-ci accoururent, avec une véritable émulation, à la guerre sainte. Abou-Hilal, gouverneur de Bougie, amena un effectif imposant composé de Berbères, Sedouikech, Oulhaça et Houara et d'Arabes nomades. Un immense camp avait été établi près de la ville et le khalife y avait fait dresser sa tente, où il se tenait sans cesse, dirigeant lui-même les opérations de la défense. Le prince Frédéric de Castille, qui était resté à sa cour, l'aidait de ses conseils ; il était en outre assisté d'un comité formé des principaux habitants de la ville.

Cependant le roi de France restait dans l'inaction, car il avait résolu d'attendre, pour agir, l'arrivée de son frère, le roi de Sicile ; mais celui-ci, véritable promoteur de l'expédition, avait trouvé des raisons pour rester en arrière. Les musulmans, enhardis, devenaient de jour en jour plus arrogants. Le sultan du Caire, qui avait craint que la croisade ne fût dirigée contre lui, annonça au roi de Tunis qu'il allait lui envoyer des renforts et, en effet, les troupes qu'il entretenait dans la province de Barka reçurent l'ordre de partir pour l'Ifrikiya.

Les Croisés étaient complètement découragés ; sans cesse en alerte tout en restant dans l'inaction, brûlés par une chaleur accablante, manquant de vivres et surtout de bonne eau, ils virent la maladie faire les plus grands ravages parmi eux. Le roi, son fils, de Nevers, un grand nombre de princes de sa famille, des officiers et des dignitaires religieux furent atteints par le mal. Le lundi 25 août, saint Louis cessa de vivre.

Cette nouvelle, qui portait la consternation dans le camp des Croisés, fut accueillie par des cris de joie du côté des musulmans qui, eux aussi, souffraient cruellement et avaient vu partir un grand nombre de leurs auxiliaires. Le même jour arriva enfin Charles d'Anjou. Philippe, héritier du trône de France, était très malade et ce fut le roi de Sicile qui prit le commandement de l'armée. Il fit sortir les troupes de leur funeste camp, les mena au combat et obtint de réels succès.

El-Mostancer traite avec les Croisés qui se retirent. Destruction de Karthage. — El-Mostancer renouvela alors ses propositions de paix. Les principaux chefs musulmans, parmi lesquels Ibn-Abd-el-Kaoui, émir des Toudjine, vinrent au camp des chrétiens pour discuter les bases du traité. Cependant, quelques chefs croisés étaient d'avis de ne pas abandonner une entreprise qui leur avait coûté si cher ; on leur avait promis le pillage de Tunis et il fallait tenir sa parole. Mais Philippe avait hâte de rentrer en France et Charles d'Anjou était non moins pressé de se retrouver en Sicile. Leur avis prévalut. Les bases du traité furent rédigées par le cadi Ibn-Zeïtoun. On stipula une trêve de quinze ans et il fut convenu que les Croisés se retireraient sans retard ; que le khalife El-Mostancer leur paierait, à titre d'indemnité de guerre, une somme de 210,000 onces d'or (dix charges de mulet d'argent, dit Ibn-Khaldoun), dont moitié comptant ; que les prisonniers seraient rendus de part et d'autre et que les prêtres chrétiens pourraient s'établir dans les états du prince des Croyants et y exercer librement leur culte. Enfin, le sultan hafside promit de payer au roi de Sicile l'arriéré de son tribut et de le servir régulièrement à l'avenir. Charles d'Anjou avait satisfaction et, dès lors, il pressa le départ avec une hâte qui scandalisa ses compagnons.

Le traité fut signé le 22 novembre 1270. Presque aussitôt, les chrétiens se rembarquèrent dans un grand désordre et en abandonnant un matériel considérable. Mais leurs infortunes n'étaient pas terminées ; ils furent assaillis par la tempête, plusieurs navires

furent coulés, parmi lesquels celui qui portait l'argent, s'il faut
en croire la tradition ; enfin, les débris de l'armée débarquèrent
dans le plus piteux état en Sicile, où ils furent accueillis et secourus par Charles d'Anjou. Ainsi se termina cette croisade entreprise en dépit du bon sens et de la justice et conduite avec la
dernière incapacité.

A peine les chrétiens eurent-ils quitté Karthage que les indigènes
s'y précipitèrent, faisant main basse sur tout ce qui avait été
laissé dans le camp par leurs ennemis. El-Mostancer donna ensuite l'ordre de renverser tous les monuments et pans de mur
encore debout à Karthage et de les raser jusqu'aux fondations,
afin que ces ruines ne pussent servir une autre fois de retranchements à des envahisseurs. C'est ainsi que l'emplacement de cette
grande ville fut changée en solitude. Le khalife envoya, en même
temps, à toutes les cours du Mag'reb et de l'intérieur des ambassades pour rendre compte du péril qu'avait encouru l'Islam et
annoncer la victoire remportée par les vrais croyants sur les infidèles [1].

LE SULTAN MERINIDE ASSEOIT SON AUTORITÉ ET ÉCRASE LES RÉVOLTES.
LES VOLONTAIRES DE LA FOI. — Nous avons laissé, dans le chapitre
précédent, le sultan merinide à Maroc, s'appliquant à substituer
son administration à celle des Almohades qu'il avait renversés. Son
fils, Abou-Malek, avait été envoyé par lui dans le Sous et les
régions méridionales pour soumettre les rebelles et faire disparaître les bandits ; lorsqu'il fut de retour, après avoir accompli sa
mission, vers la fin de l'année 1270, Abou-Youssof-Yakoub se
porta lui-même dans la province de Deràa, où les tribus arabes
vivaient absolument indépendantes. Il fallut une campagne en
règle pour les réduire. Dans le cours de cette même année 1270,
les chrétiens d'Andalousie firent une descente à El-Araïche,
mirent cette ville à sac, massacrèrent les hommes et emmenèrent
les femmes en captivité. Au printemps de l'année 1271, le sultan
rentra à Maroc et, peu après, il quitta cette ville, descendue au
rang de chef-lieu de province, en la confiant au commandement du
général Mohammed-ben-Ali.

Quelque temps auparavant, Abou-Youssof avait reçu du khalife
hafside une ambassade chargée de lui remettre des présents et de

---

1. Ibn-Khaldoun. *Berbères*, t. II, p. 350, 364 et suiv. El-Kaïrouani,
p. 226 et suiv. Henri Martin, *Histoire de France*, t. IV, p. 327. Michaud,
Croisades, t. III, p. 279 et suiv. Amari, *Musulmans de Sicile*, t. III,
p. 631.

le remercier de l'hommage de vassalité qu'il lui avait adressé. Ainsi, les meilleurs rapports continuaient à unir les deux cours.

Sur ces entrefaites, le sultan merinide s'étant rendu à Rabat, y proclama son fils Abou-Malek comme héritier présomptif. Cette mesure eut pour résultat de pousser à la révolte ses neveux, les enfants d'Abd-Allah et d'Edris, petits-fils d'Abd-el-Hak qui prétendaient avoir des droits à l'empire comme appartenant à des branches aînées. Les chefs de la sédition nommés Moussa et Mohammed se jetèrent dans les montagnes des R'omara, à la tête de quelques partisans, et se retranchèrent dans la position fortifiée d'Aloudane. Abou-Youssof envoya d'abord contre eux un corps de cinq mille cavaliers sous le commandement de son fils Abou-Yakoub, puis une seconde colonne de même force, conduite par son autre fils Abou-Malek, afin de cerner les rebelles; il se porta alors, de sa personne, sur le théâtre des opérations et ne tarda pas à contraindre les révoltés à se rendre. Usant de clémence envers ses neveux, le sultan se contenta de les exiler. Ils allèrent chercher un refuge à la cour de Tlemcen. D'autres princes compromis passèrent le détroit avec un corps de troupes merinides que leur donna le sultan pour combattre les chrétiens qui, depuis quelques années, avaient rendu la situation des musulmans d'Espagne si précaire. Ces Merinides formèrent le noyau d'un corps qui se fit un renom mérité de bravoure et qu'on appela les « *Volontaires de la foi*[1] ».

Abou-Youssof marche contre les Abd-el-Ouadites, les défait a Isli et arrive sous les murs de Tlemcen. — Débarrassé des Almohâdes et après avoir écrasé, comme nous venons de le dire, la révolte de ses parents, Abou-Youssof-Yakoub songea à tirer vengeance de la diversion opérée par les Abd-el-Ouadites en envahissant ses terres pendant qu'il était occupé au siège de Maroc. Dans ce but, il fit appel à tous les contingents de son empire et, ayant dressé son camp près de Fès, y concentra ses troupes. A la fin de cette même année 1271, il se mit en marche vers l'est à la tête d'une armée considérable composée, en outre des Merinides, des contingents des Masmouda et Sanhaga, de toutes les tribus arabes du Mag'reb, des débris de l'armée almohâde, de la milice chrétienne et du corps des archers Kurdes.

Yar'moracène, de son côté, n'était pas resté inactif. A peine de retour d'une expédition dans le Mag'reb central, il avait adressé

---

1. Ibn-Khaldoun, t. IV, p. 55 et suiv., 460 et suiv. Kartas, p. 439 et suiv.

un appel pressant à ses alliés et tributaires. Comme d'ordinaire les Arabes zor'ba, les Beni-Rached et les Berbères Mag'raoua du Chélif étaient accourus à Tlemcen où un grand camp avait été formé.

Cependant Abou-Youssof avait continué sa marche, lorsque, parvenu dans la plaine d'Angad, il reçut une députation envoyée d'Espagne par Ibn-el-Ahmar, roi de Grenade, pour lui peindre la triste situation des musulmans et le prier d'intervenir en personne afin de changer la face des choses. Les malheurs de l'Islamisme touchèrent profondément le prince merinide et il songea aussitôt à aller prendre la direction de la « guerre sainte ». Ses officiers, consultés, furent généralement de son avis ; Abou-Youssof tenta alors une démarche auprès de Yar'moracène et lui fit proposer la paix. Les envoyés trouvèrent le sultan abd-el-ouadite dans son camp disposant tout pour la guerre. Loin d'écouter la voix de la conciliation, il refusa d'entrer en pourparlers avec son ennemi, pensant que la crainte dictait sa démarche. « Il n'y a pas de paix possible entre l'émir et moi, depuis qu'il a tué mon fils », dit-il ; de sorte que les envoyés rentrèrent au camp sans avoir obtenu le moindre succès. La parole était dès lors aux armes.

En même temps, Yar'moracène se porta en avant et vint prendre position à Isli, localité qui avait été déjà le témoin d'une de ses défaites. Les Merinides ne tardèrent pas à paraître et on en vint aux mains. Abou-Youssof avait donné à chacun de ses fils, Abou-Malek et Abou-Farès, le commandement d'une des ailes de son armée, tandis qu'il se réservait pour lui le centre. La bataille fut longue et acharnée. Cependant, le nombre des Merinides était supérieur à celui des Abd-el-Ouadites et, peu à peu, ceux-ci commencèrent à plier, après avoir vu tomber plusieurs de leurs chefs parmi lesquels Farès, fils de l'émir. Yar'moracène, soutenu bravement par la milice chrétienne qui, ce jour-là, racheta sa trahison passée, se battit comme un lion. Mais le nombre triompha de son courage et il dut suivre ses soldats qui fuyaient vers Tlemcen. Aidé de ses meilleurs guerriers, il soutint la retraite qui s'effectua en assez bon ordre. En arrivant à Tlemcen, l'émir, prévoyant l'arrivée prochaine de ses ennemis, incendia son camp pour qu'il ne tombât pas en leur pouvoir.

Le sultan merinide, après avoir détruit Oudjda de fond en comble, s'avança vers Tlemcen en dévastant tout sur son passage. Dans le mois de mai 1272, il arriva sous les murs de cette capitale et en commença le siège. Mais la ville, solidement fortifiée et bien pourvue de défenseurs, promettait une résistance sérieuse. Sur ces entrefaites, arriva Mohammed-ben-Abd-el-Kaoui, émir des Toud-

jine, à la tête de son contingent. Ce chef, à peine de retour de
Tunis, avait appris le nouveau conflit survenu entre les Mérinides
et les Abd-el-Ouadites et, comme il avait à se venger de Yar'moracène qui, dernièrement encore, avait parcouru en vainqueur son
pays, sans tenir compte de sa qualité de vassal des Hafsides, il
était venu se joindre aux Mérinides pour écraser l'ennemi commun. Le sultan Abou-Youssof prodigua au chef des Toudjine les
plus grands honneurs et le combla de présents. Mais comme il
était déjà disposé à lever le siège dont il avait prévu les difficultés, il engagea les Toudjine à rentrer chez eux et attendit qu'ils
fussent parvenus dans leurs cantonnements pour se retirer [1].

ABOU-YOUSSOF RÉDUIT SUCCESSIVEMENT TANGER, CEUTA ET SIDJIL-
MASSA. — Au mois d'août 1272, Abou-Youssof-Yakoub leva le
siège de Tlemcen et rentra à Fès. Peu de temps après, une maladie
enleva son fils Abou-Malek, héritier présomptif. Sans se laisser
abattre par cette perte qu'il ressentit profondément, le sultan continua, avec l'habileté et l'activité dont il avait déjà donné tant de
preuves, d'affermir sa puissance et de soumettre le Mag'reb à son
autorité. Tanger et Ceuta étaient alors au pouvoir d'un certain
El-Azefi qui y régnait d'une façon à peu près indépendante. En
vain, le fils du souverain mérinide avait essayé, quelques années
auparavant, de le réduire, ses efforts avaient échoué.

Dans le courant de l'été de l'année 1273, Abou-Youssof arriva
à la tête de forces imposantes et recommença le siège de Tanger.
Il y rencontra d'abord une résistance opiniâtre et il songeait même
à renoncer à son entreprise, lorsque, par suite d'une dissension qui
s'était élevée dans la ville, et dont il sut habilement profiter, il
parvint à s'en rendre maître. Mais ce n'était que le prélude de la
campagne. El-Azefi était retranché dans Ceuta et on le savait disposé à s'y défendre à outrance. Cependant, le sultan mérinide y
envoya son fils Abou-Yakoub avec ses meilleures troupes. Après
quelques jours d'un siège poussé avec vigueur, El-Azefi, commençant à perdre courage, proposa une trêve que les assiégeants
acceptèrent. Il fut convenu qu'il resterait maître de la ville, mais
à la condition de payer un tribut annuel aux Mérinides.

Ainsi, peu à peu, tout le Mag'reb courbait la tête sous le joug
de la nouvelle dynastie. Restait encore Sidjilmassa, la métropole
du sud, dont la possession avait été conservée par les Abd-el-Ouadites. Ce fut vers cette ville qu'Abou-Youssof se dirigea en quit-

---

1. Ibn-Khaldoun, *Berbères*, t. III, p. 355 et suiv., t. IV, p. 10, 60 et
suiv. L'Imam Et-Tensi, passim. Kartas, p. 442 et suiv.

tant Ceuta. Il emmenait avec lui un matériel considérable et des machines de guerre de toute sorte, parmi lesquelles un engin nouveau « lançant de son âme, au moyen d'une poudre inflammable, du gravier, du fer et de l'acier. »

Parvenu dans l'oasis, il commença le siège de la ville en employant son arsenal de machines. Un grand nombre d'Abd-el-Ouadites de distinction et d'Arabes Monebbate défendaient la place sous la direction des gouverneurs Abd-el-Malek-ben-Hanina et Yar'moracène-ben-Hammama. Pendant un an entier, les catapultes battirent les murailles, et de nombreux assauts, toujours repoussés, furent tentés par les assiégeants. Enfin, dans le mois de septembre 1274, un suprême effort livra la ville aux Merinides. Tous les chefs abd-el-ouadites et monebbate qui avaient échappé à la mort furent passés au fil de l'épée. Cette conquête achevait de placer le Mag'reb extrême sous la domination d'Abou-Youssof[1].

EXPÉDITIONS DES ABD-EL-OUADITES ET DES HAFSIDES DANS LE MAG'REB CENTRAL. — Pendant que le sultan merinide enlevait Sidjilmassa aux Abd-el-Ouadites, Yar'moracène s'était porté dans le Mag'reb central et avait attaqué ses irréconciliables ennemis, les Toudjine. Ceux-ci n'avaient pas tardé à payer chèrement leur alliance avec les Merinides. Descendant ensuite dans la vallée du Chelif, l'émir abd-el-ouadite avait attaqué les Oulad-Mendil qui s'étaient révoltés contre lui. Thabet, un des chefs de cette dynastie mag'raouienne, avait dû lui abandonner la possession de Tenès. Ainsi, tandis qu'il perdait la grande oasis du sud, il acquérait une nouvelle ville à l'est et, si l'on songe que, depuis de longues années, il semblait n'avoir d'autre but que d'étendre son autorité dans le Mag'reb central, il est à supposer que la compensation obtenue lui fit supporter, sans trop de regret, la perte de Sidjilmassa. Les populations de la région voisine de la limite des possessions hafsides ne savaient trop à qui elles devaient obéir. Dans les montagnes de l'intérieur, les Beni-Toudjine s'appliquaient de toutes leurs forces à faire régner l'autorité du khalife de Tunis, mais les populations du littoral semblaient viser de plus en plus à l'indépendance.

C'est sous l'empire de ces sentiments que, quelques années auparavant, les habitants d'Alger avaient hautement répudié ce

---

1. Ibn-Khaldoun, *Berbères*, t. III, p. 354 et suiv., et t. IV, p. 62 et suiv. Kartas, p. 445 et suiv. Aux termes d'un traité conclu par le souverain merinide avec le prince d'Aragon, à Barcelone, le 18 novembre 1274, ce dernier s'engagea à fournir à Abou-Youssof des navires et 500 cavaliers pour l'aider à réduire Ceuta. Nous ignorons si cette convention fut exécutée.

qui restait chez eux de la domination hafside. En vain, Abou-Hilal, gouverneur de Bougie, qui avait reçu l'ordre de marcher contre cette ville, essaya-t-il de la réduire : il échoua dans toutes ses tentatives et y perdit même la vie. En 1275, El-Mostancer expédia par terre une armée imposante qui devait, en passant à Bougie, s'adjoindre les contingents de cette contrée. En même temps, la flotte hafside prenait la mer. C'est sous les murs d'Alger que toutes ces forces avaient reçu l'ordre de se concentrer. Cette fois, les rebelles ne purent résister : la ville, enlevée d'assaut, fut livrée au pillage et les principaux citoyens se virent chargés de fers et expédiés à Tunis, où on les enferma dans la citadelle.

Événements d'Espagne. Le prince de Grenade appelle les Mérinides. — Revenons en Espagne où nous avons laissé Alphonse X en lutte contre ses barons, après avoir triomphé de la révolte de ses sujets musulmans, poussés en secret par son vassal Ibn-el-Ahmar. Pour se venger de lui, le prince de Castille soutint des Oualis musulmans qui méconnaissaient l'autorité du prince de Grenade. C'est alors qu'Ibn-el-Ahmar commença à solliciter l'appui des souverains du Mag'reb pour l'aider à écraser du même coup les mauvais musulmans, alliés des infidèles, et le roi chrétien lui-même. Celui-ci, depuis l'extinction de la maison de Souabe, n'avait qu'un rêve, ceindre la couronne impériale à laquelle il prétendait avoir des droits. Voulant saisir cette occasion favorable, Ibn-el-Ahmar réunit toutes les forces dont il pouvait disposer et se mit à leur tête. Mais à peine était-il sorti de Grenade qu'il fut atteint d'un mal subit auquel il succomba en quelques heures (1273). Ainsi finit ce prince qui, en fondant le royaume de Grenade, avait assuré quelques années de gloire aux derniers représentants de la domination musulmane en Espagne. Son fils, Mohammed, surnommé El-Fakih (le légiste), lui succéda.

Le nouveau roi de Grenade, que les chroniques nous représentent comme un homme très remarquable, joignant la haute culture de l'époque aux plus beaux dons naturels, parlant le castillan comme sa langue maternelle, jugea prudent, en montant sur le trône, de se présenter à la cour d'Alphonse et de l'assurer de sa fidélité. Les deux princes signèrent un nouveau traité par lequel Ibn-el-Ahmar s'obligeait à servir à son suzerain un tribut de 300 mille maravédis par an. Se croyant tranquille du côté du midi, le roi de Castille put s'occuper tout entier de ses revendications, tandis que le prince de Grenade redoublait d'instances auprès du sultan mérinide pour l'attirer en Espagne. Une ambassade d'Andalous envoyée par lui dans le Mag'reb rencontra Abou-Youssof à son retour de l'expédition heureuse de Sidjilmassa. Aucun moment ne pouvait être plus favorable. Le sultan avait toujours caressé la pensée de prendre la direction de la guerre sainte et, dans sa jeunesse, son frère, alors chef des Merinides, avait dû interposer son autorité pour l'empêcher de passer le détroit. Ce fut donc avec les plus grands honneurs qu'il reçut la députation et un véritable empressement qu'il promit son concours. Mais tout cela ne lui fit pas oublier son intérêt, et il posa comme condition que les principales places fortes du détroit seraient remises entre ses mains.

Abou-Youssof passe en Espagne. Succès des Musulmans. — Après avoir appelé aux armes les volontaires dans les provinces, Abou-Youssof se transporta, au mois d'avril 1275, à Tanger, d'où il expédia un premier corps d'armée sous les ordres de son fils Mendil. A peine arrivés en Espagne, ces Africains remportèrent une première victoire que les musulmans, dans leur enthousiasme, considérèrent comme la revanche de la défaite d'El-Ougab.

Ce succès ne fit que confirmer Abou-Youssof dans son désir de passer en Espagne. Pour mettre ce projet à exécution, il oublia un instant ses rancunes personnelles et fit proposer, par son fils, une trêve à Yar'moracène, l'adjurant d'oublier leurs anciennes querelles et de venir se joindre à lui pour combattre les ennemis de l'Islam. L'émir abd-el-ouadite avait eu trop à souffrir de la guerre pour refuser ces avances, il accepta même la clause que lui imposait son voisin et qui consistait à laisser en paix les Toudjine. Ces Berbères étaient en effet restés dans les meilleurs termes avec les Merinides depuis leur rencontre sous les murs de Tlemcen.

Aussitôt après cette réconciliation passagère, Abou-Youssof appela à la guerre sainte toutes les tribus du Mag'reb. Des quatre points cardinaux accoururent les guerriers : Zenata, Almohâdes, Sanhadja, R'omara, Arabes, Abd-el-Ouadites, Mag'raoua du Chelif venant se ranger sous sa bannière. Ce fut une véritable croisade dont on n'avait pas vu d'exemple depuis les expéditions des princes almohâdes. L'armée se concentra à Tanger et, au mois de juillet 1275, traversa le détroit et aborda heureusement à Tarifa.

Abou-Youssof, qui s'était mis à la tête de l'armée, prit possession d'Algésiras et de Tarifa que lui cédait le roi de Grenade Mohammed-el-Fakih-ben-l'Ahmar. Ce prince vint au devant de lui et lui proposa un plan de campagne, mais la bonne harmonie ne dura pas longtemps entre eux : des envieux représentèrent le roi de Grenade comme un traître, allié secret des chrétiens ; d'autre part, le sultan mérinide entendait agir en maître absolu et repousser au second rang ce roitelet d'Espagne dont les airs d'autorité l'offusquaient. Une rupture était inévitable et les mêmes causes avaient produit le même effet, chaque fois que les musulmans espagnols avaient appelé à leur aide les Africains.

Le sultan mérinide marcha directement sur le territoire de Séville et, ayant rencontré les Castillans commandés par don Nuño de Lara, duc de la frontière, leur infligea une défaite complète dans laquelle périt leur chef. Au commencement de septembre, Abou-Youssof rentra à Algésiras, traînant à sa suite un butin dont il opéra le partage dans cette ville. Il rapportait, selon le Kartas, 124,000 bœufs, des moutons en nombre immense, 7,830 prisonniers et 14,000 têtes coupées. Il alla ensuite assiéger Eviça, mais ne put réduire cette place.

Pendant ce temps Mohammed-el-Fakih envahissait le territoire de Jaën, dont l'émir était son plus mortel ennemi, et mettait en déroute l'armée chrétienne accourue à son secours. L'archevêque de Tolède qui la commandait fut pris et massacré par les vainqueurs.

Ainsi, le succès couronnait de nouveau les efforts des musulmans. Dès qu'il eut appris ces graves nouvelles, Alphonse X envoya son fils Ferdinand à la défense de ses provinces, mais la mort le surprit en route. Sancho, second fils du roi, homme énergique s'il en fut, vint prendre la direction de la guerre et infligea de rudes défaites aux musulsans [1].

Abou-Youssof rentre en Mag'reb. Apogée de sa puissance. — Sans chercher à tirer parti de l'anarchie qui, en Castille avait suivi la mort du roi, Abou-Youssof prêta l'oreille aux propositions de paix que lui envoya Sancho. Il s'était sans doute attendu à un plus grand enthousiasme de la part des populations qu'il croyait venir délivrer et il n'avait pas été peu surpris de voir que la Castille était, en si peu de temps, redevenue chrétienne et espagnole. A la fin de l'année, une trêve de deux ans fut signée entre les deux princes. Quant à Ibn-el-Ahmar, il n'y fut nullement compris. Dans le mois de janvier 1276, Abou-Youssof rentra à Mag'reb, après une absence de six mois.

A son arrivée à Fès, il apprit que les derniers Almohâdes venaient d'être anéantis par ses troupes à Tine-Mellal. Sous le commandement d'Abou-Ali-el-Miliani, ce chef qui, après sa

---

1. Ibn-Khaldoun, *Berbères*, t. III, p. 326 et suiv., t. IV, p. 11, 71 et suiv. Kartas, p. 448 et suiv. Rosseeuw Saint-Hilaire, *Histoire d'Espagne*, t. IV, p. 202 et suiv.

révolte contre les Hafsides, s'était réfugié à Fès et avait été placé à Ar'mat, les Merinides avaient pris d'assaut la position fortifiée si bien choisie par le Mohdi, et s'étaient emparés des derniers cheikhs almohâdes et de leur fantôme de khalife. Tous ces chefs avaient eu la tête tranchée à Maroc. Mais pour El-Miliani, cette victoire ne suffisait pas : il avait ouvert les tombeaux des princes almohâdes et les cendres de ces souverains avaient été profanées par la soldatesque. La vengeance d'El-Miliani contre les Hafsides était satisfaite.

Ainsi disparurent jusqu'aux vestiges de la dynastie almohâde si puissante quelques années auparavant. Maître incontesté du Mag'reb, Abou-Youssof s'occupa des embellissements de sa capitale. Par son ordre on construisit à côté de la ville, sur le bord de la rivière, d'immenses palais qui furent appelés « *la ville neuve* ». Le sultan lui-même en traça le plan et, comme on y avait travaillé avec la plus grande activité, il put, dans la même année, s'y établir avec sa famille.

Ses rapports avec la cour de Tlemcen continuaient à être suivis et amicaux et se caractérisaient par des échanges de cadeaux de prix. De même, Mohammed-ben-Abd-el-Kaouï, émir des Toudjine, apportait tous ses soins au maintien d'une alliance qui lui était si profitable.

Mort du Hafside El-Mostancer ; son fils El-Ouathek lui succède. — Pendant que ces soins absorbaient le sultan de Fès, la mort frappait, à Tunis, le souverain hafside El-Mostancer au milieu de sa puissance. Ce fut le jour de la fête du Sacrifice de l'année 675, (16 mai 1277), qu'il expira après une courte maladie. Ce prince avait, dans son long règne, complété l'œuvre de son père Abou-Zakaria, c'est-à-dire l'affermissement de l'empire hafside. Par son habileté politique, il avait su porter son royaume à un haut degré de puissance, puisqu'il étendait son autorité sur toute l'Ifrikiya, partie du Mag'reb central et les régions du sud, sans parler de la suzeraineté qu'il exerçait sur les *villes saintes*. Un grand nombre de réfugiés andalous, arrivés dans le pays à la suite des conquêtes des rois de Castille et d'Aragon, avaient trouvé asile à Tunis, dont ils avaient bientôt rehaussé l'éclat en y important les arts et la civilisation de l'Europe. Sous l'impulsion d'El-Mostancer, la capitale avait été dotée des plus beaux édifices, tandis que sa cour était le rendez-vous des illustrations scientifiques et littéraires.

Yahia, son fils, fut proclamé khalife sous le nom d'El-Ouathek. Un des premiers actes de ce prince fut de disgracier son ministre

Ibn-Abou-l'Haoussin, puis de le faire périr dans les tourments. Il s'attacha ensuite, pour le remplacer, un certain Ibn-el-Habbeber, intrigant de bas étage qui profitait de l'influence par lui exercée sur le khalife pour le pousser dans la voie des folies [1].

Quelque temps auparavant (le 7 juillet 1276), Jayme I, roi d'Aragon, était mort à Valence après un glorieux règne de 68 années.

RELATIONS COMMERCIALES DES PUISSANCES CHRÉTIENNES EN AFRIQUE AU XIIIe SIÈCLE. POLITIQUE DES NOUVELLES DYNASTIES A LEUR ÉGARD. — Les profondes modifications survenues en Afrique au milieu du XIIIe siècle, par suite de la fondation de nouvelles dynasties berbères remplaçant l'empire almohâde, ne paraissent pas avoir entraîné de notables changements dans les relations commerciales avec les puissances chrétiennes de la Méditerranée. Les traités précédemment consentis furent en général renouvelés dans des conditions analogues, stipulant la fixation d'un droit de douane de 10 pour cent ; indiquant les villes pourvues d'un bureau de douanes où les transactions devaient avoir lieu ; déterminant, avec une réelle libéralité, les droits de chacun, en cas de naufrage, de faillite, etc., ainsi que les juridictions d'où les parties devaient relever, le défendeur entraînant presque toujours le demandeur devant les juges de sa nation ; posant les règles de l'exercice des fonctions de consul et les droits des chrétiens dans leur fondouk ; et, enfin, s'appliquant à supprimer, de part et d'autre, la *course*, cette ennemie irréconciliable du commerce.

Dès le commencement du XIIIe siècle, les Génois, puis les Pisans, les Vénitiens et les Provençaux eurent des consuls à Ceuta et à Bougie, d'abord, ensuite à Tunis, à El-Mehdïa et dans d'autres villes. Les consuls de Pise, de Gênes et de Venise recevaient leur investiture officielle à Marseille. La durée de la fonction ne dépassait pas en général deux années. Le consul représentant sa nation et souvent d'autres puissances amies, exerçait un droit de juridiction sur ses nationaux et d'administration sur le *fondouk* qui leur était affecté. Chaque nation ayant un traité possédait, dans les villes ouvertes au commerce, un fondouk où se trouvaient réunis les industries et les comptoirs de ses nationaux et protégés, une chapelle et un cimetière. Le consul y avait son logement avec des locaux disposés pour les audiences, des drogmans, des secrétaires, une force publique. C'était un terrain neutre ou plutôt une parcelle de la patrie, abritée par le pavillon et où devaient se passer tous les actes de la vie politique et religieuse des nationaux.

---

1. Ibn-Khaldoun, *Berbères*, t. II, p. 373 et suiv.

Les Génois, les Pisans, les Marseillais, les Vénitiens, les Florentins, les Catalans, les Majorquins, les Aragonais, et les habitants du Roussillon et du comté de Montpellier avaient alors des relations régulières en Afrique. Dans le cours de tout le XIII° siècle, ces trafiquants obtinrent des traités particuliers, des nouvelles dynasties berbères, aux conditions générales ci-dessus indiquées [1].

1. De Mas-Latrie, *Traités de paix*, etc., t. I, p. 65 et suiv. de l'intr., 30 et suiv. du texte. Elie de la Primaudaie, *Villes maritimes du Maroc* (*Revue africaine*, n°ˢ 92 et suiv.) Léon l'Africain, pass.

CHAPITRE XIII

DYNASTIES HAFSIDE, ZEYANITE ET MERINIDE (Suite)

1277-1289

Nouvelle campagne du sultan merinide en Espagne. — Intrigues du roi de Grenade. Siège d'Algésiras par les chrétiens. Le prince Abou-Yakoub débloque cette place. — Le Hafside Abou-Ishak est reconnu khalife par les Bougiotes ; El-Ouathek-el-Makhoua abdique en sa faveur. — Abou-Youssof marche contre les Abd-el-Ouadites, les défait et assiège inutilement Tlemcen. — Règne du Hafside Abou-Ishak I ; révolte d'Ibn-Ouézir à Constantine ; il appelle le roi d'Aragon ; sa mort. — Expédition de Pierre III à Collo ; il s'empare de la Sicile. — Révolte d'Ibn-Abou-Amara en Ifrikiya ; ses succès ; il se fait proclamer à Tunis après la fuite d'Abou-Ishak I. — Abou-Farès, fils d'Abou-Ishak, est défait et tué par Ibn-Abou-Amara. — Mort de Yar'moracène-ben-Zeyane ; son fils Othmane I lui succède. — Alphonse X appelle Abou-Youssof en Espagne. Campagnes dans la Péninsule ; mort d'Alphonse. — Abou-Hafs renverse l'usurpateur Ibn-Abou-Amara et monte sur le trône de Tunis. — Le prétendant hafside Abou-Zakaria s'empare de Constantine, de Bougie et d'Alger. — Expéditions merinides en Espagne ; conclusion de la paix entre Abou-Youssof et Sancho IV. — Mort d'Abou-Youssof-Yakoub ; règne de son fils Abou-Yakoub-Youssof. — Puissance des Toudjine dans le Mag'reb central ; Othmane, fils de Yar'moracène marche contre eux. — Abou-Zakaria marche sur Tunis ; une diversion d'Othmane le force à rentrer à Bougie. — Abou-Yakoub-Youssof rentre en Mag'reb et rétablit la paix. — Othmane dompte les Beni-Toudjine et écrase leur puissance. — Expéditions espagnoles en Afrique.

Nouvelle campagne du sultan merinide en Espagne. — Le traité conclu entre Abou-Youssof et le roi chrétien avait stipulé une trêve de deux ans qui touchait à sa fin, et le sultan merinide s'occupait activement de préparer une seconde expédition à laquelle toutes les tribus du Mag'reb étaient conviées. Comme ces indigènes tardaient à lui envoyer leurs contingents, il se rendit à Kçar-el-Medjaz près de Tanger, pour les attendre. Mais l'empressement des champions de la guerre sainte fut plus que tiède, de sorte que le sultan, las d'attendre, passa le détroit avec les troupes dont il disposait. Débarqué à Tarifa, au commencement de l'été (juin-juillet 1277), il envahit le territoire chrétien et porta le ravage jusque dans la Castille. Le roi, qui, pour récompenser son fils Sancho, l'avait désigné comme héritier présomptif au détriment de ses petits-fils, connus dans l'histoire sous le nom d'infants de la Cerda, s'était vu attaquer par Philippe, roi de France, défenseur de la cause de ces victimes, et avait dû reporter toutes ses forces vers le nord. L'intervention du pape amena les deux rois à conclure la paix et, dès lors, Alphonse put marcher contre les musulmans. Dans le mois de novembre, Abou-Youssof rentra à Algésiras, traînant à sa suite de nombreuses prises.

Le sultan merinide envoya ensuite son fils Abou-Zeyane prendre possession de Malaga qui lui avait été cédé par Ibn-Chekilola, chef de cette ville, puis il rentra en Mag'reb (1278). A peine arrivé, il alla faire une expédition contre les Arabes Sofiane établis dans le Tamesna, qui avaient profité de son éloignement pour se livrer à toute sorte d'excès.

INTRIGUES DU ROI DE GRENADE. SIÈGE D'ALGÉSIRAS PAR LES CHRÉTIENS. LE PRINCE ABOU-YAKOUB DÉBLOQUE CETTE PLACE. — Cependant, Mohammed-ben-l'Ahmar, prince de Grenade, voyait avec la plus grande jalousie l'influence que le souverain merinide acquérait sur le continent. Déjà plusieurs contestations s'étaient élevées entre les deux rois et la correspondance fort aigre qu'ils entretenaient pouvait faire prévoir une rupture. La prise de possession de Malaga par l'Africain acheva d'indisposer Ibn-el-Ahmar; il craignit que son rival, une fois maître d'un territoire important, ne le détrônât pour rester seul chef de l'empire musulman d'Espagne. Sous l'influence de ces idées, le roi de Grenade proposa une trêve au roi chrétien, s'engageant à lui faciliter le moyen de prendre sa revanche sur les Merinides. En même temps, il écrivit avec beaucoup d'adresse à Yar'moracène et parvint à réveiller sa vieille haine contre le sultan de Fès. Le prince abd-el-ouadite promit d'inquiéter incessamment les frontières merinides afin de créer des embarras à Abou-Youssof et de l'empêcher de passer en Espagne.

Peu de temps après, les troupes de Grenade marchèrent sur Malaga et cette place leur fut remise par le gouverneur qui avait été gagné. Simultanément, l'armée de Castille, commandée par l'infant Don Pedro, venait attaquer Algésiras pendant que la flotte chrétienne la bloquait par mer et interceptait tout secours d'Afrique (1278).

Le sultan merinide reçut ces nouvelles au retour de son expédition contre les Sofiane. Il se disposa aussitôt à passer en Espagne, mais une nouvelle révolte des Sofiane, suscitée par leur chef Messaoud-ben-Kanoun, éclata à Nefis et il fallut marcher encore contre les Arabes. Cette fois, un châtiment exemplaire fut le gage de leur soumission; les Hareth, fraction des Sofiane, furent presque entièrement détruits (mars 1279).

Pendant ce temps, Algésiras, en proie à la famine, était sur le point de succomber, malgré sa résistance héroïque contre les assiégeants. Abou-Youssof, néanmoins, ne pouvait s'éloigner de l'Afrique, car les Abd-el-Ouadites commençaient à insulter ses frontières et il dut se contenter d'envoyer son fils à Tanger pour y concentrer la flotte et les troupes. De toute part, en Mag'reb, on pressa les enrôlements de mercenaires et bientôt l'armée se trouva prête à partir. Sur ces entrefaites, Ibn-el-Ahmar, touché, disent les histoires musulmanes, par les souffrances de ses coreligionnaires, mais bien plutôt dans le but de se faire pardonner sa trahison par les Mérinides, envoya des vaisseaux au secours d'Algésiras. Ces navires arrivèrent devant la ville en même temps que ceux du Mag'reb, le 19 juillet 1279. La flotte chrétienne était en partie abandonnée par les marins, découragés par la longueur du siège, mal payés et atteints par la maladie. Le combat ne fut pas long ; les navires qui échappèrent à l'incendie mirent à la voile et gagnèrent le large, ce que voyant, l'infant don Pedro leva précipitamment le siège, au moment où il allait recueillir le fruit de ses efforts.

Abou-Yakoub, qui avait commandé en personne l'expédition, rentra en possession d'Algésiras, au nom de son père. Son premier soin fut de chercher à se venger de la trahison du roi de Grenade et, à cet effet, il entra en négociation avec Alphonse, également fort irrité contre son vassal. Ainsi, Ibn-el-Ahmar, qui avait trahi tout le monde, pouvait mesurer les inconvénients d'un semblable rôle. Une députation d'évêques venue au camp mérinide pour traiter au nom du roi de Castille fut envoyée par Abou-Yakoub à son père, en Mag'reb. Mais le sultan désapprouva hautement la conduite de son fils et congédia les envoyés, car il repoussait toute idée d'alliance avec les infidèles. Disgracié, Abou-Yakoub fut remplacé par son frère Abou-Zeyane, en attendant que le khalife, occupé à pacifier les provinces du Sous et du sud, pût se transporter dans la péninsule [1].

Le Hafside Abou-Ishak est reconnu khalife par les Bougiotes. El-Ouathek-el-Makhloua abdique en sa faveur. — Quelque temps auparavant le prince hafside Abou-Ishak, qui, après sa révolte contre El-Mostancer, s'était réfugié, ainsi que nous l'avons vu dans le chapitre précédent, à la cour abd-el-ouadite, puis en Espagne auprès du roi d'Aragon, pensa que le moment était venu

---

1. Ibn-Khaldoun, *Berbères*, t. I, p. 63, t. III, p. 362 et suiv. et t. IV, p. 85 et suiv. Kartas, p. 466 et suiv. Rosseeuw Saint-Hilaire, *Histoire d'Espagne*, t. III, p. 205 et suiv.

de monter sur le trône de Tunis. Ayant passé la mer, il se rendit à Tlemcen où il fut reçu avec les plus grands honneurs par Yar'moracène qui alla jusqu'à lui promettre de le reconnaître comme suzerain. Une circonstance imprévue vint alors favoriser l'ambition du prétendant : la garnison de Bougie massacra son gouverneur, un frère de cet Ibn-el-Habbeber, que nous avons vu devenir premier ministre à Tunis, et, dans la crainte de sa vengeance, les Bougiotes envoyèrent une députation à Tlemcen pour offrir leur soumission à Abou-Ishak. Ce prince, ayant accepté leur hommage avec empressement, alla prendre possession de Bougie (mars 1279). Il se revêtit des insignes de la royauté et, peu après, marcha sur Constantine, mais il essaya en vain de réduire cette place forte.

Aussitôt que ces nouvelles furent parvenues à Tunis, le khalife El-Ouathek lança, contre son compétiteur, son oncle Abou-Hafs, avec un corps d'armée. Ces troupes étaient en marche, lorsque le khalife, cédant aux conseils perfides de son ministre Ibn-Habbeber, qui lui représentait Abou-Hafs comme disposé à usurper le pouvoir, envoya à un officier du nom d'Ibn-Djama l'ordre d'assassiner son chef; en même temps, il invitait son oncle à se défaire d'Ibn-Djama. Le résultat de cette basse et odieuse machination fut tout autre que celui qu'on en espérait ; les deux chefs, mis en défiance et éventant le piège, se communiquèrent les lettres reçues et, entraînant avec eux les soldats, se prononcèrent pour Abou-Ishak. Grâce à ce puissant renfort, à la tête duquel il se mit, le prétendant put reprendre l'offensive et bientôt il marcha sur Tunis, recevant sur son passage l'adhésion des populations.

Écrasé sous la réprobation générale et n'ayant pas, dans son caractère, l'énergie nécessaire pour lutter contre les événements et organiser la résistance, El-Ouathek se décida immédiatement à résigner le pouvoir. Le 13 juillet 1279[1], il abdiqua en faveur de son cousin Abou-Ishak et reçut à cette occasion le surnom d'El-Makhlouâ (*le déposé*), que l'histoire lui a conservé. Selon le chroniqueur Ramon Montaner, une flotte, envoyée par le roi d'Aragon, vint sur les côtes de la Tunisie appuyer les efforts d'Abou-Ishak, qui serait devenu, en quelque sorte, le protégé de Pierre III et se serait engagé à lui servir un tribut. Les auteurs musulmans sont muets à cet égard.

A peine El-Makhlouâ eut-il quitté le palais pour se retirer dans

---

1. 11 août, d'après « *l'Histoire des Beni-Hafs* » d'Ez-Zerkchi, dont M. A. Rousseau a publié un extrait dans le *Journal asiatique* (Avril-Mai 1849, p. 272 et suiv.). El-R'aruati donne la date du 15 juillet.

une maison particulière, que le nouveau khalife parut sous les murs de la ville. Les habitants, rangés par corps de métier, allèrent au devant de lui pour lui jurer obéissance. Après avoir reçu leurs hommages, Abou-Ishak fit son entrée solennelle dans la capitale. Un de ses premiers actes fut d'ordonner le supplice d'Ibn-el-Habbeber. Puis il s'occupa d'affermir son autorité et nomma, comme gouverneurs des provinces éloignées, des chefs qu'il savait lui être tout dévoués [1].

Abou-Youssof marche contre les Abd-el-Ouadites, les défait et assiège inutilement Tlemcen. — Dans le Mag'reb, le sultan merinide, après avoir pacifié les révoltes berbères, au sud de ses états, rentra à Maroc, et, de là, se transporta à Tanger où il avait convié les musulmans à se réunir pour la guerre sainte (novembre-décembre 1279). Il apprit, dans cette ville, que le roi chrétien, pour se venger d'Ibn-el-Ahmar, avait lancé contre lui son fils Sancho qui ravageait la campagne de Grenade. Des pourparlers furent alors échangés entre Abou-Youssof et Alphonse, mais il est assez difficile de savoir, en présence de la contradiction des chroniques, s'ils arrivèrent à conclure la paix.

Il est certain que le sultan de Mag'reb hésitait à quitter l'Afrique sans être bien fixé sur les intentions de son voisin Yar'moracène. Dans ce but, il envoya à la cour abd-el-ouadite une ambassade chargée de proposer à ce prince un nouveau traité d'alliance, et à défaut, de l'inviter à déclarer nettement ce qu'il comptait faire. L'émir abd-el-ouadite répondit franchement à cette mise en demeure par un aveu formel des conventions qui l'unissaient à Ibn-el-Ahmar et l'annonce de son intention d'envahir sous peu les provinces merinides.

En présence de ces dispositions hostiles, Abou-Youssof rentra à Fès et, tout en préparant ses forces, adressa à Yar'moracène un nouveau message par lequel il le sommait de cesser ses hostilités contre les Toudjine : c'était sa déclaration de guerre. Peu de temps après, dans le mois d'avril 1281, le sultan merinide fit partir de Fès son fils Abou-Yakoub avec un corps d'avant-garde. Il ne tarda pas à le rejoindre lui-même à Thaza où avait lieu la concentration, puis toute l'armée se mit en marche sur Tlemcen.

Yar'moracène se porta à sa rencontre à la tête de bandes considérables de Zenètes et d'auxiliaires arabes de la tribu de Zor'ba, ces derniers, accourus avec leurs tentes et leurs troupeaux dans

---

1. Ibn-Khaldoun. *Berbères*, t. II, p. 376 et suiv. El-Kairouani, p. 229, 230.

l'espoir de conquérir de nouveaux territoires. Les deux armées se heurtèrent à Kharzouza, sur les bords de la Tafna, au nord-est de Tlemcen. On se battit toute la journée avec acharnement ; un instant, l'armée de l'ouest plia et le sultan merinide dut se lancer dans la mêlée, drapeaux déployés, à la tête de sa garde ; mais, lorsque la nuit fut venue, les Abd-el-Ouadites, jugeant qu'il leur était impossible de lutter encore, décampèrent en abandonnant leurs bagages. Aussitôt que les lueurs du jour éclairèrent cette retraite, les Merinides se mirent à la poursuite de leurs ennemis et purent enlever les troupeaux et les tentes des Arabes.

Le sultan merinide, dévastant tout sur son passage, s'avança vers l'est. A Kaçabat, il fut rejoint par Mohammed-ben-Abd-el-Kaoui, émir des Toudjine, accouru pour prendre part à la campagne. Merinides et Toudjinites vinrent alors prendre position devant Tlemcen, mais leurs efforts pour réduire cette ville furent inutiles et ils durent se contenter de porter le ravage dans les campagnes environnantes ; après quoi, les Toudjine rentrèrent dans leurs retraites du Ouarensenis. Au commencement de l'année 1282, Abou-Youssof était de retour à Fès après avoir abaissé encore une fois l'orgueil de son rival [1].

RÈGNE DU HAFSIDE ABOU-ISHAK I. RÉVOLTE D'IBN-OUEZIR A CONSTANTINE. IL APPELLE LE ROI D'ARAGON. SA MORT. — Pendant ce temps, à Tunis, le nouveau khalife, Abou-Ishak I, avait à lutter contre l'opposition et les révoltes, conséquence inévitable d'une usurpation, et, comme El-Ouathek semblait s'occuper de fomenter des complots, il le fit mettre à mort avec ses trois fils (juin 1280). Peu après, ce fut contre deux amis et compagnons de ses propres fils qu'il crut devoir sévir. A cette occasion, son fils aîné, Abou-Farès, qu'il avait désigné comme héritier présomptif, faillit rompre ouvertement avec lui. D'après l'historien Ez-Zerkchi [2], le khalife avait fait exécuter sous ses yeux un des amis dévoués de son fils, personnage important, qu'il accusait de conspirer. Il ne calma sa colère qu'en lui confiant le gouvernement de Bougie (1281).

A peine ces dissensions intestines étaient-elles apaisées, qu'un certain Abou-Beker-ben-Moussa, dit Ibn-Ouezir, qui avait été laissé comme gouverneur à Constantine, fonction qu'il occupait sous le prédécesseur du khalife, leva l'étendard de la révolte et prit le titre de sultan dont il s'arrogeait, depuis quelque temps

---

1. Ibn-Khaldoun, t. III, p. 363 et suiv., t. IV, p. 11, 104 et suiv. Kartas, p. 482 et suiv., L'Imam Et-Tensi, passim.
2. *Histoire des Beni-Hafss* (loc. cit.).

déjà, les prérogatives. Un grand nombre de mercenaires, chrétiens et autres, accoururent se ranger sous ses étendards.

Apprenant qu'Abou-Ishak se préparait à marcher contre lui, ne sachant sur qui s'appuyer, Ibn-Ouézir écrivit au roi d'Aragon, Pierre III, en lui offrant la suzeraineté de la province de Constantine. Il n'avait qu'à débarquer à Collo, où l'usurpateur l'attendrait avec deux ou trois mille hommes et, de là, on se rendrait à Constantine, dont les portes lui seraient ouvertes. Appuyé sur cette place forte, il ne tarderait pas à conquérir toute l'Afrique, car il serait accueilli comme un libérateur.

Cette proposition fut reçue par le fils de Jayme, au moment où, cédant aux suggestions d'un patriote sicilien du nom de Procida, il préparait de vastes plans de conquête. Charles d'Anjou, dont le caractère impérieux avait voulu tout plier sous son autorité en Italie, en attendant qu'il pût s'asseoir sur le trône de Constantinople qu'il convoitait, n'avait pas tardé à rompre avec le Saint-Siège. Déclaré ennemi public par le pape, il s'était bientôt trouvé dans une situation très fausse, entouré d'ennemis et abhorré par ses sujets des Deux-Siciles, sur lesquels il avait fait peser une tyrannie fort lourde, au double point de vue militaire et fiscal.

Allié secrètement avec le pape, bien que le saint-père eût refusé d'attribuer à son expédition les caractères d'une croisade, le roi d'Aragon, qui voulait débuter par un coup de maître en enlevant à Charles d'Anjou le royaume des Deux-Siciles, vit, dans la proposition du révolté de Constantine, le moyen de dissimuler son projet et d'en assurer la réalisation. Il réunit ses chevaliers, prépara des vaisseaux, et enrôla sous ses bannières un grand nombre de Maures restés dans ses états au prix d'une conversion plus ou moins franche (Almugares ou Almogavares), sorte de mercenaires toujours prêts à louer leurs bras pour n'importe quelle cause.

Mais, tout cela demandait du temps et, dès les premiers jours du printemps de l'année 1282, le prince Abou-Farès quittait Bougie à la tête d'une armée composée des contingents berbères et arabes de cette province et marchait directement sur Constantine.

L'usurpateur, qui n'était nullement en mesure de résister, envoya vers le prince hafside, campé à Mila, une députation des cheikhs de Constantine, chargés de l'assurer des sentiments de fidélité de la population et de son chef. Mais sans s'arrêter à ces protestations imposées par les circonstances, Abou-Farès continua sa marche et, étant arrivé sous les murs de la ville, l'enleva le même jour (9 juin). Ibn-Ouézir mourut les armes à la main en essayant, avec le plus grand courage, de repousser ses ennemis. Sa tête et celles de ses partisans furent plantées sur les remparts. Abou-Farès, ayant fait son entrée à Constantine, proclama une amnistie pour ses habitants qu'il savait innocents de la trahison de leur chef, puis il remit en état les défenses et les ponts de la ville [1].

EXPÉDITION DE PIERRE III A COLLO. IL S'EMPARE DE LA SICILE. — Le 3 juin 1282, la flotte aragonaise quitta la Catalogne. Elle était forte de 150 navires portant 15,000 fantassins et archers et un millier de chevaliers, la fleur de la noblesse. Assaillis par la tempête, les navires se rallièrent dans les îles Baléares où l'armée se ravitailla. Quelques jours après, on remit à la voile et, le 28 juin, toute la flotte était réunie dans le golfe de Collo. La population indigène, prévenue, s'était enfuie dans les montagnes. On débarqua sans difficulté et le roi apprit alors les événements de Constantine et la mort d'Ibn-Ouézir. Bientôt, par l'intermédiaire de marchands de Pise qui fréquentaient le port, Pierre III entra en pourparlers avec les indigènes de la ville et, trouvant chez ceux-ci un grand désir d'éviter toute lutte, il traita avec eux.

Mais cela ne faisait pas l'affaire des Almugavares, avides de pillage, et de quelques chevaliers désireux de combattre. Une expédition fut donc faite du côté de la plaine; on ne combattit pas en bataille rangée, mais les Aragonais ramenèrent au camp de grandes quantités de bestiaux. Ce succès était trop alléchant pour qu'on ne recommençât pas et ainsi, tous les jours, quelque troupe partait pour la plaine et, de là, se laissait attirer dans la montagne par les indigènes avec lesquels on échangeait des coups d'estoc et de taille.

Ainsi, le roi d'Aragon occupait son armée et, pendant ce temps, envoyait deux galères au pape pour le prévenir de sa présence. Or, les événements avaient marché dans le royaume des Deux-Siciles. Le 30 mars 1282, avait eu lieu la révolution connue sous le nom de : Vêpres siciliennes ; quatre mille Français avaient été égorgés dans cette sinistre journée et cet exemple avait produit une levée de boucliers générale dans toute l'île. Les Français échappés à la mort s'étaient empressés de passer sur le continent. Accouru en Sicile, Charles d'Anjou trouva toutes les villes fermées et dut entreprendre le siège de Messine.

Charles avait promis de venger dans le sang la mort de ses nationaux et on le savait homme à tenir sa promesse. Ce fut alors que, cédant sans doute aux conseils du pape, les Siciliens en-

---

1. Ibn-Khaldoun, *Berbères*, t. II, p. 380 et suiv. Féraud, *Expédition de Pierre d'Aragon à Collo* (*Revue africaine*, n° 94). — Chronique de Ramon Montaner. Version française par Buchon (Ch. 44 et suiv.).

voyèrent au roi d'Aragon, à Collo, une députation pour obtenir son intervention. C'était le dernier acte de la comédie. Aussitôt, l'armée se prépare à partir ; on charge le matériel et les malades sur les navires, les soldats se rembarquent et, quand il ne reste pour ainsi dire plus personne à terre, on incendie la ville, et c'est à ces sinistres lueurs que la flotte met à la voile. Le 3 août, elle aborde heureusement à Trapani : Pierre d'Aragon est accueilli comme un libérateur ; il marche au secours de Messine réduite alors à la dernière extrémité et bientôt Charles évacue la Sicile. Les Français essaient encore de lutter contre l'envahisseur, mais la Sicile est perdue à jamais pour la maison d'Anjou.

Du continent, où il se tient dans une inaction incompréhensible, Charles assiste, impassible, à la perte du plus beau joyau de sa couronne et se contente, pour calmer sa colère, de provoquer son rival en champ clos[1].

Révolte d'Ibn-Abou-Amara en Ifrikiya, ses succès. Il se fait proclamer a Tunis, après la fuite d'Abou-Ishak I. — Pendant que la province de Constantine était le théâtre de ces événements, Yar'moracène avait reparu dans le Mag'reb central, où Thabet, chef de la famille mag'raouienne des Oulad-Mendil, lui avait enlevé Miliana et Tenès. Après avoir infligé une sévère leçon à ces Mag'raoua et recouvré la possession de tout le territoire soumis à son autorité, il rentra glorieusement à Tlemcen. Il envoya alors à la cour de Tunis, avec laquelle il entretenait les meilleures relations, son fils Abou-Amer-Ibrahim (Berhoum, selon la forme berbère), afin d'y arrêter un mariage projeté entre son fils aîné, Othmane, et une jeune princesse hafside, qui devait, dit Ibn-Khaldoun, être l'illustration de la famille abd-el-ouadite. Des fêtes splendides furent offertes, à Tunis, au prince Zenatien, qui ramena en grande pompe la fiancée de son frère à Tlemcen.

Sur ces entrefaites, un fils du khalife hafside du nom d'Abou-Mohammed Abd-el-Ouahad, étant allé en expédition dans l'intérieur, rentra précipitamment parce qu'il avait appris qu'un prétendant soutenu par les tribus soleïmides de la province de Tripoli avait réussi à provoquer une révolte dont les proportions devenaient inquiétantes. Cet agitateur, né à Mecila, d'une famille obscure, se nommait Ahmed-ben-Merzoug-ben-Bou-Amara. C'était, dit El-Kaïrouani, un méchant tailleur, esprit léger, qui avait été

---

1. Rosseuw Saint-Hilaire, *Histoire d'Espagne*, t. IV, p. 265 et suiv. Féraud, *Expédition de Pierre d'Aragon* (loc. cit.). Ibn-Khaldoun, *Berbères*, t. II, p. 385, 386.

élevé à Bougie où il avait fréquenté les gens s'adonnant à la magie.

Poussé par l'ambition, il s'était d'abord rendu chez les Arabes makiliens des environs de Sidjilmassa et avait tenté de les séduire en se faisant passer pour le Mehdi, personnage au nom duquel les indigènes de l'Afrique ont si souvent pris les armes. Comme toujours, l'aventurier essayait de frapper les esprits par des tours de jonglerie ; il prétendait notamment opérer la transmutation des métaux. Après avoir obtenu quelques succès, il avait vu la confiance des Arabes diminuer et bientôt, couvert de honte et de mépris, il avait quitté la tribu. Revenant vers l'est, il erra pendant quelque temps et arriva chez les Arabes Debbab, fraction des Soleïm, établis dans la province de Tripoli. Là, le hasard le mit en rapport avec un ancien page d'El-Ouathek, qui s'était réfugié chez ces nomades après la mort de son maître. Ce page, nommé Nacir, lui trouva une certaine ressemblance avec un des fils d'El-Ouathek nommé El-Fadel, qui avait été égorgé avec son père.

Ibn-Abou-Amara, malgré ses échecs, nourrissait toujours de hautes espérances. Aussi, lorsqu'il eut connu cette particularité, proposa-t-il à son compagnon de l'exploiter pour soulever les Arabes. Aussitôt, Nacir annonça qu'il venait de retrouver le fils de son maître, échappé par miracle au massacre, et tous les Debbab, leur chef Morg'em-ben-Sâber en tête, lui jurèrent fidélité comme au fils d'El-Ouathek. Les rebelles marchèrent alors sur Tripoli qu'ils essayèrent en vain de réduire, puis ils allèrent imposer leur autorité aux tribus houarides des montagnes. Dans le mois d'octobre 1282, le prétendant, dont les rangs grossissaient chaque jour, se présenta devant Gabès et le gouverneur de cette ville, Abd-el-Malek-ben-Mekki, la lui livra sans combat. Pour compléter sa trahison, cet officier proclama solennellement le faux El-Fadel comme khalife et lui procura l'adhésion de la grande tribu soleïmide des Kaoub. Bientôt, El-Hamma, le territoire de Nefzaoua, Touzer, le pays de Kastiliya et l'île de Djerba reconnurent l'autorité de l'usurpateur.

Pour conjurer le danger, Abou-Ishak réunit au plus vite une armée, la plaça sous les ordres de son fils, Abou-Zakaria, et l'envoya contre les insurgés. Mais le jeune prince s'arrêta à Kaïrouan et y perdit un temps précieux, occupé uniquement à commettre des exactions contre les habitants. Quand il n'y eut plus rien à prendre et que l'armée se fut complètement amollie dans le repos, il quitta Kairouane et s'avança jusqu'à Kammouda. La nouvelle de la prise de Gafsa par le prétendant se répandit alors dans l'armée et fut le signal de défection. Les soldats se débandèrent dans tous les sens et le prince rentra presque seul à Tunis (janvier 1283).

Presque en même temps, Ibn-Abou-Amara, renforcé des déserteurs de l'armée régulière, occupait Kairouane et recevait l'adhésion d'El-Mehdia, de Sfaks, de Souça. En voyant l'ennemi à ses portes, Abou-Ishak secoua enfin son inertie. Une levée générale fut ordonnée, puis il sortit de la ville et se transporta dans le canton d'El-Mohammedïa, afin d'y concentrer ses forces. Bientôt son compétiteur s'avança contre lui et, à son approche, l'armée d'Abou-Ishak fit défection, ses officiers en tête, tant était grande l'amitié conservée aux descendants d'El-Mostancer.

Cette dernière défection enlevait à Abou-Ishak tout espoir de résister. Renonçant donc à la lutte, il quitta Tunis le 31 janvier 1283 (le 19 octobre 1282 selon Ez-Zerkchi), et prit le chemin de l'ouest suivi de sa famille et de quelques serviteurs fidèles emportant ses trésors. Son voyage ne ressembla guère à la promenade triomphale qu'il avait faite quelques années auparavant dans les mêmes contrées. Obligé de traverser des populations hostiles, il dut acheter partout le passage à force d'or, sans pouvoir, trop souvent, obtenir un abri, malgré un froid des plus rigoureux. Constantine, où il comptait se reposer, lui ferma ses portes, et c'est à peine s'il put y obtenir quelques vivres.

Après son départ, le prétendant entra à Tunis avec une grande pompe et y prit le titre de khalife. Abd-el-Melek-ben-Mekki, qui avait tant contribué à son succès, fut élevé au rang de premier ministre [1].

ABOU-FARÈS, FILS D'ABOU-ISHAK, EST DÉFAIT ET TUÉ PAR IBN-ABOU-AMARA. — A son arrivée à Bougie le khalife déchu fut accueilli de la manière la plus dure par son fils Abou-Farès qui le relégua dans le château de l'étoile. Peu après, le 2 mars, Abou-Farès se proclama khalife sous le nom d'El-Motamed-Ala-Allah. Il adressa ensuite un appel à ses sujets fidèles, les Ketama-Sedouikech, et les Arabes R'iah et, ayant reçu leurs contingents, se mit à leur tête et marcha vers l'est, accompagné de ses frères et de son oncle Abou-Hafs afin d'expulser l'intrus.

De son côté, Ibn-Aou-Amara n'était pas resté inactif. Après avoir fait un massacre général des partisans d'Abou-Ishak, il avait réuni toutes les troupes disponibles. Dans le mois de mai, il se

---

1. Ibn-Khaldoun, *Berbères*, t. I, p. 143, t. II, p. 388 et suiv. El-Kaïrouani, p. 231 et suiv. Ez-Zerkchi, *Histoire des Beni-Hafs* (loc. cit.), p. 290 et suiv.

porta, suivi de nombreux contingents, à la rencontre de ses ennemis. Les deux armées se heurtèrent à Mermadjenna[1], et, après un combat acharné, les troupes d'Abou-Farès furent mises en déroute. Ce prince périt dans l'action et ses frères, tombés aux mains d'Ibn-Abou-Amara, furent tous mis à mort. Les têtes de ces princes furent envoyées à Tunis et promenées dans les rues au bout des lances. Presque seul, à pied, Abou-Hafs, oncle d'Abou-Farès, avait pu s'échapper et gagner les montagnes habitées par des Houara.

Aussitôt que la nouvelle du désastre de l'armée parvint à Bougie, une violente agitation s'y déclara et la populace triompha du parti de l'ordre. Pour échapper à un sort trop certain, Abou-Ishak quitta la ville et prit le chemin de Tlemcen, afin de se mettre sous la protection de son gendre. Son dernier fils, Abou-Zakaria, l'accompagnait. Après son départ, on reconnut à Bougie l'autorité d'Ibn-Abou-Amara, puis, des forcenés s'étant lancés à la poursuite du malheureux Abou-Ishak, parvinrent à le rejoindre dans la montagne des Beni-It'obrine, et, ayant pu s'emparer de lui au moment où il venait de se blesser en tombant de cheval, le ramenèrent à Bougie. Il fut exécuté dans la ville même où il avait été appelé, quelques années auparavant, comme un libérateur et élevé sur le trône (juin 1283). Quant à Abou-Zakaria, il parvint à se soustraire à ses ennemis.

Mort de Yar'moracène-ben-Zeyane. Son fils Othmane I lui succède. — Quelque temps auparavant, l'émir abd-el-ouadite Yar'moracène avait reparu dans le Mag'reb central à la suite d'une révolte suscitée, à Mostaganem, par un de ses parents soutenu par les Mag'raoua du Chelif. La révolte étouffée il reprit le chemin de l'ouest, mais il fut atteint, en route, d'un mal subit et rendit l'âme (mars 1283). La date exacte comme le lieu de son décès ont donné lieu à des divergences. Ibn-Kaldoun fournit la date que nous avons adoptée et dit que la mort de l'émir eut lieu sur les bords du Chedioua, affluent du Chelif; mais son frère et l'imam Et-Tensi placent cet événement sur les bords du Rihou, rivière peu éloignée de la précédente.

Enfin, les mêmes auteurs prétendent que Yar'moracène attendait en ce lieu la princesse hafside destinée à son fils. Or, l'ambassade de Tunis et l'arrivée de la fiancée à Tlemcen sont évidemment antérieures puisque le khalife Abou-Ishak avait dû abandonner

1. Près de Kalaat Senane, selon Ez-Zerkchi, qui donne à cette bataille la date du 31 mai 1383, *loc. cit.*

sa capitale dans le mois de janvier. Il ressort donc, de l'étude des textes, qu'après le mariage de son fils, l'émir abd-el-ouadite fit dans le Mag'reb central une nouvelle expédition à la suite de laquelle il mourut.

Le corps du puissant fondateur de la dynastie Zeyanite fut rapporté à Tlemcen dans sa litière, car on eut soin de cacher son décès à l'armée. Une fois arrivé, on annonça la triste nouvelle et Othmane, héritier présomptif, fut proclamé et reçut le serment des troupes et de la population.

Yar'moracène eut une des figures les plus remarquables de l'histoire de l'Afrique. Ce rude berbère, chef d'une tribu Zenète nomade, sans instruction ni éducation, arrivé par ses seules qualités au rôle de fondateur et de chef d'empire, montra, durant son long règne, quelles ressources peuvent se trouver dans le caractère de la race africaine. S'il n'avait pas rencontré un rival aussi redoutable que son voisin Abou-Youssof-Yakoub, on ne sait où se seraient arrêtés ses succès.

On dit que, quelque temps avant sa mort, il aurait donné à son fils le conseil de ne pas attaquer les Merinides devenus trop puissants : « Quant à moi, ajouta-t-il, j'ai dû les combattre afin d'éviter le déshonneur auquel s'expose l'homme qui fut son adversaire, déshonneur qui, du reste, ne saurait l'atteindre. Tiens-toi derrière tes remparts s'ils viennent t'attaquer et dirige tes efforts à la conquête des provinces hafsides qui touchent aux nôtres [1] ». Tel aurait été son testament politique.

Presque en même temps que le corps de l'émir, arriva à Tlemcen le prince hafside Abou-Zakaria, qui, plus heureux que son père, avait pu échapper à la poursuite de ses ennemis. Il fut accueilli par son beau-frère Othmane avec les plus grands honneurs [2].

ALPHONSE X APPELLE ABOU-YOUSSOF EN ESPAGNE. CAMPAGNES DANS LA PÉNINSULE. MORT D'ALPHONSE X. — Il convient de revenir dans le Mag'reb extrême et de reprendre le récit des faits historiques survenus dans cette contrée, pendant que l'Ifrikiya et le Mag'reb central étaient le théâtre des événements importants que nous venons de retracer.

Vers le commencement de l'année 1282, Abou-Youssof reçut à Fès une députation d'Alphonse X de Castille lui proposant une alliance afin de l'aider à réduire son fils don Sancho, qui s'était mis en état de révolte contre lui. Cette rupture avait été motivée par

---

1. Ibn-Khaldoun, *Berbères*, t. III, p. 369.
2. *Ibid.*, t. II, p. 395, t. III, p. 364 et suiv. L'Imam Et-Tensi, passim.

la disposition prise par Alphonse, cédant à la pression du roi de France, disposition par laquelle il accordait à son petit fils, l'aîné des La Cerda, la ville de Jaën en fief. Sancho avait violemment protesté contre ce qu'il nommait une spoliation, puis il avait appelé ses partisans aux armes, fait alliance avec les rois de Grenade et de Portugal et envahi la Castille. Dans cette conjoncture, le vieux monarque n'avait vu d'autre voie de salut que de se jeter dans les bras de son ennemi le sultan merinide.

Abou-Youssof saisit avec empressement cette nouvelle occasion d'intervenir en Espagne. Il débarqua dans la péninsule avec un corps de cavalerie, en août 1282, et opéra sa jonction avec le roi chrétien. Il apportait à celui-ci cent mille pièces d'or qu'il lui remit à titre de prêt et, en garantie, il reçut la couronne du royaume. Les alliés marchèrent ensuite sur Cordoue, où se trouvait la famille de don Sancho. Mais ce prince accourut pour défendre sa capitale et les confédérés durent en entreprendre le siège. Bientôt, ils apprirent qu'Ibn-el-Ahmar arrivait avec une armée de secours et ils se décidèrent à lever le siège de Cordoue. Abou-Youssof rentra-t-il en Mag'reb, comme le prétendent certains auteurs, et revint-il au printemps de l'année suivante, ou bien, comme on doit l'induire du texte d'Ibn-Khaldoun, resta-t-il à guerroyer dans les provinces de l'ouest? Nous ne pouvons nous prononcer à cet égard.

Il résulte de deux pièces se trouvant aux Archives de France[1], que le prince merinide aurait écrit, en octobre 1282, de Xérès, au roi de France, pour l'engager à intervenir personnellement dans la querelle sacrilège suscitée par un fils à son père. Ces missives sont écrites sur un ton noble et amical.

En avril 1283, Abou-Youssof vint mettre le siège devant Malaga, possession d'Ibn-el-Ahmar. Ce prince, se voyant ainsi pris à partie, ne songea qu'à apaiser le puissant chef des Merinides afin d'éviter un sort trop facile à prévoir. Il employa, à cet effet, l'intervention du prince Abou-Yakoub qui obtint de son père le pardon du roi de Grenade. Les musulmans, enfin réconciliés, rompirent toute relation avec les chrétiens leurs anciens alliés, et, ayant envahi leurs territoires, y répandirent la dévastation et la mort.

Après cette campagne, Abou-Youssof rentra à Algésiras et, peu après, il passa la mer et revint à Fès, laissant à son petit-fils Aïssa la direction des affaires d'Espagne (octobre 1283).

Pendant ce temps, le roi de Castille continuait à lutter contre son fils. Celui-ci fut alors atteint d'une grave maladie et condamné

---

1. La traduction en a été publiée par S. de Sacy (*Mémoires de l'Académie des Inscriptions*, N. S. T. IX).

par les médecins ; mais son énergique tempérament triompha du mal et ce fut son vieux père qui mourut sur ces entrefaites après avoir pardonné à don Sancho (4 avril 1284). L'histoire a donné à Alphonse X le surnom de *Sage*, qu'il faut prendre dans le sens de savant ou philosophe, car la direction de sa politique manqua trop souvent de sagesse et il perdit, dans le cours de son long règne, une partie des avantages conquis par son glorieux père. Sancho, resté seul maître du pouvoir, prit officiellement le titre de roi. Les révoltes cessèrent et le nouveau souverain reçut du prince de Grenade et du sultan mérinide des ambassades chargées de le complimenter et de lui offrir la paix.

Mais Sancho gardait aux musulmans un vif ressentiment de leurs dernières incursions et il répondit à leurs avances par des menaces [1].

Abou-Hafs renverse l'usurpateur Ibn-Abou-Amara et monte sur le trône de Tunis. — Tandis que l'Espagne était le théâtre de ces événements, l'usurpateur, qui s'était, avec tant d'audace, emparé du trône hafside, détachait de lui tous ses adhérents par des cruautés inutiles et des caprices sanguinaires. Les Arabes soleïmides de la tribu d'Allak, qui, les premiers, l'avaient soutenu, se virent en butte à une véritable persécution. A Tunis, le meurtre, sur les personnes de l'entourage même du khalife, devint l'état normal. Une telle conduite, après les règnes d'Abou-Zakaria et d'El-Mostancer, ne pouvait être longtemps tolérée.

Nous avons vu que le prince hafside, Abou-Hafs, échappé non sans peine au désastre de Mermadjenna, avait pu gagner, à pied, un pays montagneux habité par une tribu houaride. Dans cette localité, appelée Kalaât Sinane, sise à une dizaine de lieues au nord-est de Tébessa, il se vit comblé d'honneurs par ces Berbères. Plusieurs personnes attachées à la famille tombée vinrent l'y rejoindre et Kalaât Sinane forma bientôt le centre d'une petite cour. Ce fut alors que les Arabes, exaspérés par la tyrannie de l'usurpateur, se rendirent auprès d'Abou-Hafs et le reconnurent pour leur maître. Abou-l'Leïl (Bellil) Mohammed, émir des tribus de la famille d'Allak, se mit à la tête de ce mouvement qui prit bientôt de vastes proportions.

A cette nouvelle, Ibn-Abou-Amara, dont l'esprit soupçonneux ne voyait qu'ennemis autour de lui, fit mourir ses principaux offi-

---

1. Ibn-Khaldoun, *Berbères*, t. IV, p. 106 et suiv. Kartas, p. 485 et suiv. Rosseeuw Saint-Hilaire, *Histoire d'Espagne*, t. IV, p. 215 et suiv., 307 et suiv.

ciers et conseillers, achevant ainsi de détacher de sa cause ses derniers adhérents. Bientôt on apprend qu'Abou-Hafs, soutenu par toutes les tribus soleïmides, marche sur Tunis (juin 1284) et Ibn-Abou-Amara veut se porter à la rencontre de son ennemi; mais à peine a-t-il quitté sa capitale, qu'il se voit forcé d'y rentrer en présence de l'insubordination qu'il rencontre chez ses soldats (31 mai). Il se contenta alors de former un camp retranché sous les murs de la ville et y attendit l'ennemi qui ne tarda pas à paraître. Après quelques engagements, Ibn-Abou-Amara dut renoncer à tout espoir de continuer la lutte. Forcé d'abandonner son camp, il rentra à Tunis et essaya de s'y cacher parmi la population.

Dans le mois de juillet 1284, Abou-Hafs fit son entrée dans la capitale. Aussitôt, on se mit à la recherche de l'imposteur, auquel la fortune avait, un instant, confié un royaume. Découvert dans une maison où il s'était caché, il fut traîné devant le khalife et subit l'humiliation d'être obligé de confesser sa fraude. On le fit ensuite périr dans les tourments et son corps, mis en lambeaux, servit de jouet à la populace (16 juillet).

Abou-Hafs reçut alors l'adhésion de toutes les provinces et se fit proclamer sous le nom d'El-Mostancer-b'illah. Les tribus arabes qui l'avaient soutenu se virent comblées de faveurs et obtinrent la possession de fiefs dans le sud de la Tunisie. Le gouvernement hafside ne prévoyait pas les embarras que lui susciteraient avant peu ces inconstants nomades [1]

Le prétendant hafside Abou-Zakaria s'empare de Constantine, de Bougie et d'Alger. — Lorsque la nouvelle du triomphe d'Abou-Hafs parvint à Tlemcen, l'émir Othmane lui envoya son adhésion. Mais le prince hafside Abou-Zakaria, qui avait été rejoint dans la capitale abd-el-ouadite par quelques amis, sentit renaître son ambition en apprenant la mort de l'imposteur qui avait renversé son père. Cédant aux conseils de son entourage, il s'ouvrit à Othmane qui refusa, d'une façon absolue, de le soutenir dans ses prétentions.

Sans se laisser décourager, Abou-Zakaria saisit un jour, le prétexte d'une chasse pour s'échapper et prendre la route de l'est. Il gagna, par une marche rapide la tribu Zor'bienne des Beni-Amer alors établie dans les hauts plateaux du Mag'reb central et fut bien accueilli par leur cheikh Daoud-ben-Hilal. En vain, le prince

---

1. Ibn-Khaldoun, *Berbères*, t. I, p. 143, 144, t. II, p. 383 et suiv. El-Kaïrouani, p. 231 et suiv. Ez-Zerkchi, *Histoire des Beni-Hafs* (loc. cit.), p. 299 et suiv.

abd-el-ouadite somma ce chef de lui laisser son hôte : l'émir arabe préféra s'exposer à la colère de son suzerain que de trahir les lois de l'hospitalité. Et puis, n'avait-il pas tout à gagner dans de nouveaux troubles ?

Les Amer protégèrent leur hôte et le conduisirent jusqu'à la limite de leur territoire, c'est-à-dire jusqu'au Hodna. Les Daoua-ouïda habitant cette contrée saisirent avec empressement le prétexte qui s'offrait à eux pour sortir de leur inaction ; ayant reconnu le fugitif comme khalife, ils obtinrent l'adhésion des Berbères Sedouikech, établis dans les plaines à l'est de Sétif. Soutenu par les contingents de ces tribus coalisées, Abou-Zakaria se présenta inopinément sous les murs de Constantine que le gouverneur Ibn-Youkiane lui remit sans résister, se contentant de la promesse d'un haut emploi de l'empire (1284).

Encouragé par ce succès, le prétendant marcha sur Bougie et fut accueilli comme un libérateur par les habitants de cette ville, depuis longtemps déchirée par les factions. Bientôt Dellis et Alger lui envoyèrent leur soumission et Abou-Zakaria se trouva, sans pour ainsi dire avoir combattu, maître de toute la partie occidentale de l'empire hafside. Il s'entoura des insignes de la royauté et prit le titre d'*El-Montakheb-li-Yahtai-Dine-Allah* (choisi pour faire revivre la religion de Dieu).

Cette réussite était trop encourageante pour que le prince hafside ne rêvât pas la conquête de tout le royaume de son père ; aussi, allons-nous le voir l'entreprendre avant peu [1].

EXPÉDITIONS MERINIDES EN ESPAGNE. CONCLUSION DE LA PAIX ENTRE ABOU-YOUSSOF ET SANCHO IV. MORT D'ABOU-YOUSSOF-YAKOUB. RÈGNE DE SON FILS ABOU-YAKOUB-YOUSSOF. — Revenons en Espagne où nous avons laissé Sancho IV recueillir la succession de son père, Alphonse de Castille, dont il avait hâté la mort par sa rébellion. Le sultan de Maroc, qui avait soutenu le parti du père contre le fils, proposa à celui-ci un traité de paix et d'alliance et se heurta à un dédaigneux refus. C'était la guerre à bref délai et, de part et d'autre, on s'y prépara avec activité. Abou-Youssof, prêt avant son ennemi, débarqua à Tarifa le 7 avril 1285. Les territoires de Séville, Xérès, Carmona, furent de nouveau envahis et dévastés par les musulmans. Des renforts constants de Berbères et d'Arabes, arrivant du Mag'reb, permettaient de pousser activement la cam-

---

1. Ibn-Khaldoun, t. I, p. 75, 76, t. II, p. 399 et suiv., t. III, p. 370 et suiv. *La Farsïade* d'Abou-l'Abbas-el-Khatib, traduction Cherbonneau, (*Journal asiatique*, Mars 1849, p. 186 et suiv.)

pagne. Bientôt, débarqua dans la péninsule le prince Abou-Yakoub, héritier présomptif, amenant avec lui une armée de vingt mille Berbères, dont moitié de Masmouda, qui furent immédiatement envoyés sur le théâtre de la guerre; et la belle Andalousie eut encore à supporter les maux de l'invasion musulmane.

Vers la même époque, le prince abd-el-ouadite Mohammed, envoyé par son père Othmane, arriva en Espagne avec mission d'obtenir la paix du sultan merinide. Ainsi les sages conseils de Yar'moracène étaient ponctuellement suivis par son fils. Abou-Youssof accueillit avec distinction l'envoyé et, comme il était fort désireux d'avoir sa liberté d'action assurée en Espagne, il signa volontiers une trêve qui permettait à Othmane de reporter tous ses efforts sur le Mag'reb central.

Cependant, le roi de Castille avait pu réunir des troupes et s'était jeté, avec son impétuosité habituelle, contre les envahisseurs, tandis qu'une flotte qu'il avait nolisée aux Génois venait bloquer l'embouchure du Guadalquivir. Abou-Youssof, craignant de voir sa retraite coupée, se hâta de lever le siège de Xérès qui le retenait depuis longtemps et de rentrer à Algésiras, après une campagne plus brillante que fructueuse et dans laquelle le cheïkh des Djochem, Aïad-el-Acem et l'émir des Kurdes, Khidr, s'étaient particulièrement distingués (novembre 1285).

Sancho, qui avait en vain essayé d'entraîner ses principaux officiers à la poursuite des musulmans, se décida alors à traiter avec ceux-ci. La paix fut conclue dans une entrevue entre les deux souverains, à quelque distance d'Algésiras. Le plus grand éclat présida à cette cérémonie, qui se termina par un échange de cadeaux. Il fut convenu que toute hostilité cesserait et que les musulmans pourraient habiter les territoires chrétiens et y exercer leurs industries sous la protection des lois. Enfin, Abou-Youssof obtint la remise d'une quantité énorme d'ouvrages arabes tombés entre les mains des chrétiens après la chute de Séville, de Cordoue, et autres métropoles musulmanes. De son côté le sultan merinide avança à don Sancho un subside de deux millions de maravédis.

Peu de temps après, le sultan Abou-Youssof, qui était retourné à Algésiras, tomba malade et rendit l'âme dans cette ville (fin mars 1286). Ce grand prince, véritable fondateur de la dynastie merinide, avait régné 29 ans. Depuis la chute de l'empire almohâde, dix-sept ans s'étaient écoulés pendant lesquels sa gloire et sa puissance n'avaient cessé de s'accroître. Après El-Mostancer et Yar'moracène, ses contemporains, disparaissait la troisième grande figure du xiiie siècle en Afrique. L'Islam entier en prit le deuil, dit le Kartas.

Abou-Yakoub-Youssof, héritier présomptif, qui se trouvait alors en Mag'reb, accourut dans la Péninsule, aussitôt que la mort de son père lui fut connue, et se fit proclamer par les troupes et la population sous le nom d'En-Nacer-li-dine-Allah [1].

PUISSANCE DES TOUDJINE DANS LE MAG'REB CENTRAL. OTHMANE, FILS DE YAR'MORACÈNE, MARCHE CONTRE EUX. — Nous avons vu qu'Othmane, fils de Yar'moracène, avait, suivant les instructions de son père, sollicité et obtenu la paix du sultan merinide. Il réunit alors une armée imposante et se mit en marche vers l'est dans le but de combattre les Toudjine qui, depuis quelques années, étendaient chaque jour le rayon de leur puissance. Les Thaaleba, Arabes makiliens, occupant depuis près de deux siècles la montagne de Titeri et les environs de Médéa, avaient été chassés de leurs cantonnements par les Toudjine et contraints de se réfugier dans la Mitidja, en offrant leurs bras aux Berbères Mellikech, Sanhadjiens, ennemis des Toudjine. La ville même de Médéa, où dominaient encore les débris des Lemdïa, autres Sanhadjiens, tomba au pouvoir de Mohammed-ben-Abd-el-Kaouï, émir des Toudjine, qui y installa une fraction de sa tribu : les Oulad-Aziz-ben-Yakoub. Ces Zenètes se fixèrent à Mahnoun, non loin de la ville.

Vers le même temps, les Beni-Idleltene, autre fraction toudjinite, s'emparaient d'El-Djabate et de Taour'zoute, sur le cours supérieur de la Mina. Ainsi, lorsque le souverain zeyanite marcha contre Abd-el-Kaouï, cet émir étendait son autorité sur la région comprise entre Médéa, le Hodna et le Seressou. Dans son voyage, Othmane traversa le pays des Magr'aoua et se fit livrer par les Oulad-Mendil la ville de Tenès, qui avait secoué son autorité. Puis il pénétra dans les monts Ouarensenis et porta le ravage au cœur même du pays de ses adversaires [2].

ABOU-ZAKARIA MARCHE SUR TUNIS. UNE DIVERSION D'OTHMANE LE FORCE A RENTRER A BOUGIE. — Pendant que le souverain abd-el-ouadite poussait avec vigueur cette campagne, le hafside Abou-Zakaria, mettant à exécution ses projets ambitieux, sortait de Bougie[3] à la tête de ses auxiliaires et marchait directement sur Tunis (1286). Il se heurta, non loin de cette ville, aux troupes com-

---

1. Kartas, p. 490 à 528. Ibn-Khaldoun, *Berbères*, t. III, p. 370, t. IV, p. 110 et suiv. Rosseeuw Saint-Hilaire, *Histoire d'Espagne*, t. IV, p. 307 et suiv.
2. Ibn-Khaldoun, *Berbères*, t. III, p. 370 et suiv., t. IV, p. 17 et suiv.
3. De Constantine, d'après *la Farsïade*, ce qui paraît plus probable *loc. cit.*, p. 199).

mandées par le général El-Fazazi et fut repoussé par elles. Il alla ensuite mettre le siège devant Gabès et s'empara de cette ville, ainsi que des contrées environnantes. Aussitôt les Arabes soleïmides de la Tripolitaine accoururent lui jurer obéissance.

Ces nouvelles parvinrent à Othmane, dans le Ouarensenis, en même temps qu'une supplique d'Abou-Hafs, à la cause duquel il continuait à rester fidèle, l'adjurant d'accourir à son aide. L'émir descendit aussitôt dans la Mitidja, remettant à plus tard l'exécution de ses plans contre les Toudjine, et se porta à marches forcées sur Bougie, où il arriva en 1287. Après avoir en vain essayé de réduire cette place, alors très bien fortifiée, force lui fut de rentrer vers le centre de ses opérations, le pays des Mag'raoua (Tenès). Peut-être, comme il semble ressortir de certains passages, n'avait-il fait, devant Bougie, qu'une simple démonstration destinée à y rappeler son beau-frère.

Si tel avait été son but, il fut atteint, car Abou-Hafs, accouru au secours de sa capitale menacée, y rentra aussitôt après le départ du prince abd-el-ouadite [1].

Abou-Yakoub-Youssof rentre en Mag'reb et y rétablit la paix. — Pendant que ces événements se passaient dans l'Est, le nouveau sultan merinide Abou-Yakoub, après avoir renouvelé les traités de paix avec le roi de Castille et Ibn-el-Ahmar, était rentré en Mag'reb, appelé par la nécessité de réprimer diverses révoltes. Ce fut d'abord contre ses propres cousins, qui s'étaient jetés dans le Derâa en appelant aux armes, qu'il dut sévir. Il réduisit ensuite un certain Omar-el-Askri qui s'était retranché à Fendelaoua. De là, étant passé dans la province de Maroc, en proie à l'effervescence, il vit un autre de ses parents, nommé Talha, lever l'étendard de la révolte avec l'appui des Beni-Hassane, tribu makilienne. Ce chef perdit la vie dans une rencontre (juillet 1287) ; peu après, le sultan parvint, par une autre marche rapide, à surprendre les Arabes. Il leur infligea le plus sévère châtiment : leurs biens furent confisqués et les têtes d'un grand nombre des leurs envoyées à Maroc, à Sidjilmassa et à Fès.

L'année suivante (1288), dans le mois de mai, Abou-Yakoub qui avait, grâce à son énergie, obtenu une pacification générale, rentra à Fès. Il trouva dans cette ville une ambassade de Grenade, chargée par le prince de ce royaume de lui conduire une de ses parentes, qui lui était fiancée, et d'entamer des négociations à l'effet d'obtenir la remise de la ville de Cadix, restée en la posses-

---

1. Ibn-Khaldoun, t. II, p. 400 et suiv., t. III, p. 370 et suiv.

sion des Merinides. Abou-Yakoub accéda sans difficulté à la demande d'Ibn-el-Ahmar et ainsi, ce prince recouvra, sans coup férir, une des principales villes de son royaume.

OTHMANE DOMPTE LES BENI-TOUDJINE ET ÉCRASE LEUR PUISSANCE. — Quant à Othmane, resté dans le Mag'reb central, il avait recommencé ses courses sur le territoire des Toudjine. Ayant ensuite enlevé la ville de Mazouna aux Mag'raoua, il en fit le lieu de dépôt de ses approvisionnements et de son butin. De là, il revint dans le Ouarensenis et assiégea la forteresse de Taferguinte qui lui fut livrée par son gouverneur. Après avoir obtenu ces grands succès, l'émir zeyanite rentra à Tlemcen pour y préparer de nouvelles expéditions.

Au commencement de l'été de l'année 1288, Othmane sortit de sa capitale et reprit le chemin du pays des Toudjine. Mohammed-ben-Abd-el-Kaou, cheïkh de ces Berbères, était mort depuis quelque temps et, après son décès, la plus grande anarchie avait divisé les tribus toudjinites : à peine un chef était-il élu que ses rivaux s'en débarrassaient par l'assassinat. L'émir de Tlemcen profita habilement de cet état de choses qui paralysait les forces de ses ennemis, pour les attaquer en détail. Il réduisit d'abord à la soumission la principale fraction, celle des Beni-Idleltene qui occupait la partie occidentale du territoire toudjinite. Pénétrant ensuite dans le Ouarensenis, il en expulsa les partisans de la famille Abd-el-Kaoui ; puis il s'avança jusqu'à Médéa dont il se rendit maître avec l'appui des Beni-Lemdïa. Il anéantit ainsi la puissance de cette tribu berbère, la contraignit à lui payer tribut et confia le commandement de la région à une famille toudjinite, celle des Hâchem [1] sur la fidélité de laquelle il croyait devoir compter.

Mais ces brillants succès allaient attirer de nouveaux malheurs à la dynastie zeyanite. Othmane, ayant appris que le sultan merinide prenait fait et cause pour les Toudjine et se préparait à envahir la province de Tlemcen, se hâta de rentrer dans sa capitale [2].

EXPÉDITIONS ESPAGNOLES EN AFRIQUE. — Nous avons laissé le roi d'Aragon, Pierre III, après son audacieuse conquête de la Sicile, en lutte avec Charles d'Anjou. Ce prince décida son neveu Philippe, roi de France, à envahir l'Aragon, à la tête d'une armée considé-

---

1. Ancêtres du moderne Abd-el-Kader. Voir *Notice sur les Hâchem de Mascara* par M. Lespinasse (*Revue africaine*, n° 122, p. 140 et suiv.)
2. Ibn-Khaldoun, *Berbères*, t. III, p. 371, 372, t. IV, p. 13. Abbé Bargès, *Histoire des Beni-Zeyane*, passim.

rable ; mais grâce aux ressources de son esprit et à l'énergie de ses sujets et alliés, Pierre parvint à repousser l'envahisseur. Ce fut pour l'armée française un véritable désastre. Philippe en mourut de chagrin à Perpignan (5 octobre 1285). Peu après, Pierre III cessait de vivre et ne tardait pas à être suivi dans le tombeau par Charles d'Anjou. Alphonse III succéda à son père, comme roi d'Aragon, de Catalogne, de Valence et suzerain de Majorque et du Roussillon. Jayme, second fils de Pierre III, eut en partage la Sicile et les possessions d'Italie.

Un des principaux officiers des rois d'Aragon et de Sicile était l'amiral Roger dell'Oria (ou de Loria), qui rendit pendant cette période troublée les plus grands services à ses maîtres. Pour occuper ses loisirs, ce hardi marin fit de nombreuses tentatives contre l'Afrique. Dans l'automne de l'année 1284, selon Ibn-Khaldoun et l'auteur de la Farsïade, en 1289, selon le cheïkh Bou-Ras, il vint prendre possession de l'île de Djerba, toujours en état de révolte contre l'autorité hafside et qu'il enleva au cheïkh des Nekkariens Ikhelef-ben-Moghar. Il fit de cette île une petite principauté dont il fut le chef, sous la suzeraineté du Saint-Siège, et y bâtit un château fortifié où il laissa garnison. Le butin fait par les chrétiens dans cette expédition fut immense.

Pendant que Pierre d'Aragon se trouvait dans les Pyrénées (1285), un envoyé hafside avait signé avec lui un traité de renouvellement d'alliance, par lequel Abou-Hafs s'était engagé à servir à l'Aragon un tribut annuel de 33,000 besants d'or et à lui payer une indemnité de 100,000 besants pour l'arriéré. La mort du roi, survenue sur ces entrefaites, le partage de son empire furent autant de prétextes saisis par le sultan hafside pour ne pas exécuter ses engagements et, dès lors, les hostilités recommencèrent. En 1287, les flottes d'Aragon et de Sicile firent une descente à Mersa-el-Kharez (La Calle), brûlèrent la forteresse et emmenèrent les habitants de la ville en captivité.

Enfin, en 1289, le roi d'Aragon fournit à un fils de l'Almohade Abou Debbous, nommé Othmane, qui s'était réfugié à sa cour, l'aide de ses navires, afin de lui permettre de relever son trône, en s'appuyant sur les Arabes Debbab de la Tripolitaine dont il croyait avoir le concours assuré. La flotte vint attaquer Tripoli, mais, ne pouvant réduire cette place, elle débarqua l'aventurier sur un point du rivage et revint vers l'ouest, en suivant les côtes d'Afrique. Parvenus en face d'El-Mehdia, les chrétiens y firent une descente et se rembarquèrent, en emportant un riche butin, à l'annonce de l'arrivée de renforts musulmans [1].

1. Ibn-Khaldoun, *Berbères*, t. II, p. 397, 398, 403, 404. Cheikh-Bou-Ras, *Revue africaine*, n° 162, p. 473, 474. Rosseeuw Saint-Hilaire, *Histoire d'Espagne*, t. IV, p. 280 et suiv. *La Farsïade* (loc. cit.), p. 200 et suiv. — De Mas-Latrie, *Traités de paix, etc*, p. 155 de l'intr., 286 du texte.

CHAPITRE XIV

DYNASTIES HAFSIDE, ZEYANITE ET MERINIDE (Suite)
GRAND SIÈGE DE TLEMCEN

1280-1308

Rupture entre les Abd-el-Ouadites et les Merinides. Abou-Yakoub envahit le Mag'reb central. — Espagne : prise de Tarifa par Sancho. Perte des possessions merinides. — Mort du Hafside Abou-Hafs. Abou-Acida le remplace à Tunis. — Othmane I châtie les Mag'raoua. Les Merinides font des expéditions sur le territoire zeyanite. — Othmane I châtie les Toudjine. Le sultan merinide commence le siège de Tlemcen. — Luttes entre les princes hafsides ; campagnes des Merinides dans le Mag'reb central et jusqu'à Bougie. — Grand siège de Tlemcen ; mort d'Othmane I ; son fils Abou-Zeyane lui succède. — Rupture entre le roi de Grenade et le sultan merinide. Le prétendant Othmane soulève les R'omara. — Tlemcen est réduit à la dernière extrémité. — Mort du sultan Abou-Yakoub. Abou-Thabet monte sur le trône merinide. Levée du siège de Tlemcen. — Rupture entre les rois hafsides. Révolte de R'adda dans le Hodna. — Révolte d'Alger. Conclusion de la paix entre les rois hafsides. Révoltes des tribus soleïmides en Ifrikiya. — Abou-Zeyane I soumet le Mag'reb central ; sa mort. — Le sultan merinide Abou-Thabet réduit les rebelles du sud et châtie les Arabes. — Campagne d'Abou-Thabet contre les rebelles du Rif ; sa mort. Il est remplacé par son frère Abou-Rebïa.

RUPTURE ENTRE LES MERINIDES ET LES ABD-EL-OUADITES. ABOU-YAKOUB ENVAHIT LE MAG'REB CENTRAL. — Le sultan merinide Abou-Yakoub, après son retour à Fès, eut à lutter contre une nouvelle révolte suscitée, cette fois, par son propre fils Abou-Amer qui s'était fait proclamer khalife à Maroc. Le souverain marcha lui-même contre ce fils rebelle et celui-ci, jugeant toute résistance inutile, s'enfuit de Maroc, en emportant ses trésors. Il se réfugia d'abord chez les Masmouda et, de là, gagna Tlemcen, accompagné du vizir Ibn-Ottou. Cette révolte maîtrisée, Abou-Yakoub revint à Fès ; peu après, cédant aux sollicitations de sa famille, il accorda le pardon à son fils et lui permit de rentrer. Une difficulté s'éleva alors entre Abou-Yakoub et le gouvernement abd-el-ouadite au sujet de l'émir Ibn-Ottou sur lequel le sultan voulait faire peser tout le poids de sa colère et qu'Othmane refusa de livrer.

Ce différend se termina par une rupture, depuis quelque temps imminente. Le souverain merinide voyait, en effet, avec la plus grande jalousie, les succès des Abd-el-Ouadites dans le Mag'reb central; il reprochait aussi à Othmane d'entretenir de bonnes relations avec Ibn-el-Ahmar et le roi chrétien d'Espagne. Toutes ces causes, jointes à la vieille haine qui divisait les deux dynasties, sont suffisantes pour expliquer la déclaration de guerre dont le refus de livrer Ibn-Ottou ne fut que le prétexte. C'est à la réception de ces graves nouvelles que nous avons vu, dans le chapitre précédent, l'émir Othmane s'arrêter brusquement au milieu de sa campagne contre les Toudjine, et rentrer à Tlemcen.

Au commencement de mai 1290, Abou-Yakoub sortit de Fès à la tête d'une armée imposante composée des troupes régulières, des milices (chrétienne et kurde), et des contingents berbères et arabes. Il marcha directement sur Tlemcen. Arrivé devant cette place forte, il en entreprit le siège et battit durant quarante jours ses murailles, sans succès. Voyant la ville trop bien gardée et fortifiée, il renonça à la réduire et alla porter le ravage et la dévastation dans les territoires environnants, aidé par les Mag'raoua du Chélif qui étaient accourus, leurs chefs, les Oulad-Mendil, en tête, pour coopérer à l'anéantissement des Abd-el-Ouadites. Les efforts du sultan merinide se portèrent alors contre une ville nommée Imama, voisine de Tlemcen, mais il ne put davantage s'en rendre maître et reprit le chemin de l'ouest, n'ayant obtenu aucun avantage dans cette campagne qui n'avait été caractérisée que par des dévastations stériles [1].

ESPAGNE : PRISE DE TARIFA PAR SANCHO. PERTE DES POSSESSIONS MERINIDES. — A son retour à Fès, Abou-Yakoub apprit que le prince de Grenade avait renouvelé son traité avec la Castille et, comme Ibn-el-Ahmar lui avait repris Malaga par surprise, il considéra l'alliance de Sancho avec son ennemi comme une trahison. Un premier corps de troupes, sous le commandement du général Ibn-Irgacène, fut d'abord envoyé dans la péninsule ; puis, au commencement de l'été 1290, le sultan se porta en personne à Kçar-Masmouda pour diriger le départ des renforts et les suivre. Mais Sancho avait obtenu du nouveau roi d'Aragon, Jayme II, un secours de onze galères qui bloquaient le détroit, et ce ne fut qu'à la fin de septembre qu'Abou-Yakoub trouva l'occasion de passer en Espagne. Il prit aussitôt la direction des opérations, sans pouvoir obtenir de succès dans le cours de cette campagne contrariée par le froid et le mauvais temps. Rentré à Algésiras, il repassa la mer, à la fin du mois de décembre.

1. Ibn-Khaldoun, t. III, p. 373 et suiv., t. IV, p. 110 et suiv. Kartas, p. 535 et suiv.

A peine était-il parti que le roi chrétien se présentait devant Tarifa et entreprenait le siège de cette place importante, véritable clé du détroit. Ibn-el-Ahmar seconda, dit-on, le prince chrétien dans son entreprise, sous la promesse que Tarifa lui serait abandonnée. En 1292, elle capitula, mais don Sancho en conserva la possession et donna comme compensation, au prince de Grenade, quelques forteresses d'une importance secondaire.

Sur ces entrefaites, don Juan, frère de Sancho, toujours en état de rébellion, vint se réfugier à la cour de Fès et offrir son bras au sultan merinide. En même temps, Ibn-el-Ahmar, irrité de ce qu'il appelait la perfidie du roi chrétien, faisait la même démarche. Abou-Yakoub leur donna des troupes et des vaisseaux en les chargeant de reprendre Tarifa aux chrétiens. Mais ils usèrent leur ardeur et leurs forces contre cette ville, défendue avec la plus grande énergie par don Pérez de Guzman, et se virent forcés de lever le siège. Don Juan resta à la cour de Grenade; quant au sultan merinide, il dut, pour récompenser Ibn-el-Ahmar, lui abandonner Algésiras, sa dernière possession.

Peu de temps après, Sancho cessait de vivre, laissant la couronne de Castille à son fils Ferdinand IV, âgé de neuf ans (25 avril 1295)[1].

MORT DU HAFSIDE ABOU-HAFS. MOHAMMED-ABOU-ACIDA LE REMPLACE A TUNIS. — Tandis que ces événements se passaient dans l'ouest, le hafside Abou-Hafs continuait de régner paisiblement à Tunis, comme son cousin Abou-Zakaria à Bougie. En 1293, arriva, dans cette dernière ville, un jeune homme de la famille princière des Ibn-Mozni, de Biskra, nommé Mansour-ben-Fadel. Le père de ce chef avait été assassiné par la famille rivale des Beni-Rommane qui avait pris le pouvoir dans l'oasis et commandait au nom du khalife de Tunis. Le jeune Mansour offrit à Abou-Zakaria de lui assurer la possession de Biskra et de tout le Zab, s'il voulait l'appuyer d'un corps de troupes. Le souverain de Bougie accéda à sa demande et bientôt, Mansour-ben-Mozni parut devant l'oasis. Il ne tarda pas à s'en rendre maître et reçut d'Abou-Zakaria le commandement de tout le pays conquis. L'Ouad-Rir', qui, de tout temps, a formé une dépendance de Biskra, se trouva ainsi sous la suzeraineté du roi de Bougie.

Sur ces entrefaites (octobre 1295), le sultan Abou-Hafs tomba gravement malade. Sentant sa fin approcher, il désigna comme successeur son fils Abd-Allah. Mais, ayant appris que ce choix

---

1. Ibn-Khaldoun, *Berbères*, t. IV, p. 130 et suiv. *Kartas*, p. 540 et suiv. Rosseeuw Saint-Hilaire, *Histoire d'Espagne*, t. IV, p. 316 et suiv.

était peu sympathique aux officiers de l'empire, il prit l'avis d'un certain Abou-Mohammed-el-Merdjani, saint personnage, qui avait une grande influence dans la ville. Ce *marabout* lui conseilla alors de nommer comme héritier présomptif un fils d'El-Ouathek, qui était né chez lui, et avait été élevé par ses soins. Ce jeune homme, appelé Mohammed-Abou-Acida [1], était fils d'une concubine d'El-Ouathek qui se trouvait enceinte au moment de la mort de ce prince. Abou-Hafs suivit ce conseil et mourut peu après (novembre 1295). Il était âgé de cinquante-deux ans et avait régné environ douze années.

Après sa mort, les troupes et les grands officiers, c'est-à-dire le corps des cheïkhs almohades, proclamèrent khalife Abou-Abd-Allah-Mohammed-Abou-Acida, fils d'El-Ouathek. Un des premiers soins du nouveau souverain fut de faire mourir Abd-Allah, fils d'Abou-Hafs, qui avait failli monter sur le trône [2].

OTHMANE I CHATIE LES MAG'RAOUA. LES MERINIDES FONT DES EXPÉDITIONS SUR LE TERRITOIRE ZEYANITE. — Après la retraite de l'armée merinide, la première pensée de l'émir Othmane, à Tlemcen, avait été de tirer vengeance de la trahison des Mag'raoua. S'étant transporté dans leur pays, il les châtia d'une manière exemplaire et les rejeta dans les montagnes reculées. Thabet-ben-Mendil, leur chef, se réfugia à Brechk, petite ville maritime, entre Tenès et Cherchell. Assiégé par les Abd-el-Ouadites, et réduit bientôt à la dernière extrémité, il parvint à s'embarquer et put gagner le Mag'reb (1295).

Abou-Yakoub, qui venait de combattre une nouvelle révolte dans le pays des R'omara et qui avait vu son fils, Abou-Amer, se détacher définitivement de lui, accueillit avec bienveillance cet hôte. Cédant à ses prières, il voulut, par son influence, amener Othmane à lui accorder son pardon ; plusieurs envoyés merinides se rendirent à cet effet à la cour de Tlemcen. Mais ils furent reçus avec la plus grande hauteur et ne rapportèrent que d'humiliants refus.

Cette conduite acheva de porter l'exaspération du sultan merinide à son comble et il jura d'écraser pour toujours la puissance zeyanite. Dans les derniers mois de l'année 1295, il entreprit une première expédition, mais ne parvint qu'à Taourirt, petit poste sur le Za, qui, se trouvant à cheval sur la frontière, avait été occupé jusque-là, moitié par les Merinides, moitié par les Abd-el-Ouadites.

---

1. D'après M. de Slane, ce surnom *Abou-Acida*, l'homme à la soupe, lui aurait été donné par allusion à une distribution faite huit jours après sa naissance.
2: Ibn-Khaldoun, *Berbères*, t. II, p. 406 et suiv., t. III, p. 129 et suiv. El-Kaïrouani, p. 233 et suiv. *La Farsïade* (*loc. cit.*), p. 201.

Abou-Yakoub, en ayant chassé les Zeyanites, s'appliqua à fortifier cette place, de façon à la rendre imprenable. Il se borna, pour le moment, à cette démonstration.

L'année suivante (1296) il quitta de nouveau Fès, s'avança jusqu'à Oudjda, dont il rasa les fortifications, puis il se porta sur Nedrôma et ne put s'en rendre maître malgré un siège de quarante jours. Le 5 août, renonçant à réduire cette place, il reprit la route de Fès. A peine était-il parti, que l'émir Othmane vint fondre sur les populations qui avaient soutenu son ennemi et spécialement les habitants du mont Guedara, dont il ruina la principale bourgade, Tasekdelt.

Vers la fin de la même année, Abou-Yakoub fit une courte incursion sur le territoire abd-el-ouadite, mais sans obtenir de résultat. Il rentra à Fès pour célébrer son mariage avec une petite-fille de Thabet-ben-Mendil. Ce prince, qui était resté à sa cour, fut assassiné sur ces entrefaites dans des circonstances qui sont restées peu précises.

Au printemps suivant, le sultan merinide entreprit sa campagne annuelle contre l'ennemi héréditaire, mais, cette fois, au lieu de se contenter de porter le ravage dans les environs de la capitale, il vint dresser son camp sous les murs mêmes de Tlemcen, y fit élever des logements pour ses troupes, et, durant trois mois, essaya, par des efforts constants, de s'en rendre maître. Les Oulad-Selama, les Beni-Idlelténe et autres Toudjinites, accoururent au camp merinide pour prêter leur concours au sultan de Fès. Mais Tlemcen était si bien fortifié et défendu avec tant de courage, que les assiégeants durent, cette fois encore, renoncer à s'en rendre maîtres. Abou-Youssof rentra à Fès en passant par Oudjda, dont il releva les fortifications et où il laissa une garnison [1].

OTHMANE I CHATIE LES TOUDJINE. LE SULTAN MERINIDE COMMENCE LE SIÈGE DE TLEMCEN. — Aussitôt après le départ des Merinides, Othmane se porta rapidement chez les Toudjine, ces sujets rebelles qui ne manquaient aucune occasion de faire cause commune avec ses ennemis. Il mit leur pays au pillage; puis, pénétrant dans la Mitidja, contraignit à la soumission les Beni-Mellikch (Sanhadja) et les Arabes Thaaleba (Makil). Il revint ensuite vers l'Ouarensenis et s'attacha à poursuivre les Oulad Selama (Zenètes), jusque dans leurs derniers refuges.

Pendant ce temps, les troupes merinides, profitant de l'absence

---

1. Ibn-Khaldoun, *Berbères*, t. III, p. 374 et suiv., t. IV, p. 138 et suiv. Kartas, p. 540 et suiv.

de l'émir Zeyanite, parvenaient à s'emparer de Nedrôma, grâce à la trahison de l'officier qui y commandait. La forteresse de Taount suivit cet exemple et les habitants de ces régions envoyèrent à Fès une députation des leurs pour protester de leur dévouement aux Merinides et pousser le sultan à venir s'emparer de Tlemcen.

Abou-Yakoub, qui se disposait à recommencer la guerre au printemps, fut confirmé dans sa résolution par ces évènements, mais, ne voulant pas, cette fois, se borner à une démonstration stérile, il s'appliqua à réunir, tant en matériel qu'en hommes, des éléments assez complets pour assurer la réussite du siège de Tlemcen. Dans le mois d'avril 1299, tout se trouvant préparé, il se mit en marche vers l'est, à la tête de forces considérables.

Othmane continuait ses opérations contre les Oulad Selama lorsqu'il reçut cette nouvelle. Il revint aussitôt, en toute hâte, vers sa capitale et parvint à y rentrer avant l'arrivée de ses ennemis. Le soir même de son retour, les coureurs merinides parurent devant la place (mai).

Abou-Yakoub, renonçant à enlever la ville par surprise, l'investit entièrement et commença un siège en règle, bien décidé à rester sous ses murs jusqu'à sa chute, que la famine devait amener fatalement. Par ses ordres, un fossé profond et continu fut creusé autour de Tlemcen et adossé à une fortification garnie d'assiégeants. A peu de distance, à l'ouest de la ville, le sultan merinide fit construire une vaste enceinte fortifiée qui lui servit de camp. Il s'y installa, dans un palais élevé au centre et entouré de toutes les commodités nécessaires au fastueux souverain du Mag'reb. Les Abd-el-Ouadites, de leur côté, bien pourvus d'armes et de vivres, se disposèrent à la résistance la plus énergique. Ainsi commença le siège le plus mémorable dont les annales de l'Afrique septentrionale aient gardé le souvenir[1].

LUTTE ENTRE LES PRINCES HAFSIDES. CAMPAGNES DES MERINIDES DANS LE MAG'REB CENTRAL ET JUSQU'A BOUGIE. — Pendant que le Mag'reb central était le théâtre de ce grand duel, la guerre avait éclaté, à l'est, entre les deux princes hafsides. En même temps, Alger se soulevait contre Abou-Zakaria, de Bougie. Abou-Acida, voulant tirer parti de cette circonstance, vint faire une démonstration devant Constantine et s'avança jusqu'à Mila ; mais il n'obtint aucun résultat. Se voyant ainsi menacé, Abou-Zakaria écrivit à son beau-frère, l'émir Othmane, de Tlemcen, pour implorer son secours. Le

---

1. Ibn-Khaldoun, t. III, p. 375 et suiv., t. IV, p. 14, 20, 141 et suiv. Kartas, p. 546.

grand siège n'était pas encore commencé, mais les attaques incessantes des Merinides ne laissaient pas au souverain zeyanite la faculté de venir en aide au roi de Bougie et il dut remettre à des temps meilleurs la promesse de son intervention. Abou-Acida, ayant appris ces négociations, envoya de Tunis, au sultan merinide, une ambassade chargée de lui rappeler les bons rapports qui unissaient leurs maisons et de le prier d'intervenir à son profit contre Abou-Zakaria, l'allié des Abd-el-Ouadites.

Abou-Yakoub reçut la mission tunisienne sous les murs de Tlemcen, et, comme il se trouvait ..stement qu'une partie des troupes merinides était réduite à l'inaction, le blocus ne réclamant pas l'emploi de toutes les forces, le sultan put détacher un corps important qu'il envoya vers l'est. Les Merinides reçurent en passant l'hommage des Toudjine, alors en proie à l'anarchie; puis, s'étant avancés jusqu'au Djebel-ez-Zane, non loin de Dellis, ils se heurtèrent contre une armée envoyée de Bougie par Abou-Zakaria, pour protéger sa frontière. Les Bougiotes furent entièrement défaits et leurs débris rentrèrent en désordre dans la capitale.

Peu après, le sultan merinide expédia son propre fils Abou-Yahïa, avec un autre corps d'armée, pour achever la conquête du Mag'reb central. Ce prince investit Omar-ben-Ouïr'ern, de la famille de Mendil, du commandement de la vallée du Chelif et, avec son concours, s'empara de Mazouna, de Tenès, de Miliana, et de Médéa. La Mitidja et ses populations berbères et arabes (Mellikech et Thaaleba) reconnurent aussi son autorité. Continuant sa marche vers l'est, le prince merinide parvint dans la vallée de l'Oued-Sahel, au sud de Bougie, où il fut rejoint par Othmane-ben-Sebâ, chef des tribus Arabes-Daouaouida, venant lui offrir son appui pour combattre Abou-Zakaria, son ancien maître. Ainsi renforcée, l'armée de l'ouest alla bloquer Bougie, mais ce siège fut de courte durée, car les moyens matériels, nécessaires pour réduire cette place forte, manquaient totalement. Abou-Zakaria venait de mourir (1300), et ce fut son fils, Abou-l'Baka, qui prit en main la défense. Quant à Abou-Yahïa, après avoir levé le siège, il alla ravager le territoire de Tagrarat[1] et le pays des Sedouikch, puis, l'armée rentra à Tlemcen.

Sur ces entrefaites, le chef mag'raouien Rached, petit-fils de Thabet-ben-Mendil, qui avait été fort irrité de la faveur accordée à son cousin Omar-ben-Ouïr'ern et avait dirigé la défense de Miliana contre les Merinides, parvint à soulever la ville de Mazouna;

---

1. Actuellement Akbou.

soutenu par les Berbères de cette région, il attaqua à l'improviste Omar et le tua (fin 1300). Les troupes merinides, renforcées des contingents des tribus fidèles, envahirent alors les montagnes des Beni-bou-Saïd et entreprirent le siège de Mazouna. La campagne se prolongea avec des chances diverses, tandis que le prince Abou-Yahia opérait chez les Toudjine, dont les principales tribus s'étaient mises en état de révolte. En 1303, il obtint une pacification du pays, après l'avoir entièrement ravagé, et avoir chassé dans le désert les descendants de Abd-el-Kaoui. En même temps, Mazouna tombait, et les têtes de ses principaux défenseurs étaient envoyées à Tlemcen et lancées dans les remparts. Rached, suivi d'une masse de mécontents, se réfugia dans la ville de Metidja et se vit entouré par un grand nombre de Mellikch et de Thaaleba. Mohammed-ben-Omar-ben-Mendil son parent, reçut des Merinides le commandement des Mag'raoua. Quant à Rached, après avoir été encore une fois vaincu, il fut recueilli par le souverain hafside de Bougie, ainsi que nous le verrons plus loin (1305)[1].

GRAND SIÈGE DE TLEMCEN. MORT D'OTHMANE I. SON FILS ABOU-ZEYANE LUI SUCCÈDE. — Le siège de Tlemcen durait toujours et rien ne pouvait encore faire prévoir la chute de cette ville. Cependant, les murs de circonvallation l'entouraient d'une barrière infranchissable, à ce point que, selon l'expression d'Ibn-Khaldoun, un esprit, un être invisible n'aurait pu y pénétrer et, cette situation se prolongeant devait, avec la famine comme auxiliaire, contraindre à coup sûr les assiégés à la reddition. Peu à peu, le camp des assiégeants s'était changé en une véritable ville qui avait reçu le nom d'El-Mansoura (la victorieuse). Une vaste enceinte de murailles en pisé, reliées par des tours de distance en distance l'entourait, et au centre s'élevaient les logements du sultan, véritables palais, et une mosquée dont le minaret montait vers le ciel à une grande hauteur[2]. Non loin, se trouvaient les édifices publics, tels que bains, caravansérails, hôpital, les souks, où les commerçants offraient des marchandises de toute sorte, et enfin les logements des officiers et des soldats. La plus grande activité régnait à Mansoura devenue momentanément le séjour de la cour merinide. Tous les jours, des attaques étaient dirigées contre Tlemcen, dont les remparts étaient battus par un grand nombre de machines.

1. Ibn-Khaldoun, *Berbères*, t. II, p. 413 et suiv., t. III, p. 320, 375, t. IV, p. 145 et suiv. Kartas, p. 447 et suiv.
2. Les ruines de ce minaret et de l'enceinte du camp sont encore un sujet d'étonnement et d'admiration.

En 1304, dans le cours de la cinquième année du siège, Othmane mourut subitement, tandis qu'il prenait un bain. Son épouse, la princesse hafside, ayant fait fermer les portes du palais, appela auprès d'elle ses deux fils Abou-Zeyane-Mohammed et Abou-Hammou-Moussa ; puis, on convoqua les principaux chefs abd-el-ouadites. Mis au courant de la fatale nouvelle, ils élirent aussitôt Abou-Zeyane, comme étant l'aîné, et lui prêtèrent serment. Abou-Hammou lui jura également fidélité. Pendant ce temps, on se battait aux remparts avec plus d'ardeur que de coutume, si bien que le sultan merinide à qui on avait annoncé la mort d'Othmane, hésitait à le croire.

Vers cette époque, arriva à Mansoura une double ambassade envoyée par les deux rois hafsides, réconciliés depuis peu. Cette démarche avait pour but d'assurer le sultan Abou-Yakoub de leur dévouement à sa cause. Les envoyés furent reçus avec les plus grands honneurs, puis, le sultan les invita à se rendre en Mag'reb afin de visiter ses états et de pouvoir rendre compte à leurs maîtres des splendeurs des métropoles de l'ouest. Mais la gloire des Merinides était parvenue plus loin encore. En 1305, Abou-Yakoub eut l'honneur de recevoir un fils du grand cherif de La Mekke, venu pour solliciter son amitié. Peu après, ce fut le souverain d'Egypte qui envoya à Mansoura une ambassade chargée de présents. Tous ces députés, reçus avec honneur, allèrent visiter le Mag'reb et repartirent comblés de dons. Malheureusement, la caravane égyptienne fut attaquée à son retour par des Arabes nomades du Mag'reb central et entièrement dépouillée [1].

RUPTURE ENTRE LE ROI DE GRENADE ET LE SULTAN MERINIDE. LE PRÉ-TENDANT OTHMANE SOULÈVE LES R'OMARA. — Quelque temps auparavant, Mohammed II ben-l'Ahmar, roi de Grenade, était mort et avait été remplacé par son fils Mohammed III (avril 1302). Ce prince renouvela l'alliance avec le sultan merinide et lui fournit même un corps de fantassins andalous et d'archers, troupes habituées à la guerre de siège qui lui furent d'un grand secours à Tlemcen. Quelque temps après, le roi de Grenade, qui avait essayé, sans succès, de continuer la guerre contre la Castille, se décida à traiter et signa un acte par lequel il se reconnut le vassal de Ferdidand.

Cette nouvelle irrita violemment le sultan merinide. Il s'empressa de renvoyer à Grenade le corps d'archers qui lui avait été

---

1. Ibn-Khaldoun, *Berbères*, t. II, p. 415, t. III, p. 376 et suiv., t. IV, p. 143 et suiv. Kartas, p. 547 et suiv.

fourni et annonça à Ibn-el-Ahmar qu'après la chute prochaine de Tlemcen, il lui ferait supporter tout le poids de sa colère. C'était une rupture, et le prince de Grenade jugea que l'intérêt lui commandait d'agir pendant que son ennemi était retenu au loin. Ayant équipé une flotte, il en confia le commandement à un officier du nom d'Abou-Saïd et ce général parvint à gagner à sa cause le caïd Ibn-Mokhlès, qui exerçait à Ceuta un commandement important, sous l'autorité du gouverneur Ibn-Azefi. Grâce à son aide, il se rendit facilement maître de Ceuta et en expulsa la famille du gouverneur.

Cet événement eut en Espagne un grand retentissement. Le chef des volontaires de la foi, Othmane-ben-Abou-l'Ola, parent de la famille royale merinide, sentit alors naître en lui l'ambition d'usurper le trône de Fès. S'étant transporté à Ceuta, il se lança dans les montagnes du Rif et réunit autour de lui un grand nombre d'insurgés de la tribu des R'omara. A l'annonce de cette nouvelle, le sultan merinide envoya son fils Abou-Salem avec un corps d'armée contre le prétendant, mais après une courte campagne, la victoire resta à Ben-Abou-l'Ola. Abou-Salem dut rentrer à Mansoura, après avoir perdu la plus grande partie de son monde et, pendant ce temps, le compétiteur de son père étendait son autorité sur toute la contrée maritime comprise entre Taza et Ceuta. Cet échec porta à son paroxysme la colère du sultan; mais, comme Tlemcen était sur le point de succomber, il préféra attendre, afin de combattre en personne son ennemi.

Tlemcen est réduit a la dernière extrémité. — Cependant le siège de Tlemcen continuait à suivre son cours. La ville était réduite à la dernière extrémité par la famine : les animaux immondes avaient, depuis longtemps, été dévorés et tout ce qui pouvait encore servir d'aliment était vendu au poids de l'or. Aussi la masse de la population avait-elle commencé à se repaître de la chair des morts. Et cependant les assiégés supportaient avec constance ces épreuves et opposaient aux assaillants une résistance désespérée. Tous étaient résolus à mourir les armes à la main, dans une dernière sortie, quand ils ne pourraient plus tenir.

Le mercredi 13 mai 1307, l'émir Abou-Zeyane ayant fait venir son intendant, apprit de lui qu'il ne restait de vivres que pour deux jours. Son frère, Abou-Hammou, entré dans la chambre royale, sur ces entrefaites, reçut la fatale confidence et les deux princes restaient plongés dans la douleur, lorsqu'une esclave, Dâd, que leur père avait épousée et qui remplissait dans le palais une mission de confiance, demanda à être introduite et leur parla en ces termes :

« Toutes les dames de la famille Zeyanite, toutes les femmes
« de votre maison m'ont chargée de vous délivrer ce message :

« *Quel plaisir pourrons-nous avoir à vivre plus longtemps?*
« *Vous êtes réduits aux abois; l'ennemi s'apprête à vous dévorer;*
« *encore quelques instants de répit et vous allez succomber.*
« *Donc, épargnez-nous la honte de la captivité; ménagez en nous*
« *votre propre honneur et envoyez-nous à la mort. Vivre dans la*
« *dégradation serait un tourment horrible, vous survivre serait*
« *pire que le trépas !* »

Abou-Hammou, dont le caractère était très énergique, approuva hautement cette proposition, mais Abou-Zeyane réclama, avant de passer à l'exécution, un répit de trois jours. « Ce terme écoulé, dit-il, à son frère, ne me demandez pas de conseil au sujet de ces femmes, mais faites-les égorger par les juifs et les chrétiens ; vous viendrez ensuite me trouver et nous ferons une sortie à la tête de nos gens, nous combattrons ensuite jusqu'à ce que Dieu ait accompli sa volonté ! » « Par Dieu, s'écria Abou-Hammou enflammé de colère, vous allez attendre si bien que vous les laisserez déshonorer ainsi que nous ! » Et il sortit tandis que l'émir fondait en larmes.

Dans l'après-midi du même jour, un messager venant du camp merinide demanda à être immédiatement introduit : il apportait la nouvelle de la mort du sultan merinide et un message de son petit-fils Abou-Thabet. Tlemcen était sauvée. « C'était, dit Ibn-Khaldoun, auquel nous avons emprunté ce dramatique récit, une de ces faveurs extraordinaires que Dieu accorde quelquefois aux mortels[1] ! »

Mort du sultan Abou-Yakoub. Abou-Thabet monte sur le trône merinide. Levée du siège de Tlemcen. — Voici ce qui avait eu lieu au camp merinide. Abou-Yakoub, dont la jeunesse s'était passée dans les débauches et qui avait conservé, dans l'âge mûr, des passions désordonnées et un goût prononcé pour le vin, s'était toujours entouré de misérables servant d'instruments ou de complices à ses débauches. Le juif Khelifa-ben-Rokaça qui, en récompense de ses services, avait reçu du sultan les plus grands honneurs et joui, pendant longtemps, d'une réelle influence, avait fini par périr ainsi que toute sa famille, victime d'un caprice sanguinaire de son souverain. Des eunuques musulmans l'avaient remplacé

---

1. Ibn-Khaldoun, *Berbères*, t. III, p. 379 et suiv., t. IV, p. 163. L'Imam Et-Tensi passim. Kartas, p. 348 et suiv.

dans son service personnel, comme dans l'affection d'Abou-Yakoub. Ce fut un de ces eunuques nommé Saâda, qui, irrité d'une boutade de son maître, résolut de s'en venger par l'assassinat. Le 13 mai, il pénétra dans la tente du sultan, tandis qu'il était livré au sommeil et lui porta plusieurs coups de couteau qui lui ouvrirent le ventre. Profitant de la confusion qui suivit l'assassinat, le meurtrier put prendre la fuite, mais, ayant été rejoint le jour même et ramené au camp, il fut déchiré en mille pièces.

Quelques heures après avoir été frappé, Abou-Yakoub expirait sans avoir eu le temps de désigner son successeur. Son fils aîné, Abou-Amer, qui s'était précédemment mis en révolte contre lui, était mort, quelques années auparavant en laissant deux fils qui avaient été élevés à la cour merinide, sous les yeux de leur grand-père. Le sultan les chérissait et ce fut vers l'aîné de ces jeunes gens, nommé Amer-Abou-Thabet, que se dirigèrent les regards d'une fraction importante des Merinides, les Beni-Ourtadjene. Pendant ce temps, Mansour-Abou-Salem, fils cadet du sultan, se faisait reconnaître pour son successeur.

Ce fut alors qu'Abou-Thabet, voyant les difficultés contre lesquelles il avait à lutter, expédia un envoyé à Tlemcen pour demander à l'émir abd-el-ouadite de le soutenir dans son entreprise et de lui réserver un refuge en cas d'échec, lui offrant, en retour, non-seulement de lever le siège, mais de lui restituer tout le territoire conquis par les Merinides sur les Abd-el-Ouadites. Abou-Zeyane I accepta, on le comprend, sans hésiter, cette offre et envoya son frère, Abou-Hammou, au camp des Merinides Ourtadjene, pour ratifier le traité.

La majorité des Beni-Merine s'était ralliée autour d'Abou-Thabet; son oncle Abou-Salem était maître de Mansoura, il en sortit pour le combattre, mais il vit alors la plupart de ses adhérents se détacher de lui pour aller renforcer l'armée du prétendant et dut se renfermer au plus vite derrière ses murailles. Ce fut alors au tour d'Abou-Thabet de prendre l'offensive en marchant sur Mansoura. Abou-Salem, jugeant la résistance impossible prit aussitôt la fuite et le lendemain, Abou-Thabet fit son entrée dans Mansoura. Un de ses premiers soins fut d'envoyer un corps de cavalerie à la poursuite de son oncle Abou-Salem. Ce prince ayant été rejoint, près de Nedrôma, fut massacré avec toute son escorte. Une fois maître de Mansoura, Abou-Thabet présida aux funérailles de son grand-père, puis il reçut le serment de toute la population. Deux jours après, il fit mettre à mort un de ses parents Abou-Yahïa, dont il craignait l'influence. Ces exécutions répandirent la terreur parmi les membres de la famille royale qui prirent aussitôt la fuite, et allèrent rejoindre Othmane-ben-Abou-l'Ola, dans le pays des R'omara.

Abou-Thabet, ayant ainsi écarté ses compétiteurs, se disposa à évacuer Mansoura, en exécution de ses promesses aux Zeyanites. Le vizir Ibn-Abd-el-Djelil présida à cette opération. Elle se fit dans le plus grand ordre. Pendant ce temps, le nouveau souverain expédiait, dans le pays des R'omara, une première armée sous les ordres d'El-Hacen-Atadjoub avec mission de réduire le rebelle Othmane ; quant au sultan, il attendit à Mansoura l'arrivée de tous les corps merinides qui occupaient auparavant les places abd-el-ouadites, et enfin, dans les premiers jours de juin 1307, il se mit en marche vers l'ouest, laissant l'émir de Tlemcen dans les meilleurs termes avec lui.

Ainsi l'empire abd-el-ouadite échappa au plus grand danger qu'il eût couru jusqu'alors, et les résultats immenses obtenus au prix de tant de sacrifices par les Merinides dans le Mag'reb central, furent entièrement perdus. Aussitôt après le départ des assiégeants, les habitants de Tlemcen se jetèrent sur Mansoura et s'acharnèrent à détruire les constructions somptueuses de cette ville, si riche et si animée quelques jours auparavant et qui fut transformée en solitude. Le coup de poignard d'un vil esclave avait suffi pour produire ces résultats[1].

RUPTURE ENTRE LES ROIS HAFSIDES. RÉVOLTE DE CONSTANTINE. RÉVOLTE DE SAADA DANS LE HODNA. — Pendant que ces événements s'accomplissaient dans l'ouest, le roi de Bougie, Abou-l'Baka, successeur de son père Abou-Zakaria, concluait une trêve avec son parent, le khalife de Tunis. Nous avons vu précédemment une ambassade des deux princes hafsides venir à Mansoura pour offrir leurs hommages au sultan merinide. Mais en 1303, une rupture avait éclaté de nouveau entre Tunis et Bougie, à la suite d'une révolte suscitée à Constantine par le gouverneur de cette ville, Ibn-el-Emir, qui avait proclamé la suprématie d'Abou-Acida. Les troupes de Bougie s'emparèrent de Constantine qu'elles mirent au pillage, malgré l'intervention des principales familles de la localité, les Ben-Guenfoud, et Ben-Badis. Le gouverneur Ibn-el-Emir qui, pour empêcher l'ennemi de pénétrer, avait coupé les ponts unissant la presqu'île de Constantine à la terre, fut pris et subit l'humiliation d'une promenade dans la ville, monté à rebours sur une rosse. Il fut ensuite mis à mort, et son corps demeura exposé aux injures de la populace.

---

9. Ibn-Khaldoun, *Berbères*, t. III, p. 381 et suiv., t. IV, p. 167 et suiv. Kartas, p. 549 et suiv. L'Imam Et-Tensi, passim.

Vers le même temps, un réformateur religieux surgissait dans la tribu des Riah et provoquait des troubles dans le Hodna. Ce marabout, nommé Saâda, prêchait la doctrine des Sonnites. Il parvint à réunir un nombre considérable d'adhérents dans les diverses fractions des Daouaouida et même des Zor'ba et poussa l'audace jusqu'à venir attaquer Biskra. Mais, Ibn-Mozni, gouverneur de cette ville et du Zab, pour le roi de Bougie, repoussa l'agitateur avec l'aide de troupes hafsides et d'autres fractions des Daouaouida. Saâda dut se retirer sans avoir obtenu d'autre satisfaction que de dévaster les jardins de l'oasis. Vers 1306, il reparut devant Biskra, mais, voyant l'inutilité de ses efforts, il se porta contre Melili, autre oasis du Zab. Tandis qu'il était sous cette ville, un corps de cavalerie envoyé par Ibn-Mozni parvint à s'emparer du marabout dont la tête fut envoyée à Biskra. Mais le parti du réformateur ne fut pas détruit par la mort de son chef et nous verrons plus loin les nouvelles luttes suscitées par ces agitateurs.

Dans le cours de cette même année 1306, le prince Abou-Yahïa-Zakaria fit une expédition contre l'île de Djerba ; mais il ne put, malgré ses efforts, l'arracher aux Chrétiens. Roger Doria vint, en personne, défendre sa principauté[1].

Révolte d'Alger. Conclusion de la paix entre les rois Hafsides. Révoltes des tribus soleïmides en Ifrikiya. — Pendant que les troupes mérinides étaient venues attaquer Bougie, la ville d'Alger, cédant au mouvement provoqué par un de ses cheïkhs, du nom d'Ibn-Allane, s'était déclarée indépendante. En 1307, Abou-l'Baka résolut de rétablir son autorité dans les régions occidentales de son empire. Ayant réuni une armée, il se mit à sa tête et, parvenu dans la Mitidja, reçut la soumission des Mellikch. Il prit sous sa protection et s'attacha l'ancien émir des Mag'raoua, Rached-ben-Mendil qu'il trouva chez ces Berbères. Puis il essaya de réduire Alger. Mais cette ville, énergiquement défendue par Ibn-Allane, résista à tous ses efforts.

De retour à Bougie, Abou-l'Baka entra en pourparlers avec la cour de Tunis dans le but de renouer les relations. Ces ouvertures furent bien accueillies par Abou-Acida qui envoya à Bougie une députation de cheïkhs chargés de conclure le traité. Cette con-

---

1. Ibn-Khaldoun, *Berbères*, t. I, p. 81 et suiv., t. II, p. 423 et suiv., t. III, p. 131. El-Kaïrouani, p. 236. *La Farsïade*, loc. cit., p. 205 et suiv. — Tidjani, *Voyage d'El-Lihyani à l'île de Djerba* (trad. Rousseau, p. 3 et s.).

vention stipulait que les princes hafsides devraient vivre en paix et, qu'après la mort de l'un d'eux, le survivant hériterait de ses états de façon à rétablir dans son intégrité l'ancien empire hafside. Ce traité fut ratifié dans les deux capitales.

Cette heureuse pacification permit au souverain de Tunis de s'occuper sérieusement d'une révolte qui avait éclaté parmi les tribus soleïmides de la province de Tripoli. Ces Arabes, non contents de se livrer à toute sorte d'excès, venaient de reconnaître comme khalife Othmane, fils d'Abou-Debbous, qui, nous l'avons vu, avait été amené en Mag'reb par la flotte espagnole. Les Kaoub se montrèrent les plus indisciplinés. Ils avaient soutenu entre eux une guerre acharnée, à propos d'un réformateur sonnite nommé Kacem-ben-Mera qui s'était élevé parmi eux et avait été adopté par certaines fractions des Kaoub. L'apôtre avait succombé dans un guet-apens ; puis, son fils, Rafa, avait pris le commandement du parti. Mais, en 1306, ce jeune homme avait péri à son tour dans un combat et les Kaoub, n'ayant plus de sujet de guerre intestine, avaient levé l'étendard de la rébellion contre l'autorité hafside. Ces Arabes poussèrent l'audace jusqu'à venir mettre le siège devant Tunis. Mais le vizir, Abou-Abd-Allah, étant sorti à la tête de ses troupes, mit les révoltés en déroute complète et les rejeta dans leurs cantonnements où ils continuèrent à vivre dans l'anarchie. En 1308, le vizir sortit de nouveau contre ces rebelles et parvint, dans une campagne qui ne dura pas moins d'un an, à les réduire au silence après avoir fait prisonniers leurs principaux chefs [1].

Abou-Zeyane Ier soumet le Mag'reb central. Sa mort. — Après la levée du siège de Tlemcen, le souverain abd-el-ouadite, Abou-Zeyane Ier, se mit en campagne vers l'est. Parvenu, dans le courant de l'été 1307, au milieu des montagnes des Mag'raoua, il reçut de ces irréconciliables ennemis une nouvelle et fragile soumission et, ayant expulsé du pays tous les fauteurs de désordre, envahit les régions habitées par les Toudjine. Ces Berbères vinrent aussitôt à sa rencontre pour protester de leur dévouement ; mais l'émir Zeyanite exigea d'eux, tout d'abord, le renvoi de la famille d'Ibn-el-Kaoui. Ces Zenètes, ne sachant où reposer leur tête, allèrent à Tunis et trouvèrent un asile à la cour Hafside.

Laissant ensuite son affranchi Meçamah comme gouverneur de la contrée, Abou-Zeyane Ier alla châtier les tribus zor'biennes de Soueïd et Dialem qui, par une suite d'incursions heureuses, avaient

---

1. Ibn-Khaldoun, t. II, p. 145, 153 et suiv., t. II, p. 430 et suiv. El-Kaïrouani, p. 234.

pénétré dans le Seressou. Ces Arabes s'enfuirent à son approche, mais ils ne purent se soustraire à une razia qui les contraignit à la soumission. Après neuf mois de séjour dans le Mag'reb central, Abou-Zeyane Ier rentra à Tlemcen et s'appliqua à faire disparaître les traces du grand siège. Mais, peu de temps après, la mort le frappa (avril 1308). Son frère Abou-Hammou Ier lui succéda[1].

Le sultan mérinide Abou-Thabet réduit les rebelles du sud et châtie les Arabes. — Nous avons laissé le sultan mérinide Abou-Thabet en marche vers l'ouest afin d'aller prendre possession de son royaume. A peine arrivé à Fès, il se disposait à pousser activement la campagne contre les rebelles du Rif, lorsqu'une nouvelle révolte, suscitée par Youssof-ben-bou-A'iad, son cousin et son représentant à Maroc, éclata dans cette ville et les provinces qui en dépendaient. Le sultan envoya aussitôt contre lui un corps de cinq mille hommes, sous les ordres de ses vizirs Ibn-Aznag et Youssof-el-Djochemi. Le rebelle, soutenu par un nombre considérable d'insurgés, marcha à la rencontre des troupes impériales, mais, à la suite d'un combat livré près de l'Oum-er-Rebïa, et dans lequel l'avantage se tourna contre lui, il dût se réfugier à Ar'mat, puis dans le pays des Heskoura.

Après ce succès, les troupes de Fès entrèrent à Maroc d'où elles partirent à la poursuite du chef de l'insurrection. Dans le mois de janvier 1308, Abou-Thabet arrêta, à Maroc, et fit mettre à mort toutes les personnes compromises dans la révolte. Cette rigueur eut assez de retentissement pour que le chef des Heskoura, craignant pour lui la vengeance du sultan, fit saisir le chef des rebelles et l'envoyât à Maroc en compagnie de ses principaux adhérents. Abou-Thabet les fit tous périr après leur avoir infligé le supplice du fouet.

Le sultan alla ensuite parcourir les provinces du sud afin de châtier les fauteurs de troubles, et, comme les tribus les plus compromises s'étaient réfugiées dans le désert, il lança à leur poursuite son général Ibn-Aznag. Après avoir obtenu ces succès, Abou-Thabet reprit la route de Fès où il arriva à la fin de février. Il ne tarda pas à en sortir de nouveau, afin de lever des troupes pour combattre les rebelles du Rif et châtier les tribus arabes qui, de toutes parts, se livraient au brigandage et ne reconnaissaient aucune autorité. Les Riah, établis dans les provinces d'Azr'ar et

---

1. L'Imam Et-Tensi affirme qu'Abou-Zeyane I mourut à la fin du siège, mais la version d'Ibn-Khaldoun paraît plus probable et nous l'adoptons.

d'El-Hebet, eurent surtout à porter le poids de sa colère et subirent un châtiment si dur qu'ils achevèrent de perdre toute influence en Mag'reb.

CAMPAGNE D'ABOU-THABET CONTRE LES REBELLES DU RIF. SA MORT. IL EST REMPLACÉ PAR SON FRÈRE ABOU-REBÏA. — Cependant Othmane-ben-Abou-l'Ola avait profité des embarras auxquels le sultan avait à faire face pour étendre son influence dans le Rif. Soutenu par les populations turbulentes de cette contrée et renforcé de tous les mécontents de la famille royale merinide, il avait vu sa puissance s'accroître de jour en jour. Le général merinide chargé de le combattre, ayant essuyé plusieurs défaites, fut remplacé par Abd-el-Hak-ben-Othmane qui arriva de Fès avec un puissant renfort formé, en majeure partie, de la milice chrétienne (juin). Une grande bataille fut livrée, mais la victoire resta aux rebelles, l'armée du sultan ayant été entièrement défaite. Kçar-Ketama tomba alors aux mains d'Ibn-Abou-l'Ola.

Lorsque la nouvelle de ce désastre parvint à Fès, Abou-Thabet venait de rentrer de ses expéditions. Comme il avait toutes ses troupes réunies, sachant qu'il laissait derrière lui un pays pacifié, il se porta sans perdre un instant dans les montagnes des R'omara. A son approche, le chef des rebelles évacua Kçar et alla se renfermer dans la place forte d'Aloudane. Mais le sultan merinide ayant attaqué cette forteresse avec impétuosité, l'enleva de vive force. Demna eut le même sort et les deux villes furent livrées au pillage. Quant à Othmane il put se réfugier derrière les remparts de Ceuta, ville qui, ainsi qu'on l'a vu, avait été enlevée précédemment par le coup de main audacieux du général d'Ibn-el-Ahmar.

Bientôt le sultan fit son entrée à Tanger, et, de là, marcha sur Ceuta; mais comme cette ville semblait devoir offrir une résistance sérieuse, il en commença le blocus et fit bâtir à quelque distance, pour servir de logements et de magasins à son armée, une nouvelle ville qui reçut le nom de Tetouan[1]. Ces dispositions annonçaient une intention bien arrêtée de la part d'Abou-Thabet d'en finir avec les rebelles, lorsque, le 23 juillet 1308, ce prince cessa de vivre après une courte indisposition. Il fut enterré à Salé, dans le tombeau de la famille royale.

Cette mort imprévue arrêta net les opérations du siège. Aussitôt, en effet, deux prétendants au trône surgirent : d'abord l'oncle du sultan, nommé Ibn-Reziga, et ensuite son propre frère, Abou-Rebïa-Slimane. Ce dernier resta assez promptement maître

---

1. Titaouine (les sources, en berbère).

du pouvoir et assura sa tranquillité en jetant son compétiteur dans les fers. Puis il leva le siège de Ceuta et reprit la route de Fès afin de se faire reconnaître dans la capitale. Mais, en même temps, Othmane-ben-Abou-l'Ola sortait audacieusement de Ceuta et essayait de surprendre le camp mérinide. Le nouveau sultan échappa à ce danger en cherchant un refuge derrière les murailles d'Aloudane. De là il fondit sur les rebelles et les écrasa complètement. Othmane, qui avait perdu son fils et ses principaux officiers dans la bataille, se décida alors à rentrer en Espagne suivi de ses adhérents les plus fidèles.

Dans le mois de septembre 1308, Abou-Rebïa fit son entrée à Fès et reçut le serment des grands de l'empire et de la population [1].

1. Ibn-Khaldoun, *Berbères*, t. IV, p. 174 et suiv. Kartas, p. 551 et suiv.

CHAPITRE XV

DYNASTIES HAFSIDE, ZEYANITE ET MERINIDE (Suite)

1308-1320

Règne d'Abou-Hammou I, émir zeyanite. — Abou-Rebïa rentre en possession de Ceuta et envoie des secours en Espagne. — Abou-Rebïa écrase la révolte d'Abd-el-Hak ; sa mort. Abou-Saïd-Othmane le remplace. — Mort d'Abou-Acida. Abou-l'Baka, seul khalife hafside. — Révolte d'Abou-Yahïa à Constantine. Il s'empare de Bougie. Abou-Yahïa-el-Lihyani renverse Abou-l'Baka et monte sur le trône de Tunis. — Abou-Hammou I étend son autorité sur le Mag'reb central jusqu'à Dellis. — Les Zeyanites font une expédition infructueuse contre Bougie. — Expédition du sultan Abou-Saïd contre Tlemcen. — Révolte d'Abou-Ali contre le Sultan merinide, son père ; il s'établit à Sidjilmassa et Abou-Saïd rentre en possession de Fès. — Expéditions des Abd-el-Ouadites contre Bougie. Révolte de Mohammed-ben-Youssof. — Le hafside Abou-Yahïa-Abou-Beker marche sur Tunis. Fuite d'El-Lihyani. Abou-Dorba se fait proclamer khalife. — Abou-Yahïa-Abou-Beker s'empare de Tunis, défait Abou-Dorba et reste seul maître de l'Ifrikïya. — Assassinat d'Abou-Hammou I à Tlemcen ; son fils Abou-Tachefine I lui succède. — Abou-Tachefine met à mort le rebelle Ben-Youssof, châtie ses adhérents et s'avance jusqu'à Bougie. — Mort d'Ibn-Ramer ; Abou-Yahïa, seul maître de l'empire hafside. — Espagne : luttes entre le roi de Castille et celui de Grenade, mort de Ferdinand IV. Minorité de son fils.

Règne d'Abou-Hammou I, émir zeyanite. — Abou-Hammou I, le nouvel émir zeyanite, un des princes les plus remarquables de la famille Abd-el-Ouadite, joignait à une rare intelligence politique une énergie indomptable. Il s'appliqua, tout d'abord à réorganiser la marche des services et de l'administration et à abaisser la puissance des grands du royaume, après quoi, il se transporta dans le Mag'reb central où régnait une hostilité sourde contre la suprématie des princes de Tlemcen. Il mit d'abord à néant l'autorité d'un certain Zirem-ben-Hammad qui, à Brechk, entretenait un foyer d'agitation. Il reçut ensuite la soumission de Médéa et celle de Miliana et, après avoir laissé des gouverneurs dans ces localités, ainsi qu'à Tenès, et confirmé dans le commandement général du pays l'affranchi Meçamah, il rentra à Tlemcen (octobre 1308).

A son arrivée dans sa capitale, l'émir reçut de la cour merinide un message lui annonçant le changement de souverain. Il s'empressa d'envoyer à Abou-Rebïa une ambassade chargée de renouveler les traités de paix conclus avec son prédécesseur. Les officiers zeyanites furent bien reçus à Fès et rapportèrent à leur maître le traité signé et ratifié par Abou-Rebïa.

Ce prince, d'un naturel paisible, appliquait toutes ses facultés à un but : procurer à ses sujets des jours de paix et de bonheur. Sous son impulsion, les constructions les plus belles s'élevaient dans la ville, et les transactions protégées par la sécurité, se multipliaient entre les citoyens [1].

ABOU-REBÏA RENTRE EN POSSESSION DE CEUTA ET ENVOIE DES SECOURS EN ESPAGNE. — Sur ces entrefaites, le sultan merinide ayant appris que les habitants de Ceuta étaient tout disposés à secouer le joug de leurs coreligionnaires espagnols pour rentrer sous son autorité, conclut avec le roi d'Aragon, Jayme, un traité d'alliance aux termes duquel celui-ci s'engagea, à titre de bonne amitié, à lui fournir 50 navires et 1,000 cavaliers. Ces promesses ayant été exécutées, Abou-Rebïa envoya un corps de troupes, qui se rendit maître de la ville, grâce à l'appui des Aragonais et à la connivence des citadins (juillet 1309). Les Andalous rentrèrent en Espagne et les cavaliers espagnols restèrent au service des Merinides. Peu de temps après arriva à Fès une ambassade du prince de Grenade Mohammed III, surnommé par les auteurs musulmans Abou-l'Djoiouch, requérant l'assistance des musulmans contre les ennemis héréditaires, les chrétiens.

Voici, en effet, ce qui s'était passé en Espagne : Ferdinand IV, s'étant réconcilié avec le roi d'Aragon, les deux princes scellèrent la paix par un double mariage de leurs enfants, puis, on décida une nouvelle croisade dont le but était d'occuper les turbulents vassaux et les Templiers qui, dans la Péninsule, avaient échappé à la condamnation générale des membres de leur ordre, à la condition qu'ils combattissent l'infidèle. Dans l'été de l'année 1309, Ferdinand envahit les états d'Ibn-el-Ahmar tandis que les vaisseaux du roi d'Aragon allaient faire devant Ceuta la démonstration dont il a été parlé et qui fut une des causes déterminantes de la soumission des gens de cette ville au sultan de Fès. Après avoir occupé Gibraltar, le roi chrétien vint assiéger Algésiras. Ce fut alors qu'Ibn-el-Ahmar se tourna de nouveau vers le sultan du Mag'reb pour implorer son secours. Abou-Rebïa accepta l'offre qui était faite par le prince de Grenade de renouveler alliance avec lui. Mais il se contenta d'envoyer en Espagne un corps d'armée et une forte somme d'argent.

1. Ibn-Khaldoun, *Berbères*, t. III, p. 384 et suiv., t. IV, p. 180. L'Imam Et-Teusi, passim.

Malheureusement, les secours n'arrivèrent pas à temps et, comme Algésiras allait succomber, Ibn-l'Ahmar se décida à traiter avec le roi chrétien et racheta la ville assiégée par la cession de deux autres places. Le roi d'Aragon, Jayme, abandonné par son allié, se décida à se retirer en exigeant la mise en liberté des captifs chrétiens.

Les musulmans d'Espagne, blessés dans leur orgueil, déposèrent alors Mohammed III et le remplacèrent par son frère En-Nacer, (fin 1309[1].)

ABOU-REBÏA ÉCRASE LA RÉVOLTE D'ABD-EL-HAK. SA MORT. ABOU-SAÏD-OTHMANE LE REMPLACE. — Peu de temps après, une nouvelle révolte éclatait, à Fès, contre le sultan merinide. Plusieurs des principaux officiers de l'empire, parmi lesquels Gonzalve, chef de la milice chrétienne, étaient les promoteurs de cette sédition dont le but était de remplacer Abou-Rebïa par un petit-fils de Mohammed-ben-Abd-el-Hak, nommé Abd-el-Hak-ben-Othmane. Dans le mois d'octobre, les conjurés, réunis à Remka, prêtèrent serment de fidélité à cet émir. Ils se transportèrent ensuite à Taza, où ils furent rejoints par un certain nombre de partisans. Mais le sultan fit marcher contre eux un corps de troupes qu'il rejoignit bientôt lui-même. Les rebelles n'ayant pas eu le temps d'organiser la défense, s'empressèrent de décamper et les chefs les plus compromis vinrent à Tlemcen chercher un asile que l'émir abd-el-ouadite leur refusa afin d'éviter tout conflit avec les Merinides. Il ne pouvait oublier les malheurs attirés à son père par Ibn-Ottou, et se contenta de faciliter aux réfugiés le moyen de passer en Espagne.

Parvenu à Taza, le sultan s'appliqua à rechercher et à punir sévèrement tous ceux qui avaient aidé le prince rebelle et, après avoir anéanti tout sujet de trouble, il se disposait à rentrer à Fès, lorsque la mort le surprit (novembre 1310). Il fut enterré à Taza.

Aussitôt après la mort d'Abou-Rebïa, son oncle, Othmane, surnommé Ibn-Kadib, fils du sultan Abou-Yakoub, essaya de s'emparer du pouvoir; mais un de ses parents, Abou-Saïd-Othmane, gagna le cœur des soldats au moyen de largesses et se fit proclamer par eux.

Dès le lendemain, les troupes assemblées et les tribus voisines prêtèrent au nouveau sultan serment de fidélité. Abou-Saïd envoya alors son fils à Fès pour prendre possession du gouvernement en

---

1. Rosseeuw Saint-Hilaire, *Hist. d'Espagne*, t. IV, p. 335 et suiv., 378. Ibn-Khaldoun, *Berbères*, t. IV, p. 183, 184. Kartas, p. 554 et suiv.

son nom ; bientôt, il quitta lui-même Taza et, le 14 décembre, fit son entrée dans la capitale, aux acclamations du peuple [1].

MORT D'ABOU-ACIDA. ABOU-L'BAKA, SEUL KHALIFE HAFSIDE. — Pendant que le Mag'reb était le théâtre de ces événements, l'Ifrikiya voyait aussi un changement de règne. Le khalife hafside, Abou-Acida, étant mort dans le mois de septembre 1309, Abou-l'Baka-Khaled, roi de Bougie, se mit en marche vers l'est, afin de prendre possession de Tunis, en exécution du traité qu'il avait conclu avec le souverain défunt. Mais, à son approche, les chefs almohâdes de Tunis cherchèrent à donner un autre successeur à leur sultan et, comme il n'avait pas laissé d'enfant, ils proclamèrent un prince de la famille d'Abou-Zakaria, nommé Abou-Beker, et se préparèrent à la résistance.

Bientôt le souverain de Bougie, soutenu par les Arabes-Soleïmides de la tribu des Oulad-Abou-l'Leïl (Bellil), parut devant Tunis. Les cheïkhs almohâdes sortirent alors de la ville à la tête des troupes et, avec l'appui des Oulad-Mohelhel, autre tribu soleïmide, essayèrent de repousser l'ennemi. Mais, attaqués avec la plus grande vigueur par les contingents d'Abou-l'Baka, les Tunisiens ne tardèrent pas à plier et à fuir en désordre. Les Arabes gagnèrent le désert tandis que les soldats passaient du côté des Bougiotes. A cette nouvelle, Abou-Beker, voyant tout perdu, alla chercher un refuge dans une maison de campagne. Abou-l'Baka fit alors son entrée dans la ville ; son infortuné compétiteur arraché de sa retraite et traîné devant le vainqueur, périt du dernier supplice. Ses partisans le désignèrent sous le nom d'Ech-Chehid (le martyr).

Resté seul maître de l'empire hafside, Abou-l'Baka s'entoura des pompes du pouvoir et prit le titre d'*En-Nacer-li-dine-Allah-el-Mansour* (le champion de la religion de Dieu, le victorieux). Ce prince, qui avait jusqu'alors montré un réel esprit politique, se livra, une fois maître de l'autorité, aux plus grands excès. Aussi l'unité de la puissance hafside ne devait-elle pas être rétablie pour longtemps.

A Bougie, Yakoub-ben-Khalouf, chef de la milice sanhadjienne, surnommé El-Mezouar, titre qui, chez les Berbères, a le même sens que cheïkh en arabe, fut chargé de représenter le gouvernement central [2].

---

1. Ibn-Khaldoun, *Berbères*, t. III, p. 384, t. IV, p. 188 et suiv. Kartas, p. 556.
2. Ibn-Khaldoun, *Berbères*, t. I, p. 146, t. II, p. 425 et suiv. El-Kaïrouani, p. 235, 236.

RÉVOLTE D'ABOU-YAHIA A CONSTANTINE. IL S'EMPARE DE BOUGIE. ABOU-YAHIA-ZAKARIA-EL-LIHYANI RENVERSE ABOU-L'BAKA ET MONTE SUR LE TRÔNE DE TUNIS. — Une conspiration ne tarda pas à s'ourdir à Tunis contre Abou-l'Baka qui profanait le trône par ses débauches et dont les cruautés inutiles détachaient de lui les plus fermes partisans.

Le vizir Ibn-R'amer, qui était l'âme de cette conjuration, ayant obtenu du souverain que le jeune prince Abou-Yahïa-Abou-Beker, frère de ce dernier, fût envoyé à Constantine, comme gouverneur, quitta subitement Tunis, rejoignit le prince et le fit reconnaître comme sultan dans la vieille Cirta. Le prétendant fut désigné sous le titre d'El-Metaoukkel (1311-1312).

Ibn-R'amer écrivit alors au nom de son nouveau maître à Ibn-Khalouf, le Mezouar, chef des Sanhadja, qui commandait à Bougie, en l'invitant à reconnaître l'autorité d'Abou-Yahïa. Mais ce chef, plutôt en raison de la haine qu'il portait au vizir que par fidélité réelle, refusa de faire acte d'adhésion à l'usurpateur. C'est pourquoi Abou-Yahïa se mit en marche sur Bougie et arriva rapidement auprès de cette ville. Ayant dressé son camp à peu de distance, il entra en pourparlers avec le Mezouar, mais celui-ci, bien que disposé à la soumission, exigea au préalable l'éloignement du vizir Ibn-R'amer. C'était la rupture de toute négociation et les Bougiotes se préparèrent à une résistance énergique.

Le désordre se mit alors dans l'armée d'Abou-Yahïa composée en grande partie d'aventuriers arabes et berbères qui avaient pensé courir à un facile et fructueux pillage, et n'avaient nulle envie de se mesurer avec les troupes régulières sanhadjiennes et mag'raouiennes. Bientôt chacun s'en alla de son côté, et le prétendant, resté presque seul, dut prendre également la fuite en abandonnant son camp et son matériel aux mains des Bougiotes. Ceux-ci poursuivirent leurs ennemis jusqu'auprès de Constantine et, après avoir enlevé d'assaut Mila, rentrèrent à Bougie chargés de butin.

La position d'Abou-Yahïa devenait critique car les troupes de Tunis, commandées par l'affranchi Dafer, s'avançaient contre lui et étaient déjà arrivées à Badja, lorsqu'un événement imprévu vint détourner le danger qui le menaçait. Un petit-fils d'Abou-Hafs, nommé Abou-Zakaria-ben-el-Lihyani, à son retour du pèlerinage, s'arrêta à Tripoli, et, comme cette ville, éloignée de l'action du gouvernement central, était en réalité indépendante, il acquit la conviction qu'il pourrait facilement y usurper l'autorité. Un groupe d'aventuriers et d'Arabes dont il fut bientôt entouré, le confirma dans cette opinion. A la tête de cette bande il se mit en marche vers Tunis. C'est pourquoi Abou-l'Baka s'empressa de rappeler

Dafer et son armée, alors à Badja, en lui donnant l'ordre de couvrir la capitale.

Mais, en même temps, Ibn-R'amer quittait secrètement Constantine et se rendait à Tripoli afin de proposer, au nom de son maître, une alliance à Ibn-el-Lihyani. Après son départ, Abou-Yahïa donna à entendre que le vizir avait déserté sa cause. Il mit au pillage son habitation et le remplaça par le chef de la tribu kelamienne des Beni-Telilane qui habitait les montagnes situées au nord de Constantine. Puis il se porta sur Bougie en ayant soin de se faire précéder par la nouvelle de la défection d'Ibn-R'amer. Cette supercherie réussit parfaitement, car Ibn-Khalouf le Mezouar, apprenant la disparition de son ennemi, conçut aussitôt la pensée d'obtenir son emploi. Il sortit de Bougie suivi de quelques officiers, vint au camp d'Abou-Yahïa dans le Ferdjioua et lui offrit sa soumission. Le prétendant l'accueillit avec de grandes démonstrations d'amitié ; il le convia à un banquet où il lui versa du vin outre mesure, et, lorsque le Mezouar fut alourdi par l'ivresse, il le fit assassiner. Après s'être ainsi débarrassé de son ennemi, Abou-Yahïa alla prendre possession de Bougie où il s'entoura des insignes de la royauté.

Pendant ce temps, Abou-Yahïa-Zakaria-el-Lihyani battait les troupes de Tunis commandées par Dafer et paraissait sous les murs de cette ville. Aussitôt, la révolte éclatait dans la capitale. Abou-l'Baka, manquant de forces pour résister et voyant le sentiment public se déclarer contre lui, se décida à abdiquer dans l'espoir de sauver sa vie. Le 14 novembre 1311, Abou-Yahïa-Zakaria fit son entrée solennelle à Tunis et reçut l'hommage de la population et des troupes. Quant à Abou-l'Baka, il fut mis à mort.

Ainsi l'empire hafside se trouva de nouveau divisé en deux gouvernements.

Le vizir Ibn-R'amer, étant retourné à Bougie, poussa son maître à des persécutions contre les serviteurs du gouvernement précédent ; ceux d'entre eux qui purent échapper à la mort allèrent se réfugier à Tunis.

Vers la même époque, les descendants de la famille Doria, ne pouvant réduire les révoltes continuelles de leurs sujets de Djerba, ni repousser les agressions des Hafsides, cédèrent leurs droits sur cette île et sur celles de Kerkinna au roi de Sicile, qui y envoya comme gouverneur Ramon Montaner (1311)[1].

---

1. Ibn-Khaldoun, *Berbères*, t. II, p. 438 et suiv. El-Kaïrouani, 236, 237. De Mas-Latrie, *Traités de paix, etc.*, p. 159 et suiv.

Abou-Hammou Ier étend son autorité dans le Mag'reb central jusqu'à Dellis. — A Tlemcen, l'émir Abou-Hammou Ier continuait à suivre la politique de ses ancêtres, c'est-à-dire à se désintéresser des événements dont le Mag'reb extrême était le théâtre pour reporter toutes ses forces vers le Mag'reb central. Il revint donc en 1311 dans cette région et fit une campagne chez les Mag'raoua établis dans les montagnes situées au nord du Chelif, puis chez les Toudjine, au midi de cette rivière. De là, il revint dans la ville de Chelif et y prit position pour surveiller les deux rives du fleuve de ce nom. Dans cette localité il reçut un message d'Abou-Yahïa, alors à Constantine, qui lui demandait son appui pour l'aider à s'emparer de Bougie. Abou-Hammou accepta avec empressement ces ouvertures, y voyant une occasion d'étendre son influence vers l'est et promit son concours, qui fut inutile, puisque Bougie tomba aux mains du prétendant sans coup férir.

De son camp du Chelif, l'émir zeyanite envoya, en 1312, son affranchi Meçamah dans la Mitidja afin de soumettre cette contrée et de réduire Alger, toujours en état d'indépendance avec Ibn-Allane comme chef. Après un court siège, Meçamah obtint la reddition de cette ville. La prise de Dellis suivit de près celle d'Alger. Quant à Ibn-Allane, qui avait obtenu une capitulation honorable, il fut interné à Tlemcen. Ces succès dans le Mag'reb central étendirent l'autorité zeyanite non seulement sur les Mag'raoua et Toudjine, mais jusqu'à Alger et Dellis. C'est sans doute à partir de cette époque que les Mellikch commencèrent à abandonner la Mitidja aux arabes Thaaleba et à se retirer dans les montagnes qui bordent cette plaine à l'est.

Les Zeyanites font une expédition infructueuse contre Bougie. — Tandis qu'il était à Chelif, Abou-Hammou fit mander à Abou-Yahïa, souverain de Bougie, qu'il lui réclamait cette ville en exécution d'une prétendue clause du traité conclu précédemment entre eux. Il avait été poussé à cette démarche, d'une honnêteté douteuse, par une députation des Sanhadja irrités de l'assassinat de leur chef, le Mezouar, et venus à Chelif pour offrir à l'émir zeyanite de l'aider à s'emparer de Bougie. Un puissant chef d'une tribu arabe Riahide les accompagnait.

Ne recevant pas de réponse, Abou-Hammou envoya contre Bougie une armée commandée par Meçamah et ses cousins Mohammed-ben-Youssof et Messaoud-ben-Brahim. Les soldats zeyanites traversèrent le pâté montagneux du Djerdjera et, arrivés devant Bougie, essayèrent de s'emparer de cette place. Mais tous leurs efforts se brisèrent contre une résistance opiniâtre à laquelle ils étaient loin de s'attendre. Découragés, les Abd-el-Ouadites levèrent le siège et se répandirent dans les montagnes situées au sud-est du golfe et habitées par les Beni-Thabet. Ces Berbères, après les avoir laissés s'engager dans les défilés escarpés de leur pays, les écrasèrent en détail et les forcèrent à se retirer. Les débris de l'armée Zeyanite se concentrèrent alors à Zeffoun, petit port entre Bougie et Dellis et y construisirent une redoute dans laquelle une garnison fut laissée, puis, ils rentrèrent à Chelif sans avoir obtenu de résultat sérieux (1313-14). A peine s'étaient-ils éloignés que le prince de Bougie venait attaquer Zeffoun par terre et par mer et s'en rendait maître, avec l'appui des flottes d'Aragon et de Castille, fournies à Yahïa, en vertu d'un traité.

Dans cette même année 1314, un vieillard de 80 ans, Raymond Lulle, originaire des Baléares, théologien de grand mérite, qui avait passé une partie de sa vie en Orient, vint à Bougie, pour y prêcher le christianisme. Poursuivi à coups de pierres par la populace, il fut laissé pour mort, et pendant la nuit, des marchands génois vinrent le recueillir et tentèrent de le ramener à Majorque ; mais il expira pendant la traversée [1].

Expédition du sultan Abou-Saïd contre Tlemcen. — Fort mécontent de son dernier échec, Abou-Hammou reprit la route de Tlemcen, laissant Meçamah comme chef des Magraoua et Youssof-ben-Habboun el Houari comme gouverneur du pays des Toudjine, avec le titre d'émir et le droit de prendre les insignes de la royauté. A peine l'émir était-il de retour dans sa capitale qu'il reçut la nouvelle de la prochaine attaque du souverain merinide Abou-Saïd. Ce prince venait de réduire une révolte qui s'était produite dans les montagnes des Heskoura. Il avait précédemment manifesté l'intention de passer le détroit et de reprendre la direction de la guerre sainte en Espagne ; mais à son retour des provinces méridionales il changea subitement d'avis et, cédant aux sentiments de haine qu'il professait contre les Abd-el-Ouadites, tourna contre eux ses efforts. Le prétexte donné à cette rupture fut l'appui qu'Abou-Hammou avait prêté à Abd-el-Hak lorsqu'il avait favorisé sa fuite en Espagne. En 1314, Abou-Saïd se mit en marche sur Tlemcen précédé par son fils Abou-Ali qui commandait l'avant-garde.

Parvenus à Oudjda, les Merinides essayèrent en vain de réduire cette place. Après y avoir renoncé, ils firent invasion sur le terri-

---

1. *Vie de Raymond Lulle*, citée par M. Féraud (*Hist. de Bougie*), p. 185. — De Mas-Latrie, *Traités de paix*, etc., p. 179 et s.

toire de Tlemcen et le ravagèrent. Abou-Hammou, ne se sentant pas assez fort pour tenter le sort d'une bataille en rase campagne se renferma derrière ses solides murailles en abandonnant les environs à la fureur de ses ennemis. Les dégats commis par cette soldatesque furent considérables. Abou-Hammou employa alors la ruse pour se débarrasser des Merinides : s'étant procuré ou ayant fait fabriquer une pièce par laquelle les grands officiers de l'empire donnaient leur adhésion à Yaïch, frère du sultan, réfugié à Tlemcen, il envoya l'acte à Abou-Saïd. Ce prince, qui n'avait que trop de raisons de craindre une révolte, leva précipitamment le siège et rentra en Mag'reb.

RÉVOLTE D'ABOU-ALI CONTRE LE SULTAN MERINIDE, SON PÈRE. IL S'ÉTABLIT A SIDJILMASSA ET ABOU-SAÏD RENTRE EN POSSESSION DE FÈS. — Parvenu à Taza, le sultan envoya en avant, à Fès, ses deux fils Abou-l'Hacen et Abou-Ali, ce dernier, héritier présomptif. Mais, à son arrivée dans la capitale, Abou-Ali, cédant aux conseils de son entourage, leva l'étendard de la révolte, se fit proclamer souverain et poussa l'audace jusqu'à prononcer la déchéance de son père. Réunissant ensuite ses troupes, il se mit en marche sur Taza. Abou-Saïd, enflammé de colère, marcha à sa rencontre et les deux troupes se rencontrèrent à Makarmeda. L'armée du sultan fut mise en déroute, et lui-même, grièvement blessé, eut beaucoup de peine à regagner Taza et à s'y retrancher. Il fut rejoint dans cette ville par son fils aîné, Abou-l'Hacen, qui avait abandonné la cause de son frère et se présentait humble et repentant devant Abou-Saïd.

Bientôt Abou-Ali, ce fils dénaturé, se montra sous les murs de Taza et en commença le siège avec la plus grande vigueur. La place paraissait devoir succomber prochainement lorsque l'intervention de quelques cheikhs fit cesser cette lutte criminelle. Il fut convenu que le sultan Abou-Saïd abdiquerait en faveur de son fils, mais qu'il conserverait le commandement de la ville et de la province de Taza. Ce traité, si humiliant pour le souverain légitime, ayant été ratifié de part et d'autre, Abou-Ali rentra à Fès où il reçut de nouveau le serment des troupes et de la population : mais, peu après, il tomba malade et, lorsque ceux qui l'avaient soutenu le virent en danger de mort ils craignirent le retour du vrai sultan et s'empressèrent de quitter Fès et de retourner à Taza afin d'offrir à celui-ci l'hommage de leurs sentiments de fidélité.

Renforcé de tous ces transfuges, Abou-Saïd sentit le désir de reprendre l'autorité dont il avait été si traîtreusement dépouillé. Il désigna son fils aîné Abou-l'Hacen, comme héritier présomptif et se mit en marche sur Fès, à la tête de toutes ses troupes. Renfermé dans la ville, Abou-Ali n'avait plus autour de lui que le corps de milice chrétienne. Il comprit qu'avec si peu de combattants il ne pourrait résister à l'effort de tout le reste de l'empire et fit solliciter de son père le pardon, lui promettant de restituer tout ce que le traité lui avait accordé à la condition qu'on lui donnât, comme apanage, la ville et la province de Sidjilmassa. Le sultan s'empressa d'accepter ces offres et rentra à Fès tandis qu'Abou-Ali gagnait Sidjilmassa où il s'installait en roi (1315-16)[1].

EXPÉDITIONS DES ABD-EL-OUADITES CONTRE BOUGIE. RÉVOLTE DE MOHAMMED-BEN-YOUSSOF. — Cependant l'émir Abd-el-Ouadite, aussitôt qu'il avait été débarrassé de ses ennemis les Merinides, avait laissé à Tlemcen son fils Abou-Tachefine et s'était rendu de nouveau à Chelif, afin de reprendre ses projets de conquête vers l'est. Il reçut dans cette ville des députations de chefs arabes des tribus Riahides et même Zor'biennes, venus pour le pousser à la guerre. Abou-Hammou envoya alors une première troupe sous les ordres de son cousin Messaoud-ben-Ibrahim, surnommé Berhoum, avec mission de reprendre le siège de Bougie. Deux autres colonnes suivirent bientôt celle-ci, et enfin une quatrième, commandée par le général Moussa le Kurde, partit pour le sud afin de rallier les contingents des Arabes Zor'ba et Daouaouida et d'envahir ensuite les provinces hafsides méridionales. Les premiers corps d'armée portèrent le ravage dans la région de Bougie et de Constantine et s'avancèrent même jusqu'aux environs de Bône, pendant que Berhoum pressait le siège de Bougie. C'est sans doute à cette époque que les Abd-el-Ouadites construisirent sur la rivière, à deux journées de cette ville, le fort de Tagraret ou Tagger (Akbou).

La situation d'Abou-Yahïa à Bougie devenait critique, lorsque la discorde, toujours si fatale aux Berbères, commença à faire son œuvre dans l'armée zeyanite. Profitant de l'éloignement de Mohammed-ben-Youssof, gouverneur de Miliana, qui commandait un des corps d'armée, ses ennemis le desservirent auprès du souverain abd-el-ouadite et lui arrachèrent sa destitution, avec l'ordre de se constituer prisonnier à Tlemcen. Rempli d'indignation par une pareille injustice, le général se rendit néanmoins dans cette ville où le prince Abou-Tachefine n'osa pas le mettre en état d'arrestation, malgré les instructions reçues. Mohammed, profitant

---

1. Ibn-Khaldoun, *Berbères*, t. IV, p. 191 et suiv. Kartas, p. 561 et suiv.

de sa liberté, se transporta alors à Médéa chez le gouverneur Youssof, chef des Toudjine, et ne tarda pas à se lancer dans la révolte, poussé, dit-on, par le fils de l'émir qui avait reçu naguère de son père l'ordre de l'incarcérer. Les Oulad-Aziz lui jurèrent fidélité et bientôt les Beni-Tig'rine, du Ouarensenis, suivirent son exemple. Le rebelle songea alors à reprendre l'offensive, d'autant plus qu'il voyait chaque jour grossir le nombre de ses adhérents.

Abou-Hammou, de son côté, se prépara à la lutte et sortit au devant des insurgés. Les deux armées se heurtèrent sur les bords d'une petite rivière dite Ouad-Nehel, entre Mazouna et le Chelif. L'émir abd-el-ouadite essuya dans cette rencontre une telle défaite qu'il n'eut d'autre ressource que de se réfugier au plus vite derrière les murs de Tlemcen. Mohammed-ben-Youssof étendit alors son autorité sur le pays des Mag'raoua et des Toudjine.

Tandis qu'Abou-Hammou s'occupait à réunir une nouvelle armée, Messaoud-ben-Ibrahim, ayant levé le siège de Bougie, conformément aux ordres qu'il avait reçus, vint attaquer les insurgés sur leurs derrières. Il leur infligea d'abord une sanglante défaite près de Mouzaïa ; puis, Abou-Hammou arrivé avec une nouvelle armée, opéra sa jonction avec lui et vint s'emparer de Médéa. Après avoir obtenu la satisfaction de forcer à la soumission les principales places-fortes et de rejeter l'agitateur dans le sud, l'émir rentra à Tlemcen. Lorsqu'il se fut éloigné, Mohammed-ben-Youssof rétablit peu à peu son autorité dans le Mag'reb central et envoya sa soumission au roi de Bougie, Abou-Yahïa[1].

Le hafside Abou-Yahia-Abou-Beker marche sur Tunis. Fuite d'Ibn-el-Lihyani, Abou-Dorba se fait proclamer khalife. — Abou-Yahïa-Abou-Beker venait d'atteindre sa majorité et montrait déjà un caractère remarquablement énergique, souvent sanguinaire. A l'instigation de son vizir Ibn-R'amer, qui voulait se débarrasser de lui, il avait commencé une série d'opérations dans l'Est afin d'arriver à rester seul maître de l'empire hafside et obtenu de réels succès (1315-16). L'année suivante, il quitta Constantine à la tête d'une armée considérable. Bientôt, tout le versant oriental de l'Aourès, habité par des tribus houarides, tomba en son pouvoir.

Pour parer au danger qui le menaçait, le souverain de Tunis, Ibn-el-Lihyani, ne crut pouvoir mieux faire que d'accroître l'autorité de l'Arabe Hamza-ben-Abou-l'Leil en lui donnant le commandement de toutes les tribus soleïmides et de le charger de repousser

---

1. Ibn-Khaldoun, *Berbères*, t. II, p. 443 et suiv., t. III, p. 395 et suiv. L'Imam Et-Tensi, passim.

l'usurpateur. Cette mesure n'eut d'autre conséquence que d'augmenter l'insolence des Arabes, de multiplier leurs désordres et de répandre partout l'anarchie. Dans ces conjonctures, Ibn-el-Lihyani, qui était très âgé, renonça à toute résistance sérieuse et ne s'occupa qu'à réaliser les valeurs qu'il possédait ; il alla même jusqu'à vendre les livres de la bibliothèque fondée par Abou-Zakaria. Vers la fin de mars 1317, il partit pour Gabès, emportant tous ses trésors, qui formaient, selon El-Kaïrouani, vingt quintaux d'or, sans compter l'argent et les pierres précieuses. Il laissait comme gouverneur à Tunis, Abou-l'Hacen-ben-Ouanoudine.

Pendant ce temps, Abou-Yahïa-Abou-Beker, de retour de son expédition, activait à Constantine la formation d'une nouvelle armée, dans le but de marcher sur Tunis, et, à Bougie, le vizir Ibn-R'amer dirigeait les affaires en maître, repoussant les attaques des Abd-el-Ouadites et envoyant des renforts et de l'argent à son roi. Dans le courant de juillet, Abou-Yahïa quitta Constantine à la tête de forces imposantes et s'avança sur Badja. La garnison de cette ville l'évacua à son approche et courut se réfugier à Tunis. Aussitôt, le gouverneur expédia un courrier à Gabès pour inviter, dans les termes les plus pressants, son souverain à venir prendre la défense de la capitale. Mais, Ibn-el-Lihyani ne répondit que par un envoi d'argent destiné à lever des troupes et l'autorisation de retirer de prison son fils Mohammed-Abou-D'orba (le balafré), pour lui confier la direction de la résistance.

Sur ces entrefaites, Abou-Yahïa, étant arrivé avec son armée, prit position à Raoud-es-Senadjera, non loin de la ville. Durant sept jours, il essaya en vain de réduire Tunis où la défense s'organisait sous la direction d'Abou-D'orba. En présence de ces difficultés auxquelles il était loin de s'attendre, craignant, en outre, la défection d'un chef arabe Moulahem, de la famille Abou-l'Leïl, qui lui avait d'abord offert son concours, Abou-Yahïa se décida à lever le siège et à regagner Constantine, harcelé dans sa retraite par les troupes d'Abou-D'orba. Ce dernier rentra ensuite à Tunis où il se fit proclamer khalife sous le nom d'El-Mostancer IV. De grandes discussions s'élevèrent alors entre lui et les Arabes qui réclamaient des sommes exorbitantes pour le concours qu'ils lui avaient prêté. Il s'appliqua à entourer de remparts les faubourgs de Tunis [1].

ABOU-YAHIA-ABOU-BEKER S'EMPARE DE TUNIS, DÉFAIT ABOU-D'ORBA

---

1. Ibn-Khaldoun, *Berbères*, t. I, p. 146, t. II, p. 446 et suiv. El-Kaïrouani, p. 237 et suiv. *La Farsïade*, loc. cit., janvier 1851, p. 64, 65.

ET RESTE SEUL MAITRE DE L'IFRIKIYA. — Nous avons vu qu'Abou-Yahïa, pour ne pas entrer en lutte avec le vizir Ibn-R'amer, lui avait abandonné la libre possession de Bougie et avait fait de Constantine le siége de sa cour. Il considérait sa station dans cette ville comme une étape et continuait à tourner ses regards vers Tunis. Au printemps de l'année 1318, ayant reçu de Bougie sept corps de troupes envoyés par le vizir, il se mit en marche vers l'est et rallia à El-Orbos les contingents fournis par les Houara. Abou-D'orba, de son côté, n'était pas resté inactif; il avait réuni des forces imposantes et était venu placer son camp près de Badja pour couvrir la capitale; mais, à l'approche de l'ennemi, ses troupes, presque uniquement composées de contingents arabes, mécontents de la façon dont leurs services avaient été rénumérés la fois précédente, prirent la fuite, entrainant le prince dans leur déroute. Abou-Yahïa s'étant mis à sa poursuite, arriva sous les murs de Kaïrouan et reçut la soumission de cette ville. De là, il marcha sur Tunis, y entra de vive force et livra cette capitale au pillage. Sans perdre de temps, il laissa Tunis à la garde d'un de ses officiers et se lança dans le sud à la poursuite d'Abou-D'orba, l'atteignit dans le pays des Houara et lui infligea une défaite dans laquelle périrent ses meilleurs guerriers, les Almohâdes hafsides. Abou-D'orba parvint, non sans peine, à se sauver et à gagner Tripoli où se trouvait son père.

Abou-Yahïa entra alors à Tunis et s'y installa en khalife. Pendant ce temps, Ibn-el-Lihyani parvenait, à force d'or, à lever une nouvelle armée arabe dont il confiait le commandement à son fils. Avec ces forces, Abou-D'orba put se rendre maître de Kaïrouan. Mais, à la fin d'octobre, Abou-Yahïa, véritablement infatigable, marcha contre lui à la tête de son armée.

A l'approche du khalife, les Arabes évacuent en désordre Kaïrouan, malgré les efforts d'Abou-D'orba : ce n'est qu'à une certaine distance que ce prince parvient à leur faire comprendre la lâcheté de leur conduite et les décide à combattre. Saisis d'une belle ardeur, les Soleïm se disposent en bataille et entravent les pieds de leurs chameaux afin de s'enlever tout espoir de fuite. Tandis qu'ils prennent ces dispositions guerrières, l'armée de Tunis débouche par le col de Feddj-en-Naam. Aussitôt, les Arabes, pris de panique, coupent les liens de leurs chameaux et fuient en désordre, poursuivis à outrance par les soldats d'Abou-Yahïa qui en font un grand carnage. Cette fois encore, Abou-D'orba échappa au désastre et alla se réfugier derrière les remparts d'El-Mehdia.

En apprenant cette dernière défaite, Ibn-el-Lihyani, qui ne pouvait même pas compter sur son entourage, fréta des navires aux chrétiens de l'île de Djerba et, y ayant déposé ses richesses, gagna Alexandrie où il finit paisiblement ses jours. Ainsi Abou-Yahїa-Abou-Beker restait maître de l'Ifrikiya et du trône hafside de Tunis. Il s'établit dans le palais du gouvernement et prit en main la direction des affaires avec le titre d'*El-Metaoukkel-Ala-Allah* (Novembre-Décembre). Ibn-R'amer conserva néanmoins le commandement de Bougie et reçut en outre celui de Constantine où il envoya son cousin Ali-ben-Mohammed [1].

ASSASSINAT D'ABOU-HAMMOU I A TLEMCEN. SON FILS ABOU-TACHEFINE LUI SUCCÈDE. — En 1317, l'émir abd-el-ouadite Abou-Hammou était revenu dans le Mag'reb central et avait de nouveau occupé Médéa que le rebelle Mohammed-ben-Youçof avait évacué en se jetant dans le Sud. L'émir de Tlemcen avait alors exigé, de toutes les tribus berbères et arabes du Mag'reb central, des otages choisis parmi les principales familles. Ayant emmené avec lui ces prisonniers volontaires, il les logea tous dans la citadelle de Tlemcen.

Après son retour, Abou-Hammou témoigna à son cousin Messaoud (ben-Berhoum) la plus grande amitié, le comblant d'honneurs, célébrant à tout instant ses talents militaires et ne manquant aucune occasion d'établir, entre lui et son fils Abou-Tachefine, des parallèles désavantageux pour ce dernier. Il alla même, cédant à son engouement, jusqu'à désigner Messaoud comme héritier présomptif, au détriment de son fils. Cette dernière injustice combla la mesure. Abou-Tachefine, assuré de l'appui de serviteurs chrétiens avec lesquels il avait été élevé, résolut de se défaire de Messaoud par l'assassinat et de s'emparer du pouvoir en emprisonnant son père. Il fit entrer dans la conjuration des membres d'une famille andalousienne, celle des Ben-Melah, qui remplissaient à la cour l'office de chambellan, et, au jour fixé, après que la séance de réception publique fut terminée, Abou-Tachefine suivi des Ben-Melah et d'autres conjurés, parmi lesquels plusieurs affranchis, entra dans la salle de réception où se tenait l'émir, ayant à ses côtés Messaoud. Aussitôt les conjurés, qui avaient écarté les officiers de service, se jetèrent sur Messaoud et sur Abou-Hammou lui-même, et les tuèrent à coups de sabre. Abou-Tachefine présent à cette scène, essaya, dit-on, mais en vain, de s'opposer au meurtre de son père (fin juillet 1318).

Aussitôt après cet assassinat, un héraut, envoyé par les conjurés,

---

1. Ibn-Khaldoun, *Berbères*, t. I, p. 146, t. II, p. 151 et suiv. El-Kaïrouani, p. 239. *La Farsïade*, loc. cit.

alla proclamer dans la ville que l'émir Abou-Hammou venait d'être assassiné par Messaoud-ben-Ibrahim et que ce dernier avait été, à son tour, tué par Abou-Tachefine pour venger son père. Les troupes se portèrent alors au palais. Leur chef, Moussa le Kurde, ayant été mis au courant des faits, releva le courage d'Abou-Tachefine, fort abattu par l'émotion causée par ce drame, et, l'ayant placé sur le trône, le fit reconnaître par l'armée et le peuple.

Après avoir présidé aux funérailles de son père, qui fut enterré dans le cimetière de la famille Yar'moracene, au vieux palais[1], Abou-Tachefine I s'occupa activement d'affermir son autorité. Dans ce but, il déporta en Espagne les principaux membres de la famille royale qui auraient pu élever des prétentions au trône. Son affranchi Hilal, sans doute d'origine chrétienne, revêtu du titre de chambellan (Hadjeb), acquit sur l'esprit du prince la plus grande influence[2].

Abou-Tachefine met a mort le rebelle Ben-Youssof, chatie ses adhérents et s'avance jusqu'a Bougie. — En 1319, Abou-Tachefine partit pour le Mag'reb central afin d'y combattre Mohammed-ben-Youssof. A son approche, le chef rebelle réunit ses adhérents Mag'raoua et Toudjine et se retrancha dans l'Ouarensenis où Abou-Tachefine ne tarda pas à venir le bloquer; mais le rebelle, à l'abri derrière les remparts de Toukal, aurait pu le braver longtemps si la trahison n'était venue au secours de ses ennemis. Ce fut le chef des Tig'rine, jaloux de la préférence que Mohammed témoignait aux Oulad-Aziz, qui s'en fit l'agent. Etant venu au camp de l'émir, il lui offrit de l'introduire dans la place par une entrée de lui connue. Mohammed, victime d'un guet-apens, fut traîné devant Abou-Tahefine qui le fit tuer à coups de lance, sous ses yeux, après l'avoir frappé de sa main le premier. Sa tête fut expédiée à Tlemcen.

L'émir Zeyanite, ayant donné le commandement de l'Ouarensenis à Omar-ben-Othmane, chef des Tig'rine, pour le récompenser de sa trahison, et celui de Médéa à l'un de ses affranchis, se porta rapidement vers l'est et vint surprendre les tribus Ria-

---

1. M. Brosselard a retrouvé les sépultures des émirs zeyanites, entre les rues Haëdo et Sidi-Brahim et la mosquée de ce nom à Tlemcen. Quant au vieux château, il a été transformé par nous en caserne du train (Mémoire sur les tombeaux des émirs Beni-Zeiyan, imp. nat. 1876, p. 10 et suiv.).

2. Ibn-Khaldoun, *Berbères*, t. III, p. 397 et suiv. L'Imam-Et-Tensi, passim.

hides campées à l'Ouad-Djenane, près du mont Dira. Il leur enleva tous leurs troupeaux pour les punir d'avoir soutenu l'agitateur. Pénétrant ensuite dans le pays de Hamza, l'émir s'avança par la vallée de l'Ouad-Sahel jusqu'à Bougie. Après être resté trois jours devant cette place et avoir acquis la conviction qu'il ne pouvait la réduire avec les moyens dont il disposait, il reprit la route de Tlemcen, bien résolu à recommencer l'année suivante la campagne contre Bougie [1].

Mort d'Ibn-R'amer. Abou-Yahïa, seul maitre de l'empire hafside. — Vers la fin de la même année 1319, le vizir Ibn-R'amer tomba malade à Bougie et rendit le dernier soupir. Ainsi Abou-Yahïa demeura seul maitre de l'empire hafside et se trouva débarrassé d'un ministre qui, après lui avoir rendu de grands services, s'était taillé un véritable royaume indépendant et avait imposé toutes ses volontés à son souverain. Un officier, envoyé en toute hâte à Bougie par le khalife, s'empara des richesses laissées par Ibn-R'amer et reprit possession du pouvoir au nom d'Abou-Yahïa.

Deux jeunes princes de la famille royale, Abou-Abd-Allah et Abou-Zakaria, reçurent, le premier, le commandement de Constantine et le second, celui de Bougie. Le chambellan, Ibn-Kaloum fut chargé de les guider dans la direction des affaires. Dans le mois de mars 1320, ces princes étaient à leurs postes.

La Tripolitaine restait livrée à elle-même, c'est-à-dire en proie à la tyrannie des Arabes et, dans la Tunisie, Abou-D'orba conservait toujours El-Mehdïa, où il vivait indépendant : la piraterie et le brigandage lui fournissaient des moyens d'existence.

Espagne : Luttes entre le roi de Castille et celui de Grenade. Mort de Ferdinand IV. Minorité de son fils. — Nous avons vu qu'en 1309, le roi de Grenade avait perdu sa couronne pour avoir traité avec le roi de Castille, afin d'éviter la perte d'Algésiras et qu'il avait été remplacé par son frère En-Nacer. Ferdinand saisit le prétexte de la déposition du souverain avec lequel il avait traité pour envahir de nouveau les possessions musulmanes. Le sultan merinide avait enfin envoyé des renforts avec lesquels le prince de Grenade put opposer à ses ennemis une résistance sérieuse. Othman-ben-Abou-l'Ola se couvrit de gloire dans cette campagne mais ne put empêcher la reddition d'Alcaudete. Le roi de Grenade se décida alors à faire la paix. Peu de jours après, Ferdinand IV

---

1. Ibn-Khaldoun, *Berbères*, t. II, p. 454, t. III, p. 402 et suiv., t. IV, p. 17.

était trouvé mort dans son lit (7 septembre 1312). Il n'était âgé que de vingt-six ans et laissait pour héritier un enfant d'un an à peine. C'était, encore une fois, le salut des musulmans d'Espagne, car la seule discussion des droits à la tutelle absorba toutes les forces vives de la Castille durant de longs mois.

Pendant ce temps, le royaume de Grenade était déchiré par la guerre civile. En-Nacer, las de lutter et ayant en vain appelé à son aide don Pedro, régent de Castille, se décida à abdiquer (1314). Le nouveau roi Ismaïl-ben-el-Ahmar, homme ardent et fanatique, inaugura son règne par des persécutions contre les juifs, puis, il tenta, mais en vain, de reprendre Gibraltar aux chrétiens (1316). C'était la rupture des traités antérieurs, et bientôt, don Pedro, régent de Castille, envahit le territoire grenadin. Dans cette conjoncture, Ismaïl se tourna vers le sultan du Mag'reb et implora son aide en le suppliant de venir prendre part à la guerre sainte. Mais Abou-Saïd exigea tout d'abord l'éloignement de son ancien compétiteur Othman-ben-Abou-l'Ola, et, comme le roi de Grenade ne voulut pas se priver des services de cet excellent général, il demeura livré à ses propres forces et eut la gloire de repousser seul l'attaque de ses ennemis et de leur infliger une défaite dans laquelle don Pedro et son frère trouvèrent la mort (1319). La tutelle du roi de Castille passa alors à sa grand'mère, la reine Maria [1].

1. Rosseeuw Saint-Hilaire, *Hist. d'Espagne*, t. IV, p. 337, 399 et suiv. Ibn-Khaldoun, *Berbères*, t. IV, p. 204, 205.

CHAPITRE XVI

DYNASTIES HAFSIDE, ZEYANITE ET MERINIDE (Suite)
PRÉPONDÉRANCE MERINIDE

1220-1342

Nouvelle révolte d'Abou-Ali contre le sultan merinide. — Révoltes de Ben-Abou-Amrane et des Kaoub contre Abou-Yahïa. — Les Abd-el-Ouadites, soutenant Abou-Derba, viennent attaquer Abou-Yahïa; ils sont défaits. — Nouvelles défaite des Arabes; ils appellent les Abd-el-Ouadites et s'emparent de Tunis; Abou-Yahïa rentre en possession de cette ville. — Nouvelles campagnes des Abd-el-Ouadites contre les Hafsides. — Abou-Yahïa, vaincu, se réfugie à Bougie. Diversion des Merinides. Abou-Yahïa rentre en possession de Tunis. — Mort du sultan merinide Abou-Saïd; Avènement de son fils Abou-l'Hacène. — Les Hafsides, alliés aux Merinides, expulsent les Zeyanites de la vallée de Bougie. — Révolte d'Abou-Ali à Sidjilmassa; il est vaincu et mis à mort par Abou-l'Hacène. — Évènements d'Espagne; le roi de Grenade obtient l'intervention des Merinides. — Siège de Tlemcen par Abou-l'Hacène; conquêtes des Merinides dans le Mag'reb central. — Prise de Tlemcen par les Merinides, mort d'Abou-Tachefine I. — Le sultan Abou-l'Hacène, seul maître du Mag'reb central. — Le Hafside Abou-Yahïa rétablit son autorité en Ifrikiya. — Le sultan Abou-l'Hacène passe en Espagne; siège de Tarifa. Défaite des Musulmans à Rio-Salado. Abou-l'Hacène rentre en Mag'reb.

Nouvelle révolte d'Abou-Ali contre le sultan merinide. — Pendant les quatre années précédentes, le sultan merinide avait régné assez paisiblement à Fès, n'ayant eu à combattre que la rébellion des habitants de Ceuta qui, à la voix d'un membre de la famille d'Azefi avaient rétabli le gouvernement des cheikhs; mais ils n'avaient pas tardé à être contraints de reconnaître l'autorité du souverain.

En 1320, Abou-Ali, fils d'Abou-Saïd, leva de nouveau l'étendard de la révolte à Sidjilmassa. Il venait de réduire les bourgades de l'extrême sud et d'étendre son autorité sur les populations berbères et arabes de l'Ouad-Deràa, du Sous et du désert et avait formé une armée nombreuse et disciplinée, avec laquelle il se crut assez fort pour disputer de nouveau le pouvoir à son père. Comme le rebelle semblait menacer Maroc, Abou-Saïd se porta dans cette ville avec son fils Abou-l'Hacène et y organisa la défense; puis il rentra à Fès, laissant à Guendouz-ben-Othmane le soin de la commander. Abou-Ali, voyant ces précautions, annonça qu'il avait renoncé à son projet, puis, lorsque la surveillance de Guendouz se fut relâchée, il fondit à l'improviste sur Maroc, enleva cette ville, la mit au pillage et massacra la garnison. La tête du gouverneur fut placée sur les remparts (1322).

Aussitôt Abou-Saïd réunit une nouvelle armée qu'il confia à son fils Abou-l'Hacène. Lui-même prit le commandement d'un autre corps et tous deux marchèrent de conserve sur Maroc. Parvenus à l'Oum-er-Rebïa, ils apprirent qu'Abou-Ali s'était porté à leur rencontre et devait tenter de surprendre le camp pendant la nuit. Ils se tinrent donc sur leurs gardes et, lorsque le rebelle vint les attaquer, il fut repoussé avec la plus grande vigueur. Son armée, démoralisée par cette résistance inattendue, fut bientôt en déroute, poursuivie à outrance par les troupes du sultan qui parvinrent à lui couper la retraite sur Maroc et à la contraindre de se jeter dans les défilés de l'Atlas, où elles continuèrent la poursuite malgré la difficulté du terrain. Cette déroute fut désastreuse pour le prétendant qui put néanmoins atteindre Sidjilmassa ; il y arriva presque seul et à pied.

Après avoir rétabli la tranquillité dans la province du Maroc, Abou-Saïd marcha sur Sidjilmassa et entreprit le siège de cette oasis. Le fils rebelle, incapable de résister, sollicita pour la seconde fois le pardon de son père et, comme celui-ci professait pour Abou-Ali une tendresse aveugle, il consentit encore à oublier son indigne conduite et se retira en lui laissant le gouvernement de Sidjilmassa. Abou-Tacheline, secrètement d'accord avec le prince révolté, avait tâché de le soutenir en ravageant les provinces méridionales limitrophes [1].

Le royaume d'Aragon avait conservé de bons rapports avec les sultans de Fès, bien que ses princes n'eussent pas servi régulièrement le tribut stipulé. Une lettre de Jayme II, en date du 1er mai 1323, réclame ces arrérages et prie Abou-Saïd de renvoyer la cavalerie chrétienne dont il a besoin pour la guerre de Sardaigne, ou tout au moins, une centaine d'hommes avec le chef J. Seguin [2].

RÉVOLTES DE BEN-ABOU-AMRANE ET DES KOUB CONTRE ABOU-YAHÏA. — En Ifrikiya, le souverain hafside était également absorbé par la lutte contre les révoltes. Dans le cours de l'année 1321, un chef Almohâde de Tunis nommé Mohammed-ben-Abou-Amrane, céda

---

1. Ibn-Khaldoun, *Berbères*, t. III, p. 408, t. IV, p. 194 et suiv. Kartas, p. 564.
2. De Mas-Latrie, *Traités de paix*, etc., p. 135 des documents.

aux sollicitations du cheïkh des Kaoub, Hamza-ben-Omar et alla le rejoindre en Tripolitaine. Entourés bientôt de bandes nombreuses d'adhérents, ces deux chefs se mirent en marche sur Tunis.

A leur approche, Abou-Yahïa, qui n'était pas préparé, se rendit en toute hâte à Constantine pour y lever des troupes (septembre, octobre). A peine avait-il quitté Tunis, que le vizir Ibn-Kaloum, qui avait été injustement destitué de ses fonctions de ministre près les princes de Bougie et Constantine, alla rejoindre le rebelle Ibn-Abou-Amrane et lui facilita l'entrée de la capitale. Ce chef reçut alors l'adhésion de toutes les populations de la Tripolitaine et d'une partie de celles de l'Ifrikiya, y compris Biskra dont le cheikh, Ibn-Mozni, avait rompu depuis quelque temps avec les Hafsides.

Cependant, à Constantine, Abou-Yahïa ne restait pas inactif. Dans le mois de mars 1322, il sortit de cette ville à la tête d'un effectif imposant et prit la route de Tunis. Ibn-Abou-Amrane, s'étant porté à sa rencontre, lui livra bataille au lieu dit Er-Redjela[1], mais il fut complètement défait et réduit à se réfugier dans le sud après avoir perdu ses meilleurs guerriers parmi lesquels Mohammed-ben-Mozni de Biskra. Cette victoire rouvrit à Abou-Yahïa les portes de Tunis. Un de ses premiers actes fut d'ordonner supplice de Moulahem-ben-Omar, ce cheikh des Kaoub qui le le trahissait depuis longtemps et entretenait des relations avec son frère Hamza. Plusieurs autres émirs arabes furent mis à mort en même temps et le khalife envoya leurs cadavres à Hamza. Cette exécution porta à son comble l'exaspération des Arabes ; ils jurèrent de venger leurs frères, et Hamza, ayant rejoint Ibn-Abou-Amrane, tous deux se mirent de nouveau en marche sur Tunis. Abou-Yahïa avait licencié ses troupes et, plein de sécurité, s'occupait des détails de l'administration, lorsque, tout-à-coup, on vint le prévenir que l'ennemi était proche. Il lui fallut de nouveau évacuer la ville, où il n'était resté que quarante jours, et regagner Constantine (septembre). Ibn-Abou-Amarane et les Arabes rentrèrent une seconde fois à Tunis.

Ce ne fut qu'au printemps suivant qu'Abou-Yahïa se trouva en mesure d'entreprendre la campagne. Il s'avança sur Tunis et, comme la première fois, ayant rencontré ses ennemis, les défit et rentra dans sa capitale (mars 1323)[2].

---

1. Localité inconnue.
2. Ibn-Khaldoun, *Berbères*, t. I, p. 146, t. II, p. 457 et suiv. El-Kaïrouani, p. 239 et suiv.

Les Abd-el-Ouadites, soutenant Abou-D'orba viennent attaquer Abou-Yahia. Ils sont défaits. — Pendant ces deux années 1321 et 1322, Abou-Tacheſine, émir de Tlemcen, avait continué ses entreprises contre les provinces de l'Est. En 1321, son général Mouça le Kurde était venu faire une démonstration jusque devant Constantine, puis il s'était avancé du côté de Bougie et enfin était rentré sans avoir obtenu de résultat bien sérieux. L'année suivante, le même général conduisit une nouvelle expédition contre Bougie et bloqua cette ville pendant plusieurs jours. Dans le cours de cette campagne, les Abd-el-Ouadites construisirent à une journée de Bougie, au lieu dit Tiklat, un fort qu'ils nommèrent Tamzezdekt, en souvenir de la place du même nom, située près d'Oudjda, dans laquelle Yar'moracene avait autrefois soutenu l'attaque du khalife almohâde Es-Saïd. Cette forteresse marqua alors la limite orientale des provinces zeyanites.

Au printemps de l'année suivante, alors que le souverain hafside était rentré dans sa capitale après avoir infligé une dernière défaite aux Arabes, Ibn-Abou-Amrane se réfugia à Tripoli, ville qui continuait à rester indépendante. L'Arabe Hamza-ben-Omar fit alors proposer à Abou-D'orba, toujours à El-Mehdïa, de l'accompagner auprès de l'émir abd-el-ouadite afin d'essayer d'obtenir de lui un corps d'armée en exploitant sa haine contre les Hafsides. Abou-D'orba ayant accepté, les deux chefs se rendirent à Tlemcen et furent reçus avec distinction par Abou-Tacheſine qui leur promit son intervention. Ainsi les Zeyanites, après avoir été entraînés par leur ambition jusqu'à Bougie et Constantine, allaient menacer Tunis même. C'était, en vérité, trop de présomption et cette entreprise devait leur coûter cher.

Bientôt, le général Mouça quitta Tlemcen avec un corps de troupes et, étant arrivé dans le Mag'reb central, rallia les contingents des Toudjine et des Rached. Les forces des Arabes de l'Ifrikiya le rejoignirent un peu plus loin, et cet immense rassemblement s'avança sur Tunis. Le sultan hafside sortit de sa capitale à la tête de toutes ses forces et marcha bravement contre ses ennemis.

Dans le mois d'août 1324, les deux armées se trouvèrent en présence à R'eris près de Mermadjenna. Effrayées par le grand nombre des ennemis, les deux ailes de l'armée de Tunis lâchèrent pied, mais le centre tint ferme, supportant avec courage l'effort des Arabes et des Zenètes et, après un combat des plus acharnés, la victoire resta au khalife de Tunis. Le camp des Zenètes, leurs femmes et un immense butin restèrent aux mains des vainqueurs. Hamza alla retrouver ses Arabes de l'Ifrikiya tandis que Mouça le

Kurde rentrait à Tlemcen avec les débris de l'armée. Abou-D'orba, qui l'avait suivi, mourut peu après son arrivée dans cette ville[1].

Nouvelle défaite des Arabes. Ils appellent les Abd-el-Ouadites et s'emparent de Tunis. Abou-Yahïa rentre en possession de cette ville. — Avant de rentrer à Tunis, Abou-Yahïa ayant appris qu'Ibn-Abou-Omara était accouru à la tête de nouvelles bandes, dans l'espoir d'opérer sa jonction avec l'armée abd-el-ouadite, se porta contre lui, l'atteignit à Chekka et le mit en déroute. Rentré à Tunis, il licencia l'armée selon son habitude (sept.-oct.). Aussitôt Hamza, espérant réussir comme précédemment à surprendre la ville, réunit à la hâte les contingents soleïmides et s'avança à marches forcées sur Tunis. Mais, cette fois, Abou-Yahïa ne lui laissa pas le champ libre : il fit appeler son affranchi Abd-Allah, qui se tenait à Badja avec quelques troupes et, en attendant son arrivée, sortit au devant des ennemis à la tête de compagnies de milice formées à la hâte. Dès le lendemain, il fut attaqué par les Arabes et, bien que se trouvant en nombre inférieur, il put conserver ses positions jusqu'à l'arrivée d'Abd-Allah. Cette fois encore, les Arabes furent mis en fuite et Abou-Yahïa rentra à Tunis.

Ces défaites constantes n'eurent d'autre résultat que de ranimer la haine et l'ardeur des Arabes. Vers la fin de la même année 1324, une députation des principaux chefs des tribus soleïmides, ayant Hamza à sa tête et accompagnée de l'ancien chambellan Ibn-Kaloum, se rendit à la cour de Tlemcen pour implorer l'appui de l'émir. Ce prince reçut avec honneur les envoyés, leur promit de nouveau son concours et, comme il leur fallait un chef pour remplacer Abou-D'orba, il les chargea de soutenir un fils d'Ech-Chehid, nommé Ibrahim, qui s'était réfugié à la cour abd-el-ouadite après la mort tragique de son père.

Après avoir reçu ces nouvelles, le khalife hafside se rendit à Constantine, centre de ses renrôlements, afin d'y faire des levées pour résister à l'attaque imminente de ses ennemis. Au printemps de l'année suivante (1325) les troupes abd-el-ouadites, commandées par le général Mouça et appuyées par les chefs arabes et leurs contingents, parurent devant Constantine et en commencèrent l'attaque. Laissant ensuite à ce général le soin de continuer le siège de la ville et d'y retenir Abou-Yahïa, Hamza s'avança vers l'est avec le prétendant. Ils parvinrent sans encombre

---

1. Ibn-Khaldoun, *Berbères*, t. I, p. 148, t. II, p. 460 et suiv. t., III, p. 404.

à Tunis après avoir semé la dévastation sur leur passage. Dans le mois de juillet, Ibrahim y fit son entrée solennelle et monta sur le trône hafside.

Pendant ce temps, Mouça rencontrait à Constantine la résistance la plus opiniâtre. Découragé par la position formidable de cette ville, si bien défendue par la nature et par les assiégés, il abandonna l'entreprise et reprit la route de Tlemcen. Aussitôt Abou-Yah'ia sortit de Constantine, rassembla tous ses contingents et fondit sur Tunis. Le prétendant et les chefs arabes ne l'attendaient pas, de sorte qu'Abou-Yah'ia rentra encore une fois en maître dans sa capitale (septembre-octobre).

Nouvelles campagnes des Abd-el-Ouadites contre les Hafsides. Abou-Yah'ia, vaincu, se réfugie a Bougie. — En 1326, les Abd-el-Ouadites, commandés par Mouça, firent leur campagne annuelle dans les provinces hafsides. Après avoir ravagé les environs de Constantine, ils marchèrent sur Bougie et cherchèrent en vain à se rendre maîtres de cette ville. Ils s'appuyèrent, en cette occasion sur le fort de Tamzezdekt, qui était toujours garni de provisions fournies par les tribus voisines. Comme cette forteresse était une menace permanente pour Bougie, le khalife hafside, en 1327, chargea son chambellan Ibn-Seïd-en-Nas, de s'en emparer par surprise. Mais, le vigilant Mouça, prévenu à temps, put rassembler des forces imposantes et, s'étant porté à la rencontre de ses ennemis, leur infliger une défaite dans laquelle périrent les principaux officiers et, parmi eux, Dafer-el-Kebir, chef des affranchis chrétiens de Tunis. Mais, peu après, les Hafsides prirent leur revanche et Mouça dut rentrer à Tlemcen avec les débris de son armée sans avoir obtenu d'autre avantage que de conserver Tamzezdekt. A son arrivée, il se vit en butte aux persécutions de l'affranchi Hilal, qui avait la plus grande influence sur l'émir et, pour éviter les effets de cette haine, il dut prendre la fuite, et alla chercher un refuge chez les Arabes Daouaouida.

Yah'ia-ben-Mouça, originaire des Beni-Snous, chargé alors d'un commandement dans le Mag'reb central, recueillit la succession de Mouça le Kurde, comme chef de l'armée et, en cette qualité, prit la direction de la campagne d'été contre les Hafsides. Il s'avança jusqu'à Bône en répandant sur sa route le ravage et la dévastation.

Peu de temps après, arriva à Tlemcen le chef soleïmide Hamza-ben-Omar, accompagné d'autres cheikhs, dans le but de décider l'émir abd-el-ouadite à une nouvelle et sérieuse guerre contre le prince de Tunis. Abou-Tachefine céda encore à leurs sollicitations et leur fit reconnaître comme khalife hafside Mohammed-ben-Abou-Amrane qui vivait à sa cour depuis plusieurs années. En 1329, les troupes abd-el-ouadites, le prétendant et ses adhérents se mirent en marche vers l'est. Abou-Yahïa, qui avait eu le temps de se préparer, sortit à leur rencontre, mais ses ennemis ayant réussi, par une retraite simulée, à l'attirer dans le pays coupé et montagneux des Houara, au lieu dit Rias, près de Mermadjenna, l'écrasèrent dans une rencontre où ils surent prendre l'avantage de la position. Les contingents des Arabes Kaoub, qui les avaient rejoints, contribuèrent à leur victoire. Abou-Yahïa, resté presque seul, blessé, put à grand'peine échapper et se réfugier à Bône suivi de quelques serviteurs fidèles. Ses fils, étant tombés aux mains des troupes abd-el-ouadites, furent expédiés à Tlemcen, mais, Abou-Tacheline, usant de générosité, les renvoya à leur père.

Après la victoire de Rias, le fils d'Abou-Amrane marcha sur Tunis où il entra en maître (novembre-décembre 1329). Il y exerça le pouvoir collectivement avec le général Yahïa-ben-Mouça. Quant au khalife Abou-Yahïa, dès que ses blessures le lui permirent, il s'embarqua à Bône et alla se réfugier à Bougie, son dernier rempart. L'ennemi, installé en maître dans sa capitale, était occupé au pillage de la ville et de ses environs, mais il était facile de prévoir qu'il ne tarderait pas à venir le relancer dans sa retraite. Abou-Yahïa, dans cette conjoncture, ne vit d'autre espoir de salut qu'en une puissante diversion du sultan mérinide et il dépêcha vers lui son fils Abou-Zakaria, chargé de rappeler au puissant souverain du Mag'reb les bons rapports qui avaient uni leurs deux dynasties et d'implorer son secours. Cette démarche devait avoir, pour l'empire Zeyanite et pour son chef en particulier, les plus graves conséquences[1].

Diversion des Mérinides. Abou-Yahïa rentre en possession de Tunis. — Débarqué à R'assaça, Abou-Zakaria se rendit à Fès où il fut reçu avec les plus grands honneurs par le sultan Abou-Saïd. Ce prince avait, quelque temps auparavant, achevé de détruire à Ceuta, l'influence de la famille Azefi. Puis, il avait ordonné de construire, sur le point culminant de la presqu'île, une forteresse, nommée Afrag, destinée à tenir en respect les turbulants habitants de Ceuta et de Tanger. Le souverain mérinide promit de venir attaquer Tlemcen, et Abou-Zakaria, au nom de son père, s'engea à fournir un corps d'armée pour le siège.

Dès qu'il eut appris les dispositions hostiles des Mérinides,

1. Ibn-Khaldoun, *Berbères*, t. II, p. 463 et suiv., t. III, p. 406 et suiv.

Abou-Tachefine fit rappeler ses troupes de l'Ifrikiya. En même temps Abou-Saïd s'avançait avec une armée jusqu'auprès de la Moulouïa. Après le départ des soldats Zeyanites, Abou-Yahïa sortit de Bougie, gagna Constantine et, ayant levé des troupes, marcha sur Tunis, qu'Ibn-Abou-Amrane s'empressa d'évacuer sans combat. Encore une fois, le khalife hafside était rentré en possession de sa capitale (avril-mai 1330).

Cette nouvelle étant parvenue dans l'Ouest, Abou-Saïd suspendit sa marche sur Tlemcen, puis il congédia le prince Abou-Zakaria en le comblant de présents et le faisant accompagner d'ambassadeurs chargés de négocier un mariage entre une princesse hafside et son fils Abou-l'Hacen.

Au printemps de l'année suivante (1331) l'émir abd-el-ouadite se porta rapidement sur Bougie et essaya d'enlever cette place par surprise; mais le vizir Ibn-Seïd-en-Nas, qui était en tournée, put rentrer à temps et repousser les ennemis. Dans cette campagne, Abou-Tachefine, voulant assurer la chute de Bougie, fit construire au-delà de l'embouchure de la Soumam, à El-Yakouta, un fort destiné à surveiller et à inquiéter constamment la place qui se trouva ainsi bloquée par terre. Après avoir renforcé la garnison de Tamzezdekt, et en avoir confié le commandement à Aïça-ben-Mezroua, il revint à Tlemcen.

Mort du sultan mérinide Abou-Saïd. Avènement de son fils Abou-l'Hacen. — Sur ces entrefaites, le sultan Abou-Saïd cessa de vivre au milieu des réjouissances données à l'occasion de l'arrivée de la princesse hafside, fiancée d'Abou-l'Hacen (septembre-octobre 1331). Les principaux officiers de l'empire reconnurent alors comme souverain Abou-l'Hacen et ce prince eut à s'occuper en même temps des funérailles de son père, des cérémonies de son inauguration et de la célébration de son mariage.

Le nouveau sultan voulait se porter tout de suite sur Tlemcen afin de forcer les Abd-el-Ouadites à lever le siège de Bougie; mais, comme il craignait les entreprises de son frère Abou-Ali, qui n'avait donné que trop de preuves de ses mauvaises dispositions, il se dirigea d'abord sur Sidjilmassa afin de juger par lui-même de l'état des choses. Abou-Ali s'empressa d'envoyer au-devant de son frère une députation chargée de protester de ses sentiments de soumission et d'amitié : « il priait Dieu, dirent les envoyés, afin qu'il conservât son frère dans la haute position de sultan mérinide et ne demandait pour lui que d'être maintenu dans son gouvernement de Sidjilmassa et des provinces du sud ». Abou-l'Hacen, se contentant de ces protestations, accorda à son frère ce qu'il demandait et rentra à Fès. Aussitôt après son retour, il envoya une ambassade à Tlemcen pour sommer l'émir abd-el-ouadite d'avoir à lever le siège de Bougie et à rendre au khalife de Tunis la province de Dellis qu'il lui avait enlevée. Les envoyés mérinides furent reçus avec le plus grand mépris à la cour de Tlemcen et repartirent après avoir eu à supporter de mauvais traitements.

Les Hafsides, alliés aux Mérinides, expulsent les Zeyanites de la vallée de Bougie. — Ce dernier outrage porta à son comble la colère du prince mérinide. Ayant réuni des forces considérables, il partit pour Tlemcen en 1332, mais ne put surprendre cette ville, toujours bien gardée ; il alla ensuite s'établir au Tessala tandis qu'il envoyait, par mer, une armée pour dégager Bougie. Lorsque la flotte mérinide parut devant cette ville, des troupes hafsides, expédiées de Tunis par Abou-Yahïa, venaient d'arriver. Ces forces combinées prirent alors l'offensive et contraignirent les Abd-el-Ouadites à se réfugier sous les murailles de Tamzezdekt. Mais, Aïça-ben-Mezrouâ ne put s'y maintenir car ses ennemis l'avaient suivi. Il évacua cette place et se replia vers l'ouest. Les troupes hafsides et mérinides détruisirent alors tous les ouvrages que les Abd-el-Ouadites avaient élevés dans leurs dernières campagnes. On trouva Tamzezdekt garni d'approvisionnements considérables.

Abou-Yahïa se porta ensuite sur Mecila afin de châtier les Oulad-Sebâ, fraction des Daouaouida, maîtres de cette région, qui, dans toutes les dernières expéditions, avaient soutenu ouvertement les Zeyanites. Tandis que le prince hafside était occupé à détruire les palmiers de Mecila, il apprit que, profitant de son éloignement, l'infatigable Hamza-ben-Omar, allié à un fils d'El-Lihyani, nommé Abd-el-Ouahad, avait réuni une bande d'aventuriers et marchait sur Tunis. La malheureuse ville, dégarnie de troupes, était encore une fois tombée aux mains des rebelles et le nouveau prétendant s'y était installé. Abou-Yahïa partit aussitôt vers l'est à marches forcées. Bientôt, son avant-garde fut devant Tunis et, à cette vue, les rebelles évacuèrent la capitale. Au commencement de juillet 1332, le khalife y fit son entrée[1].

Révolte d'Abou-Ali a Sidjilmassa. Il est vaincu et mis a mort par Abou-l'Hacen. — Cependant, Abou-l'Hacen était toujours à

---

1. Ibn-Khaldoun, t. I, p. 85, 147, t. II, p. 474 et suiv., t. III, p. 409 et suiv., t. IV, p. 213, 214.

Tessala, attendant le retour de l'armée qu'il avait envoyée à Bougie et le secours que le khalife hafside lui avait promis, lorsqu'il reçut la nouvelle que son frère, Abou-Ali, venait de se révolter dans le sud. Fidèle à la politique zeyanite, Abou-Tacheline avait conclu alliance avec lui et l'avait poussé à la rébellion. Abou-Ali s'était alors revêtu des insignes de la royauté et, après s'être emparé de la province de Derâa, venait de lancer un corps d'armée sur Maroc.

Aussitôt, Abou-l'Hacen leva le camp; il envoya un corps d'armée, sous le commandement de son fils Tacheline, occuper Taourirt sur le Za, afin de couvrir, de ce côté, la frontière merinide; quant à lui, il marcha rapidement sur Sidjilmassa, l'investit et prit ses dispositions pour réduire cette ville, dût le siège traîner en longueur. Une seconde cité, celle des assiégeants, s'éleva ainsi sous ses remparts que les machines de guerre merinides ne cessèrent de battre durant un an entier.

Abou-Tacheline I, voulut alors profiter de l'éloignement du sultan pour envahir ses états, mais il se heurta, à Taourirt, contre les troupes merinides et essuya une défaite. Après cet échec, l'émir abd-el-ouadite expédia à Sidjilmassa un corps d'armée, au secours de son allié Abou-Ali. Malgré ce renfort, qui ne put s'introduire dans la place que par petits groupes, Sidjilmassa finit par succomber sous l'effort des assiégeants. La ville fut pillée et ses défenseurs passés au fil de l'épée. Quant à Abou-Ali, il fut étranglé peu après, sur l'ordre de son frère (1332-33.)

Événements d'Espagne. Le roi de Grenade obtient l'intervention des Merinides. — Dans le cours des années précédentes, des événements importants avaient eu lieu en Espagne. La reine régente, la sage doña Maria, était morte, laissant la Castille en proie aux factions et à l'anarchie (1322). Cependant, en 1325, le jeune Alphonse XI, âgé seulement de 14 ans, mais montrant une énergie au-dessus de son âge, réunit les cortès, prit en main l'autorité et peu à peu, triompha de presque toutes les résistances.

Vers la même époque, le prince de Grenade Ismaïl tombait sous le poignard d'un assassin et laissait le pouvoir à son jeune fils, Mohammed IV. Le nouvel émir, plein d'ardeur, voulut alors attaquer les chrétiens, mais il fut vaincu par l'infant don Manuel (1327). Pendant ce temps, une expédition merinide débarquait en Espagne et faisait une puissante diversion, au profit de laquelle le roi de Grenade reprenait l'offensive et battait les Castillans. Se tournant ensuite vers les Merinides, il leur enleva toutes leurs places, y compris Algésiras (1329).

Alphonse était alors retenu chez lui par les révoltes de ses propres parents unis aux sectateurs de l'Islam. Vers 1330, il parvint enfin à triompher de ses ennemis et s'appliqua aussitôt à tirer vengeance du roi de Grenade. Après l'avoir battu dans toutes les rencontres, il le força à se reconnaître son vassal et l'obligea à lui servir un tribut. En 1331, Alphonse se fit couronner solennellement et armer chevalier.

Dans cette conjoncture, Mohammed IV s'adressa au sultan merinide pour l'engager à intervenir; peut-être même se présenta-t-il en suppliant à la cour de Fès au moment où Abou-l'Hacen rentrait de son expédition dans le sud. Ce prince, qui brûlait du désir d'envahir sans retard les provinces abd-el-ouadites, se décida cependant à envoyer en Espagne un corps de cinq mille hommes sous le commandement de son fils Abou-Malek.

Alphonse, prévenu trop tard, ne pût empêcher les Africains de traverser le détroit et de venir mettre le siège devant Gibraltar. Le gouverneur de cette forteresse la rendit à l'ennemi au moment où le roi de Castille arrivait à son secours. Ce prince en commença aussitôt le siège, tandis que sa flotte la bloquait par mer. La résistance des musulmans fut héroïque et l'attaque des chrétiens opiniâtre. Au moment où la famine allait rendre Alphonse maître de Gibraltar, il perdit son fils Ferdinand, ce qui, joint à d'autres complications, le décida à traiter avec les musulmans. Une trêve de quatre ans fut acceptée par le prince de Grenade, qui se reconnut de nouveau vassal de la Castille et s'obligea à servir le tribut.

Peu après, Mohammed IV périssait dans une embuscade tendue par les Merinides Volontaires de la foi; son frère Youssof lui succéda (1333)[1].

Siège de Tlemcen par Abou-l'Hacen. Conquêtes des Merinides dans le Mag'reb central. — Débarrassé de la révolte de son frère et des soins de la guerre d'Espagne, Abou-l'Hacen put s'occuper de la préparation d'une nouvelle campagne contre les Abd-el-Ouadites. Il y employa toute l'année 1334. Un grand camp fut dressé près de Fès et les vizirs partirent dans toutes les directions pour lever des troupes qui, une fois organisées, étaient dirigées sur la capitale. Au mois de mars 1335, tout étant préparé, Abou-l'Hacen se mit en marche vers l'est à la tête d'une armée considérable. En passant à Oudjda, il laissa un corps de troupes chargé de faire le siège de cette place, puis il s'avança jusqu'à Nedroma,

---

1. Rosseuw Saint-Hilaire, *Hist. d'Espagne*, t. IV, p. 403 et suiv. Ibn-Khaldoun, *Berbères*, t. IV, p. 216 et suiv., 478.

l'enleva le même jour et fit passer la population au fil de l'épée.

Ce ne fut qu'au mois d'août que le sultan parut devant Tlemcen. Il fit alors entourer cette capitale d'une ligne de circonvallation formée par une profonde tranchée adossée à une muraille, afin de n'y laisser pénétrer personne. Puis il attaqua les remparts avec ses machines. Sur ces entrefaites, Oudjda ayant succombé, il lança à la conquête des provinces abd-el-ouadites les troupes disponibles. Oran, Miliana, Ténès, avec le territoire dépendant de ces villes, tombèrent au pouvoir des Merinides. Yahïa-ben-Moussa, gouverneur du Mag'reb central pour les Abd-el-Ouadites, passa, à cette occasion, du côté de leurs ennemis. Après avoir soumis les régions maritimes, le général merinide Yahïa-ben-Slimane, chef des Beni-Asker, qui commandait l'expédition, se porta dans l'intérieur, entra en maître à Médéa et étendit la puissance du Sultan de l'ouest sur le Ouarensenis et le pays entier des Toudjine.

Prise de Tlemcen par les Merinides. Mort d'Abou-Tachefine. — Abou-l'Hacen, qui avait installé son camp dans la ville à moitié détruite de Mansoura, dirigeait, de là, les opérations de ses lieutenants et envoyait des gouverneurs prendre le commandement des provinces nouvellement conquises. En même temps, il poussait avec activité le siège de Tlemcen : chaque jour, de nouvelles tours étaient construites plus près de la ville, si bien qu'il arriva un moment où assiégeants et assiégés purent combattre à l'arme blanche, chacun derrière ses retranchements. Une sortie, tentée par les Abd-el-Ouadites, faillit fournir l'occasion de s'emparer du sultan, pendant qu'il visitait les avant-postes. Il s'ensuivit une grande bataille, car, de tous les points du camp, les guerriers merinides se précipitèrent au secours de leur maître. Ses fils, Abou-Abd-er-Rahmane et Abou-Malek, « les plus intrépides des cavaliers de l'armée » se couvrirent de gloire dans cette journée qui se termina par la défaite des assiégés. Plusieurs grands chefs, parmi lesquels ceux des Toudjine, accourus au secours de Tlemcen, y périrent.

Le siège durait depuis plus de deux ans et la ville était réduite à la dernière extrémité lorsque, le 1er mai 1337, un dernier assaut livré par les Merinides leur en ouvrit l'entrée. En vain Abou-Tachefine I, soutenu par ses deux fils Othmane et Messaoud et entouré de ses neveux et de ses principaux officiers, tenta, avec un courage héroïque, de repousser les assaillants : il dut reculer pied à pied jusqu'à la porte du palais. Il vit alors tomber, mortellement frappés, tous ceux qui l'entouraient et enfin, blessé lui-même, il fut fait prisonnier par les soldats merinides. Ceux-ci le conduisaient au sultan lorsqu'ils rencontrèrent le prince Abou-Abd-er-Rahmane, qui ordonna de trancher la tête de l'émir.

La ville de Tlemcen fut livrée au plus affreux pillage. La tourbe des assiégeants s'y était précipitée dans un tel désordre que beaucoup d'entre eux périrent étouffés ou foulés sous les pieds des chevaux. Enfin, le sultan ayant fait son entrée solennelle dans la capitale zeyanite, se rendit à la grande mosquée où il reçut le corps des Oulama. Ceux-ci le supplièrent de faire cesser le pillage et il céda à leurs sollicitations. Étant monté à cheval, Abou-l'Hacen parcourut les rues de la ville pour rétablir l'ordre. Il prescrivit aux troupes de rentrer au camp et leur donna l'exemple en retournant lui-même à Mansoura. Ainsi se trouvèrent en partie préservés les beaux monuments dont Abou-Tachefine et ses prédécesseurs avaient doté leur capitale [1].

Le sultan Abou-l'Hacen seul maître du Mag'reb central. — Le trône zeyanite était renversé, l'émir mort, sa famille dispersée, la capitale aux mains de l'ennemi. Cependant le sultan merinide, usant d'une grande modération, conserva aux différentes tribus leurs franchises et enrôla leurs soldats dans son armée. Ses victoires lui avaient donné le commandement sur toutes les tribus sorties de la souche d'Ouacine (Merine, Abd-el-Ouad, Toudjine, Rached), sur les Magraoua du Chelif et les Arabes du Mag'reb central.

Abou-l'Hacen s'avança alors vers l'est, non seulement afin de visiter ses nouvelles provinces, mais encore dans le but de s'y rencontrer avec son beau-frère, le souverain hafside Abou-Yahïa, dont le vizir Ibn-Tafraguine, lui avait fait espérer la visite. Il lui devait bien en effet, un remerciement pour l'immense service que lui avait rendu le sultan en le débarrassant des Abd-el-Ouadites. Mais Abou-Yahïa, qui avait profité de ce répit pour rétablir son autorité d'une façon durable en Ifrikiya, fut d'avis qu'il pouvait se passer à l'avenir du secours des Merinides. Suivant donc le conseil de son général, Mohammed-ben-el-Hakim, il n'alla pas au rendez-vous.

Tandis qu'Abou-l'Hacen, campé dans la Mitidja, attendait inutilement son royal beau-frère, il tomba malade et ses jours furent en danger. Aussitôt, ses fils, Abou-Abd-er-Rahman et Abou-Malek, écoutant les conseils d'hommes pervers, se résolurent à lever l'étendard de la révolte. Mais leur père, mis au courant du complot, put le déjouer en faisant charger de fers tous ceux qui y

---

1. Ibn-Khaldoun, *Berbères*, t. III, p. 410 et suiv., t. IV, p. 219 et suiv. L'Imam Et-Tensi, passim.

avaient pris part y compris ses deux fils. Un des serviteurs de ces princes, nommé Ibn-Heïdour, étant parvenu à s'échapper, trouva un refuge chez les Beni-Amer, tribu zor'bienne, et se fit passer à leurs yeux pour le prince Abou-Abd-er-Rahman lui-même. Les Amer entrèrent aussitôt en révolte, saisissant ainsi l'occasion de faire la guerre à leurs cousins et rivaux les Souéïd ; ils parvinrent même à s'emparer de Médéa. Mais Ouenzemmar-ben-Arif, chef zor'bien, chargé de commander à tous les nomades du sud, l'attaqua et le contraignit à la fuite. Ibn-Heïdour se réfugia chez les Beni-Iratene du Djerdjera, tandis que le sultan rentrait à Fès (1338)[1].

Le hafside Abou-Yahia rétablit son autorité en Ifrikiya. — Cependant le khalife Abou-Yahia continuait l'œuvre de pacification de l'Ifrikiya. Après avoir fait rentrer Gafsa dans l'obéissance, il lança Mohammed-ben-el-Hakim vers les provinces du sud, et ce général alla percevoir les contributions des villes du Djerid et du Zab qui, depuis longtemps, vivaient dans une sorte d'indépendance. Il s'avança ensuite dans la vallée de l'Oued-Rir' et s'empara de Touggourt, chef-lieu de cette contrée.

L'agitateur Hamza-ben-Omar, ayant perdu tout espoir de susciter au gouvernement hafside de nouveaux embarras, vint offrir sa soumission au souverain qui l'accepta avec empressement. Ce chef arabe montra dès lors une grande fidélité au prince qu'il avait combattu avec tant d'acharnement.

Quelque temps auparavant, les habitants de l'île de Djerba, poussés à bout par les exactions de leurs gouverneurs chrétiens, et ayant en vain imploré la justice du roi de Sicile, se mirent en état de révolte et appelèrent à leur aide les Hafsides. Le khalife ne laissa pas échapper cette occasion et confia à Makhlouf-ben-el-Kemmad, une armée que ce général réussit à faire débarquer dans l'île. Soutenus par les flottes combinées de Gênes et de Naples, qui empêchèrent les Siciliens de porter secours aux assiégés, les musulmans finirent par se rendre maîtres de la forteresse. Le gouverneur fut lapidé et les soldats réduits en esclavage. Il est hors de doute que la dynastie hafside cessa dès lors de payer le tribut à la Sicile, si toutefois elle avait continué à le servir (1338-1339)[2].

1. Ibn-Khaldoun, t. I, p. 99, t. IV, p. 224 et suiv.
2. Cheikh Bou-Ras, *Revue africaine*, n° 162, p. 473, 474. Ibn-Khaldoun, *Berbères*, t. I, p. 147, t. III, p. 2 et suiv. El-Kaïrouani, p. 240. — De Mas-Latrie, *Traités de paix*, etc., p. 162 et s.

Le sultan Abou-l'Hacen passe en Espagne. Siège de Tarifa. Défaite des musulmans à Rio-Salado. Abou-l'Hacen rentre en Mag'reb. — A son arrivée à Fès, le sultan merinide apprit que la Castille était toujours divisée par les factions. Il jugea l'occasion favorable pour reprendre la guerre sainte et s'occupa à préparer une grande expédition, annonçant l'intention d'aller combattre lui-même en Espagne (1339). Devant l'imminence du péril qui les menaçait, les rois de Castille et d'Aragon envoyèrent leurs navires croiser dans le détroit. Sur ces entrefaites, le prince Abd-er-Rahman ayant pris la fuite et essayé une nouvelle tentative de révolte, fut arrêté et mis à mort par l'ordre de son père. Plus heureux, son frère Abou-Malek, qui était resté fidèle, obtint à cette occasion le pardon du sultan et fut envoyé par lui dans la péninsule. Plein d'ardeur, le jeune prince, ayant opéré sa jonction avec le bouillant roi de Grenade, tous deux firent une incursion sur le territoire chrétien. Mais Abou-Malek s'avança avec trop d'imprudence : son camp fut surpris pendant la nuit et il périt avec tous ses soldats (1340).

A la nouvelle de ce désastre, Abou-l'Hacen se transporta à Ceuta afin de presser le départ de son armée. Deux cent cinquante navires étaient réunis dans les ports du Mag'reb ; le khalife hafside avait tenu à participer à ce grand effort par l'envoi d'une centaine de vaisseaux. La flotte chrétienne, fatiguée par une longue croisière et présentant du reste, un effectif bien inférieur, ne pût empêcher le passage des musulmans. L'amiral castillan, pour sauver son honneur, se jeta avec ses navires au milieu des vaisseaux ennemis et trouva la mort glorieuse qu'il cherchait. Néanmoins, la flotte chrétienne était détruite et une armée musulmane innombrable était en Espagne. Dans le mois de juin 1340, le sultan merinide débarqua à Algésiras où il fut reçu par le roi de Grenade, Abou-l'Hadjadj. Les deux princes allèrent mettre le siège devant Tarifa.

Sans se laisser abattre par les revers, Alphonse s'était efforcé de reconstituer une flotte en achetant des galères à Gênes et en suppliant le roi de Portugal de lui fournir des navires. En même temps, il pressait le roi d'Aragon de lui envoyer les troupes promises. Tarifa résistant avec un courage héroïque, retenait toutes les forces musulmanes, et ces troupes, en partie inoccupées, manquant de vivres, voyaient le découragement se substituer à leur ardeur. Les galères de Gênes vinrent croiser bravement devant la place et ranimer le courage des assiégés. Malheureusement, la tempête les dispersa en jetant plusieurs d'entre elles à la côte.

Cependant, Alphonse s'avançait à la tête d'une armée

d'une vingtaine de mille hommes. Le roi de Portugal l'accompagnait, et sa flotte, ainsi que celle d'Aragon devaient rejoindre l'armée près de Tarifa. La dernière arriva seule au rendez-vous.

A l'approche de leurs ennemis, les rois musulmans se décidèrent à abandonner Tarifa, véritable impasse où ils avaient perdu un temps précieux et usé inutilement leurs forces. Ils brûlèrent leurs machines et leurs baraques et vinrent s'établir sur un plateau nommé la montagne du Cerf, situé à l'ouest de la ville et au pied duquel coulait un petit ruisseau, le Rio-Salado. Bientôt, les chrétiens parurent et disposèrent bravement leurs lignes. Le roi de Portugal devait lutter contre le prince de Grenade. Quant à Alphonse, il s'était réservé la gloire de combattre le sultan de Mag'reb.

Le 30 août, les chrétiens attaquèrent les musulmans. L'infant, don Juan Manuel, conduisait l'avant-garde des Castillans. En même temps, la brave garnison de Tarifa faisait une sortie, et, s'étant jointe aux équipages de la flotte, prenait les Africains en queue. De son côté, le roi de Portugal chargeait les Grenadins. Grâce à l'habileté et à la vigueur de ces attaques combinées des chrétiens, les musulmans perdirent les avantages de leur nombre. Alphonse, qui s'était jeté au plus fort de la mêlée et était entouré par les Merinides, fit des prodiges de valeur. Sur toute la ligne, les musulmans ne tardèrent pas à être en fuite. Les Grenadins se retirèrent, dit-on, en assez bon ordre, mais les Africains abandonnèrent le sultan qui, après avoir vu tomber autour de lui ses meilleurs guerriers, et un de ses fils être fait prisonnier, se décida à fuir à son tour, presque seul. Les chrétiens ayant pénétré dans sa tente, massacrèrent ses femmes et, parmi elles, Fatma, fille du khalife hafside, princesse remarquable à tous les points de vue.

Après ce désastre, Abou-l'Hacen rentra en Mag'reb afin d'y lever des troupes pour prendre une éclatante revanche. Mais, tandis qu'il s'occupait de ces préparatifs, le roi chrétien enlevait Alcala aux Grenadins. Les vaisseaux merinides ayant alors voulu mettre à la voile, rencontrèrent les flottes chrétiennes combinées et essuyèrent dans le Détroit une entière défaite, à la suite de laquelle le passage fut complètement intercepté (1342). Abou-l'Hacen, qui s'était rendu à Ceuta, en fut réduit à guetter les occasions où la vigilance des chrétiens se relâchait pour faire passer à son allié, le roi de Grenade, des renforts et de l'argent. Pendant ce temps, Alphonse commençait le siège d'Algésiras (fin juillet) et faisait appel à toute la Chrétienté pour l'aider à réduire cette place forte.

Désespéré par ses échecs en Espagne et la tournure fâcheuse que prenait la guerre sainte, Abou-l'Hacen rentra à Fès et reporta ses regards vers l'est. De ce côté les résultats obtenus étaient fort beaux, puisque l'ennemi héréditaire, l'Abd-el-Ouadite, était écrasé et que l'autorité merinide s'étendait jusqu'à Bougie [1].

---

9. Ibn-Khaldoun, *Berbères*, t. IV, p. 229 et suiv., 478. Rosseeuw Saint-Hilaire, *Hist. d'Espagne*, t. IV, p. 420 et suiv.

CHAPITRE XVII

DYNASTIES HAFSIDE, ZEYANITE ET MERINIDE (Suite)
PRÉPONDÉRANCE DES MERINIDES

1342-1352

Prépondérance des Merinides. — Le hafside Abou-Yahïa rétablit son autorité dans les régions du Sud. — Nouveau mariage d'Abou-l'Hacen avec une princesse hafside ; Mort du khalife Abou-Yahïa. — Usurpation d'Abou-Hafs : il fait périr ses frères. — Le sultan Abou-l'Hacen marche sur l'Ifrikiya et s'empare de Bougie et de Constantine. — Abou-Hafs est mis à mort. Abou-l'Hacen entre à Tunis et toute l'Afrique septentrionale se trouve soumise à son autorité. — Excès des Arabes en Tunisie. — Défaite d'Abou-l'Hacen à Kaïrouan par les Arabes. — Siège de Tunis par le prétendant. Les Abd-el-Ouadites et Mag'raoua élisent des chefs et se retirent. — Abou-l'Hacen rentre en possession de Tunis. El-Fadel, proclamé khalife à Bône, s'empare de la province de Constantine. — Abou-Eïnane se fait reconnaître sultan à Tlemcen et prend possession du Mag'reb extrême. — Abou-Saïd-Othmane s'empare de Tlemcen et rétablit l'empire zeyanite. — Alliance d'Abou-Saïd avec Abou-Eïnane. Les princes hafsides s'emparent de Bougie et de Constantine. — En-Nacer, fils d'Abou-l'Hacen, marche à la tête des Arabes contre Tlemcen. Il est défait par Abou-Thabet. — Abou-l'Hacen s'embarque pour le Mag'reb. El-Fadel relève, à Tunis, le trône hafside. — Abou-l'Hacen échappé au naufrage, se réfugie à Alger où il réunit de nouveaux adhérents. — Mort d'Alphonse XIII. — Abou-l'Hacen marche contre les Abd-el-Ouadites ; il est défait par Abou-Thabet. — Le Hafside El-Fadel est déposé et remplacé par Abou-Ishak II. — Abou-l'Hacen s'empare de Sidjilmassa, puis de Maroc. — Abou-Eïnane le défait. Abdication et mort d'Abou-l'Hacen. — Abou-Thabet rétablit l'autorité zeyanite dans le Mag'reb central et écrase les Mag'raoua. — Le Hafside Abou-Zeïd, appuyé par les populations du sud, cherche à s'emparer de Tunis.

PRÉPONDÉRANCE DES MERINIDES. — Rentré à Fès, le cœur plein d'amertume, à la suite des désastres d'Espagne, Abou-l'Hacen renonça, pour le moment, à la guerre sainte et se livra tout entier à l'administration de son royaume, parcourant lui-même ses provinces afin de juger des besoins de leurs populations. Vers le même temps, il envoya une ambassade au nouveau souverain d'Égypte, Abou-l'Fida, fils et successeur d'El-Malek, avec qui il avait entretenu les meilleurs relations, scellées par des présents réciproques. Cette bonne entente était nécessaire pour que les caravanes des pèlerins du Mag'reb pussent, en traversant le territoire égyptien, y trouver aide et protection.

Abou-l'Hacen reçut aussi une mission à lui adressée par Mença-Moussa, grand sultan des peuples nègres du Soudan et du désert. Ce prince, auquel le renom des victoires mérinides était parvenu, expédiait, avec son hommage, un cadeau composé des produits de ses états. Le sultan de Fès lui répondit par l'envoi d'une ambassade qui parvint jusqu'à Melli, capitale du prince nègre. Là, elle remit à Mença-Moussa les compliments et les présents d'Abou-l'Hacen.

Enfin, le souverain de Mag'reb fit porter jusqu'aux villes saintes des offrandes magnifiques, et notamment un Koran écrit de sa main.

Ainsi, la suprématie mérinide s'étendait sur tout le Nord de l'Afrique et la gloire et la magnificence du sultan parvenaient jusqu'aux régions les plus éloignées [1].

Le hafside Abou-Yahïa rétablit son autorité sur les régions du sud. — Nous avons vu qu'en Ifrikiya le khalife hafside avait fait rentrer sous son autorité les provinces les plus reculées. Seule, celle de Tripoli restait indépendante, sous la domination de Mohammed-ben-Thabet, qu'elle s'était donné comme chef. Il en était de même de Gabès et de Gafsa, où commandaient des chefs particuliers. Le cheïkh des Kaoub, Hamza-ben-Omar, demeuré fidèle, secondait de son mieux le souverain hafside dans sa tâche ; malheureusement, il fut assassiné par le chef d'une autre fraction de sa tribu (1342), et ses fils, ayant soupçonné le gouvernement tunisien d'avoir provoqué ce meurtre, levèrent l'étendard de la révolte. Le général Ibn-el-Hakim marcha aussitôt contre eux, mais il fut défait et les Arabes vinrent camper sous les murs de Tunis. Durant plusieurs jours, les assiégeants multiplièrent leurs attaques sans obtenir de grands avantages. La discorde se mit alors parmi eux et le khalife en profita habilement pour opérer une sortie et rejeter les Arabes dans le désert.

Peu après, Abou-Yahïa, cédant à la pression de son vizir Ibn-Tafraguine, fit mettre à mort le général Ibn-el-Hakim, qui lui avait rendu de si grands services militaires et venait de conduire avec succès une nouvelle expédition dans la vallée de l'Ouad-Rir'. Le malheureux soldat n'expira qu'après avoir subi les tortures les plus atroces.

En 1344, le souverain hafside, appelé par son fils Abou-l'Abbas, héritier présomptif, qu'il avait pourvu du commandement de la province de Kastiliya, vint, à la tête d'une armée, se présenter devant Gafsa où régnait, d'une façon à peu près indépendante un

---

1. Ibn-Khaldoun, *Berbères*, t. IV, p. 239 et suiv.

certain Abou-Beker-ben-Yemloul. Ce chef, ne se trouvant pas assez fort pour résister ouvertement, vint au-devant du khalife offrir sa soumission ; puis, étant parvenu à s'échapper, il gagna le Zab où il vécut en état d'hostilité permanente contre le gouvernement hafside. Par la chute de Gafsa et la soumission d'Ibn-Mekki, maître de Gabès, qui suivit de près la fuite d'Ibn-Yemloul, tout le sud de la Tunisie obéit enfin à l'autorité centrale et fut laissé sous le commandement du prince Abou-l'Abbas [1].

NOUVEAU MARIAGE D'ABOU-L'HACEN AVEC UNE PRINCESSE HAFSIDE. MORT DU KHALIFE ABOU-YAHÏA. — Cependant le siège de Gibraltar durait toujours. Alphonse, soutenu par les vœux et l'assistance de toute la Chrétienté, luttait avec ténacité contre les hommes et les éléments. Le sultan mérinide ayant reconstitué une flotte, avait tenté plusieurs fois d'envoyer des secours aux assiégés, mais les navires chrétiens coalisés : castillans, aragonais et portugais, faisaient bonne garde, et ces entreprises n'eurent aucun succès. Le roi de Grenade, de son côté, cherchait à inquiéter les chrétiens sur leurs derrières. Avec un courage et une activité indomptables, Alphonse faisait face à tout. Enfin, le 26 mars 1344, Algésiras capitula. Le traité signé à cette occasion, entre le sultan mérinide et l'émir de Grenade, d'une part, et le roi de Castille, d'autre part, stipulait une trêve de 15 ans. L'émir de Grenade se reconnaissait en outre vassal de la Castille et s'obligeait à servir un tribut de 12,000 pièces d'or. Les filles du sultan de Fès, retenues prisonnières depuis la bataille de Rio-Salado furent rendues sans rançon.

Quelque temps après, le prince Abou-Zakaria, qui avait conservé le commandement de Bougie, cessa de vivre (juillet 1346). Les cheïkhs de cette ville obtinrent alors du souverain de Tunis la nomination d'Abou-Hafs, fils cadet d'Abou-Zakaria, comme gouverneur, au détriment du fils aîné, Abou-Abd-Allah. Mais à peine ce prince eut-il pris en main la direction des affaires, qu'il indisposa la population par ses caprices sanguinaires. Les habitants, soulevés contre lui, firent irruption dans son palais, l'en arrachèrent et le chassèrent de la ville, non sans l'avoir fortement maltraité. On alla ensuite chercher Abou-Abd-Allah et on le proclama gouverneur. Quant à Abou-Hafs, il se réfugia à Tunis (août).

Dans le cours de l'année précédente, une ambassade était arrivée à Tunis pour demander, de la part du sultan mérinide, la main d'une princesse hafside. Mais Abou-Yahïa, encore sous l'impression que lui avait causée le trépas de sa fille Fatma, massacrée en Espa-

---

1. Ibn-Khaldoun, *Berbères*, t. III, p. 8 et suiv., 154, 155, 161, 162.

gne par les chrétiens, avait accueilli avec la plus grande froideur cette démarche. Après avoir épuisé tous les prétextes d'atermoiement et résisté aux sollicitations de son entourage, il ne se décida à accéder à la demande du puissant sultan de Mag'reb que pour éviter la guerre dont il était menacé en cas de refus. Vers la fin de l'été 1346, le cortège qui conduisait la fiancée quitta Tunis sous la direction d'El-Fadel, fils d'Abou-Yahïa, gouverneur de la province de Bône.

Le 21 octobre suivant, Abou-Yahïa-Abou-Beker mourait subitement à Tunis après un règne de plus de trente années, fort troublé, ainsi qu'on l'a vu. Cet événement imprévu jeta la plus grande confusion dans la ville et, au profit de ce désordre, Abou-Hafs-Omar, un des fils du défunt, se rendit au palais et s'empara de l'autorité au détriment de son frère Abou-l'Abbas, héritier présomptif. Le lendemain, eut lieu son inauguration solennelle. Le vizir Ibn-Tafraguine conserva momentanément son poste[1].

Usurpation d'Abou-Hafs. Il fait périr ses frères. — Dès qu'il apprit l'usurpation de son frère, Abou-l'Abbas appela aux armes les populations du Djerid et se disposa à marcher sur la capitale. Parvenu à Kaïrouan, il fut rejoint par son autre frère, Abou-Farès, gouverneur de Souça, à la tête d'un contingent. Abou-Hafs, de son côté, réunit toutes ses troupes et s'avança contre ses frères (milieu de novembre). A peine avait-il quitté Tunis, le vizir Ibn-Tafraguine, qui avait les plus sérieuses raisons de se méfier de son nouveau maître, profita de l'occasion pour s'enfuir et gagner le Mag'reb. Cette défection jeta l'indécision et le désordre dans l'armée, et Abou-Hafs, se voyant sur le point d'être trahi, courut se réfugier dans Badja, tandis que son armée passait du côté d'Abou-l'Abbas.

Le 25 décembre, le prince légitime fit son entrée à Tunis. Il prit en main les rênes du gouvernement et fit sortir de prison un autre de ses frères nommé Abou-l'Baka, qui avait été incarcéré par l'usurpateur. Mais à peine Abou-l'Abbas était-il à Tunis depuis cinq jours que son frère, Abou-Hafs, rentra incognito dans la ville et, ayant réuni quelques aventuriers, tendit un guet-apens dans lequel le souverain tomba. Après l'avoir mis à mort, il promena sa tête dans la ville ; aussitôt les habitants s'ameutèrent et massacrèrent les principaux chefs arabes venus du sud avec Abou-l'Abbas. Les princes Abou-Farès et Abou-l'Baka, ayant été faits prisonniers, fu-

---

1. Ibn-Khaldoun, *Berbères*, t. III, p. 15 et suiv. El-Kaïrouani, p. 241. Rosseeuw Saint-Hilaire, *Histoire d'Espagne*, t. IV, p. 430 et suiv.

rent mutilés par l'ordre de leur frère : on leur coupa les pieds et les mains et on les laissa mourir en cet état.

Le sultan Abou-l'Hacen marche sur l'Ifrikiya et s'empare de Bougie et de Constantine. — La nouvelle de ces événements parvint en Mag'reb peu après l'arrivée du vizir Ibn-Tafraguine. Abou-l'Hacen en ressentit la plus vive indignation et promit au prince El-Fadel, qui était venu conduire la royale fiancée, de l'aider de toutes ses forces à monter sur le trône de son père. Bientôt, un grand nombre de mécontents, parmi lesquels Khaled-ben-Hamza, cheïkh des Kaoub, et Abou-Abd-Allah, gouverneur de Bougie, accoururent à la cour des Fès, pour supplier le sultan d'intervenir en leur faveur contre le tyran. C'était plaider une cause gagnée.

Au mois de mars 1347, Abou-l'Hacen se rendit au camp de Mansoura près de Tlemcen, où il avait convoqué ses contingents. Dans cette localité, il reçut une ambassade envoyée de Tunis par Abou-Hafs pour lui offrir son hommage. Mais le sultan merinide refusa de recevoir la députation et se mit en marche peu de jours après, laissant son fils Abou-Eïnane à Fès pour le représenter (mai-juin). Parvenu à Oran, il rencontra Ibn-Yemloul, Ibn-Mekki, chefs de Gafsa et de Gabès, et plusieurs autres cheïkhs du Djerid, car ces contrées s'étaient de nouveau révoltées contre l'autorité hafside après le départ du prince Abou-l'Abbas ; ils étaient accompagnés du mandataire de Mohammed-ben-Thabet, émir de Tripoli. Tous ces personnages, venus pour offrir leur soumission au sultan, furent bien accueillis par ce prince qui les renvoya chez eux en les chargeant de lever leurs contingents. Non loin de Bougie, il reçut l'hommage de Mansour-ben-Mozni, seigneur de Biskra, et du chef des Daouaouïda.

Un corps de troupes ayant été envoyé sur Bougie, Abou-Abd-Allah, qui y était rentré un peu auparavant, voulut tenter quelque résistance ; mais l'opinion publique était avec les Merinides ; les habitants refusèrent de le seconder et force lui fut de se présenter humblement au camp d'Abou-l'Hacen. Le sultan l'accueillit avec bonté et l'interna dans le Mag'reb, en lui assignant une pension avec un fief dans le pays maritime des Koumïa, au nord de Tlemcen.

Abou-l'Hacen fit son entrée solennelle à Bougie et s'appliqua à compléter et réparer les fortifications de cette ville ; puis, laissant un de ses affranchis, Mohammed-ben-Thouar, pour la commander, il continua sa route par Constantine. Parvenu sous les murs de cette place forte, il reçut l'hommage des petits-fils du khalife Abou-Yahïa, qui y commandaient. Agissant avec eux comme il avait fait à l'égard d'Abou-Abd-Allah, il les déporta en Magr'eb et leur assigna Oudjda comme résidence. Il entra en maître à Constantine et y installa une garnison merinide sous le commandement du gouverneur El-Abbas-ben-Omar.

ABOU-HAFS EST MIS A MORT. ABOU-L'HACEN RENTRE A TUNIS ET TOUTE L'AFRIQUE SEPTENTRIONALE SE TROUVE SOUMISE A SON AUTORITÉ. — Tandis que le sultan Abou-l'Hacen était à Constantine, il reçut la visite des fils de Hamza-ben-Omar et de plusieurs autres chefs de l'Ifrikiya, venant lui annoncer qu'Abou-Hafs avait abandonné Tunis et qu'il fuyait vers le sud dans le but de gagner le désert. Il n'était soutenu, disaient-ils, que par les Beni-Mohelhel. Abou-l'Hacen adjoignit aussitôt à ces chefs son général Hammou-ben-Yahia avec mission de couper la retraite au fugitif. Ces guerriers, appuyés par les Oulad-Abou-l'Leïl (Bellil) réussirent à atteindre Abou-Hafs non loin de Gabès. Dans le combat qui fut livré, les Ouled-Mohelhel ayant abandonné leur maître, celui-ci, réduit à la fuite et serré de près par ses ennemis, roula à terre avec son cheval. Aussitôt il fut saisi et mis à mort ainsi que son affranchi Dafer. Les débris de ses adhérents qui avaient voulu chercher un refuge à Gabès, furent fait prisonniers et expédiés, chargés de chaînes, à Constantine.

Le sultan merinide envoya alors un corps d'armée prendre possession de Tunis, puis il y fit lui-même son entrée (15 sept. 1347). Quelques jours après, il passa en revue toute son armée à la tête d'un brillant cortège, où figuraient les seigneurs des différents fiefs hafsides et le vizir Ibn-Tafraguine, réintégré dans ses fonctions. Ainsi toute l'Afrique septentrionale se trouva, comme au beau temps de la dynastie almohâde, soumise à l'autorité du puissant roi de Mag'reb.

En réalité, Abou-l'Hacen avait entrepris cette campagne si heureuse, plutôt pour satisfaire son ambition personnelle que pour faire reconnaître les droits du prince El-Fadel. Aussi se contenta-t-il de restituer à ce dernier le commandement de Bône, qu'il exerçait autrefois. Quant à lui, il s'installa dans le palais du gouvernement et renvoya dans leurs fiefs les émirs du Djerid et de la Tripolitaine, confirmés dans leurs commandements. Abou-l'Hacen, au comble de la gloire, visitait les provinces et les anciennes villes de la Tunisie célèbres par leur histoire et qui avaient été témoins des hauts faits de Sidi-Okba et des premiers conquérants arabes, puis de la magnificence des Ar'lebites et des Fatemides. Ce moment d'enivrement devait être de courte durée, car l'immense empire merinide, composé d'éléments si divers, n'avait pas la cohésion qu'offrait l'Afrique à l'époque almohâde ; l'élément arabe avait opéré son œuvre de désorganisation profonde, et les moindres accidents allaient déterminer son démembrement[1].

Excès des Arabes en Tunisie. — Tandis que le sultan tenait à Tunis une cour des plus fastueuses, les Arabes de l'Ifrikya continuaient à se livrer au pillage et au désordre, ce qui était pour eux, depuis longtemps, l'état normal. Non contents de recevoir du gouvernement le droit de *Djebaïa*, c'est-à-dire une part de moitié sur les impôts qu'ils percevaient dans les contrées méridionales, ils exigeaient des populations sédentaires le droit de *Khefara* ou de protection, ce qui ne les empêchait pas de les piller chaque fois que l'occasion s'en présentait. Le vol, le meurtre et la dévastation désolaient sans interruption les plaines de la Tunisie et de la Tripolitaine. Un jour, les Arabes poussèrent l'audace jusqu'à venir enlever les chevaux du sultan aux environs de Tunis.

Cette dernière insulte porta à son comble l'irritation d'Abou-l'Hacen qui avait déjà, mais en vain, essayé de mettre un terme à cet état de choses ruineux pour le pays. Les Arabes soleïmides, avertis de la colère du prince et de sa résolution de les châtier, envoyèrent vers lui une députation de leurs principaux cheïkhs, les chefs des Kaoub, des Beni-Meskine et des Hakim. On était alors au commencement de janvier 1348. Ces députés, voyant l'irritation du sultan et désespérant de le fléchir, cédèrent à leur goût pour l'intrigue et entreprirent une négociation auprès d'Abd-el-Ouahad-el-Lihyani, qu'ils avaient déjà soutenu une première fois, l'engageant à se jeter dans la révolte. Mais ce prince, ne voulant pas trahir le souverain merinide, lui dévoila les menées des chefs arabes. Aussitôt, Abou-l'Hacen les fit jeter dans les fers et ordonna de dresser son camp en dehors de la ville et d'y recevoir les enrôlements pour une expédition contre les Hilaliens.

Défaite d'Abou-l'Hacen a Kaïrouan, par les Arabes. — A l'annonce de l'incarcération de leurs cheïkhs, les Arabes résolurent de combattre tous ensemble pour les délivrer ou les venger. Oubliant leurs querelles particulières devant cette insulte générale, les différentes branches des Kaoub et des Hakim, y compris les O. Mohelhel, accourus du désert, jurèrent solennellement, à Touzer, de combattre le Merinide jusqu'à la mort. Et, comme il fallait un chef à la révolte,

---

1. Ibn-Khaldoun, t. I, p. 148, 149, III, p. 78 et suiv., 148, 162. El-Kaïrouani, p. 241 et suiv.

ils découvrirent un fils de l'Almohâde Othman-ben-Abou-Debbous[1], nommé Ahmed, qui, pour gagner sa vie, exerçait dans l'oasis le métier de tailleur. Tout à coup, il se vit tiré de son échoppe et salué du titre de sultan; puis, environné d'un cortège royal, il s'avança vers le nord.

De son côté, Abou-l'Hacen, ayant tout préparé pour la campagne, quitta Tunis dans le mois de mars. Il rencontra le rassemblement arabe au-delà du Theniya (ou col), qui sépare la plaine de Tunis de celle de Kaïrouan. L'armée du sultan était fort nombreuse, comprenant, en outre des troupes régulières merinides, des mercenaires de toute nationalité et les contingents des Abd-el-Ouad, Mag'raoua et Toudjine. Abou-l'Hacen, environné d'une pompe royale, se tenait au centre de l'armée.

A la vue du nombre de leurs ennemis, les Arabes commencèrent leur retraite, mais en bon ordre et en combattant. Ils reculèrent ainsi jusque auprès de Kaïrouan; là, ils se trouvèrent enveloppés et comprirent qu'ils ne pouvaient continuer cette tactique. Ils se décidèrent alors, virilement, à tenter une lutte dont l'issue n'était que trop facile à prévoir. Sur ces entrefaites, les Abd-el-Ouadites, Mag'raoua et Toudjine, de l'armée d'Abou-l'Hacen, qui ne combattaient qu'avec répugnance pour leur ancien ennemi, entrèrent en pourparlers avec les Arabes et leur promirent de passer de leur côté aussitôt que l'action serait engagée.

Le 10 avril 1348 au point du jour, les Arabes se précipitent à l'attaque du camp merinide. Le sultan, qui se croit sûr de la victoire, dispose ses troupes en lignes pour la bataille, mais à peine le combat est-il commencé qu'il voit tous les contingents du Mag'reb central passer à l'ennemi. Aussitôt, le désordre se propage dans son armée et les assaillants, redoublant d'efforts, la mettent en déroute. Quelques instants avaient suffi pour consommer cette défaite dont les suites allaient être considérables. Abou-l'Hacen fut obligé de prendre la fuite en abandonnant, comme à Tarifa, son camp, ses trésors et même une partie de son harem. Les rebelles virent alors grossir leurs rangs de nouveaux partisans accourus de tous les côtés. Ils portèrent le ravage et la dévastation là où le sultan venait de rétablir avec tant de peine la tranquillité[2].

SIÈGE DE TUNIS PAR LE PRÉTENDANT. LES ABD-EL-OUADITES ET MAG-

---

1. Othmane, envoyé d'Espagne, un demi-siècle auparavant, avait essayé en vain de débarquer en Ifrikiya et était mort obscurément à Djerba.
2. Ibn-Khaldoun, *Berbères*, t. I, p. 99, 108, 149 et suiv., t. III, p. 32 et suiv., 323 et suiv., t. IV, 259 et suiv. El-Kaïrouani, p. 246.

raoua élisent des chefs et se retirent. — Après la défaite et la fuite du sultan, les Arabes vinrent mettre le siège devant Kaïrouan. Le vizir Ibn-Tafraguine, qui n'avait pas pardonné à Abou-l'Hacen son manque de foi à l'égard du prince El-Fadel, sortit alors de la ville et offrit ses services à Ahmed-ben-Othman. Celui-ci l'ayant bien accueilli, lui confia le commandement des troupes abd-el-ouadites et mag'raouiennes et l'envoya commencer le siège de Tunis. Dans cette ville, la nouvelle du désastre de Kaïrouan avait été suivie d'un soulèvement général contre l'autorité merinide, et les partisans de cette dynastie, ainsi que les membres de la famille royale s'étaient vus contraints de chercher un refuge dans la citadelle. Entré en maître dans la ville, Ibn-Tafraguine, soutenu par la population, entreprit le siège de cette forteresse ; peu après, le prétendant, qui était arrivé, joignit ses efforts aux siens, mais sans aucun succès. Sur ces entrefaites, on apprit que le sultan Abou-l'Hacen, profitant de la division qu'il avait su semer parmi les Arabes, était sorti de Kaïrouan, avait pu gagner Souça, grâce à la protection des O.Mohelhel, s'était embarqué dans cette ville et cinglait vers Tunis.

Aussitôt, Ibn-Tafraguine, cédant à sa terreur, abandonna son nouveau maître et s'embarqua pour Alexandrie (juillet). Cet événement jeta le désordre dans l'armée assiégeante et chaque groupe chercha à tirer parti de la situation.

Les Abd-el-Ouadites, qui songeaient depuis longtemps au retour, élurent comme émir le descendant d'un des fils de Yar'moracen, fondateur de leur dynastie, nommé Abou-Saïd. Ce prince reçut le serment de ses compatriotes avec le cérémonial d'usage : assis sur un bouclier lamtien, il vit les principaux chefs se ranger autour de lui et lui jurer fidélité, en lui touchant successivement la main.

En même temps, le contingent des Mag'raoua reconnaissait comme chef un fils de Rached-ben-Mendil, nommé Ali. Puis, les deux groupes zenètes, après avoir contracté une alliance offensive et défensive, reprenaient la route de l'ouest[1].

Abou-l'Hacen rentre en possession de Tunis. El-Fadel, proclamé khalife a Bône, s'empare de la province de Constantine. — Bientôt, Abou-l'Hacen débarqua à Tunis et rentra en possession de cette malheureuse ville, alors désolée par la peste et la famine. Ahmed-ben-Othman, soutenu par les Oulad-Bellil, essaya encore, pendant quelque temps, d'en continuer le siège, mais il se vit abandonné

---

1. Ibn-Khaldoun, *Berbères*, t. III, p. 36, 37, 323, 423, t. IV, p. 266, 267. El-Kaïrouani, p. 247.

par les Arabes dont le chef, Hamza-ben-Omar, traita avec le sultan et, sur la foi de ses promesses, entra à Tunis. Il fut aussitôt arrêté et n'obtint sa liberté que lorsque ses compatriotes amenèrent, en échange, le fils d'Abou-Debbous enchaîné (octobre-novembre).

Mais ce succès passager était bien insuffisant pour relever Abou-l'Hacen du coup mortel que la défaite de Kaïrouan avait porté à sa puissance. La nouvelle de ce désastre, en s'étendant, avait été le signal d'un démembrement. Bougie et Constantine, suivant l'exemple des Abd-el-Ouad et Magraoua, s'étaient insurgées et El-Fadel s'était fait reconnaître, à Bône, comme khalife. Ce prince ayant alors été appelé à Constantine par les habitants, força la garnison merinide à capituler et fit son entrée solennelle dans la ville après s'être emparé d'un convoi d'argent provenant des contributions, qu'on dirigeait sur Tunis. Il reçut ensuite l'hommage de Bougie, dont il alla prendre possession, en laissant Constantine sous le commandement d'officiers éprouvés (juin-juillet 1348).

ABOU-EÏNANE SE FAIT RECONNAÎTRE SULTAN A TLEMCEN ET PREND POSSESSION DU MAG'REB EXTRÊME. — La gravité de ces événements était encore peu de chose comparativement à ce qui s'était passé dans l'Ouest. En effet, après la défaite de Kaïrouan, un chef abd-el-ouadite nommé Othman-ben-Djerrar, qui vivait auparavant parmi les familiers du sultan, quitta ce prince et se rendit rapidement à Tlemcen, où commandait Abou-Eïnane, fils d'Abou-l'Hacen. Pour mieux dissimuler ses projets ambitieux, Othman se revêtit des dehors mystiques du marabout ; il avait, du reste, conduit plusieurs fois aux villes saintes la caravane sacrée et, par cela seul, inspirait le respect. Lorsqu'il eut, par ce moyen, gagné de l'influence sur les esprits, il laissa échapper des mots à double entente, faisant deviner que le sultan avait été frappé par un grand désastre. Conduit devant Abou-Eïnane, il répéta la nouvelle en style d'oracle et prédit au prince un avenir brillant.

Bientôt, arrivèrent à Tlemcen des fuyards de l'Ifrikiya, dont les récits amplifiés confirmèrent les paroles du marabout. Abou-Eïnane, ayant de nouveau fait appeler Othman, le pressa de s'expliquer, mais celui-ci s'enveloppa de mystère et le prince ne douta pas que son père ne fût mort. Par ce procédé, Othmane obtint une grande influence sur l'esprit d'Abou-Eïnane et ne cessa de l'exploiter pour le pousser à prendre en main l'autorité suprême. L'attitude de son neveu, l'émir Mansour, resté à Fès comme gouverneur, et dont les velléités d'indépendance n'étaient un secret pour personne, le décida à suivre les conseils du marabout.

Abou-Eïnane saisit l'occasion de l'arrivée d'un convoi de troupes et d'argent venant du Mag'reb à destination de Tunis pour le retenir et se faire, en grande pompe, proclamer sultan (juin). Il se disposait à partir pour Fès, lorsqu'on reçut la nouvelle qu'Abou-l'Hacen n'était pas mort et qu'Ouenzemmar-ben-Arif, le Zor'bien, chef des nomades du sud, accourait à la tête des Arabes et Zenètes des hauts plateaux du Mag'reb central, pour faire respecter les droits du vrai sultan. Mais, Abou-Eïnane, qui venait de goûter à la coupe du pouvoir absolu, ne pouvait se résoudre si facilement à l'éloigner de ses lèvres. Il préféra organiser la résistance et, ayant placé son vizir El-Hacen-ben-Sliman à la tête des troupes régulières et des contingents des Arabes Amer, ennemis jurés des Soueïd, principale force d'Ouenzemmar, le chargea de les repousser.

Le chef Zor'bien ne tarda pas à paraître ; il attaqua résolument les partisans d'Abou-Eïnane dans la position forte de Tessala, mais le sort du combat ne lui fut pas favorable : réduit à la fuite, après avoir vu ses lignes enfoncées, il laissa son camp et ses troupeaux aux mains des troupes de Tlemcen et des Beni-Amer. Tranquillisé sur ses derrières par ce succès, Abou-Eïnane fut en mesure de partir pour l'Ouest. Laissant donc Othman comme gouverneur de Tlemcen, il se mit en marche à la tête de son armée. A peine les Merinides avaient-ils évacué la ville, qu'Ibn-Djerrar, levant le masque, se revêtit des insignes de la royauté.

Parvenu à l'Ouad-bou-el-Adjeraf, près de Taza, Abou-Eïnane rencontra l'armée de Mansour, sortie de la capitale pour le repousser, la culbuta et arriva sous les murs de la ville neuve de Fès où Mansour s'était réfugié (juillet). Après un court siège, il parvint, non sans peine, à s'en rendre maître et, s'étant emparé de Mansour, lui ôta la vie. Toutes les provinces du Mag'reb extrême reconnurent alors l'autorité du nouveau sultan [1].

ABOU-SAÏD-OTHMAN S'EMPARE DE TLEMCEN ET RÉTABLIT L'EMPIRE ZEYANITE. — Nous avons laissé les contingents mag'raouïens et abd-el-ouadites quittant Tunis pour rentrer dans leurs cantonnements. Ils traversèrent sans difficulté la province de Constantine, mais, parvenus au Djebel-ez-Zane, dans le Djerdjera, ils eurent à lutter contre les Zouaoua qui essayèrent de leur barrer le passage. Les ayant culbutés, ils descendirent dans la Mitidja, où ils rencontrèrent des députations des Mag'raoua, Rached et Toudjine, venues pour les complimenter. Ali-ben-Mendil reçut alors l'hom-

---

1. Ibn-Khaldoun, *Berbères*, t. I, p. 149, t. III, p. 420 et suiv., t. IV, p. 271 et suiv.

mage de Tenès, de Mazouna, de la vallée du Chelif, ainsi que de Miliana, Brechk et Cherchell. Après un court séjour dans la plaine, les Abd-el-Ouadites continuèrent leur route sous la conduite de leur prince Abou-Saïd-Othman et de son frère Abou-Thabet. Arrivés à El-Batcha, ils rencontrèrent Ouenzemmar qui s'y était réfugié avec les débris des Soueïd, après la défaite de Tessala, et les mirent en déroute.

En approchant de Tlemcen, le prétendant se heurta contre un corps formé par les Oulad-Djerrar, sous le commandement de Amran-ben-Moussa, que son cousin Othmane avait chargé de repousser le compétiteur. Lorsque ces troupes furent en présence, celles de Amran passèrent, sans combattre, du côté d'Abou-Saïd, abandonnant leur chef qui fut atteint et mis à mort. En même temps, une révolte éclatait à Tlemcen même contre Othmane et lui enlevait tout moyen de résister.

A la fin du mois de septembre, Abou-Saïd-Othman fit son entrée solennelle dans la capitale abd-el-ouadite et releva le trône de Yar'moracen, renversé depuis douze ans. Othmane fut jeté dans les fers et périt obscurément en prison. Après avoir restauré la dynastie zeyanite, Abou-Saïd confia l'expédition de toutes les affaires à son frère Abou-Thabet, ne conservant pour lui, de la souveraineté, que le nom. Mais, si l'empire abd-el-ouadite était rétabli, l'intégrité de son territoire n'était nullement reconquise et son autorité ne s'étendait pas loin des remparts de la capitale. Les Toudjine, sous le commandement d'un fils d'Abd-el-Kaoui, vivaient dans l'indépendance ; les Oulad-Mendil, chefs des Mag'raoua, avaient rétabli leur royaume, s'étendant depuis Cherchell et Miliana jusqu'à l'embouchure du Chelif. Alger, toutes les populations de la Mitidja et des montagnes environnantes ne reconnaissaient plus aucun maître. Enfin les nomades arabes, alliés ou ennemis des Abd-el-Ouadites dévastaient tout le territoire de la province d'Oran. Pour se créer de nouveaux auxiliaires, l'émir contracta alliance avec la tribu makilienne des Doui-Obeïd-Allah et chercha à l'attirer dans le voisinage de Tlemcen en lui concédant des fiefs.

Abou-Thabet entreprit résolument la tâche de reconstitution du territoire. Se mettant à la tête des troupes, il alla attaquer les Beni-Koumi, qui vivaient dans l'indépendance la plus complète, les força à la soumission, après avoir enlevé d'assaut Nedroma, et ramena à Tlemcen leur chef enchaîné. Encouragé par ce succès, Abou-Thabet marcha sur Oran qui tenait toujours pour les Merinides, mais après avoir en vain pressé cette ville pendant plusieurs mois, il fut vaincu dans une sortie des assiégés et dut leur abandonner son camp[1].

ALLIANCE D'ABOU-SAÏD AVEC ABOU-EÏNANE. LES PRINCES HAFSIDES S'EMPARENT DE BOUGIE ET DE CONSTANTINE. — Cet échec, dans la situation fort incertaine où se trouvait l'émir de Tlemcen, le décida à proposer, au prince Abou-Eïnane, une alliance qui ne pouvait qu'être profitable à tous deux. Son ouverture ayant été bien accueillie, ils la scellèrent par un traité dans lequel ils s'engageaient à repousser toute tentative d'Abou-l'Hacen contre le Mag'reb.

Pour achever de se garantir du côté de l'est, Abou-Eïnane, qui avait recueilli à sa cour les deux princes hafsides Abou-Abd-Allah-Mohammed, ancien gouverneur de Bougie, et Abou-Zeïd-Abd-er-Rahman, ancien commandant de Constantine, précédemment internés par Abou-l'Hacen, l'un à Nedroma, l'autre à Oudjda et les renvoya tous deux vers l'est avec quelques troupes, en les chargeant de reprendre leurs anciens commandements.

Arrivé devant Bougie, Abou-Abd-Allah se vit accueilli par les acclamations du peuple de la ville et des environs qui se rappelait la sage administration de son père. Il dut néanmoins en commencer le siège, mais ne tarda pas à y rentrer en maître, tandis qu'El-Fadel, abandonné de tous, cherchait son salut dans la fuite. Rejoint bientôt par les soldats lancés à sa poursuite, il fut amené devant le vainqueur, qui lui pardonna et lui fournit les moyens de passer à Bône, son ancien gouvernement. En même temps, Abou-Zeïd rentrait à Constantine dont les habitants lui ouvraient les portes (novembre-décembre 1348).

EN-NACER, FILS D'ABOU-L'HACEN, MARCHE A LA TÊTE DES ARABES, CONTRE TLEMCEN. IL EST DÉFAIT PAR ABOU-THABET. — Cependant le sultan Abou-l'Hacen, toujours à Tunis, était trop occupé par les attaques continuelles des Arabes pour pouvoir intervenir dans les affaires des deux Mag'reb; il n'avait, du reste, aucun moyen de le faire, bloqué qu'il était, sans troupes et sans argent, dans la capitale hafside. Sur ces entrefaites, il reçut la visite d'Yakoub-ben-Ali, chef des Daouaouïda, venu pour lui offrir ses services. Ce cheïkh arabe l'engagea à envoyer dans l'Ouest son fils En-Nacer, pour qu'il combattît les princes de Tlemcen et de Fès, lui promettant l'appui de ses guerriers. Arif-ben-Yahïa, émir des Soueïd, qui

---

1. L'Imam Et-Tensi, passim. Ibn-Khaldoun, *Berbères*, t. I, p. 99, 105, 108, 120, 150, t. III, p. 31 et suiv., 148 et suiv., 163, 323, 421 et suiv., t. IV, p. 17 et suiv., 246 et suiv.

était resté fidèle à Abou-l'Hacen, appuya fortement ce conseil. Le sultan se laissa convaincre, et il fut décidé que l'armée suivrait la route du sud, traverserait les plaines occupées par les Riah et les Zor'ba et irait opérer sa jonction avec Nacer-ben-Aliya, gouverneur d'Oran, après quoi, toutes les forces combinées marcheraient vers l'ouest. Ainsi les luttes entre les souverains berbères allaient offrir aux Arabes de nouvelles occasions de pénétrer dans le Tel et notamment d'occuper la province d'Oran.

En-Nacer, étant parti avec les chefs arabes, séjourna quelque temps à Biskra, chez les Beni-Mozni ; puis, s'avançant ensemble vers l'ouest, ils traversèrent le Hodna, séjour des Riah, puis les hauts plateaux occupés par une partie des Zor'ba, et vinrent s'arrêter à Mindas, où ils furent rejoints par les contingents des Attaf, Dialem et Soueïd. Prévenu de ces préparatifs, l'émir de Tlemcen n'était pas resté inactif. Il avait, aussitôt, demandé des secours à son allié Abou-Eïnane et écrit aux Mag'raoua de préparer leurs contingents. A la fin de mars 1349, l'armée mérinide étant arrivée, Abou-Thabet quitta Tlemcen et se porta dans le Mag'reb central, où il comptait rallier les Mag'raoua. Après avoir attendu en vain leur contingent, il se décida à attaquer En-Nacer dans le pays des Attaf, près de la rivière Oureg, affluent supérieur du Chélif, et la victoire couronna sa hardiesse. Les guerriers Zor'biens et Riahides furent réduits à la fuite. Quant à En-Nacer, il courut chercher un refuge à Biskra.

Après sa victoire, Abou-Thabet s'attacha à faire rentrer dans l'obéissance les Arabes qui avaient, dans le Mag'reb central, soutenu le prince mérinide. Ce résultat obtenu, il se porta sur Oran et, avec leur appui, parvint à se rendre maître de cette ville (juillet-août[1]).

Abou-l'Hacen s'embarque pour le Mag'reb. El-Fadel relève a Tunis le trône hafside. — Pendant ce temps, le prince hafside El-Fadel recevait à Bône l'hommage des Arabes de l'Ifrikiya et l'invitation de marcher sur Tunis. S'étant mis à leur tête, il fit une première tentative infructueuse contre cette ville ; mais, vers la fin de l'été, il recommença l'entreprise et parvint à établir le blocus de la capitale. Elle était sur le point de succomber, lorsque le prince En-Nacer accourut de Biskra, avec les Oulad-Mohelhel restés fidèles aux Mérinides, et força, par cette diversion, les assiégeants à se tourner contre lui. El-Fadel, après avoir poursuivi En-Nacer et ses adhérents jusqu'à Biskra, alla dans le Djerid recevoir la sou-

---

1. Ibn-Khaldoun, *Berbères*, t. I, p. 108, t. III, p. 37, 136 et suiv., 428, et t. IV, p. 277 et suiv.

mission de toutes les villes de cette contrée ainsi que des tribus nomades de l'Ifrikiya. Le vizir Ibn-Ottou, grand chef des Almohades, qui avait été nommé gouverneur des contrées du sud par le sultan mérinide, rentra à cette occasion au service des Hafsides.

Abou-l'Hacen, se voyant ainsi abandonné de tous, comprit que le moment était venu de quitter une conquête qui coûtait si cher. A la fin de l'année 1349, tandis qu'El-Fadel marchait en vainqueur sur la capitale, le sultan mérinide s'embarqua pour le Mag'reb, accompagné jusqu'au bateau par les imprécations et les injures de la populace. Que les temps étaient changés depuis deux ans, alors que, entouré du prestige de la victoire, il faisait son entrée triomphale à Tunis ! Il laissait néanmoins, dans le palais, son fils Abou-l'Fadel, espérant qu'il pourrait se maintenir avec l'appui de ses alliés arabes, car il avait épousé la fille de Hamza-ben-Omar. Mais, à la fin de février 1350, Abou-l'Abbas-el-Fadel faisait son entrée à Tunis où il était reçu en libérateur. Ainsi le trône hafside était relevé à son tour et le nouveau souverain s'appliquait à rétablir et à régulariser la marche du gouvernement. Abou-l'Fadel obtint la permission de rejoindre son père.

Abou-l'Hacen échappé au naufrage se réfugie a Alger, où il réunit de nouveaux adhérents. Mort d'Alphonse XIII. — Quant à Abou-l'Hacen auquel la fortune adverse réservait des malheurs plus grands encore, il voulut, en passant devant Bougie, s'arrêter et descendre à terre pour renouveler les provisions de la flottille. Mais le commandant de cette ville s'y opposa et le contraignit de prendre le large, après lui avoir fourni lui-même l'eau nécessaire. Les navires mérinides, ayant continué leur route, furent alors assaillis par une tempête et vinrent faire naufrage sur un îlot escarpé du rivage inhospitalier des Zouaoua. Presque tous les équipages périrent, quant à Abou-l'Hacen, il put, avec quelques hommes, se réfugier sur un rocher où il passa une nuit entière presque nu, sans abri et manquant de tout.

Le lendemain matin, les Berbères de la côte descendaient déjà de leurs montagnes pour s'emparer des naufragés, lorsqu'un bateau, échappé au désastre, put aborder à l'îlot, recueillir le sultan et le transporter, à travers mille périls, à Alger. Dans cette ville, il fut bien accueilli par les habitants qui avaient conservé leur gouverneur mérinide, et put réunir quelques adhérents, parmi lesquels les Thaâleba de la plaine et les Beni-Mellikech des premiers versants montagneux. Son fils En-Nacer ne tarda pas à l'y rejoindre.

Peu après arriva à Alger un membre de la famille toudjinite d'Abd-el-Kaoui nommé Adi-ben-Youssof qui, après le désastre de Kaïrouan, s'était emparé du commandement de la plus grande partie des Toudjins et avait établi sa résidence à Médéa. Ce chef venait protester de son dévouement et offrir ses services à Abou-l'Hacen. Imitant son exemple, Ouenzemmar-ben-Arif, ancien chef des nomades, arriva ensuite avec ses contingents Soueïd, Hareth, Hoseïn, pour se mettre à la disposition du sultan merinide. Il fut même suivi par Ali-ben-Rached, émir des Mag'raoua. Mais ce prince, ayant voulu exiger un trop grand prix de ses services, les négociations ne purent aboutir.

Pendant qu'Abou-l'Hacen était à Alger, son ennemi, Alphonse, qui avait profité de son éloignement pour rompre la trêve et mettre le siège devant Gibraltar, mourait de la peste sous les murs de cette place (mars 1350). Il n'était âgé que de trente-neuf ans, et il est plus que probable que sa mort prématurée préserva les musulmans d'Espagne de bien des revers. Il ne laissait qu'un fils de quinze ans, Pierre, qui devait mériter le surnom de *Cruel*[1].

ABOU-L'HACEN MARCHE CONTRE LES ABD-EL-OUADITES. IL EST DÉFAIT PAR ABOU-THABET. — Pendant qu'Abou-l'Hacen recevait ces hommages, l'émir zeyanite Abou-Thabet, soutenu par un corps merinide, bloquait les Mag'raoua dans leurs montagnes pour les punir de leur abstention lors de la campagne précédente. Ayant appris les démarches d'Ouenzemmar et du chef des Toudjins de Médéa, il se porta vers le sud et expulsa Ouenzemmar et ses Arabes du Seressou (mai-juin 1350) ; puis, revenant à l'ouest, il enleva Médéa, y mit un représentant et s'avança jusque dans le pays de Hamza[2]. Après s'être fait livrer des otages par les tribus de ces différentes localités, il rentra à Tlemcen.

Lorsque les troupes abd-el-ouadites se furent retirées, Abou-l'Hacen reprit courage ; rassemblant sous ses étendards tous les aventuriers sanhadjiens, zenètes et arabes, il parvint à enlever Miliana, puis Médéa, après avoir tué l'officier zeyanite qui commandait dans cette ville. Ces succès lui attirèrent de nombreux partisans et il continua à s'avancer vers l'ouest. Mais Abou-Thabet ne tarda pas à accourir avec ses Abd-el-Ouadites. Les deux armées se rencontrèrent à Tinr'amrine, dans la région du Chelif, près la rivière Chedioua. Après un combat des plus acharnés, dans lequel succombèrent les meilleurs guerriers des deux côtés et, parmi

---

1. Rosseuw Saint-Hilaire, *Hist. d'Espagne*, t. IV, p. 440, 441.
2. Région d'Aumale.

eux, le prince En-Nacer, l'infortuné sultan vit encore la victoire rester aux mains de ses adversaires. Il fallut l'arracher de ce champ de bataille où il voulait mourir. On le conduisit dans le Ouarsenenis ; son camp et tous ses bagages avaient été pris par l'ennemi. Abou-Thabet parcourut ensuite le pays des Toudjine et, après y avoir rétabli encore une fois son autorité, rentra à Tlemcen [1].

LE HAFSIDE EL-FADEL EST DÉPOSÉ ET REMPLACÉ PAR ABOU-ISHAK II. — Pendant que le Mag'reb central était le théâtre de ces événements, l'Ifrikiya se trouvait de nouveau en proie à l'anarchie, conséquence des luttes incessantes qui divisaient les Arabes. Ces étrangers tenaient, en effet, le sort du pays entre leurs mains, dans cette région où ils avaient établi peu à peu leur prépondérance. Deux fils de Hamza-ben-Omar, nommés l'un Abou-l'Leïl (Bellil) et l'autre, Khaled, chacun à la tête d'une des fractions des Kaoub, devenues rivales l'une de l'autre, se disposaient à s'attaquer. Le khalife El-Fadel, prince d'une grande faiblesse, se laissait conduire au gré des circonstances et des hommes qui, tour à tour, accaparaient sa confiance en laissant toute liberté aux Arabes. Sur ces entrefaites, arriva du pèlerinage un troisième fils de Hamza, nommé Omar, ramenant avec lui l'ancien vizir, Ibn-Tafraguine. Ces derniers parvinrent à arrêter le conflit imminent entre les deux frères et tous quatre complotèrent de s'unir pour renverser El-Fadel.

Passant aussitôt à l'exécution, ils firent sommer le khalife de remplacer son vizir Ibn-Ottou, chef des Almohâdes, par Ibn-Tafraguine, et, sur son refus, vinrent inopinément avec leurs contingents, camper sous les murs de Tunis. Ayant ensuite appelé El-Fadel à leur camp, sous le prétexte d'arranger le différend à l'amiable, ils le chargèrent de chaînes, et, pénétrant dans la ville, proclamèrent un jeune fils d'Abou-Yahïa-Abou-Beker, nommé Abou-Ishak-Ibrahim. Le soir même, El-Fadel était étranglé (juillet 1350).

Ibn-Tafraguine, après avoir fait périr le vizir Ibn-Ottou dans les tourments, se décerna le titre de régent et, en cette qualité, reçut du peuple et des troupes le serment de fidélité au souverain mineur Abou-Ishak II. La plupart des provinces reconnurent le nouveau prince ; cependant il se forma, dans l'est, du Djerid, un noyau de résistance, plutôt contre Ibn-Tafraguine que contre le jeune khalife [2].

1. Ibn-Khaldoun, *Berbères*, t. III, p. 323 et suiv., 429 et suiv., t. IV, p. 18, 285 et suiv. El-Kaïrouani, p. 247 et suiv.
2. El-Kaïrouani, p. 248, 249.

ABOU-L'HACEN S'EMPARE DE SIDJILMASSA, PUIS DE MAROC. ABOU-EÏNANE LE DÉFAIT. ABDICATION ET MORT D'ABOU-L'HACEN. — Revenons au sultan Abou-l'Hacen. Ainsi que nous l'avons vu, il trouva, après sa défaite, un refuge dans le Ouarensenis. De là, il gagna le Djebel-Amour, puis, toujours accompagné par son fidèle Ouenzemmar et les Soueïd, il atteignit Sidjilmassa. La population de cette oasis l'accueillit avec des transports de joie ; « les jeunes filles même s'avancèrent à sa rencontre pour lui témoigner leur amour[1] ».

Aussitôt que cette nouvelle fut connue à Fès, Abou-Eïnane se mit en marche vers le sud, à la tête d'une armée imposante. En même temps, il adressa à Ouenzemmar la sommation d'avoir à abandonner la cause d'Abou-l'Hacen, faute de quoi, on s'en prendrait à Arif-ben-Yahïa, son père, alors à la cour de Fès et à son fils Antar. Devant cette menace, Ouenzemmar quitta Sidjilmassa avec son contingent. Le sultan, se voyant abandonné de tous, sortit de la ville sans attendre son fils et se jeta dans le sud. Peu de temps après, Abou-Eïnane faisait son entrée à Sidjilmassa, y installait un gouverneur, et rentrait à Fès.

Quant à Abou-l'Hacen, il ne tarda pas à se rapprocher du Tel, puis il marcha directement sur Maroc et fut accueilli à bras ouverts par la population, comme il l'avait été dans l'oasis qu'il venait de quitter. Un certain nombre d'officiers merinides lui offrirent leurs services ; les Arabes Djochem, des environs, firent de même et le sultan sentit renaître l'espoir de ressaisir son autorité (1350-51).

Cependant, à Fès, Abou-Eïnane, après avoir sévi rigoureusement contre certains chefs qui semblaient disposés à agir au profit de leur ancien maître, réunit son armée et se mit en marche sur Maroc dans le mois de mai 1351. Parvenu à l'Oum-er-Rebïa, il rencontra l'armée d'Abou-l'Hacen qui l'attendait de l'autre côté du fleuve. Le fils et le père, établis sur chaque rive, s'observèrent pendant quelque temps, puis, celui-ci passa le fleuve et vint offrir la bataille à Abou-Eïnane. Le combat ne demeura pas longtemps indécis : en un instant les contingents d'Abou-l'Hacen furent enfoncés par les troupes de Fès, qui parvinrent jusqu'à la tente de leur ancien sultan. Les soldats auraient pu facilement le saisir et le mettre à mort, mais le respect inspiré par ce vieux et malheureux prince le préserva. Abou-l'Hacen se décida enfin à fuir, mais à peine avait-il fait quelques pas que son cheval roula à terre. Aussitôt les cavaliers de son fils l'environnèrent et il ne dut son

---

1. Ibn-Khaldoun, *Berbères*, loc. cit.

salut qu'au courage de deux chefs des Daouaouida qui se jetèrent entre lui et ses ennemis, le remirent en selle et enfin protégèrent sa fuite jusque dans les montagnes des Hentata, où il fut rejoint par ses derniers adhérents.

Abou-Eïnane entra en vainqueur à Maroc, puis se dirigea vers le pays des Hentata et commença le siège de ces montagnes. Une tentative de conciliation vint alors mettre fin à cette lutte sacrilège. Abou-Eïnane envoya un de ses officiers à son père pour le prier de lui pardonner et lui proposer de mettre fin à leurs discussions par une abdication en sa faveur. Abou-l'Hacen ayant accepté et signé l'acte, Abou-Eïnane envoya chercher des vêtements royaux et un équipage digne de son père; mais, pendant ce temps, celui-ci tomba malade et succomba à la suite d'une saignée qui détermina une phlébite (21 juin 1351), fin bien vulgaire pour un homme qui luttait depuis si longtemps contre la destinée et avait échappé à tant de dangers. On apporta son corps sur une civière, au camp d'Abou-Eïnane. Ce prince alla à sa rencontre, la tête découverte, baisa le cadavre et manifesta les signes de la plus grande douleur. Tous ceux qui avaient accueilli et soutenu le vieux sultan se virent comblés de dons et de faveurs; puis, Abou-Eïnane, resté enfin seul maître du pouvoir, rentra à Fès[1].

Abou-Thabet rétablit l'autorité Zeyanite dans le Mag'reb central et écrase les Mag'raoua. — Pendant que ces luttes intestines absorbaient les forces merinides, les Abd-el-Ouadites s'efforçaient de rétablir, dans le Mag'reb central, leur autorité et de rendre à leur empire les limites qu'il possédait avant leurs désastres. Comme Ali-ben-Rached, chef des Mag'raoua, continuait à montrer un esprit d'indépendance hostile au souverain de Tlemcen, Abou-Thabet entreprit, au mois de mars 1351, une expédition contre lui; soutenu par les tribus zor'biennes des Amer et Soueïd, il pénétra dans le pâté montagneux du littoral, sur la rive droite du Chelif. Mais Ali-ben-Rached recula jusqu'à Tenès et l'émir abd-el-ouadite essaya en vain de le réduire.

Abou-Thabet se porta alors vers l'ouest et soumit successivement Miliana, Médéa, Brechk et Cherchell, puis Alger, où se trouvait encore une garnison merinide. Les Mellikch et Thâaleba, de la Mitidja, et les Hoseïne, de Titeri, durent reconnaître la suzeraineté zeyanite. Après avoir laissé comme gouverneur à Alger le général Saïd, fils de Mouça le Kurde, et renvoyé dans leurs cantonnements les contingents arabes, Abou-Thabet revint, en octobre, avec ses

---

1. Ibn-Khaldoun, *Berbères*, t. IV, p. 287 et suiv.

troupes régulières, attaquer Ali-ben-Rached au cœur des montagnes des Mag'raoua. Celui-ci essaya vainement de résister et fut contraint de se jeter encore dans Ténès ; mais l'émir zeyanite l'y suivit et enleva d'assaut la ville après un court siège. Ali-ben-Rached, se voyant perdu, mit lui-même un terme à sa vie en se perçant le cœur. Tous les Mag'raoua pris les armes à la main furent passés au fil de l'épée. Le reste se dispersa et ainsi fut anéantie pour toujours la puissance des gens de cette tribu[1].

LE HAFSIDE ABOU-ZEÏD, APPUYÉ PAR LES POPULATIONS DU SUD, CHERCHE A S'EMPARER DE TUNIS. — A Tunis, le prince hafside, Abou-Ishak II, continuait de régner sous la tutelle d'Ibn-Tafraguine, qui était le véritable souverain. Nous avons vu que plusieurs chefs du Djerid, notamment les Beni-Mekki de Gabès, lui avaient refusé leur adhésion ; bientôt, ces cheiks, passant de l'hostilité sourde à la révolte ouverte, réunirent sous leurs drapeaux les Arabes Mohelhel, fraction des Kaoub, et les Hakim, des Allak, et firent des incursions continuelles sur les provinces soumises au khalife de Tunis. Ils appelèrent à eux les Arabes qu'Ibn-Tafraguine avait dépossédés de leurs commandements et, s'étant rendus à Constantine, proposèrent au prince Abou-Zeïd, qui y commandait, de les aider à renverser le souverain hafside. Abou-Zeïd accueillit avec empressement leur proposition et mit à leur disposition un corps de troupes avec lequel Ibn-Mekki se mit en marche vers l'est (1351).

À cette nouvelle, Ibn-Tafraguine envoya contre ses ennemis une armée, sous le commandement de l'Arabe Abou-l'Leïl. La rencontre eut lieu dans le pays accidenté des Houara et se termina par la défaite des troupes de Tunis et la mort de leur chef. Les vainqueurs se répandirent alors dans les contrées environnantes, arrachant partout des contributions aux habitants. Au printemps de l'année 1352, Ibn-Mekki revint à Constantine avec ses contingents arabes. Là, il reçut, du prince Abou-Zeïd, le titre de chambellan, puis, renforcé par les troupes de cette localité, il se mit en marche sur Tunis. Ibn-Tafraguine, qui, de son côté, avait eu tout le loisir de préparer son armée, plaça à sa tête le souverain Abou-Ishak et l'envoya à la rencontre de l'ennemi. Les deux troupes se heurtèrent à Mermadjenna, et, après une courte lutte, l'avantage se décida encore au profit d'Abou-Zeïd. Il fut fait le plus grand carnage des soldats tunisiens : la nuit seule leur permit de se

---

1. Ibn-Khaldoun, *Berbères*, t. III, p. 324, 431 et suiv. L'Imam Et-Tensi, passim.

soustraire aux coups des vainqueurs. Abou-Ishak rentra à Tunis, mais il ne tarda pas à y être assiégé par ses ennemis.

Abou-Zeïd, qui était venu en personne prendre le commandement des opérations essaya en vain de se rendre maître de Tunis par un coup de main, et, comme il manquait des moyens matériels nécessaires pour entreprendre un siège de cette importance, il se retira vers le sud. Parvenu à Gafsa, il apprit que le sultan mérinide venait de remporter de grands succès contre les Zeyanites et que les Mérinides menaçaient de nouveau l'Ifrikiya. Il s'empressa, en conséquence, de rentrer à Constantine, laissant à la tête de ses adhérents du Djerid, son frère Abou-l'Abbas[1].

1. Ibn-Khaldoun, *Berbères*, t. I, p. 150, t. III, p. 44 et suiv., 163, 164. El-Kaïrouani, p. 249.

CHAPITRE XVIII

DYNASTIES HAFSIDE, ZEYANITE ET MERINIDE (Suite)
PRÉPONDÉRANCE MERINIDE

1352-1360

Abou-Eïnane marche sur Tlemcen et défait les Abd-el-Ouadites à Angad. — Abou-Eïnane renverse la dynastie Zeyanite. Mort d'Abou-Saïd. — Abou-Eïnane prend possession de Bougie. — Révolte à Bougie. Ibn-Abou-Amer en reçoit le commandement. — Guerre entre Ibn-Abou-Amer et le hafside Abou-Zeïd de Constantine. — Guerres en Ifrikiya ; prise et pillage de Tripoli par les Génois. — Le hafside Abou-l'Abbas usurpe l'autorité à Constantine ; ses luttes contre les Merinides. — Abou-Eïnane s'empare de Constantine, de Bône et de Tunis. Révolte des Daoumonïda. — Abou-Eïnane marche contre la Tunisie et est abandonné par son armée. — Abou-Ishak II rentre en possession de Tunis. — Expédition merinide dans le Zab et dans le désert. — Mort d'Abou-Eïnane ; avènement de son fils Es-Saïd. — Abou-Hammou II, soutenu par les Arabes, s'empare de Tlemcen et relève le trône zeyanite. — Mesures prises par le régent merinide Ibn-Hacen. Il rentre en possession de Tlemcen. — Révolte du prétendant El-Mansour. Il vient assiéger Fès. — Abou-Salem, frère d'Abou-Eïnane, débarque en Mag'reb et dispute le pouvoir à El-Mansour. — Abou-Salem monte sur le trône de Fès et fait mourir les princes merinides. — L'influence merinide diminue dans l'Est. — Abou-Hammou consolide son pouvoir. — Espagne : règne de Pierre le Cruel. Etat du royaume de Grenade.

Abou-Eïnane marche sur Tlemcen et défait les Abd-el-Ouadites a Angad. — Abou-Eïnane, demeuré maître incontesté de l'empire merinide, sentit naître en lui le désir de lui rendre les vastes limites qu'il avait eues un instant. Il résolut alors d'attaquer son ancien allié, l'émir de Tlemcen, et forma, près de Fès, un camp immense où il convia tous ses guerriers. Dès que ces nouvelles furent parvenues à Tlemcen, Abou-Thabet partit pour le Mag'reb central afin d'y lever des troupes. Il passa l'hiver à Chelif, où il avait placé le point de ralliement de ses soldats. Vers la fin d'avril 1352, il s'y trouvait encore et venait de recevoir l'hommage des habitants de Dellis, lorsqu'il apprit que l'armée merinide était en marche. Il rentra aussitôt à Tlemcen avec ses contingents.

Abou-Eïnane avait, en effet, quitté Fès et s'avançait à la tête d'une armée formidable composée des Beni-Merine, de Masmouda, d'Arabes makiliens, de la milice chrétienne et, enfin, d'aventuriers de toute origine. De leur côté, les Abd-el-Ouadites, ayant divisé leurs forces en deux corps commandés, l'un par Abou-Saïd, l'autre par Abou-Thabet, se portèrent en avant et vinrent prendre position dans la plaine d'Angad, non loin d'Oudjda. Bientôt, apparurent les Merinides. Sans leur donner le temps de se reconnaître, les Abd-el-Ouadites fondent sur eux, au moment où, dans le désordre de l'arrivée, ils s'occupent à dresser leurs tentes et à faire boire leurs chevaux, ne s'attendant au combat que pour le lendemain. Cet élan est sur le point de réussir aux assaillants, car les Merinides, surpris, fuient déjà de toutes parts et les Arabes makiliens commencent le pillage du camp. Mais le sultan Abou-Eïnane, sautant à cheval, se jette au devant des fuyards et, de gré ou de force, les ramène au combat. Bientôt, entraînés par son exemple, les cavaliers merinides chargent avec vigueur leurs adversaires qui, sûrs du succès, ont rompu leurs lignes. En un instant, la face des choses change et les vaincus deviennent les vainqueurs. Les Abd-el-Ouadites sont bientôt en complète déroute; leur camp et leur émir, Abou-Saïd, tombent aux mains des Merinides. Quant à Abou-Thabet, il parvient à échapper (juin 1352)[1].

Abou-Eïnane renverse la dynastie Zeyanite. Mort d'Abou-Saïd. — Après le désastre d'Angad, la résistance n'était plus possible pour les Abd-el-Ouadites. C'est pourquoi Abou-Thabet, ayant rallié les fuyards, passa à Tlemcen, prit le trésor, et, emmenant avec lui tous les membres de la famille royale, alla prendre position dans le Mag'reb central.

Abou-Eïnane, après avoir puni les Arabes makiliens de leur défection, continua sa marche sur Tlemcen où il fit son entrée vers le milieu de juin. Un de ses premiers soins fut de faire amener devant lui l'émir Abou-Saïd, son ancien allié et de l'accabler d'invectives, après quoi il ordonna son supplice. Ayant appris qu'Abou-Thabet s'était retranché derrière le Chelif et y avait formé un camp, il envoya le vizir Farès-ben-Oudrar avec un corps de troupes pour le combattre. Les deux armées prirent position chacune sur une rive du Chelif; Ouenzemmar et ses Arabes y rejoignirent les Merinides. On en vint aux mains avec un acharnement extrême de part et d'autre, et l'avantage sembla se décider d'abord en faveur des Abd-el-Ouadites; mais, à la suite d'une charge brillante faite par Ouenzemmar et les Arabes, la situation changea, et, malgré le courage des défenseurs du camp abd-el-ouadite, la victoire se décida pour leurs ennemis. Abou-Thabet

---

1. L'Imam-Et-Tensi, passim. Ibn-Khaldoun, *Berbères*, t. III, p. 433 et suiv., t. IV, p. 292 et suiv.

dut prendre la fuite, presque seul, et en abandonnant aux vainqueurs son camp et son harem.

Ce malheureux prince se dirigea d'abord sur Alger et voulut ensuite gagner Bougie, espérant trouver un refuge auprès du prince hafside ; mais, en traversant le pays des Zouaoua, il fut attaqué par ces montagnards qui le dépouillèrent complètement de ses bagages et même de ses habits. Il arriva presque nu, après avoir supporté les plus grandes privations, aux environs de Bougie où il comptait trouver le salut. On lui apprit alors que le prince de cette ville avait reçu, du sultan merinide, l'ordre d'arrêter les fuyards et que plusieurs avaient déjà été pris. Il essaya en vain de se cacher dans les broussailles. Ayant été découvert, il fut arrêté et conduit à Abou-Eïnane, ainsi que les quelques personnes de sa suite. Deux ou trois officiers abd-el-ouadites et un prince de la famille royale, nommé Abou-Hammou, purent s'échapper et atteindre Tunis.

Ainsi, pour la deuxième fois, la dynastie fondée par Yar'moracen était renversée.

Abou-Eïnane prend possession de Bougie. — Le sultan merinide s'était, pendant ce temps, avancé jusqu'à Médéa, tandis que son heureux lieutenant allait prendre possession d'Alger.

Des députations des Daouaouïda du Zab et du Hodna, et des Beni-Mozni vinrent dans cette ville lui offrir leur hommage de soumission et furent bien accueillis par lui. Ce fut à ce moment que, pour récompenser Ouenzemmar de ses services, il le plaça au-dessus de tous les chefs arabes et concéda à ses contribules (Zor'ba) le territoire du Seressou et une grande partie du pays occupé par les Toudjine. Ceux-ci durent alors se diviser et, tandis qu'une partie de leurs tribus restaient dans l'Ouarensenis, les autres s'avançaient au delà du Chelif et commençaient à occuper les terrains délaissés par les Mag'raoua dans la région de Tenès.

Sur ces entrefaites, Abou-Abd-Allah, seigneur de Bougie, envoya à Abou-Eïnane les prisonniers qu'il avait arrêtés, puis, peu après, il se rendit lui-même à Médéa (septembre-octobre 1352). Le sultan, tout en lui faisant une amicale réception, donna clairement à entendre qu'il fallait qu'il lui livrât Bougie, et lui offrit en compensation le gouvernement de Meknès. Obligé de s'incliner devant la nécessité, Abou-Abd-Allah déclara publiquement qu'il cédait, de son plein gré, sa province, au souverain merinide.

Un officier, nommé Omar-ben-el-Ouzir, alla prendre possession de Bougie pour les Merinides. Quant au sultan, il reprit le chemin de l'ouest, emmenant avec lui le prince Abou-l'Abbas, auquel nulle compensation ne fut donnée en dépit des promesses faites. A son arrivée à Tlemcen, il fit une entrée triomphale dans la ville, suivi par les malheureux princes zeyanites montés par dérision sur des chameaux boiteux. Le lendemain, on les conduisit dans la plaine et on les tua à coups de lance [1].

Révolte a Bougie. Ibn-Abou-Amer en reçoit le commandement. — Peu après, éclatait à Bougie une révolte dans laquelle Ben-el-Ouzir, le gouverneur merinide, était mis à mort par l'affranchi Farah, instigateur de la rébellion avec l'appui du corps des Sanhadja. Les conjurés essayèrent ensuite de faire proclamer le prince Abou-Zeïd de Constantine, mais ils ne purent s'entendre et, à la suite d'un mouvement de réaction en faveur des Merinides, Farah périt du dernier supplice. Sa tête fut expédiée en Mag'reb avec une protestation des habitants de Bougie affirmant leur fidélité au sultan (milieu de janvier 1353). Les Sanhadja s'étaient opposés de toutes leurs forces à cette manifestation.

Abou-Eïnane envoya aussitôt à Bougie un corps de troupes commandé par son chambellan Mohammed-ben-Abou-Amer. Ce général rencontra, à Tiklat, les Sanhadja qui s'étaient préparés à l'arrêter en ce lieu. Mais, à la vue des troupes merinides, ils prirent la fuite vers l'est et allèrent offrir leurs services au souverain hafside. Dans le mois de février 1353, Ibn-Abou-Amer fit son entrée à Bougie. Un de ses premiers actes fut de rechercher les personnes qui s'étaient compromises dans l'insurrection et de les envoyer en Mag'reb. Puis il nomma son lieutenant Mouça-el-Irniani au commandement des Sedouikch, tribu qui devenait chaque jour plus puissante, et lui donna pour mission d'inquiéter sans cesse le prince régnant à Constantine. Il reçut ensuite, à Bougie, des députations des tribus arabes du sud ainsi que d'Ibn-Mozni de Biskra. Ceux-ci lui remirent leurs cadeaux dans une séance solennelle où ils furent confirmés dans leurs commandements. Au commencement de septembre, le vizir reprit la route de l'ouest [2].

Guerre entre Ibn-Abou-Amer et le hafside Abou-Zeïd de Constantine. — A son arrivée en Mag'reb, Ibn-Abou-Amer fut accueilli très froidement par le sultan auprès duquel il avait été desservi. Il reçut même l'ordre de retourner sur-le-champ à Bougie. Abou-Eïnane était alors fort occupé par la rébellion de son frère, Abou-

---

1. Ibn-Khaldoun, *Berbères*, t. I, p. 99, t. III, p. 48 et suiv., 165 et suiv. El-Kaïrouani, p. 249.
2. Ibn-Khaldoun, t. IV, p. 295 et suiv.

l'Fadel qui, dans le Sous, avait réuni autour de lui un certain nombre d'adhérents et s'était mis en état d'insurrection ouverte.

De retour à Bougie, Ibn-Abou-Amer apprit qu'Abou-Zeïd, menacé à Constantine par les Sedouikch, avait fait proclamer comme souverain un fils d'Abou-l'Hacen, presque idiot, nommé Abou-Omar-Tachefine, qui y avait été retenu prisonnier après le départ de son père. L'habileté d'Abou-Zeïd lui avait gagné la confiance d'un grand nombre de Merinides, parmi lesquels plusieurs chefs influents de Bougie, et il s'était trouvé bientôt à la tête d'un effectif important.

Ibn-Abou-Amer passa l'hiver, occupé aux préparatifs d'une expédition contre Constantine. A cet effet, il convoqua les chefs des Daouaouïda et leur enjoignit de préparer leurs contingents pour le printemps. En attendant, les troupes de Constantine opéraient des razias sur le territoire de Bougie. Vers la fin du mois d'avril 1354, le vizir sortit de cette ville à la tête d'une armée nombreuse, composée de Merinides, de Sedouikch et d'Arabes Daouaouïda. De son côté, Abou-Zeïd avait fait appel à toutes les tribus de la province de Bône et avait, en outre, reçu dans ses rangs une fraction des Daouaouïda, rivaux des précédents. Les deux armées en vinrent aux mains, mais les troupes de Constantine furent mises en déroute et contraintes de se réfugier derrière les murailles de cette ville.

Après sa victoire. Ibn-Abou-Amer alla ravager les environs de Bône, puis il se porta sur Constantine et tint cette ville assiégée durant quelques jours. Mais il dut renoncer à la réduire de vive force, en raison de sa situation inexpugnable, et se mit en marche vers Mila en continuant ses dévastations. Abou-Zeïd, voulant à tout prix arrêter cette guerre qui lui causait le plus grand mal, en détachant de lui tous ses adhérents, proposa au vizir de lui livrer Abou-Omar-Tachefine, le fantôme de khalife. Ibn-Abou-Amer ayant accepté cette offre, rentra à Bougie en emmenant Abou-Omar qu'il expédia, peu après, à son frère Abou-Eïnane. Celui-ci le reçut au moment où on venait de lui amener son autre frère Abou-l'Fadel, qui avait été livré aux troupes merinides par les Sekcioua chez lesquels il s'était réfugié. Ainsi, dans la même année, le sultan voyait cesser la double révolte de ses frères [1].

GUERRES EN IFRIKIYA. PRISE ET PILLAGE DE TRIPOLI PAR LES GÉNOIS. — Pendant que ces luttes absorbaient les forces merinides, l'Ifrikiya était aussi en proie à la guerre. On se rappelle que le hafside

---

1. Ibn-Khaldoun, t. III, p. 50, 51, 137 et t. IV, p. 301 et suiv.

Abou-Zeïd avait laissé, dans le Djerid, son frère Abou-l'Abbas pour commander ses partisans. Ce prince, après avoir étendu son autorité sur les régions environnantes, se crut assez fort pour attaquer Tunis où régnait toujours Abou-Ishak II, sous la tutelle d'Ibn-Tafraguine. Dans cette même année 1354, il s'avança à la tête des Oulad-Mohelhel et vint mettre le siège devant Tunis ; mais, voyant la résistance que cette ville lui opposait, il décampa et alla conduire ses bandes dans le Djerid. En même temps, il fit porter, par son frère Abou-Yahïa, son hommage au sultan merinide qui promit de l'appuyer (janvier 1354).

Dans le mois de juin 1355, sept galères génoises, commandées par Philippe Doria, entrèrent dans le port de Tripoli, sous un prétexte quelconque : vers le soir, elles firent le simulacre de lever l'ancre ; mais, dans la nuit, l'amiral, ayant mis son monde à terre, s'empara de la citadelle et massacra quiconque voulut résister. Ibn-Thabet, qui y commandait, courut chercher un refuge chez les Djouari, de la tribu de Debbab, et n'y trouva que la mort, ces Arabes l'ayant assassiné.

Ibn-Mekki, seigneur de Gabès, entra alors en pourparlers avec les Génois, qui exigeaient pour se retirer, une rançon de 50,000 pièces d'or, et écrivit au sultan Abou-Einane pour le supplier de faire l'avance de cette somme ; mais, la réponse se faisant attendre, les Génois se disposèrent au départ et soumirent la ville à un pillage en règle ; ils incendièrent même la bibliothèque, qui était fort belle. Le butin par eux réuni fut considérable ; ils le chargèrent sur leurs vaisseaux, avec un grand nombre de prisonniers des deux sexes, réduits en esclavage, et d'otages, puis ils firent voile pour Gênes. Après leur départ, Ibn-Mekki prit possession de Tripoli et, bientôt, arriva de Mag'reb une somme importante fournie par le souverain merinide ; il put alors, en complétant le chiffre exigé au moyen de prêts contractés dans le pays, fournir la rançon de la ville et des otages.

La république de Gênes, craignant pour ses rapports commerciaux, l'effet de cet acte de piraterie, désavoua son amiral et le frappa même du bannissement, mais elle exigea et encaissa la rançon[1].

LE HAFSIDE ABOU-L'ABBAS USURPE L'AUTORITÉ A CONSTANTINE. SES LUTTES CONTRE LES MERINIDES. — Quelque temps auparavant, le hafside Abou-l'Abbas fut appelé par son père à Constantine, car les

---

1. El-Kaïrouanni, p. 248, 249. Ibn-Khaldoun, *Berbères*, t. III, p. 49, 51, 52, 164, 173. De Mas-Latrie, *Traités de paix*, etc., p. 224 et suiv.

troupes et les auxiliaires de Bougie ne cessaient de presser cette place alors réduite à la dernière extrémité. Il s'y porta en hâte et la dégagea. Pendant ce temps, une discorde éclatait à Tunis entre les Oulad-Abou-l'Leïl et le vizir Ibn-Tafraguine, et celui-ci appelait à son aide leurs rivaux les O. Mohelhel. Aussitôt les Oulad-Abou-l'Leïl vinrent offrir leurs services aux princes de Constantine et Abou-Zeïd, se mettant à leur tête, marcha sur Tunis.

Pendant qu'il faisait devant cette ville une nouvelle et infructueuse démonstration, son frère, Abou-l'Abbas, prenait à Constantine le titre de roi. Ibn-Khaldoun qui s'attache à glorifier, en toute circonstance, ce prince, prétend qu'il céda à la pression de l'opinion publique et que ce fut la population qui, effrayée par les manifestations des Merinides, sous ses murs, le força en quelque sorte à usurper le pouvoir suprême. Mais l'attitude d'Abou-l'Abbas dans les dernières années, son ambassade au sultan merinide montrent clairement ses projets ambitieux (1354).

Au commencement de l'année 1355, Ibn-Abou-Amer cessa de vivre à Bougie. Abou-Eïnane en ressentit une profonde affliction et fit rapporter son corps en grande pompe en Mag'reb. Il le remplaça dans son commandement par Abd-Allah-ben-Saïd, avec le titre de gouverneur de l'Ifrikiya. Dès son arrivée à Bougie, cet officier se disposa à reprendre le siège de Constantine. Il s'y rendit avec l'appui des contingents sedouikch et daouaouïda, mais ne put obtenir aucun avantage.

Pendant ce temps, le prince hafside Abou-Zeïd essayait en vain, avec l'aide des Kaoub, de réduire Tunis. Ne pouvant rentrer à Constantine puisque son frère y régnait en maître, il se rendit à Bône et, de là, écrivit au vizir Ibn-Tafraguine pour lui offrir sa soumission. Celui-ci l'accepta avec empressement, lui concéda une situation à Tunis et envoya un officier prendre le commandement de Bône.

L'année suivante (1356) Abd-Allah, gouverneur de Bougie, revint, à la tête d'une armée nombreuse et bien pourvue de matériel, sous les murs de Constantine. Il profita habilement de tous les moyens dont il disposait et la ville était sur le point de succomber, lorsque la fausse nouvelle de la mort du sultan Abou-Eïnane se répandit dans le camp des assiégeants. Aussitôt les troupes se débandèrent ; Abd-Allah, resté presque seul, dut rentrer à Bougie, après avoir incendié son matériel pour qu'il ne tombât pas aux mains des assiégés.

A la suite de cet événement, les Oulad-Youçof, fraction des Sedouikch, vinrent à Constantine offrir leur soumission à Abou-l'Abbas, dont l'influence s'étendait chaque jour. Ces Berbères engagèrent fortement le prince hafside à tenter un coup de main sur le camp bougiote de Mouça-ben-Ibrahim, établi à Beni-Baourar (Taourirt) entre Mila et le Ferdjioua. Abou-l'Abbas, ayant prêté l'oreille à ces propositions, envoya, avec les Sedouikch, un corps commandé par son frère Abou-Yahïa-Zakaria. Au point du jour, le camp bougiote fut surpris à l'improviste. En vain, Mouça fit des efforts pour rétablir les lignes de ses soldats merinides. Il fut enfoncé de toutes parts et dut prendre la fuite, criblé de blessures et après avoir vu tomber ses deux fils, mortellement frappés[1].

ABOU-EÏNANE S'EMPARE DE CONSTANTINE, DE BÔNE ET DE TUNIS. — La nouvelle de ces défaites porta à son comble l'exaspération d'Abou-Eïnane. Il résolut, sur-le-champ, d'envahir l'Ifrikya et fit dresser un camp en dehors de Fès pour recevoir les recrues, puis, il destitua le gouverneur de Bougie et le remplaça par Yahïa-ben-Meïmoun.

Abou-l'Abbas, à l'annonce de la prochaine attaque du sultan merinide, envoya son frère Abou-Yahïa à Tunis, pour implorer le secours d'Abou-Ishak II contre l'ennemi commun. Mais la réponse se fit attendre et bientôt on apprit que les Merinides étaient en marche. En effet, un premier corps, sous le commandement du vizir Farès, avait quitté Fès vers la fin de mars 1357. Ces troupes s'arrêtèrent à Bougie pour rallier les auxiliaires, puis elles s'avancèrent jusque sous les murs de Constantine et en commencèrent le siège. Peu après, arriva le sultan en personne, à la tête d'une armée « dont le poids ébranlait la terre ». Lorsque les habitants virent contre quelles forces ils avaient à lutter, ils perdirent tout espoir et offrirent leur soumission à Abou-Eïnane. Abou-l'Abbas lui-même, qui avait en vain essayé de résister dans la Kasba, dut consentir à un traité par lequel il abandonnait la possession de sa capitale aux Merinides. Le sultan traita avec assez de bienveillance le vaincu et le fit partir pour le Mag'reb en ordonnant de l'interner à Ceuta (juillet-août). Bône subit le sort de Constantine.

Dès son arrivée sous les murs de cette ville, Abou-Eïnane avait reçu la soumission des Arabes Daouaouïda. Ibn-Mozni, seigneur de Biskra, qui les accompagnait, fut élevé au rang de vizir. Peu après, arriva au camp merinide l'hommage des chefs de Nefta et de Touzer. Enfin, Ibn-Mekki, seigneur de Tripoli, vint en personne avec une députation des Mohelhel pour se mettre au service du sultan et l'engager à marcher sur Tunis. Se voyant ainsi sou-

1. Ibn-Khaldoun, *Berbères*, t. I, p. 150, t. III, p. 55 et suiv., t. IV, p. 309 et suiv.

tenu, Abou-Eïnane se décida à agir et adjoignit à ces chefs une armée sous le commandement de Yahïa-ben-Rahho, avec mission de marcher sur Tunis ; en même temps, il donna ordre à sa flotte d'attaquer cette ville par mer. Les vaisseaux, commandés par l'amiral Mohammed-ben-Abkem, arrivèrent les premiers au rendez-vous. A cette vue, la population fut prise d'une terreur folle et ce fut inutilement que le souverain, Abou-Ishak II et son vizir Ibn-Tafraguine, essayèrent d'organiser la résistance. Ils se virent contraints d'évacuer la capitale et coururent se réfugier derrière les murailles d'El-Mehdia. Bientôt, l'armée de terre entra à Tunis dont elle prit possession au nom du sultan (août-sept.). Encore une fois, l'autorité merinide s'étendait sur toutes les capitales de la Berbérie.

Révolte des Daouaouïda. Abou-Eïnane marche contre la Tunisie et est abandonné par son armée. — Cependant, à Constantine, un grave dissentiment s'était élevé entre les Daouaouïda et Abou-Eïnane, qui, loin de souscrire à leurs exigences, avait voulu leur imposer la livraison d'otages et supprimer leurs excès, en leur interdisant d'exiger le prétendu droit de Khefara (protection) sur les populations sédentaires. Les turbulents Arabes se retirèrent et se mirent aussitôt en état de révolte. A cette nouvelle, Abou-Eïnane marcha en personne contre eux en faisant éclairer sa marche par Youçof-ben-Mozni. Il se rendit à Biskra et de là, se mit en route sur Tolga, quartier-général d'Yakoub-ben-Ali, chef des Daouaouïda ; mais les Arabes ne l'attendirent pas et le sultan dut renoncer à les atteindre et rentrer à Constantine sans avoir obtenu d'autre satisfaction que de détruire les châteaux et les approvisionnements d'Yakoub. Ainsi, une poignée d'Arabes tenait en échec le puissant chef de l'Afrique septentrionale : triste signe des temps.

Abou-Eïnane se disposa alors à se porter en Tunisie, où Abou-Ishak II avait réuni un grand nombre d'adhérents arabes, avec lesquels il se préparait à attaquer Tunis. Tandis que le sultan se mettait en marche vers l'est, son général de Tunis devait s'avancer de son côté afin de prendre l'ennemi à revers. Mais les troupes merinides déjà fatiguées par cette longue campagne, virent avec une grande répugnance l'intention du sultan de pénétrer dans l'intérieur du pays : le souvenir du désastre qui avait attendu Abou-l'Hacen dans la plaine de Kaïrouan était encore trop présent dans les esprits pour ne pas troubler le courage d'hommes superstitieux et ignorants. La défection allait être la conséquence immédiate de ces sentiments ; aussi, l'armée avait-elle à peine fait deux étapes que, le troisième jour au matin, on apprit au sultan que les soldats avaient décampé pendant la nuit et rentraient à marches forcées vers le Mag'reb. Les principaux chefs, Farès en tête, avaient trempé dans le complot, car c'était un véritable complot tramé dans le but de remplacer Abou-Eïnane par le prince Edris-ben-Abou-el-Ola [1].

Abou-Ishak II rentre en possession de Tunis. — Abou-Eïnane, abandonné de tous, dut rentrer à Constantine, tandis que les Tunisiens, sous la conduite d'Abou-Zeïd, accouraient à sa poursuite; ce prince vint même faire une démonstration sous les murs de Constantine, mais sans résultat.

Aussitôt que la nouvelle de la retraite de l'armée merinide fut connue, Ibn-Tafraguine quitta El-Mehdia, en y laissant comme gouverneur le prince Abou-Yahïa, qui était resté dans la Tunisie depuis le moment où il y avait été envoyé en ambassade par son frère Abou-l'Abbas. Puis il marcha sur Tunis et, secondé par les habitants, rentra en possession de la capitale. Le gouverneur merinide dut se rembarquer précipitamment, avec ses troupes, en abandonnant ses bagages. Abou-Ishak II remonta ainsi sur le trône hafside.

Quelque temps après, Abou-Yahïa se mit en révolte à El-Mehdia et, ayant appelé Ibn-Mekki, contracta alliance avec lui. Ibn-Tafraguine s'apprêta alors à les combattre. Ne sachant à qui s'adresser pour avoir du secours, le rebelle envoya au sultan merinide l'hommage de sa soumission. Mais, pendant ce temps, les troupes tunisiennes étant venues l'assiéger, il se décida à évacuer une ville qu'il n'avait pas les moyens de défendre et alla chercher un refuge à Gabès, auprès d'Ibn-Mekki.

Expédition merinide dans le Zab et le Désert. — Dans le mois de novembre 1357, Abou-Eïnane était rentré à Fès après avoir perdu tous les résultats d'une campagne si brillamment commencée. Son premier soin fut de faire emprisonner, puis mettre à mort son vizir Farès, qu'il accusait d'être le promoteur du complot. Il songea ensuite à tirer vengeance de ces Daouaouïda qui l'avaient bravé impunément. A cet effet, il rappela d'Espagne son représentant Slimane-ben-Daoud, le nomma vizir et le fit partir pour l'Est, au printemps de l'année 1358, à la tête d'une armée. En même temps,

---

1. Ibn-Khaldoun, *Berbères*, t. I, p. 109, t. III, p. 46 et suiv., 137 et suiv., 149, 164 et suiv., 324, 343 et suiv. et t. IV, p. 18 et suiv., 295 et suiv. El-Kaïrouani, p. 250.

par une habile politique, le sultan nomma chef des Beni-Mohammed (Daouaouïda) et de tous les nomades de la province de Constantine, Meïmoun-ben-Ali, l'opposant ainsi à son frère Yakoub et au reste de la tribu.

Youçof-ben-Mozni vint au-devant du vizir et conduisit encore l'armée merinide dans les défilés des montagnes et les plaines du Zab. Plusieurs fractions des Daouaouïda offrirent alors leur soumission et le représentant du sultan de Mag'reb s'avança jusque dans les contrées du Sud (Ouad-R'ir), où il fit rentrer partout les contributions en retard. Après avoir si bien rempli sa mission, Slimane rentra à Fès, ramenant avec lui des députations de toutes les tribus du désert et accompagné d'Ahmed fils d'Youçof-ben-Mozni, chargé de remettre un riche cadeau au souverain, de la part de son père. Ce chef fut reçu avec les plus grands honneurs par le sultan merinide.

Mort d'Abou-Eïnane. Avènement de son fils Es-Saïd. — Abou-Eïnane, qui s'était transporté à Tlemcen pour mieux suivre les opérations, rentra vers le milieu de novembre à Fès. A peine de retour, il tomba gravement malade. Il désigna alors, comme héritier présomptif, son fils Abou-Zeyane. Mais ce prince, violent et cruel, n'avait nullement la sympathie des cheikhs de l'empire, et ceux-ci résolurent de le remplacer par un autre fils du sultan, nommé Es-Saïd.

Cependant, la maladie d'Abou-Eïnane se prolongeait et ce prince, au courant des complots qui se tramaient autour de lui, avait résolu d'en châtier sévèrement les auteurs. Les cheikhs, prévenus de ces dispositions, se virent alors dans la nécessité de hâter le dénouement. Le mercredi 30 novembre 1358, ils pénètrent au point du jour dans le palais, massacrent deux vizirs qui veulent s'opposer à leur passage, puis, plaçant sur le trône le prince Es-Saïd, âgé seulement de cinq ans, ils lui prêtent serment de fidélité. Le prince Abou-Zeyane, ayant ensuite été trouvé, est traîné devant son jeune frère et forcé de lui rendre hommage, puis on l'emmène à quelques pas et on le met à mort.

L'avènement du nouveau sultan avait été assez bien accueilli dans la ville, mais le peuple attendait toujours l'enterrement du vieux souverain qu'on avait fait passer pour mort. Cependant, son agonie se prolongeait et le vizir El-Hacen-ben-Omar, pour calmer les sentiments de la populace, fit annoncer que l'inhumation du prince aurait lieu le samedi. Or, le vendredi au soir, Abou-Eïnane n'était pas mort ; terrassé par la maladie, mais au courant de ce qui se passait autour de lui, il pouvait faire de tristes retours sur son passé et se rappeler le moment où son père, vieux et abandonné de tous, comme lui, expirait misérablement après avoir tenu toute la Berbérie sous son sceptre.

Il n'était plus permis d'attendre ; le vizir, pénétrant donc dans la chambre royale, s'approcha du moribond, et, lui pressant le cou entre ses mains, détermina enfin cette mort si lente à venir (3 décembre 1358). Le lendemain, on enterra en grande pompe Abou-Eïnane. Le vizir El-Hacen, chargé de la régence, prit entre ses mains les rênes de l'empire merinide. Cet événement allait avoir les conséquences les plus graves.

Abou-Hammou II, soutenu par les Arabes, s'empare de Tlemcen et relève le trône Zeyanite. — Tandis que Fès était le théâtre de ce drame, voici ce qui se passait dans le Mag'reb central.

On se rappelle qu'un prince zeyanite, nommé Abou-Hammou, échappé au désastre d'Abou-Thabet, et à son arrestation près de Bougie, avait pu gagner Tunis. Il avait été bien accueilli par Ibn-Tafraguine, et ce vizir avait constamment refusé de le livrer à Abou-Eïnane. C'était un jeune homme instruit et policé, ayant passé une partie de sa vie à la cour de Grenade et s'il manquait un peu de courage, il avait l'esprit souple et une grande ténacité. Ce fut vers lui que les fractions rebelles des Daouaouïda, appuyées par les Amer des Zor'ba, qui avaient conservé leur fidélité aux Abd-el-Ouadites, tournèrent leurs regards afin de créer de nouveaux embarras au gouvernement merinide. Les cheikhs de ces tribus arabes, étant venus à Tunis dans l'automne 1358, offrirent à Abou-Hammou de le soutenir dans la revendication de ses droits au trône abd-el-ouadite, en sa qualité de neveu d'Abou-Saïd.

Abou-Hammou accepta ces propositions et se rendit au milieu des Arabes qui lui fournirent de leur mieux un cortège royal. Puis, on se mit en route vers l'ouest, en passant par le désert. L'émir était accompagné de Sr'eïr-ben-Amer, chef des Amer, d'Othman-ben-Sebà, commandant le contingent des Daouaouïda, et de Dar'r'ar-ben-Aïça, avec celui des Beni-Saïd, confédérés des précédents. Parvenu dans le désert, au sud de Tlemcen, un peu après la mort d'Abou-Eïnane, l'émir abd-el-ouadite reçut la soumission des tribus makiliennes de ces contrées, toujours fidèles à sa dynastie.

Cependant les Soueïd, alliés non moins fidèles des Merinides, s'avançaient sous les ordres d'Ouenzemmar, émir des nomades de l'Ouest, afin de combattre le prétendant. La rencontre eut lieu au sud de Tlemcen, dans la région saharienne ; elle se termina par la défaite des Soueïd. La nouvelle de la mort du sultan merinide venait de se répandre dans l'empire et avait provoqué une grande agitation. Abou-Hammou en profita pour s'avancer jusqu'aux environs de Tlemcen. Un fils du sultan, nommé Mohammed-el-Mehdi, qui y commandait, s'empressa de demander des secours au vizir El-Hacen et, au mois de janvier 1359, arriva dans la ville une armée merinide commandée par Saïd-ben-Mouça.

Il était trop tard : Abou-Hammou avait déjà soumis tout le pays environnant et, comme la population de Tlemcen était de cœur avec lui, il put sans peine rentrer en possession de sa capitale (février). La garnison merinide fut passée au fil de l'épée ; quant au prince Mohammed-el-Mehdi et à Saïd-ben-Mouça, ils purent se réfugier dans la tente de Sr'eir qui leur accorda sa protection ; on les renvoya peu après, sous escorte, en Mag'reb.

Ainsi le trône abd-el-ouadite se trouva relevé pour la deuxième fois et Tlemcen reprit son titre de capitale dont elle était privée depuis sept ans. Le nouvel émir régna sous le nom d'Abou-Hammon II[1].

Mesures prises par le régent merinide Ibn-Hacene. Il rentre en possession de Tlemcen. — Un des premiers actes du vizir El-Hacène, régent de l'empire merinide, avait été de rappeler à Fès et d'enfermer dans la citadelle les fils d'Abou-Einane, la plupart encore très jeunes, qui avaient été nommés au gouvernement des provinces par leur père, peu de temps avant sa mort. El-Mehdi de Tlemcen fit exception ; deux autres, Abd-er-Rahmane et El-Motacem furent mis ainsi dans l'impossibilité de nuire. Mais un autre, nommé El-Motamed, qui commandait à Maroc, sous la tutelle de Amer-ben-Mohammed, cheikh des Hentata, parvint à se réfugier dans le pays montagneux de son tuteur et refusa, non sans raison, de se rendre à Fès.

Le vizir lança contre les insurgés le général Slimane-ben-Daoud, lequel arriva à Maroc à la fin de 1358 et y rétablit l'autorité du gouvernement central, puis il pénétra dans les montagnes des Hentata et en commença le siège.

Sur ces entrefaites, on apprit à Fès les graves événements de Tlemcen. Le vizir convoqua aussitôt les cheikhs et leur fit part de son intention de prendre lui-même le commandement d'une expédition contre Tlemcen. Mais les circonstances étaient trop cri-

---

1. Ibn-Khaldoun, *Berbères*, t. I, p. 120 et t. III, p. 457 et suiv., t. IV, p. 321 et suiv. L'Imam Et-Tensi, passim. Brosselard, *Mémoire sur les tombeaux des Beni-Zeiyan*, p. 60, 61.

tiques pour que le régent pût songer à s'éloigner. Il se résigna donc à confier la direction de la campagne au général Meçâoud-ben-Rahho, auquel il adjoignit, pour l'éloigner, le prince mérinide El-Mansour, arrière-petit-fils de Yakoub-ben-Abd-el-Hak, qui avait quelques prétentions au pouvoir et était soutenu par un certain nombre d'adhérents.

A l'approche de l'armée ennemie, Abou-Hammou évacua Tlemcen et alla s'établir dans le sud, avec ses alliés arabes, de la tribu des Douï-Obeïd-Allah (Djâouna, R'ocel, Metarfa, Othmane, Hedadj), auxquels il avait donné des terres au sud-ouest de sa capitale. Le général Ibn-Rahho entra sans difficulté à Tlemcen (mars); mais, lorsqu'il fut installé, Abou-Hammou s'approcha avec ses alliés par le désert d'Angad et vint s'établir dans la plaine d'Oudjda, interceptant ainsi les communications entre Tlemcen et Fès. Aussitôt, le général Meçaoud lança contre eux un corps de troupes sous le commandement de son cousin Amer. La bataille eut lieu non loin d'Oudjda et se termina par la défaite des Mérinides, dont les cheïkhs rentrèrent individuellement et tout dépouillés dans cette ville.

RÉVOLTE DU PRÉTENDANT MANSOUR. IL VIENT ASSIÉGER FÈS. — Ce revers amena, par contre-coup, une révolte de la population de Tlemcen, déjà fort irritée contre le régent. Les rebelles voulaient porter au pouvoir le prince mérinide Yaïche-ben-Ali, mais le vizir Ibn-Rahho les devança, en proclamant El-Mansour, prince de la plus grande faiblesse. Peu après, ce prétendant se mit en route pour le Mag'reb, accompagné de son vizir et suivi de tous ses partisans, culbuta à Oudjda les Arabes qui voulurent s'opposer à son passage, et parvint sans encombre jusqu'au Sebou, où il établit son camp (mai).

A peine s'était-il éloigné, Abou-Hammou II revint vers Tlemcen, où l'on n'avait laissé aucun soldat, et rentra, sans coup férir, en possession de sa capitale et de son trône.

Pendant ce temps, à Fès, le régent El-Hacen réunissait toutes ses forces et se disposait à la résistance, mais ses troupes et les habitants semblaient peu désireux de le soutenir. Voyant ces dispositions, le régent alla se renfermer avec le jeune roi, dans la ville neuve de Fès qui se prêtait mieux à la défense. Peu après l'armée du prétendant parut devant la ville, prit position à Koudiat-el-Araïs, et commença le siège. Le véritable chef de la révolte, Ibn-Rahho, dirigeait les opérations et recevait les députations qui, de toutes parts, venaient apporter des adhésions au prince Mansour. Dès qu'il eut appris ces nouvelles, le général

Slimane-ben-Daoud cessa de poursuivre ses opérations dans les montagnes des Hentata et vint, avec son armée, se mettre à la disposition du nouveau sultan. Ce dernier tenait déjà une véritable cour où toutes les affaires du Mag'reb étaient expédiées ; c'est ainsi qu'il donna ordre de mettre en liberté, à Ceuta, le prince hafside Abou-l'Abbas et les autres personnes internées en Mag'reb par Abou-Eïnane, lors de sa conquête de l'Ifrikiya.

Abou-Salem, frère d'Abou-Eïnane, débarque en Mag'reb et dispute le pouvoir a El-Mansour. — Tandis que la ville neuve de Fès, pressée par les assaillants, était sur le point de succomber et que le triomphe d'El-Mansour paraissait certain, la face des choses changea tout à coup. Un frère d'Abou-Eïnane, nommé Abou-Salem, qui se trouvait en Espagne, conçut, après la mort du sultan, la pensée de s'emparer de sa succession ; mais il essaya en vain d'entraîner dans son parti l'affranchi Redouane qui dirigeait les affaires du prince de Grenade, Mohammed V. En désespoir de cause, Abou-Salem se rendit à la cour du roi de Castille, Pierre Ier, avec lequel Abou-Eïnane avait rompu peu de temps avant sa mort, et sut obtenir son appui. Bientôt, en effet, il s'embarqua sur un navire chrétien et se fit descendre sur le littoral de la province de Maroc, espérant opérer sa jonction avec son neveu dans les montagnes des Hentata, mais l'armée de Slimane bloquait encore tous les passages, ce qui força le prétendant à abandonner son projet. Reprenant la mer, il se fit ramener non loin de Tanger et débarqua auprès du mont Safiha, dans le pays des R'omara. Fès était alors sur le point de succomber et le prestige du régent El-Hacen s'était évanoui.

Abou-Salem fut accueilli avec enthousiasme par les populations du littoral et se vit bientôt entouré d'un grand nombre d'adhérents, avec lesquels il se rendit facilement maître de Tanger et de Ceuta. Une petite cour se forma autour de lui et il ne tarda pas à recevoir l'adhésion des Merinides d'Espagne, avec des renforts amenés par le gouverneur de Gibraltar. La nouvelle de ses succès jeta le trouble dans l'armée d'El-Mansour. Un certain nombre d'assiégeants se retirèrent pour attendre, chez eux, la suite des événements ; d'autres passèrent du côté d'El-Hacen, qui reprit un peu d'espoir. El-Mansour lança alors ses deux frères, Aïça et Talha, contre Abou-Salem. Celui-ci vint bravement leur offrir le combat à Kçar-Ketama ; mais il fut vaincu et contraint de se rejeter dans les montagnes du littoral.

Cet échec eût gravement compromis les affaires d'Abou-Salem si, à ce moment, El-Hacen ne lui avait fait parvenir sa soumission en l'engageant à venir prendre possession de la ville neuve de Fès. Quant à El-Mansour, qui, au lieu de profiter de sa victoire pour asseoir définitivement son autorité, avait laissé s'opérer la fusion des deux partis adverses, il s'en prit à Ibn-Rahho de cet événement et n'obtint d'autre résultat que de le détacher de lui. Ce vizir vint, avec ses partisans, grossir le nombre des adhérents d'Abou-Salem et, dès lors, la cause de ce prince fut gagnée.

ABOU-SALEM MONTE SUR LE TRÔNE ET FAIT MOURIR LES PRINCES MERINIDES. — Abou-Salem se mit alors en marche sur Fès, tandis qu'El-Mansour courait se réfugier dans le port de Badis, en abandonnant ses troupes qui passèrent du côté de son ennemi. Dans le milieu du mois de juillet 1359, le nouveau sultan arriva sous les murs de Fès. El-Hacen, après lui avoir envoyé le jeune sultan Es-Saïd, vint le recevoir et l'introduisit dans la forteresse. Peu après, eut lieu l'inauguration solennelle d'Abou-Salem. Il s'entoura des principaux officiers qui avaient servi ses prédécesseurs et s'attacha comme secrétaire particulier Ibn-Khaldoun, l'éminent auteur de l'histoire universelle, dont la partie relative aux Berbères nous a été, jusqu'à présent, d'un si grand secours. Quant au vizir El-Hacen, dont il craignait l'influence, il l'éloigna en lui confiant le gouvernement de la province de Maroc. Peu après, El-Mansour et son fils, ayant été arrêtés, furent conduits au sultan qui ordonna leur supplice. Puis, afin d'éviter tout sujet de révolte, Abou-Salem fit embarquer pour l'Espagne les princes de la famille royale merinide et les interna dans la forteresse de Ronda. Mais cette mesure n'était pas suffisante: on ne tarda pas à les retirer de leur prison, d'après les ordres du sultan, et on les embarqua sous le prétexte de les conduire en Orient, puis, lorsqu'on se trouva en pleine mer, on les jeta tous à l'eau. Un seul d'entre eux, nommé Abou-Zeyane-Mohammed, qui s'était auparavant échappé de Ronda, put se soustraire à ce sort funeste.

Vers la fin de la même année 1359, arriva en Mag'reb le souverain de Grenade, Abou-Abd-Allah Mohammed IV, qui avait été déposé par son frère Ismaïl, après l'assassinat de son affranchi Redouane. Abou-Salem se rappelant qu'il avait été autrefois son hôte, lui fit une réception des plus distinguées et lui assigna pour résidence un palais à Fès.

Peu de temps après, le vizir El-Hacen, dont le sultan continuait à suspecter les intentions, et qui, de son côté, craignait les mauvaises dispositions de son maître, se lança dans la révolte. Il sortit de Maroc dans le mois de janvier 1360, et s'étant rendu à Tedla, appela aux armes les Beni-Djaber (Djochem) qui s'engagèrent à le soutenir. Abou-Salem envoya contre les rebelles son vizir Ibn-Youçof qui parvint à se faire livrer El-Hacen par les Zanaga chez lesquels il s'était retiré. Le sultan le fit périr dans les tortures[1].

L'INFLUENCE MERINIDE DIMINUE DANS L'EST. ABOU-HAMMOU CONSOLIDE SON POUVOIR. — La guerre intestine dont le Mag'reb était le théâtre depuis la mort d'Abou-Eïnane avait eu pour effet de porter un rude coup à l'autorité merinide dans l'Est. Non seulement le trône zeyanite avait été immédiatement relevé à Tlemcen, mais, en Ifrikiya, la guerre qui divisait les tribus avait pris fin d'elle-même. La ville de Bougie conservait cependant son gouverneur merinide, au milieu d'une population hostile dont les sentiments faisaient prévoir qu'il ne pourrait y rester longtemps. Oran, Miliana et Alger étaient dans le même cas.

Quant à Abou-Hammou II, il consolidait à Tlemcen son autorité et attirait les Arabes de la tribu des Douï-Obéïd-Allah, qu'il tâchait de placer sur la frontière occidentale, entre ses états et ceux du sultan, afin qu'ils le préservassent de ses coups. Après le triomphe d'Abou-Salem, il accueillit les réfugiés du Mag'reb et, parmi eux, un certain Abou-Moslem qui avait été gouverneur de la province de Derâa sous Abou-Eïnane. Ce chef apporta à l'émir abd-el-ouadite le trésor de sa province et amena à sa suite les Arabes makiliens des Douï-Hocéïne, qui entrèrent au service du roi de Tlemcen. Ces imprudences, considérées à Fès comme de véritables provocations, allaient coûter cher à Abou-Hammou[2].

ESPAGNE : RÈGNE DE PIERRE LE CRUEL. ETAT DU ROYAUME DE GRENADE. — Les événements si importants survenus en Afrique pendant ces dernières années nous ont fait perdre de vue l'Espagne. Les royaumes chrétiens étaient, du reste, déchirés par les guerres intestines, ce qui procurait aux musulmans un peu de répit. Le règne de Pierre I, dit le Cruel, fut un des plus tristes de l'histoire de la Castille ; rarement, la férocité d'un despote atteignit un tel paroxysme. Après avoir fait tuer Léonor de Guzman qui avait été la maîtresse de son père, il poursuivit de sa haine les enfants qu'elle lui avait donnés et détermina la révolte de l'un d'eux, Enrique. Mais bientôt, de nouvelles complications surgissent : Blanche de Bourbon, que Pierre a épousée, est traitée avec le plus grand dédain, délaissée et enfin emprisonnée ; cette malheu-

---

1. Ibn-Khaldoun, *Berbères*, t. IV, p. 327 et suiv.
2. *Ibid.*, t. I, p. 120, t. III, p. 440 et suiv.

reuse princesse devait languir de cachot en cachot pour finir par le poison. Le peuple de Castille prend parti pour elle et se révolte. La France menace. Mais Pierre tient tête à tous et fait périr quiconque lui résiste (1351). Le pape le met en interdit. Bientôt, la guerre s'allume entre lui et l'Aragon et, durant plusieurs années, absorbe toutes les forces des deux pays.

L'Aragon entretenait toujours de bons rapports avec les princes mérinides ; nous possédons le texte de divers traités, notamment celui du dix août 1357, par lequel Pierre IV s'engage à ne fournir aucun appui à la Castille dans ses guerres contre les musulmans de Mag'reb et d'Espagne. Des avantages commerciaux sont maintenus, en compensation, à ses sujets.

A Grenade, Abou-Abd-Allah-Mohammed V avait remplacé son père Abou-L'Hadjadj, mort assassiné en 1354. Le vizir Redouane, qui exerçait une grande influence sur le précédent émir, prit entièrement en main la direction des affaires sous son successeur. Ne pouvant compter sur le secours du sultan de Fès, il s'efforçait de rester en bonnes relations avec le roi de Castille, c'est pourquoi il dut dans l'été de l'année 1359 lui fournir des vaisseaux qui prirent part, avec les navires de Portugal et de Castille, à la bataille navale de Barcelone, gagnée par les Aragonais[1].

Sur ces entrefaites, le 12 août 1359, une révolution déposa l'émir et le remplaça par son frère Ismaïl, instigateur du mouvement. Abou-Abd-Allah essaya d'abord d'obtenir l'appui du roi de Castille pour ressaisir le pouvoir, mais Pierre I avait alors d'autres occupations. C'est pourquoi le prince dépossédé se décida à passer en Mag'reb, dans l'espoir d'y intéresser à sa cause le sultan Abou-Salem, ainsi que nous l'avons vu plus haut[2].

1. Ce fait est contredit par M. de Mas-Latrie *(loc. cit.)*, p. 230.
2. Rosseuw Saint-Hilaire, *Hist d'Espagne*, t. IV, p. 446 et suiv. Ibn-Khaldoun, *Berbères*, t. IV, p. 332 et suiv. De Mas-Latrie, *Traités de paix, etc.*, p. 229 et suiv.

CHAPITRE XIX

DYNASTIES HAFSIDE, ZEYANITE ET MERINIDE (Suite)

1360-1370

Abou-Salem s'empare de Tlemcen. Abou-Hammou II y rentre en maître et soumet le Mag'reb central. — Abou-l'Abbas rentre en possession de Constantine. Abou-Abd-Allah assiège Bougie. — Révolte contre Abou-Salem ; Il est contraint de fuir et est mis à mort. — Anarchie en Mag'reb. Abd-el-Halim, nouveau prétendant, essaye de s'emparer du pouvoir. — Abd-el-Halim reste maître de Sidjilmassa et Abou-Zeyane de Fès. — Abd-el-Halim est remplacé par son frère Abd-el-Moumene ; la révolte est écrasée. — Abou-Hammou II repousse les tentatives du prétendant Abou-Zeyane. — Règnes simultanés d'Abou-Ishak II à Tunis, d'Abou-l'Abbas à Constantine et d'Abou-Abd-Allah à Bougie. — Défaite et mort d'Abou-Abd-Allah. Abou-l'Abbas s'empare de Bougie. — Campagne d'Abou-Hammou II contre Bougie. Il est entièrement défait. Abou-Zeyane s'empare de l'est du Mag'reb central. — Assassinat du sultan Abou-Zeyane par le vizir Omar. Règne d'Abd-el-Aziz ; Omar est mis à mort. — Campagnes d'Abou-Hammou II dans le Mag'reb central. — Révolte d'Abou-l'Fadel à Maroc. Abd-el-Aziz le met à mort. — Luttes d'Abou-Hammou II contre le prétendant Abou-Zeyane. — Chute d'Amer, chef des Hentata ; pacification du Mag'reb par Abd-el-Aziz. — Mort du hafside Abou-Ishak II. Règne de son fils Abou-l'Baka. Abou-l'Abbas s'empare de Tunis et reste seul maître de l'empire hafside. — Évènements d'Espagne : mort de Pierre le Cruel ; règne d'Enrique II.

ABOU-SALEM S'EMPARE DE TLEMCEN. ABOU-HAMMOU II Y RENTRE EN MAITRE ET SOUMET LE MAG'REB CENTRAL. — Débarrassé de toute cause d'agitation à l'intérieur, le sultan Abou-Salem songea à reconquérir la ville de Tlemcen que les Merinides considéraient comme une de leurs possessions. Il choisit, pour prétexte de la rupture, l'offense qu'Abou-Hammou lui avait faite en recevant Ibn-Moslem et envoya à l'émir zeyanite un ultimatum lui enjoignant de livrer l'ancien gouverneur de Derâa. Mais Abou-Hammou refusa d'accéder à cette sommation, car Ibn-Moslem était devenu son vizir.

Aussitôt, Abou-Salem se prépara à la guerre et, au mois d'avril 1360, il se mit en marche à la tête de nombreux contingents fournis par toutes ses provinces. A son approche, Abou-Hammou évacua pour la seconde fois sa capitale et se jeta dans le sud où il rallia ses partisans arabes des tribus de Zor'ba et Makil. Le 21 mai, Abou-Salem entrait à Tlemcen sans avoir éprouvé de résistance, mais pendant ce temps, l'émir zeyanite, par une tactique habile, se jetait sur les provinces méridionales du Mag'reb et portait le ravage dans les territoires d'Ouatat, de Moulouïa et de Guercif [1].

C'était le meilleur moyen de rappeler le sultan, et, en effet, Abou-Salem, laissant à Tlemcen un gouverneur de la famille royale zeyanite, nommé Abou-Zeyane el-Gobhi (la grosse tête), avec une garnison de Mag'raoua et de Toudjine, se porta au plus vite vers les provinces menacées. Sans songer à l'attendre, Abou-Hammou revint vers l'est et prit possession de sa capitale qu'Abou-Zeyane lui abandonna pour se réfugier dans le Mag'reb central, où se trouvaient encore des garnisons merinides.

Sans perdre de temps, l'émir abd-el-ouadite, toujours soutenu par les Zor'ba et les Makil, se mit à sa poursuite et l'expulsa du Ouarensenis où il avait trouvé asile. Puis, il fit rentrer dans l'obéissance les populations de cette contrée et réduisit successivement Miliana, El-Batcha et Oran. Un grand nombre de soldats merinides furent massacrés dans ces localités. D'Oran, Abou-Hammou se dirigea de nouveau vers l'intérieur et reçut la soumission de Médéa, puis d'Alger [2].

Abou-l'Abbas rentre en possession de Constantine. Abou-Abd-Allah assiège Bougie.

Dans le même moment, le khalife hafside, Abou-Ishak II, venait s'emparer de Bougie et en chassait le gouverneur merinide. Ainsi, de toutes les conquêtes des souverains du Mag'reb dans l'Est, il ne resta que Constantine qui obéit encore à l'autorité du sultan de Fès.

Abou-Salem, voulant conserver ce dernier reste d'influence en Ifrikiya, fit partir pour Constantine le prince hafside Abou-l'Abbas, qui était resté à sa cour et avait su gagner sa confiance. Il le chargeait de prendre en main le gouvernement de cette ville, lui promettant de venir, avant peu, avec une armée, l'aider à conquérir Tunis. Il envoya également dans l'Est le prince Abou-Abd-Allah, avec mission de reprendre Bougie.

A son arrivée à Constantine, Abou-l'Abbas fut accueilli avec joie par la population que le gouverneur conduisit au-devant de lui. Il prit aussitôt en main la direction des affaires (juillet-août). Abou-Abd-Allah, de son côté, réunit un certain nombre d'aventuriers fournis par les Oulad Seba, des Daouaouïda, et les Oulad

---

1. Sur le cours supérieur de la Moulouïa.
2. Ibn-Khaldoun, t. I, p. 109, t. III, p. 324, 440 et suiv., t. IV, p. 18 et suiv., 345 et suiv.

Aziz, des Sedouikch ; puis il alla mettre le siège devant Bougie ; mais tous ses efforts furent infructueux et, après une dernière défaite, il dut se réfugier dans le Sud, chez les Daouaouïda. Là, il se lia intimement avec les Oulad Yahïa-ben-Seba, cantonnés près de Mecila, qui lui donnèrent cette ville pour résidence, et, pendant plusieurs années, le soutinrent dans les entreprises qu'il ne cessa de tenter contre Bougie [1].

RÉVOLTE CONTRE ABOU-SALEM. IL EST CONTRAINT DE FUIR ET MIS A MORT. — Le commencement de l'année 1361 se passa sans événements remarquables dans l'Ouest. Abou-Salem, qui avait conclu la paix avec Abou-Hammou, continuait à exercer le pouvoir avec fermeté ; sa puissance était alors dans tout son éclat : des pays les plus éloignés arrivaient des ambassades chargées de lui apporter des hommages de soumission et, cependant, l'heure de la chute était proche.

Un dévot fanatique, nommé Abou-Abd-Allah-ben-Merzoug, avait d'abord été le favori du sultan Abou-l'Hacène qui lui avait accordé la fructueuse gérance de la mosquée de Sidi-bou-Medine, près de Tlemcen, construite par ce prince sur l'emplacement du tombeau de ce saint ; puis, il avait éprouvé les rigueurs de la fortune après le désastre de son maître. Exilé en Espagne, lors de la première restauration abd-el-ouadite, il avait rencontré dans ce pays le prince Abou-Salem, déporté par son frère Abou-Eïnane, et une étroite amitié s'était établie entre les deux proscrits. Aussi, un des premiers soins d'Abou-Salem, après son élévation, avait-il été d'appeler auprès de lui son ancien compagnon d'exil. Une haute position lui avait été donnée à la cour et bientôt Ibn-Merzoug, exploitant son double caractère d'ami et d'homme de Dieu, avait exercé la plus grande influence sur l'esprit et les décisions du souverain merinide.

La toute-puissance du derwiche ne tarda pas à lui susciter de nombreux ennemis et sa perte fut résolue, en même temps que celle du sultan. Le vizir Omar-ben-Abd-Allah, chef de la conspiration, parvint à faire entrer dans son parti Garcia, chef de la milice chrétienne, et, au jour convenu, c'est-à-dire le 19 septembre 1361, les conjurés, réunis à la ville neuve de Fès, y proclamèrent khalife un frère d'Abou-Salem, cet Abou-Omar Tachefine, pauvre idiot qui avait déjà obtenu un honneur semblable à Constantine. Le chef de la révolte pénétra ensuite dans le palais du trésor, et,

---

1. Ibn-Khaldoun, *Berbères*, t. III, p. 66 et suiv., t. IV, p. 346. El-Kaïrouani, p. 250.

s'en étant emparé, distribua l'argent aux soldats qui se livrèrent aux plus grands excès, pillant la ville et ses environs.

Cependant Abou-Salem, qui se tenait dans la citadelle, rassembla, dès le lendemain, ses officiers et ses troupes fidèles et se rendit à la ville neuve de Fès, pensant avoir facilement raison de la révolte, mais il rencontra une résistance bien organisée et dut se retirer à Koudiat-el-Araïs, où il établit son camp. Dans la même journée, ses soldats commencèrent à déserter; peu à peu, il les vit se retirer et s'enfuir par bandes vers la ville neuve, si bien que, vers le soir, il ne resta autour de lui que quelques cavaliers. Toute lutte était impossible dans ces conditions, et le sultan se vit forcé d'y renoncer. Il se retira, en compagnie des vizirs Messuoud-ben-Rahho et Slimane-ben-Daoud, ainsi que de quelques autres chefs; mais, lorsque la nuit fut tout à fait tombée, ces derniers adhérents se dispersèrent et le malheureux Abou-Salem, après s'être dépouillé de ses vêtements royaux, alla chercher asile dans une cabane de berger.

Pendant ce temps, à la ville neuve, Omar-ben-Abd-Allah et le général Garcia, chefs de la révolte, recevaient les transfuges et établissaient leur autorité. Quant à Abou-Salem, il ne tarda pas à être découvert et massacré. Sa tête fut apportée à Fès et présentée aux chefs merinides (fin septembre 1361) [1].

Anarchie en Mag'reb. Abd-el-Halim, nouveau prétendant, essaye de s'emparer du pouvoir. — Les conjurés, restés ainsi maîtres du pouvoir, laissèrent le vizir Omar exercer l'autorité comme ministre du sultan Tachefine. Mais bientôt, la discorde éclata entre le vizir et son complice Garcia; celui-ci fut mis à mort et la milice chrétienne frappée de proscription. Après avoir perdu beaucoup de monde, le corps des chrétiens parvint à se rallier et à se retrancher dans le camp de Melah où il se disposa à une résistance acharnée. Ce fut à grand'peine que le vizir Omar parvint à faire cesser cette lutte.

A peine cette révolte était-elle conjurée qu'une grave mésintelligence s'éleva entre Omar et Yahïa-ben-Rahho, chef qui avait de nombreux partisans. Dans cette conjoncture, le vizir, sachant que ses ennemis avaient tramé sa perte, songea à se créer un appui sérieux et s'adressa à Amer-ben-Mohammed, chef des Hentata, auquel il offrit toutes les régions du sud, avec Maroc comme capitale. Cette proposition ayant été acceptée, il lui envoya le prince Abou-l'Fadel, fils d'Abou-Salem, afin de l'éloigner de la capitale.

---

1. Ibn-Khaldoun, *Berbères*, t. IV, p. 347 et suiv.

A cette nouvelle, Ibn-Rahho et ses adhérents se montrèrent très-irrités, mais le vizir, prévenant leurs desseins, les expulsa de la ville neuve et s'y retrancha. Aussitôt la révolte éclata : Ibn-Rahho vint avec les rebelles établir son camp en face de la ville.

Sur ces entrefaites, arriva en Mag'reb un neveu d'Abou-l'Hacène, nommé Abd-el-Halim, qui venait de quitter la cour de Tlemcen, où il avait été reconnu comme sultan mérinide par Abou-Hammou. C'était un prétendant tout trouvé pour les révoltés de Fès, qui s'empressèrent de se tourner vers lui. Abd-el-Halim avait déjà autour de lui un groupe d'adhérents, car les Oungacene, tribu mérinide établie à Debdou, lui avaient fourni leurs contingents. Tandis que le jeune prince était à Taza, il reçut une députation des rebelles de Fès, l'appelant dans cette ville, et, ayant continué sa route, arriva au camp d'Ibn-Rahho le 8 novembre 1361.

Abd-el-Halim pressa, avec la plus grande ardeur, le siège de Fès et faillit s'en rendre maître. Mais une sortie, exécutée par le vizir et dans laquelle les archers et hallebardiers chrétiens déployèrent la plus grande bravoure, dégagea la place et força les ennemis à se retirer. Abd-el-Halim rentra à Taza, tandis que Yahïa-ben-Rahho courait se réfugier à Maroc, où il était rejoint par le chef des Kholt.

Abd-el-Halim reste maître de Sidjilmassa et Abou-Zeyane de Fès. — Après cette lutte, qui avait failli lui être fatale, le vizir Omar comprit qu'il fallait à la tête de l'empire mérinide un autre chef que l'ombre de souverain qu'il prétendait servir. Il appela alors d'Espagne le prince Abou-Zeyane-Mohammed, fils de l'émir Abou-Abd-er-Rahmane qui, par sa fuite de Ronda, avait évité le sort tragique réservé au reste de sa famille par Abou-Salem. L'opinion publique se prononçait pour lui; aussi, à peine eut-il débarqué à Ceuta qu'il fut accueilli comme un libérateur (décembre).

Le vizir Omar, qui avait déposé Tachefine, envoya à son nouveau maître les insignes de la royauté et une escorte d'honneur avec laquelle il arriva à Fès. Son inauguration solennelle eut lieu alors et Omar fut assez habile pour conserver entre ses mains la direction des affaires.

Cependant, Abd-el-Halim, qui avait rallié à Taza tous ses adhérents, ne tarda pas à lancer une nouvelle armée contre Fès. Mais, le vizir Omar marcha en personne contre le prétendant et le défit à Meknès. Après ces échecs successifs, Abd-el-Halim s'adressa à l'émir de Tlemcen pour requérir son appui, puisqu'il l'avait poussé dans la voie de la guerre. Abou-Hammou promit sa coopération mais exigea, au préalable, que le prince abd-el-ouadite Abou-Zeyane-Mohammed[1], fils d'Abou-Saïd-Othmane, qu'Abou-Salem avait fait venir d'Espagne pour le placer sur le trône de Tlemcen, fût mis dans l'impossibilité de nuire. Abd-el-Halim souscrivit aussitôt à cette condition en incarcérant Abou-Zeyane, puis, il se dirigea vers Sidjilmassa où Abou-Hammou avait envoyé ses alliés arabes, en les chargeant de se joindre à lui.

A peine arrivé dans cette oasis, Abou-Zeyane parvint à s'échapper et se fit reconnaître par quelques bandes arabes qu'il entraîna au pillage sur le territoire de Tlemcen; mais Abou-Hammou eut bientôt raison de cet agitateur qui chercha d'abord un asile chez les Beni-Yezid du Hamza. Forcé de déguerpir, il alla se réfugier à Tunis. Ces événements imprévus empêchèrent l'émir zeyanite de secourir, comme il l'avait promis, Abd-el-Halim et ce prince dut se contenter de la possession de Sidjilmassa.

Pendant ce temps, le sultan mérinide Abou-Zeyane-Mohammed étendait son autorité sur toutes les provinces du Mag'reb. Amer, chef des Hentata, fut confirmé dans son commandement et retourna à Maroc accompagné d'Abou-l'Fadel, fils d'Abou-Salem (mars-avril 1362). Quant à Abd-el-Halim, après avoir rallié les tribus makiliennes et recueilli Yahïa-ben-Rahho, il se décida, au printemps, à envahir de nouveau les provinces de son rival. Le vizir Omar, de son côté, marchant en personne contre les rebelles, sortit de Fès à la tête de ses troupes (mai-juin). Les deux armées se rencontrèrent sur la limite du Tel à Tazzoult; mais leurs chefs, au lieu d'en venir aux mains, entrèrent en pourparlers et finirent par s'entendre. Il fut convenu que Abd-el-Halim conserverait le gouvernement autonome de Sidjilmassa et qu'il n'inquiéterait plus le souverain de Fès. Cela fait, chacun rentra dans ses cantonnements (juin-juillet)[2].

Abd-el-Halim est remplacé par son frère Abd-el-Moumene. La révolte est écrasée. — Peu de temps après le retour d'Abd-el-Halim à Sidjilmassa, une grave dissension s'éleva entre les deux branches de la tribu makilienne des Douï-Mansour, les Ahlaf et les Oulad-Hoceïne, cantonnés auprès de la ville. Le prince Abd-el-Moumene, envoyé par son frère contre ces derniers, fut accueilli par eux en libérateur et proclamé sultan. Abd-el-Halim ayant

1. Ne pas confondre avec Abou-Zeyane-el-Gobbi dont il a été question ci-devant.
2. Ibn-Khaldoun, *Berbères*, t. IV, p. 354 et suiv.

marché contre eux, à la tête des Ahlaf, fut vaincu et contraint d'abdiquer au profit de son frère (novembre-décembre 1362). Il partit pour l'Orient où il mourut peu de temps après.

Cet événement fit renaître, à Fès, l'espoir de rétablir l'autorité de l'empire sur les régions du sud. Le général Meçaoud-ben-Maçaï, parti à la tête d'un corps d'armée au commencement de l'année 1363, rallia les Ahlaf, brûlant de prendre leur revanche contre les O. Hoceïne, et avec leur appui, entra en maître à Sidjilmassa. Ainsi, cette province, qui était restée à peu près indépendante depuis la révolte d'Abou-Ali, rentra dans le giron de l'empire. Quant à Abd-el-Moumene, il avait pris la fuite et s'était réfugié auprès de Amer, chef des Hentata. Tous les partisans de la famille d'Abou-Ali, tous les mécontents accoururent se grouper autour d'eux, et Maroc devint le centre de la réaction contre le vizir Omar, dont la puissance était sans borne et qui tenait le prince dans une humiliante servitude.

Cette fermentation ne tarda pas à s'étendre jusqu'à Fès, et, dans le mois de mai, le général Ibn-Maçaï se mit à la tête des opposants et les conduisit à Meknès. De là, il écrivit au prince Abd-er-Rahmane, frère d'Abd-el-Moumene, en l'invitant à venir se mettre à la tête de la révolte. Ce prince accourut aussitôt, et, ayant opéré sa jonction avec les rebelles, établit son camp à l'Ouad-en-Nadja, près de Meknès.

Cependant, à Fès, le vizir mobilisait des troupes. Il permit à son sultan d'en prendre le commandement et le lança contre les rebelles. Une grande bataille fut livrée près de l'Ouad-en-Nadja, elle se termina par la victoire du sultan. Le prétendant dut chercher un refuge chez les Beni-Igmacene tandis qu'Abd-er-Rahmane se vit encore contraint de fuir. Il se rendit à Tlemcen où il trouva un honorable accueil. Pendant ce temps, le vizir Omar proclamait une amnistie, ce qui lui acquérait, de nouveau, des partisans parmi les chefs mérinides.

Abou-Hammou II repousse les tentatives du prétendant Abou-Zeyane. — Sur ces entrefaites, Ouenzemmar, chef des Soueïd et des nomades mérinides, proposa au vizir Omar de faire une campagne contre les Abd-el-Ouadites, lui demandant son appui dans cette entreprise. Omar y ayant accédé, le chef des Soueïd proclama émir Abou-Zeyane-el-Gobbi, qui avait été, déjà une fois, gouverneur de Tlemcen, et marcha sur cette capitale, après avoir été rejoint par la tribu makilienne des Oulad-Hoceïne qui venait de rompre avec Abou-Hammou. L'émir zeyanite, apprenant que ses ennemis étaient campés sur la Moulouïa, craignit la défection des

Amer et fit emprisonner leur chef Khaled. Puis il lança contre le prétendant son fidèle vizir Ibn-Moslem, à la tête des troupes régulières abd-el-ouadites et des Arabes sur lesquels il pouvait compter. Ce général fut assez habile pour tourner le camp ennemi, forcer ses contingents à la retraite et les pousser devant lui jusqu'à Mecila, où les Daounouïda vinrent à leur secours. Tandis qu'Ibn-Moslem les bloquait dans cette localité, il mourut de la peste.

Abou-Hammou II ressentit vivement la perte de son vizir qui était aussi bon conseiller que général habile. Mais il fallait, avant tout, ne pas perdre les résultats obtenus et l'émir dut se préparer à aller lui-même dans le Mag'reb central pour prendre le commandement de l'armée. Pendant ce temps, Abou-Zeyane, profitant du désordre causé dans l'armée par la mort de son chef, s'empressa de réunir ses partisans et de l'attaquer à la tête de bandes considérables. Les Abd-el-Ouadites, démoralisés et inférieurs en nombre, abandonnèrent leur camp et se mirent en retraite vers Tlemcen où ils parvinrent après diverses péripéties. Abou-Zeyane arriva à leur suite et commença le siège de cette place. Mais, bientôt, des dissensions intestines se produisirent parmi les Arabes Zor'biens accourus avec le prétendant, et Abou-Hammou sut habilement en profiter. Khaled, mis en liberté par lui, sous la promesse de détacher sa tribu (les Amer) de la cause d'Abou-Zeyane, réussit à jeter le découragement parmi les Arabes qui se retirèrent les uns après les autres. Abou-Zeyane, réduit à la fuite, dut rentrer en Mag'reb (1364) [1].

Règnes simultanés d'Abou-Ishak II à Tunis, d'Abou-l'Abbas à Constantine et d'Abou-Abd-Allah à Bougie. — Pendant que ces événements se passaient dans l'Ouest, Ibn-Tafraguine continuait à gouverner à Tunis, et son maître, Abou-Ishak II, défendait Bougie contre les entreprises incessantes d'Abou-Abd-Allah.

A Tripoli et dans les provinces du sud de l'Ifrikiya, l'autorité était aux mains de plusieurs chefs indépendants ayant à leur tête Ibn-Mekki.

Enfin, à Constantine, le prince Abou-l'Abbas guettait l'occasion de prendre, avec avantage, part aux événements. En 1363, ses troupes s'emparèrent de Bône. L'année suivante, l'île de Djerba était enlevée à Ibn-Mekki par un général d'Ibn-Tafraguine. En 1364, Abou-Ishak II ayant abandonné Bougie pour rentrer à

---

1. Ibn-Khaldoun, *Berbères*, t. I, p. 100, t. III, p. 447 et suiv. Brosselard, *Mémoire sur les tombeaux des Beni-Zeyane*, p. 61 et suiv. L'Imam Et-Tensi, passim.

Tunis, Abou-Abd-Allah qui, depuis cinq années, attendait patiemment cette occasion, se porta sur l'ancienne capitale hammadite et s'en rendit maître par un coup de main (juin-juillet). Deux mois après, il marchait sur Dellis et arrachait cette ville des mains de l'officier abd-el-ouadite qui y commandait. Ayant ainsi étendu les limites de son royaume, le prince hafside chercha à affermir son pouvoir en persécutant ses adversaires, mais il indisposa bientôt le peuple par ses cruautés.

Peu de temps après la rentrée d'Abou-Ishak II à Tunis, eut lieu la mort d'Ibn-Tafraguine. Bien que la perte de son vizir eût pour conséquence de rendre au khalife le libre exercice du pouvoir, ce prince la ressentit vivement ; on dit même qu'il versa d'abondantes larmes à son inhumation.

Abou-Abd-Allah, fils d'Ibn-Tafraguine, qui se trouvait alors en course dans l'intérieur, conçut des soupçons au sujet de la mort de son père coïncidant avec le retour du khalife. Il essaya même de provoquer une révolte en y entraînant les Hakim (Soleïm). Mais, étant revenu de son erreur, il se rendit à Tunis où il fut reçu avec bienveillance par Abou-Ishak, qui lui conféra la haute fonction occupée avec tant d'éclat par son père. Malgré les témoignages d'amitié à lui prodigués, le fils d'Ibn-Tafraguine ne tarda pas à céder de nouveau à la méfiance : il s'enfuit de Tunis et alla chercher asile auprès d'Abou-l'Abbas à Constantine (1364-1365).

DÉFAITE ET MORT D'ABOU-ABD-ALLAH. ABOU-L'ABBAS S'EMPARE DE BOUGIE. — Abou-l'Abbas se disposait alors à combattre son cousin Abou-Abd-Allah de Bougie, prince d'un caractère intraitable avec lequel il avait rompu à propos des limites réciproques de leurs états. Deux fois, dans le cours de l'année 1365, les troupes du prince de Bougie furent défaites par celles d'Abou-l'Abbas qui prit ses dispositions pour attaquer, l'année suivante, cette ville. Vers le même temps, une armée abd-el-ouadite avait reparu dans l'Est pour essayer de reprendre Dellis, et Abou-Abd-Allah, occupé par la guerre contre son cousin, avait dû transiger et rendre la place au souverain de Tlemcen. Un mariage, entre Abou-Hammou II et une fille du souverain de Bougie, avait cimenté la nouvelle alliance.

Au printemps de l'année 1366, Abou-l'Abbas, après s'être assuré l'appui des Arabes Daouaouïda, se mit en marche sur Bougie. Abou-Abd-Allah s'avança à la rencontre de l'ennemi jusqu'à Lebzou[1]. A peine y était-il arrivé qu'il fut attaqué à l'improviste,

---

1. Montagne voisine d'Akbou.

dans son camp, par les troupes de son compétiteur. Contraint bientôt de fuir en abandonnant tout son matériel, il tenta inutilement de gagner Bougie, fut atteint par ses ennemis et mourut, criblé de coups de lance. Peu après, Abou-l'Abbas parut devant Bougie dont la population l'accueillit comme un libérateur. Il y fit son entrée le 3 mai [1].

CAMPAGNE D'ABOU-HAMMOU II CONTRE BOUGIE. IL EST ENTIÈREMENT DÉFAIT. ABOU-ZEYANE S'EMPARE DE L'EST DU MAG'REB CENTRAL. — Lorsque ces nouvelles parvinrent dans l'Ouest, Abou-Hammou II manifesta une grande indignation de ce qu'il appelait le meurtre de son beau-père et, comme il avait obtenu, à la fin de l'année précédente, de grands succès, en ravageant le territoire merinide et les cantonnements d'Ouenzemmar à Guercif, ce qui avait porté le gouverneur de Fès à conclure un nouveau traité de paix avec lui, il résolut de marcher contre Bougie. Après avoir réuni une armée considérable, formée de Zenètes et d'Arabes, il se mit en route vers l'Est (fin juin). En passant à Hamza, il trouva la tribu zor'bienne de Yezid en armes et lui envoya des officiers pour la sommer de se rendre. Pour toute réponse, les chefs Yezidiens firent trancher la tête aux envoyés. L'émir passa outre sans tirer vengeance de cette provocation, soit qu'il jugeât ces adversaires indignes de lui, soit qu'il eût hâte d'arriver à Bougie. C'était un mauvais début dans une région qui avait toujours été si fatale aux Abd-el-Ouadites. Parvenu au terme de son voyage, il établit son vaste camp dans la plaine qui avoisine Bougie, au sud (août). Mais le mécontentement était déjà dans l'armée assiégeante et Abou-Hammou manquait de la décision et de l'énergie nécessaires dans un tel moment.

Sur ces entrefaites, Abou-l'Abbas, qui se tenait prudemment derrière les remparts de Constantine, mit en liberté le prince Abou-Zeyane qui, nous l'avons vu, s'était précédemment réfugié à Tunis. Rappelé à Tlemcen par des mécontents, il s'était mis en route, mais avait été arrêté au passage par le souverain hafside de Constantine. Lui donnant l'appui d'un corps de troupes, celui-ci le chargea d'inquiéter les assiégeants de Bougie.

Dans le camp d'Abou-Hammou, les germes de mésintelligence avaient amené les conséquences qu'on pouvait prévoir. Aussi ce prince, voyant les chefs arabes sur le point de l'abandonner, se décida-t-il à livrer l'assaut. Il ne pouvait prendre, dans cette

1. Ibn-Khaldoun, *Berbères*, t. III, p. 68 et suiv., 450. El-Kaïrouani, p. 250, 251.

conjoncture, un plus mauvais parti. A peine, en effet, les Abd-el-Ouadites, sans confiance, ont-ils commencé mollement l'attaque, que la garnison de Bougie fait une sortie furieuse, tandis qu'Abou-Zeyane les attaque de flanc. En un instant, le désordre est dans l'armée assiégeante : les Arabes prennent la fuite de toute la vitesse de leurs chevaux et, à cette vue, les Berbères qui, du haut des montagnes, épient l'issue de la lutte, se précipitent sur le camp abd-el-ouadite pour le piller.

Le désordre de cette armée en déroute fut inexprimable. A peine Abou-Hammou eut-il le temps de faire charger quelques bagages et objets précieux : renversé avec son cheval par la cohue, il se vit bientôt contraint de tout abandonner et de prendre la fuite en laissant son harem aux mains des ennemis. Il atteignit Alger « presque mort de honte et de douleur » et, de là, gagna Tlemcen (fin août 1366).

Abou-Zeyane, qui avait puissamment contribué à la victoire des Hafsides, et avait reçu, dans sa part de butin, la femme favorite d'Abou-Hammou, rallia à sa cause une foule de tribus arabes. S'étant avancé vers l'ouest, jusqu'à la montagne de Titeri, il reçut la soumission des Hoseïne (Zor'ba). Puis il s'empara de Médéa et étendit bientôt son autorité sur Miliana, toute la Mitidja et Alger.

Quant à Abou-l'Abbas, après être allé occuper Dellis, il rentra à Constantine. Encouragé par ses récents succès, il céda alors aux conseils d'Abou-Abd-Allah, fils d'Ibn-Tafraguine, et lança contre Tunis une armée commandée par son frère Abou-Yahïa-Zakaria. Mais ce prince n'obtint aucun résultat sérieux [1].

Assassinat du sultan Abou-Zeyane par le vizir Omar. Règne d'Abd-el-Aziz. Omar est mis a mort. — Dans le Mag'reb, le vizir Omar, au commencement de cette année 1365, était entré en lutte contre Amer-ben-Mohammed, cheïkh des Hentata, qui avait rompu avec lui en proclamant à Maroc les princes Abou-l'Fadel et Abd-el-Moumene. Il pénétra dans le pays des Hentata, où s'était retranché le rebelle, mais, aux prises avec des difficultés de toute sorte dans ces montagnes abruptes, il se décida à traiter avec lui. A peine était-il parti que Amer, reléguant les princes merinides au second plan, reprenait en maître absolu la direction des affaires de la province de Maroc.

De retour à Fès, le vizir continua à régner en maître absolu,

---

1. Ibn-Khaldoun, *Berbères*, t. I, p. 110, t. III, p. 74 et suiv., 448 et suiv. Brosselard, *Mémoire sur les tombeaux des Beni-Zeyane*, p. 61 et suiv. L'Imam Et-Tensi, passim.

défendant même au sultan de s'ingérer en quoi que ce fût dans les affaires. Cette position humiliante devenait intolérable à Abou-Zeyane, et ce prince résolut de se défaire de son ministre par l'assassinat. Mais, Omar, mis au courant de la conspiration, ne lui laissa pas le temps de l'exécuter; ayant pénétré dans le palais à la tête de quelques satellites, il donna ordre de saisir Abou-Zeyane et le fit étrangler sous ses yeux, puis on jeta le corps dans une citerne du palais et le vizir fit répandre le bruit que le sultan, dans un moment d'ivresse, y était tombé (octobre-novembre 1366).

Après ce crime audacieux, Omar retira d'une prison, où il le détenait, le jeune prince Abd-el-Aziz, fils d'Abou-l'Hacène; et le proclama sultan. Aussitôt, l'armée et les grands de l'empire, terrifiés par cette audace, vinrent prêter serment au nouveau souverain. Omar consigna le sultan dans ses appartements et continua, comme par le passé, à gérer seul les affaires de l'empire. Au printemps suivant (avril-mai 1367), le vizir se dirigea de nouveau à la tête de l'armée contre Maroc; mais, comme la première fois, Amer se retrancha dans ses montagnes où son ennemi n'osa pas l'attaquer. Omar dut se retirer après avoir signé avec lui une nouvelle trêve.

Bientôt, l'audace du vizir, encouragé par le succès, ne connut plus de bornes; non seulement il ne permit pas à son souverain de prendre la moindre part aux affaires, mais encore il lui défendit toute communication avec ses sujets. Cependant, sa méfiance n'était pas satisfaite et il résolut de le supprimer et de le remplacer par un fils d'Abou-Eïnane dont il avait épousé la sœur. Tant d'excès devaient enfin trouver leur châtiment. Abd-el-Aziz était, du reste, doué d'un caractère énergique et il se mit en mesure de prévenir les mauvais desseins de son ministre. Dans le courant du mois de juillet, comme il avait reçu du vizir l'invitation de quitter le palais pour aller habiter la citadelle, il devina le piège qui lui était tendu; ayant fait cacher quelques hommes dévoués dans ses appartements, il y appela le tyran sous prétexte de régler avec lui diverses dispositions. A peine Omar fut-il entré, les sicaires se précipitèrent sur lui et le massacrèrent à coups de sabre.

Demeuré seul maître du pouvoir, Abd-el-Aziz reçut le serment de la population et des grands officiers, heureux d'être délivrés du tyran. Le sultan s'entoura alors de conseillers éclairés et prit en main la direction des affaires. Par son ordre, la famille et les partisans d'Omar furent mis à mort[1].

---

1. Ibn-Khaldoun, *Berbères*, t. IV, p. 368 et suiv.

CAMPAGNES D'ABOU-HAMMOU II DANS LE MAG'REB CENTRAL. — Cependant, à Tlemcen, Abou-Hammou II n'aspirait qu'à tirer une éclatante revanche de son désastre de Bougie. Apprenant les succès de son compétiteur Abou-Zeyane, dans la région d'Alger et de Médéa, il se disposa à combattre celui qui lui avait enlevé sa femme et, au commencement de l'année 1367, se mit en route à la tête de toutes ses forces, augmentées de celles des tribus alliées. Parvenu dans le pays des Toudjine, il assiégea d'abord les Soueïd dans le Taoug'zout[1]. Mais les revers des dernières années, et sans doute aussi, le peu de confiance qu'inspirait le faible courage de l'émir, avaient semé parmi les auxiliaires des germes de désunion et, bientôt, Abou-Hammou se vit abandonné par les Amer, jusqu'alors si fidèles ; conduits par leur chef Khaled, ils allèrent renforcer l'armée du prétendant et l'émir zeyanite, victime encore une fois de la fortune adverse, dut abandonner son camp aux Arabes et rentrer à Tlemcen.

Son premier soin fut d'y lever une nouvelle armée et de la conduire vers l'est. Ce fut sur Miliana qu'il concentra ses efforts et il réussit à s'emparer de cette place. Tel fut le seul avantage qu'Abou-Hammou remporta dans le cours de cette année 1627. Il rentra à Tlemcen afin de tout préparer pour entreprendre, l'année suivante, une campagne sérieuse contre son compétiteur Abou-Zeyane[2].

RÉVOLTE D'ABOU-L'FADEL A MAROC. ABD-EL-AZIZ LE MET A MORT. — La mort du vizir Omar, l'homme qui, dans le Mag'reb, avait tenu si longtemps le pays courbé sous un joug de fer, réveilla des idées ambitieuses au cœur de plus d'un prétendant. Abou-l'Fadel, qui régnait à Maroc sous la tutelle d'Amer-ben-Mohammed, résolut d'imiter l'exemple de son cousin de Fès en se défaisant de son vizir. Mais, Amer put se soustraire par la fuite à ses coups, et Abou-l'Fadel dut se contenter de faire mettre à mort Abd-el-Moumene, l'ancien souverain de Sidjilmassa. Débarrassé ainsi de ses rivaux, il se disposa à régner en souverain indépendant et s'entoura de quelques chefs puissants parmi lesquels Ibrahim-ben-Atiya, émir de Kholt.

Ces événements eurent lieu vers la fin de l'année 1367. Dès qu'ils furent connus à Fès, Abd-el-Aziz se prépara à combattre le rebelle et, au printemps suivant, il marcha sur Maroc. Amer lui écrivit alors des montagnes des Hentata et lui offrit son appui

---

1. Au sud de Tiaret.
2. Ibn-Khaldoun, *Berbères*, t. III, p. 453 et suiv.

contre Abou-l'Fadel. Celui-ci, qui venait de sortir de Maroc dans le but de poursuivre à outrance Amer, dut changer son plan de campagne à l'approche d'Abd-el-Aziz. Il alla se retrancher dans la montagne des Beni-Djaber, chez les Arabes Sofiane, sur l'appui desquels il croyait pouvoir compter. Mais le sultan les détacha de lui en les faisant acheter et, lorsqu'on fut sur le point d'en venir aux mains, Abou-l'Fadel les vit passer du côté de son ennemi. Réduit à fuir, il alla demander asile chez les Zenaga de l'Atlas qui le livrèrent au sultan. Le soir même, Abou-l'Fadel fut étranglé (avril-mai 1368).

Ce premier compétiteur anéanti, Abd-el-Aziz songea à mettre Amer dans l'impuissance de nuire encore et le manda à son camp. Mais le rusé Berbère lui répondit en se lançant dans la révolte ouverte et, comme de nouvelles intrigues rappelaient à Fès le sultan, ce prince se décida à rentrer en laissant Maroc sous le commandement d'un certain Ali-ben-Addjana, qui reçut la mission de contenir et de réduire le rebelle [1].

LUTTES D'ABOU-HAMMOU II CONTRE LE PRÉTENDANT ABOU-ZEYANE. — Pendant ce temps, Abou-Hammou II, après s'être assuré l'appui des Daouaouïda du Hodna, en échange de la promesse qu'il les soutiendrait ensuite contre le hafside Abou-l'Abbas, quittait Tlemcen et se portait dans le Mag'reb central (printemps 1368). A son approche, les Soueïd, avec une fraction insoumise des Amer et leur chef Khaled, se jetèrent dans le Sud. L'émir zeyanite se dirigea alors vers la montagne de Titeri où se tenait le prétendant Abou-Zeyane gardé par les Hoseïne. En même temps les Daouaouïda, sous la conduite de leurs chefs, Yakoub-ben-Ali et Othman-ben-Youssof, s'avancèrent de l'autre côté et vinrent prendre position à Guelfa, au sud de Titeri. Mais aussitôt les Soueïd, avec Khaled, accoururent par le sud les prendre à revers et faillirent les mettre en déroute. Cependant les Riah, étant parvenus à se rallier, forcèrent les ennemis à la retraite. Cette diversion eut néanmoins pour résultat d'empêcher l'action combinée des Daouaouïda et de l'émir de Tlemcen. Les Zor'ba, au contraire, purent opérer leur jonction avec les Hoseïne et Abou-Zeyane. Avec toutes ces forces réunies, le prétendant attaqua résolument Abou-Hammou et celui-ci eut encore la douleur de voir ses auxiliaires l'abandonner et la victoire se tourner contre lui. Les Daouaouïda rentrèrent dans leurs cantonnements, tandis que l'émir re-

---

1. Ibn-Khaldoun, *Berbères*, t. IV, p. 373 et suiv.

prenait la route de Tlemcen, poursuivi jusqu'au Sirat par les vainqueurs.

Sans se décourager, Abou-Hammou reprit aussitôt la campagne et, avec l'aide de Khaled-ben-Amer et de la plus grande partie des Zor'ba, qu'il parvint à rattacher à sa cause, il força Abou-Zeyane à rentrer dans le Titeri, sous la protection des Hoseïne.

Au printemps suivant, Abou-Hammou entreprit une nouvelle campagne vers l'est. Au préalable, il emprisonna Mohammed-ben-Arif, chef des Soueïd, dont la conduite semblait suspecte. Il porta le ravage dans les cantonnements des Soueïd qui, à son approche, s'étaient jetés dans le Sud et ne rentra à Tlemcen qu'après avoir détruit le château de Kalaat-ben-Selama [1], quartier général de la famille d'Arif. Le chef des Soueïd, Abou-Beker, se rendit alors à la cour de Fès pour solliciter l'appui du sultan contre Abou-Hammou [2].

CHUTE DE AMER, CHEF DES HENTATA. PACIFICATION DU MAG'REB PAR ABD-EL-AZIZ. — Vers la fin de l'année 1368, Ibn-Addjana, gouverneur de Maroc, ayant marché contre Amer, était mis en déroute dans les montagnes des Hentata et restait prisonnier aux mains du rebelle. Ce succès eut beaucoup de retentissement dans le Mag'reb et, de toutes parts, des partisans accoururent se ranger sous les drapeaux du chef des Hentata.

Abd-el-Aziz, de son côté, dressa son camp en dehors de Fès et convia ses auxiliaires à la guerre, en leur offrant de fortes gratifications. Au printemps de l'année 1369, il partit pour le sud à la tête d'une armée considérable et, parvenu dans le pays des Hentata, entreprit méthodiquement l'occupation de chaque montagne. Il chassa ainsi les rebelles de tous leurs refuges et les força à se concentrer sur le mont Tamskroute, leur dernier rempart. La discorde se mit alors parmi eux, et plusieurs chefs, gagnés par les Merinides, provoquèrent une révolte dont le sultan profita pour donner l'assaut. Amer, se voyant perdu, envoya son fils à Abd-el-Aziz pour lui offrir sa soumission et s'en remettre à sa générosité. Quant à lui, il tenta de gagner le Sous, mais il ne put traverser l'Atlas couvert de neige et, après avoir perdu toutes ses montures et s'être vu contraint d'abandonner son harem, il se réfugia dans une caverne. Des bergers l'y trouvèrent manquant de tout et, l'ayant solidement garrotté, le conduisirent au sultan.

Après avoir achevé la pacification de la contrée et livré au

---

1. Taoughzout, à une journée au S.-E. de Tiharet.
2. Ibn-Khaldoun, *Berbères*, t. I, p. 100, t. III, p. 453 et suiv.

pillage les propriétés de Amer, Abd-el-Aziz nomma le général Farès au commandement du pays des Hentata et reprit la route de Fès où il fit son entrée triomphale dans le mois d'avril. Il traînait à sa suite les captifs, montés, par dérision, sur des chameaux. Amer périt sous le fouet. Quant à Tachefine, le pseudo-sultan qui avait été recueilli par le rebelle, il fut percé de coups de lance.

MORT DU HAFSIDE ABOU-ISHAK II. RÈGNE DE SON FILS ABOU-L'BAKA. ABOU-L'ABBAS S'EMPARE DE TUNIS ET RESTE SEUL MAITRE DE L'EMPIRE HAFSIDE. — Cette même année 1369 vit, à Tunis, la mort du khalife hafside Abou-Ishak II. Ce prince décéda subitement et fut remplacé par son fils Abou-l'Baka II, enfant en bas âge, qui fut proclamé par les soins de l'affranchi Mansour-Sariha et du vizir Ahmed-ben-el-Baleki. Ces deux chefs, ayant pris en main la direction des affaires, se livrèrent aussitôt à tous les excès. Mais leur tyrannie ne pouvait tarder à porter des fruits. Bientôt, en effet, une mésintelligence ayant éclaté entre eux et Mansour-ben-Hamza, chef des Kaoub, dont l'autorité était prépondérante en Ifrikiya, ce cheïkh se rendit auprès d'Abou-l'Abbas à Constantine et le décida à mettre à exécution le projet qu'il nourrissait depuis longtemps, et qui consistait à s'emparer de Tunis. Mais, trop prudent pour se lancer à l'aventure, il envoya d'abord son général Abd-Allah, fils de Tafraguine, dans la province de Kastiliya afin de recevoir la soumission des habitants de ces contrées, ainsi que des Arabes des plateaux. En même temps, il quitta Bougie où il s'était transporté et se rendit à Mecila, dans le but de réduire à la soumission les Daouaouïda toujours menaçants. Ce résultat obtenu, il rentra à Bougie, où il fut rejoint par le fils de Tafraguine qui avait parfaitement réussi dans sa mission. Puis, ayant réuni toutes ses forces, il marcha sur Tunis et reçut sur sa route l'hommage des populations. Arrivé sous les murs de la capitale, il en entreprit le siège.

Tunis était alors en proie à la plus grande anarchie, car les vizirs, au lieu de préparer tout pour la résistance, avaient indisposé contre eux les troupes et la population. Aussi le siège ne fut-il pas de longue durée. Abou-l'Abbas, ayant donné l'assaut, se mit lui-même à la tête d'une des colonnes et pénétra dans la ville, suivi de quelques hommes intrépides. Aussitôt, les tyrans et leurs sicaires prirent la fuite dans toutes les directions, poursuivis par la population qui les accablait de mauvais traitements et de malédictions. Le 6 septembre 1370, Abou-l'Abbas fit son entrée dans le palais du gouvernement et prit possession du trône hafside. Peu après, le prince Abou-l'Baka lui fut amené et on lui apporta la tête d'Ibn-el-Baleki. Quant à Mansour, il parvint à s'échapper. Pendant ce temps, les troupes mettaient la ville au pillage.

Resté seul maître du pouvoir, Abou-l'Abbas s'efforça de faire disparaître, par une sage administration, les traces des excès des règnes précédents. Il s'appliqua surtout à rétablir l'unité et l'autorité du gouvernement en abaissant la puissance des grands officiers et des chefs de tribus, surtout des Arabes, dont l'influence s'exerçant au détriment de celle du prince, avait été cause de la plupart des malheurs des règnes précédents. Il songea aussi aux populations rurales, opprimées depuis longtemps, et abolit l'usage de la *difa* (repas), qu'elles étaient tenues de fournir aux officiers en tournée.

L'émir Abou-l'Baka avait été embarqué avec son frère pour le Mag'reb, mais le bateau qui les portait ayant été assailli par une tempête périt corps et biens avec tous ceux qu'il portait [1].

Evénements d'Espagne. Mort de Pierre le Cruel. Règne d'Enrique II. — Nous avons vu, à la fin du chapitre précédent, Mohammed V, roi de Grenade, dépossédé par Ismaïl II, vassal de la Castille, venir à Fès réclamer l'appui du sultan mérinide. L'ayant obtenu, il arriva en Espagne avec une armée, mais, à ce moment, Abou-Salem ayant été tué, Mohammed se vit abandonné par ses adhérents et alla se réfugier en Castille. Pierre l'accueillit avec faveur et, pour se venger de ce qu'il appelait la trahison d'Ismaïl, suscita contre lui une révolte dans laquelle ce dernier périt. Son frère, Abou-Abd-Allah, ayant pris le pouvoir, envoya son hommage au roi d'Aragon. Mohammed V, à la tête de troupes castillanes, marcha contre lui et, après diverses péripéties, le réduisit à une telle extrémité qu'il se décida à s'en remettre à la générosité de Pierre le Cruel. Ce prince le tua de sa propre main et Mohammed V rentra à Grenade (1362).

Pierre, allié au Prince Noir d'Angleterre, lutta alors contre l'Aragon, allié à la France, dont le roi voulait venger la malheureuse Blanche et avait fait reconnaître don Enrique comme roi de Castille. Ces guerres, dans lesquelles le souverain de Grenade dut prendre part en envoyant des secours à son suzerain, amenèrent en Espagne les grandes compagnies. Charles V trouva ainsi l'occasion de s'en débarrasser en les confiant à Duguesclin (1365).

Pierre, vaincu, fut obligé de fuir, et le roi de Grenade adressa son hommage à Enrique II; mais bientôt le tyran reparait, toujours

---

1. Ibn-Khaldoun, *Berbères*, t. III, p. 85 et suiv. El-Kaïrouani, p. 251 et suiv.

soutenu par le Prince Noir, et défait ses ennemis à Najira (avril 1367). Duguesclin est fait prisonnier dans cette bataille par Chandos. Enrique ne tarde pas à revenir avec une armée française et la guerre recommence, acharnée, terrible. Le royaume de Grenade fournit tous ses guerriers à Pierre, mais il ne peut l'empêcher d'être défait et pris par Duguesclin qui le livre à Enrique. Celui-ci le tue et reste enfin maître du trône de Castille (23 mars 1369)[1].

Le roi de Grenade profita de ces guerres qui absorbaient les forces chrétiennes, pour rentrer en possession d'Algésiras avec l'appui du sultan merinide[2].

1. Rosseeuw Saint-Hilaire, *Hist. d'Espagne*, t. IV, p. 471 et suiv.
2. Ibn-Khaldoun, *Berbères*, t. IV, p. 380, 381.

CHAPITRE XX

DYNASTIES HAFSIDE, ZEYANITE ET MERINIDE (Suite)

1370-1384

Abd-el-Aziz marche sur Tlemcen, qui est abandonné par Abou-Hammou II. — Abou-Hammou est rejeté dans l'extrême sud; les Merinides étendent leur autorité sur le Mag'reb central. — Révoltes contre les Mérinides dans le Mag'reb central. — Pacification du Mag'reb central par Ibn-R'azi. — Mort d'Abd-el-Aziz; Es-Saïd II lui succède. — Abou-Hammou II rentre en possession de Tlemcen et relève, pour la troisième fois, le trône abd-el-ouadite. — Abou-Hammou II traite avec Abou-Zeyane et rétablit son autorité sur le Mag'reb central. — Rupture entre la cour de Fès et le roi de Grenade. Celui-ci suscite deux prétendants : Abou-l'Abbas et Abd-er-Rahman. — Abou-l'Abbas renverse Es-Saïd et s'empare du trône de Fès. — Abd-er-Rahman règne indépendant à Maroc. — Le hafside Abou-l'Abbas réduit l'influence des Arabes et asseoit son autorité. — Luttes d'Abou-Hammou contre les Zor'ba dans le Mag'reb central. — Abou-Hammou réduit les Thaaleba et étend son autorité sur Alger. — Le sultan merinide Abou-l'Abbas écrase la révolte d'Ibn-R'azi. — Le hafside Abou-l'Abbas réduit à la soumission les principicules du Djerid. — Guerre entre les sultans merinides Abd-er-Rahman et Abou-l'Abbas; siège de Maroc par ce dernier. — Abou-Hammou II envahit le territoire merinide et met le siège devant Taza. — Abou-l'Abbas s'empare de Maroc et met à mort Abd-er-Rahman. — Abou-l'Abbas prend et pille Tlemcen qu'Abou-Hammou lui abandonne.

Abd-el-Aziz marche sur Tlemcen qui est abandonné par Abou-Hammou II. — Peu après le retour du sultan Abd-el-Aziz à Fès, arrivèrent dans cette ville Abou-Beker-ben-Malek, chef des Soueïd, son frère Ouenzemmar et les principaux de la tribu, dans le but de pousser le souverain merinide à entreprendre une expédition contre Tlemcen, lui promettant non seulement l'appui des Soueïd, mais encore celui des Makil, soumis depuis peu aux Abd-el-Ouadites. Ils lui présentèrent en même temps une lettre, envoyée par les habitants d'Alger, dans laquelle ceux-ci reconnaissaient la suzeraineté merinide. Comme l'empire du Mag'reb était enfin tranquille, le sultan accueillit favorablement l'idée d'une expédition contre Abou-Hammou, avec lequel les rapports étaient des plus tendus. Ayant, en conséquence, pressé les enrôlements, il put quitter Fès dans le mois de juillet 1370.

A l'approche de ses ennemis, Abou-Hammou appela aux armes tous ses alliés, Zenètes et Arabes Amer ; puis il s'avança vers l'ouest, comptant opérer sa jonction avec les Makil, mais il apprit alors que ces derniers, Ahlaf et Obeïd-Allah, s'étaient laissé gagner par les promesses d'Ouenzemmar et marchaient par le désert d'Angad à la rencontre du sultan, alors à Taza. Cette nouvelle démoralisa tellement son armée et lui-même qu'Abou-Hammou jugea toute résistance inutile. Abandonnant donc, pour la troisième fois, sa capitale, il se réfugia à El-Batcha chez ses fidèles alliés, les Amer[1].

Abou-Hammou est rejeté dans l'extrême sud. Les Merinides étendent leur autorité sur le Mag'reb central. — Le sultan merinide envoya de Taza son lieutenant Abou-Beker-ben-R'azi, prendre possession de Tlemcen et il fit lui-même son entrée solennelle dans cette ville le 7 août 1370. Dans le même mois, Ibn-R'azi sortit à la tête de l'armée et se mit à la poursuite d'Abou-Hammou. Ce prince, toujours prudent, s'enfuit à son approche avec ses alliés les Amer et, ayant atteint le Hodna, vint demander asile à la fraction des Oulad-Yahïa-ben-Sebâa, des Daouaouïda. Son compétiteur Abou-Zeyane, qui s'intitulait le sultan de Titeri, arriva, en même temps, chez les Oulad-Mohammed, cousins des précédents, où il fut bien accueilli. Mais c'est en vain qu'Abou-Hammou avait espéré trouver la sécurité chez les R'iah. Comme l'armée merinide approchait, ceux-ci craignirent la colère d'Ibn-R'azi et expulsèrent l'émir zeyanite.

Abou-Hammou se jeta alors dans le sud, toujours suivi par les Amer, mais les Merinides, guidés par les Daouaouïda, se mirent à sa poursuite, l'atteignirent à Ed-Doucène, dans le Zab, et lui firent essuyer une défaite dans laquelle il perdit tous ses bagages. L'émir courut, cette fois, jusque dans le pays du Mezab, où ses ennemis renoncèrent à le poursuivre. De là, il revint occuper les oasis de Rebâ et de Bou-Semr'oun que les Amer avaient conservées comme fiefs, au sud du Djebel-Rached.

Après avoir ainsi rejeté Abou-Hammou dans le Sud, le général Ibn-R'azi revint vers les régions du Tel du Mag'reb central et les contraignit à la soumission. Des gouverneurs furent envoyés dans les villes principales et l'autorité merinide s'étendit de nouveau de l'Atlantique jusqu'à Alger. Ibn-R'azi rentra alors à Tlemcen (octobre-novembre)[2].

---

1. Ibn-Khaldoun, *Berbères*, t. II, p. 266, t. III, p. 457 et suiv., t. IV, p. 381 et suiv. L'Imam Et-Tensi, passim.
2. Ibn-Khaldoun, t. I, p. 76, 92, 110, 127, t. III, p. 458 et suiv., t. IV, p. 383 et suiv.

RÉVOLTES CONTRE LES MERINIDES DANS LE MAG'REB CENTRAL. — Peu de temps après, un jeune homme de la famille mag'raouïenne de Mendil, nommé Hamza, fils d'Ali-ben-Rached, leva l'étendard de la révolte dans la montagne des Beni-Bou-Saïd[1] et fut soutenu par un grand nombre de partisans. Le vizir Omar-ben-Messaoud, envoyé contre lui par le sultan, dut entreprendre un siège en règle de cette région montagneuse, mais il n'obtint aucun succès effectif.

Sur ces entrefaites un désaccord se produisit entre les Arabes makiliens et le sultan qui refusait d'accéder à leurs exigences, consistant en octroi de terres et de privilèges excessifs, comme récompense de leurs services. Un chef de ces Arabes, nommé Raliho-ben-Mansour, qui commandait les Kharadj, branche des Obeïd-Allah, se rendit alors à Bou-Semr'oun, auprès d'Abou-Hammou, et offrit à ce prince sa soumission et l'appui de ses guerriers pour l'aider à reconquérir son empire. Avec ce renfort et le contingent des Amer, Abou-Hammou commença à insulter les frontières méridionales.

Vers le même temps, le rebelle Hamza, ayant pu surprendre le camp merinide près du Chelif, força le vizir Omar à se réfugier à El-Batcha, et la révolte des Mag'raoua s'étendit à toutes les contrées maritimes avoisinantes.

A l'annonce de ces événements, l'esprit de révolte des Hoseïn du Titeri se réveilla. Ils rappelèrent au milieu d'eux Abou-Zeyane, qui était toujours chez les Daouaouïda, puis ils étendirent leur autorité sur le pays ouvert jusqu'à Médéa (1371).

PACIFICATION DU MAG'REB CENTRAL PAR IBN-R'AZI. — Encouragé par quelques minces succès, Abou-Hammou, qui s'était avancé jusqu'aux environs de Tlemcen, se vit trahi par Khaled, chef des Amer. Cet émir, qui avait donné tant de preuves de fidélité au prince zeyanite, se laissa gagner par une somme d'argent offerte par le sultan merinide, à moins qu'il eût cédé simplement à un sentiment de jalousie provoqué par les faveurs dont son maitre comblait à d'autres cheïkhs. Nommé par Abd-el-Aziz à une haute position et ayant reçu le commandement d'un corps de troupes, il vint attaquer à l'improviste Abou-Hammou et ses alliés, les mit en déroute et put s'emparer des trésors et du harem de l'émir auquel cette mésaventure arrivait pour la deuxième fois. Tandis que toutes ses femmes et son affranchi étaient expédiés à Tlemcen, Abou-Hammou se réfugiait, presque seul, à Tigourarine, en plein désert (mai-juin 1372).

1. Le Dahra, entre Mostaganem et Ténès.

Pendant ce temps, le général Ibn-R'azi, qui avait pris le commandement dans le Mag'reb central, chassait Hamza de toutes ses positions, l'expulsait des montagnes des Mag'raoua et le rejetait vers le sud. Le rebelle chercha un refuge chez les Hoseïne du Titeri, mais Ibn-R'azi l'y poursuivit et, étant parvenu à surprendre son camp, s'empara de lui et le mit à mort. Sa tête et celles de ses principaux adhérents furent envoyées à Tlemcen, tandis que leurs corps restaient exposés sur les remparts de Miliana.

Après cette victoire, Ibn-R'azi alla bloquer la montagne de Titeri où se tenait Abou-Zeyane avec les Hoseïne. Mais la position occupée par les rebelles était très forte, de sorte que le général merinide se décida à faire appel aux Daouaouïda. Il obtint leur concours par l'intervention de l'historien Ibn-Khaldoun, qui amena leurs contingents par le sud afin de bloquer la montagne, de ce côté. Dans le mois de juillet 1372, les Hoseïne, réduits à la plus grande misère, se rendirent à discrétion. Mais Abou-Zeyane put s'échapper et gagner Ouargla. Après avoir ainsi pacifié le Mag'reb central et s'être fait livrer des otages par les tribus les plus turbulentes, telles que les Thâaleba, Hoseïne et Mag'raoua, Ibn-R'azi rentra à Tlemcen, accompagné des chefs des principales tribus arabes venant protester de leur dévouement au souverain merinide [1].

Mort d'Abd-el-Aziz. Es-Saïd II lui succède. — Au moment où Abd-el-Aziz voyait ainsi la fortune lui sourire et la suprématie merinide s'étendre de nouveau sur les deux Mag'reb, il ressentit les atteintes d'une affection chronique dont il était atteint. Son mal empira rapidement et, dans la soirée du 23 octobre 1372, il rendit le dernier soupir. Il ne laissait qu'un enfant en bas âge du nom d'Es-Saïd. Aussitôt après la mort du souverain, Ibn-R'azi, qui donnait de si grandes preuves d'attachement à la dynastie, prit le jeune enfant sur ses épaules et le présenta aux troupes et au peuple en annonçant la fatale nouvelle et en proclamant Es-Saïd comme sultan. Les acclamations de tous et les protestations de fidélité accueillirent le nouveau souverain. Mais, après un événement aussi grave, survenu loin de la capitale, il fallait au plus vite rentrer en Mag'reb et s'emparer du trône de Fès, sans laisser aux prétendants, qui ne manqueraient pas de surgir, le temps de prendre les devants. L'évacuation de Tlemcen fut donc résolu et, dès le surlendemain de la mort d'Abd-el-Aziz, l'armée merinide reprit, en bon ordre, la route de l'ouest.

Arrivé à Fès, Abou-Beker-ben-R'azi procéda à la cérémonie

---

1. Ibn-Khaldoun, *Berbères*, t. III, p. 324 et suiv., p. 461 et suiv., t. IV, p. 386 et suiv.

d'inauguration du nouveau sultan qui fut proclamé sous le nom d'Es-Saïd II. Ibn-R'azi prit en main l'entière direction des affaires. La mort d'Abd-el-Aziz et la minorité de son fils allaient faire perdre aux Mérinides le fruit de leurs derniers succès dans le Mag'reb central et permettre à Abou-Hammou de relever encore une fois son trône [1].

Abou-Hammou II rentre en possession de Tlemcen et relève pour la troisième fois le trône Abd-el-ouadite. — L'évacuation de Tlemcen par les Mérinides avait été si inopinée qu'ils n'avaient pas songé à y laisser un représentant. Parvenu à Taza, Ibn-R'azi voulut remédier à cet oubli, et, comme il avait sous la main un fils de l'émir Abou-Tachefine, nommé Ibrahim, qui avait été élevé à Fès, et sur la fidélité duquel il croyait pouvoir compter, il lui confia le commandement de Tlemcen et l'envoya prendre possession de cette ville avec Rahho-ben-Mansour, cheïkh des Obeïd-Allah (Makil) et un corps de troupes mag'raouïennes regagnant leur pays.

Mais, à Tlemcen, la face des choses avait déjà changé : le surlendemain du départ des Mérinides, Atiya-ben-Mouça, affranchi d'Abou-Hammou, ayant pu s'échapper des mains de ses gardes, avait exhorté la population à rappeler son ancien maître et partout, dans la ville, le nom d'Abou-Hammou avait été acclamé. Ce fut sur ces entrefaites qu'Ibrahim arriva de Mag'reb pour prendre possession de son gouvernement. Il trouva les portes fermées et les habitants en armes sur les remparts. Ce fut en vain qu'il essaya de pénétrer de vive force à Tlemcen : ses tentatives furent repoussées et il dut retourner en Mag'reb, tandis que les Mag'raoua continuaient leur route vers le Chélif.

Pendant ce temps, Abou-Hammou II, accablé par les revers, était toujours à Tigourarine et se disposait à gagner le Soudan, menacé qu'il était d'une prochaine attaque des Zor'ba, lorsqu'un messager arabe, monté sur un mehari, arriva dans l'oasis. Il était harassé de fatigue, ayant forcé les étapes depuis Tlemcen, et se disait porteur d'un message important. Abou-Hammou s'attendait à un nouveau malheur ; aussi, quelle ne fut pas sa joie lorsqu'il apprit que la fortune lui rendait son royaume. Il fit aussitôt partir son fils, Abou-Tachefine, pour Tlemcen et, peu de jours après, se mit lui-même en route vers le nord et rentra triomphant dans sa capitale (nov.-déc. 1372). Son premier soin fut de rechercher et de mettre à mort toutes les personnes qui l'avaient trahi. Puis il prodigua ses faveurs

---

1. L'Imam Et-Tensi, passim. Ibn-Khaldoun, *Berbères*, t. III, p. 462, t. IV, p. 387 et suiv.

aux chefs zor'biens de la famille d'Arif, préférant les avoir pour amis que les Amer, et comptant sur l'influence d'Ouenzemmar en Mag'reb pour détourner de lui toute agression de ce côté. Ainsi, Abou-Hammou releva, pour la troisième fois, le trône abd-el-ouadite.

Abou-Hammou traite avec Abou-Zeyane et rétablit son autorité sur le Mag'reb central. — De son côté, le prince Abou-Zeyane, dès qu'il apprit, à Ouargla, la mort du sultan, sentit renaître en lui l'ambition de s'emparer du pouvoir. Il se rendit dans le Tel du Mag'reb central et reçut l'adhésion des Thaaleba et des Hoseïne, ses anciens adhérents. A cette nouvelle, Abou-Hammou quitta Tlemcen à la tête d'une armée nombreuse, appuyée par le contingent des Soueïd, et s'avança vers l'est. Il dut, tout d'abord, combattre et réduire à la fuite un certain Ali-ben-Haroun de la famille de Mendil qui, dans la région du Chelif, avait réuni quelques partisans et tenait la campagne pour le compte des Merinides.

Ayant fait ensuite irruption dans la région montagneuse de Médéa, Abou-Hammou, par une série d'opérations bien conduites, mit les rebelles dans une situation critique. Mohammed-ben-Arif se rendit alors, comme délégué de l'émir de Tlemcen, auprès d'Abou-Zeyane et conclut avec lui un traité par lequel celui-ci renonçait à toute prétention au trône, moyennant une indemnité pécuniaire, et consentait à se retirer chez les R'iah. Le vainqueur reçut ensuite la soumission des Hoseïne et celle des Thaaleba qui avaient définitivement établi leur suprématie sur la Mitidja, en rejetant les Sanhadja dans les montagnes de l'est, et dominaient en maîtres à Alger. Abou-Hammou II, ayant ainsi pacifié le Mag'reb central, laissa à Alger un de ses fils pour y commander avec le concours de Salem-ben-Brahim, cheïkh des Thaaleba. Il confia à un autre de ses fils le gouvernement de Médéa, puis il rentra dans sa capitale, pouvant, à bon droit, compter sur quelque tranquillité (juillet 1373)[1].

Rupture entre la cour de Fès et le roi de Grenade. Celui-ci suscite deux prétendants, Abd-er-Rahmane et Abou-l'Abbas. — De graves événements, survenus dans le Mag'reb, absorbaient toutes les forces du gouvernement merinide et l'empêchaient de s'opposer à la restauration abd-el-ouadite. Plusieurs prétendants voulurent profiter de la minorité du souverain pour s'emparer du

---

1. Ibn-Khaldoun, *Berbères*, t. I, p. 111, 124 et suiv. T. III, p. 463 et suiv. T. IV, p. 401 et suiv. — Brosselard, *Mémoire sur les tombeaux des Beni-Zeïyan*, p. 63. — L'Imam Et.-Tensi, passim.

pouvoir, et une rupture, survenue entre la cour de Fès et celle de Grenade, vint aggraver cette situation. En effet, Mohammed V Ben-el-Ahmar, dont les récents succès avaient surexcité l'orgueil, voulut faire disparaître de l'Espagne l'influence merinide et ne trouva rien de mieux, pour réaliser ce projet, que de lancer en Afrique des prétendants. Le premier fut un certain Abd-er-Rahmane-ben-Ifelloucène, petit-fils du sultan Abou-Ali. Débarqué au printemps de l'année 1373, sur le rivage du pays des Botouïa, il se vit aussitôt soutenu par ces turbulents Berbères et fit, de leurs montagnes, son quartier général.

Le vizir Ibn-R'azi, voyant d'où partait le coup, et craignant une expédition du prince de Grenade contre Ceuta, envoya son cousin Mohammed-ben-Othmane occuper cette place, puis il alla assiéger le prétendant dans le pays des Botouïa. Mais il n'obtint aucun avantage et dut rentrer à Fès. A peine était-il de retour qu'une défection inattendue vint compliquer la situation. Mohammed, gouverneur de Ceuta, cédant aux instigations du prince de Grenade, retira de la prison de Tanger le prince Abou-l'Abbas-Ahmed, fils d'Abou-Salem, qui y était étroitement détenu, et le proclama sultan. En même temps, arrivèrent d'Espagne des subsides en hommes et en argent, avec une partie des Merinides « volontaires de la foi » et, en retour de ce service, Ibn-el-Ahmar obtint la remise de Gibraltar qu'il assiégeait depuis quelque temps. C'était la dernière forteresse possédée par les Merinides en Espagne.

Ibn-R'azi essaya vainement de ramener son cousin à l'obéissance, il dut reconnaître que le sort des armes pouvait seul trancher le différend et se prépara activement à la lutte. Mais, avant de marcher sur Ceuta, il voulut essayer de réduire le rebelle Abd-er-Rahmane qui venait de s'emparer audacieusement de Taza, où il avait été rejoint par de nombreux partisans.

Ibn-R'azi alla mettre le siège devant cette place, mais il y rencontra une résistance inattendue et fut bientôt rappelé à Fès par l'annonce de l'arrivée prochaine de l'autre prétendant.

Abou-l'Abbas renverse Es-Saïd et s'empare du trône de Fès. Abd-er-Rahmane règne indépendant a Maroc. — Mohammed-ben-Othmane avait, en effet, quitté Ceuta avec le souverain Abou-l'Abbas, à la tête du corps des volontaires de la foi, de sept cents archers grenadins et de partisans berbères dont le nombre allait croissant chaque jour ; il avait marché directement sur Fès. Bientôt Ibn-R'azi apprit que l'ennemi était à Zerhoum[1] et il tenta d'en-

---

1. Montagne entre Fès, Meknès et le Sebou.

lever son camp par un coup de main. Mais le prétendant s'était placé dans une position très forte et ses troupes espagnoles, habituées à la guerre contre les chrétiens, repoussèrent facilement l'attaque tumultueuse des Mag'rebins. Prenant ensuite l'offensive, elles se jetèrent avec impétuosité sur l'armée du vizir, changèrent sa retraite en déroute et s'emparèrent de son camp. Ibn-R'azi n'eut d'autre ressource que de se jeter dans la ville neuve de Fès, en donnant, à la tribu makilienne de Hoceïne, l'ordre de venir s'établir auprès de la capitale pour la couvrir du côté de l'intérieur.

Mais le prétendant Abd-er-Rahmane, qui avait reçu du roi de Grenade l'invitation de se rendre à Abou-l'Abbas et s'était vu renforcé de la tribu des Ahlaf (Makil), se porta au plus vite dans la direction de Fès et, ayant rencontré les Hoceïne qui accouraient au secours d'Ibn-R'azi, parvint à les rejeter dans le Sud. Il opéra alors sa jonction avec Abou-l'Abbas, et les deux armées se mirent en marche sur Fès (avril-mai 1374). A leur approche, Ibn-R'azi, qui avait eu le temps de réunir un grand nombre de soldats, fit une sortie générale et attaqua avec une grande vigueur ses ennemis. Le combat fut long et acharné, mais les assiégés durent céder au nombre et se virent forcés de rentrer derrière leurs murailles.

A la suite de cette bataille, les deux prétendants prirent position chacun d'un côté de la capitale et en firent le siège. Au bout de deux mois, malgré les efforts des assiégés et leurs fréquentes sorties, la ville se trouva réduite à la dernière extrémité. Ibn-R'azi céda alors aux instances de son cousin et mit fin à une lutte inutile. S'étant rendu au camp d'Abou-l'Abbas, il fit sa soumission à ce prince et déclara le reconnaître pour souverain.

Le 20 juin 1374, Abou-l'Abbas fit son entrée solennelle à Fès et prit possession du trône merinide. Quant à l'émir Abd-er-Rahmane, dont la coopération avait été si efficace, il exigea pour lui le gouvernement indépendant de Maroc et de sa province, et Abou-l'Abbas se résigna à subir cette exigence en attendant que l'occasion se présentât de rompre le traité. Des discussions s'élevèrent aussitôt, relativement aux limites des deux états et, une première fois, on arriva à un arrangement : la ville d'Azemmor fut désignée comme point de séparation des deux royaumes.

Une fois maître du pouvoir, Abou-l'Abbas laissa l'entière direction des affaires à Mohammed-ben-Othman nommé par lui premier ministre. Le roi de Grenade, qui avait tant contribué au changement du souverain, exerça la plus grande influence sur les affaires du Mag'reb. Tous les princes de la famille impériale merinide et, parmi eux, le jeune Es-Saïd, lui avaient été envoyés et il les détenait comme une menace, prêt à lancer un nouveau prétendant en Mag'reb si le sultan de Fès avait manifesté la moindre velléité de rupture[1].

LE HAFSIDE ABOU-L'ABBAS RÉDUIT L'INFLUENCE DES ARABES ET ASSEOIT SON AUTORITÉ. — Pendant que le Mag'reb était le théâtre de ces événements importants, le hafside Abou-l'Abbas s'appliquait à achever d'asseoir solidement son autorité dans l'Est. Comme son prédécesseur avait dû, pendant les dernières années, s'appuyer sur les Arabes pour pouvoir résister à ses rivaux de Constantine et de Bougie, ces nomades s'étaient arrogé une grande influence dans la direction des affaires. Cantonnés aux portes de Tunis, ils faisaient peser sur le pays la lourde tyrannie de leurs exigences. Abou-l'Abbas, resté seul maître du pouvoir, s'attacha à abaisser l'orgueil des Kaoub et de leurs chefs, les Ben-Hamza, car il voulait absolument ne partager le pouvoir avec personne. Il en résulta chez ceux-ci une irritation qui ne pouvait tarder à se révéler par des faits. A cette époque, le Djerid et la Tripolitaine étaient divisés par les factions: dans chaque ville importante régnait un tyran prenant le titre de sultan et gouvernant d'une manière à peu près indépendante. A Tripoli, la famille d'Ibn-Thabet venait de renverser les Ibn-Mekki et d'y usurper le pouvoir. A Gafsa, dominaient les Ibn-Khalef, à El-Hamma les Ibn-Abou-Menïa, enfin à Touzer les Ibn-Yemloul, les plus puissants et les plus remuants de tous. Les Arabes, éloignés de Tunis par le peu de sympathie que leur portait le khalife, entrèrent en pourparlers avec ces chefs et offrirent de les appuyer dans leurs tentatives anarchiques.

Mais, Abbou-l'Abbas s'appliqua à les combattre tous successivement et fit rentrer sous son autorité El-Mehdia, Souça et l'île de Djerba. Les principicules du Djerid n'allaient pas tarder à le voir paraître dans leur pays; aussi, devant l'imminence du danger, oublièrent-ils leurs haines réciproques pour former entre eux une alliance offensive et défensive, avec l'appui des Arabes. Cette coalition n'était pas faite pour effrayer Abou-l'Abbas, mais il ne voulait entrer en lutte qu'après avoir mis de son côté toutes les chances de succès. L'Ouest de son empire était déjà dans la tranquillité la plus complète et obéissait à ses deux fils qu'il avait nommés, l'un, Abou-Abd-Allah, au gouvernement de Bougie, l'autre, Abou-Ishak, à celui de Constantine. L'Est allait bientôt se courber sous son joug[2].

---

1. Ibn-Khaldoun, t. IV, p. 405 et suiv., p. 487, 488.
2. Ibn-Khaldoun, t. III, p. 85 et suiv., 141 et suiv., 166, 174 et suiv. El-Kaïrouani, p. 252.

Luttes d'Abou-Hammou contre les Zor'ba dans le Mag'reb central. — Dans le Mag'reb central, Abou-Hammou II avait à lutter contre de nouvelles révoltes. Lorsque Khaled-ben-Amer, ancien chef des Amer (Zor'ba), eut été définitivement disgracié par l'émir de Tlemcen, il se rendit en Mag'reb, espérant faire épouser sa querelle par le sultan de Fès. Mais les Merinides étaient trop occupés chez eux pour songer à porter la guerre hors de leur empire. Khaled, n'ayant rien pu obtenir, se jeta, avec sa famille, dans les profondeurs du désert. Quelque temps après, son neveu, Abd-Allah, venait faire une razia sur les populations du Djebel-Amour. Mais les Soueïd, s'étant ralliés, l'expulsèrent de leur pays. Sur ces entrefaites, ce même Abd-Allah, ayant rencontré un autre chef zor'bien nommé Abou-Beker-ben-Arif, qui venait de se détacher de la cause de l'émir abd-el-ouadite, contracta alliance avec lui et tous deux adressèrent une députation au prince Abou-Zeyane, resté chez les Daouaouïda, pour l'engager à venir au milieu d'eux afin de prendre la direction des affaires. Ces faits se passèrent dans l'hiver 1374 et au printemps de 1375.

Mais au mois de juin 1375, Abou-Hammou quitta Tlemcen à la tête de ses troupes et, soutenu par les contingents des Soueïd et des Makil, commandés par Mohammed-ben-Arif, il se porta contre les insurgés. Après une courte campagne, Abou-Hammou sut faire rentrer Abou-Beker dans son parti, et le prétendant, se voyant abandonné, rentra chez les Zor'ba.

Après cette nouvelle défaite, Abd-Allah rejoignit son oncle Khaled qui avait rallié un certain nombre de partisans. Ces deux chefs, pénétrant alors dans le Tel, vinrent dresser leurs tentes sur le haut Mina, d'où ils menacèrent les Soueïd. Abou-Hammou, auquel ceux-ci demandèrent secours, envoya aussitôt contre les rebelles son propre fils, Abou-Tachefine, à la tête d'un corps de troupes. A son approche, Khaled se retrancha à Kalaat-Houara[1]. Les troupes de Tlemcen attaquèrent vigoureusement cette position et, après un combat des plus acharnés, s'en emparèrent. Les principaux chefs rebelles, parmi lesquels Abd-Allah, y laissèrent la vie. Quant à Khaled, bien que serré de près par ses ennemis, il parvint à se jeter dans le Djebel-Amour[2].

Abou-Hammou réduit les Thaaleba et étend son autorité sur Alger. — Abou-Tachefine était rentré à Tlemcen et son père pouvait se croire, pour quelque temps, délivré des révoltes, lorsqu'il

---

1. Au nord-est de la position actuelle de Maskara.
2. Ibn-Khaldoun, *Berbères*, t. I, p. 111, 125, t. III, p. 464 et suiv.

apprit que Khaled avait trouvé asile chez Salem-ben-Brahim, cheïkh des Thaâleba de la Mitidja, et qu'ensuite ces deux chefs, ayant appelé le prétendant Abou-Zeyane, l'avaient proclamé sultan à Alger. L'émir de Tlemcen se préparait à les combattre, mais les rebelles le devancèrent en allant attaquer Miliana. La garnison abd-el-ouadite et le gouverneur de cette place se défendirent avec une grande vigueur et repoussèrent les assaillants (1376-77).

Abou-Hammou se porta au plus vite dans le Mag'reb central, mais les rebelles, au lieu de l'attendre dans le pays ouvert, se jetèrent dans le pâté montagneux de Titeri habité par les Hoceïne. Il fallut entreprendre des opérations régulières pour réduire ces Arabes, toujours disposés à soutenir les agitateurs, et ce ne fut qu'au mois de juin 1377 que les rebelles épuisés sollicitèrent l'aman. L'émir exigea d'eux le renvoi immédiat d'Abou-Zeyane qui se réfugia à Touzer, auprès d'Ibn-Yemloul. Quant à Salem, avec ses Thaâleba, il se retira dans les montagnes qui bordent la Mitidja où Abou-Hammou ne jugea pas devoir le poursuivre pour le moment. Il rentra donc à Tlemcen; mais, vers le milieu de l'hiver suivant, tandis que les Arabes nomades avaient fui les neiges du Tel pour rechercher les pâturages du Sahara, Abou-Hammou sortit inopinément de sa capitale, à la tête d'un corps de Zenètes et se porta, par une marche rapide, dans la Mitidja.

Surpris par cette attaque, les Thaâleba, privés du secours de leurs alliés, se dispersèrent dans les montagnes des environs. Salem envoya son fils prendre le commandement d'Alger, tandis que lui-même se retranchait aux Beni-Khalil[1]. Mais, chassé bientôt de cette retraite, il gagna le territoire des Beni-Meïcera, tribu Sanhadjienne établie dans la chaîne située à l'est de la Mitidja. La plupart des Thaâleba, las de la guerre, offrirent alors leur soumission à l'émir qui leur permit de redescendre dans la plaine. Quant à Salem, abandonné de tous, il comprit qu'il n'avait d'espoir que dans la clémence du vainqueur et envoya son frère Khaled au camp d'Abou-Hammou pour offrir sa soumission. L'émir promit à Salem la vie sauve, à la condition qu'il vînt se livrer entre ses mains. Le cheïkh des Thaâleba quitta alors son refuge et, après être passé à Alger, vint se présenter humblement à Abou-Hammou. Ce prince le fit aussitôt charger de fers et envoya ses troupes occuper Alger (janvier-février 1378). Puis il reprit la route de sa capitale, amenant avec lui les cheïkhs d'Alger comme otages. Rentré à Tlemcen au mois d'avril, il fit périr Salem dans les tourments.

1. Derrière Blida.

Abou-Hammou donna alors à ses fils le commandement des principales villes de son empire, tout en réservant à l'aîné, Abou-Tachefine, qu'il avait désigné comme héritier présomptif, un rang supérieur aux autres. Ce prince était d'un caractère violent et tyrannique, aussi n'allait-il pas tarder de donner à sa famille des preuves de ses mauvais sentiments [1].

LE SULTAN MERINIDE ABOU-L'ABBAS ÉCRASE LA RÉVOLTE D'IBN-R'AZI. — Pendant que l'émir abd-el-ouadite obtenait ces succès, le nouveau souverain merinide, Abou-l'Abbas, avait non seulement à déjouer les complots des ambitieux qui l'entouraient, mais encore à lutter contre les prétentions de son rival Abd-er-Rahmane, sultan de Maroc. Les deux princes avaient déjà failli en venir aux mains et une rupture définitive ne pouvait tarder à éclater. Sur ces entrefaites, l'ancien vizir, Ibn-R'azi, qui avait été interné à R'assaça, petit port du Rif, leva l'étendard de la révolte et, étant passé chez les Ahlaf (tribu makilienne), obtint l'appui de ces Arabes et les décida à reconnaître comme sultan un aventurier qu'il fit passer pour un fils d'Abou-l'Hacène (1377-78).

Mais, Abou-l'Abbas arriva bientôt à la tête de son armée et prit position à Taza.

A la vue des troupes régulières, les rebelles abandonnèrent leur sultan et son ministre pour s'enfuir dans toutes les directions. Ibn-R'azi, ayant été fait prisonnier, fut envoyé à Fès. Abou-l'Abbas profita de sa présence dans l'Est pour faire une promenade militaire et s'avancer jusqu'à la Moulouïa. Cette démonstration causa à Abou-Hammou une véritable terreur, aussi s'empressa-t-il d'envoyer au sultan de Fès une ambassade chargée de lui présenter son hommage de soumission. Après avoir rétabli l'ordre dans ses provinces, Abou-l'Abbas rentra à Fès et son premier soin fut d'ordonner le supplice d'Ibn-R'azi. Il signa ensuite un nouveau traité avec le sultan de Maroc et, pendant quelque temps, le Mag'reb put jouir de la paix [2].

LE HAFSIDE ABOU-L'ABBAS RÉDUIT A LA SOUMISSION LES PRINCIPICULES DU DJERID. — En Ifrikiya, le khalife hafside Abou-l'Abbas continuait, avec une patiente énergie, la mise en pratique de son plan d'unification. Après avoir combattu les Arabes Kaoub qui, nous l'avons vu, avaient fait alliance avec les principicules du Djerid, il

---

1. Ibn-Khaldoun, *Berbères*, t. I, p. 124, 125, t. III, p. 469 et suiv. L'Imam Et-Tensi, passim.
2. Ibn-Khaldoun, *Berbères*, t. IV, p. 415 et suiv.

détacha d'eux les Merendjiça, riche tribu berbère devenue tributaire des Arabes depuis les grands troubles de la Tunisie. Les Kaoub, ayant à leur tête les Oulad-Abou-l'Leïl (Bellil), voulurent essayer de tirer vengeance de cet échec, en venant insulter jusqu'à la banlieue de Tunis; mais, en l'année 1378, Abou-l'Abbas sortit de la capitale à la tête de son armée. Il passa d'abord à El-Mehdïa, à Souça et à Kaïrouan, percevant les contributions et levant des recrues, puis, ayant rallié à sa cause les Oulad-Mohelhel, il marcha directement sur le Djerid afin d'y combattre Ibn-Yemloul, dont les excès, encouragés par l'impunité, avaient porté la désolation dans la contrée.

S'étant présenté devant Gafsa, le khalife trouva cette oasis en état de défense et les habitants disposés à la lutte; il fit alors couper les dattiers, ce qui eut pour effet immédiat de forcer les rebelles à la soumission (février-mars 1379). De là, Abou-l'Abbas marcha sur Touzer, mais Ibn-Yemloul ne jugea pas prudent de l'attendre; il prit la fuite, escorté par les Arabes Mirdas et put gagner Biskra, où il trouva un refuge chez son parent Ibn-Mozni. Les habitants de Touzer envoyèrent alors au devant du khalife une députation chargée de lui offrir leur soumission. La quantité de butin trouvée dans cette ville fut immense, car les Arabes y avaient entassé les richesses de l'Ifrikiya. Ibn-Khalef, seigneur de Nafta, s'empressa d'envoyer son hommage et fut confirmé dans son commandement. Après avoir laissé à Touzer son fils El-Mountaçar, et à Souça son autre fils Abou-Beker, le khalife rentra à Tunis, non sans avoir fait essuyer un châtiment sévère aux Arabes qui avaient voulu lui barrer le passage. Leurs chefs se rendirent alors à Biskra, auprès d'Ibn-Yemloul, leur ancien patron. Celui-ci, ne sachant à qui s'adresser, se tourna vers Abou-Hammou II, avec lequel il était déjà entré en pourparlers et lui député quelques chefs arabes, dans l'espoir de l'entraîner à une campagne vers l'est. Mais, l'émir de Tlemcen ne se souciait plus de hasarder sa couronne dans des entreprises lointaines; il se borna donc à congédier les Arabes avec de vagues promesses.

Peu de temps après, Abou-l'Abbas marcha sur Gabès, où Ibn-Mekki avait levé l'étendard de la révolte avec l'appui des Beni-Ali, tribu arabe devenue fort puissante. Après avoir soutenu pendant quelques jours le siège, Ibn-Mekki fit présenter sa soumission au khalife; profitant ensuite du moment de répit que lui laissaient les négociations, il se réfugia chez les Debbab. Abou-l'Abbas fit alors son entrée solennelle dans la ville (février-mars 1380), et, peu après, il recevait d'Ibn-Thabet, seigneur de Tripoli, une députation lui apportant son hommage de vassalité. Le khalife accueillit avec distinction les envoyés du prince de Tripoli et conserva à ce dernier le titre de représentant de l'empire hafside.

Ainsi se trouva rétabli, à peu près dans son intégrité, l'empire fondé par Abou-Zakaria. Toutes les tribus arabes de l'Ifrikiya, voyant la fortune constante qui s'attachait aux entreprises d'Abou-l'Abbas, s'empressèrent d'envoyer à ce prince des assurances de leur fidélité et de leur dévouement. Ibn-Mozni, lui-même, après avoir fourni à Yahïa-ben-Yemloul, fils de son protégé, son assistance dans une entreprise pour reprendre Touzer, tentative qui échoua misérablement, s'empressa d'implorer son pardon du khalife Abou-l'Abbas, déjà en marche contre lui [1].

GUERRES ENTRE LES SULTANS MERINIDES ABD-ER-RAHMAN ET ABOU-L'ABBAS. SIÈGE DE MAROC PAR CE DERNIER. — Sur ces entrefaites, la rupture, imminente depuis longtemps, entre les deux sultans du Mag'reb, se produisit et eut pour prétexte une incursion faite par le gouverneur d'Azemmor, sur le territoire soumis au prince de Maroc. Ce dernier vint aussitôt attaquer Azemmor. Abou-l'Abbas, de son côté, considérant cette agression comme une déclaration de guerre, marcha sur Maroc. Mais Abd-er-Rahman rentra à temps pour défendre sa capitale et repousser les agresseurs (1379-80). L'année suivante, Abou-l'Abbas reparut devant Maroc et tint cette ville bloquée durant plusieurs mois ; il ne se retira qu'après avoir signé une sorte de trêve avec son rival.

Quelques mois plus tard, Abd-er-Rahman réclama la ligne de l'Oum-er-Reb'ïa comme limite entre les deux empires. N'ayant pu l'obtenir du sultan de Fès, il prit l'offensive en venant s'emparer d'Azemmor ; de là, il envoya son affranchi Mansour prendre possession d'Anfa. Aussitôt, Abou-l'Abbas se prépara sérieusement à la guerre; ayant réuni une armée nombreuse, il marcha contre son ennemi. Abd-er-Rahman fit évacuer Anfa et Azemmor et se retira derrière les murailles de Maroc. Arrivé à sa suite, Abou-l'Abbas s'établit à Kantcrat-el-Ouad, à une portée de flèche de la ville, dont il commença le siège. Pendant cinq mois, il la tint étroitement bloquée et elle était sur le point de succomber, lorsque le roi de Grenade, qui avait conservé une grande influence en Mag'reb, s'interposa entre les belligérants. Abou-l'Abbas dut, bon gré mal gré, rentrer à Fès. Néanmoins, le parti d'Abd-er-Rahman fut perdu: ses adhérents l'abandonnèrent en masse et il se vit contraint de renoncer à défendre la ville pour s'attacher uniquement

---

1. Ibn-Khaldoun, *Berbères*, t. III, p. 91 et suiv., 155, 167, 175. El-Kaïrouani, p. 253 et suiv.

à fortifier la citadelle. Ali-ben-Zakaria, chef des Hoskoura, jusqu'alors son plus ferme soutien, l'abandonna sur ces entrefaites pour rentrer sous l'autorité du sultan de Fès. Abd-er-Rahman essaya en vain de le rattacher à sa cause et lui envoya même son affranchi Mansour pour l'y décider; mais Ali fit trancher la tête à celui-ci et l'envoya à Fès.

Ce fut le signal de la reprise des hostilités. Au printemps de l'année 1382, Abou-l'Abbas marcha sur Maroc et y entra sans coup férir. Abd-er-Rahman, enfermé dans la citadelle qu'il avait retranchée en l'isolant de la ville, espérait y résister indéfiniment, car il y avait entassé des approvisionnements de toute sorte. Mais le sultan de Fès était bien décidé, cette fois, à en finir avec son rival et, pendant de longs mois, le siège suivit son cours régulier. Abd-er-Rahman, constatant chaque jour les progrès lents, mais sûrs, de son adversaire, se convainquit qu'il n'avait de chance de salut que par une puissante diversion, et, dans ce but, il parvint à faire sortir de la citadelle son cousin Abou-el-Achaïr en le chargeant de provoquer les attaques des ennemis de l'empire merinide.

ABOU-HAMMOU II ENVAHIT LE TERRITOIRE MERINIDE ET MET LE SIÈGE DEVANT TAZA. — Abou-el-Achaïr se rendit d'abord auprès des Oulad-Hoceïne, Arabes makiliens que le gouvernement de Fès avait été forcé de chasser des environs de Sidjilmassa, pour mettre fin à leurs désordres. Le chef de ces nomades, Youçof-ben-Ali, partit avec Abou-el-Achaïr pour Tlemcen, afin de solliciter l'appui d'Abou-Hammou pour envahir les provinces merinides. Aveuglé par l'ambition de tirer vengeance des humiliations passées, en profitant des embarras auxquels le sultan merinide avait à faire face, l'émir abd-el-ouadite accéda sans peine à ces propositions. Il envoya d'abord son fils Abou-Tachefine appuyé par un corps de troupes, en le chargeant d'opérer sa jonction avec les contingents arabes et de pénétrer sur le territoire merinide. Peu après, il partit lui-même avec le gros de l'armée. Les troupes abd-el-ouadites et arabes répandirent la dévastation dans la vallée de la Moulouïa et s'avancèrent jusqu'à Miknaça de Taza, à l'est de Fès, et en commencèrent le siège. Mais Ali-ben-Mehdi, gouverneur de Fès, réunit au plus vite un corps de troupes pour repousser l'ennemi, tandis que Ouenzemmar-ben-Arif, envoyé par lui, parvenait à détacher les Ahlaf et Amarna de la cause abd-el-ouadite.

A la suite de cette défection, Abou-Hammou leva le siège de Miknaça et vint entreprendre celui de Taza. Il commença par détruire de fond en comble le palais servant de résidence au sultan dans cette localité; puis il concentra tous ses efforts contre la ville. Mais Taza opposa une vive résistance, ce qui permit à Ali-ben-Mehdi de préparer une armée de secours.

Abou-l'Abbas s'empare de Maroc et met à mort Abd-er-Rahman. — Cependant, à Maroc, la position d'Abd-er-Rahman devenait de plus en plus critique. Le sultan Abou-l'Abbas recevait des renforts de toutes les parties de son empire et même d'Espagne, tandis que le prince de Maroc était chaque jour abandonné par ses derniers adhérents qui s'évadaient de la citadelle, voyant sa cause perdue. Il arriva enfin un jour où il se trouva seul avec ses deux fils. Ayant perdu tout espoir, ils résolurent tous les trois de mourir en braves. Le lendemain, Abou-l'Abbas, qui était au fait de la situation, ordonna l'assaut. Les remparts, dégarnis de défenseurs, furent facilement escaladés et on trouva, dans la cour du palais, l'émir Abd-er-Rahman entouré de ses deux fils. Tous trois se précipitèrent, tête baissée, contre les assaillants, et tombèrent percés de coups (11 sept. 1382). Resté seul maître de l'empire merinide, Abou-l'Abbas s'empressa de revenir vers le nord afin de combattre les Abd-el-Ouadites.

La nouvelle de la chute de Maroc et de la mort d'Abd-er-Rahman parvint à Abou-Hammou, alors qu'il était sous les murs de Taza depuis sept jours. Bien que le siège fût en bonne voie, il s'empressa de le lever et de reprendre la route de Tlemcen. Son fils Abou-Tachefine et le prince Abou-el-Achaïr se mirent à la tête des Arabes; quant à l'émir, il resta à l'arrière-garde pour dévaster, en passant à la Moulouïa, le kçar d'Ouenzemmar.

Mais les Ahlaf s'étant lancés à sa poursuite, il dut rentrer au plus vite à Tlemcen[1].

Abou-l'Abbas prend et pille Tlemcen qu'Abou-Hammou II lui abandonne. — Mais ce n'était pas en vain qu'Abou-Hammou avait si imprudemment réveillé la haine des Merinides : il allait expier par de nouveaux malheurs sa lâche agression. A peine, en effet, Abou-l'Abbas, de retour à Fès, eut-il pris quelques jours de repos, qu'il se disposa à marcher contre son voisin pour tirer vengeance de sa trahison. En vain le roi de Grenade, alors en bonnes relations avec l'émir de Tlemcen, essaya d'empêcher cette expédition; bientôt, Abou-l'Abbas se mit en route à la tête d'une armée imposante.

1. Ibn-Khaldoun, *Berbères*, t. III, p. 476 et suiv., t. IV, p. 421 et suiv.

L'annonce de la prochaine arrivée des Mérinides et la perspective d'un nouveau siège jetèrent le trouble et la désolation dans Tlemcen. Abou-Hammou, dont la population suspectait, non sans raison, le courage, manifesta d'abord l'intention de défendre la capitale et le promit formellement à ses sujets ; mais il profita de la nuit pour s'évader et alla établir son camp auprès du Safsaf. La nouvelle de son départ s'étant répandue, les gens se portèrent en foule à son camp pour le supplier de rentrer ; toutes leurs instances furent inutiles, et, pour la quatrième fois, Abou-Hammou II abandonna sa capitale à l'ennemi.

Bientôt, Abou-l'Abbas fit son entrée à Tlemcen et livra cette malheureuse ville au pillage. A l'instigation d'Ouenzemmar, qui avait à venger la dévastation de son kçar de la Moulouïa, les Mérinides ruinèrent de fond en comble les palais que les souverains abd-el-ouadites avaient fait bâtir et décorer par des artistes andalous. Par ordre du sultan, les murailles mêmes de la ville furent renversées. Les auteurs ne donnant aucune date pour les événements qui précèdent, nous estimons qu'il y a lieu de les placer dans la seconde moitié de l'année 1383.

Pendant que la capitale de l'empire zeyanite était ainsi dévastée, son chef, Abou-Hammou, qui lui avait attiré tous ces maux, gagnait le Mag'reb central et allait se réfugier dans la forteresse de Tadjhammoumt, dans les montagnes des Beni-bou-Saïd, au nord du Chélif. De Miliana, son fils Abou-Zeyane, gouverneur de cette ville, lui envoya de l'argent et les provisions nécessaires pour soutenir un long siège [1].

---

1. Ibn-Khaldoun, t. III, p. 478 et suiv., t. IV, p. 427 et suiv. L'Imam Et-Tensi, passim.

CHAPITRE XXI

DYNASTIES HAFSIDE, ZEYANITE ET MERINIDE (Suite).

1384-1394

Le roi de Grenade suscite le prétendant Mouça, qui s'empare de Fès. — Abou-l'Abbas est envoyé en Espagne et Mouça reste seul maître de l'empire merinide. — Abou-Hammou II rentre, pour la quatrième fois, en possession de Tlemcen. — Mort du sultan merinide Mouça; avènement d'El-Ouathek. — Succès du hafside Abou-l'Abbas dans le sud. Son expédition à Biskra. — Abou-Tachefine emprisonne son père Abou-Hammou et monte sur le trône zeyanite. — Abou-Hammou part pour l'Orient. — Rupture entre Ibn-Maçaï et le roi de Grenade. Celui-ci lance en Mag'reb l'ancien sultan Abou-l'Abbas. — Abou-l'Abbas remonte sur le trône de Fès et fait périr El-Ouathek et Ibn-Maçaï. — Abou-Hammou rentre en possession de Tlemcen pour la cinquième fois. Fuite d'Abou-Tachefine. — Abou-Tachefine, soutenu par les Merinides, marche sur Tlemcen. Défaite et mort d'Abou-Hammou II. Abou-Tachefine II règne comme vassal des Merinides. — Luttes d'Abou-l'Abbas le hafside contre les Arabes Daouaouïda. — Expédition des flottes chrétiennes combinées contre les îles et El-Mehdïa. — Révolte dans le Djerid. — Mort du hafside Abou-l'Abbas; son fils Abou-Farès-Azzouz lui succède. — Mort d'Abou-Tachefine II. — Les Merinides marchent sur Tlemcen. Mort du sultan Abou-l'Abbas. Règne de son fils Abou-Farès. Règne d'Abou-Zeyane à Tlemcen. — Evènements d'Espagne; mort de Mohammed V ben-l'Ahmar.

LE ROI DE GRENADE SUSCITE LE PRÉTENDANT MOUÇA QUI S'EMPARE DE FÈS. — Après la prise de Tlemcen, le sultan hafside, Abou-l'Abbas, résida quelque temps dans cette ville en attendant qu'il fût en mesure d'aller relancer son ennemi dans sa retraite. Tout en s'occupant des préparatifs de cette expédition, il adressa à Mohammed V ben-l'Ahmar une ambassade destinée à calmer la fâcheuse impression que la chute de Tlemcen avait dû lui causer. Mais le ressentiment du roi de Grenade, déjà irrité contre Abou-l'Abbas, en raison du mépris qu'il faisait de ses conseils, fut porté à son comble par la nouvelle de la déposition et de la fuite de son allié Abou-Hammou. Dès lors, il ne chercha que le moyen de tirer vengeance de ce qu'il appelait un dernier affront et, comme le meilleur moyen d'y arriver, et le moins gênant pour lui, consistait à susciter un compétiteur au trône de Fès; ce fut à ce parti qu'il s'arrêta. Après avoir gagné la garnison de Ceuta, il fit passer dans cette ville un fils du sultan Abou-Einane, nommé Mouça, sous la conduite du vizir Meçaoud-ben-Rahhoel-Maçaï. Dans le mois d'avril 1384, le nouveau souverain, débarqué à Ceuta, y fit proclamer la suzeraineté du roi de Grenade. Laissant ensuite cette ville aux agents d'Ibn-el-Ahmar, il marche sur Fès.

Bientôt, le prétendant parut devant la capitale du Mag'reb; l'officier qui y commandait, Mohammed-ben-Hacène, essaya à peine d'opposer une résistance sérieuse : terrifié par le nombre et la force des assaillants, il se hâta de leur livrer la place. Le sultan Mouça fit son entrée dans la ville neuve le 14 mai 1384 et, de tous côtés, les populations du Mag'reb lui envoyèrent leur adhésion [1].

ABOU-L'ABBAS EST ENVOYÉ EN ESPAGNE ET MOUÇA RESTE MAÎTRE DE L'EMPIRE MERINIDE. — Ces événements s'étaient succédé avec une telle rapidité qu'Abou-l'Abbas, toujours à Tlemcen, n'avait pas eu le temps d'intervenir. Confiant, du reste, dans la prudence et l'énergie du lieutenant qu'il avait laissé à Fès, il s'était décidé à marcher contre Abou-Hammou et était à une journée de Tlemcen lorsqu'il reçut la nouvelle du débarquement de Mouça en Mag'reb. Aussitôt, il expédia un corps d'armée sous la conduite d'Ali-ben-Mansour, drogman de la milice chrétienne. Mais ces troupes n'étaient pas encore à Taza qu'elles apprenaient la chute de Fès. Abou-l'Abbas, rentré à Tlemcen pour faire ses préparatifs de départ, ne tarda pas à rejoindre son avant-garde. Parvenu à Taza, il y passa plusieurs jours, ne sachant s'il devait se jeter dans le Sud ou marcher directement sur Fès. Ce fut à ce dernier parti qu'il s'arrêta, résolu à tout tenter pour reprendre sa capitale, mais lorsqu'il fut arrivé à Er-Rokn [2], il se vit abandonné par ses adhérents qui passèrent du côté de Mouça ; son camp fut livré au pillage et brûlé par les soldats rebelles.

Abou-l'Abbas parvint, non sans peine, à rentrer dans Taza, où il fut rejoint par quelques partisans fidèles. De là, il écrivit à son heureux rival, en lui rappelant les liens d'amitié qui les unissaient autrefois et en tâchant de l'intéresser à son sort. Mouça lui répondit par une invitation amicale de venir à Fès, et Abou-l'Abbas, s'étant laissé prendre à ses protestations, se livra entre ses mains. Il fut aussitôt chargé de chaînes et expédié à Grenade. Mohammed V le fit mettre en liberté, le traita honorablement et lui assigna un palais pour résidence, avec défense de sortir de la ville.

1. Ibn-Khaldoun, *Berbères*, t. IV, p. 428 et suiv.
2. Localité à 7 ou 8 lieues à l'est de Fès.

Mouça, resté ainsi seul maître de l'empire, s'attacha comme premier ministre le vizir Messaoud-ben-Maçaï, personnage qui exerça bientôt la plus grande autorité à Fès. Les partisans d'Abou-l'Abbas furent recherchés et persécutés, aussi prirent-ils la fuite dans toutes les directions. Moins heureux, le vizir Mohammed-ben-Othmane, ayant été arrêté par les Arabes Mencbbate, chez lesquels il s'était réfugié, fut livré au bourreau et expira dans les tortures [1].

ABOU-HAMMOU II RENTRE POUR LA QUATRIÈME FOIS EN POSSESSION DE TLEMCEN. — A peine Abou-l'Abbas eut-il évacué Tlemcen, qu'Abou-Hammou II sortit de sa retraite et vint, pour la quatrième fois, reprendre possession de sa capitale. Combien dut-il alors regretter d'avoir cédé aux conseils de l'ambition en attaquant son redoutable voisin ! Tlemcen, en effet, n'était plus qu'un monceau de ruines et ces magnifiques palais qui, auparavant, faisaient l'orgueil des souverains zeyanites, étaient remplacés par des décombres et des ruines informes. Abou-Hammou se mit courageusement à l'œuvre pour panser toutes ces plaies, mais il fut bientôt détourné de ces soins par de nouvelles complications. Cette fois, ce fut contre les membres de sa propre famille qu'il eut à lutter. Nous avons vu qu'Abou-Tachefine, son fils aîné, avait été désigné par lui comme héritier présomptif. Ce prince, d'un caractère violent et soupçonneux, dévoré par l'ambition, trouvant que son père régnait trop longtemps et lui reprochant, avec quelque raison, son manque d'énergie, écouta les rapports des gens malveillants qui lui représentaient Abou-Hammou comme disposé à le frustrer de ses droits éventuels au profit de ses frères et se mit à conspirer presque ouvertement. Les choses en vinrent à ce point que l'émir résolut d'abandonner le gouvernement de Tlemcen à son fils aîné et d'aller, lui-même, rejoindre son second fils dans le Mag'reb central, pour transporter le siège de son gouvernement à Alger.

Il trouvait ainsi le moyen de se débarrasser de son fils et de mettre entre lui et les Merinides une respectable distance. Mais Abou-Tachefine, mis au courant de ce projet, y vit la confirmation de ses soupçons et, comme son père s'était déjà mis en route, il le rejoignit à El-Batcha et le força de rentrer à Tlemcen, après lui avoir fait promettre de renoncer à son dessein [2].

1. Ibn-Khaldoun, *Berbères*, t. III, p. 479 et suiv., t. IV, p. 431 et suiv.
2. Ibn-Khaldoun, *Berbères*, t. III, p. 481. L'Imam Et-Tensi, passim. Brosselard, *Tombeaux des Beni-Zeyane*, p. 64.

Mort du sultan mérinide Mouça. Avènement d'El-Ouathek. — Pendant ce temps, le nouveau sultan mérinide avait à lutter contre la révolte d'un certain El-Hacène, petit-fils du sultan Abou-Ali, qui, de Tunis, où il était réfugié, était accouru en Mag'reb et s'était jeté dans la montagne du Rif, chez les R'omara, toujours disposés à soutenir les prétendants. Après l'envoi d'une première armée, qui n'obtint aucun succès, le vizir Messaoud-ben-Maçaï dut se porter en personne contre le rebelle (juillet-août 1384). Sur ces entrefaites, Mouça mourut à Fès après quelques jours de maladie. Aussitôt, Ibn-Maçaï, qui tenait à conserver le pouvoir, abandonna sa campagne dans le Rif pour accourir à Fès, où ses partisans avaient proclamé un fils d'Abou-l'Abbas, nommé El-Montaçar. Depuis quelque temps, en effet, le vizir, en froid avec son sultan, avait écrit au roi de Grenade pour lui demander Abou-l'Abbas.

La mort inopinée de Mouça fit qu'Ibn-Maçaï changea son plan et qu'il écrivit à Mohammed V pour le prier de lui envoyer El-Ouathek, fils d'Abou-l'Fadel et petit-fils d'Abou-l'Hacène. Le roi de Grenade, qui n'avait rien à lui refuser, expédia El-Ouathek. Or, Ibn-Maçaï s'était fait, par son arrogance, un grand nombre d'ennemis, sans parler de la jalousie causée par son omnipotence. Trois d'entre ces adversaires allèrent attendre le nouveau sultan auquel ils se présentèrent d'abord comme des agents du vizir ; après s'être approchés de lui par ce moyen, ils lui dépeignirent Ibn-Maçaï comme un tyran qui voulait garder pour lui l'autorité en ne laissant à son maître qu'un rôle subalterne, et finirent par décider El-Ouathek à se mettre en révolte contre cette humiliante tutelle. L'ayant entraîné dans les montagnes de Meknès, ils appelèrent à eux tous les mécontents et se virent bientôt entourés d'un grand nombre d'adhérents.

Le vizir ne tarda pas à arriver à la tête des troupes fidèles. Après une série d'opérations qui se terminèrent sans avantage sérieux pour aucun parti, Ibn-Maçaï entra en pourparlers avec El-Ouathek et finit par s'entendre avec lui. Il fut convenu qu'il le reconnaîtrait comme souverain et que le jeune El-Montaçar serait renvoyé à son père en Espagne. Peu après, El-Ouathek fit son entrée solennelle à Fès, où il fut proclamé sultan (octobre-novembre 1386).

Le vizir Ibn-Maçaï, qui avait eu l'adresse de conserver sa position auprès de son nouveau maître, envoya dans les montagnes du Rif un agent, auprès du prétendant El-Hacène, afin de le décider à venir à la cour de Fès. Ce prince, s'étant fié aux assurances qui lui furent prodiguées, consentit à se rendre, mais, à son arrivée, il fut chargé de chaînes et déporté en Espagne [1].

Succès du hafside Abou-l'Abbas dans le sud. Son expédition a Biskra. — Les événements dont les deux Mag'reb avaient été le théâtre dans ces dernières années nous ont fait perdre de vue l'Ifrikiya, et il est temps d'y revenir. Continuant la politique qui lui avait si bien réussi, Abou-l'Abbas s'appliquait patiemment à rétablir son autorité sur les régions méridionales, en abaissant l'orgueil des Arabes et en détruisant les petites principautés indépendantes. Plusieurs révoltes partielles, suscitées dans la région du Djerid, avaient été facilement réprimées par les fils du khalife laissés dans le sud comme gouverneurs. Vers 1382, Yahïa-ben-Yemloul étant parvenu à s'emparer par surprise de Touzer, ancienne capitale de son père, Abou-l'Abbas était sorti, en personne, de Tunis, et, dans une courte campagne, avait tout fait rentrer dans l'ordre. L'année suivante, le khalife eut à déplorer la mort d'un de ses fils, Abou-Abd-Allah qui, depuis longtemps, gouvernait d'une façon sage et paisible à Bougie. La succession du prince défunt échut à son fils Abou-l'Abbas-Ahmed.

En 1384, Abou-l'Abbas marcha contre Ahmed-ben-Mozni, seigneur du Zab et de Biskra, dont la conduite avait depuis longtemps mécontenté le gouvernement hafside. Cette région était, en effet, le refuge de Yahïa-ben-Yemloul et le centre d'agitations toujours renouvelées. La plupart des tribus soleïmides accompagnaient le khalife dans son expédition, tandis que les Daouaouïda venaient se grouper à Biskra afin de défendre leurs domaines. Abou-l'Abbas arriva dans le Zab par le sud en contournant l'Aourès. Les deux armées, fort considérables l'une et l'autre, se trouvèrent en présence non loin de Biskra. Avant d'en venir aux mains, on entra en pourparlers et Abou-l'Abbas, qui, sans doute, ne se jugeait pas assez fort en présence du grand nombre de ses ennemis, accepta la soumission de circonstance offerte par Ibn-Mozni et ses adhérents. Puis il rentra à Tunis.

C'est vers cette époque que, pour ruiner l'influence des Arabes et notamment des Kaoub, Abou-l'Abbas acheva d'arracher à leur domination une vieille tribu berbère, celle des Merendjiça, à laquelle il rendit ses anciennes franchises, ainsi que nous l'avons dit plus haut [2].

1. Ibn-Khaldoun, *Berbères*, t. IV, p. 435 et suiv.
2. Ibn-Khaldoun, *Berbères*, t. III, p. 91 et suiv., 140 et suiv., 167 et suiv., 225 et suiv. El-Kaïrouani, p. 252.

ABOU-TACHEFINE EMPRISONNE SON PÈRE ABOU-HAMMOU II ET MONTE SUR LE TRÔNE ZEYANITE. ABOU-HAMMOU PART POUR L'ORIENT. — Cependant, à Tlemcen, le différend entre Abou-Tachefine et son père, loin de s'apaiser, n'avait fait que s'accentuer et, comme Abou-Hammou craignait tout de la violence de son fils, il avait repris son idée de rejoindre son autre fils, El-Montaçar, dans le Mag'reb central. Il entretint à cet effet une correspondance secrète avec ce dernier et, pour préparer l'exécution de son projet, lui adressa en cachette plusieurs mulets chargés d'argent. Mais Abou-Tachefine avait, dans l'entourage de son père, des espions qui l'informaient de tout.

Aussitôt, son parti fut arrêté, et, dans le mois de janvier 1387, il se présenta au palais accompagné d'un certain nombre de partisans et d'amis dévoués auxquels il donna l'ordre d'arrêter son père. Abou-Hammou, dépouillé de son pouvoir, fut d'abord séquestré, sous bonne garde, dans une chambre du palais, puis, Abou-Tachefine, pour plus de sûreté, le fit enfermer dans la citadelle d'Oran.

A cette nouvelle, El-Montaçar, Abou-Zeyane et Omaïr, frères d'Abou-Tachefine, qui se trouvaient dans les villes du Mag'reb central, prirent la fuite et allèrent demander asile chez les Hoseïne de Titeri. Il n'était que temps, car l'usurpateur ne tarda pas à arriver à la tête des Soueïd et des Amer. Après avoir occupé Miliana, il se porta vers la montagne de Titeri où ses frères s'étaient retranchés, mais la nature de ce pays, très favorable à la défense, lui enleva bientôt tout espoir de succès. Craignant alors que quelque sédition n'éclatât à Tlemcen en son absence et qu'Abou-Hammou ne remontât sur le trône, Abou-Tachefine fit partir pour l'ouest son fils avec quelques sicaires, en les chargeant de mettre à mort le vieux roi et les autres membres de la famille royale. Ces envoyés passèrent d'abord à Tlemcen, où ils remplirent leur mission en égorgeant tous les parents d'Abou-Hammou, suspects d'attachement pour lui, et qui étaient déjà étroitement détenus. Un dernier forfait restait à perpétrer et ils partirent pour Oran dans ce but. Mais Abou-Hammou, prévenu des meurtres de Tlemcen et de l'intention des nouveaux venus, invoqua, de sa prison, l'assistance des habitants d'Oran et, par ses paroles, sut éveiller leur indignation contre l'usurpateur parricide. Conduits par leur prédicateur, les Oranais mettent Abou-Hammou en liberté et lui prêtent serment d'obéissance. Sans perdre de temps, l'émir se rend à Tlemcen où il pénètre facilement et où se groupent autour de lui quelques partisans (février-mars 1387).

Aussitôt qu'Abou-Tachefine eut appris de quelle façon ses

craintes avaient été réalisées et ses précautions rendues inutiles, il leva le siège de Titeri et revint, à marches forcées, vers Tlemcen. Abou-Hammou, dépourvu de troupes et manquant d'argent, n'était pas homme à tenter une résistance désespérée, dans une ville dont les remparts n'existaient plus : aussi, à l'approche de son fils, se borna-t-il à se réfugier dans le minaret de la grande mosquée. Abou-Tachefine entra donc, sans coup férir, à Tlemcen et reprit possession du palais. Sur ces entrefaites, la retraite d'Abou-Hammou ayant été découverte, ce malheureux prince fut amené devant son fils. A la vue de tant d'infortune, le cœur d'Abou-Tachefine s'amollit et, cédant à un mouvement de repentir, le fils rebelle se jeta en pleurant dans les bras de son père et le pria de lui donner son pardon. Mais sa générosité n'alla pas jusqu'à lui rendre le trône, il se borna à le faire entourer de soins et, après avoir obtenu son abdication, lui promit de lui fournir les moyens de gagner l'Orient et d'accomplir le pèlerinage imposé à tout musulman. Peu de temps après, Abou-Hammou II s'embarquait et faisait voile pour le Levant [1].

RUPTURE ENTRE IBN-MAÇAÏ ET LE ROI DE GRENADE. CELUI-CI LANCE EN MAG'REB L'ANCIEN SULTAN ABOU-L'ABBAS. — Pendant que le Mag'reb était le théâtre de ces évènements, le sultan merinide El-Ouathek continuait de régner à Fès sous la tutelle de son vizir Messaoud-ben-Maçaï. Ce ministre, grisé par le pouvoir, adressa alors au roi de Grenade une requête l'invitant à restituer la place de Ceuta qu'il continuait à détenir, mais il ne reçut qu'un refus hautain. Aussitôt le vizir réunit une armée, marcha sur Ceuta, s'empara de la ville et força la garnison merinide à se réfugier dans la citadelle. Mohammed V ben-l'Ahmar, qui s'était rendu à Malaga, pour suivre de plus près les évènements du Mag'reb, fut irrité au plus haut point de l'audace d'Ibn-Maçaï. Mais sa vengeance était toute prête : il appela sans retard, de Grenade, le prince Abou-l'Abbas et le fit passer en Afrique en lui rendant le trône merinide dont il l'avait dépossédé quelque temps auparavant, mais lui laissant, toutefois, le soin de s'en emparer.

Débarqué à Ceuta dans le mois de février 1387, Abou-l'Abbas fut bien accueilli par la population. Un grand nombre de soldats d'Ibn-Maçaï désertèrent son camp pour se rendre à celui du nouveau sultan. Le vizir se vit alors forcé de rentrer à Fès en abandonnant son matériel au vainqueur. Maître de Ceuta, Abou-

---

1. Ibn-Khaldoun, t. III, p. 481 et suiv. L'Imam Et-Tensi, passim. Brosselard, *Tombeaux des Beni-Zeyane*, p. 64, 65.

l'Abbas s'y fit reconnaître comme souverain, mais se dispensa de restituer cette place au roi de Grenade, ainsi qu'il le lui avait promis. Mohammed V, qui venait de déjouer un complot tramé contre lui par les agents d'Ibn-Maçaï, se garda néanmoins de rompre avec Abou-l'Abbas, qu'il poussa au contraire à marcher sur Fès, lui promettant son appui.

Abou-l'Abbas, prenant l'offensive, alla mettre le siège devant Tanger, et, pendant que ses troupes en maintenaient le blocus, se rendit maître d'Asila. Aussitôt, le vizir, qui avait eu le temps de réunir une autre armée, s'avança à marches forcées sur Asila et fut rejoint en route par un corps d'archers espagnols qui put sortir de Tanger. Abou-l'Abbas, forcé de se réfugier dans la montagne de Safiha, au sud-ouest de Tetouan, se trouva bientôt dans une situation des plus critiques. Il fut sauvé par une puissante diversion de Youssof-ben-R'anem, chef des Arabes makiliens, qui, en apprenant son arrivée à Ceuta, marcha directement sur Fès, à la tête de ses contingents. Ayant pris position entre cette ville et Meknès, il ne cessa d'inquiéter les partisans d'El-Ouathek.

En même temps, Abou-Farès, fils d'Abou-l'Abbas, arrivait avec quelques cheïkhs chez Ouenzemmar-ben-Arif et le déterminait à porter secours à son père. Le chef arabe se transporta aussitôt à Taza avec Abou-Farès et y fit reconnaître la souveraineté d'Abou-l'Abbas. De là, les deux alliés se mirent en marche pour opérer leur jonction avec les Arabes makiliens. En même temps, un troisième noyau de révolte se formait à Ouerg'a, dans le Rif, à l'instigation d'un partisan d'Abou-l'Abbas, et enfin, dans la province de Maroc, Ali-ben-Zakaria, chef des Heskoura, proclamait la souveraineté d'Abou-l'Abbas.

Abou-l'Abbas remonte sur le trône merinide et fait périr El-Ouathek et Ibn-Maçaï.

Le vizir Messaoud-ben-Maçaï était sur le point de triompher d'Abou-l'Abbas lorsque la nouvelle des révoltes éclatées de toute part, vint répandre la défiance et l'indécision dans son armée. Bientôt les soldats abandonnèrent, sur toute la ligne, leurs positions pour reprendre en désordre la route de Fès. Sortant alors de sa retraite, Abou-l'Abbas se mit à leur poursuite et entra en maître à Meknès. En même temps, le prince Abou-Farès, qui s'avançait au devant de son père, se heurtait à un corps d'armée commandé par le vizir lui-même. Celui-ci se vit encore une fois abandonné par ses troupes et contraint de rentrer, presque seul, dans Fès. Peu après, Abou-l'Abbas arrivait avec toutes ses troupes sous les murs de la capitale.

Sur ces entrefaites, on reçut la nouvelle que Maroc était tombé aux mains d'Abou-Thabet, petit-fils d'Ali-ben-Omar, et du chef des Heskoura, partisans d'Abou-l'Abbas. Ce prince leur écrivit aussitôt en les priant de lui fournir leur aide pour réduire Fès et, en même temps, il envoya son fils El-Montaçar prendre le commandement de Maroc. Les partisans accoururent de tous les côtés sous les étendards d'Abou-l'Abbas, qui tint la capitale merinide rigoureusement bloquée durant trois mois. Alors, Ibn-Maçaï, dont la position n'était plus tenable, fit des ouvertures de soumission aux assiégeants et leur demanda la vie sauve pour lui et El-Ouathek, avec la permission de passer en Espagne. Abou-l'Abbas ayant souscrit, sous la foi du serment, à ces conditions, vit les portes de la capitale s'ouvrir devant lui et y fit son entrée le 21 septembre 1387. Au mépris de la parole solennelle par lui donnée, il chargea de fers El-Ouathek et l'expédia à la prison de Tanger, où il fut mis à mort. Quant au vizir, il le fit immédiatement périr dans les tortures, ainsi que ses frères et partisans.

Abou-l'Abbas remonta ainsi sur le trône d'où il avait été précipité trois ans auparavant. Il s'attacha comme vizir le général Mohammed-ben-Allal et, grâce à la fermeté du sultan et de son ministre, la paix ne tarda pas à être rétablie en Mag'reb[1].

Abou-Hammou II rentre en possession de Tlemcen pour la cinquième fois. Fuite d'Abou-Tachefine. — Nous avons laissé le vieil émir zeyanite Abou-Hammou II faisant voile pour l'Orient sous bonne escorte. Parvenu à la hauteur de Bougie, il réussit à suborner les gens qui le gardaient et se fit descendre à terre (décembre 1387). Il fut très bien accueilli par le prince hafside gouverneur de cette ville, qui lui affecta un logement dans le palais de la Refia, en attendant les ordres du khalife de Tunis auquel il en avait référé. Abou-l'Abbas félicita son petit-fils de sa conduite en cette circonstance et l'invita à fournir au fugitif les moyens de rentrer dans son royaume.

Encouragé par cet accueil et les invitations qu'il recevait de l'Ouest, Abou-Hammou se transporta à Alger, où il reçut l'adhésion des cheïkhs et des Arabes de cette contrée; puis il s'avança avec eux vers l'occident. Mais il apprit bientôt qu'Abou-Tachefine se disposait à le recevoir avec des forces imposantes et il se décida à modifier ses plans. Laissant son fils Abou-Zeyane dans les montagnes situées au nord du Chelif, pour y commander ses partisans, il se dirigea lui-même vers le midi espérant entraîner à

1. Ibn-Khaldoun, t. IV, p. 444 et suiv.

sa suite les Arabes nomades. Contournant Tlemcen au sud, il s'arrêta près d'Oudjda et parvint à y rallier un certain nombre d'adhérents.

Abou-Tachefine sortit alors contre son père et le força à reculer jusqu'au Za. Mais les Ahlaf ayant fourni leur appui au souverain légitime, ce prince parvint à rentrer dans la place forte de Mama, non loin d'Oudjda.

Pendant ce temps, un corps de troupes qu'Abou-Tachefine avait envoyé vers le Chelif sous le commandement de son fils Abou-Zeyane et du vizir Ibn-Moslem, se faisait battre par Abou-Zeyane, fils d'Abou-Hammou, et ces deux chefs trouvaient la mort dans le combat. Cette nouvelle jeta le découragement parmi les partisans d'Abou-Tachefine. Laissant alors une partie de ses troupes dans le Sud, sous le commandement de son affranchi Saâda, ce prince rentra précipitamment à Tlemcen où il fut reçu très froidement par les officiers et la population. Quelques jours plus tard on apprit qu'Abou-Hammou avait mis en déroute Saâda et son armée. La position n'était plus tenable pour Abou-Tachefine : il se décida à évacuer Tlemcen et gagna le désert en compagnie des Soueïd.

Bientôt, Abou-Hammou II arriva dans sa capitale et reprit, pour la cinquième fois, possession de la royauté (juillet-août 1388).

Abou-Tachefine, soutenu par les Merinides, marche sur Tlemcen. Défaite et mort d'Abou-Hammou II. Abou-Tachefine II règne comme vassal des Merinides. — Tandis qu'Abou-Hammou II s'appliquait à rétablir l'ordre dans son empire et rappelait autour de lui ses fils, sauf Abou-Zeyane, laissé dans la province d'Alger, Abou-Tachefine, brûlant du désir de la vengeance, se rendait à Fès, auprès d'Abou-l'Abbas, pour tâcher d'obtenir l'appui de ce prince contre son malheureux père ; à force d'instances et de promesses, il arracha au sultan et à son fils Abou-Farès l'engagement de le soutenir, à la condition qu'en cas de succès, il se reconnaîtrait le vassal de l'empire merinide. Mais en même temps, Abou-Hammou sollicita l'intervention du roi de Grenade, qui lui avait donné de réelles preuves d'amitié, et obtint de lui l'envoi d'une ambassade à Abou-l'Abbas pour le détourner de soutenir Abou-Tachefine dans sa lutte sacrilège. Le sultan de Fès éluda, par de vagues réponses, les demandes de Mohammed V et, vers la fin de l'été 1389, Abou-Tachefine marcha sur Tlemcen avec l'appui d'une armée merinide, commandée par Abou-Farès et le vizir Ibn-Allal.

A l'approche de ses ennemis, Abou-Hammou, suivant son habitude, sortit de Tlemcen et se rendit dans les montagnes d'El-

R'irane[1], afin d'y rallier les Arabes makiliens, ses partisans. Il avait laissé sa capitale sous le commandement de Mouça-ben-Ikhelef, mais, à peine était-il parti, que ce général appelait Abou-Tachefine et lui livrait la ville. Aussitôt Abou-Hammou fit partir pour Tlemcen son fils Omaïr avec quelques troupes. Ce prince rentra en possession de la capitale de son père, en expulsa son frère Abou-Tachefine et s'empara du traître Ibn-Ikhelef qui périt dans les tourments.

Abou-Tachefine rejoignit le camp merinide à Taza ; sur son conseil, et d'après le rapport des espions, Abou-Farès se décida à attaquer Abou-Hammou en tournant ses positions par le sud. L'armée merinide, renforcée des Ahlaf et guidée par eux, s'avança vers l'est en suivant la ligne du désert. Lorsqu'elle se fut suffisamment approchée d'El-R'irane, les chefs donnèrent l'ordre d'attaquer les positions d'Abou-Hammou, retranché dans la montagne et soutenu par les Kharadj (Obeïd-Allah). Grâce à leur nombre, les assaillants furent bientôt maîtres du terrain et forcèrent leurs ennemis à prendre la fuite dans tous les sens. L'infortuné Abou-Hammou, entraîné dans la déroute, roula à terre avec son cheval. Aussitôt, les cavaliers merinides qui le serraient de près, le tuèrent à coups de lance, et l'un d'eux lui trancha la tête et la porta à Abou-Tachefine. Cette fois, le duel sacrilège était bien terminé. On dit que ce fils dénaturé resta impassible devant le sanglant trophée ; en même temps, son frère Omaïr lui ayant été amené, il voulut, dans un accès de rage, se jeter sur lui pour avoir le plaisir de le tuer de sa propre main. Mais les assistants, moins sauvages, l'en empêchèrent sur le moment, sans pouvoir sauver le prince qui fut envoyé au supplice trois jours après. Le règne, souvent interrompu, d'Abou-Hammou II avait duré trente ans et c'est à l'âge de 68 ans que ce souverain, qui avait trop vécu, tombait sous les coups de son fils.

Vers la fin de novembre 1389, Abou-Tachefine arriva à Tlemcen. Les troupes merinides prirent, en même temps, position auprès de la ville, afin d'y attendre l'exécution des promesses de l'émir qui s'était engagé, non seulement à se déclarer le vassal du sultan de Fès et à faire célébrer la prière en son nom, mais encore à lui servir une énorme contribution annuelle. Ainsi, pour arriver au trône, ce prince n'avait pas hésité à marcher sur le cadavre de son père ; de plus, il avait livré sa patrie à l'ennemi héréditaire. Forcé de s'exécuter, il versa aux Merinides la première annuité du tribut, et alors, seulement, les troupes de Fès reprirent la route de l'Ouest.

---

1. Au sud des Beni-Ournid, sans doute vers Sebdou.

Lorsque la nouvelle de la mort d'Abou-Hammou parvint à son fils Abou-Zeyane, resté dans le Mag'reb central comme gouverneur d'Alger, ce prince s'enfuit et alla demander asile aux Hoseïne. Bien accueilli par ces Arabes, il se vit entouré d'un grand nombre d'adhérents qui le poussèrent à marcher contre Tlemcen et, plein du désir de la vengeance, il s'avança à leur tête vers l'ouest; mais Abou-Tacheſine parvint à soudoyer les principaux adhérents de son frère et à les détacher de lui. Réduit à la fuite, Abou-Zeyane chercha asile à la cour de Fès. Ainsi, Abou-Tacheſine resta maître incontesté du royaume abd-el-ouadite; nous avons vu à quel prix il avait obtenu ce résultat [1].

LUTTES D'ABOU-L'ABBAS LE HAFSIDE CONTRE LES ARABES DAOUAOUÏDA. — Pendant que ces guerres incessantes et ces meurtres ensanglantaient le Mag'reb, le souverain hafside Abou-l'Abbas continuait à régner en Ifrikiya d'une manière relativement paisible. Il s'appliqua, dit El-Kaïrouani, à doter Tunis de fondations utiles et fit construire un fort, près de Karthage. Ayant pu, dans ses voyages, se rendre compte des abus résultant de la *difa*, ou fourniture de vivres, charge imposée aux indigènes chez lesquels les fonctionnaires en tournée ou les troupes campent, il supprima cette obligation [2]. Seules, les villes du Djerid et du Zab et les Arabes Daouaouïda, par leur esprit d'indiscipline et de révolte, étaient, pour Abou-l'Abbas, un sujet d'inquiétude permanente. En 1387, à la suite d'une révolte suscitée à Gabès par un certain Abd-el-Ouahab, descendant des Beni-Mekki, le khalife hafside dut faire le siège en règle de cette ville et n'obtint sa soumission qu'après avoir rasé les palmiers qui l'entouraient. Abou-l'Abbas revint alors à Tunis, laissant ses fils dans les principales villes du Djerid.

Peu de temps après, les Arabes Daouaouïda, sous l'impulsion de leur chef Yakoub-ben-Ali, irrités de n'avoir pu obtenir du prince Abou-Ishak-Ibrahim, gouverneur de Constantine, les cadeaux annuels que ces nomades réclamaient comme un droit, se lancèrent dans la révolte. S'étant avancés jusqu'à Negaous, ils se livrèrent à tous les excès, pillant les voyageurs et les caravanes et ravageant les villages et les cultures. En 1388, Abou-Ishak, qui avait détaché quelques Arabes de la cause du désordre, marcha avec eux contre

---

1. Ibn-Khaldoun, *Berbères*, t. III, p. 486 et suiv., t. IV, p. 455 et suiv. L'Imam Et-Tensi, passim. Brosselard, *Tombeaux des Beni-Zeyane*, p. 66, 67.
2. El-Kaïrouani, p. 253.

les autres ; mais, dans le combat qui fut livré, il vit ses adhérents plier et prendre la fuite et lui-même dut se réfugier en toute hâte à Constantine.

A cette nouvelle, le khalife Abou-l'Abbas réunit une armée et se rendit dans le Zab, mais on était alors en hiver et les Arabes, sans l'attendre, s'enfoncèrent vers le sud et y prirent leurs cantonnements habituels de la saison froide. Renonçant à les y poursuivre, le khalife se contenta de garder avec soin les défilés à l'entrée du Tel et, lorsqu'arriva l'été et que le désert fut brûlé par la chaleur, les Daouaouïda tentèrent en vain de revenir vers le nord. Durant tout l'été, Abou-l'Abbas les tint ainsi bloqués, en proie aux plus grandes privations ; il espérait les réduire par ce moyen, mais son attente fut trompée et, en automne, il se décida à rentrer à Tunis. Son fils Abou-Ishak-Ibrahim conserva la direction des opérations.

Les Daouaouïda, qui manquaient complètement de ressources, se mirent alors à piller les oasis du Zab, ce qui eut pour effet de détacher d'eux Ibn-Mozni, dont ils avaient conservé la protection plus ou moins occulte. La position des Riah devenait donc des plus critiques, lorsque, en 1390, le prince Ibrahim mourut des suites d'une maladie dont il était atteint depuis quelque temps. Aussitôt son armée se dispersa et Mohammed-ben-Yakoub, chef des Daouaouïda en profita pour prendre l'offensive et s'avancer sous les murs de Constantine. Là, contre toute attente, il manifesta des intentions pacifiques et envoya à Tunis une députation pour solliciter la paix. Elle lui fut accordée, avec amnistie complète, et les Arabes rentrèrent dans leurs cantonnements.

EXPÉDITIONS DES FLOTTES CHRÉTIENNES COMBINÉES CONTRE LES ILES ET EL-MEHDÏA. — Depuis un certain nombre d'années, les corsaires musulmans et chrétiens sillonnaient de nouveau la Méditerranée au détriment du commerce. Des ports de l'empire hafside et surtout de Bougie, d'El-Mehdïa, de Djerba partaient sans cesse des pirates audacieux ; aussi la république de Gênes, qui en souffrait particulièrement, envoya-t-elle, en 1383, au sultan hafside, un ambassadeur chargé de mettre fin à cette situation par un traité. Abou-l'Abbas accepta l'engagement de faire cesser la course et renouvela aux Génois leurs privilèges ; mais dans la pratique il ne put exécuter sa promesse, d'autant plus que les pirates formaient des sociétés puissantes dans des villes où l'autorité du sultan était presque nominale.

Les Génois attribuant cette inexécution à une mauvaise volonté calculée, s'entendirent, en 1388, avec la reine de Sicile, pour la punir : une expédition fut résolue et on y convia les Vénitiens et les Pisans. Ceux-ci, qui ne tenaient pas à augmenter les avantages de leurs rivaux, n'acceptèrent qu'à regret de participer à cette *croisade*, et se contentèrent d'envoyer quelques navires. Au mois de juillet l'expédition fit voile vers l'Afrique et s'empara facilement des îles du golfe de Gabès, notamment de Djerba, où les Siciliens rétablirent leur occupation en laissant une garnison dans le château. Quant aux Génois, ils furent largement dédommagés et la flotte rentra chargée de butin.

Deux années plus tard une nouvelle croisade fut suscitée par les Génois. Cette fois, ils obtinrent la coopération des Français et des Aragonais. Le duc de Bourbon, envoyé par Charles VI lui-même, prit le commandement de l'expédition qui vint directement débarquer, en juillet 1390, à El-Mehdïa. Les Chrétiens commencèrent aussitôt le siège de cette ville et coupèrent toute communication entre la presqu'île sur laquelle elle est construite et la terre, au moyen d'une grande muraille en bois. Durant plus de deux mois, le blocus se prolongea, malgré les diversions tentées par les indigènes voisins. El-Mehdïa était réduite à la dernière extrémité par la famine, mais le général français ne sut pas profiter de cette situation et Abou-l'Abbas se décida enfin à envoyer une armée de secours aux assiégés, qu'il avait d'abord paru vouloir abandonner à leur sort. Dans ces conjonctures, les Génois, qui craignaient les mauvais temps de l'automne, se décidèrent à traiter isolément avec les Musulmans et force fut aux Français, qu'ils avaient entraînés avec eux, bien que n'ayant aucun grief précis, de les imiter. Les chevaliers français ressentirent vivement cette humiliation qu'on mit sur le compte de l'incapacité[1] du duc. De nouveaux traités avec les diverses puissances mirent fin à ces hostilités.

RÉVOLTE DANS LE DJERID. — Abou-l'Abbas eut ensuite à combattre une nouvelle révolte de Gafsa, le gouverneur de cette ville s'étant déclaré indépendant. Dans le mois de mai 1393, le khalife vint, encore une fois, faire le siège de la ville. Mais Gafsa résista à outrance, malgré la dévastation des jardins, moyen généralement infaillible pour réduire les oasis à la soumission. Bientôt même, les Oulad-Abou-l'Leïl (Bellil), profitant d'un moment où les auxiliaires du sultan s'étaient éloignés pour faire paître leurs bestiaux, fondirent à l'improviste sur son camp. Abou-l'Abbas réunit les gens de sa maison et combattit avec la plus grande vigueur ; mais

---

1. Froissart, livre IV, ch. XIX, pass. apud de Mas-Latrie, *Traités de paix*, etc., p. 239 et suiv. Ibn-Khaldoun, *Berbères*, t. IV, p. 118.

il s'empressa de lever son camp et d'opérer sa retraite. Il parvint à rentrer à Tunis sans avoir éprouvé de pertes trop sérieuses.

Le chef des Oulad-Bellil, Saoula-ben-Khaled, comprit alors la faute qu'il avait faite en attaquant le khalife et, dans l'espoir d'éviter les effets de sa juste colère, il lui fit présenter sa demande de soumission ; mais Abou-l'Abbas repoussa dédaigneusement ses offres et il ne resta à Saoula d'autre parti à prendre que de se jeter dans la révolte ouverte. Il alla chercher à Biskra Yahia-ben-Yemloul, toujours disposé à l'insurrection, et vint avec lui essayer de reprendre Touzer. El-Montaçar, fils du khalife, les y accueillit d'une façon qui leur enleva tout espoir de succès ; ils se portèrent alors dans le Tell et y tinrent la campagne.

Mort du hafside Abou-l'Abbas. Son fils Abou-Farès-Azzouz lui succède. — Vers le milieu de l'année 1394, Abou-l'Abbas tomba gravement malade. Il avait, quelque temps auparavant, désigné comme héritier présomptif son frère Zakaria. Mais les fils du sultan virent, avec la plus grande jalousie, la faveur dont leur oncle était l'objet et ils résolurent de s'en défaire ; et comme la maladie du khalife ne laissait aucun espoir de le sauver, ils décidèrent de placer sur le trône l'un d'eux, Abou-Farès-Azzouz, second des fils du sultan. Quant à l'aîné, il avait pris, quelque temps auparavant, le commandement de Constantine et ne pouvait suivre ce qui se passait à Tunis. Un matin, au moment où Zakaria se rendait au palais, ses neveux se jetèrent sur lui et le firent conduire en lieu sûr. Trois jours après, le 6 juin 1394, Abou-l'Abbas cessa de vivre. Aussitôt, les princes et notables de la ville prêtèrent serment de fidélité à Abou-Farès-Azzouz.

Abou-l'Abbas, dans son long règne de près de 25 ans, avait rendu un véritable lustre à l'empire hafside dont il avait su rétablir l'unité. Il s'était attaché particulièrement, ainsi que nous l'avons vu, à abattre la puissance des Arabes et l'autorité des principicules du Djerid et du Zab, véritables foyers de désordre et d'anarchie. Sa mort et le changement de souverain, laissant en présence un grand nombre de prétendants, auraient pu avoir de graves conséquences et faire perdre, en partie, les résultats obtenus au prix de tant d'efforts, si le nouveau chef n'avait possédé des qualités de gouvernement qui devaient faire, de son règne, un des plus brillants de la dynastie hafside. La première manifestation fut une nouvelle révolte du Djerid qui força le gouverneur de cette province à se renfermer dans l'oasis d'El-Hamma[1].

1. Ibn-Khaldoun, *Berbères*, t. III, p. 116 et suiv., 152, 168. El-Kaïrouani, p. 254, 255.

Nous avons vu qu'après l'affaire d'El-Mehdïa, le souverain hafside avait conclu la paix avec les puissances chrétiennes. Des traités la consacrant furent signés avec Gênes, en 1391, et avec Venise, en 1392. Cependant, les hostilités continuèrent entre les musulmans et la Sicile. Djerba dut même être abandonnée par la garnison chrétienne (1392), mais cette île resta en état d'insurrection contre les Hafsides. En 1393, la flotte sicilienne vint attaquer Tripoli. D'après le rapport d'un Juif, cette ville devait être livrée sans combat par Ibn-Mekki. Mais la résistance que les chrétiens y rencontrèrent fut telle, qu'ils durent renoncer à leur projet. Ils réoccupèrent Djerba, et après quelques années de luttes incessantes, se virent encore forcés de l'abandonner, de sorte qu'il ne resta, à la Sicile, aucune possession dans le golfe de Gabès[1].

Mort d'Abou-Tachefine II. Les Mérinides marchent sur Tlemcen. Mort du sultan Abou-l'Abbas. Règne de son fils Abou-Farès. Règne d'Abou-Zeyane a Tlemcen. — Pendant que l'Ifrikiya était le théâtre de ces événements, Abou-Tachefine II continuait de régner à Tlemcen en exécutant loyalement les humiliantes conditions imposées par le sultan de Fès. A part cette sujétion, l'émir zeyanite, dont l'énergie et la violence l'avaient fait redouter de tous, sut régner avec autorité et maintenir ses sujets dans une stricte obéissance pendant trois années. Mais, au commencement de 1393, une brouille, dont Ibn-Khaldoun ne donne pas le motif, éclata entre les princes de Tlemcen et de Fès, et aussitôt Abou-l'Abbas prépara une expédition, en annonçant qu'il allait placer sur le trône abd-el-ouadite le prince Abou-Zeyane, qui avait peut-être contribué à la rupture. Parvenu à Taza, cet émir reçut la nouvelle du décès de son frère. Abou-Tachefine venait, en effet, de mourir[2]; il n'était âgé que de trente-trois ans.

Un jeune fils de l'émir de Tlemcen, Abou-Thabet-Youçof, avait été proclamé par des serviteurs fidèles. Mais bientôt, un autre fils d'Abou-Hammou, nommé Abou-l'Hadjadj-Youçof, qui gouvernait Alger, accourut à Tlemcen, s'empara du pouvoir et mit à mort les partisans de son neveu. Celui-ci fut envoyé en exil après avoir régné quarante jours, à moins que, ainsi que l'affirme Ibn-Khaldoun, il n'ait subi aussitôt le sort de ses partisans.

Ces événements inattendus modifièrent complètement les plans du sultan Abou-l'Abbas. Il rejoignit l'armée à Taza, fit reconduire Abou-Zeyane à Fès sous bonne escorte et donna le commandement

---

1. De Mas-Latrie, *Traités de paix*, p. 247 et suiv.
2. En mai selon Et-Tensi, en juillet d'après Ibn-Khaldoun.

des troupes à son fils Abou-Farès, en le chargeant de faire rentrer Tlemcen dans l'obéissance. A l'approche des Mérinides, l'émir Youssof abandonna Tlemcen, pour courir se réfugier dans la forteresse de Tadjhammoumt, près du Chélif. Abou-Farès entra donc sans difficulté dans la capitale abd-el-ouadite, puis, divisant son armée, il en confia une partie au général Salah-ben-Hammou en le chargeant de maintenir dans l'obéissance les régions limitrophes de l'empire mérinide. Quant à lui, il se porta, avec le reste des troupes, dans le Mag'reb central et occupa successivement Alger, Miliana et Dellis, puis il revint vers le Chélif et mit le siège devant Tadjhammoumt.

Pendant ce temps, le sultan Abou-l'Abbas, qui était resté à Taza afin de mieux suivre les opérations, tomba malade et rendit bientôt le dernier soupir (novembre-décembre 1393). Son fils Abou-Farès accourut aussitôt à Tlemcen, où il fut proclamé sultan. Puis il prit la route de Fès et son premier soin fut de mettre en liberté le prince Abou-Zeyane et de l'envoyer à Tlemcen prendre le gouvernement, comme roi vassal.

Abou-Zeyane monta, dans ces conditions, sur le trône abd-el-ouadite et, peu après, son frère Youssof tombait aux mains des Arabes qui le mettaient à mort dans le Mag'reb central.

Ainsi, au commencement de l'année 1394, les trois empires du Mag'reb voyaient leur chef renouvelé [1].

Événements d'Espagne : Mort de Mohammed V ben-l'Ahmar. — Nous avons perdu de vue, depuis longtemps, les événements survenus en Espagne. C'est que, pendant la période que nous venons de traverser, ils sont à peu près indépendants de ceux de l'Afrique. Tandis que les rois chrétiens luttent entre eux et consument toutes leurs forces dans des guerres fratricides, le royaume de Grenade jouit de la paix sous la sage et habile direction de Mohammed V ben-l'Ahmar.

Enrique, roi de Castille, protégé et allié de la France, mourut en 1379, après un règne de dix ans, fort troublé par les guerres contre l'Aragon, le Portugal et la Navarre. Juan I, son fils et successeur, fut très malheureux dans ses guerres et vit le roi de Portugal, soutenu par les Anglais, envahir la Castille, malgré le secours que Charles VI, de France, lui avait envoyé. Il mourut en 1390, d'une chute de cheval, et fut remplacé par Enrique III, frêle enfant

---

1. Ibn-Khaldoun, *Berbères*, t. III, p. 489 et suiv., t. IV, p. 458, 459. L'Imam Et-Teusi, passim. Brosselard, *Tombeaux des Beni-Zeyane*, p. 76, 77, 80 et suiv.

de onze ans, auquel l'histoire a conservé le surnom de « l'infirme ».
Il est inutile d'ajouter que ce fut un triste règne, sans force et sans
autorité, et durant lequel l'ambition des grands put se donner libre
carrière.

Pendant ce temps, Mohammed V régnait paisiblement à Grenade, soucieux de renouveler les traités de paix avec ses voisins chrétiens pour pouvoir appliquer tous ses soins aux embellissements de sa capitale. Nous avons vu, en outre, avec quelle attention il suivait les affaires de Mag'reb et le procédé qu'il employait pour y intervenir. En 1391 ce prince mourut à son tour, laissant le trône à son fils Youssof II ; suivant la tradition de son père, le nouveau roi s'empressa de signer avec les chrétiens un traité de paix et d'amitié[1].

---

1. Rosseuw Saint-Hilaire, *Hist. d'Espagne*, t. V, p. 114 et suiv.

CHAPITRE XXII

ETAT DE L'AFRIQUE SEPTENTRIONALE A LA FIN DU XIVᵉ SIÈCLE. SITUATION DES TRIBUS.

Prépondérance acquise par les Arabes au détriment des populations berbères. Droits qu'ils se sont arrogés. — Les excès des Arabes les font mettre hors la loi. — Tribus Arabes dominant dans les principales villes. — Transformation des tribus berbères arabisées par le contact. Influence des marabouts de l'Ouest. — Relations commerciales des puissances chrétiennes en Afrique pendant le XIVᵉ siècle. — Organisation de la course dans les villes barbaresques. — Ethnographie de chaque province. — Barka et Tripolitaine. — Tunisie. — Province de Constantine. — Mag'reb central. — Mag'reb extrême.

Prépondérance acquise par les Arabes au détriment des populations berbères. Droits qu'ils se sont arrogés. — Au moment où nous allons être privés des précieuses chroniques d'Ibn-Khaldoun, il convient, avant de poursuivre ce résumé historique, de constater la situation de l'Afrique septentrionale à la fin du XIVᵉ siècle et de reconnaître la position réciproque des tribus berbères et arabes.

Nous avons vu de quelle manière les Arabes hilaliens se sont insinués au milieu de la race autochtone en servant tour à tour les dynasties rivales qui se partageaient le Mag'reb. Les souverains berbères, pour combattre leurs voisins ou les populations de leur race, emploient les Arabes, toujours disposés à la guerre ; puis, pour les récompenser de leurs services, ou s'assurer leur fidélité, ils leur concèdent les terres des vaincus, s'attachant sans cesse à abaisser le peuple aborigène, dont le caractère indépendant se soumet difficilement à l'obéissance. Ainsi, l'élément berbère est écrasé, abaissé, disjoint, au profit des étrangers, mais bientôt ces Arabes, devenus la seule force des dynasties indigènes, imposent leurs volontés, leurs caprices aux souverains berbères et, par leurs trahisons ou leurs révoltes, ne tardent pas à devenir un danger pour leurs maîtres.

La prépondérance que les rois berbères ont laissé prendre aux Hilaliens, surtout en Ifrikiya et dans le Mag'reb central, a porté leur audace à son comble. Leurs exigences n'ont plus de bornes :

en outre des droits de *Djebaïa* (part dans les impôts qu'ils faisaient rentrer), ils exigent, de l'état qu'ils servent, des fiefs choisis dans les meilleures terres et pour lesquels ils sont affranchis de toute prestation, en dehors du service militaire.

Sur les particuliers, ils prélèvent le droit de *Khefara* (protection) consistant en jeunes chameaux, et de *R'erara* (sacs de grains). Telles sont les charges ordinaires.

LES EXCÈS DES ARABES LES FONT METTRE HORS LA LOI. TRIBUS ARABES DOMINANT DANS LES PRINCIPALES VILLES DU TEL. — Ces exigences ont d'abord été pratiquées par les Arabes sur les tribus ou les oasis éloignées, mais, depuis quelque temps, ils les ont étendues aux villes du Tel : elles doivent leur fournir des dons en nature et en argent et, si le service de ces singulières pensions est en retard, les titulaires ont bientôt trouvé une compensation dans la révolte et le pillage.

Nous avons vu, dans le chapitre précédent, les Daouaouïda du Zab se lancer dans la rébellion parce que le gouverneur de Constantine leur avait refusé leur don. « Aussitôt, dit Ibn-Khaldoun, l'esprit d'insoumission se réveilla dans ces tribus et les porta à des actes de rapine et de brigandage..... On pillait, on dévastait les moissons, et on revenait les mains pleines, les montures chargées de butin[1] ».

Dès que la paix se rétablit entre les princes berbères, les Arabes sont contraints à plus de prudence ; souvent même, de durs châtiments leur font expier leurs insolences, mais bientôt, la guerre renaissant permet aux Arabes de rentrer dans leur élément et, alors, le sultan qui vient de les châtier est quelquefois le premier à solliciter leur appui.

En Tunisie, la situation est devenue intolérable : le pays est aux mains des Arabes et nous avons vu le hafside Abou-l'Abbas chercher à réagir contre leur puissance en rendant à une vieille tribu berbère, celle des Merendjiça (Ifrene), son territoire et ses franchises. Efforts tardifs et que les successeurs de ce prince ne continueront pas. Le mal va empirer encore et la situation deviendra telle que les Arabes de la Tunisie seront mis hors la loi par leurs coreligionnaires. Ibn-Khaldoun, parlant de la fraction des Oulad Hamza-ben-Abou-l'Leïl (Bellil), dit : « qu'elle tenait en son pouvoir la majeure partie de l'Ifrikiya et que le sultan ne possédait qu'une faible partie de son propre empire..... ». « Les cultivateurs et les commerçants, ajoute-t-il, victimes de l'oppres-

---

1. Ibn-Khaldoun, *Berbères*, t. III, p. 114 et suiv.

sion des Arabes, ne cessaient d'invoquer Dieu afin d'échapper au malheur qui les accablait[1] ».

Ces Oulad-Bellil dominaient, ainsi que nous venons de le dire, à Tunis et dans les régions voisines. Derrière eux étaient d'autres Soléïmides, les Oulad-Saïd, qui n'allaient pas tarder, par leurs excès, à appeler sur eux les malédictions des auteurs musulmans et à se faire mettre en interdit. En-Nâdj proclamera que c'est un crime de leur vendre des armes et El-Berzali affirmera que ces Arabes doivent être traités comme des ennemis de la religion[2].

A Constantine, ce sont les Daouaouïda qui, du Zab, exercent leur domination. Une de leurs fractions, celle des Oulad-Saoula[3], va particulièrement tenir cette ville sous son joug jusqu'à l'établissement de la domination turque.

Bougie subit la prépondérance d'autres fractions des Daouaouïda du Hodna.

A Alger, commandent les Thaâleba, qui ont expulsé ou arabisé les populations berbères de la Mitidja.

Enfin, Tlemcen est, tour à tour, soumise à l'influence des Amer, des Soueïd ou des Makiliens (Douï-Obeïd-Allah et Douï-Mansour).

Dans le Mag'reb extrême, les Arabes n'ont pu, noyés qu'ils sont au milieu d'une population berbère compacte, acquérir la moindre prépondérance.

TRANSFORMATION DES TRIBUS BERBÈRES ARABISÉES PAR LE CONTACT. INFLUENCE DES MARABOUTS DE L'OUEST. — Dans les plaines où les Arabes se sont trouvés en contact avec les Berbères, ceux-ci se sont assimilé les mœurs, les usages, la langue même de leurs hôtes, et bientôt ces vieilles tribus indigènes, rompues et disjointes, ont fait cause commune avec les envahisseurs et oublié, renié même leur origine. Ces faits sont encore constatés par Ibn-Khaldoun en maints endroits de son ouvrage. « Une fraction des Oulhaça (Nefzaoua), dit-il, habite la plaine de Bône. Elle a des chevaux pour montures, *ayant adopté, non seulement le langage et l'habillement des Arabes, mais encore tous leurs usages*[4] ». Ailleurs, à propos des Houara, il est encore plus précis : « Il se trouve des Houara sur les plateaux depuis Tébessa jusqu'à Badja.

---

1. Ibn-Khaldoun, *Berbères*, t. III, p. 83.
2. El-Kaïrouani, p. 264, 386 et autres.
3. Féraud, les Harar. *Revue africaine*, n° 104, p. 140.
4. *Hist. des Berbères*, t. I, p. 230.

Ils y vivent en nomades et sont comptés au nombre des Arabes pasteurs de la tribu de Soleïm, *auxquels, du reste, ils se sont assimilés par le langage et l'habillement, de même que par l'habitude de vivre sous la tente.* Comme eux, aussi, ils se servent de chevaux pour montures, ils élèvent des chameaux, ils se livrent à la guerre et ils font régulièrement la station du Tel dans l'été et celle du désert dans l'hiver. *Ils ont oublié leur dialecte berbère pour apprendre la langue plus élégante des Arabes et à peine comprennent-ils une parole de leur ancien langage*[1]. »

Cette transformation remarquable, si bien caractérisée par Ibn-Khaldoun, a donné aux peuplades habitant les plaines et les vallées dans la Tunisie et le Mag'reb central, la physionomie qu'elles ont maintenant. Les tribus arabes pures se sont maintenues dans la Tripolitaine et sur la ligne des hauts plateaux et du désert, où elles nous sont représentées maintenant par les Mekhadma, O. Naïl, Sahari, Akkerma, Hameyane, et beaucoup d'autres. Quant à celles qui ont pénétré dans le Tel, elles se sont fondues au milieu des populations aborigènes, mais, en outre de leurs noms qui sont restés comme des témoins, elles ont arabisé leurs voisines par le contact. Celles-ci ont pris alors d'autres noms et c'est sous ces vocables que nous les trouvons de nos jours. Citons notamment dans la province de Constantine les Nemamcha, Henanecha, Harakta, trois tribus formées des Houara et qui dominent sur les plateaux entre Tebessa, Constantine et Badja. C'est d'elles que parle ci-dessus Ibn-Khaldoun. Elles ont au nord des Arabes Mirdas (Soleïm) et, à l'ouest, des Garfa et Dreïd (Athbedj), mais complètement fondus et dispersés, tandis que l'élément autochtone rénové reprend la prépondérance. Citons encore les Oulad-Abd-en-Nour entre Constantine et Sétif, formés en grande partie des Sedouikch (Ketama).

Dans la province d'Oran, les tribus arabes ont pénétré à une époque plus récente et se sont maintenues plus intactes en présences des populations berbères qui ont subi leur action, mais sans trouver en elles-mêmes la force nécessaire pour renaître sous une nouvelle forme comme dans le pays de Constantine.

Simultanément avec ces mouvements, nous devons signaler l'arrivée de marabouts, venus en général de l'Ouest, du pays de Saguiet-el-Hamra, dans la province de Derâa (Mag'reb). Tolérés par les populations chez lesquelles ils venaient s'établir sous le couvert de leur caractère religieux, ils ont, en maints endroits, réuni des tronçons épars, d'origine diverse, et en ont formé des tribus

---

1. *Hist. des Berbères*, t. I, p. 278.

qui ont pris leurs noms. Les Koubba (tombeaux en forme de dôme) de ces marabouts se trouvent répandues dans tout le nord de l'Afrique et perpétuent le souvenir de leur action, qui a dû s'exercer surtout du XIV° au XVIII° siècle.

Relations commerciales des puissances chrétiennes en Afrique pendant le XIV° siècle. — La fin du XIII° siècle marque le commencement de la décadence des bonnes relations des puissances chrétiennes de la Méditerranée avec les Musulmans d'Afrique. Les luttes incessantes entre les princes berbères qui occupent tout le siècle suivant, l'anarchie qui en résulte, la diminution d'autorité dans les villes éloignées telles que Tripoli, Bougie, etc., souvent objets de contestations entre les dynasties, sont autant de causes déterminantes de ce fait. L'Italie et les îles sont dans une situation presque analogue : la grande lutte entre Guelfes et Gibelins arme les uns contre les autres les marins ne luttant autrefois que sur le terrain commercial. L'occupation de Djerba, le sac de Tripoli, acte de piraterie inqualifiable, l'attaque d'El-Mehdïa et les représailles exercées par les princes hafsides, furent des motifs graves de trouble dans les relations internationales. La course que, par de persistants efforts réciproques, on cherchait depuis si longtemps à abolir, s'autorisait de ces exemples pour se relever au moyen de l'initiative particulière et au mépris des traités. Les captifs chrétiens devinrent très nombreux en Afrique.

Cependant les relations furent encore très suivies et divers traités intervinrent dans le cours du XIV° siècle. Pise et Gênes sont toujours à la tête du commerce, surtout en Ifrikiya ; et cependant leur étoile commence à pâlir. Venise se prépare à leur faire une rude concurrence et Florence, sans marine et sans ports, tributaire des Pisans dont elle doit employer l'intermédiaire onéreux, va bientôt entrer en lice et prendre une place prépondérante.

Pise obtient le renouvellement de ses traités avec les Hafsides, en 1313, 1353 et 1366, et par conséquent le maintien de ses fondouks à Tunis, Bône, Gabès, Sfaks, Tripoli, Bougie, Djidjeli, Collo. En 1358, cette république signe un nouveau traité avec Abou-Eïnane, souverain mérinide, pour le Mag'reb. Après l'affaire d'El-Mehdïa, Gênes et Venise renouvellent leurs traités avec les Hafsides (1391, 1392). Pise les imite en 1397.

Mais c'est surtout l'Aragon qui, en sa qualité d'héritier des rois de Sicile, prétend exercer une sorte de protectorat sur l'Ifrikiya. Les traités de 1309 et 1314 avec Bougie, et de 1323 avec Tunis, stipulent l'obligation, pour le gouvernement hafside, de payer le tribut, et afin de permettre à l'Aragon de rentrer dans l'arriéré, le khalife lui cède (par le traité de 1323) la moitié des droits à percevoir à à la douane de Tunis. Le roi chrétien, de son côté, devait fournir au sultan hafside des soldats et des galères pour ses guerres, en tant qu'elles ne seraient pas faites contre des puissances chrétiennes. Le royaume de Majorque, comprenant la principauté de Montpellier, traitait de son côté, en 1313, avec Tunis et, en 1339, avec les Merinides, pour assurer les bons rapports commerciaux et la répression de la course. Les affaires des Provençaux s'étendaient.

Voici quelles étaient au XIV° siècle les branches du commerce extérieur de la Berbérie:

Importations :

Faucons et autres oiseaux de chasse.
Bois ouvrés, lances, ustensiles de boissellerie.
Cuivre, étain, fer, acier.
Or, argent, bijoux.
Armes, cottes de mailles, cuirasses, casques, etc.
Quincaillerie, mercerie, verroterie, papiers.
Laques, vernis, mastics, teintures.
Tissus et draps de Bourgogne, Languedoc, Florence, Angleterre ; soies et velours.
Céréales.
Epices, parfums, drogues, vins.
Navires et accessoires.

Exportations :

Esclaves musulmans, dont Gênes était le principal marché.
Chevaux.
Poissons salés.
Cuirs et peaux de toute nature.
Ecorce à tan : substances tinctoriales.
Sel, sucre, cire, miel.
Huiles d'olive.
Céréales.
Fruits secs.
Etoffes, tapis.
Laine, coton.
Sparterie.
Métaux, armes.
Coraux, Epiceries[1].

---

1. Rapprocher ce détail de celui du chapitre VIII du Ier volume (p. 101) donnant les exportations à l'époque romaine.

L'administration de la douane était un des principaux rouages des gouvernements berbères. Des princes du sang étaient souvent placés à sa tête et en avaient la direction, qui comportait des attributions judiciaires et administratives. Il fallait pour maintenir les droits de l'état, sans opprimer les trafiquants, et pour régler toutes les difficultés survenant entre les sujets musulmans et les différentes nations, ou entre les nations entre elles, autant d'expérience que de prudence[1].

ORGANISATION DE LA COURSE DANS LES VILLES BARBARESQUES. — Les empires berbères sont affaiblis par leurs rivalités et leurs luttes intestines. Leurs princes, dégoûtés de toute action à l'intérieur, par l'indiscipline et les exigences des Arabes, forcés d'être toujours sur leurs gardes pour résister aux conspirations dont ils sont entourés, renoncent à exercer une action sérieuse sur les régions intérieures. Les villes, autres que les capitales, vivent à peu près indépendantes sous la direction de conseils, analogues à nos assemblées municipales. Toutes les cités maritimes s'adonnent spécialement à la course sur mer et contre le littoral des pays chrétiens.

Ibn-Khaldoun nous raconte comment, dans ces localités, une société de corsaires s'organise et, « ayant choisi des hommes d'une bravoure éprouvée », va ravager les rivages chrétiens de la Méditerranée. « De cette manière, — ajoute-t-il, — Bougie et les autres ports se remplissent de captifs; les rues de ces villes retentissent du bruit de leurs chaînes et surtout quand ces malheureux, chargés de fers et de carcans, se répandent de tous les côtés pour travailler à leur tâche journalière..... On fixe le prix de leur rachat à un taux si élevé, qu'il leur est, la plupart du temps, impossible de l'acquitter[2] ».

Ainsi, toutes les précautions prises par les puissances maritimes chrétiennes ou musulmanes de la Méditerranée, pour empêcher cette plaie séculaire de la course, devenaient lettres mortes. Cette pratique reprise d'abord, en Berbérie, par les villes, où des associations de particuliers, ne tardera pas à devenir une institution quasi-gouvernementale. Nous verrons quels abus en résulteront, quelles complications incessantes cet état ferait naître jusqu'à ce que la noble initiative de la France vienne y mettre fin.

1. De Mas-Latrie, *Traités de paix*, etc., p. 209 et suiv. de l'intr., 1 et suiv. des documents. Elie de la Primaudaie, *Villes maritimes du Maroc* (*Revue africaine*, nos 92 et suiv.)
2. Ibn-Khaldoun, *Berbères*, t. III, p. 117.

T. II.   25

Mais ce serait une grave erreur de croire que les musulmans d'Afrique dussent porter seuls la responsabilité en cette affaire. Les chrétiens leur donnèrent sous ce rapport de funestes exemples, particulièrement dans le cours du xiv° siècle. Sans rappeler cette lamentable entreprise, le sac de Tripoli par Philippe Doria, il faut dire que les pirates chrétiens établis surtout en Sardaigne, en Sicile, en Corse, à Malte, ne cessaient de courir sus aux vaisseaux africains et de faire des incursions sur les côtes. Lorsque les flottes de France, de Venise, de Florence, reprirent la prépondérance dans la Méditerranée, elles mirent fin à ces abus; mais l'impulsion était donnée, et, tandis que, dans le xv° siècle, la piraterie chrétienne diminuait ou cessait, elle augmentait et s'organisait en Afrique, favorisée par l'affaiblissement des empires berbères.

ETHNOGRAPHIE DE CHAQUE PROVINCE

Il importe de préciser maintenant la situation de chaque province, au point de vue ethnographique.

Barka et Tripolitaine

BERBÈRES. — Les *Houara* et *Louata*[1] ont été rejetés dans le Sud, où les premiers sont désignés, de nos jours, sous le nom de *Hoggar* (Touareg).

Les montagnes situées au sud et à l'ouest de Tripoli sont encore habitées par les *Nefouça, Demmer, Zouar'a* et autres, qui ont conservé, en général, la pratique de l'hérésie kharedjite, de même que les gens de l'île de Djerba.

ARABES. — La tribu de *Soleïm*[2] est, en partie, établie dans cette région.

Les *Heïb* (*Chemakh* et *Lebib*), sont dans la province de Barka; les *Salem*, entre Lebida et Mesrata.

Les *Rouaha* et *Fezara*, au milieu des Heïb.

Les *Azza* (*Chemal-el-Mehareb*), dans le pays de Barka, à l'est des Heïb, avec les *Korra*.

Les *Debbab* (O. Ahmed, Beni Yezid, Sobha, Djouari, M'hammed), aux environs de Tripoli, et, de là, jusqu'à Gabès.

---

1. Voir les tableaux du chapitre 1 de la II° partie pour les subdivisions.
2. Voir les tableaux du chapitre 1 de la III° partie pour les subdivisions.

Enfin, les *Slimane* et *Nacera*, dans les déserts tripolitains, jusqu'au Fezzane.

Tunisie

BERBÈRES. — Les Berbères de la Tunisie sont retirés dans les villes du Djerid et du littoral et dans les montagnes. Ce sont les restes des *Nefzaoua*, *Houara*, *Lounta*, *Ifrene*, etc.

ARABES. — Tout le pays ouvert est entre les mains des Arabes, particulièrement ceux de la tribu de Soleïm :

Les *Mohelhel* occupent la région méridionale.

Les *Kaoub*, *Oulad-Ali* et *Oulad-Bellil*, sont dans la plaine de Kaïrouan et s'avancent jusqu'à la frontière occidentale.

Les *Beni-Ali*, entre El-Djem et Mebarka, près de Gabès.

Les *Mirdas*, sur les plateaux, et auprès d'eux, les *Troud*.

En résumé, les subdivisions de la tribu d'*Aouf* s'étendent de Gabès à Bône.

Province de Constantine

BERBÈRES. — La race berbère est fortement établie dans cette province :

Les Zenètes (*Badine*, etc.) occupent le massif de l'Aourès et les oasis.

Les *Ketama* tiennent toutes les montagnes, de Constantine à Bougie.

Sur les plateaux de l'Est, s'étendent les nouvelles tribus berbères arabisées, dont nous avons parlé : *Henanecha*, *Nemamcha* (ou *Lemamcha*), *Harakta*, formées des Nefzaoua et Houara, et, à l'ouest, les *Abd-en-Nour*, formés des *Sedouikch* (Ketama).

ARABES. — Aux environs de Bône et sur les plateaux, arrivent les tribus soleïmides, fractions des *Aouf*, venant de la Tunisie.

Les *Dreïd* et les *Garfa* (des Athbedj) se sont établis sur les versants de l'Aourès et dans les vallées, jusqu'aux environs de Constantine.

Les *Dahhak* et les *Eïad* (moins les Mehaïa), occupent quelques oasis du Zab et les plaines au nord de Mecila ; ils s'avancent à l'ouest, jusque vers le pays de Hamza.

Les *Latif*, diminués de ce qui a été transporté dans le Mag'reb par l'Almohâde El-Mansour, occupent une partie du Zab, où ils ont accaparé plusieurs oasis (Badis, Doucène, Raribou, Tennouna, etc.).

Les *Amour* s'étendent, sur les hauts-plateaux, depuis le Hod'na jusqu'au Djebel-Amour.

Les *Daouaouïda* (des Rlah) occupent le Zab et le Hod'na, principalement les environs de Biskra, Negaous, Tolga et Mecila. Ils exercent leur suzeraineté sur Constantine et sur Bougie.

Le reste de la tribu: *Ali, Amer, Meslem, Saïd*, s'étend dans les régions sahariennes, au midi de l'Ouad-Rir'.

Mag'reb central

BERBÈRES. — La race berbère occupe toutes les montagnes de la région moyenne et du littoral de cette province.

Les *Zouaoua* sont intacts dans le Djerdjera (Grande-Kabilie).

Les *Sanhadja*, un peu disjoints par les Arabes, sont au sud et à l'ouest des précédents, jusqu'à la Mitidja.

Les montagnes des environs de Miliana et de Tenès, jusqu'à l'embouchure du Chelif, sont habitées par les restes des *Mag'raoua* (*Beni-bou-Saïd*, etc.), et par une partie des *Toudjine* qui ont franchi le Chelif (*Madoun, Kadi, Tig'rine*, etc.).

Le reste de la tribu des Toudjine est dans l'Ouarensenis et dans les plateaux environnants, où il rencontre les débris des *Louata, Houara, Fatene*, etc., qui occupaient autrefois ces régions.

Au nord de Tlemcen, se trouve le groupe principal des Beni-Fatene.

A Tlemcen sont les *Abd-el-Ouad*, profondément modifiés par leur haute fortune.

Dans le Sahara se trouve le reste des *Ouacine: Mezab, Rached*, et des *Mag'raoua: L'ar'ouate, Zendak, Rir'a, Sindjas*, etc., qui occupent la vallée de l'Ouad-Rir', les oasis, au sud du Djebel-Amour et la Chebka du Mezab.

ARABES. — Les *Thaâleba* (*Makil*) règnent en maîtres dans la Mitidja et dominent à Alger.

Les *Aïad* et les *Dahhak* ont pénétré, ainsi que nous l'avons dit, jusqu'à la limite du Hamza[1] et les *Daouaouïda* s'avancent jusque derrière le mont Dira.

Mais les fractions de la tribu de Zor'ba sont particulièrement répandues dans cette province:

Les *Yezid* (moins les Hamcïane) occupent les plaines du Hamza et s'avancent par les vallées, jusque vers la Mitidja, en refoulant, à droite et à gauche, les *Sanhadja*.

---

1. Au nord-est d'Aumale.

Les *Hoseïne* sont à l'ouest des précédents, sur les plateaux et aux environs de la montagne de Titeri, près de Medéa.

Les *Attaf*, dans la plaine, à l'ouest de Miliana.

Les *Soueïd*, dans le Seressou, s'étendant de là jusqu'au Chelif, dans les plaines de Mindas, Mina et Sirate.

Les *Malek*, aux environs d'Oran.

Les *Dïalem*, au midi du Ouarensenis, près de Saneg, à l'est du Chelif.

Les *Oroua*, dans les contrées sahariennes, au sud et à l'est du Djebel-Amour.

Les *Amer*, partie au sud d'Oran, et partie au sud de Tlemcen.

Les *Doui-Obeïd-Allah*, des *Makil*, occupent les vallées à l'ouest de Tlemcen, jusqu'au Za et à la Moulouïa. Ils ont été placés dans ces régions par Abou-Hammou II.

Dans les hauts-plateaux, au sud de Tlemcen, sont établis les *Mehaïa* (Athbedj) et les *Hameïane* (Zor'ba), qui y ont été transportés par Yar'moracen.

May'reb extrême

BERBÈRES. — La race berbère y règne en maîtresse, s'étant à peine laissé entamer, dans le sud, par les Arabes.

Les *Miknaça* ont à peu près disparu et ont été remplacés, en partie, par les *Beni-Merine*.

Les *May'raoua* et *Ifrene* ont également disparu sans laisser de traces apparentes, de même que les *Berg'ouata*.

Les autres peuplades indigènes sont demeurées intactes, dans leurs régions [1].

ARABES. — Dans le Hebet, se trouvent les restes des *Riah* transportés par le khalife almohâde El-Mansour. Ils ont été entièrement absorbés par les populations berbères.

Quelques *Lâtif* sont, avec les *Djochem*, dans le Tamesna, où ils ont été également transportés par El-Mansour. Ils ont multiplié, tout en conservant leur nationalité et arabisé leurs voisins par le contact.

Les *Doui Mansour* (Makil) sont dans les contrées sahariennes depuis le cours supérieur de la Moulouïa, jusqu'au Derâa.

Enfin les *Beni-Mokhtar*, formant le reste des Makil, occupent le Sous, les *Douï-Hassane*, vers le littoral, et les *Chebanate* et *Rokaïtate*, vers l'intérieur.

1. Voir ci-devant, p. 4, et t. Ier, p. 189.

CHAPITRE XXIII

DYNASTIES HAFSIDE, ZEYANITE ET MERINIDE (Suite)
PRÉPONDÉRANCE HAFSIDE

1304-1458

Puissance du sultan merinide; il fait empoisonner le roi de Grenade Youssof II. — Les fils d'Abou-Hammou se succèdent sur le trône de Tlemcen. — Prépondérance de l'empire hafside, sous le khalife Abou-Farès. — Espagne : prise de Tetouane par les Castillans; guerres avec l'émirat de Grenade. — Les Portugais s'emparent de Ceuta; luttes entre les princes merinides. — Règne d'Abou-Malek à Tlemcen; ses succès contre les Merinides. — Usurpation du trône de Tlemcen par Mohammed, fils d'Abou-Tachefine II, appuyé par les Hafsides. — Abou-Malek, soutenu par les Hafsides, reprend le pouvoir; il est de nouveau renversé par son neveu Mohammed, qui le met à mort. — Le hafside Abou-Farès s'empare de Tlemcen et étend sa suprématie sur toute l'Afrique septentrionale. Règne d'Abou-l'Abbas à Tlemcen. — Mort du hafside Abou-Farès; règnes de Moulaï-Abd-Allah et de son frère Abou-Omar-Othmane. — Révoltes contre Abou-l'Abbas de Tlemcen; Abou-Zeyane forme une principauté indépendante à Alger, puis, son fils El-Metaoukkel, à Tenès. — Expéditions des Portugais contre Tanger; elle se termine par un désastre. — Espagne : Luttes entre la Castille, l'Aragon, la Navarre et l'émirat de Grenade. Longs règnes de Jean II de Castille et d'Alphonse V d'Aragon. — Fondation de l'empire turc d'Europe.

PUISSANCE DU SULTAN MERINIDE. IL FAIT EMPOISONNER LE ROI DE GRENADE YOUSSOF II. — Les derniers succès des Merinides avaient rétabli, sans conteste, leur prépondérancce sur les deux Mag'reb. Abou-Farès voulut alors reprendre en Espagne l'influence que ses prédécesseurs avaient perdue pendant le règne de Mohammed V ben-L'Ahmar. Le fils de celui-ci, Youssof II, s'appliquait à suivre la politique qui avait si bien réussi à son père; cependant, en dépit de ses conseils et de ses ordres, des fanatiques rouvrirent les hostilités en faisant une expédition sur le territoire chrétien. La conséquence fut une provocation à lui adressée par le grand-maître d'Alcantara, agissant pour son compte, malgré l'opposition du roi de Castille. Pour toute réponse, Youssof se borna à jeter dans les fers les ambassadeurs chrétiens, et aussitôt une bande de 1,300 Castillans fanatisés envahirent ses états.

Le roi de Grenade marcha contre eux, à la tête de six mille hommes, et les extermina jusqu'au dernier. Enrique eut le bon esprit de ne pas prendre fait et cause pour les fauteurs de cette algarade et consentit à renouveler les traités de paix l'unissant à Youssof II (1394-95). Peu de temps après, le roi de Grenade mourait, empoisonné, dit-on, par un émissaire du sultan de Fès. Son fils aîné, d'accord, peut-être, avec Abou-Farès, devait lui succéder ; mais Mohammed, second fils de Youssof, parvint, à force d'intrigues, à arracher le pouvoir à son frère qu'il jeta en prison. Il régna alors, sous le nom de Mohammed VI (1395)[1].

Les fils d'Abou-Hammou se succèdent sur le trône de Tlemcen. — A Tlemcen, Abou-Zeyane régnait paisiblement, entouré de poètes et de savants. Il composait même des traités sur les questions les plus ardues de la métaphysique. Du reste, vassal fidèle des Merinides, il put continuer cette existence tranquille jusqu'en 1399. A cette époque, une rupture, dont nous ignorons la cause, éclata entre la cour de Tlemcen et celle de Fès. Aussitôt, le sultan merinide suscita à son vassal un compétiteur, Abou-Mohammed Abd-Allah, autre fils d'Abou-Hammou, et l'appuya par les armes.

Chassé de la capitale, Abou-Zeyane erra en proscrit, ne sachant où reposer sa tête, et ne tarda pas à tomber sous les coups des sicaires de son frère. Pendant ce temps, Abou-Mohammed montait sur le trône de Tlemcen et exerçait le pouvoir avec une réelle habileté. Peut-être ses succès comme administrateur excitèrent-ils la jalousie toujours en éveil du sultan de Fès ; peut-être, s'abusant sur sa puissance, se crut-il assez fort pour braver son suzerain. Toujours est-il qu'après trois ans à peine, il se brouilla, à son tour, avec les Merinides.

La conséquence était facile à prévoir. Abou-Abd-Allah, frère de l'émir, ne tarda pas à paraître à la tête d'une armée merinide et Abou-Mohammed subit le sort qu'il avait infligé à son autre frère Abou-Zeyane. « Il emporta, — dit Et-Tensi, — les regrets de tous ses sujets...... et seul, triste et abandonné, alla mourir obscurément » (1401-2).

Abou-Abd-Allah était, paraît-il, un prince remarquable, qui fit tous ses efforts pour qu'on oubliât la tache de son avènement. « Il était, — dit Et-Tensi, — d'un accès facile, d'un caractère libéral, doux et clément. » Du reste, ce qui paraît justifier ce portrait, c'est qu'il sut conserver neuf ans le pouvoir. Il mourut tranquillement dans son lit, en 1410, chose peu ordinaire, à cette époque, dans la famille royale de Tlemcen. Il ne laissa qu'un enfant

---

1. Rosseuw Saint-Hilaire, *Hist. d'Espagne*, t. V, p. 156 et suiv.

en bas âge, Abd-er-Rahmane, absolument incapable de conserver le pouvoir dans ces temps troublés.

Deux mois, en effet, après son avènement, il résignait l'autorité entre les mains de son oncle Moulaï-Saïd, encore un fils d'Abou-Hammou, précédemment détenu à Fès, et qui avait pu s'échapper en corrompant ses gardiens. Après avoir obtenu le serment des troupes et de la population, Moulaï-Saïd se mit à puiser sans réserve dans le trésor royal, pour payer ses folles dépenses, comme s'il avait été persuadé d'avance que son règne serait éphémère [1].

Prépondérance de l'empire hafside, sous le khalife Abou-Farès. — Cependant, le khalife hafside, Abou-Farès, avait, par sa vigueur et son intelligence, triomphé des oppositions rencontrées au début, et continuait à régner à Tunis avec fermeté et justice. « Ce fut, dit El-Kaïrouani, un des meilleurs princes qui aient occupé le trône. » Il dota Tunis de nombreuses constructions et, notamment, du local de la bibliothèque. Ces soins ne l'empêchaient pas de continuer l'œuvre entreprise par son père, c'est-à-dire l'abaissement des Arabes et la soumission des villes du sud. Pour la première fois, depuis longtemps, les Hilaliens se virent contraints de payer les impôts Zekkat et Achour [2].

Abou-Farès visita plusieurs fois les villes de son empire et entra en maître à Gabès, Tripoli, El-Hamma, Touzer, Nafta, Biskra. Il pénétra même dans le Sahara, jusqu'à une latitude très avancée.

L'empire hafside rayonnait alors d'un brillant éclat et sa prépondérance n'allait pas tarder à s'étendre sur toute l'Afrique septentrionale. Le khalife entretenait, avec les cours du Caire et de Fès, de bonnes relations caractérisées par l'échange de présents. Les Musulmans d'Espagne n'étaient pas oubliées et trouvaient, chez Abou-Farès, un appui matériel et moral. Enfin, des traités de commerce avaient été conclus ou renouvelés, ainsi que nous l'avons dit, avec certaines nations chrétiennes; et quant aux *infidèles* ennemis, de hardis pirates donnaient la chasse à leurs navires. On dit qu'Abou-Farès, lui-même, ne dédaigna pas de prendre part à ces courses et qu'il opéra notamment des razias sur les côtes de la Sicile [3].

Espagne. Prise de Tétouane par les Castillans. Guerres avec

---

1. L'Imam Et-Tensi, p. 102 et suiv. Brosselard, *Tombeaux des Beni-Zeyane*, p. 22 et suiv., 80 et suiv.

2. Le premier (*zekat*) est l'impôt religieux, l'aumône prescrite par le Koran; le second, la dîme (*achour*) des produits de la terre.

3. El-Kaïrouani, p. 249 et suiv.

L'ÉMIRAT DE GRENADE. — L'intervention prochaine de l'Espagne dans les affaires de l'Afrique nous oblige à suivre de très près son histoire pendant le xv° siècle. Il est indispensable, en effet, de se rendre compte des conditions dans lesquelles se produira la chute du royaume de Grenade et des raisons qui pousseront les Espagnols à poursuivre l'ennemi héréditaire jusque dans sa patrie.

Nous avons vu que l'audace des corsaires africains devenait de plus en plus grande. Leurs incursions sur le littoral de l'Andalousie furent tellement insupportables que, vers la fin du xiv° siècle, le roi de Castille, Enrique III, se décida à les relancer dans leurs repaires. En 1399[1], une flotte armée par lui alla s'emparer de Tétouane et transporta en Espagne tous les habitants de cette ville qui demeura dépeuplée pendant un siècle et fut réoccupée, en grande partie, par les Grenadins expulsés d'Espagne.

Peu de temps après, la nouvelle des succès de Timour, et notamment de sa grande victoire sur les Turcs (1402), étant parvenue dans la péninsule, Enrique adressa au conquérant asiatique une ambassade pour le féliciter. Ce fut, pendant quelque temps, entre ces deux souverains, si différents à tous les points de vue, un échange de cadeaux et de compliments. Ces démarches s'expliquent par ce fait que la guerre avait recommencé entre la Castille et l'émirat de Grenade et que Timour était regardé par les souverains chrétiens, comme l'ennemi, le destructeur des Musulmans.

Le 24 décembre 1406, Enrique mourait, laissant pour successeur un enfant de deux ans, Juan II, qui régna sous la tutelle de sa mère et de son oncle Ferdinand. Cet événement n'arrêta pas la guerre avec les Grenadins ; il y eut, au contraire, en 1407, une véritable croisade, à laquelle prirent part des chevaliers chrétiens de divers pays.

Au commencement de l'année 1408, Mohammed-ben-L'Ahmar, se sentant atteint d'une maladie mortelle et voulant assurer le trône à son fils, envoya l'ordre de mettre à mort son frère Youssof, détenu dans un château. L'on raconte que ce prince, occupé à jouer aux échecs avec le gouverneur lorsque la fatale sentence lui fut communiquée, demanda la permission de finir sa partie avant de marcher à la mort. Cela fait, il allait se remettre entre les mains des exécuteurs, lorsque des cavaliers, accourant de Grenade à bride abattue, annoncèrent que l'émir était mort et que le peuple avait proclamé son frère Youssof. Ce prince accepta la bonne fortune avec autant de sang-froid qu'il avait reçu son arrêt de mort. Il alla prendre possession du trône et son premier soin

---

1. 1400, selon Marmol.

fut de proposer une trêve à la Castille ; mais le régent ayant imposé comme condition la reconnaissance de la vassalité de l'émirat, Youssof rompit toute négociation et la guerre recommença avec des chances diverses.

En 1410, Martin, roi d'Aragon, étant mort sans laisser de descendant direct, ni désigner de successeur, un certain nombre de prétendants, parmi lesquels Ferdinand, régent de Castille, se disputèrent le trône vacant. Une sentence arbitrale, rendue en 1412, par un concile, adjugea la couronne à Ferdinand [1].

Les Portugais s'emparent de Ceuta. Luttes entre les princes mérinides. — Vers la même époque, le Portugal, sous la direction du roi Jean I, commençait à sortir de son obscurité pour s'élever au rang de grand état. Les actes de piraterie des Berbères du Mag'reb nuisant à son commerce et à l'extension de sa marine, ce prince, hardi et guerrier, résolut de les poursuivre chez eux. En 1414, il organisa une expédition contre Ceuta, construisit, à cet effet, des navires et en fréta dans différents pays. Nous ne connaissons pas la cause de la rupture avec le sultan merinide, car nous n'avons aucun renseignement précis sur l'histoire du Mag'reb pendant le xve siècle. Nous savons seulement que le trône de Fès était alors occupé par Abou-Saïd, jeune homme n'ayant d'autre souci que celui de ses plaisirs. On ignore même s'il était fils d'Abou-Farès, s'il lui avait succédé directement et à quelle époque il avait pris le pouvoir.

Le roi de Portugal, qui avait soigneusement caché le but de l'expédition, mit à la voile le 25 juillet 1415, et parut bientôt, avec une flotte de 120 navires portant 20,000 hommes, devant Ceuta. Cette ville était défendue par le caïd Salah, et une garnison assez nombreuse. La tempête dispersa d'abord la flotte portugaise, de sorte que Salah, se croyant sauvé, renvoya une partie de ses auxiliaires. Mais, le 14 août, les Portugais, qui s'étaient ralliés, forcèrent l'entrée du port et opérèrent leur débarquement. On se battit avec acharnement dans les rues et la ville resta aux chrétiens, qui firent des prodiges de valeur, entraînés par l'exemple des trois fils du roi. Salah, le gouverneur, parvint à fuir. Le brave capitaine Pedro de Menesès fut laissé à la garde de la nouvelle conquête avec une forte garnison, établie dans un camp retranché.

Abou-Saïd avait assisté à la perte de la clé du détroit, sans sortir de son indifférence. En 1418, il tenta, avec l'appui du roi de

---

1. Rosseeuw Saint-Hilaire, *Histoire d'Espagne*, t. V, p. 157 et suiv.

Grenade, d'enlever Ceuta aux chrétiens, mais fut repoussé par l'infant, don Enrique, qui s'était jeté dans la place. Une rupture se produisit alors entre les deux princes musulmans, ce qui eut pour conséquence l'invasion des possessions merinides d'Espagne par l'émir de Grenade. Saïd, frère du sultan de Fès, partit pour Gibraltar, afin de tâcher de conserver cette dernière place. Mais une révolte éclata alors à Fès et le peuple irrité s'empara de son indigne souverain et le mit à mort, ainsi que plusieurs membres de sa famille. Yakoub, un des frères du sultan, essaya de s'emparer du pouvoir ; Saïd, de son côté, revint d'Espagne et, durant quelque temps, les deux frères luttèrent l'un contre l'autre. Enfin, un troisième prétendant, Abd-Allah, fils d'Abou-Saïd, entra dans la lice et fut acclamé comme un libérateur (1432). Abandonnés de tous, ses deux oncles durent se soumettre à lui et reconnaître son autorité [1].

Règne d'Abou-Malek a Tlemcen. Ses succès contre les Merinides. — Nous avons laissé à Tlemcen le nouvel émir, Moulaï-Saïd, puisant à pleines mains dans le trésor pour satisfaire ses caprices. « Ces prodigalités, dit Et-Tensi, lui valurent force éloges et compliments de la part des écrivains affamés qui sont toujours prêts à vendre leur plume..... » Mais un tel système de gouvernement ne pouvait être accepté, ni par les sujets, ni surtout par le suzerain, qui suivait d'un œil jaloux tous les actes de son vassal. Bientôt, en effet, le sultan de Fès lança sur Tlemcen le prince Abou-Malek-Abd-el-Ouahad, frère de Moulaï-Saïd, avec l'appui d'un corps de troupes. L'émir marcha à la rencontre du prétendant ; mais celui-ci l'évita par une feinte habile et se porta rapidement sur Tlemcen, où il pénétra, avec l'aide d'amis qu'il s'était ménagés (1411).

Moulaï-Saïd, arrivé à sa suite, se vit bientôt contraint de chercher son salut dans la fuite. Abou-Malek resta, ainsi, seul maître du trône et ne tarda pas à montrer aux Merinides qu'il entendait se débarrasser de leur tutelle. C'était un homme hardi et énergique et, comme son avènement coïncidait avec l'abaissement de la puissance des sultans de Fès, il ne laissa pas échapper cette occasion et déclara la guerre aux Merinides. Ayant envahi leurs états, « il vengea sa dynastie des humiliations qu'elle avait subies de la part de ceux de l'Occident, attaqua leurs rois dans leurs propres

---

1. L'abbé Léon Godard, *Histoire de Maroc*, p. 394 et suiv. Marmol, *Afrique*, passim. Élie de la Primaudaie, *Villes maritimes du Maroc*, loc. cit.

foyers, envoya contre eux des armées qui fouillèrent l'intérieur de leurs palais et se reposèrent de leurs fatigues à l'ombre de leurs toits ».

Ainsi s'exprime Et-Tensi et voilà à quoi se bornent tous les détails que nous possédons sur ces expéditions. Nous savons seulement qu'Abou-Malek s'empara de Fès et subjugua tout le Mag'reb extrême et qu'enfin il imposa à l'empire de l'Ouest un sultan de son choix, petit-fils d'Abou-Eïnane, nommé Mohammed. Mais on ne peut dire si ce prince régna avant ou après Abd-Allah, dont nous avons vu, ci-dessus, l'avènement en 1423 [1].

USURPATION DU TRÔNE DE TLEMCEN PAR MOHAMMED, FILS D'ABOU-TACHEFINE II, APPUYÉ PAR LES HAFSIDES. — Mais le relèvement de la dynastie abd-el-ouadite ne pouvait être vu d'un bon œil par le khalife hafside Abou-Farès. Les provinces limitrophes entre les deux empires étaient, du reste, un sujet permanent de contestation. Abou-Farès accueillit donc, avec faveur, les réclamations d'un fils d'Abou-Tachefine II, nommé Abou-Abd-Allah, Moulaï-Mohammed, qui vint lui demander justice contre ce qu'il qualifiait de spoliation, étant donnés ses droits à la succession de son père. Il lui fournit des subsides et des soldats, et Mohammed marcha sur Tlemcen avec tant de célérité et de prudence qu'il arriva en vue de la capitale zeyanite avant qu'Abou-Malek eût eu le temps d'organiser la défense. Dans ces conditions, toute résistance était inutile : l'émir se soumit à la destinée en abandonnant à son compétiteur cette métropole à laquelle il avait rendu la gloire et l'honneur. Mohammed entra à Tlemcen sans coup férir et se fit reconnaître par la population et l'armée (avril 1424).

Abou-Malek n'était pas homme à ne pas chercher les moyens de tirer une prompte vengeance de l'usurpation de son neveu. Il s'adressa d'abord au sultan de Fès, mais ne put rien obtenir de lui, soit qu'on le trouvât trop dangereux pour le replacer sur le trône, soit que les embarras du moment ne permissent de distraire aucune force. Le prince détrôné se tourna alors vers le hafside Abou-Farès, l'auteur responsable de sa chute, et sollicita hardiment son secours, en lui adressant, comme fondé de pouvoirs, son fils El-Montaçar. Avec une indépendance digne d'un vrai politique, le souverain hafside accueillit ces ouvertures aussi favorablement qu'il l'avait fait pour Mohammed, et remit à l'intermédiaire une lettre pleine d'engagements formels. Mais,

---

1. L'Imam Et-Tensi, p. 111 et suiv. Brosselard, *Tombeaux des Beni-Zeyane*, p. 84, 85.

en traversant le Mag'reb, El-Montaçar tomba entre les mains d'émissaires de son cousin qui le livrèrent à celui-ci. Il fut mis à mort à Tlemcen et on lui donna, à cette occasion, le nom de martyr, qui a été retrouvé sur son épitaphe.

ABOU-MALEK, APPUYÉ PAR LES HAFSIDES, REPREND LE POUVOIR. IL EST DE NOUVEAU RENVERSÉ PAR MOHAMMED QUI LE MET A MORT. — Moulaï-Mohammed avait non seulement atteint Abou-Malek dans ses plus chères affections, mais encore il avait, lui, l'ancien protégé d'Abou-Farès, blessé le khalife hafside dans son amour-propre, en arrêtant et envoyant au supplice un prince porteur de son message. Dans ces conditions, Abou-Malek n'éprouva pas de difficultés pour décider Abou-Farès à une action énergique. Il reçut de lui une armée nombreuse, se mit à sa tête, marcha sur Tlemcen, sans rencontrer d'opposition, et entreprit le siège de cette ville. Mohammed, se voyant perdu, prit bientôt la fuite en abandonnant sa capitale (avril 1428).

Abou-Malek fut reçu en libérateur par ses anciens sujets, tandis que Moulaï-Mohammed se réfugiait dans les montagnes du Dahra, derrière le Chélif, pour y organiser la résistance. Deux ans après, il était de nouveau en mesure de tenir la campagne et Abou-Malek se voyait contraint de marcher contre lui ; mais le sort des armes fut fatal à ce malheureux prince : entouré par des forces supérieures, abandonné par ses adhérents, il dut accepter la dure nécessité de se rendre à son compétiteur. Cependant il n'y avait pas à compter sur la générosité de ce neveu qui avait toute la dureté de caractère de son père Abou-Tachefine, et, en effet, il fit trancher la tête à son oncle et rentra en maître à Tlemcen. Abou-Malek avait régné quatorze ans et, sous son autorité, la dynastie zeyanite avait brillé d'un dernier éclat [1].

LE KHALIFE ABOU-FARÈS S'EMPARE DE TLEMCEN ET ÉTEND SA SUPRÉMATIE SUR TOUTE L'AFRIQUE SEPTENTRIONALE. RÈGNE D'ABOU-L'ABBAS A TLEMCEN. — Cette fois le khalife hafside se décida à marcher en personne contre l'homme qui le bravait depuis trop longtemps, et ce fut à la tête d'une armée de cinquante mille combattants qu'il s'avança vers l'ouest. A son approche, Moulaï-Mohammed prit la fuite et alla chercher un asile dans les montagnes des Beni-Iznacene. Abou-Farès entra triomphalement à Tlemcen et reçut la sou-

---

1. L'Imam Et-Tensi, p. 116 et suiv. El-Kaïrouani, p. 258 et suiv. Brosselard, *Tombeaux des Beni-Zeyane*, p. 35 et suiv., 85 et suiv. Anonyme *de l'histoire des Hafsides*, passim.

mission du peuple de la capitale zeyanite. Peu après, ayant réussi à attirer auprès de lui, par des promesses, Moulaï-Mohammed, il le fit mettre à mort (1431).

S'il faut en croire El-Kaïrouani qui s'exprime, du reste, à ce sujet, en termes fort vagues, Abou-Farès aurait pénétré sur le territoire merinide ; mais le sultan de Fès, nommé Ahmed, serait parvenu à désarmer sa colère par une prompte soumission.

Ainsi, tout le nord de l'Afrique reconnaissait la suprématie du souverain hafside. Après cette glorieuse campagne, Abou-Farès, qui était depuis sept mois à Tlemcen, se disposa à rentrer à Tunis. Avant de partir, il plaça à la tête du gouvernement zeyanite Abou-l'Abbas-Ahmed, un des derniers fils d'Abou-Hammou. Ce prince devait avoir la rare bonne fortune de conserver le pouvoir durant trente-deux ans, en dépit des tentatives de ses frères pour le renverser.

Mort du khalife Abou-Farès. Règnes de Moulaï-Abi-Allah et de son frère Abou-Omar-Othmane, a Tunis. — Le khalife Abou-Farès rentra, couvert de gloire, à Tunis. Trois ans plus tard, il cessait de vivre (1434). Pendant quarante et un ans, il avait conservé le pouvoir suprême et ce long règne, succédant à celui de son père, déjà si fructueux, avait élevé l'empire hafside à un degré de puissance qu'il n'avait pas encore atteint. Ce devait être, malheureusement, le dernier éclat jeté par cette dynastie.

Ses relations avec les puissances chrétiennes avaient été généralement bonnes. Les trêves conclues avec la Sicile et l'Aragon n'avaient été suivies d'aucun traité. En 1424, une expédition, envoyée de Sicile par le roi Alphonse, vint faire une tentative pour reprendre Djerba. Repoussés de l'île, les chrétiens se rabattirent sur Kerkinna et en ramenèrent près de 3,000 prisonniers dont l'échange permit de libérer les Siciliens et Aragonais détenus à Tunis. Quelques années plus tard, le roi Alphonse dirigeait lui-même, sur Djerba, une nouvelle expédition qui ne fut guère plus heureuse que la précédente (1431).

En 1423, Abou Farès avait conclu un traité de paix et de commerce avec Florence, devenue puissance maritime ; dix ans plus tard, il renouvela ceux qui le liaient à Gênes.

Moulaï-Abou-Abd-Allah succéda à son grand-père et fit son entrée à Tunis le 16 août 1434. « Il fut, dit El-Kaïrouani, vaillant, doux, affable et généreux. » Ce renseignement banal ne nous dit pas si le nouveau khalife continua la politique de ses deux prédécesseurs à l'égard des Arabes, et si, comme il est probable, ceux-ci relevèrent la tête et se livrèrent à des excès d'autant plus grands qu'ils avaient été plus longtemps comprimés. Du reste, la brièveté de son règne ne permit pas à Abou-Abd-Allah de se lancer dans de grandes entreprises. Il mourut le 16 septembre 1435, un an, deux mois et quelques jours après son élévation.

Son frère Abou-Omar-Othmane fut salué khalife, le jour même de la mort d'Abou-Abd-Allah. « Ce prince vécut de longues années et fit beaucoup de bien », dit El-Kaïrouani, qui nous donne l'énumération des constructions élevées par lui à Tunis, et consistant surtout en mosquées, chapelles, écoles et autres établissements publics. Le nouveau souverain était destiné à avoir un long règne. « Il avait, — dit encore notre auteur, — l'habitude de faire, chaque année, une tournée dans ses États, pour maintenir l'ordre et punir les Arabes qui le troublaient.

Voici maintenant une anecdote rapportée par Ez-Zerkchi, auteur que nous avons déjà cité, et qui prouve que le khalife appelait, sans hésiter, la fourberie à son aide, lorsqu'il s'agissait des Arabes. « Il parvint, un jour, à attirer par ruse plusieurs chefs arabes à son camp.... (suivent les noms qui paraissent s'appliquer à des Daouaouïda). Il fit à chacun d'eux un cadeau de mille dinars (pièces d'or) ; puis il les invita à aller passer la nuit chez ses officiers. Le lendemain, ils étaient morts. *Ainsi Omar punit les Arabes par où ils avaient péché. Les peuples peuvent être comparés aux scorpions qui ne cessent de piquer que lorsqu'on leur a coupé la queue. Aujourd'hui les Arabes sont pires que par le passé : Que Dieu les extermine !*[1] » C'est ainsi que s'exprime un auteur musulman à l'égard des Arabes de la Tunisie.

RÉVOLTES CONTRE ABOU-L'ABBAS A TLEMCEN. ABOU-ZEYANE FORME UNE PRINCIPAUTÉ INDÉPENDANTE A ALGER, PUIS SON FILS EL-METAOUKKEL A TÉNÈS. — Nous avons dit qu'à Tlemcen le nouvel émir, Abou-l'Abbas, avait à lutter contre les compétitions de ses frères. L'un d'eux, Abou-Yahïa, ayant réuni un certain nombre d'adhérents arabes, et obtenu l'appui de quelques cheïkhs abd-el-ouadites, vint audacieusement l'attaquer dans sa capitale (1437). Repoussé des environs de Tlemcen, l'agitateur se jeta dans Oran, et, pendant plusieurs années, les deux frères luttèrent sans relâche, l'un contre l'autre, avec des chances diverses.

Tandis que ces guerres retenaient l'émir dans la province d'Oran, un prince abd-el-ouadite, nommé Abou-Zeyane-Mohammed, fils d'Abou-Thabet, quittait Tunis à la tête de quelques par-

---

1. El-Kaïrouani, p. 260 et suiv. De Mas-Latrie, *Traités de paix*, etc., p. 255, 264 de l'intr., 344 et suiv. des documents.

tisans. Parvenu dans le pays de Hamza, il reçut la soumission des Oulad-Bellil (Zor'ba), des Mellikch (Sanhadja), des Beni-Amer-ben-Mouça, des Hoscïne (Zor'ba), et enfin des Thaâleba. Puis il marcha sur Alger et, après un long siège, se rendit maitre de cette ville, le 5 janvier 1438. Dans le cours de la même année, il imposa son autorité à toute la Mitidja, à Médéa, Miliana et Tenès. La puissance d'Abou-Zeyane devint alors fort grande ; il s'entoura des insignes de la royauté, en prenant le nom d'El-Mostaïne b'Illah, et reçut même l'adhésion de quelques groupes abd-el-ouadites ; mais il se montra si injuste dans son administration que les habitants d'Alger se révoltèrent contre lui et le mirent à mort (décembre 1438). Son fils El-Metaoukkel qui se trouvait alors à Tenès, échappa au massacre et conserva dans cette ville une autorité indépendante.

Abou-l'Abbas, tenu en échec par Abou-Yahïa, ne pouvait rien faire pour s'opposer à ce démembrement. Les séditions éclataient contre lui, dans Tlemcen même. Après avoir étouffé dans le sang celle d'un de ses neveux, Ahmed, fils d'En-Nacer, il se décida à entourer son palais de la vaste enceinte crénelée qui existe encore maintenant et enveloppe le Mechouar [1].

EXPÉDITION DES PORTUGAIS CONTRE TANGER. ELLE SE TERMINE PAR UN DÉSASTRE. — Dans le Mag'reb, la plus grande anarchie paralysait les forces musulmanes. L'empire merinide penchait vers son déclin et était déjà fractionné en trois principautés indépendantes, celles de Fès, de Maroc et de Sidjilmassa.

Encouragés par leurs succès à Ceuta et profitant de cette situation troublée, les Portugais cherchaient l'occasion de s'emparer de Tanger. Le roi Edouard I, successeur de Jean, était pressé d'agir par les infants don Henri et don Ferdinand, grands maitres des ordres du Christ et d'Avis, dont le but était de combattre sans relâche les Musulmans ; il céda enfin à leurs instances et la conquête de Tanger fut résolue. Mais l'argent manquait et ce fut en couvrant l'expédition du titre de croisade que l'on obtint du pape l'autorisation de recueillir, par des quêtes, l'argent nécessaire. On put ainsi former une armée de 14,000 hommes environ et, le 12 août 1437, la flotte, qui n'avait pu prendre que la moitié de l'effectif des troupes, mit à la voile.

Le 26 août, débarquèrent à Ceuta les sept mille hommes que les navires avaient embarqués. Les tribus voisines s'empressèrent

---

1. L'Imam Et-Tensi, passim. Brosselard, *Tombeaux des Beni-Zeyane*, p. 87 et suiv.

d'apporter l'hommage de leur soumission. L'armée fut alors divisée en deux : une moitié marcha sur Tanger par terre, sous la conduite de don Henri, tandis que le reste reprenait la mer pour s'y rendre. Le 28 septembre, les troupes se trouvaient réunies sous les murs de Tanger. C'était encore le caïd Salah qui défendait cette ville avec une garnison de sept mille hommes, et bientôt, accoururent de l'intérieur des nuées d'indigènes à pied et à cheval. Cependant les Portugais multipliaient les assauts, jugeant avec raison qu'ils ne pourraient tenir longtemps, pris ainsi entre deux feux. Mais la ville résistait toujours et l'on ne tarda pas à apprendre que les rois de Fès, de Maroc et de Tafilala s'avançaient à la tête de forces innombrables : le Mag'reb répondait à la croisade par la *guerre sainte*.

Après avoir été attaqués huit fois dans leurs retranchements, la position n'étant plus tenable, il fallut que les Portugais se résignassent à la retraite ; les conditions étaient déplorables et, malgré des prodiges de valeur, ils ne purent empêcher un désastre. Enfin, un traité intervint entre les combattants et il fut convenu que les chrétiens pourraient se rembarquer à la condition de livrer leurs armes et de restituer Ceuta. L'infant don Ferdinand fut laissé comme otage en garantie de l'exécution du traité. Mais les Cortès de Portugal ne ratifièrent pas cette déshonorante capitulation et Ceuta fut conservé. Don Ferdinand supporta les conséquences de ce manque de foi : soumis aux plus durs traitements, il succomba à ses souffrances, en 1443, et fut considéré comme un martyr par l'église [1].

ESPAGNE. LUTTES ENTRE LA CASTILLE, L'ARAGON, LA NAVARRE ET L'ÉMIRAT DE GRENADE. LONGS RÈGNES DE JUAN II DE CASTILLE ET D'ALPHONSE V D'ARAGON. — Revenons en Espagne et passons une rapide revue des événements survenus dans la péninsule, durant la période que nous venons de traverser.

Le roi de Castille, Juan II, devenu officiellement majeur en 1419, continuait un triste règne qui devait être déplorablement long. D'un caractère faible, livré à la direction de son entourage, il s'attacha particulièrement à un homme de naissance obscure qu'il nomma son connétable. Don Alvar fut le véritable roi de la Castille et tint son prince dans une humiliante servitude.

Ferdinand I, roi d'Aragon, était mort en 1416 et avait été remplacé par son fils Alphonse V, prince d'une grande valeur et qui, à peine monté sur le trône, se lança dans la guerre de reven-

1. L'abbé L. Godard, *Histoire du Maroc*, p. 398 et suiv.

dication du royaume des Deux-Siciles. Son long et laborieux règne devait se passer, presque en entier, loin de l'Aragon.

A Grenade, l'émir Youssof mourut en l'année 1423. Son fils, Moulaï Mohammed lui succéda et s'appliqua à rechercher l'appui des princes africains. Mais il fut renversé par son cousin Mohammed-Sr'eïr, et se réfugia à Tunis. En même temps, ses amis agissaient pour lui auprès du roi de Castille et obtenaient son appui. Moulaï Mohammed rentra ainsi en possession de sa capitale et devint le vassal de Juan II (1428).

Peu de temps après, le roi de Castille réunit une armée formidable destinée à envahir la Navarre et l'Aragon, et cette menace suffit pour contraindre ses voisins du nord et de l'est à accepter les conditions qu'il leur imposa. Mais il fallait employer ces guerriers : Juan les lança sur le royaume de Grenade. Il vint prendre la direction de la campagne et, sous un autre chef, il est très probable que des succès décisifs eussent été remportés, d'autant plus qu'un prétendant, Youssof, s'était joint à lui en amenant un renfort important. Mais tout se borna à une algarade sans conséquence et dont Youssof, seul, profita : soutenu par quelques troupes chrétiennes, il renversa son parent et régna pendant six mois, après lesquels il mourut. Mohammed remonta alors sur le trône, en s'obligeant à payer tribut à la Castille (1432).

Le règne de Juan II, toujours soumis à la tutelle de don Alvar, se continua au milieu des troubles et des guerres contre le roi de Navarre. La reine Maria, sœur du roi d'Aragon, étant morte en 1445, Juan épousa, en secondes noces, Isabelle de Portugal, femme intelligente et énergique. Elle lui donna une fille, appelée aussi Isabelle, qui était destinée à jouer un grand rôle dans l'histoire de l'Espagne.

En 1446, l'émir de Grenade, Mohammed, fut renversé par son neveu Osmaïn. Un autre membre de la famille Ibn-l'Ahmar, nommé Ismaïl, réfugié à la cour de Castille, obtint de Juan II un corps de troupes chrétiennes pour l'aider à s'emparer, à son tour, du pouvoir. Mais Osmaïn, allié aux rois d'Aragon et de Navarre, envahit la Castille par le midi et, grâce à cette diversion, conserva le pouvoir jusqu'en 1454 ; Ismaïl parvint alors à se rendre maître du trône et se déclara le vassal de Juan II.

Le 21 juillet 1454, eut lieu la mort de Juan. Il avait régné quarante-huit ans, et s'était enfin débarrassé, un an auparavant, de la tutelle du connétable don Alvar qu'il avait fait exécuter pour crime de haute trahison. Juan ne laissait qu'un enfant mâle, Enrique, avec lequel il avait été plusieurs fois en lutte ouverte, triste être, faible de corps comme d'esprit, auquel l'histoire a conservé le surnom de « *l'Impuissant* ». A peine monté sur le trône, Enrique entreprit une série d'expéditions sur le territoire de l'émirat ; mais ces opérations, mal conduites, n'eurent aucune conséquence sérieuse. Le roi passait le reste de son temps en fêtes fastueuses où s'engloutissaient les revenus du royaume. Cependant, en 1457, Enrique envahit encore la province de Grenade, à la tête d'une brillante armée, et l'émir, ne pouvant résister, finit par obtenir la paix, qu'il sollicita à genoux, en s'engageant à servir à la Castille un tribut considérable.

Revenons à Alphonse d'Aragon. En 1431 ou 1432, ce prince, décidé à tenter un effort décisif afin de se rendre maître du royaume de Naples, équipe une flotte et, pour dissimuler ses desseins, va d'abord attaquer infructueusement, ainsi que nous l'avons dit, l'île de Djerba. Nous ne le suivrons pas dans ses luttes contre les ducs d'Anjou, le pape et les principautés italiennes, tour à tour ses alliés et ses ennemis. Fait prisonnier, en 1435, par les Génois, au moment où il va s'emparer de Gaëte, il sait bientôt recouvrer la liberté après avoir transformé en alliés ses ennemis.

En 1442, il assiège Naples, défendu par René d'Anjou, et s'en empare. Enfin, le 27 juin 1458, il meurt, laissant l'Aragon à son frère Jean, roi de Navarre, et les deux Siciles, à son fils Ferdinand.

Ces occupations retenant au loin le roi d'Aragon et, d'autre part, le long règne de Juan de Castille, ont prolongé les jours du royaume musulman de Grenade. Mais les détails dans lesquels nous sommes entrés permettent de prévoir qu'aussitôt que la Castille et l'Aragon, cesseront d'être en guerre et se trouveront entre les mains de princes fermes et hardis, les chrétiens expulseront les derniers restes des conquérants du viiie siècle, demeurés étrangers au milieu de la population aborigène, malgré un séjour de sept cents ans dans la Péninsule[1].

Fondation de l'empire turc d'Europe. — Nous avons suivi et indiqué de loin les invasions de peuples asiatiques dont l'Orient a été le théâtre depuis plusieurs siècles. La plus importante a été celle des Turcs, puissante famille de la race tartaro-finnoise, qui habitait primitivement le Turkestan. Othmane I, véritable fondateur de la dynastie qui a pris son nom, enleva aux Grecs presque

---

1. Rosseuw Saint-Hilaire, *Histoire d'Espagne*, t. V, p. 201 et suiv. Cardonne, *Histoire de l'Afrique et de l'Espagne sous la domination des Arabes*, t. III, passim. Marmol, *Description générale de l'Afrique*, t. I, passim. Conde, *Histoire de la domination des Arabes en Espagne*, édition Baudry, passim.

toutes les villes de la Bithynie (fin du xiiiᵉ siècle). Les sultans ottomans continuèrent à étendre leurs conquêtes, et, dans le xivᵉ siècle, Bajazet I (Ba-Yezid) réduisit les Byzantins à la possession de quelques ports sur la mer Noire et des quatre districts de Constantinople.

L'invasion de Timour arrêta, pour un instant, le cours des succès des Turcs, et nous avons vu le roi de Castille adresser au conquérant asiatique des félicitations pour la grande victoire qu'il venait de remporter ; — il avait vaincu et fait prisonnier Bajazet à Ancyre (1402). — C'est que les progrès des envahisseurs donnaient à réfléchir aux puissances de l'Occident. On pressentait un grand danger qui ne devait que trop se réaliser.

Mais, bientôt, les Ottomans se relevèrent de cet échec passager. Amurat II (Mourad) reprit avec succès la guerre de conquête et enfin, en 1453, Mahomet II s'emparait de Constantinople et renversait le dernier empereur d'Orient. Le royaume turc d'Europe était fondé, ayant comme capitale Constantinople, devenue métropole musulmane. Nous allons voir les Turcs intervenir de plus en plus dans les affaires de l'Occident, et devenir les suzerains de la Berbérie.

CHAPITRE XXIV

CHUTE DU ROYAUME DE GRENADE. CONQUÊTES ESPAGNOLES ET PORTUGAISES EN AFRIQUE

1458-1515

Expéditions des Portugais en Afrique; ils s'emparent successivement d'El-Kçar-es-Sr'eïr, Anfa, Asila et Tanger. — Règne d'El-Metnoukkel à Tlemcen. — Fin du règne d'Abou-Omar à Tunis; son petit fils, Abou-Zakaria, puis Abou-Abd-Allah-Mohammed, lui succèdent. — Espagne : fin du règne d'Enrique. Règne de Ferdinand et Isabelle réunissant la Castille et l'Aragon. — Conquête du royaume de Grenade par Ferdinand et Isabelle : Campagnes préliminaires. — Succès des Chrétiens; guerre civile à Grenade; prise de Velez et de Malaga par les rois catholiques. — Mohammed traite avec les rois catholiques; ceux-ci s'emparent de Grenade; chute du royaume musulman d'Espagne. — Expulsion des Juifs d'Espagne. — Révolte des Maures de Grenade; ils sont vaincus et contraints d'abjurer ou d'émigrer. — Campagnes des Portugais dans le Mag'reb; prise de Melila par les Espagnols. — Relations commerciales des chrétiens avec la Berbérie pendant le xv° siècle. Modifications et décadence. — Prise de Mers-el-Kebir par les Espagnols. — Les Espagnols à Mers-el-Kebir; luttes avec les indigènes. — Prise d'Oran par les Espagnols. — Prise de Bougie par les Espagnols. — Soumission d'Alger, de Dellis, de Ténès, de Tlemcen à l'Espagne; Navarro s'empare de Tripoli. — Puissance des corsaires Barberousse; ils attaquent Bougie et s'emparent de Djidjeli. — Conquêtes des Portugais dans le Mag'reb extrême.

EXPÉDITIONS DES PORTUGAIS EN AFRIQUE; ILS S'EMPARENT SUCCESSIVEMENT D'EL-KÇAR-ES-SR'EÏR, ANFA, AZILA, TANGER. — Les Portugais brûlaient du désir de tirer une éclatante vengeance de leur désastre de Tanger. En 1458, ils disposaient d'une flotte nombreuse et d'une armée de 17,000 hommes, qu'ils avaient préparées en vue d'une croisade contre les Turcs. Cette entreprise ayant été abandonnée, Alphonse V, roi de Portugal, se décida à employer contre le Mag'reb les forces restées sans emploi. On choisit, comme but de l'expédition, El-Kçar-es-Sr'eïr (ou Kçar-Masmouda), port d'embarquement d'où tant de guerriers maures et arabes étaient partis pour l'Espagne. Le débarquement se fit avec beaucoup de difficulté, et les Berbères défendirent la ville courageusement. Enfin, un coup de canon pointé, dit-on, par l'infant don Henri ayant ouvert la brèche, les assiégés capitulèrent et livrèrent la place qui fut occupée par les chrétiens, le 19 octobre. E. de Menesès, nommé gouverneur, eut la gloire de repousser l'attaque dirigée par le sultan de Fès, Moulaï-Bou-Azzoun, « le plus brave chef de l'Afrique », au mois de décembre suivant, contre El-Kçar. Plusieurs autres tentatives des Berbères eurent le même sort.

Les navigateurs portugais sillonnaient alors les mers et portaient au loin le nom et l'influence de leur patrie. En 1462, ils s'avancèrent jusqu'au golfe de Guinée, renouvelant, après deux mille années, le périple du Phénicien Hannon.

Cependant, Tanger était toujours l'objectif du roi de Portugal. En 1464, Alphonse V, s'étant transporté à El-Kçar-es-Sr'eïr, résolut d'attaquer de nouveau Tanger et fit marcher contre cette place une armée sous le commandement du prince Ferdinand, tandis que la flotte allait bloquer le port. Mais cette attaque échoua encore. Le roi tenta alors des opérations contre les Beni-Açafou, berbères cantonnés dans les montagnes voisines de Ceuta, et ne fut pas plus heureux; la rigueur de la saison contribua à son insuccès.

Peu de temps après, don Ferdinand alla, avec une flotte de cinquante voiles, portant près de dix mille hommes, faire une descente à Anfa, ville maritime sur l'Océan, appelée aussi Dar-el-Beïda, ou Casablanca, à seize lieues maritimes au sud-ouest de Salé. C'était le repaire de pirates dont la hardiesse sans égale portait la désolation sur les rivages européens de l'Océan. Don Ferdinand transforma cette ville en un monceau de ruines et força sa population à chercher un refuge dans les cités voisines.

Ces succès étaient trop encourageants pour que le Portugal s'en tînt là. En 1471, le sultan merinide, Abd-Allah, fut assassiné par un Cherif. Aussitôt, la guerre civile se trouva rallumée en Magr'eb, et un membre de la famille royale, nommé Moulaï-Saïd, marcha sur Fès et en entreprit le siège. Mais il fut entraîné par le prétendant vers la région de l'Oum-er-Rebïa, où l'usurpateur avait cherché un refuge, et les Portugais saisirent très habilement cette occasion pour agir en Magr'eb et compléter leurs conquêtes de l'autre côté du détroit. Une flotte vint débarquer trente mille hommes[1] en Afrique (août) et, peu de jours après, Asila, ville maritime au sud-ouest de Tanger, tombait au pouvoir des chrétiens à la suite d'un brillant fait d'armes. Moulaï-Saïd, accouru pour protéger cette place, arriva trop tard et dut se résoudre à conclure avec les Portugais un traité qui lui permît de retourner au siège de Fès. Aux termes de cet acte, le sultan merinide reconnaissait la suzeraineté du Portugal sur les villes de Ceuta, El-Kçar-es-

---

1. 20,000, selon d'autres auteurs.

Sr'eïr, Asila et Tanger. Une trêve de vingt années était, en outre, stipulée. La chute d'Asila répandit la terreur à Tanger qui, par ce fait, se trouvait isolée au milieu des chrétiens. La population musulmane l'abandonna en partie et le roi Alphonse n'eut qu'à envoyer son fils Jean, duc de Bragance, qui en prit possession sans coup férir. Ainsi, toute la pointe septentrionale du Mag'reb se trouva aux mains des Portugais. Alphonse V reçut, en raison de ses conquêtes, le surnom d'*Africain*, de *roi d'en deçà et d'au delà de la mer* et aussi de *rédempteur des captifs* [1].

Règne d'El-Metaoukkel a Tlemcen. — Nous avons vu précédemment que le prince zeyanite Abou-Abd-Allah-Mohammed, petit-fils d'Abou-Thabet, avait fondé à Tenés une royauté indépendante et s'était paré, à cette occasion, du titre d'El-Metaoukkel. Il s'était d'abord tenu assez tranquille dans son royaume, tout en s'attachant à en étendre les limites, tandis qu'Abou-l'Abbas gouvernait à Tlemcen, entièrement livré aux pratiques de la dévotion, les yeux tournés plutôt vers le ciel que sur la terre. En 1461, El-Metaoukkel, ayant réuni une armée imposante, partit de Miliana, conquit le pays des Beni-Rached, puis celui des Houara (vers Tiharet), et, de là, vint enlever Mostaganem et Mazagran. Peu de temps après, il s'emparait d'Oran et, ayant marché sur Tlemcen, se rendait maître de cette ville après trois jours de siège. Abou-l'Abbas fut exilé en Espagne.

El-Metaoukkel demeura ainsi seul maître de l'empire abd-el-ouadite : il était, du reste, le chef de la branche aînée de la famille royale zeyanite. Il eut à lutter contre plusieurs révoltes, dont la première fut suscitée par le dévot Abou-l'Abbas, revenu d'Espagne. Mais ce prince fut défait et tué ; peu après ses amis relevèrent l'étendard de la révolte et tinrent Tlemcen assiégé pendant quinze jours. Néanmoins El-Metaoukkel finit par triompher de tous ses adversaires et régna jusque vers 1475, époque où il mourut et fut remplacé par son fils Mohammed. Jean-Léon, dont nous possédons un ouvrage descriptif sur l'Afrique, avait passé un certain temps à la cour d'El-Metaoukkel, à Tlemcen, aussi les détails qu'il donne sur cette ville sont-ils très intéressants [2].

Fin du règne d'Abou-Omar a Tunis. Son petit-fils Abou-Zaka-

---

1. Godard, *Histoire du Maroc*, p. 401 et suiv. Léon l'Africain, traduction J. Temporal, t. I, passim. Marmol, *Afrique*, lib. IV.
2. L'Imam Et-Tensi, in fine. Brosselard, *Tombeaux des Beni-Zeiyan*, p. 100 et suiv. Léon l'Africain, t. I, passim.

nia, puis Abou-Abd-Allah-Mohammed, lui succèdent. — A Tunis, le souverain hafside, Abou-Omar, continuait à régner, toujours en lutte avec les Arabes. La punition qu'il avait infligée à leurs chefs n'avait eu d'autre effet que d'augmenter leur audace. Les Oulad-Bellil vinrent même, à une époque que nous ne saurions préciser, assiéger Tunis, et ce ne fut pas sans peine que le khalife parvint à les repousser.

En 1469, Tunis fut désolé par la peste. El-Kaïrouani écrit à ce sujet : « Il mourut, dit-on, jusqu'à 14,000 personnes par jour, et les pertes totales s'élevèrent à 500,000 personnes. » Ces chiffres paraissent fort exagérés, et nous n'insistons pas sur ce point.

Abou-Omar régna jusqu'en 1488, date de sa mort et, durant cette longue période, il témoigna sans cesse aux chrétiens une réelle sympathie, favorisant leur commerce et cherchant à les attirer dans ses états. Il fut remplacé par son petit-fils Abou-Zakaria-Yahïa dont l'élévation coïncida avec une défaite des troupes hafsides par les Arabes. Le khalife marcha contre eux et il faut croire qu'il ne fut pas très heureux dans cette campagne, car il passa pour mort. On promena, à Tunis, sa tête au bout d'une lance et l'on rapporta un corps qu'on dit être le sien. Mais, peu de jours après, il revint en personne confondre les imposteurs et ne tarda pas à partir de nouveau en expédition. « Il reçut, dit El-Kaïrouani, avec son laconisme ordinaire, la soumission de Bone, Gabès et Sfaks. » Tels sont les seuls détails que nous fournit cet auteur et il y a lieu d'en déduire que la révolte était devenue générale, au sud et à l'ouest. Après avoir régné pendant six années, Abou-Zakaria mourut de la peste qui ravageait de nouveau le pays. Son cousin, Abou-Abd-Allah-Mohammed, lui succéda[1]. Il est plus que probable que Constantine et Bougie continuaient à vivre dans une indépendance à peu près complète, sous l'autorité de princes de la famille hafside. Bougie était alors une sorte de port franc très fréquenté par les trafiquants d'Europe.

Espagne : Fin du règne d'Enrique. Règne de Ferdinand et Isabelle réunissant la Castille et l'Aragon. — Dans les années que nous venons de parcourir, les événements les plus importants s'étaient accomplis en Espagne ; nous allons les passer rapidement en revue :

Le roi Enrique continua à régner sur la Castille, partageant son temps entre la lutte contre les révoltes et les algarades sur le territoire grenadin. Le roi de Grenade surexcité, comme tous les

---

1. El-Kaïrouani, p. 264 et suiv.

musulmans, par la chute de l'Empire et la prise de Constantinople par les Turcs, avait déchiré le traité qui le soumettait aux chrétiens et refusé de payer le tribut. Trois années de guerres peu heureuses le contraignirent à signer un nouveau traité qu'il n'observa guère mieux que le précédent (1457). En 1462, le gouverneur chrétien de Tarifa, profitant d'une insurrection qui avait éclaté à Grenade, alla s'emparer de Gibraltar. L'année suivante, Archidona tomba au pouvoir des chrétiens, et le roi de Grenade se décida enfin à payer le tribut.

En 1466 Ismaïl-ben-l'Ahmar mourut, laissant le pouvoir à son fils Abou-l'Hassène.

Pendant ce temps, la révolte désolait la Castille; le roi était déposé et le pays livré à une véritable jacquerie. Alphonse, frère d'Enrique, est proclamé par les rebelles; il meurt et ceux-ci se tournent vers Isabelle sa sœur, déjà célèbre par sa sagesse et sa beauté; mais elle refuse de lutter contre le roi. Cependant, la révolte s'apaise et Enrique remonte sur le trône, en acceptant comme condition qu'il reconnaitra Isabelle comme héritière, au détriment de sa fille, dont la paternité lui est contestée (sept. 1468).

Sur ces entrefaites eut lieu le mariage d'Isabelle avec Ferdinand, fils de Jean II d'Aragon (oct. 1469). Cette union, qui ne put se réaliser qu'au prix de grandes difficultés, devait avoir pour l'Espagne les conséquences les plus heureuses.

L'émir de Grenade, Abou-l'Hassène, ravageait toujours la frontière et les troubles continuaient en Castille, lorsque, en 1474, Enrique mourut et Isabelle monta sur le trône. Alphonse V de Portugal, dont nous avons vu les conquêtes en Afrique, prit alors le parti de la fille d'Enrique, avec laquelle il se fiança. Puis il envahit la Castille, dans l'intention de placer sa future femme sur le trône. Mais, après une campagne de deux années, il fut entièrement défait à la bataille de Toro, et renonça à toutes ses prétentions. La fille d'Enrique entra dans un couvent et la Castille fut évacuée (1476).

En 1478, Jean II, roi de Navarre et d'Aragon, mourut fort âgé. Son fils, Ferdinand, lui succéda et, par ce fait, la triple couronne de l'Espagne chrétienne se trouva réunie sur le même couple. L'unité de ce vaste pays se préparait et le règne le plus glorieux et le plus fécond de son histoire allait commencer. Il devait tout réaliser : réformes intérieures, administration, législation, finances, organisation militaire, extension des limites de l'état, expulsion du musulman, ennemi héréditaire, conquêtes en Afrique et, enfin, découverte du nouveau monde.

Conquête du royaume de Grenade par Ferdinand et Isabelle. Campagnes préliminaires. — Après la mort d'Enrique, une trêve avait été signée par Abou-l'Hassène, avec la Castille. Mais, en voyant les embarras auxquels les rois catholiques — c'est le titre adopté par Ferdinand et Isabelle — avaient à faire face, dans les premiers temps de leur règne, l'émir jugea qu'il pouvait se soustraire au paiement du tribut, et, comme la reine lui en avait fait réclamer le montant, il répondit à son envoyé : « *Dites que les émirs qui payaient impôt sont morts et que nous, au lieu de fabriquer des pièces d'or, dans ce but, nous préparons nos armes.* « C'était une déclaration de guerre qui ne pouvait arriver dans un moment plus inopportun pour les musulmans, car la Castille venait de signer la paix avec le Portugal. Le prince de Grenade envahit néanmoins le territoire chrétien et mit au pillage la ville de Zahara.

Les Castillans, sous la conduite du bâtard de Léon, y répondirent par un coup de main hardi qui leur livra la forteresse d'El-Hamma, commandant le passage de la Sierra-Nevada. Abou-l'Hassène accourut pour essayer de préserver sa frontière, mais il dut reculer devant Ferdinand, lui-même, qui arrivait à la tête de 20,000 hommes. Dès lors, la guerre cessa d'être une série d'algarades, pour prendre le caractère d'opérations méthodiquement conduites et l'émir, effrayé, appela les Merinides à son secours. Mais Isabelle envoya la flotte bloquer le détroit, de sorte que personne ne put arriver d'Afrique (1482).

Abou-l'Hassène, dans cette conjoncture, voit la révolte éclater autour de lui, à Grenade, à l'instigation d'une de ses femmes, chrétienne d'origine, qui veut faire proclamer son fils Abou-Abd-Allah (le *Boabdil* des chroniques espagnoles). Ce jeune homme, incarcéré par son père, s'échappe de sa prison, appelle le peuple aux armes et on en vient aux mains. Abou-l'Hassène se retranche dans l'Alhambra ; mais bientôt, il reconnaît toute résistance impossible, abandonne Grenade à son fils rebelle, et va se réfugier à Malaga, auprès de son frère Mohammed, surnommé le Brave, gouverneur de cette ville.

Ces discordes intestines entre musulmans étaient très favorables aux rois catholiques ; mais ceux-ci manquaient d'argent et il fallait du temps et de l'industrie pour s'en procurer. De plus, ils étaient en contestation avec Louis XI de France, qui réclamait la Navarre. La mort de ce prince, survenue en 1483, leur rendit la liberté de s'occuper exclusivement de Grenade.

Succès constants des chrétiens. Guerre civile a Grenade. Prise de Velez et de Malaga par les rois catholiques. — Au printemps de l'année 1483, le gouverneur de Malaga, Mohammed, remporta une brillante victoire sur le marquis de Cadix, qui s'était imprudemment avancé. Ce succès contribua à donner au frère de l'émir une autorité que sa bravoure lui avait déjà en partie acquise. Pour contrebalancer son influence, Abou-Abd-Allah, agissant sous l'impulsion de sa mère, voulut aussi cueillir des lauriers. Mais il ne rencontra que la défaite et la captivité. Le retentissement de ce désastre fut énorme à Grenade. Ferdinand en profita pour reprendre la direction de la campagne. La mère d'Abou-Abd-Allah proposa alors, pour la rançon de son fils, des sommes considérables, mais les rois catholiques préférèrent lui rendre la liberté, en faisant de lui un vassal entièrement soumis à la Castille, forcé de leur fournir ses guerriers et de leur ouvrir les portes de ses villes à première réquisition. Ainsi dégradé, Abou-Abd-Allah repartit pour Grenade, où il fut obligé de s'introduire furtivement, car son père occupait l'Alhambra.

La guerre civile fut rallumée ; cependant Abou-l'Hassène ne tarda pas à abdiquer en faveur de son frère Mohammed le Brave. Celui-ci accourut en apportant comme trophées les têtes des chrétiens tués par lui en route. S'étant emparé du pouvoir, il commença, pour plus de sûreté, par faire mourir son frère Abou-l'Hassène (1484). Mais il ne tenait que la ville haute, tandis que son neveu, Abou-Abd-Allah, était maître de la ville basse. Les luttes entre musulmans ensanglantèrent de nouveau la capitale.

Cependant les rois catholiques avaient repris la campagne. Ferdinand était infatigable et la reine admirable : les vœux de toute l'Espagne les soutenaient. L'année 1484, employée à des opérations secondaires, ne fut signalée par aucun succès décisif. En 1485, la ville de Ronda capitule ; ses habitants sont cantonnés en Andalousie et remplacés par des gens de Séville et de Cordoue. En 1486, les émirs s'étant réconciliés, Abou-Abd-Allah se jette dans la ville de Loja pour la défendre contre les chrétiens ; mais il était de ceux que le succès n'accompagne point : il se voit forcé de rendre cette place à Ferdinand, qui le fait prisonnier pour la deuxième fois et le laisse encore libre, en lui faisant prendre l'engagement de lui conserver Grenade et de la lui livrer, aussitôt que les autres places auront été forcées.

Tandis qu'Abou-Abd-Allah se déshonorait ainsi, Mohammed se multipliait, et, grâce à son activité et à son courage, les chrétiens étaient forcés de se tenir sur leurs gardes et de n'avancer que prudemment. S'il avait été secondé par son neveu, ou qu'il se fût trouvé seul maître du pouvoir, peut-être la chute de Grenade eût-elle été retardée pour une période indéterminée.

Au mois d'avril 1487, Ferdinand, qui avait employé toute l'année précédente en préparatifs, traverse la Sierra-Nevada, à la tête d'une armée considérable et vient assiéger Velez, de façon à couper Malaga de Grenade. L'héroïque Mohammed essaye en vain de l'arrêter; Velez est pris et le siège de Malaga commence. La flotte y coopère; mais la résistance est acharnée. Isabelle arrive au camp et ranime le courage de tous. Cent mille chrétiens pressent la ville pendant trois mois. Enfin, le 18 août 1487, cette fière population, qui vient de prolonger la résistance jusqu'aux dernières limites, se rend à merci. On en fait trois parts : un tiers est affecté à l'échange des prisonniers chrétiens détenus en Mag'reb ; un tiers est vendu et le reste distribué entre les nobles. Cinquante jeunes filles, choisies entre les plus belles, sont offertes en cadeau à la reine Jeanne de Naples. Quelle revanche de la conquête musulmane et combien est éloignée cette époque où les captives chrétiennes enlevées à l'Espagne étaient poussées comme des troupeaux à travers le Mag'reb, pour aller renforcer les harems de l'Orient !

Malaga était désert ; on appela, pour repeupler cette ville, des habitants de tous les points de la Péninsule.

MOHAMMED TRAITE AVEC LES ROIS CATHOLIQUES. CEUX-CI S'EMPARENT DE GRENADE. CHUTE DU ROYAUME MUSULMAN D'ESPAGNE. — Après la chute de Malaga, l'occupation de Grenade n'était qu'une question de jours. En 1488, Ferdinand tenta infructueusement un coup de main sur Almeria. L'année suivante, Isabelle s'établit à Jaën et Ferdinand s'avança sur Baéza. Mohammed n'osait quitter Grenade, sachant bien que son neveu ne l'y laisserait pas rentrer. Le siège de Baéza traîna en longueur et ce ne fut que le 4 décembre 1489 que les rois catholiques furent maîtres de la ville. Son gouverneur Sid-Yahïa, après l'avoir défendue avec le plus grand courage, se décida à la rendre et devint l'intermédiaire d'une transaction entre les chrétiens et Mohammed. Celui-ci, voyant l'inutilité de la résistance, se décida à leur abandonner Almeria, Cadix et les places fortes qui tenaient encore. En compensation, il reçut un domaine, au midi, dans les Alpujarras, non loin de la mer, avec le titre de roi vassal. Mais un tel abaissement ne pouvait être supporté par ce fier caractère, et bientôt, Mohammed se décida à émigrer en Mag'reb, après avoir vendu ses droits à ses suzerains, moyennant une somme d'argent. On dit, qu'en Afrique, il fut dépouillé par les Berbères de l'Atlas et qu'il finit misérablement sa vie.

Cependant, Abou-Abd-Allah détenait encore Grenade et refusait de livrer la capitale, malgré les engagements qu'il avait pris durant sa captivité. Une révolte éclata alors, contre les chrétiens, dans les contrées nouvellement soumises. Ferdinand rétablit la paix par des moyens énergiques : un grand nombre d'habitants musulmans de Cadix, d'Almeria et de Baéza, passèrent, à cette occasion, en Afrique où ils vinrent apporter leurs arts et leur civilisation, particulièrement dans les villes du littoral. Tétouan fut, en grande partie, repeuplée par eux. Ainsi l'Espagne se trouvait privée, par les dures conséquences de la guerre, d'un élément qui avait fait la richesse du royaume de Grenade.

Au printemps de l'année 1490, l'infatigable Ferdinand arriva avec une armée de cinquante mille hommes, pour s'emparer de Grenade. Le siège fut très laborieux et ce ne fut qu'après avoir lutté pendant six mois qu'Abou-Abd-Allah se décida à capituler. Une véritable ville, celle des assiégeants, appelée Santa-Fé, s'était élevée à côté de l'autre. Le traité fut signé le 25 novembre. L'émir s'engageait à livrer Grenade aux rois catholiques, si, dans un délai de deux mois, il n'avait reçu aucun secours extérieur. Le traité stipulait que les propriétés des Grenadins leur seraient laissées et que, durant trois ans, ceux-ci n'auraient à payer aucun impôt, après quoi on ne pouvait exiger d'eux plus que ce qu'ils payaient antérieurement. Les prisonniers chrétiens seraient mis en liberté ; enfin les Musulmans conserveraient la liberté de leur culte et de leurs usages. Quant à l'émir, il recevrait le titre de roi vassal et un terroire dans les Alpujarras. Cinq cents otages devaient servir de garantie au traité.

Lorsque les détails de cette capitulation se répandirent parmi les assiégés, ils soulevèrent l'indignation générale. En vain on poussa Abou-Abd-Allah à la résistance : tout fut inutile, et comme l'émir méprisé, honni, était dans une situation intolérable, il se décida à devancer l'époque de la reddition. Dans les premiers jours de janvier 1492, les rois catholiques furent prévenus qu'ils pouvaient prendre possession de Grenade. Ils y firent alors leur entrée solennelle. Les étendards de Castille et de Léon flottèrent sur les monuments et la croix fut plantée au sommet des mosquées. Bientôt les *Te Deum* d'actions de grâces s'élevèrent dans les airs pour célébrer le triomphe définitif de la religion du Christ sur celle de Mahomet.

L'émir Abou-Abd-Allah était allé au devant des rois catholiques et, après les avoir salués, avait continué son chemin. On dit qu'étant arrivé près du Padul, d'où l'on découvre, pour la dernière fois, la ville de Grenade, il se serait arrêté pour voir encore son ancienne capitale et aurait murmuré, les yeux pleins de larmes, cette formule de résignation que les Musulmans appellent à leur aide dans les circonstances critiques : « *Dieu est grand !* » Sa mère lui aurait alors répondu : « *Tu fais bien de pleurer comme une femme ce que tu n'as pas su défendre comme un homme !* »

Abou-Abd-Allah fut suivi par quelques serviteurs fidèles. La plupart des Grenadins sollicitèrent la faveur d'entrer au service des rois catholiques. Peu de temps après, l'émir, suivant l'exemple de son oncle, vendit ses droits à son suzerain et se fit transporter à Oran (1493). De là, il se rendit à la cour du souverain de Tlemcen et mourut dans cette ville, au commencement de mai de l'année suivante. Son épitaphe a été retrouvée et publiée par M. Brosselard.

Ainsi finit, neuf siècles après la conquête vertigineuse des Arabes, le dernier royaume musulman d'Espagne. La nation espagnole, qui avait repris possession d'elle-même, allait, à son tour, s'épandre glorieusement au dehors[1].

Expulsion des Juifs d'Espagne. — Cette année 1492, qui voyait la chute de Grenade, était en outre témoin de la découverte du nouveau monde, événement d'une importance incalculable, et dont la gloire et le profit devaient être en entier pour l'Espagne et les rois catholiques. Mais, à côté de ces brillants résultats du règne de Ferdinand et Isabelle, quelle ombre au tableau ! L'intolérance religieuse élevée au rang d'institution d'état, avec ce moyen d'action qui se nomme la *sainte Inquisition*. Cette institution, qui va peser durant plusieurs siècles sur l'histoire de l'Espagne, a été acceptée et organisée par les « rois catholiques ».

Ce fut d'abord contre les Juifs, si nombreux dans la Péninsule, qu'elle exerça sa puissance. Les tortures, le supplice, la confiscation des biens, tels furent les traitements infligés à cette population pendant de longues années, sans toutefois qu'on ait pu arrriver à la convertir, ni à la faire disparaître. Deux mois après la chute de Grenade, les rois catholiques se décidèrent à édicter une mesure décisive : le bannissement des Juifs. C'était, pour les chrétiens de l'époque, la conséquence, le complément de la disparition du royaume musulman. L'Espagne reconstituée, unifiée n'aurait qu'un seul culte, celui du Christ. En même temps, cesserait la scanda-

---

1. Rosseeuw Saint-Hilaire, *Histoire d'Espagne*, t. V, p. 391 et suiv. Brosselard, *Tombeaux des Beni-Zeyane*, p. 151 et suiv. Voir en outre Cardonne, Condé et Marmol.

leuse opulence de ces mécréants dont les richesses entreraient en partie dans les caisses du royaume, par la confiscation.

Les Juifs essayèrent en vain de détourner l'orage en offrant une partie de leur avoir. Le 3 mars 1492, fut signé, à Grenade, l'édit d'expulsion. Quiconque, parmi les Juifs, refuserait d'entrer dans la religion chrétienne, devait, sous trois mois, quitter l'Espagne sans pouvoir jamais y revenir. Forcés de réaliser leur fortune dans ce court délai, les Juifs qui n'acceptèrent pas le baptême abandonnèrent leurs biens à vil prix aux spéculateurs et se préparèrent à l'émigration. Deux ou trois cent mille d'entre eux quittèrent l'Espagne, à l'expiration des trois mois. Le tiers, environ, de ces proscrits traversa le Portugal et, de là, émigra en Afrique. Le roi de Portugal, après avoir exigé d'eux un droit de passage, en retint un certain nombre comme esclaves. D'autres s'embarquèrent à Cadix. En Mag'reb, ces malheureux essayèrent de gagner, à pied, la ville de Fès, où se trouvaient déjà de leurs coreligionnaires ; mais ils eurent à supporter les plus grands maux ; beaucoup périrent et un petit nombre d'entre eux parvint au terme du voyage.

Les villes du littoral africain et notamment Alger, Oran et Tunis, reçurent aussi des exilés juifs, mais en moins grand nombre que le Mag'reb, où ils se répandirent dans les principales villes [1].

Révolte des Maures de Grenade. Ils sont contraints d'abjurer ou d'émigrer. — Nous avons vu que, dans le traité de reddition de Grenade, il avait été stipulé que les Musulmans conserveraient la libre pratique de leur culte et de leurs usages. Une telle disposition était en désaccord complet avec l'intolérance qui régnait en Espagne. Le cardinal Jimenès, devenu premier ministre des rois catholiques, se chargea de faire cesser une faveur qu'il jugeait opposée aux intérêts de la religion, et, par conséquent, de déchirer le traité, nul de droit, d'après lui. S'étant transporté à Grenade, il invita et poussa, par tous les moyens, les Maures à la conversion. Mais ce n'était qu'un prélude. Suivant le triste exemple d'Omar à Alexandrie, il fit réunir tous les livres et manuscrits arabes qui se trouvaient dans la ville et y mit le feu, de sa main. Ainsi disparurent des documents, sans doute fort précieux sur la conquête et l'occupation musulmanes.

Poussés à bout par ces excitations, les Musulmans se lèvent en masse et la révolte se propage. Jimenès se justifie auprès des rois

---

1. Rosseuw Saint-Hilaire, *Histoire d'Espagne*, t. VI, p. 1 et suiv. Léon Godard, *Hist. du Maroc*, p. 406 et suiv.

catholiques et leur persuade qu'il a agi au mieux des intérêts du royaume. Devant la répression inexorable qui les menace, les Grenadins se soumettent en masse au baptême ; mais, dans les Alpujarras, on se prépare à une résistance acharnée. L'armée chrétienne marche contre les rebelles et enlève Huejar, dont les habitants sont passés au fil de l'épée (1499).

L'année suivante, Ferdinand vint diriger la campagne. La répression fut terrible. Des missionnaires accoururent à la suite des soldats pour recevoir la conversion des Maures échappés au massacre. La région montagneuse située entre Ronda, Gibraltar et Cadix restait intacte et servait de refuge à tous les Musulmans qui avaient refusé de se soumettre. Les insurgés s'y étaient retranchés, résolus à lutter jusqu'à la mort pour conserver leur liberté religieuse. Bientôt, prenant l'offensive, ils massacrèrent tous les chrétiens qu'ils purent atteindre, et répandirent la dévastation dans la contrée. Une véritable croisade s'organisa alors contre ces rebelles ; mais les chrétiens furent entièrement défaits à la bataille de Rio-Verde (1501).

Ferdinand arriva, en personne, pour tirer vengeance de ce désastre. Les insurgés avaient épuisé leurs dernières forces dans ces luttes ; ils se décidèrent à se rendre et obtinrent merci, à la condition d'accepter le baptême ou d'émigrer. Un grand nombre se soumirent ; les autres cherchèrent un asile dans cette Afrique que leurs pères avaient abandonnée, à l'époque des succès, pour prendre possession de leurs conquêtes. Ils y arrivèrent ruinés, humiliés, sollicitant de leurs coreligionnaires la faveur de s'établir dans quelque coin.

Mais les Musulmans restés en Espagne ne devaient plus avoir un instant de repos. En 1502, un décret ordonna que tous les Maures non baptisés, au-dessous de 14 ans, se trouvant dans les royaumes de Castille et de Léon, seraient tenus de quitter le pays dans l'espace de deux mois. Ce fut l'occasion d'un nouvel exode, dont les villes du littoral de l'Afrique profitèrent encore : Juifs et Musulmans d'Espagne s'y rencontrèrent, réunis dans un malheur commun.

Ainsi disparaissait, peu à peu, de la Péninsule, cet élément qui y était resté si longtemps sans se fondre dans la population indigène ; exemple bien rare et dont il faut attribuer uniquement la cause à la différence de religion [1].

---

1. Rosseeuw Saint-Hilaire, *Histoire d'Espagne*, t. VI, p. 40 et suiv., 145 et suiv.

CAMPAGNES DES PORTUGAIS DANS LE MAG'REB. PRISE DE MELILA PAR LES ESPAGNOLS. — Le mouvement qui avait poussé les Portugais à la conquête du Mag'reb sembla s'arrêter lorsqu'ils furent maîtres de Tanger. Les garnisons de ces places, presque toujours bloquées par les Berbères, en furent réduites à profiter des luttes divisant les indigènes, pour opérer sur eux des razias plus ou moins fructueuses. En 1493, don E. de Menesès, gouverneur de Ceuta, ayant pu surprendre la petite ville de Targa, fit plus de 300 prisonniers et brûla, dans la rade, 25 navires, grands et petits[1]. Tétouan, aux mains d'un caïd, nommé El-Madani, qui y commandait d'une façon à peu près indépendante, devint le centre de la résistance contre les chrétiens et le magasin des pirates.

Les corsaires causaient toujours de grands ravages sur le littoral chrétien. En septembre 1496[2], Ferdinand et Isabelle chargèrent le duc de Medina-Sidonia de s'emparer de Melila, un de leurs repaires. Les habitants de cette ville appelèrent à leur secours le sultan de Fès; mais ce prince ne put leur envoyer que cinq cents hommes, de sorte que les Berbères se décidèrent à abandonner Melila. Le duc occupa cette ville, pour ainsi dire, sans coup férir[3]. Les remparts étaient ruinés; il les releva et s'y retrancha. Peu après, il se rendait maître de R'assaça, port voisin, et y installait une garnison.

Le Caïd de Tétouane essaya de gêner les nouveaux occupants et leur causa, en réalité, des ennuis incessants. Il alla aussi insulter les environs d'Asila, mais une sortie heureuse de la garnison de Tanger le contraignit à plus de circonspection.

En 1501, don Manuel, roi de Portugal, envoyant une flotte de secours aux Vénitiens, contre les Turcs, chargea l'amiral d'occuper, en passant, Mers-el-Kebir (port d'Oran); mais cette entreprise, mollement conduite, échoua.

Après l'expiration de la trêve d'Asila, en 1502, le sultan de Fès vint attaquer, sans succès, Tanger. L'année suivante, don J. de Menesès tâcha d'enlever, par surprise, El-Kçar-el-Kebir; mais il fut repoussé. Vers cette époque, le roi de Portugal fit abandonner Velez de Mag'reb et ordonna de rentrer à Ceuta la garnison et les munitions. En 1504, de Menesès alla, dans la rivière d'El-Arache,

---

1. Elie de la Primaudaie, *loc. cit.*
2. 1497, selon le général de Sandoval, *Revue africaine*, 1871, p. 177.
3. Selon Elie de la Primaudaie, *Villes maritimes du Maroc*, Revue Afr., n° 92, Melila aurait été abandonnée en vertu d'un accord conclu entre les rois de Tlemcen et de Fès.

servant de port à Tétouan, enlever les navires portugais qui avaient été pris par les corsaires[1].

Relations commerciales des chrétiens avec la Berbérie pendant le XVᵉ siècle. Modifications et décadence. — Dans le cours du XVᵉ siècle, Venise, profitant de l'affaiblissement des républiques de Pise et de Gênes, prit le premier rang pour le commerce de la Berbérie et obtint, avec Gênes, les derniers traités qui nous soient parvenus (Venise, 1456, Gênes, 1465).

Florence, par la conquête de Pise et l'achat de Porto-Venere à Gênes, devint, à son tour, puissance maritime et prit bientôt le second rang. Le traité de 1423 avec Tunis la plaça sur le pied de l'égalité avec les autres puissances, et, en 1445, un nouvel acte fondit les droits anciens des Pisans avec les siens.

L'Aragon entretint, dans la première partie du siècle, les bons rapports qui existaient sous les règnes précédents. Barcelone avait même obtenu des Hafsides le privilège de la pêche du corail.

Le commerce français fut relevé, à la même époque, par Jacques Cœur; cet homme, d'une rare intelligence, comprit tout l'avantage que son pays pouvait tirer des échanges avec l'Orient, et fit de Montpellier et de Narbonne le centre de ces affaires. Plus tard, Louis XI, ayant recueilli la Provence dans l'héritage de la maison d'Anjou, fit des efforts pour reprendre la tradition de Jacques Cœur et dans ce but entretint une correspondance amicale avec le souverain de Tunis et son fils, commandant de Bône. Marseille profita surtout de ces tentatives; elle plaça de bonne heure des consuls à Ceuta et à Bougie.

La Sicile, en pleine décadence, avait renoncé à toute initiative et employait ses dernières forces à se protéger chez elle contre les entreprises des corsaires. La course avait, en effet, pris une grande extension en Berbérie, et les navigateurs n'osaient plus s'aventurer, s'ils n'étaient en nombre.

Chaque année, la flotte vénitienne et la flotte florentine partaient, en été, et visitaient le littoral africain. Chacune d'elles avait ses escales indiquées et le nombre de jours fixé pour ses stations. La première séjournait à Tripoli, Djerba, Tunis, Bougie, Alger, Oran et Velez. Celle de Florence visitait plus en détail notre littoral, commençant par Tunis, où elle restait, comme l'autre, le plus longtemps, puis Bône, Collo, Bougie, Alger, Oran, Honeïn, Al-

---

1. L. Godard, *Histoire du Maroc*, p. 405 et suiv. Marmol. t. I. passim. L. Fey, *Histoire d'Oran*, p. 56. Suarez Montanès, trad. Berbrugger, *Revue africaine*, 1865, p. 259.

mérin, Archudia (escale de Fès), Malaga, Cadix et San Lucar, d'où elle revenait sur ses traces.

Les progrès de la course, les conquêtes des Portugais en Berbérie, bientôt suivies de celles des Espagnols, la guerre entre la France et l'Espagne devaient être funestes aux relations commerciales des chrétiens de la Méditerranée avec l'Afrique. Cependant, Léon l'Africain affirme qu'au commencement du xvi° siècle les marchands génois avaient toujours des agences importantes à Bône, Tunis, Tripoli, ainsi qu'à Ceuta et autres ports du Mag'reb. Ils chargeaient des cuirs et de la cire à Collo, des grains à Stora, des céréales et du beurre à Bône, importaient partout des draps et pêchaient du corail sur le littoral, de Bône à Tunis.

L'influence turque dans la Méditerranée et sa suzeraineté sur l'Ifrikiya et le Mag'reb central vont modifier complètement ces traditions séculaires[1].

Prise de Mers-el-Kebir, par les Espagnols. — Nous avons vu qu'après avoir fait disparaître le royaume de Grenade, les Espagnols jetèrent leurs regards sur l'Afrique, où les Portugais les avaient devancés. Selon le général de Sandoval[2], un certain L. de Padilla reçut la mission de se rendre en Berbérie, pour recueillir des renseignements et, durant une année, parvint à voyager sous un déguisement, dans le royaume de Tlemcen. Après la prise de Melila, en 1497, le comte de Tendella proposa aux rois catholiques de conquérir pour eux tout le pays compris entre cette ville et Alger. Son plan ne fut pas accepté et les entreprises sur l'Afrique se trouvèrent suspendues par suite de la mort d'Isabelle, survenue en 1504. Cette reine avait embrassé avec ardeur les plans de conquête du cardinal Jimenès, qui voulait rétablir, sur le littoral africain, le règne de la croix. Son testament contenait sur ce point la phrase suivante : « *Il ne faudra, ni interrompre la conquête de l'Afrique, ni cesser de combattre pour la foi, contre les infidèles.* » Sa fille Jeanne avait hérité de la Castille, et une brouille avait éclaté entre le mari de celle-ci, Philippe de Bourgogne, et son frère Ferdinand. Ce dernier s'était, par dépit, tourné vers la France et avait conclu, avec Louis XII, un traité scellé par son mariage avec Germaine, lui apportant en dot le royaume de Naples.

---

1. De Mas-Latrie, *Traités de paix*, etc., p. 250 et suiv. de l'intr., 144, 151, 321, 357 des documents. Elie de la Primaudaie, *Villes marit. du Maroc* (*Rev. afr.*, n°° 92 et suiv.). Léon l'Africain, pass.
2. *Revue africaine*, 1871, p. 176.

Pendant ce temps, le cardinal Jimenès se décidait à entreprendre la conquête de l'Afrique et le roi d'Aragon consentait à lui confier ses soldats, peut-être pour n'avoir pas à les employer contre la Castille. L'audace des corsaires barbaresques, qui infestaient la mer et venaient sans cesse enlever des prises sur les côtes de l'Espagne, contribua à lever toute indécision. Il s'agissait de choisir le point de débarquement et l'on hésita d'abord entre Honéïne et Dellis. Mais un certain Geronimo Vianelli, qui avait servi sous le *Grand capitaine* (Gonzalve de Cordoue), et avait visité le littoral berbère comme marchand, décida le roi à choisir comme but la baie de Mers-el-Kebir, près d'Oran, malgré l'échec récent des Portugais, et une tentative isolée, faite l'année précédente, par un navire flamand, qui faillit s'emparer, par surprise, du fort.

Le commandement de l'expédition fut confié à don Diego Fernandez de Cordoba, plus tard marquis de Comarès, et celui de l'escadre à don Ramon de Cardona. La flotte mit à la voile le 27 ou le 29 août selon les uns, le 3 septembre d'après d'autres [1]. Elle fut forcée par les vents contraires de relâcher à Almeria et, enfin, n'arriva à Mers-el-Kebir que le 11 septembre, alors que, par un bon vent, la traversée s'effectue en douze heures. Ce retard fit croire aux Musulmans que les Espagnols avaient renoncé à leur entreprise et, comme ils s'étaient réunis en grand nombre et manquaient de vivres, beaucoup de contingents étaient rentrés dans leurs tribus.

Le débarquement s'opéra au cap Falcon, de nuit et en silence; puis on en vint aux mains avec les indigènes. Ceux-ci ne purent empêcher les Espagnols de gagner une colline d'où l'on domine la place, et de couper toute communication, entre la presqu'île où est bâti le fort, et la terre. La garnison se défendit courageusement; mais, après trois jours de siège, l'officier qui commandait étant tué et l'assaut imminent, elle consentit à une capitulation honorable. Le général fit alors son entrée dans la forteresse et arbora sur les tours les bannières de l'Espagne, pendant que la garnison se retirait avec armes et bagages. Aussitôt des nuées d'indigènes accoururent sur le rivage, mais il était trop tard. C'étaient les cavaliers des environs d'Oran et de Tlemcen, avec lesquels les Espagnols escarmouchèrent. Pendant ce temps, les Juifs et marchands étrangers étaient massacrés à Oran par le peuple exaspéré de la chute de Mers-el-Kebir.

Don Diego de Cordoba, constitué gouverneur de la place, répara

---

1. Enfin, selon Suarez, *loc. cit.*, l'attaque de Mers-el-Kebir n'aurait eu lieu que le 13 juillet 1506, ce qui semble impossible.

les dégradations et les brèches causées par l'artillerie et s'appliqua à la munir convenablement en vivres et en eau. La grande mosquée fut transformée en église.

La prise de Mers-el-Kebir eut un grand retentissement en Espagne et encouragea le cardinal dans la voie des conquêtes en Afrique. Il y eut, à cette occasion, de grandes réjouissances dans la Péninsule, tandis que, sur l'autre rivage, la Berbérie était plongée dans la stupeur[1].

Les Espagnols a Mers-el-Kebir ; luttes avec les indigènes. — L'émir zeyanite, Abou-Abd-Allah-Mohammed, avait succédé, en 1505, à son père, portant le même nom. Il ressentit douloureusement la perte de Mers-el-Kebir, surtout en ne pouvant se dissimuler qu'Oran ne tarderait pas à être l'objet des entreprises des infidèles. Il s'appliqua, en conséquence, à renforcer la garnison et les défenses de cette place, de façon non seulement à assurer sa sécurité, mais encore pour profiter de la première occasion de reprendre Mers-el-Kebir. Il en résulta un état permanent d'hostilité entre ces deux places ; mais la garnison espagnole était trop faible numériquement (500 hommes) pour pouvoir lutter en plaine avec quelque avantage.

Pendant ce temps Philippe, roi de Castille, mourait inopinément, laissant sa femme Jeanne, à laquelle le surnom de « la Folle » est resté, dans l'incapacité absolue de diriger les affaires (1506). C'était un retour de fortune pour Ferdinand et l'Espagne échappait ainsi à la guerre civile et à de nouveaux déchirements. Représenté par Jimenès, — et il ne pouvait l'être par un mandataire plus fidèle et plus dévoué, — le roi, qui avait recouvré ses droits à la tutelle de la reine de Castille, arriva de Naples, en 1507, et reprit la direction des affaires. L'Afrique n'allait pas tarder à s'en apercevoir.

En cette année 1507, don Diego de Cordoba, laissant le commandement de Mers-el-Kebir à Martin de Argote, alla en Espagne, à l'effet de pousser la reine de Castille à entreprendre la conquête d'Oran. Il offrait de s'en charger et ne demandait que

---

1. Général de Sandoval, *Les inscriptions d'Oran et de Mers-el-Kebir* (*Revue africaine*, 1871, p. 171 et suiv.). *Mémoires historiques et géographiques* (dans l'*Exploration de l'Algérie*), par Pellissier, p. 1 et suiv. Suarez Montanès, *Revue africaine*, 1865, p. 260, 339 et suiv. Rosseeuw Saint-Hilaire, *Histoire d'Espagne*, t. VI, p. 201 et suiv. *Documents inédits sur l'histoire de l'occupation espagnole*, par E. de la Primaudaie (*Rev. afr.*, n° 109 et suiv.). Marmol, *Afrique*, 2. 194. *Rapport du cardinal Ximénès*, publié par le général de Sandoval (*Rev. afr.*, 1869, p. 100 et suiv.). Mariana, *Hist. générale d'Espagne*, t. V, passim.

cinq mille hommes pour réussir. Ses plans furent acceptés, et il ne tarda pas à recevoir un effectif important. Il résolut alors d'enlever Oran par escalade, au moyen d'une surprise de nuit ; mais, en attendant le moment favorable, il voulut employer son monde à une razia dans la plaine.

Partis de nuit, les Espagnols surprirent, du côté de Misserghine, un douar important et firent un butin considérable. C'était la partie la plus facile de l'opération ; la difficulté était de rentrer avec les prises. En effet, à peine la retraite avait-elle commencé, les indigènes accoururent par nuées autour des chrétiens et les forcèrent d'abord à abandonner leur butin, pour ne songer qu'à leur propre salut. Mais, bientôt, une troupe considérable, sortie d'Oran, leur barra le passage et l'armée espagnole fut entièrement écrasée dans le ravin de Fistel, où elle s'était engagée. Le général rentra presque seul, en ne marchant que de nuit, à Mers-el-Kebir. Tout l'effectif de l'expédition était mort ou prisonnier et les Espagnols faisaient là une dure expérience de la guerre d'Afrique (juin 1507). Martin de Argote était parmi les captifs.

Peu après, le gouverneur d'Oran, encouragé par ce succès, vint tenter une attaque tumultueuse contre Mers-el-Kebir ; mais les Espagnols étaient sur leurs gardes et ils repoussèrent facilement l'ennemi. On s'était empressé, du reste, d'envoyer d'Espagne des renforts et des vivres.

Le roi catholique et son ministre Jimenès se préparaient ouvertement à entreprendre de nouvelles conquêtes en Afrique. En attendant, ils avaient chargé l'amiral Pierre de Navarre (Navarro) de battre les côtes et de poursuivre les corsaires. En 1508, ce grand homme de guerre s'empara du Peñon de Velez abandonné, depuis quelque temps, par les Portugais et construisit sur cette pointe un fort destiné à tenir la côte en respect. Le commandant de Badis, ayant reçu des renforts du sultan avec de l'artillerie, essaya en vain de s'emparer de la forteresse, dont le canon balayait la rade et le port. Mais le courage et la ténacité des Espagnols triomphèrent de ces tentatives [1].

PRISE D'ORAN PAR LES ESPAGNOLS. — Au commencement de l'année 1509, l'armée expéditionnaire devant opérer contre Oran était prête. Jimenès en confia le commandement à Pierre de Navarre et se réserva d'y prendre part, avec la direction suprême. Le 16 mai 1509, la flotte mit à la voile et, dès le lendemain, jeta l'ancre dans la vaste baie de Mers-el-Kebir. La rapidité de la tra-

---

1. Marmol, *loc. cit.;* Elie de la Primaudaie, *loc. cit.*

versée était une circonstance des plus favorables, car elle ne laissa pas aux indigènes le temps de se préparer. Aussitôt, le débarquement s'opéra et les troupes, enflammées par les paroles de Jimenès, se précipitèrent contre Oran. Tandis que leur impétuosité se heurtait contre de solides murailles, quelques soldats, favorisés, dit-on, par des traîtres, pénétrèrent dans la ville en escaladant les murs, d'un autre côté, et ouvrirent les portes aux assaillants. L'armée espagnole se rua dans Oran, massacra toutes les personnes qu'elle y trouva et mit la ville à sac.

Cette attaque, où chacun combattit sans ordre et pour son compte, livra la ville d'Oran aux Espagnols. A peine si l'on avait eu le temps de faire usage de l'artillerie, et cet exemple prouve, une fois de plus, combien l'audace et la rapidité réussissent dans la guerre contre les indigènes africains. Le lendemain, en effet, des renforts accoururent de toute part et, si l'on avait entrepris les opérations régulières d'un siège, on n'aurait peut-être abouti qu'à un désastre.

Après leur victoire inespérée, les deux chefs de l'expédition ne tardèrent pas à se trouver en contradiction sur bien des points et à entrer en conflit. Le cardinal comprit, alors, que sa place n'était pas à la tête de l'armée et, comme il avait appris que le roi catholique s'était félicité de son éloignement, qui le laissait maître de diriger les affaires à son gré, il prit le parti d'abandonner la politique pour aller vivre dans une sorte de retraite et s'y consacrer à l'enseignement. En novembre 1509, il quitta l'Afrique, laissant Pierre Navarro avec le titre de gouverneur des conquêtes espagnoles.

Peu après, Diego Fernandez de Cordoba fut nommé par la reine de Castille et le roi d'Aragon *capitaine-général de la ville d'Oran, de la place de Mers-el-Kebir et du royaume de Tlemcen*. Six cents familles furent envoyées d'Espagne pour occuper Oran ; elles devaient fournir tous leurs hommes pour le service militaire. Le gouverneur entra bientôt en relations avec diverses tribus de l'intérieur et contracta avec elles des traités d'alliance[1].

PRISE DE BOUGIE PAR LES ESPAGNOLS. — Navarro, ayant remis le commandement d'Oran à Diego de Cordoba, se trouva libre de

---

1. Général de Sandoval, *Revue africaine*, 1871, p. 271 et suiv. L. Fey, *Histoire d'Oran*. Suarez Montanès, *Revue africaine*, 1866, p. 34 et suiv. Marmol, *Afrique*, passim. Rosseeuw Saint-Hilaire, *Histoire d'Espagne*. t. VI, p. 20 et suiv.

voler à d'autres conquêtes. G. Vianelli lui amena alors d'Iviça des navires qu'il réunit aux siens ; il en forma une flotte sur laquelle il chargea plus de cinq mille hommes, avec des munitions et du matériel. Le 1er janvier 1510, il leva l'ancre et fit voile sur Bougie, l'ancienne capitale hammadite, devenue un des centres les plus importants de la piraterie. Le 5 janvier, on mouilla dans la baie de cette ville et le débarquement s'opéra sous la protection de l'artillerie des vaisseaux. Les Berbères tentèrent en vain de s'y opposer. Un prince hafside, du nom de Abd-el-Aziz, alors maître de la province de Constantine[1], dirigeait la défense.

Navarro, se mettant à la tête des troupes, les entraîna audacieusement à l'assaut de la montagne qui domine la ville, et où s'étaient retranchés un grand nombre de défenseurs. Rien ne résista à l'impétuosité des Espagnols qui, après avoir délogé l'ennemi de ses positions, pénétrèrent dans Bougie comme une trombe. Abd-el-Aziz s'empressa d'évacuer cette ville et de se mettre en retraite vers la plaine.

Selon les chroniques indigènes, citées par M. Féraud, le sultan Abd-el-Aziz régnait alors à Constantine, s'étant emparé de cette ville, après avoir défait son frère Abou-Beker, qui y commandait ; il aurait envoyé ses deux fils pour diriger la défense de Bougie. Les chrétiens, au lieu d'enlever la ville peu après leur débarquement, se seraient établis sur la montagne et auraient dirigé, de là, une série d'attaques contre les assiégés. Les deux fils du sultan ayant succombé dans ces combats, Abd-el-Aziz accourut lui-même à la tête de toutes ses forces et défendit Bougie avec la plus grande vigueur. Enfin, cette ville serait tombée au pouvoir des chrétiens le 25 mai 1510[2]. Il est certain, en outre, que l'inscription latine gravée par les Espagnols au-dessus de la porte de la Kasba donne la date de 1509 ; mais il est non moins certain que, si Navarro a pris Bougie en 1509, cela n'a pu avoir lieu dans le mois de mai, puisqu'à ce moment il était occupé à la conquête d'Oran. Mais, comme l'a très bien fait ressortir M. de Grammont, dans son *Histoire d'Alger* (p. 14), il était d'usage de faire commencer l'année à Pâques, ce qui explique tout.

---

1. Selon M. de Grammont (*Histoire d'Alger*, p. 14), Abd-Allah et Abd-er-Rahman étaient les seuls compétiteurs du pouvoir dans la province de Constantine.

2. C'est par erreur que M. Féraud donne pour correspondance de la date musulmane du 5 safar 915, le 25 mai 1510. La concordance exacte est le 24 avril 1509, ce qui détruit toute son argumentation.

Les Espagnols s'empressèrent de rétablir et de compléter les défenses de Bougie [1].

Soumission d'Alger, de Dellis, de Ténès, de Tlemcen aux Espagnols. Navarro s'empare de Tripoli. — La chute d'Oran suivie, à si court intervalle, de celle de Bougie, eut un retentissement énorme dans les deux Mag'reb. Tandis qu'en Espagne on célébrait ces victoires par des réjouissances publiques, les villes maritimes de l'Afrique, craignant de voir, à toute heure, apparaître les Espagnols, s'empressèrent, en maints endroits, d'envoyer leur soumission. La ville d'Alger fit partir pour Bougie une députation chargée de remettre son hommage entre les mains de Navarro. Dellis fit de même. Le 31 janvier 1510, les Algériens signèrent un traité par lequel ils reconnaissaient la suzeraineté du roi catholique et s'obligeaient à donner la liberté à tous leurs esclaves chrétiens; ils devaient, en outre, respecter ses alliés [2].

Ténès, obéissant alors à un cheikh paré du titre de roi, s'était rendu aux Espagnols, avant la prise d'Oran. Ainsi, les villes principales de l'empire zeyanite, ne pouvant attendre aucune protection de leurs princes, traitaient directement avec le chrétien, afin d'échapper aux rigueurs de la guerre. Des députations de toutes ces localités allèrent en Espagne pour porter des présents au roi catholique. En 1512, Tlemcen se décida à traiter également, et envoya au gouverneur d'Oran un ambassadeur, nommé Mohammed-el-Abdi, chargé de porter en Espagne son hommage de vassalité.

Un accord intervenu entre l'Espagne et le Portugal avait restreint le champ d'action de cette dernière puissance au Mag'reb extrême, tandis que le reste de la Berbérie était abandonné à l'autre. Le Peñon de Velez marqua la limite respective des possessions des deux états en Afrique.

En 1510, Navarro, exécutant les instructions de Ferdinand, laissa à Bougie une garnison suffisante, alla attaquer Tripoli et s'empara de cette ville, malgré la résistance opiniâtre des habitants. 6,000 musulmans périrent, dit-on, en défendant la métropole des Syrtes, qui fut rasée par le vainqueur. Navarro laissa le commandement de sa nouvelle conquête à Diégo de Véra. L'année suivante, Tripoli, cédée au vice-roi de Sicile, reçut comme gouverneur Guillem de Moncade.

---

1. Féraud, *Histoire de Bougie*, Société archéologique de Constantine, 1869, p. 225 et suiv. Voir aussi les auteurs précédemment cités.
2. Ferreras, *Histoire d'Espagne*. Mariana, *Histoire d'Espagne*, pass.

Nous avons vu que les Algériens avaient adressé leur soumission à Pierre Navarro. Ils se décidèrent ensuite à envoyer une ambassade au roi d'Aragon pour confirmer cet acte. Salem-et-Toumi, chef des Thâaleba, cheïkh de cette ville, partit à cet effet, avec les principaux citoyens, pour offrir des présents à leur nouveau maître. Mais les Espagnols connaissaient trop bien le caractère musulman pour accepter sans réserve des protestations imposées par les circonstances. Navarro vint donc prendre possession d'un des principaux îlots du port d'Alger, et, de même qu'à Velez, on y construisit, à grands frais, une forteresse destinée à tenir en respect les habitants de la ville et à empêcher que le port ne servît de refuge aux corsaires. Une garnison suffisante occupa cette forteresse et reçut la mission d'assurer le paiement du tribut que les Algériens s'étaient engagés à fournir[1].

PUISSANCE DES CORSAIRES BARBEROUSSE. ILS ATTAQUENT BOUGIE ET S'EMPARENT DE DJIDJELI. — Vers cette époque un corsaire turc, connu sous le nom de Baba-Aroudj ou *Barberousse*[2], commençait à acquérir un grand renom dans la Méditerranée. Fils d'un potier de l'île de Metilène, il avait organisé, avec l'aide d'un de ses frères, nommé El-Yas, la course contre les chrétiens. Mais cette première tentative ne lui avait pas été favorable : vaincu dans un combat contre des galères de Rhodes, après avoir vu périr son frère et presque tous ses hommes, il avait été fait prisonnier. La captivité n'était pas faite pour décourager un caractère de la trempe d'Aroudj ; il ne tarda pas, en effet, à s'échapper, et, ayant gagné l'Egypte, se lança avec plus d'ardeur dans son aventureuse carrière. Après avoir remporté de grands succès dans la Méditerranée, il alla à Tunis et obtint du khalife Moulaï-Mohammed la permission de faire, de ce port, le centre de ses opérations, à la seule condition de respecter les alliés des Hafsides, et d'abandonner à ce prince le cinquième du butin. Son frère Kheïr-ed-Dine vint l'y rejoindre et les deux pirates terrifièrent par leur audace toute la Méditerranée et les rivages chrétiens. L'île de Djerba devint en

---

1. Berbrugger, *Le Pégnon d'Alger*. Le même, *Epoques militaires de la Grande Kabylie*, passim. Rosseuw Saint-Hilaire, *Hist. d'Espagne*, t. VI, p. 207. Général de Sandoval, *Revue africaine*, 1871, p. 274 et suiv. Féraud, *Hist. de Bougie*, p. 237 et suiv. Le même, *Annales tripolitaines* (Revue africaine, n° 159.)

2. On a vu, dans le nom de *Barberousse*, une altération de Baba-Aroudj. M. de Grammont a contesté avec force cette étymologie (*Rev. afr.*, n° 171), et, dans son *Histoire d'Alger*, il fait ressortir que Kheïr-ed-Dine avait aussi la barbe rousse.

quelque sorte leur repaire, soit que le commandement leur en eût été donné par le khalife, soit qu'ils l'eussent pris sans sa permission. Le prince hafside était du reste sans force, par suite des échecs que les Arabes lui avaient fait éprouver.

Cependant, à Bougie, les Espagnols étaient entrés en relation avec les indigènes, par l'intermédiaire d'un certain Moulaï-Abd-Allah, qu'ils avaient trouvé détenu dans la ville et auquel ils avaient rendu la liberté ; mais un autre prince hafside, Abou-Beker, frère du sultan de Constantine, Abd-el-Aziz, était venu soulever à son profit toutes les populations indigènes environnantes. Après avoir tué Abd-el-Aziz, qui avait eu l'imprudence de sortir de Constantine, il lutta contre son neveu El-Abbas, alors en pourparlers avec les Espagnols, et le força à se retrancher derrière les murailles de la Kalâa. Abou-Beker s'occupa ensuite à relever, dans la vallée de la Soumam, les retranchements qui avaient été construits autrefois par les Abd-el-Ouadites, et ne cessa d'inquiéter les chrétiens de Bougie. Il parvint, même, à pénétrer, une nuit, dans un quartier de la ville, d'où il ne fut délogé qu'après un combat acharné.

Sur ces entrefaites, Abou-Beker, qui était allé à Constantine, sollicita le concours d'Aroudj, pour qu'il l'aidât à reprendre Bougie et l'obtint facilement. En 1512, les deux corsaires (Aroudj et Kheïr-ed-Dine) vinrent débarquer auprès de cette ville, après avoir enlevé des navires chrétiens dans la rade. A la tête de quelques Turcs, Aroudj alla audacieusement escarmoucher contre la place ; mais, dans une de ces rencontres, il eut un bras fracassé et son frère Kheïr-ed-Dine dut le ramener à Tunis, pour le faire soigner.

Les Génois, qui n'avaient pas vu sans dépit la ville de Bougie, avec laquelle ils entretenaient des relations séculaires, passer aux mains des Espagnols, armèrent une flotte sous le prétexte de donner la chasse aux corsaires. Le commandement en fut donné à André Doria et ce général fit d'abord subir des pertes sérieuses aux deux frères ; puis il vint s'emparer de Djidjeli et y laissa une garnison (1513).

Cependant Aroudj, aussitôt qu'il avait été guéri de sa blessure, s'était retiré dans l'île de Djerba afin d'y réparer ses pertes et de préparer une expédition. En 1514, il fit voile pour Djidjeli et, avec l'appui des Berbères du voisinage, arracha cette ville aux Génois et s'y établit solidement. Cette fois, les corsaires avaient un port bien à eux, un centre d'opérations d'où ils pourraient rayonner sur tous les pays voisins, sans être gênés par un hôte avec lequel il faudrait partager le butin. L'année suivante, cédant aux sollicitations des Kabiles, et particulièrement d'un grand chef religieux, nommé Ahmed-ben-el-Kadi, leur allié, les frères Barberousse vinrent, de nouveau, attaquer Bougie. Cette ville était défendue par don Ramon Carroz, qui sut, pendant trois mois, résister aux attaques des ennemis. Sur ces entrefaites, Martin de Renteria étant arrivé au secours de la ville avec cinq navires, Aroudj, découragé et manquant de poudre, se décida à rentrer à Djidjeli. Il dut, pour cela, prendre la route de terre, après avoir incendié ses vaisseaux qu'il n'avait pu faire sortir de l'embouchure de la rivière[1].

Conquête des Portugais dans le Mag'reb extrême. — Nous avons dit que les Portugais, dans le traité intervenu entre eux et les Espagnols, s'étaient réservé le Mag'reb extrême, où ils étaient déjà maîtres de la pointe septentrionale. En 1506, le roi Emmanuel de Portugal fonda Mazagran, entre Azemmor et Safi. L'année suivante, Safi reconnut l'autorité du Portugal. Un certain Yah'ia-ben-Tafout, allié des Portugais, qui lui avaient donné le titre de général, entra en lutte contre le sultan de Fès et les chefs indépendants du Haha et du Sous, et rendit tributaire des chrétiens la province de Dokkala et une partie de celles de Maroc et de Haha. En 1510, Safi, attaquée par des masses d'indigènes, se défendit vaillamment et resta à la couronne du Portugal. Vers la même époque, Santa-Cruz, au cap d'Aguer, fut occupé par les chrétiens. Le sultan Moulaï-Saïd était mort en 1508 et avait été remplacé par son fils Moulaï-Mohammed. Dans cette même année 1508, une expédition partie de Lisbonne, sous la direction de J. de Menesès, était venue assiéger Azemmor, qu'un prince merinide devait lui livrer; mais les habitants défendirent courageusement leur ville et les Portugais durent se retirer. Peu après, le nouveau sultan de Fès vint assiéger Asila, à la tête d'une armée formidable. Il s'empara de la ville et força la garnison, qui n'était que de 400 hommes, à se retirer dans la citadelle. Des secours envoyés par J. de Menesès permirent aux Portugais d'y résister; peu après apparut la flotte espagnole envoyée par le roi Ferdinand au secours d'Asila. Navarro, qui la commandait, força les Merinides à se retirer.

En 1513, le roi Emmanuel lança contre Azemmor une puissante expédition. 400 navires la composaient. Le duc de Bragance, qui commandait, débarqua 8,000 hommes de troupe et 400 chevaux

---

1. *Algérie*, par Carette dans l'*Univers pittoresque*, p. 215. 216. Féraud, *Histoire de Bougie*, p. 243 et suiv. Sander Rang, *Fondation de la régence d'Alger*, t. I, p. 2 et suiv. El-Kaïrouani, p. 208.

à Mazagran; puis il alla bloquer, avec ses navires, l'embouchure de l'Oum-er-Rebia et débarquer l'artillerie et le matériel. Cette fois, les Portugais se rendirent facilement maîtres de la ville. En quelques années, la plus grande partie du littoral océanien du Mag'reb avait été conquise par le Portugal et cette puissance exerçait sa suzeraineté assez loin dans l'intérieur. Elle retirait de ces possessions des revenus considérables et imposait aux populations indigènes l'obligation de lui fournir des auxiliaires armés[1]. Mais, sans négliger le Mag'reb, les Portugais étaient alors absorbés par leurs navigations lointaines. Ainsi les puissances européennes étaient, malgré elles, détournées de l'Afrique, ce qui allait favoriser l'établissement de l'autorité turque en Berbérie.

Au commencement du XVIe siècle, quelques années à peine après la chute du royaume musulman de Grenade, la Berbérie est profondément entamée au nord et à l'ouest par les chrétiens. Les Portugais tiennent tout le littoral du Maroc et les Espagnols sont maîtres de la province d'Oran, car ils ont étendu leurs conquêtes dans les plaines de l'intérieur et se sont avancés en maîtres jusqu'au Djebel-Amour; de plus, ils tiennent Alger sous les canons du Peñon et occupent Bougie et Tripoli. Les vieilles dynasties berbères, épuisées et sans force, semblent renoncer à la lutte et l'on peut croire que les jours de l'indépendance de l'Afrique septentrionale sont comptés. Il n'en est rien cependant. L'initiative hardie de deux corsaires va arrêter l'essor des conquêtes chrétiennes et donner la plus grande partie de ce pays aux Turcs. L'Afrique, débarrassée bientôt des conquérants espagnols et portugais, va entrer dans une nouvelle phase historique : la période turque. Le triomphe de la civilisation dans ce pays sera retardé de trois siècles : c'est à la France qu'est réservée la gloire de mettre fin à la tyrannie des corsaires barbaresques et de fonder, sur cette terre si longtemps victime de l'anarchie et du despotisme, une colonie florissante, en y rétablissant la justice, le droit et la sécurité.

1. L. Godard, *Maroc*, p. 410 et suiv. Marmol, *Afrique*, l. I et II, passim.

FIN DE LA IIIe PARTIE ET DU IIe VOLUME

TABLE DES MATIÈRES

TROISIÈME PARTIE
PÉRIODE BERBÈRE ET ARABE-HILALIENNE
1045-1515

CHAPITRE I. — *L'Afrique, la Sicile et l'Espagne vers 1045. Les Arabes hilaliens.* 1

Sommaire :

- Coup d'œil d'ensemble sur les modifications survenues dans les populations de la Berbérie 1
- Barka et Tripolitaine 2
- Tunisie 3
- Province de Constantine 3
- Mag'reb central 3
- Mag'reb extrême 4
- Le Grand désert 4
- Situation de la Sicile 4
- Situation de l'Espagne 5
- Relations commerciales et politiques des puissances chrétiennes de la Méditerranée avec les Musulmans d'Afrique et d'Espagne 7
- Notice sur les tribus arabes de Hilal et de Soléïm 9
- Composition et fractions des tribus hilaliennes et soleïmides .. 10
- Tribus Hilah-ben-Amer 11
- Tribus Soleïm-ben-Mansour 13
- Tribus d'une origine indécise 14

CHAPITRE II. — *Invasion arabe-hilalienne. Les Almoravides (1045-fin 1062.* 15

Sommaire :

- El-Moëzz répudie la suzeraineté fatemide 15
- El-Mostancer lance les Arabes hilaliens sur la Berbérie ... 16
- Les Hilaliens envahissent la Berbérie et traitent avec El-Moëzz. 17
- El-Moëzz essaie de repousser les Arabes, il est vaincu à Haïderane 18

	Pages.
Pillage de la Tunisie par les Hilaliens. — Premier partage entre les Arabes	19
Bologguine, souverain hammadite; ses succès. Progrès des Athbedj et Makil	20
Succès des Normands en Italie; arrivée de Roger. Evénements de Sicile	21
Fondation de la secte almoravide par Ibn-Yacine	23
Conquêtes des Almoravides dans le Sahara et le Mag'reb	24
Luttes des Almoravides contre les Berg'ouata. Mort d'Ibn-Yacine. Joussof-ben-Tachefine	26
Expédition du Hammadite Bologguine dans le Mag'reb; sa mort. Règne d'En-Nacer	27
Mort d'El-Moëzz; Temim lui succède	28
Evénements d'Espagne. Succès de Ferdinand Iᵉʳ	28
Conquêtes des Normands en Sicile	29

Chapitre III. — *Empire almoravide. Les Normands en Sicile.* (fin 1062-1088) 32

Sommaire :

Youssof-ben-Tachefine, seul chef des Almoravides	32
Fondation de Maroc par Ben-Tachefine; il conquiert tout le Mag'reb extrême	33
Progrès des Arabes; leurs luttes contre les Hammadites	35
En-Nacer fonde la ville de Bougie; apogée de sa puissance	37
Les Zor'ba se fixent dans le Zab et le Hodna. Fractionnement des Athbedj et des Makil	37
Evénements de Sicile; succès du comte Roger	38
Prise de Palerme par les Normands	39
Le comte Roger achève la conquête de la Sicile	40
Descente des Pisans et des Génois à El-Mehdia	42
Evénements d'Espagne; affaiblissement de la puissance musulmane	43
Succès d'Alphonse VI; les Musulmans appellent les Almoravides en Espagne	44
Youssof-ben-Tachefine s'empare de Tanger, du Rif, de Tlemcen et de Ceuta	45
Les Almoravides passent en Espagne; victoire de Zellaka	45

Chapitre IV. — *Les Almoravides* (1088-1122) 49

Sommaire :

Situation de l'Espagne depuis la bataille de Zellaka	49
Youssof-ben-Tachefine passe de nouveau en Espagne	50
Condamnation des émirs musulmans d'Espagne par les Fakihs	51
Les Almoravides détrônent les émirs andalous et restent seuls maîtres de l'Espagne musulmane	52
Mort du Hammadite En-Nacer. Règne d'El-Mansour	53
Luttes entre les Hammadites et les Almoravides soutenus par les Beni-Ouemannou	54
Youssof-ben-Tachefine Prince des Croyants	55

	Pages.
Campagne d'El-Mansour contre Tlemcen. Apogée de la puissance hammadite. Mort d'El-Mansour.	55
Mort de Youssof-ben-Tachefine. Son fils Ali lui succède.	56
Mort du Zîride Temîm. Règne de son fils Yahia.	57
Règne du Hammadite El-Aziz.	58
Guerres du Zîride Ali contre les rebelles de l'Ifrikiya, les Hammadites et les Normands.	59
Apogée de la puissance almoravide.	60
Situation des Arabes en Afrique au commencement du XIIᵉ siècle.	61
Les Normands en Sicile. Roger II.	62

Chapitre V. — *Renversement de la dynastie almoravide par la dynastie almohâde (1105-1147).* 65

Sommaire:

Commencements d'Ibn-Toumert le Mehdi. Son séjour en Orient.	65
Ibn-Toumert rentre en Afrique. Ses prédications à Tripoli, El-Mehdîa et Bougie.	66
Abd-el-Moumene va chercher Ibn-Toumert et le conduit en Mag'reb.	67
Ibn-Toumert arrive à Maroc et brave le khalife almoravide.	68
Ibn-Toumert se réfugie dans l'Atlas.	69
Ibn-Toumert organise les Almohâdes et prend le titre de Mehdi.	69
Le Mehdi à Tine-Mellel.	71
Le Mehdi entre en campagne. Sa défaite et sa mort.	72
Suite du règne d'Ali-ben-Youssof. Il partage l'Espagne en trois commandements.	73
Abd-el-Moumene, chef des Almohâdes. Ses succès.	74
Abd-el-Moumene entreprend sa grande campagne. Mort d'Ali-ben-Youssof. Tachefine lui succède.	75
Campagne d'Abd-el-Moumene dans le Rif et le Mag'reb central.	76
Succès d'Abd-el-Moumene auprès de Tlemcen.	78
Mort du khalife Tachefine à Oran.	78
Soumission de Tlemcen, de Fès, de Ceuta et de Salé à Abd-el-Moumene.	79
Siège de Maroc par Abd-el-Moumene.	81
Chute de Maroc et de la dynastie almoravide.	82
Appendice. Chronologie des souverains almoravides.	83

Chapitre VI. — *Empire almohâde. Chute des dynasties zîride et hammadite (1127-1157).* 84

Sommaire:

Roger II, roi de Sicile. Ses succès en Afrique.	84
Prise de Tripoli par les Siciliens.	85
L'amiral George s'empare d'El-Mehdîa. Chute de la dynastie zîride.	86
Le Zîride El-Hassan se réfugie chez le roi de Bougie.	88
Révoltes en Mag'reb. Abd-el-Moumene les dompte.	89
Événements d'Espagne de 1144 à 1150. Anarchie générale.	90
Expédition d'Abd-el-Moumene contre Bougie. Chute de la dynastie hammadite.	92

	Pages.
Défaite des Arabes à Sétif par les Almohâdes.	93
Prise de Bône par les Siciliens. Mort de Roger II. Son fils Guillaume I lui succède.	94
Abd-el-Moumene donne de grands commandements à ses fils.	95
Succès des Almohâdes en Espagne.	96
Anarchie en Ifrikiya. Abd-el-Moumene est appelé par les Musulmans.	96
Appendices : Chronologie des souverains zirides.	97
Chronologie des souverains hammadites.	98

CHAPITRE VII. — *Apogée de l'empire almohâde (1157-1184).* . . . 99

Sommaire :

Abd-el-Moumene entreprend la conquête de l'Ifrikiya. Marche de l'armée.	99
Prise de Tunis.	100
Siège d'El-Mehdïa.	101
Bataille navale. Défaite de la flotte sicilienne.	101
Chute d'El-Mehdïa. Toute l'Ifrikiya obéit aux Almohâdes.	102
Abd-el-Moumene dans le Mag'reb. Il dirige la guerre d'Espagne.	103
Mort d'Abd-el-Moumene.	104
Appréciation du caractère et des actes d'Abd-el-Moumene.	105
Avènement d'Abou-Yakoub-Youssof, fils d'Abd-el-Moumene.	106
Etat de l'Espagne. Succès des Almohâdes.	107
Fin du règne de Guillaume Ier de Sicile.	108
Yakoub, prince des Croyants.	108
Succès des Almohâdes en Espagne.	109
Saladin en Egypte. Chute des Fatemides.	110
Abou-Yakoub en Mag'reb. Suite de son règne.	110
Abou-Yakoub passe en Espagne. Siège et défaite de Santarem. Mort du khalife.	111

CHAPITRE VIII. — *Empire almohâde. Révolte des Ibn-R'anïa (1184-1210).* . . . 114

Sommaire :

Règne d'Abou-Youssof-Yakoub, dit El-Mansour.	114
Révolte d'Ali-ben-R'anïa.	115
Ibn-R'anïa s'empare de Bougie et dévaste le Mag'reb central.	115
Les Almohâdes reprennent le Mag'reb central à Ibn-R'anïa.	117
Ibn-R'anïa, allié à Karakoch, s'établit à Tripoli et proclame la restauration de l'empire almoravide.	117
Expédition d'Abou-Youssof en Ifrikiya ; il y rétablit son autorité.	119
Abou-Youssof transporte les tribus arabes en Mag'reb. Mort d'Ali-ben-R'anïa.	120
Relations des puissances chrétiennes avec le gouvernement almohâde.	121
Mort de Guillaume I de Sicile.	122
Guerre d'Espagne; ambassade de Saladin au khalife almohâde.	123
Yahïa-ben-R'anïa, chef de la révolte en Ifrikiya ; ses succès.	123
Abou-Youssof passe en Espagne ; victoire d'Alarcos.	124

Abou-Youssof-el-Mansour rentre en Mag'reb; sa mort.	126
Affaiblissement du royaume normand de Sicile.	127
Règne d'En-Nacer ; prise des Baléares par les Almohâdes.	128
Révolte d'Er-Reragui en Ifrikiya.	129
Succès de Yahïa-ben-R'anïa en Ifrikya.	129
Expédition d'En-Nacer en Ifrikiya ; il y rétablit son autorité.	130
Le Hafside Abou-Mohammed gouverneur de l'Ifrikiya. Ibn-R'anïa reparaît.	131
Succès du Hafside Abou-Mohammed en Ifrikya; il est maintenu à la tête de cette province.	132

Chapitre IX. — *Démembrement de l'empire almohâde (1210-1232).* 135

Sommaire :

En-Nacer porte la guerre en Espagne; long siège de Salvatierra.	135
L'armée chrétienne s'empare de Calatrava; les croisés se retirent.	136
Défaite des musulmans à Las Navas de Tolosa; ses conséquences.	137
Mort du khalife En-Nacer ; son fils El-Mostancer lui succède.	138
Les ennemis de l'empire almohâde : puissance des Abd-el-Ouad et Beni-Merine.	139
Succès des Beni-Merine dans le Mag'reb extrême.	140
Frédéric de Sicile empereur d'Allemagne.	141
Mort du Hafside Abou-Mohammed ; nouvelles incursions d'Ibn-R'anïa.	142
Mort d'El-Mostancer; court règne d'Abd-el-Ouahad-el-Makhlouâ.	143
Situation de l'Espagne.	144
Règne d'El-Adel ; il est mis à mort.	145
Dernières dévastations d'Ibn-R'anïa dans le Mag'reb central.	146
Règnes simultanés de Yahïa et d'El-Mamoun.	147
El-Mamoun obtient la soumission de l'Ifrikiya; il passe en Mag'reb.	148
Victoires d'El-Mamoun ; ses rigueurs contre les Almohâdes.	149
Révolte de Tlemcen ; El-Mamoun confie cette ville aux Abd-el-Ouâd.	150
Abou-Zakaria, le Hafside, répudie à Tunis l'autorité d'El-Mamoun.	150
Nouvelles révoltes contre El-Mamoun ; sa mort.	151
Les chrétiens en Mag'reb sous les Almohâdes.	151

Chapitre X. — *Derniers jours de l'empire almohâde (1232-1248).* 153

Sommaire :

Règne d'Er-Rachid; il rentre en possession de Maroc. Révoltes.	153
Mort d'Ibn-R'anïa; conquêtes d'Abou-Zakaria le Hafside.	155
Succès d'Er-Rachid. Mort de Yahïa.	155
Puissance des Abd-el-Ouadites. Yar'moracène-ben-Ziane devient leur chef.	156
Puissance des Merinides.	157
Prise de Cordoue par Ferdinand III; mort d'Ibn-Houd. Fondation du royaume de Grenade.	158

	Pages.
Puissance du Hafside Abou-Zakaria. Il reçoit la soumission de l'Espagne orientale.	159
Tlemcen s'élève au rang de métropole.	160
Expédition d'Abou-Zakaria contre Tlemcen. Yar'moracène reconnaît son autorité.	160
Mort d'Er-Rachid. Règne d'Es-Saïd.	162
Luttes d'Es-Saïd contre les révoltes.	163
Es-Saïd entreprend la restauration de l'empire almohâde.	164
Es-Saïd obtient la soumission de Meknès et des Beni-Merine.	164
Es-Saïd marche sur Tlemcen. Il est tué.	165
L'armée almohâde se débande. Succès d'Abou-Yahya, chef des Beni-Merine.	166
Espagne. Succès des rois de Castille et d'Aragon. Chute de Séville. Consolidation du royaume de Grenade.	167
Sicile. Alliance de Frédéric II avec les princes africains.	168

Chapitre XI. — *Chute de l'empire almohâde. Dynasties hafside, zeyanite et merinide (1248-1269).* 171

Sommaire :

Règne de l'Almohâde El-Morteda ; les Merinides s'établissent à Fès.	171
Mort du Hafside Abou-Zakaria ; règne d'El-Mostancer.	172
Yar'moracène est défait par les Merinides à Isli.	173
Campagne des Abd-el-Ouadites dans le Mag'reb central ; El-Mostancer écrase la révolte de son frère.	173
Succès des Beni-Merine contre les Almohâdes et les Abd-el-Ouadites.	174
El-Mostancer reçoit du Chérif de la Mekke le titre de khalife...	175
Abou-Youssof-Yakoub, chef des Merinides, repousse l'invasion abd-el-ouadite et établit solidement son autorité.	176
Luttes d'El-Morteda contre Ibn-Yedder et contre les Merinides ; il traite avec ces derniers.	178
Guerres dans le Mag'reb central ; extension de la puissance abd-el-ouadite.	179
Abou-Debbous, soutenu par les Merinides, s'empare de Maroc ; fuite et mort d'El-Morteda.	180
Règne d'Abou-Debbous ; il réduit le rebelle Ibn-Yedder.	182
Révolte des Daouaouïda ; ils sont châtiés par El-Mostancer.	182
Attaque de Maroc par les Merinides. Diversion des Abd-el-Ouadites, leur défaite à Telar'.	184
Défaite et mort d'Abou-Debbous ; prise de Maroc par les Merinides ; chute de la dynastie almohâde.	185

Appendice I. — Chronologie des khalifes almohâdes. 187

Appendice II. — Etat de l'Afrique septentrionale à la chute de la dynastie almohâde. Situation des tribus berbères et arabes. 188
    Dynasties. 188

    Race berbère. 189
    Tripolitaine. 189
    Tunisie et Djerid. 189

TABLE DES MATIÈRES

Pages.
Province de Constantine. 189
Mag'reb extrême. 189
Grand désert. 190
Tribus arabes. 190

Chapitre XII. — *Dynasties hafside, zéyanite et merinide; croisade de saint Louis contre Tunis* (1269-1277). 193

    Sommaire :

Evénements d'Espagne. 193
Sicile : chute des descendants de Frédéric II ; Charles d'Anjou,
    roi des Deux-Siciles. 194
Expédition de saint Louis contre Tunis ; motifs qui l'ont déterminée. 196
Débarquement des Croisés, ils se retranchent à Karthage. . . 198
Inaction des Croisés ; mort de saint Louis. 199
El-Mostancer traite avec les Croisés qui se retirent. Destruction
    de Karthage. 200
Le sultan merinide asseoit son autorité et écrase les révoltes ;
    les Volontaires de la foi. 201
Abou-Youssof marche contre les Abd-el-Ouadites, les défait à
    Isli et arrive sous les murs de Tlemcen. 202
Abou-Youssof réduit successivement Tanger, Ceuta et Sidjilmassa 204
Expéditions des Abd-el-Ouadites et des Hafsides dans le Mag'reb
    central. 205
Evénements d'Espagne ; le prince de Grenade appelle les Musulmans. 206
Abou-Youssof passe en Espagne ; succès des Musulmans. . . 207
Abou-Youssof rentre en Mag'reb ; apogée de sa puissance. . . 208
Mort du hafside El-Mostancer ; son fils El-Ouathek lui succède. 209
Relations commerciales des puissances chrétiennes en Afrique au
    XIIIe siècle. Politique des nouvelles dynasties à leur égard. . 210

Chapitre XIII. — *Dynasties hafside, zeyanite et merinide* (suite)
(1277-1289). 212

    Sommaire :

Nouvelle campagne du sultan merinide en Espagne. 212
Intrigues du roi de Grenade. Siège d'Algésiras par les chrétiens. Le prince Abou-Yakoub débloque cette place. . . . 213
Le Hafside Abou-Ishak est reconnu khalife par les Bougiotes ;
    El-Ouathek-el-Makhloua abdique en sa faveur. 214
Abou-Youssof marche contre les Abd-el-Ouadites, les défait et
    assiège inutilement Tlemcen. 216
Règne du Hafside Abou-Ishak I ; révolte d'Ibn-Ouézir à Constantine ; il appelle le roi d'Aragon ; sa mort. 217
Expédition de Pierre III à Collo ; il s'empare de la Sicile. . . 219
Révolte d'Ibn-Abou-Amara en Ifrikiya ; ses succès ; il se fait proclamer à Tunis après la fuite d'Abou-Ishak I. 220
Abou-Farès, fils d'Abou-Ishak, est défait et tué par Ibn-Abou-Amara. 222

Mort de Yar'moracène-ben-Zeyane ; son fils Othmane I lui succède.. 223
Alphonse X appelle Abou-Youssof en Espagne. Campagnes dans la Péninsule ; mort d'Alphonse X. 224
Abou-Hafs renverse l'usurpateur Ibn-Abou-Amara et monte sur le trône de Tunis. 226
Le prétendant hafside Abou-Zakaria s'empare de Constantine, de Bougie et d'Alger. 227
Expéditions merinides en Espagne ; conclusion de la paix entre Abou-Youssof et Sancho IV. Mort d'Abou-Youssof-Yakoub ; règne de son fils Abou-Yakoub-Youssof. 228
Puissance des Toudjine dans le Mag'reb central ; Othmane, fils de Yar'moracène marche contre eux. . . . 230
Abou-Zakaria marche sur Tunis ; une diversion d'Othmane le force à rentrer à Bougie. 230
Abou-Yakoub-Youssof rentre en Mag'reb et rétablit la paix. . . 231
Othmane dompte les Beni-Toudjine et écrase leur puissance. . 232
Expéditions espagnoles en Afrique. 232

Chapitre XIV. — *Dynasties hafside, zeyanite et merinide* (suite). *Grand siège de Tlemcen* (1289-1308). 235

Sommaire :

Rupture entre les Merinides et les Abd-el-Ouadites. Abou-Yakoub envahit le Mag'reb central. 235
Espagne : prise de Tarifa par Sancho. Perte des possessions merinides. 236
Mort du Hafside Abou-Hafs. Mohammed-Abou-Acida le remplace à Tunis. 237
Othmane I châtie les Mag'raoua. Les Merinides font des expéditions sur le territoire zeyanite. 238
Othmane I châtie les Toudjine. Le sultan merinide commence le siège de Tlemcen. 239
Lutte entre les princes hafsides ; campagnes des Merinides dans le Mag'reb central et jusqu'à Bougie. . . 240
Grand siège de Tlemcen ; mort d'Othmane I ; son fils Abou-Zeyane lui succède. 242
Rupture entre le roi de Grenade et le sultan merinide. Le prétendant Othmane soulève les R'omara. . . . 243
Tlemcen est réduit à la dernière extrémité. 244
Mort du sultan Abou-Yakoub. Abou-Thabet monte sur le trône merinide. Levée du siège de Tlemcen. . . 245
Rupture entre les rois hafsides. Révolte de Constantine. Révolte de Saâda dans le Hodna. 247
Révolte d'Alger. Conclusion de la paix entre les rois hafsides. Révoltes des tribus soleïmides en Ifrikiya. . 248
Abou-Zeyane I soumet le Mag'reb central ; sa mort. . . 249
Le sultan merinide Abou-Thabet réduit les rebelles du sud et châtie les Arabes. 250
Campagne d'Abou-Thabet contre les rebelles du Rif ; sa mort. Il est remplacé par son frère Abou-Rebîa. . . . 251

CHAPITRE XV. — *Dynasties hafside, zeyanite et merinide* (suite). *Prépondérance merinide* (1308-1320). . . . , ... 253

Sommaire :

Règne d'Abou-Hammou I, émir zeyanite 253
Abou-Rebia rentre en possession de Ceuta et envoie des secours en Espagne. 254
Abou-Rebia écrase la révolte d'Abd-el-Hak ; sa mort. Abou-Saïd-Othmane le remplace. 255
Mort d'Abou-Acida. Abou-l'Baka, seul khalife hafside. . . . 256
Révolte d'Abou-Yahia à Constantine. Il s'empare de Bougie. Abou-Yahia-el-Lihyani renverse Abou-l'Baka et monte sur le trône de Tunis. 257
Abou-Hammou I étend son autorité sur le Mag'reb central jusqu'à Dellis. 259
Les Zeyanites font une expédition infructueuse contre Bougie. 259
Expédition du sultan Abou-Saïd contre Tlemcen. 260
Révolte d'Abou-Ali contre le sultan merinide, son père ; il s'établit à Sidjilmassa et Abou-Saïd rentre en possession de Fès. 261
Expédition des Abd-el-Ouadites contre Bougie. Révolte de Mohammed-ben-Youssof. 262
Le Hafside Abou-Yahia-Abou-Beker marche sur Tunis. Fuite d'El-Lihyani. Abou-Dorba se fait proclamer khalife. . . . 263
Abou-Yahia-Abou-Beker s'empare de Tunis, défait Abou-Dorba et reste seul maître de l'Ifrikiya. 264
Assassinat d'Abou-Hammou I à Tlemcen ; son fils Abou-Tachefine lui succède. 266
Abou-Tachefine met à mort le rebelle Ben-Youssof, châtie ses adhérents et s'avance jusqu'à Bougie. 267
Mort d'Ibn-R'amer ; Abou-Yahia, seul maître de l'empire hafside. 268
Espagne : luttes entre le roi de Castille et celui de Grenade. Mort de Ferdinand IV. Minorité de son fils. 268

CHAPITRE XVI. — *Dynasties hafside, zeyanite et merinide* (suite). *Prépondérance merinide*. (1320-1342).

Sommaire :

Nouvelle révolte d'Abou-Ali contre le sultan merinide. . . . 270
Révoltes de Ben-Abou-Amrane et des Kaoub contre Abou-Yahia. 271
Les Abd-el-Ouadites, soutenant Abou-Dorba, viennent attaquer Abou-Yahia ; ils sont défaits. 273
Nouvelle défaite des Arabes ; ils appellent les Abd-el-Ouadites et s'emparent de Tunis ; Abou-Yahia rentre en possession de cette ville. 274
Nouvelles campagnes des Abd-el-Ouadites contre les Hafsides. Abou-Yahia, vaincu, se réfugie à Bougie. 275
Diversion des Merinides. Abou-Yahia rentre en possession de Tunis. 276
Mort du sultan merinide Abou-Saïd ; avènement de son fils Abou-l'Hacen. 277

	Pages.
Les Hafsides, alliés aux Merinides, expulsent les Zeyanites de la vallée de Bougie.	278
Révolte d'Abou-Ali à Sidjilmassa; il est vaincu et mis à mort par Abou-l'Hacen.	278
Evénements d'Espagne; le roi de Grenade obtient l'intervention des Merinides.	279
Siège de Tlemcen par Abou-l'Hacen; conquêtes des Merinides dans le Mag'reb central.	280
Prise de Tlemcen par les Merinides, mort d'Abou-Tachefine.	281
Le sultan Abou-l'Hacen, seul maître du Mag'reb central.	282
Le Hafside Abou-Yahia rétablit son autorité en Ifrikiya.	283
Le sultan Abou-l'Hacen passe en Espagne; siège de Tarifa. Défaite des Musulmans à Rio-Salado. Abou-l'Hacen rentre en Mag'reb.	284

Chapitre XVII. — *Dynasties hafside, zeyanite et merinide* (suite). *Prépondérance merinide* (1342-1352) 287

Sommaire :

Prépondérance des Merinides.	287
Le Hafside Abou-Yahia rétablit son autorité sur les régions du sud.	288
Nouveau mariage d'Abou-l'Hacen avec une princesse hafside; mort du khalife Abou-Yahia.	289
Usurpation d'Abou-Hafs; il fait périr ses frères.	290
Le sultan Abou-l'Hacen marche sur l'Ifrikiya et s'empare de Bougie et de Constantine.	291
Abou-Hafs est mis à mort. Abou-l'Hacen entre à Tunis et toute l'Afrique septentrionale se trouve soumise à son autorité.	292
Excès des Arabes en Tunisie.	293
Défaite d'Abou-l'Hacen à Kaïrouan par les Arabes.	293
Siège de Tunis par le prétendant. Les Abd-el-Ouadites et Mag'raoua élisent des chefs et se retirent.	294
Abou-l'Hacen rentre en possession de Tunis. El-Fadel, proclamé khalife à Bône, s'empare de la province de Constantine.	295
Abou-Eïnane se fait reconnaître sultan à Tlemcen et prend possession du Mag'reb extrême.	296
Abou-Saïd-Othmane s'empare de Tlemcen et rétablit l'empire zeyanite.	297
Alliance d'Abou-Saïd avec Abou-Eïnane. Les princes hafsides s'emparent de Bougie et de Constantine.	299
En-Nacer, fils d'Abou-l'Hacen, marche à la tête des Arabes contre Tlemcen. Il est défait par Abou-Thabet.	299
Abou-l'Hacen s'embarque pour le Mag'reb. El-Fadel relève, à Tunis, le trône hafside.	300
Abou-l'Hacen échappé au naufrage, se réfugie à Alger où il réunit de nouveaux adhérents. Mort d'Alphonse XIII.	301
Abou-l'Hacen marche contre les Abd-el-Ouadites; il est défait par Abou-Thabet.	302
Le Hafside El-Fadel est déposé et remplacé par Abou-Ishak II.	303
Abou-l'Hacen s'empare de Sidjilmassa, puis de Maroc. Abou-Eïnane le défait. Abdication et mort d'Abou-l'Hacen.	304

	Pages.
Abou-Thabet rétablit l'autorité zeyanite dans le Mag'reb central et écrase les Mag'raoua.	305
Le Hafside Abou-Zeïd, appuyé par les populations du sud, cherche à s'emparer de Tunis.	306

Chapitre XVIII. — *Dynasties hafside, zeyanite et merinide* (suite). *Prépondérance merinide* (1652-1360). 308

Sommaire :

Abou-Eïnane marche sur Tlemcen et défait les Abd-el-Ouadites à Angad.	308
Abou-Eïnane renverse la dynastie zeyanite. Mort d'Abou-Saïd.	309
Abou-Eïnane prend possession de Bougie.	310
Révolte à Bougie. Ibn-Abou-Amer en reçoit le commandement.	311
Guerre entre Ibn-Abou-Amer et le Hafside Abou-Zeïd de Constantine.	311
Guerres en Ifrikiya ; prise et pillage de Tripoli par les Génois.	312
Le Hafside Abou-l'Abbas usurpe l'autorité à Constantine ; ses luttes contre les Merinides.	313
Abou-Eïnane s'empare de Constantine, de Bône et de Tunis.	315
Révolte des Daouaouïda. Abou-Eïnane marche contre la Tunisie et est abandonné par son armée.	316
Abou-Ishak II rentre en possession de Tunis.	317
Expédition merinide dans le Zab et dans le désert.	317
Mort d'Abou-Eïnane ; avènement de son fils Es-Saïd.	318
Abou-Hammou II, soutenu par les Arabes, s'empare de Tlemcen et relève le trône zeyanite.	319
Mesures prises par le régent merinide Ibn-Hacen. Il rentre en possession de Tlemcen.	320
Révolte du prétendant El-Mansour. Il vient assiéger Fès.	321
Abou-Salem, frère d'Abou-Eïnane, débarque en Mag'reb et dispute le pouvoir à El-Mansour.	322
Abou-Salem monte sur le trône de Fès et fait mourir les princes merinides.	323
L'influence merinide diminue dans l'Est. Abou-Hammou consolide son pouvoir.	324
Espagne : règne de Pierre le Cruel. Etat du royaume de Grenade.	324

Chapitre XIX. — *Dynasties hafside, zeyanite et merinide* (suite). (1360-1370). 326

Sommaire :

Abou-Salem s'empare de Tlemcen. Abou-Hammou II y rentre en maître et soumet le Mag'reb central.	326
Abou-l'Abbas rentre en possession de Constantine. Abou-Abd-Allah assiège Bougie.	327
Révolte contre Abou-Salem ; il est contraint de fuir et est mis à mort.	328
Anarchie en Mag'reb. Abd-el-Halim, nouveau prétendant, essaye de s'emparer du pouvoir.	329

Abd-el-Halim reste maître de Sidjilmassa et Abou-Zeyane de Fès.	330
Abd-el-Halim est remplacé par son frère Abd-el-Moumene; la révolte est écrasée.	331
Abou-Hammou II repousse les tentatives du prétendant Abou-Zeyane.	332
Règnes simultanés d'Abou-Ishak II à Tunis, d'Abou-l'Abbas à Constantine et d'Abou-Abd-Allah à Bougie.	333
Défaite et mort d'Abou-Abd-Allah. Abou-l'Abbas s'empare de Bougie.	334
Campagne d'Abou-Hammou II contre Bougie. Il est entièrement défait. Abou-Zeyane s'empare de l'est du Mag'reb central.	335
Assassinat du sultan Abou-Zeyane par le vizir Omar. Règne d'Abd-el-Aziz; Omar est mis à mort.	336
Campagnes d'Abou-Hammou II dans le Mag'reb central.	338
Révolte d'Abou-l'Fadel à Maroc. Abd-el-Aziz le met à mort.	338
Luttes d'Abou-Hammou II contre le prétendant Abou-Zeyane.	339
Chute d'Amer, chef des Hentata; pacification du Mag'reb par Abd-el-Aziz.	340
Mort du Hafside Abou-Ishak II. Règne de son fils Abou-l'Baka. Abou-l'Abbas s'empare de Tunis et reste seul maître de l'empire hafside.	341
Evénements d'Espagne; mort de Pierre le Cruel; règne d'Enrique II.	342

CHAPITRE XX. — *Dynasties hafside, zeyanite et merinide* (suite). (1370-1384). 344

Sommaire :

Abd-el-Aziz marche sur Tlemcen, qui est abandonné par Abou-Hammou II.	344
Abou-Hammou est rejeté dans l'extrême sud. Les Merinides étendent leur autorité sur le Mag'reb central.	345
Révoltes contre les Merinides dans le Magr'reb central.	346
Pacification du Mag'reb central par Ibn-R'azi.	346
Mort d'Abd-el-Aziz. Es-Saïd II lui succède.	347
Abou-Hammou II rentre en possession de Tlemcen et relève, pour la troisième fois, le trône abd-el-ouadite.	348
Abou-Hammou II traite avec Abou-Zeyane et rétablit son autorité dans le Mag'reb central.	349
Rupture entre la cour de Fès et le roi de Grenade. Celui-ci suscite deux prétendants : Abd-er-Rahmane et Abou-l'Abbas.	349
Abou-l'Abbas renverse Es-Saïd et s'empare du trône de Fès. Abd-er-Rahmane règne, indépendant, à Maroc.	350
Le Hafside Abou-l'Abbas réduit l'influence des Arabes et assoit son autorité.	352
Luttes d'Abou-Hammou contre les Zor'ba dans le Mag'reb central.	353
Abou-Hammou réduit les Thâaleba et étend son autorité sur Alger.	353
Le sultan merinide écrase la révolte d'Ibn-R'azi.	355

TABLE DES MATIÈRES

Pages.

Le Hafside Abou-l'Abbas réduit à la soumission les principicules du Djerid.................................. 355
Guerre entre les sultans merinides Abd-er-Rahman et Abou-l'Abbas. Siège de Maroc par ce dernier.............. 357
Abou-Hammou II envahit le territoire merinide et met le siège devant Taza.................................. 358
Abou-l'Abbas s'empare de Maroc et met à mort Abd-er-Rahman. 359
Abou-l'Abbas prend et pille Tlemcen qu'Abou-Hammou lui abandonne...................................... 359

Chapitre XXI. — *Dynasties hafside, zeyanite et merinide* (suite). (1384-1394)........................ 361

Sommaire :

Le roi de Grenade suscite le prétendant Mouça qui s'empare de Fès.. 361
Abou-l'Abbas est envoyé en Espagne et Mouça reste maître de l'empire merinide................................ 362
Abou-Hammou II rentre, pour la quatrième fois, en possession de Tlemcen................................... 363
Mort du sultan merinide Mouça. Avènement d'El-Ouathek... 364
Succès du hafside Abou-l'Abbas dans le sud. Son expédition à Biskra................................... 365
Abou-Tachefine emprisonne son père Abou-Hammou II et monte sur le trône zeyanite. Abou-Hammou part pour l'Orient... 366
Rupture entre Ibn-Maçaï et le roi de Grenade. Celui-ci lance en Mag'reb l'ancien sultan Abou-l'Abbas................ 367
Abou-l'Abbas remonte sur le trône merinide et fait périr El-Ouathek et Ibn-Maçaï........................... 368
Abou-Hammou II rentre en possession de Tlemcen pour la cinquième fois. Fuite d'Abou-Tachefine............ 369
Abou-Tachefine, soutenu par les Merinides, marche sur Tlemcen. Défaite et mort d'Abou-Hammou II. Abou-Tachefine II règne comme vassal des Merinides........... 370
Luttes d'Abou-l'Abbas le Hafside contre les Arabes Daouaoulda. 372
Expéditions des flottes chrétiennes combinées contre les Îles et El-Mehdïa........................... 373
Révolte dans le Djerid................................... 374
Mort du Hafside Abou-l'Abbas. Son fils Abou-Farès-Azzouz lui succède..................................... 375
Mort d'Abou-Tachefine II. Les Merinides marchent sur Tlemcen. Mort du sultan Abou-l'Abbas. Règne de son fils Abou-Farès. Règne d'Abou-Zeyane à Tlemcen................... 376
Evénements d'Espagne ; mort de Mohammed V ben-L'Ahmar.. 377

Chapitre XXII. — *Etat de l'Afrique septentrionale à la fin du XIVe siècle. Situation des tribus*................ 379

Sommaire :

Prépondérance acquise par les Arabes au détriment des populations berbères. Droits qu'ils se sont arrogés......... 379

Les excès des Arabes les font mettre hors la loi. Tribus arabes dominant dans les principales villes du Tel. 380
Transformation des tribus berbères arabisées par le contact. Influence des marabouts de l'Ouest. 381
Relations commerciales des puissances chrétiennes en Afrique pendant le xive siècle. 383
Importations. — Exportations. 384
Organisation de la course dans les villes barbaresques. . . . 385
Ethnographie de chaque province. 386
Barka et Tripolitaine. 386
Tunisie. 387
Province de Constantine. 387
Mag'reb central. 388
Mag'reb extrême. 389

CHAPITRE XXIII. — *Dynasties hafside, zeyanite et merinide* (suite). *Prépondérance hafside (1394-1458).* 390

Sommaire :

Puissance du sultan merinide. Il fait empoisonner le roi de Grenade Youssof II. 390
Les fils d'Abou-Hammou se succèdent sur le trône de Tlemcen. 391
Prépondérance de l'empire hafside sous le khalife Abou-Farès. 392
Espagne. Prise de Tétouane par les Castillans. Guerre avec l'émirat de Grenade. 393
Les Portugais s'emparent de Ceuta. Luttes entre les princes merinides. 394
Règne d'Abou-Malek à Tlemcen. Ses succès contre les Merinides. 395
Usurpation du trône de Tlemcen par Mohammed, fils d'Abou-Tachefine II, appuyé par les Hafsides. 396
Abou-Malek, appuyé par les Hafsides, reprend le pouvoir. Il est, de nouveau, renversé par Mohammed, qui le met à mort. . 397
Le khalife Abou-Farès s'empare de Tlemcen et étend sa suprématie sur toute l'Afrique septentrionale. Règne d'Abou-l'Abbas à Tlemcen. 397
Mort du khalife Abou-Farès. Règnes de Moulaï-Abd-Allah et de son frère Abou-Omar-Othmane à Tunis. 398
Révoltes contre Abou-l'Abbas à Tlemcen. Abou-Zeyane forme une principauté indépendante à Alger; puis, son fils El-Metaoukkel à Tenès. 399
Expédition des Portugais contre Tanger. Elle se termine par un désastre. 400
Espagne : Luttes entre la Castille, l'Aragon, la Navarre et l'émirat de Grenade. Longs règnes de Juan II de Castille et d'Alphonse V d'Aragon. 401
Fondation de l'empire turc d'Europe. 403

CHAPITRE XXIV. — *Chute du royaume de Grenade. Conquêtes espagnoles et portugaises en Afrique (1458-1515).* 405

TABLE DES MATIÈRES

Sommaire :   Pages.

Expédition des Portugais en Afrique. Ils s'emparent successive-
  ment d'El-Kçar-er-Sr'eïr, Anfa, Asila, Tanger.   405
Règne d'El-Motaoukkel à Tlemcen.   407
Fin du règne d'Abou-Omar à Tunis. Son petit-fils Abou-Zakaria,
  puis Abou-Abd-Allah-Mohammed lui succèdent.   408
Espagne : Fin du règne d'Enrique. Règne de Ferdinand et Isa-
  belle réunissant la Castille et l'Aragon.   408
Conquête du royaume de Grenade par Ferdinand et Isabelle.
  Campagnes préliminaires.   410
Succès constants des chrétiens. Guerre civile à Grenade. Prise
  de Velez et de Malaga par les rois catholiques.   411
Mohammed traite avec les rois catholiques. Ceux-ci s'emparent
  de Grenade. Chute du royaume musulman d'Espagne. . . .   412
Expulsion des Juifs d'Espagne.   414
Révolte des Maures de Grenade. Ils sont contraints d'abjurer
  ou d'émigrer.   415
Campagnes des Portugais dans le Mag'reb ; prise de Melila par
  les Espagnols.   417
Relations commerciales des chrétiens avec la Berbérie, pendant
  le XVᵉ siècle. Modifications et décadence.   418
Prise de Mers-el-Kebir par les Espagnols.   419
Les Espagnols à Mers-el-Kebir ; luttes avec les indigènes. . .   421
Prise d'Oran par les Espagnols.   422
Prise de Bougie par les Espagnols.   423
Soumission d'Alger, de Dellis, de Tenès, de Tlemcen aux Espa-
  gnols. Navarro s'empare de Tripoli.   425
Puissance des corsaires Barberousse ; ils attaquent Bougie et
  s'emparent de Djidjeli.   426
Conquêtes des Portugais dans le Mag'reb extrême.   428

INDEX DES NOMS PROPRES

SE TROUVANT DANS CE VOLUME

A

Abbad (beni). 5, 28 et s.
Abbad (El-Motadhed). 5 (voir à ce mot).
Abbad, fils d'El-Motamed. 43.
Abbas (el), prince hafside de Constantine, 426.
Abbas (el) ben-Omar, général merinide. 291.
Abbassides (dynastie des). 110, 130, 176.
Abbou, le hafside (Abou-Mohammed). 145, 147 et s.
Abd-Allah (affranchi hafs.). 274.
Abd-Allah (beni), tribu arabe. 11.
Abd-Allah, cheïkh des Amer. 353.
Abd-Allah (de Grenade). 47, 51 à 53.
Abd-Allah (El-Mostancer I), fils d'Abou-Zakaria le hafs. 172 et s., 176 et s., 179 et s., 182, 194 et s., 199 et s., 205.
Abd-Allah, fils d'Abd-el-Moumene. 92.
Abd-Allah, fils d'Abou-Saïd, sultan merin. 395.
Abd-Allah, fils de Ben-Tafraguine. 334, 336, 341.
Abd-Allah, fils d'El-Mansour le hammadite. 55.
Abd-Allah, fils d'Es-Saïd, khalife almoh. 166 et s.
Abd-Allah, fils du hafside Abou-Hafs. 236 et s.
Abd-Allah, fils du ziride El-Moazz. 4.
Abd-Allah (Moulaï), prince hafs. de Bougie. 427.

Abd-Allah, petit-fils d'Abd-el-Hak, le merinide. 201.
Abd-Allah, sultan merin. 400.
Abd-Allah-ben-Abou-Beker, général almohâde. 82.
Abd-Allah-ben-er-Rend. 20.
Abd-Allah-ben-Meggou (voir Ibn-Yacine).
Abd-Allah-ben-R'ania. 115, 119, 128.
Abd-Allah-ben-Saïd, officier merin. 314.
Abd-el-Aziz, fils d'Abou-l'Hacen, sultan merinide. 337 et s., 340 et s., 344, 346, 347.
Abd-el-Aziz, l'omeïade. 6 et s., 28 et s.
Abd-el-Aziz, prince hafside de Constantine et de Bougie. 424 et s., 427.
Abd-el-Hakk-ben-Khoraçane. 28.
Abd-el-Hakk-ben-Mahiou (merinide). 140.
Abd-el-Hakk-ben-Menar'fad. 80.
Abd-el-Hakk-ben-Othmane, prince merin. 250, 254.
Abd-el-Halim, prince mer. 330 et s.
Abd-el-Kaoui, chef des Toudjine. 155, 173, 241, 297.
Abd-el-Malek-ben-Hanina, génér. zeyanite. 204.
Abd-el-Malek-ben-Mekki, 220 et suiv.
Abd-el-Melek-el-Modaffer. 28, 34.
Abd-el-Moumene-ben-Ali-el-Koumi, khalife almohâde. 67 et s., 74 et s., 78 et s., 88 et s., 91 et s., 95, 97 et s., 104, 105 et s., 110 et s., 121, 187.

Abd-el-Moumene, prince mer. 331 et s., 336 à 338.
Abd-el-Ouad (tribu berbère). 3, 62, 77, 80, 99, 116, 125, 132, 140, 150 et s., 172 et s., 388.
Abd-el-Ouadites (dynastie des). 156 et s., 160 et s., 179 et s., 181 et s., 188 et s., 201 et s., 206, 213 et s., 219 et s., 234 et s., 237 et s., 245 et s., 252 et s., 256 et s., 273 et s., 281 et s., 293 et s., 301 et s., 318 et s., 333 et s., 344 et s., 359 et s., 427.
Abd-el-Ouahad, fils d'Abou-Debbous. 186.
Abd-el-Ouahad-ben-el-Lihyani. 278, 292.
Abd-el-Ouahad-ben-Mekki. 372 et s.
Abd-el-Ouahad-el-Makhlouâ, khalife almoh. 143, 187.
Abd-el-Ouahad-er-Rachid, khal. alm. 153 et s., 155 et s., 158 à 162, 187.
Abd-en-Nour (tribu berb. arabisée). 382, 387.
Abdoun, vizir abd-el-ouadite. 165.
Abd-er-Rahmane-ben-Ifelloucene, sultan merinide. 359 et s., 355 et suiv.
Abd-er-Rahmane, émir zeyanite. 302.
Abd-er-Rahmane, fils du merin. Abou-Einane. 320.
Abd-er-Rahmane, fils d'Abou-Mohammed le hafs. 142.
Abd-er-Rahmane, prince mer. de Sidjilmassa. 332, 357 et s., 359.
Abd-es-Selam (tribu ar.). 11.
Abou-Abd-Allah, émir zeyanite. 301.
Abou-Abd-Allah, fils d'Abou-l'Abbas, prince hafs. 352, 365.
Abou-Abd-Allah, fils d'Abou-Zakaria, pr. hafside. 288.
Abou-Abd-Allah dit En-Nacer, khal. alm. 126 et s., 130 et s., 134 et s., 139, 187.
Abou-Abd-Allah-Mohammed dit Abou-Acida (voir Abou-Acida).
Abou-Abd-Allah-Mohammed, émir zeyan. 421 et s.
Abou-Abd-Allah-Mohammed dit El-Metaoukkel, émir zey., 396 et s., 400, 407.
Abou-Abd-Allah-Mohammed, fils d'Abd-el-Moumene. 95, 104.

Abou-Abd-Allah-Mohammed, khal. hafs. 408.
Abou-Abd-Allah-ben-l'Ahmar (de Grenade). 141.
Abou-Abd-Allah-ben-l'Ahmar (Bonbdil). 410 et s., 413 et s.
Abou-Abd-Allah-ben-Merzoug, marabout merinide. 328 et s.
Abou-Abd-Allah (de Bougie), prince hafside. 268, 290 et s., 298 et s., 310, 327 et s., 333 et s. à 335.
Abou-Abd-Allah (Moulaï), khal. hafs. 398, 399.
Abou-Abd-Allah, vizir hafs. 248.
Abou-Abd-er-Rahmane, fils du sult. Abou-l'Hacen I (v. Abou-Zeïd). 281 à 283.
Abou-Acida (Abou-Abd-Allah-Mohammed), khal. hafs. 237 et s., 246 et s., 255.
Abou-Ali-el-Hassan, prince almoh. 109.
Abou-Ali-el-Miliani. 179, 207 et s.
Abou-Ali, prince merinide. 259 et s., 270 et s., 287 et s., 332.
Abou-Amer, fils d'Abou-Yakoub, prince mer. 334 et s., 345.
Abou-Amer-Ibrahim (Berhoum), pr. zey. 219 et s.
Abou-Amrane-el-Fassi. 33.
Abou-Amrane, fils d'Abd-el-Moumene. 107, 132.
Abou-Amrane, gén. alm. 91.
Abou-Amrane-Moussa (compagn. du Mehdi). 70.
Abou-Amrane-Moussa, prince hafs. 145.
Abou-Beker-ben-Malek, cheïkh des Souéïd, 340, 344 et s., 353 et s., 355.
Abou-Beker-ben-Moussa, dit Ibn-Ouézir. 216 et s.
Abou-Beker-ben-Omar, le lemt. 25 et s., 32 et s., 70, 83.
Abou-Beker-ben-R'azi, gén. mer. 345 et s., 350 et s., 355.
Abou-Beker-ben-Yemloul, de Gafsa. 228.
Abou-Beker, dit Ech-Chehid, prince hafs. 255.
Abou-Beker-el-Messoufi, général almoh. 71.

INDEX DES NOMS PROPRES

Abou-Beker, prince hafs. 350.
Abou-Beker, prince hafs. de Constantine. 424, 427.
Abou-Debbous (voir Abou-l'Ola).
Abou-Djâfer-el-Kaïm, khalife abbass. 45.
Abou-Dorba (voir Mohammed-Abou-Dorba).
Abou-Eïnane, sult. mer. 290 et s., 295 et s., 298 et s., 303 et s., 307 et s., 310 et s., 314 et s., 316 et s., 319, 322, 328, 383.
Abou-el-Achaïr, prin. mer. 358.
Abou-el-Hassen, fils d'Abd-el-Moumene, 89, 107 et s., 129.
Abou-el-Leïl (ou Belîl), tribu ar. 14, 225, 291, 314, 356.
Abou-el-Ola-Edris, prince alm. 128, 142, 154.
Abou-el-Ola-el-Mamoun, khal. alm. 145, 147, 187.
Abou-Farès-Azzouz, khal. hafs. 375 et s., 392 et s., 396 et s., 398.
Abou-Farès (El-Motamed-Ala-Allah), khal. hafs. 216, 221, 222.
Abou-Farès, fils d'Abou-Youssof, le merinide. 202 et s.
Abou-Farès, fils du hafside Abou-Zakaria. 289 et s.
Abou-Farès, sult. mer. 368, 370, 376, 377, 390 à 394.
Abou-Ferès (des Guezoula). 130.
Abou-Hadid, fils d'Abou-Yahïa le mer. 175.
Abou-Hafs (El-Mostancer-l'Illah), khal. hafs. 179, 214 et s., 221 et s., 225 et s., 230, 236, 237.
Abou-Hafs, fils d'Abd-el-Moumene. 95, 107, 108, 111.
Abou-Hafs-Omar, cheïkh des Masmouda. 60 et s., 75 et s., 78, 81, 95, 99, 104, 106, 108, 110.
Abou-Hafs-Omar, fils du hafside Abou-Zakaria. 288, 289, 291.
Abou-Hafs-Omar, fils de Yar'moracene. 185.
Abou-Hafs-Omar le Berg'ouati. 26.
Abou-Hammou-Moussa I, émir zey. 242 et s., 249, 257 et s., 265, 266.
Abou-Hammou II, émir zey. 310, 319 et s., 324, 326 et s., 332, 335 et s.,
344, 348 et s., 353 et s., 358 et s., 362 et s., 366 et s., 369 à 371, 389.
Abou-Hilal, gouvern. almoh. de Bougie. 183, 198, 205.
Abou-Ibrahim, général alm. 141.
Abou-Ibrahim-Ishak, dit El-Morteda, khal. alm. 171 et s., 174 et s., 179 à 187.
Abou-Ishak I, khal. hafs. 174, 213 et s., 216 et s., 220 à 222.
Abou-Ishak II Ibrahim, khal. hafs. 302 et s., 305 et s., 313, 315, 316, 333 à 341.
Abou-Ishak-Ibrahim, fils du hafs. Abou-l'Abbas. 352, 372.
Abou-Ishak, fils du khal. alm. Abou-Yakoub. 112, 131.
Abou-Ishak, pr. al. d'Espagne. 171.
Abou-l'Abbas-Ahmed, émir zey. 398, 400, 407.
Abou-l'Abbas-Ahmed, fils d'Abou-Abd-Allah de Bougie. 305.
Abou-l'Abbas-Ahmed, fils d'Abou-Salem, sult. mer. 350 et s., 355, 357, 359 et s., 362, 367 et s., 376, 377, 380.
Abou-l'Abbas-el-Fadel, khal. hafs. 289 et s., 291, 294 et s., 298, 300 et s.
Abou-l'Abbas-el-Luliani, 196 et s.
Abou-l'Abbas, fils d'Abou-Zakaria, le hafs. 287 à 289.
Abou-l'Abbas, fils d'Abou-Zeïd, khal. hafs. 306, 310, 313 et s., 317 et s., 322, 327 et s., 333 et s., 336 et s., 338, 341 et s., 352 et s., 355 et s., 365 et s., 372 et s. à 375.
Abou-l'Baka I Khaled, dit En-Nacer-li-Dine-Allah, khal. hafs. 240, 246 et s., 255, 257.
Abou-l'Baka II, khal. hafs. 341, 342.
Abou-l'Baka, fils du khal. hafs. Abou-Zakaria. 289 et s.
Abou-l'Djoïouch (v. Mohammed III).
Abou-l'Fadel, fils du sultan mer. Abou-Salem. 329 et s., 336, 338 et s.
Abou-l'Fâdel, fils du sult. mer. Abou-l'Hacen. 300 et s., 312.
Abou-l'Fetouh, fils du zirido Temim. 54.
Abou l'Fida, sultan d'Egypte. 286.

Abou-l'Haçan, fils d'Abd-el-Moumene, khal. alm. 95.
Abou-l'Hacen I, sult. mer. 260 et s., 270, 277, 280, 282 et s., 286 et s., 290 et s., 293 et s., 298, 300 à 304, 328.
Abou-l'Hacen-ben-Ouanoudine, général hafs. 203.
Abou-l'Hacen, de Sfaks. 96, 97.
Abou-l'Hacen, prince alm. 128.
Abou-l'Hassen-Ali-Es-Saïd, dit El-Motaded-l'Illah, khal. alm. 102 à 106, 187.
Abou-l'Hassen-ben-l'Ahmar, roi de Grenade, 400 et s.
Abou-l'Hassen, général alm. 108.
Abou-l'Hadjadj (voir Mohammed IV).
Abou-l'Hadjadj-Youssof, émir zey. 376 et s.
Abou-l'Kacem-ben-Abou-Zeïd, prince hafs. 182.
Abou-l'Kacem-ben-Mohammed (le Cadi). 5.
Abou-l'Leïl-Mohammed, chef des O. Bellil (Allak). 225 et suiv.
Abou-l'Leïl (Bellil) ben-Hamza. 302, 305.
Abou-l'Leïl (Bellil) Oulad. 374, 381.
Abou-l'Ola-Edris, dit Abou-Debbous, El-Ouathek b'Illah et El-Motamed-Ala-Allah, khal. alm. 178 et s., 181 et s., 184 à 187.
Abou-Malek-Abd-el-Ouahad, ém. zey. 395 à 397.
Abou-Malek, fils du sultan mer. Abou-l'Hacen, 280 à 284.
Abou-Malek, prince mer. 177, 200 à 203.
Abou-Mohammed-Abd-Allah, dit El-Adel, khal. alm. 144, 145, 146, 147.
Abou-Mohammed-Abd-Allah, émir zey. 391.
Abou-Mohammed-Abd-el-Ouahad. 70.
Abou-Mohammed-Abd-el-Ouahad (El-Makhloua), khal. alm. 144, 188.
Abou-Mohammed-Abd-el-Ouahad, petit-fils du cheïkh Abou-Hafs. 114, 130, 134, 139 à 142.
Abou-Mohammed-Abd-el-Ouahad, pr. hafs. 219 et s.
Abou-Mohammed-ben-Abou-Hafs.103, 123.

Abou-Mohammed-ben-Ouanoudine, gén. alm. 157.
Abou-Mohammed-ben-Sebaïne. 176.
Abou-Mohammed-el-Merdjani, de Tunis. 237.
Abou-Mohammed, fils d'Abd-el-Moumene, khal. alm. 95, 107.
Abou-Mohammed, vizir alm. 156.
Abou-Moslem (ou Ibn-Moslem), off. mer. 324, 326.
Abou-Moussa (ou Mouça), prince alm. 115 et s.
Abou-Moussa (El-Mouafed), prétendant alm. 151, 154.
Abou-Omar-Othmane, khal. hafs. 399, 408.
Abou-Omar-Tachefine, sult. mer. 279, 312, 328, 330, 341.
Abou-Rebïa, petit-fils d'Abd-el-Moumene, pr. alm. 115, 123.
Abou-Rebïa-Slimane I, sult. mer. 250 à 254.
Abou-Saïd I, émir zeyanite. 294 et s., 298 et s., 308.
Abou-Saïd, fils d'Abd-el-Moumene, pr. alm. 95, 99, 104, 108.
Abou-Saïd, frère d'El-Mansour, pr. alm. 150.
Abou-Saïd, officier mer. 243.
Abou-Saïd-Othmane I, sult. mer. 254 et s., 259 et s., 268, 270 et s., 276, 277.
Abou-Saïd, petit-fils du cheïkh Abou-Hafs, 128 et s.
Abou-Saïd, sultan mer. 394.
Abou-Salem-Mansour, pr. mer. 243 et s.
Abou-Salem, pr. mer., frère d'Abou-Eïnane. 322 et s., 325 à 329, 342.
Abou-Soda, l'ifrenide. 21.
Abou-Tachefine I, émir zeyan. 261 et s., 271 et s., 276 et s., 279 à 281.
Abou-Tachefine II, émir zey. 348 et s., 353 et s., 358 et s., 363 et s., 366 et s., 369 et s., 376, 396.
Abou-Thabet I, sult. mer. 244 et s., 249, 250.
Abou-Thabet, émir zey. 297 et s., 301 et s., 304 et s., 308 et s., 319.
Abou-Thabet, petit-fils d'Ali-ben-Omar. 369.
Abou-Thabet-Youçof, fils d'Abou-Tachefine II. 376.

INDEX DES NOMS PROPRES

Abou-Yahia-Abou-Beker, dit El-Metaoukkel, khal. hafs. 250 et s., 262 et s., 265 et s., 271 et s., 276 et s., 282 et s., 287 à 289.

Abou-Yahia-ben-Matrouh. 80.

Abou-Yahia, fils d'Abd-el-Hakk, pr. mer. 163 et s., 166 et s., 172 à 176.

Abou-Yahia, fils d'Abou-Zakaria, pr. hafs. 115.

Abou-Yahia, fils d'Ali-ben-Yakoub, pr. mer. 240, 245.

Abou-Yahia, petit-fils d'Abou-Hafs. 125.

Abou-Yahia, prince alm. 123.

Abou-Yahia, pr. zey. 399 et s.

Abou-Yahia-Zakaria-el-Lihiani, pr. hafs. 247, 250 et s., 263 et s.

Abou-Yahia-Zakaria, fils d'Abou-Zeïd, pr. hafs. 313 à 317, 336.

Abou-Yakoub-el-Mostancer, khal. alm. 139, 187.

Abou-Yakoub, frère d'Abou-Yahia, le mer. 175.

Abou-Yakoub-Youssof, khal. alm. 99, 103 et s., 108 et s., 112, 187.

Abou-Yakoub-Youssof, dit En-Nacer-li-Dine-Allah, sult. mer. 201, 203, 213, 215 et s., 224 et s., 228 et s., 234 et s., 237 à 245.

Abou-Yekni. 53 et s.

Abou-Youssof-Yakoub-ben-Abd-el-Hakk, sult. mer. 176 et s., 180 et s., 184, 186 et s., 200 et s., 205 et s., 211 et s., 215 et s., 223 à 228.

Abou-Youssof-Yakoub, dit El-Mansour, khal. alm. 112 et s., 119 et s., 125, 126, 187.

Abou-Zakaria, dit El-Montakheb-li-Yahiaï-Dine-Allah, khal. hafs. 220, 222, 226 et s., 229 et s., 236 et s., 239, 240.

Abou-Zakaria, le hafside, 268, 276 et s., 288.

Abou-Zakaria-Yahia, khal. hafs. 408.

Abou-Zakaria-Yahia, le hafside. 146 et s., 150 et s., 155 et s., 159 et s., 162 et s., 167 à 172.

Abou-Zakaria-Yahia, petit-fils d'Abd-el-Moumene. 139.

Abou-Zeïd-Abd-er-Rahmane, prince hafs. 281 et s., 298, 305, 311 et s., 317.

Abou-Zeïd-ben-Iguite, 178 et s.

Abou-Zeïd, gén. alm. 143.

Abou-Zeïd, prince alm. 117 et s., 129, 135, 140.

Abou-Zeyane-el-Gobbi, pr. zey. 327, 332 et s.

Abou-Zeyane, fils d'Abou-El'nane, pr. mer. 318.

Abou-Zeyane, fils d'Abou-Hammou, ém. zey. 360, 366, 369 et s., 372 et s., 376 et s., 391.

Abou-Zeyane, fils d'Abou-Saïd, pr. zey. 331, 335, 338, 345 et s., 349, 353 et s.

Abou-Zeyane, fils d'Abou-Tachefine II, ém. zey. 370.

Abou-Zeyane, fils d'Abou-Youssof, sult. mer. 212 et s.

Abou-Zeyane-Mohammed I, ém. zey. 242 et s., 248 à 249.

Abou-Zeyane-Mohammed, dit-El-Mostaïn-b'Illah, ém. zey. 399, 400.

Abou-Zeyane-Mohammed, sult. mer. 323, 330, 337.

Açafou (beni), tr. berb. 406.

Açafou, surnom d'Ibn-Toumert, 65.

Açaker-ben-Soltan (tribu ar.) 12, 183.

Aced (le Cadi). 77.

Acem (tr. ar.) 12, 120.

Achâri (secte d'El). 66.

Achir (ville). 28, 56, 117.

Achour (impôt). 392.

Aded, khal. fatem. 110.

Adel (el), khal. alm. 144 et s. 187.

Adélaïde, femme de Roger I. 63.

Adi (trib. ar.) 10 et s., 13, 19, 36.

Adi-ben-Youssof, cheïkh des Toudjine. 301.

Adjebadïa (ville). 17.

Adouane (tr. ar.). 14.

Afrag. 276.

Afrique. Passim.

Aftas (beni el). 6 et suiv.

Agnellus (év. de Maroc. 152.

Aguer (cap d'). 428.

Ahamed (tr. ar.). 13.

Ahlaf (tr. ar. Makil). 13, 331 et s., 345 et s., 351 et s., 355 et s., 358 et s., 370 et s.

Ahl-Hocéïne (tr. ar.). 14.

Ahmed (tr. ar.). 13, 14, 386.

Ahmed-ben-el-Baleki, vizir haf. 341 et s.
Ahmed-ben-el-Kadi. 428.
Ahmed-ben-Khoraçan. 58.
Ahmed-ben-Merzoug-ben-Abou-Amara, 219 et suiv.
Ahmed-ben-Mozni, de Biskra. 305.
Ahmed-ben-Othman-ben-Abou-Debbous. 293 et s.
Ahmed-ben-Youçof-ben-Mozni. 318.
Ahmed, fils d'En-Nacer, pr. zey. 400.
Ahmed, sultan mer. 398.
Aïça-ben-Mezroud, général zey. 277 et s.
Aïad ou Eïad (tr. ar.). 11, 38, 62, 190, 387 et s.
Aïad-el-Acem, cheïkh des Djochem. 228.
Aïad (le Cadi). 89.
Aïça, frère d'El-Mansour, pr. mer. 322.
Aigues-Mortes. 193, 195.
Aïssa, le meréaïde. 224.
Aïoub, fils du ziride Temim. 38 et s.
Aïth-Kacem (Abd-el-Ouad). 140, 150.
Aïth-Khamsine. 70.
Akbou (Tagraret). 240.
Akhdar (Djebel el). 191.
Akhdar (el) ou Khadr (tr. ar.). 12, 57.
Akkerma (tr. ar.). 13, 182.
Alaouna (tr. ar.). 13.
Alarcos (Esp.). 125 et s. 127, 137.
Alcala (Esp.). 285.
Alcantara (Esp.). 110.
Alcantara (le grand maître d'). 300.
Alcaudete (Esp.). 268.
Alcazar (de Séville). 108.
Alédo (Esp.). 50.
Alexandrie. 65, 110, 205, 294, 415.
Alfaquèques. 193.
Alger. 20, 28, 54, 62, 88, 92, 117, 146, 155, 204, 227, 238, 247, 258, 297, 300 et s., 304, 310, 321, 327, 336 et s., 344, 349, 354, 363, 369 et s., 372 et s., 376, 381, 388, 400, 415, 418, 425 et s., 429.
Algériens. 425.
Algésiras. 29, 45 et s., 50 et s., 91, 112, 124, 206 et s.. 224 et s., 228, 235 et s., 254, 268, 279, 284 et s.
Alhambra. 410.
Ali (tr. ar. des Riah). 12, 61, 388.

Ali (tr. ar. des Soleïm). 14, 356, 387.
Ali-ben-Addjana, chef mer. 330.
Ali-ben-Ahmed-ben-Khoraçan. 100.
Ali-ben-el-Haouachi. 5, 22, 29.
Ali-ben-Haroun, des O. Mendil. 349.
Ali-ben-Mansour, général mer. 362 et s.
Ali-ben-Mehdi, général mer. 358 et s.
Ali-ben-Mohammed, cousin d'Ibn-Hamer. 205.
Ali-ben-Motazz (des B. Djama). 111.
Ali-ben-Rached-ben-Mendil. 294 et s., 298, 301 à 305.
Ali-ben-R'anïa. 96, 115 à 120, 123.
Ali-ben-Sindi. 30.
Ali-ben-Yedder. 174 et s., 178 et s. à 182.
Ali-ben-Youssof-ben-Tachefine, khal. almor. 57, 60 et s., 72 à 76, 83.
Ali-ben-Zakeria, cheïkh des Heskoura. 358, 368.
Ali, fils du ziride Temim. 38.
Ali, fils du ziride Yahïa-ben-Temim. 58, 97.
Alicante (Esp.). 167.
Allak (tr. ar.). 11, 132 et s., 190, 225, 305.
Allemagne. 132.
Allemands (les). 127.
Almeria (Esp.). 6 et s., 45, 50 et s., 90, 91, 95, 158, 412 et s., 419.
Almohâdes (El-Mouahedoun). 69 et s., 74 et s., 81 et s., 90 et s., 99, 106, 109, 110, 129, 145, 162 et s., 173 et s., 177 et s., 185 à 187, 200, 206, 300.
Almoravides (El Merâbtine). 23 et s., 32 et s., 44 et s., 49 et s., 54 et s., 59, 71 et s., 80 et s., 83, 91, 105, 113, 123, 147.
Almoravide (secte). 33.
Almugares ou Almugavares. 217 et s.
Almuñecar (Esp.). 96.
Alphonse VI de Castille. 43 et s., 47 et s., 50, 52, 56, 60.
Alphonse VII de Castille. 76, 90, 96, 107.
Alphonse VIII de Castille. 107, 124, 135 et s., 144.
Alphonse X de Castille, dit le Sage. 178, 192 et s., 205, 207, 211 et s., 215 et s., 223 à 225.

INDEX DES NOMS PROPRES — 453

Alphonse XI de Castille. 270 et s., 284 et s., 288 et s., 301.
Alphonse (don), l'Infant. 158.
Alphonse, pr. de Castille. 409.
Alphonse III d'Aragon. 232.
Alphonse V d'Aragon. 398, 401 et s.
Alphonse le Batailleur (d'Aragon), 73.
Alphonse-Enriquez de Portugal. 104, 107, 109.
Alphonse V, de Portugal, dit l'Africain. 405 et s., 409.
Alphonse de Léon. 144.
Alpujarras. 412 et s., 416.
Aloudane (fort.). 201, 250 et s.
Alvar (don). 401 et s.
Alvar Pérès. 158.
Amaïm (tr. ar.). 13.
Amalfi (voir Melfi).
Amalfitains. 8, 42.
Amarna, pl. de Amrane (tr. ar.). 358.
Amer-Abou-Thabet, sult. mer. Voir Abou-Thabet.
Amer-ben-Mohammed, cheïkh des Hentata. 320, 329 et s., 332, 336, 338 à 341.
Amer (pl. Amour) tr. ar. des Zor'ba. 13, 161, 190, 226, 282, 296, 304, 318, 333, 338, 344, 349 et s., 353, 366 et s., 381, 389.
Amer-ben-Mouça, tr. ar. des Hoseïne (Zor'ba). 400.
Amer (tr. ar. des Riah). 12, 388.
Amour (pl. de Amer) tr. ar. des Athbedj. 11, 35, 38, 62, 101, 388.
Amour (Djebel-). 4, 35, 62, 120, 161, 190, 303, 353, 388, 389, 420.
Amrane-ben-Moussa. 207.
Amrane (pl. Amarna), tr. ar. 13, 358.
Amurat II (Mourad). 404.
Anber (l'eunuque). 166.
Ancyre (bat. d'). 404.
Andalous (les). 47 et s., 138, 253.
Andalousie. 45, 53, 73, 76, 99, 122, 139, 145, 167, 200, 393, 414.
Andujar (Esp.). 76.
Anfa, appelée aussi Casablanca et Dar-el-Beïda, ville du Maroc. 357, 406.
Angad (plaine ou désert d'). 202, 308, 321, 345.
Anglais (les). 377.
Angleterre. 142, 377.

Anjou (Charles d'). 194, 196, 217 à 231.
Anjou (maison d'). 210, 403, 418.
Anjou (René d'). 403.
Antar, fils d'Ouenzemmar. 303.
Antioche. 195.
Aoudaghast. 25.
Aouf (tr. ar.). 14, 133, 387.
Aoureba (tr. berb.). 3.
Aourès (Djebel-). 3, 17, 20, 38, 54, 62, 93, 159, 180 et s., 203, 305, 387.
Arabes (v. Hilaliens). Pass.
Arabie. 176.
Arache (el) ou Araïche. 200, 417.
Aragon. 73, 107, 109, 125, 130, 145, 150, 162 et s., 192, 194, 208, 214, 231 et s., 253 et s., 259, 274, 283, 325, 342, 377, 383, 398, 402, 408 et s., 423 et s.
Aragonais. 210, 253, 325, 373, 398.
Archidona (Esp.). 409.
Archipel (l'). 95.
Archudin (Esp.). 410.
Arcos. 28.
Ar'fou (ouad). 186.
Argote (Martin de). 421 et s.
Arif-ben-Yahia, émir des Souéïd. 295, 303, 319.
Ar'lebites (les). 201.
Ar'mate. 25 et s., 53, 60, 72, 82, 181, 208, 249.
Aroudj (v. Baba-Aroudj). 426 et s., 428.
Asila (ou Azila). 368, 406, 417, 428.
Asker (beni), tr. merinide. 281.
Atadjoub, fils de l'émir mer. Abou-Youssof. 179.
Athbedj (tr. ar.). 10 et s., 17, 20 et s., 28, 37 et s., 56, 62, 92 et s., 108, 116, 119, 132, 190 et s., 382, 387, 389.
Atin (O.). 11.
Atiya-ben-Moussa, affranchi zey. 348.
Atiya (dyn. des beni-). 35.
Atlantique (océan). 105, 345.
Atlas (Grand). 4, 65, 69, 75, 83, 148, 185, 190, 171, 339 et s.
Attaf (tr. ar.). 12, 180, 191, 299, 389.
Azefi (famille d'el-). 203 et s., 270, 276.
Azemmor. 163, 181, 357, 428 et s.
Azghar ou Azr'ar (prov. d'). 120, 158, 249.

Azila (voir Asila).
Aziz (el), khal. fatem. 9.
Aziz (el), khal. hammadite, 58 et s., 98.
Aziz (O.), tribu ar. 11.
Aziz (O.), tribu des berb. Sedouikech. 328.
Aziz (O.), tribu berb. des Toudjine. 229, 262, 267.
Aziza, femme du khal. Tachefine. 79.
Azz-ed-Daoula. 52.
Azza (tribu ar.). 10 et s., 14, 386.

B

Baba-Aroudj, le premier Barberousse. 426 et s.
Babastro (Esp.). 43.
Bab-el-Karmadi, quartier chrétien de Tlemcen. 174.
Bachir (Abou-Mohammed-el) de l'Ouarensenis. 68, 70, 72.
Badajoz. 6 et s., 20, 44 et s., 47 et s., 52, 60, 104, 109.
Badine (beni), tr. berb. 2, 116, 387.
Badis (famille de Constantine). 246.
Badis, fils d'El-Mansour le ham. 56, 98.
Badis, fils de Habbous (Esp.). 6 et s., 28.
Badis, le ziride. 97.
Badis, port du Mag'reb. 323, 422.
Badis (oasis). 387.
Badja. 17, 20, 57, 130 et s., 256, 263, 274, 289, 381 et s.
Baëza. 76, 138, 158, 412.
Bagdad. 55, 66, 110, 176.
Bahira (el), près Maroc. 72.
Baïaci (Mohammed-el-). 145, 148.
Bajazet I (Ba-Yezid). 404.
Bakhis (tr. ar.). 12.
Bakhti (el), le zenète. 21.
Baléares (îles). 6 et s., 60, 74, 96, 101, 109, 115, 119, 128, 151, 192, 218, 259.
Barberousse (v. Baba-Aroudj, Aroudj et Kheïr-ed-Dine).
Barberousse (les frères). 428.
Barcelone. 60, 91, 192, 325, 418.
Bari (Italie). 40.
Barka (pays de). 2, 16 et s., 20 et s., 61, 105, 124, 131, 190, 199, 386.
Batcha (el). 103, 207, 327, 345 et s., 363.

Beaudoin I. 63.
Bedjaïa (voir Bougie).
Bedrane (beni). tr. ar. 11.
Béja (Esp.). 123.
Behloula (mont. près Fès). 174.
Behloula (tr. berb.). 33, 157.
Beht (riv.). 165.
Belbar, le hammadite. 53 et s.
Belili (beni). 14, 225, 204, 374 et s., 387, 400, 408 (voir Abou-el-Leïl).
Benavert (chef sic.). 41 et s.
Bénévent. 22.
Bénévent (combat de). 404.
Beni (enfants), chercher au nom qui suit.
Beni-Baour'ar (Taourirt). 315.
Beni-el-Khattab (dyn.). 118.
Beni-R'obrine (mont. des). 222.
Benzert (Bizerte). 61, 130.
Berbérie. Pass.
Berbères. Pass.
Bérengère de Castille. 114.
Berg'ouata (tr. berb.). 4, 26 et s., 35, 80, 100, 389.
Berg'ouata (pays des). 81, 89.
Berhoum (voir Messaoud-ben-Ibrahim et Abou-Amer).
Berzali (el). 381.
Betâlca (tr. berb.). 77.
Biscayens (les). 138.
Biskra. 20, 21, 36 et s., 130 et s., 143, 174, 183, 190, 236, 247, 272, 290, 299, 315, 356, 365, 375, 388, 392.
Blanche de Bourbon. 324, 342.
Boabdil (voir Abou-Abd-Allah).
Boémond, fils de Robert. 41, 63.
Bohour (tr. ar.). 12.
Bologguine, khal. ham. 20 et s., 27, 98.
Bologguine, fils de Zaoui (Esp.). 6 et s.
Bologguine, fils de Ziri. 97.
Bolt (el-). Voir Mohammed-ben-Messaoud.
Bône. 3, 7, 53, 92, 94, 130, 172, 189, 262, 275 et s., 289, 291, 295, 298 et s., 312, 314 et s., 333, 381, 383, 387, 408, 418.
Bornou. 176.
Botouïa (pays des). 350.
Botouïa (tr. berb.). 77, 140.
Bou-Azzoun (Moulaï), sult. mer. 406.
Bougie (Bedjaïa), 3, 7, 37, 52 et s., 58

et s., 67, 78, 81, 88, 92 et s., 95,
100, 107, 115 et s., 117, 121, 128 et
s., 147, 150, 155, 183, 189, 198, 205,
209, 214, 216 et s., 220, 222, 227,
229, 230, 239 et s., 240 et s., 255,
258, 262 et s., 267, 271 et s., 277
et s., 285 à 290 et s., 298 et s., 310
et s., 319 et s. 324, 327 et s., 333 et
s., 341, 352 et s., 365 et s., 369,
373, 381, 383 et s., 387, 408, 418,
424 et s., 427 et s.
Bougiotes (les). 214 et s., 255 et s.
Bou-el-Adjeraf (ouad). 276.
Bou-Kamel (tr. ar.). 12.
Bou-Khalil (Douï), tr. ar. 11.
Bou-l'Hocéïne (oulad), tr. ar. 13.
Bou-Rahma (tr. ar.). 12.
Bourbon (duc de). 374.
Bourbon (Blanche de). 324, 342.
Bou-Saïd (Beni), tr. berb. 3, 388.
Bou-Saïd (mont. des Beni). 188, 244,
346, 360.
Bou-Semr'oun (oasis). 345.
Bouvine (bat. de). 112.
Bou-Zi'ad (beni), tr. ar. 12.
Bragance (duc de). 428.
Braz (tr. ar.). 11.
Brechk. 85, 237, 252, 297, 304.
Butera. 42.
Bythinie. 404.
Byzantins. 4, 21 et s., 39, 101, 404.

C

Cadix. 80, 158, 230, 411, 412, 415, 416,
419.
Cagliari. 195, 197.
Caire (le). 15, 198, 392.
Calabre. 22 et s., 29 et s., 42, 63.
Calatrava (Esp.). 125, 136.
Calle (la). 232 (voir Merça-el-Kharez).
Canossa. 41.
Cardona (Ramon de). 420.
Carmona (Esp.). 6 et s., 52, 76, 103,
127.
Casabianca (voir Anfa).
Castille. 29, 43 et s., 105, 107, 111,
121, 135, 144, 148, 152, 158, 167 et
s., 193, 205, 207 et s., 211, 223 et
s., 230, 235, 242, 259, 268 et s., 279,
283 et s., 288 et s., 322, 324 et s.,
342, 390, 393 et s., 401 et s., 408 et
s., 413 et s., 419 et s., 423.
Castillans (les). 50, 137, 207, 270, 281,
390.
Castrogiovanni (Sicile). 4.
Catalans (les). 152, 210.
Catalogne. 218, 232.
Catane (Sicile). 5, 22, 40.
Céphalonie. 41.
Cerda (Infants de la). 211, 224.
Ceuta. 7, 35, 45 et s., 77, 81, 89, 91,
95, 100, 145, 151, 152, 154, 157, 161,
172, 189, 203, 209, 213, 250, 253,
270, 276, 284 et s., 315, 322, 330,
350, 361 et s., 367 et s., 394 et s.,
400 et s., 406, 417 et s.
Chafaï (des Zorba). tr. ar. 13.
Chafaï (tr. ar.). 12.
Channa, le chrétien. 173.
Chandos. 343.
Chaouïa (berbères). 157.
Charles V de France. 342.
Charles VI de France. 374, 377.
Charles d'Anjou. 104 et s., 109 et s.,
217 et s., 219, 231 et s.
Chebaba (tr. ar.). 12.
Chebanate (tr. ar.). 13, 174, 191, 389.
Chebib (Chebaba), tr. ar. 11.
Chebka du Mezab. 388.
Chebrou. 132.
Chedioua (riv.). 222, 301.
Chekbenaria (Sicca Vénéria). 130.
Chekka. 274.
Chelif (fl.). 3, 117, 140, 146, 179, 188
et s., 191, 202, 204, 222, 235, 240,
258, 282, 297, 299, 301, 304, 308,
310, 346, 348 et s., 360, 369, 377,
389, 397.
Chelif (ville). 297 et s., 261, 307.
Chemal-el-Mehareb (tr. ar.). 13, 186.
Chemmakh (tr. ar.). 13, 186.
Cherchel. 85, 237, 297, 304.
Cherf-ed-Daoula. 17.
Cherid (tr. ar.). 133.
Cherif (le grand) de la Mekke. 176.
Cherifa (tr. ar.). 13.
Chibl (cheikh des Daouaouïda). 182.
Chimène (Jimena). 56.
Cher'aba (tr. ar.). 14.
Cid (le) Rodrigue le Campéador. 50,
56.
Cintra. 52.

Clément IV, pape. 194.
Coïmbre (Exp.). 43.
Collo (El-Koll). 3, 180, 217 et s., 219, 383, 418.
Comnène (Alexis), emp. 41.
Conrad IV de Sicile. 193 et s.
Conrad V (Conradin). 194.
Constance d'Aragon. 141.
Constance de Sicile. 122.
Constance, fille de Manfred. 193.
Constantine. 3, 17, 20, 28, 35, 53 et s., 62, 88, 92 et s., 116 et s., 130 et s., 150, 172, 189, 214 et s., 216 et s., 221, 227, 229 et s., 230, 246 et s., 256 et s., 262 et s., 268, 271 et s., 274 et s., 290 et s., 295 et s., 298 et s., 305 et s., 311 et s., 315 et s., 327 et s., 333, 335, 341 et s., 352 et s., 381 et s., 387, 408, 424, 427.
Constantine (province de). 139, 219, 296, 382.
Constantinople. 94, 193, 217, 404, 409.
Cordoue. 5 et s., 29, 43 et s., 52 et s., 60, 65, 74, 76, 90 et s., 103, 123, 125, 148, 158, 224, 229, 414.
Cordova (ou Cordoba) don Diégo Fernandez de, marquis de Comarès. 420, 423 et s.
Corse (île de). 121, 386.
Cossura (île). 87.
Croisés (les). 110, 119, 197 et s.

D

Dafer, affr. hafside. 174.
Dafer, affr. hafside. 257.
Dafer-el-Kebir, affr. hafs. 275, 291.
Dahhak (tr. ar.). 11, 37, 190, 387, 388.
Dahmane (tr. ar.). 12, 61.
Dahra (mont. du). 397.
Daï (village près de Maroc). 33.
Daouaouïda (tr. ar.). 12, 120, 132 et s., 174, 182 et s., 190, 227, 240, 247, 262, 275, 278, 290, 298 et s., 303, 312, 315, 318 et s., 327 et s., 333 et s., 339 et s., 341 et s., 345, 353, 365, 372 et s., 380 et s., 388 et s., 399.
Daoud-ben-Hilal, chef des B.-Amer. 226.

Dar-el-Beïda (v. Anfa.)
Darr'ar-ben-Afça, ch. des B.-Saïd. 310.
Debbab (tr. ar.). 13, 118, 124, 133, 190, 220, 232, 313, 356, 386.
Debdou. 330.
Dehakna (tr. ar.). 12.
Dehous (région). 190.
Delladj (tr. ar.). 14.
Dellis (Tedellis). 147, 227, 240, 258, 277, 307, 333, 336, 377, 420, 425.
Demmer (tr. b.). 4, 131, 188 et s., 386.
Demna (ville mar.). 250.
Denia (Esp.). 6 et s., 52, 60, 64, 74, 159, 167.
Derân (ouad-). 270.
Derân (prov.). 4, 24 et s., 75, 89, 151, 166, 175, 200, 230, 270, 278, 324, 382.
Deren (le Grand-Atlas). 25.
Désert (grand). 4, 190 et pass.
Deux-Siciles (roy. des). 402 (v. à Sicile).
Dïa-ed-Daoula. 46.
Dhi-en-Noun (beni). 7 et s.
Dialem (tr. ar.). 12, 191, 248, 299.
Diégo-de-Véra. 425.
Difel (Oulad), tr. ar. 11.
Dira (Djebel). 190, 267, 388.
Djahnte (el). 55, 229.
Djaber-ben-Youssof, Ch. abd-el-Ouadite. 150, 156.
Djaber (tr. ar. des Makil). 12, 171, 323, 329.
Djaber (tr. ar. des Soleïm). 14.
Djafer-ben-Abou-Rommane. 21.
Djahouar (beni). 5.
Djamâ (beni), dyn. de Gabès. 59 et s., 85.
Djaouna (trib. ar.). 13.
Djar-Allah (O.), tr. ar. 11.
Djebaïa (droit de). 191, 292, 380.
Djebara-ben-R'anïa. 131.
Djebel (montagne). Voir au nom qui suit ce mot.
Djedi (ouad). 184.
Djelal (Doui), tr. ar. 11.
Djem (el-). 190, 387.
Djenane (ouad). 267.
Djendel (tr. ar.). 13.
Djeraoua (tr. berb.). 3.
Djerba (île de). 57, 85, 96 et s., 220, 232, 247, 257, 265, 283, 333, 352,

373, 383, 386, 398, 403, 418, 426 et s.
Djerdjera (Djebel ou monts). 37, 92, 147, 180, 258, 283, 296, 388.
Djerdjeraï (el). 15.
Djerid (prov.). 3, 117, 119 et s., 124, 130 et s., 142 et s., 189, 283, 289 et s., 291, 299, 302, 305, 313, 352 et s., 355 et s., 365, 372 et s., 375, 387.
Djerir (tr. ar.). 11.
Djerrar (O.), famille abd-el-ouadite. 297.
Djichem (surnom des Almoravides). 72.
Djidjell. 85, 383, 427 et s.
Djochem (tr. ar.). 10, 12, 17, 19 et s., 61 et s., 92, 116, 118 et s., 145, 154, 191, 228, 303, 323.
Djoméïate (tr. ar.). 14.
Djouab (tr. ar.). 14.
Djouari (tr. ar.). 12.
Djouchen, fils du hammad. El-Aziz. 92.
Djouheri (el) de Tunis. 160.
Djouine (tr. ar.). 14.
Djoutha (tr. ar.). 12.
Dokkala (prov. de). 428.
Dokkala (tr. berb.). 89.
Dominique (ordre de Saint-). 193.
Doreïd (ou Dreïd), tr. ar. 11, 38, 62, 190, 382.
Doria (ou Dell-Oria), famille princ. de Djerba). 232, 247, 257.
Doria (André). 427.
Doria (Philippe). 313, 386.
Doucene (ed), oasis. 345, 387.
Doui (synon. de beni). Voir le nom suivant.
Dreïd (ou Doreïd), tr. ar. 11, 38, 62, 188, 382, 387.
Drogon (le normand). 21.
Duéro (fl.). 20, 43, 112.
Duguesclin. 342.

E

Edouard I, de Portugal. 400.
Edris-ben-Abou-l'Ola, pr. mer. 317.
Edris, fils du merin. Abd-el-Hakk. 141.
Edris, le hammoudite. 6.
Edris, petit-fils d'Abd-el-Hakk le merinide. 201.
Edrisides. 2, 42.
Edrisides-Hammoudites. 4, 6, 31, 46.
Égypte. 2, 9, 15, 105, 110, 118, 195, 242, 286.
Égypte (haute-). 9.
Eïad, voir Aïad.
Elbe (île d'). 121.
El-R'azi-ben-R'anïa. 115.
El-R'azi, fils de Yahïa-ben-R'anïa. 115.
Emmanuel, roi de Portugal. 428.
En-Nacer-ben-L'Ahmar (de Grenade). 254, 268.
En-Nacer-li-dine-Allah (voir à Nacer et à Abou-Abd-Allah-Mohammed).
En-Nacer-li-dine-Allah-el-Mansour (voir Abou-l'Baka-Khaled).
En-Nacer, fils du mer. Abou-l'Hacen. 298 et s., 300 et s.
Enrique I, de Castille. 144 et s.
Enrique II, de Castille. 324 et s., 342 et s., 377.
Enrique III, de Castille, dit l'infirme. 377 et s., 390 et s., 393.
Enrique IV, de Castille, dit l'impuissant. 403, 408, 409.
Enrique (don), infant de Portugal. 395.
Enna. 30.
Er-Radi, fils d'El-Motamed. 46.
Er-Regragui (Mohammed). 129 et s.
Er-Rend (beni). 20, 28.
Er-Rokn (près Fès). 362.
Espagne. 2, 4 et s., 28 et s., 42 et s., 55 et s., 60, 73, 75 et s., 88 et s., 90 et s., 95 et s., 103, 107, 109 et s., 123 et s., 135 et s., 144 et s., 147 et s., 151 et s., 154, 158 et s., 162 et s., 167 et s., 192 et s., 201 et s., 205 et s., 212 et s., 224 et s., 227 et s., 235 et s., 243, 251, 253 et s., 259, 266, 268 et s., 279 et s., 283 et s., 288 et s., 301, 322, 324 et s., 328, 342, 350 et s., 359 et s., 364 et s., 369, 377 et s., 390 et s., 401 et s., 405, 407 et s., 411, 414 et s., 419 et s., 425 et s.
Espagnols. 293, 319 et s., 323 et s., 428 et s., 420.
Es-Saïd (khal. alm.). 162 (voir Abou-l'Hassen-Ali).

Es-Saïd I (sult. mer.). 318, 323.
Es-Saïd II (sult. mer.). 318 et s., 351.
Es-Sakhera (Djebel). 56.
Es-Sakheratine. 78.
Eviça (Esp.). 207.
Evora (Esp.). 123.
Ez-Zane (Djebel). 210, 206.

F

Fader' (tr. ar.). 12.
Fâdel (el), fils d'El-Ouathek. 220.
Fâdel (Abou-l'Abbas-el), fils d'Abou-Yahïa le hafs. 280, 291, 294, 298, 300 et s.
Fadol-ben-Mozni. 174.
Fakih-es-Sousi (el), surnom d'Ibn-Toumert. 67.
Falcon (cap). 420.
Farah (affr. hafs.). 311.
Farès-ben-Oudrar (vizir et général mer.). 308, 315, 317, 341.
Farès, fils d'Yar'moracene. 202.
Farès (O.), tr. ar. 11.
Fatemides (les). 9 et s., 17, 58, 110, 291.
Fatene (b.), tr. berb. 3, 189, 388.
Fatma, fille d'Abou-Yahïa le hafs. 285, 288.
Fazaz (canton de). 26, 34, 154, 156, 173.
Fazazi (el), général hafs. 230.
Fechtala (tr. berb.). 157.
Fedar' (tr. ar.). 13.
Feddj-en-Naam. 265.
Fendelaoua. 34, 230.
Ferdinand I (de Castille). 28 et s., 43.
Ferdinand (de Léon), fils d'Alphonse VII. 107, 109.
Ferdinand, fils d'Alphonse VIII. 135.
Ferdinand III (de Cast.), dit le Grand et le Saint. 144 et s., 148, 158 et s., 162, 167, 168.
Ferdinand, fils d'Alph. X. 207.
Ferdinand IV, de Castille. 236, 242, 253 et s., 264.
Ferdinand, fils d'Alph. XI. 280.
Ferdinand, régent de Castille, puis roi d'Aragon, 393 à 401.
Ferdinand d'Aragon (le roi catholique). 403, 409 et s., 412 et s., 416 et s., 419 et s., 425 et s., 429.

Ferdinand (don), de Portugal. 400 et s.
Ferdjioua (contrée). 257, 315.
Feredj (O.), tr. ar. 13.
Fernand de Lara. 144.
Fès. 4, 27, 33 et s., 68, 78, 80, 95, 107, 112, 119, 135, 140, 152, 156, 158, 163 et s., 171 et s., 176 et s., 179 et s., 184 et s., 188, 201 et s., 203, 208, 215 et s., 223 et s., 230, 234 et s., 238 et s., 249 et s., 254 et s., 260 et s., 270 et s., 276 et s., 280 et s., 285 et s., 290 et s., 295 et s., 303 et s., 307 et s., 315, 317, 319, 321, 324, 327 et s., 332 et s., 336 et s., 340 et s., 344 et s., 347 et s., 351 et s., 355 et s., 358 et s., 362 et s., 367 et s., 376 et s., 391 et s., 394 et s., 400, 406, 415, 417, 428.
Fezara (tr. ar.). 280.
Fezzane. 110, 124, 387.
Figuig. 377.
Florentino (dans la Pouille). 193, 210.
Fistel (ravin de). 420.
Flitta (tr. ar.). 12.
Florence. 383, 386, 398.
Français. 218, 374.
France. 58, 136, 192, 194 et s., 224, 231, 325, 342, 377, 385 et s., 419, 420.
Francli (général chr.). 153.
François (ordre de Saint-). 193.
Frédéric-Barberousse (emp.). 122.
Frédéric II (dyn. de Sic.), emp. d'Allem. 141 et s., 168 et s., 173, 193.
Frédéric de Castille. 194, 198.

G

Gabès. 17, 19 et s., 86, 96, 102, 118 et s., 124, 129 et s., 142, 148, 220 et s., 226, 263, 287 et s., 290 et s., 305, 313, 317, 356, 372, 383, 387, 392, 408.
Gabès (golfe de). 374.
Gaëte. 403.
Gafça (Gafsa ou Kafça). 20, 102, 111, 117 et s., 130 et s., 220 et s., 283, 287 et s., 290 et s., 305, 352, 356, 374.

Garcia, chef de la milice chr. 328 et s.
Garcia, roi de Navarre. 91.
Garfa (Guerfa ou Kerfa), tr. ar. 11, 38, 62, 160, 382, 387.
Gênes. 7 et s., 105, 122, 152, 154, 157, 209, 313, 373, 376, 383 et s., 398, 418.
Génois (les). 7 et s., 42, 91, 105, 111, 121 et s., 177, 209, 228, 259, 283 et s., 313, 373, 403, 427.
George d'Antioche (amir. sic.). 85 et s., 94, 102.
Germaine, épouse de Ferdinand d'Aragon. 419.
Geronimo Vianelli (amiral). 420, 424.
Ghommi (tr. berb. abd-el-ouad). 156.
Ghozz. 90.
Gibelins. 383.
Gibraltar. 103, 112, 253, 268, 280, 288, 301, 322, 350, 395, 400, 416.
Girgenti. 42.
Giroie (Judith de). 30, 38 et s.
Gonzalve de Cordoue. 420.
Gonzalve, officier de la milice chr. 254.
Goulette (la). 129.
Gouraïa (mont.). 37.
Grand-Capitaine (Gonzalve de Cordoue, le). 420.
Grèce. 41.
Grecs (Byzantins). 29, 63, 103.
Grégoire VII (pape). 8, 41, 53.
Grégoire IX (pape). 152, 169, 170.
Grenade. 6 et s., 28, 45, 50 et s., 73, 91, 96, 99, 158, 167 et s., 202, 205, 212 et s., 215 et s., 224, 230, 236, 242, 253, 268 et s., 279, 283 et s., 288 et s., 318, 322 et s., 342 et s., 390, 393 et s., 402 et s., 408 et s., 412 et s., 415 et s.
Grenade (royaume de). 158 et s., 192 et s., 377 et s., 419, 420.
Grenadins. 285, 393, 413, 416.
Guadalquivir. 43, 125, 228.
Guadelete. 158.
Guadiana. 43, 90, 136.
Guedala (tr. berb.). 4.
Guedara (mont.). 238.
Guedmioua (tr. berb.). 70, 181.
Guelfes. 383.
Guendous (O.), tr. ar. 11.

Guendouz-ben-Othmane, général mer. 270 et s.
Guenfiça (tr. berb.). 70, 182.
Guenfoud (famille de C^{ms}). 246.
Guerelf. 46, 167, 185, 327, 335.
Guetfa (au sud du Titeri). 339.
Guezoula (tr. berb.). 4, 23, 33, 75, 130, 182.
Guig. 72.
Guillaume I, de Sicile (le Mauvais). 95, 108.
Guillaume II, de Sicile (le Bon). 108, 110, 112, 122.
Guillaume, duc de Pouille. 61.
Guillem de Moncade. 425.
Guinée (golfe de). 406.
Gummi (évêque). 8.

H

Habbab, mère d'Er-Rachid. 153.
Habbous, fils de Zaoui le Sanhadj. 6.
Habib (tr. ar.). 14.
Habra (riv.). 77.
Habra (tr. ar.). 12.
Hacen-(el)-Atadjoub. 246.
Hacen-(el)-ben-Ali, dit El-Yazouri. 15.
Hacen-(el)-ben-Omar, viz. mer. 318 et s.
Hacen-(el)-ben-Slimane, viz. mer. 296, 321, 322, 323 et s.
Hacen-(el), petit-fils d'Abou-Ali, prét. mer. 364 et s.
Hachem (tr. berb. des Toudjine). 231.
Hadi (el-), v. Ibn-Houd.
Hadjelate (tr. ar.). 11.
Hadra (tr. ar.). 14.
Hafsides (dyn. des). 110, 162 et s., 188, 203 et s., 208, 265, 272, 283 et s., 300, 376, 383, 398, 408, 418, 426.
Haha (pays de). 181, 428.
Haïderane. 10, 18 et s.
Hakim (tr. ar.). 14, 190, 192, 305, 334.
Halk-el-Ouad (La Goulette). 129.
Hamakna (tr. ar.). 13.
Hamarna (tr. ar.). 13.
Hamdane (agit. esp.). 190.
Hamdane (tr. ar.). 12.
Hameïane (tr. ar.). 12, 382, 388, 389.
Hamid (tr. ar.). 13.

Hamidi (cousin d'Ibn-Yedder). 182.
Hamma (el), oasis. 119, 220, 352, 375, 392.
Hamma (el) des Matmata. 131.
Hamma (el) (Espagne). 110.
Hammad, fils de Bologguine. 98.
Hammada (plateau de). 184.
Hammadites (dyn. des). 3, 35, 45, 54, 93.
Hammou-ben-Yahia (général mer.). 291.
Hamza (contrée). 190, 301, 331, 335, 387 et s., 400.
Hamza (ville). 28, 267.
Hamza (famille de). 352 et s., 380.
Hamza-ben-Omar-ben-Abou-l'éïl. 263 et s., 271 et s., 275 et s., 278 et s., 283, 287, 291, 295, 300 et s.
Hamza-ben-Rached-ben-Mendil. 310.
Hananecha ou Henanecha, tr. berb. arabisée. 150, 189, 382, 387.
Hannache (ben). 150.
Hannache (O.), tr. ar. 11.
Hannon, le Phénicien. 406.
Hareth (el), pr. ham. 92.
Hareth (tr. ar.). 12, 212, 301.
Hariz (tr. ar.). 13.
Haouachi (Ali-ben-el). 5, 22, 20, 39.
Harakta (tribu berb. arabisée). 189, 382, 387.
Hassan (Boui ou beni). tr. ar. 13, 174, 191, 230, 389.
Hassan (el), fils du ziride Ali-ben-Yahia. 50 et s., 84, 86 et s., 88, 92 et s., 97, 100, 103.
Hassan (el), princ. ham. 92.
Hassan (le hammoudite). 6.
Hassasna (tr. ar.). 12.
Hassen (el), fils de Djaber, ch. des Abd-el-Ouad. 156.
Hassen-ben-Serhane. 17.
Hebet (el), prov. du Mag'reb. 120, 141, 158, 189, 191.
Hedadj (tr. ar.). 13, 321.
Hedjaz. 9.
Hedji (tr. ar.). 14.
Heïb (tr. ar.). 13, 61, 386.
Henanecha (tr. berb. arab.). 189, 382, 397.
Henri III d'Allemagne. 22.
Henri IV d'Allemagne. 41.

Henri VI d'Allemagne (roi des Romains). 122, 127.
Henri de Hernandez (don) de Castille. 179, 194.
Henri (ou Enrique) (don) de Portugal. 400, 405.
Hentata (tribu berb.). 4, 60, 112, 116, 119, 154, 301, 320, 329 et s., 332, 336.
Hentata (mont. des). 320, 322, 336, 338, 340.
Herg'a (contrée de). 34.
Herg'a (tr. berb.). 65, 69.
Herghi (el), off. almohâde. 100.
Herman-Sanchez d'Aragon. 193.
Herz (tr. ar.). 12.
Heskoura (tr. berb.). 116, 153, 154, 180, 219, 250, 358, 368 et s.
Hezeratja (mont. des). 154, 162.
Hicham III. 5.
Hidjaz (beni), tr. ar. 13.
Hilal (affr. zey). 256 et s., 275.
Hilal (chef des affr. de Tunis). 196.
Hilal (tr. ar.). 8 et s.
Hilaliens (arabes). 9 et pass., 17 et s., 28, 93, 105, 292, 379, 392.
Hisn (tr. ar.). 14.
Hisn-el-Ougab. 197.
Hocéïne (Doui), tr. ar. des Makil. 13, 324, 331 et s., 351 et s., 358 et s.
Hocéïne (Zor'ba), v. Hoseïne.
Hodna (région). 3, 36 et s., 62, 190 et s., 227, 229, 246, 299, 310, 339, 345, 381, 388.
Hoggar (Houara). 386.
Holagou, chef des Tatars. 176.
Homéïs (tr. ar.). 13.
Homr (tr. ar.). 14.
Honéïne. 420.
Honorius II. pape. 84.
Hoseïne (ou Hocéïne), tr. ar. des Zor'ba. 13, 191, 301, 304, 336, 339 et s., 346 et s., 349 et s., 354, 366 et s., 372 et s., 388, 400.
Houara (tr. berb.). 2, 17, 62, 89, 143, 157, 159, 188 et s., 198, 225, 263 et s., 381 et s., 386 et s., 388.
Houara (pays ou mont. des). 222, 275, 305, 407.
Houd (Ibn-). 7 et s., 60.
Huejar (Esp.). 416.
Huelva. 28, 90.

I

Ibn (ou ben), fils.
Ibn-Abd-el-Djelil, viz. mer. 246.
Ibn-Abou-Amara. 220 et s., 225, 226.
Ibn-Abou-Amer (Mohammed) chambel. mer. 311 à 314.
Ibn-Abou-Amrane. 272 et s. (voir Mohammed).
Ibn-Abou-l'Haoussine, viz. hafs. 209.
Ibn-Abou-Menfa. 352.
Ibn-Allal, viz. mer. 370.
Ibn-Allane (cheïkh d'Alger). 247, 258.
Ibn-Allane, général alm. 150.
Ibn-Amer (vizir). 148.
Ibn-Ammar (viz. esp.). 44.
Ibn-Asfour. 130.
Ibn-Attouch (ou Hattouch), général almoh. 175, 181.
Ibn-Aznag (général mer.). 240.
Ibn-Azefi (de Ceuta). 243.
Ibn-Chekilola (ouali de Malaga). 212.
Ibn-Cheïbib, le Juif. 44.
Ibn-Djama (général alm.). 80.
Ibn-Djama (viz. alm.). 136 et s., 139, 141.
Ibn-Djama (viz. hafs.). 214 et s.
Ibn-el-Ahmar (dyn. de Grenade). 158 et s., 167, 192, 202, 205, 207, 212, 215 et s., 230, 235 et s., 243 et s., 253 et s.
Ibn-ech-Chehid. 146.
Ibn-el-Emir, de Constantine. 246.
Ibn-el-Lihiyani, voir Abou-Yahia et Mohammed-ben-Abou-Dorba.
Ibn-Habbeber (viz. hafs.). 209 et s., 214, 215.
Ibn-Habboun, cheïkh des Koumïa. 150.
Ibn-Hattouch (général alm.). 175.
Ibn-Heïdour. 282 et s.
Ibn-Houd, dit El-Hadi. 89.
Ibn-Houd (Esp.). 7 et s., 55.
Ibn-Houd, v. Mohammed-ben-Youssof.
Ibn-Irgacene (général mer.). 235.
Ibn-Kaci (Esp.). 90.
Ibn-Kadib (voir Othmane).
Ibn-Kaloum (viz. hafs.). 268, 271, 274.
Ibn-Kariatine (voir Ibrahim-ben-).
Ibn-Khaldoun (l'hist.). 323, 347.
Ibn-Khalef (de Nafta). 352, 356.

Ibn-Makhoukh. 77.
Ibn-Meïmoun (Mohammed-), amiral alm. 83, 79, 80, 91.
Ibn-Mekki (de Gabès et de Tripoli (famille des). 288, 290, 305, 315, 317, 333, 352 et s., 356, 372.
Ibn-Meklati. 5.
Ibn-Menkout. 5.
Ibn-Merdenich (Esp.). 103 et s. 109 et s.
Ibn-Mokhlès, caïd de Ceuta. 243.
Ibn-Monkad. 123.
Ibn-Moslem (ou Abou-Moslem). 326, 333, 370.
Ibn-Mozni (dyn. des) de Biskra. 174 et s., 272, 315, 356 et s., 373.
Ibn-Ouanoudine (général alm.). 77.
Ibn-Ouanoudine (général alm.). 141.
Ibn-Ouézir (Abou-Beker-Moussa). 216 et s.
Ibn-Ottou, chef des Almohâdes. 300, 302.
Ibn-Ottou, viz. mer. 234 et s.
Ibn-Rachik. 50.
Ibn-R'amer. 256 et s., 263 et s., 267.
Ibn-R'anïa (famille des). 150. (Voir 1° Mohammed-ben-R'anïa, 2° Ali-ben-R'anïa, 3° Yahïa-ben-R'anïa.
Ibn-R'azi (l'almoravide). 131.
Ibn-R'azi (v. Abou-Beker.)
Ibn-Reziga (pr. mer.). 250.
Ibn-Seïd-en-Nas, chamb. hafs. 275, 277.
Ibn-Senani. 125.
Ibn-Thabet (de Tripoli). 313 et s., 352 et s., 356.
Ibn-Tachefine (v. Youssof-ben).
Ibn-Tafraguine, viz. hafs. 282, 287, 289 et s., 294 et s., 302 et s., 305, 313 et s., 316 et s.
Ibn-Thimna (voir Mohammed-ben-Ibrahim).
Ibn-Toumert (v. Mohammed-ben-Abd-Allah).
Ibn-Yacine (Abd-Allah-ben-Meggou). 23 et s., 26, 105.
Ibn-Yar'mor (général alm.). 77.
Ibn-Yedder (v. Ali-ben-Yedder).
Ibn-Yemloul de Gafsa (famille princ.). 288, 290, 352, 354, 356 et s.
Ibn-Youkiane. 227.
Ibn-Youçof, viz. mer. 324.

Ibn-Zaïdoun (viz. esp.). 45.
Ibn-Zeïtoun (le cadi). 199.
Ibn-Zobertir (général chrétien). 77, 78.
Ibn-Zobertir (général chrétien). 115, 119.
Ibrahim-ben-Atiya, émir des Kholt. 338.
Ibrahim-ben-Ismaïl. 70.
Ibrahim-ben-Karlatine-el-Moaddemi. 118 et s.
Ibrahim, fils d'Abou-Tachefine, émir zey. 348.
Ibrahim, fils de Tachefine, khal. almor. 78 à 83.
Ibrahim, fils du hafside Ech-Chehid. 274.
Ibrahim le Sanhadjien. 20.
Idlellene (tr. berb. des Toudjine). 229, 231, 238.
Ifrene (beni), tr. berb. 2, 4, 25, 35, 189, 380, 387, 389.
Ifrikiya. 8 et pass. à 419.
Igliz, près Maroc. 178.
Igmacene (tr. berb.). 77, 322.
Ikhchidites (dyn.). 9.
Ikhelef-ben-Moghar, chef des Nekkariens de Djerba. 232.
Iktâ (fiefs). 191.
Iloumene (ou Houmi), tr. berb. 2, 20, 77, 79, 140.
Imam (titre du Mehdi Ibn-Toumert). 69, 104.
Imama (ville près de Tlemcen). 235.
Innocent III (pape). 127, 136.
Innocent IV (pape). 170.
Inquisition (l'). 414.
Irak. 9.
Iratene (b.), tr. berb. 283.
Irniane (tr. berb.). 4, 140.
Ismaïl I ben L'Ahmar, de Grenade. 268, 279.
Ismaïl II ben L'Ahmar. 323 et s., 342 et s.
Ismaïl-ben-L'Ahmar (de Grenade). 402, 409.
Isabelle de Portugal. 402.
Isabelle, fille de Jayme I d'Aragon. 193.
Isabelle, reine de Castille (épouse du roi catholique). 402, 409, 412 et s., 417 et s., 419.

Ishak, frère d'El-Mortoda. 186.
Ishak, fils d'Ali-ben-Youssof (almor.). 80, 82, 83.
Isli (près d'Oudjda). 173, 202.
Italie. 21 et s., 58, 63, 84, 95, 136, 141, 169, 193 et s., 217 et s., 232, 383.
Iznacen (beni), tr. berb. 45, 76, 167.
Iznacen (mont. des). 397.

J

Jacques Cœur. 418.
Jaën (Esp.). 91, 103, 135, 138, 158, 167, 207, 223, 412.
Jayme I d'Aragon, le conquérant. 145, 151, 162, 167, 192 et s., 194 à 200.
Jayme II d'Aragon. 232, 235, 253, 271.
Jean I de Portugal. 394 et s., 400.
Jean de Portugal (duc de Bragance). 407.
Jean II, roi de Navarre et d'Ar. 403, 409.
Jean-Léon, dit l'Africain. 407, 419.
Jean-Sans-Terre. 135.
Jeanne de Naples. 412.
Jeanne la folle, reine de Castille. 419.
Jérusalem. 63, 110, 128, 169.
Jiménès (ou Ximenès), le cardinal. 415 et s., 419 à 423.
Jour du triage (le). 72.
Juan (don) de Castille. 236.
Juan I de Portugal. 377 et s.
Juan Manuel (l'infant). 284.
Juan II de Castille. 393, 401, 402.
Juifs (les). 60, 208, 414, 416, 420.

K

Kabiles. 427.
Kaçabate. 216.
Kacem (el) ben-Abou-l'Afia. 34.
Kacem-ben-Mera (réform. son.). 248.
Kader (el) b'Illah. 22, 44 et s., 50.
Kadi (tr. zenète). 388.
Kaïd (el), khal. ham. 17, 20.
Kaïd (el), pr. ham. 88, 92, 98.
Kaïrouan. 3, 15 et s., 23, 59 et s., 119, 130, 190, 220, 264 et s., 289, 293 et s., 301 et s., 356.

Kalâa (la) des Beni-Hammad. 3, 8, 27 et s., 35 et s., 50, 58, 62, 110, 427.
Kalaat-ben-Selama. 310.
Kalaat-Houara. 353.
Kalaat-Mehdi. 31.
Kalaat-Senane (ou Sinane). 222, 225.
Kamar, épouse d'Ali, khal. almor. 71.
Kammouda (ou Gammouda), prov. tunis. 220.
Kanem (Nigritie). 170.
Kanoun-ben-Djermoun. 153, 162 et s., 171.
Kantera-t-el-Oudd (à Maroc), 357.
kaoub (tr. ar. des Soleïm). 13, 14, 124, 183, 160, 220, 248, 271, 272, 275, 287, 290, 292, 305, 314, 341, 352 et s., 355 et s., 365, 387.
Karakoch-el-R'ozzi. 118 et s., 123 et s.
Karmates (les). 9 et s.
Karthage. 8, 101, 198, 200, 372.
Kasba (la) de Constantine. 315.
Kassem le Hammoudite. 5, 28.
Kastiliya (prov. de). 20, 28, 100, 220, 287, 341.
Kçar-Ketama. 158, 176, 250, 322.
Kçar-el-Kebir (el). 120, 410.
Kçar-es-Sr'eïr (el-) ou Kçar-Masmouda, ou Kçar-el-Medjaz. 145, 211, 235, 403.
Keldema (près Taza). 176.
Kelbites de Sicile. 5.
Kerfa (ou Garfa), tr. ar. 11, 38, 62, 190, 382.
Kerifla. 26.
Kerkinna (îles). 57, 85, 96, 97, 257, 398.
Ketama (tr. berb.). 2, 189, 221, 382, 387.
Khachna (tr. ar.). 12.
Khaleça (el). 40.
Khaled-ben-Brahim, cheïkh des Thaaleba. 354.
Khaled-ben-Omar-ben-Hamza. 290 et s., 302 et s., 333, 338, 346, 353.
Khalil (beni), mont. des. 354.
Kharadj (tr. ar.). 11.
Kharadj (tr. ar. des Makil). 13, 346, 371.
Khardja (tr. ar.). 13.

Kharedjite (hérésie). 380.
Kharrach (tr. ar.). 13.
Kharzouza. 216.
Khazroun (beni). 2, 18, 61, 80, 110.
Khefara (droit de). 191, 202, 310, 380.
Kheïrane (le slave). 3.
Kheir-ed-Dine (Barberousse II). 426 et s.
Khelifa (beni), tr. ar. 13.
Khelifa-ben-Rokaça, le Juif. 224.
Khidr, chef des Kurdes. 228.
Kholt (tr. ar.), 12, 145, 147, 154 et s., 163 et s., 171 et s., 178 et s., 180 et s., 185 et s., 191, 330, 338.
Khoraçane (dyn. des beni). 57 et s., 100.
Kiana (Djebel Aïad), mont. 62.
Klabia (tr. ar.). 12.
Kleïb (Koleba). 11.
Klibiya (Clypée). 58.
Korra (beni), tr. ar. 2, 10 et s., 11, 80, 386.
Korra (tr. ar. des Amour). 11, 190.
Koudiat-el-Araïs, près Fès. 321, 329.
Koumïa (ou beni Koumi), tr. berb. 3, 67, 77, 101, 106, 150, 189, 290, 297.
Kurdes (les). 178, 186, 201, 228.

L

Lahek (O.), tr. ar. 12.
Lamego. 29.
Lamta (tr. berb.). 4, 24, 182.
Lanfranco Spinola. 154.
Languedoc. 192.
Lara (famille de). 144.
Laribus. 102 (v. El-Orbos).
Lar'ouate (tr. berb.). 4, 190, 388.
Las Navas de Tolosa (bat. de). 137 à 139.
Latif (tr. ar.). 11, 37, 100, 387, 389.
Lebib (beni). 13. 386.
Lebida (ville). 386.
Lebzou (mont. près d'Akbou). 334.
Leghout le zenatien. 25.
Léonor de Guzman. 324.
Lemaï (tr. berb.). 3, 33.
Lemamecha (v. Nemamecha).
Lemdïa (beni), tr. berb. 220, 231.

Lemdĭa (v. Médéa).
Lemtouna (tr. berb.). 4, 23 et s., 32 et s., 77. 117.
Léon (le bâtard de). 410.
Léon X, pape. 8, 21.
Léon (prov. esp.). 29, 43, 107, 125, 130, 144, 158, 413, 416.
Lisbonne. 52, 60, 112, 428.
Loja (Esp.). 411.
Lokamena (O. Lokmane). 11.
Lopez (don), général chr. 178.
Lorca (Esp.). 50.
Louata (place forte). 26.
Louata (tr. berb.). 2, 17, 33, 62, 188 et s., 387, 388.
Louine (tr. kurde). 178.
Louis IX de France (Saint Louis). 193 à 200.
Louis XI de France. 410, 418.
Louis XII de France. 419.
Lucera (Sic.). 419.
Lullani (el), voir Abou-l'Abbas-el.

M

Madani (el), caïd mer. 417.
Madi (beni), tr. ar. 12.
Madi (Oulad), tr. ar. 11.
Madoun (tr. berb.). 388.
Magarit, amiral sic. 122.
Mag'raoua (tr. berb.). 2, 4, 25, 34, 35, 61, 140, 146, 155, 179, 188 et s., 202, 206, 219, 222, 231, 235, 237, 240, 247 et s., 257, 262 et s., 267, 282 et s., 293 et s., 296 et s., 301 et s., 304, 310 et s., 327, 346, 348, 388, 389.
Mag'reb, Mag'reb central, Mag'reb extrême, pass.
Mahcene, khal. ham. 98.
Mahmoun (près Médéa). 229.
Mahomet II. 404.
Mahrez-ben-Ziad. 88, 93, 100, 103 et s.
Maïo, de Bari (général sic.). 101.
Majorque (île de). 80, 115, 119, 121, 124, 128, 193, 232, 259, 384.
Majorquins (les). 210.
Majorquin (le), v. Ibn-R'anĭa.
Makad (tr. ar.). 14.
Makarmeda. 261.

Makhlouâ (el), v. Abd-el-Ouahad.
Makhloua (el), v. El-Ouathek.
Makhlouf-ben-el-Kemmad (général hafs.). 283.
Makhoukh (ch. des Ouemannou). 54 et s., 58.
Makil (tr. ar.). 10, 13, 17, 37 et s., 62, 132, 156, 174, 180, 184, 191, 220, 229, 238 et s., 307 et s., 310, 323, 326 et s., 344, 346, 348, 351, 353 et s., 358 et s., 368 et s., 371 et s., 388, 389.
Malaga. 6, 50, 90, 158, 212, 224, 235, 367, 410 et s., 419.
Malef (tr. ar.). 12.
Malek (tr. ar.). 12, 191, 389.
Malek-Kamel, sult. d'Egypte. 169.
Malleka de Tunis. 88.
Malte (île de). 40, 62, 173, 386.
Mama (fort.). 370.
Mammar, fils de Rachid-ben-Djama. 86, 87.
Mamoun (el) Abou-l'Ola, khal. alm. 147 et s., 152, 154.
Mamoun (el) de Tolède. 29, 43.
Manche (prov. esp.). 136.
Manfred (de Sicile). 193 et s.
Manghou Khakan des Tatars. 176.
Mansour, aff. mer. 357 et s.
Mansour (Abou-Salem). 245.
Mansour-ben-Fadel-ben-Mozni (de Biskra). 236.[1]
Mansour-ben-Hamza, ch. des Kaoub. 341.
Mansour-ben-Mozni. 290 et s.
Mansour (beni), tr. ar. 12.[1]
Mansour (Doui), tr. ar. des Makil. 13, 331, 381, 389.
Mansour (el), fils d'El-Moëzz. 19.
Mansour (el), fils d'En-Nacer, khal. ham. 36, 53 et s., 56, 98.
Mansour (el), le ziride. 97.
Mansour (el), petit-fils de Ben-Abd-el-Hakk. 321 et s.
Mansour (el). V. Abou-Youssof-Yakoub.
Mansour (el), émir mer. 295.
Mansour-Sariha (aff. hafs.). 341 et s.
Mansoura (el). 241 et s., 245, 246, 281, 290.
Manuel (don), l'infant. 279.
Manuel (don), roi de Portugal. 417.

Marabouts (voir Almoravides).
Marbna (tr. ar.). 12.
Marguerite de Navarre, reine de Sicile. 108.
Maria (doña), reine mère de Castille. 269, 279.
Maria, reine de Castille. 402.
Mar'lla (tr. berb.). 3, 33.
Maroc (Marrakch). 33 et s., 46, 50, 60 et s., 68 et s., 72 et s., 75, 78, 81 et s., 86, 93, 95 et s., 99, 103, 107, 109 et s., 115, 116 et s., 127, 130, 141, 143 et s., 147, 149, 151, 153 et s., 160, 163 et s., 167, 173 et s., 177 et s., 180 et s., 184, 186, 200 et s., 208 et s., 215 et s., 230, 234 et s., 249 et s., 274 et s., 278, 303, 320, 322 et s., 329 et s., 336 et s., 351 et s., 355 et s., 358 et s., 368 et s., 400, 428.
Maroc (prov. de). 323 et s., 351 et s., 368 et s.
Marrakch (v. Maroc).
Marseillais (les). 152, 210, 419.
Marseille. 209, 418.
Martin de Rentéria. 428.
Martin (roi d'Aragon). 394.
Masmouda (tr. berb.). 4, 25, 33, 51, 65 et s., 104, 106, 109, 115, 187, 190, 201, 228, 234, 307.
Massa (Ribat de). 25, 89.
Mathar (beni), tr. berb. 156.
Matmata (tr. berb.). 3, 131.
Matrouh (beni) de Tripoli. 86.
Maures (d'Espagne). 197, 217, 415 et s.
Mazagran. 407.
Mazagran (de Maroc). 428, 429.
Mazouna. 155, 231, 240, 262, 297.
Mebarka (ville). 387.
Meçamah (affr. zey.). 252, 258.
Meçania (tr. ar.). 14.
Meçaoud (ou Messaoud)-ben-Rahho-el-Meçai (général mer.). 321, 329, 332, 362 et s., 367 à 369.
Meçaoud (ou Messaoud)-ben-Soltane (tr. ar.). 12.
Meçaoud (Oulad), tr. ar. 13.
Mechouar de Tlemcen. 400.
Mecila. 20, 36 et s., 183, 190, 219, 278, 328, 333, 341, 387 et s.
Médéa ou Lemdïa. 38, 62, 68. 155,

189, 220, 231, 240, 252, 262, 265, 267, 281 et s., 301, 304, 310, 327, 336 et s., 346 et s., 359 et s., 380, 400.
Medina-Sidonia (duc de). 417.
Médine. 9, 66.
Mediouna (tr. berb.). 3, 33, 157, 280.
Méditerranée (mer). 7 et pass., 121. 373, 383, 385 et s., 419, 420.
Medjahed (el), le Slave. 6 et s., 60.
Medjdoul (près Tunis). 143.
Mehaïa (tr. ar.). 11, 387, 389.
Mehamid (ou M'hammed), tr. ar. 13, 386.
Mehareb (tr. ar.). 14.
Meharez (beni), tr. ar. 13.
Mehdi-ben-Youssof. 34.
Mehdi (le). 69, 70, 454 (voir Mohammed-ben-Abd-Allah-Ibn-Toumert).
Mehdïa (el). 3, 7, 19 et s., 28, 42, 54, 59 et s., 63, 66 et s., 73, 84 et s., 87, 93 et s., 96, 97, 100 et s., 108, 121 et s., 126 et s., 196, 209, 221, 232, 265, 268, 273, 316 et s., 352, 356, 373 et s., 376, 383.
Meïcera (beni), tr. berb. 354.
Meïmoun-ben-Ali, ch. des Daouaouida. 318.
Meïmoun (beni) de Denia. 60, 61.
Meïmoun-ben-Hamdane. 92.
Meïmoun (Oulad), tr. ar. 12.
Meïmouna. 22 et s.
Mekença (prov.). 26, 34.
Mekhadma (tr. ar.). 12, 382.
Mekke (la). 9, 66, 176, 242.
Meklata (tr. berb.). 151.
Meknès (ville). 53, 68, 73, 80, 90, 124, 151, 158 et s., 162, 164 et s., 172, 310, 330, 332, 364, 368.
Melah (beni) (Andal.). 266.
Melah, camp près Fès. 329.
Melfi (ou Amalfi). 21.
Melili. 247.
Melito. 30.
Mellala (ville). 67.
Melli, cap. du Soudan. 287.
Mellikch (tr. berb.). 189 et s., 220, 238, 240, 247, 258, 300, 304, 400.
Mellila (ou Melila). 7, 46, 417, 419.
Menakcha (tr. ar.). 12.
Mendil-ben-Abd-er-Rahmane. 146.
Mendil, fils du mer. Abou-Youssof. 206.

Mendil (oulad), dyn. des. 155, 160, 163, 177 et s., 179 et s., 184, 188 et s., 204, 210 et s., 220, 235 et s., 240 et s., 207 et s., 346 et s.

Mença-Moussa, roi nègre. 287.

Meneses (don J. de). 417, 428.

Meneses (E. de). 405, 417.

Meneses (Pedro de). 394.

Menkont (beni). 22.

Merabot (marabout). 21.

Merabtine (el), Almoravides. 24.

Meracene (beni), tr. berb. 34.

Merça-el-Kharez (la Calle). 232.

Merci (ordre de la). 193.

Merdas (voir Mirdas).

Merendjiça (tr. berb.). 356, 365, 380.

Merida. 90.

Merine (beni), tr. berb. 4, 62, 77, 79 et s., 90, 125, 140 et s., 151, 156 et s., 160 et s., 172 et s., 176 et s., 188 et s.; 307 et s., 389.

Merinides (dyn. des). 140 et s., 157 et s., 163 et s., 172 et s., 177 et s., 184 et s., 188 et s., 201 et s., 206 et s., 216 et s., 223 et s., 237 et s., 245 et s., 253 et s., 260 et s., 270 et s., 285 et s., 290 et s., 296 et s., 306 et s., 310 et s., 315 et s., 360 et s., 371 et s., 384 et s., 390, 395 et s., 410 et s., 428.

Mermadjenna. 222, 273, 275, 305, 310.

Merouane (beni) ou Meraounïa, tr. ar. 11.

Mers-el-Kebir. 417, 420, 423.

Mertola (Esp.). 90.

Merzoug (oulad), tr. ar. 13.

Mesfioua (canton de). 69.

Meskine (beni). 202.

Meslem (tr. ar.). 12, 388.

Mesrata (ville). 386.

Messaoud-ben-Gueldoum, ch. des Heskoura. 180 et s.

Messaoud-ben-Hamidane. 154.

Messaoud-ben-Ibrahim (Derhoum), général zey. 258, 260, 266.

Messaoud-ben-Kanoun, ch. des Sofiane. 212 et s.

Messaoud-ben-Ouanoudine. 25 et s.

Messaoud-ben-Soultane (beni), tr. ar. 183.

Messaoud, fils d'Abou-Tachefine I. 281.

Messine. 29 et s., 39 et s., 123, 218.

Messoufa (tribu berb.). 4, 21, 117.

Metarfa (tr. ar.). 13, 321.

Metarref (beni). tr. ar. 13.

Metaoukkel (el)-Ala-Allah, Mohammed-er-Regragui (dit). 129.

Metaoukkel (el). 44, 47 et s., 51, 52.

Metaoukkel (el)-Ala-Allah (voir Abou-Yahïa-Abou-Beker).

Metaoukkel (el), émir zey. 100 (voir Abou-Abd-Allah-Mohammed).

Metref (Beni), tr. ar. 11.

Metilène (île de). 426.

Mezab (beni), tr. berb. 4, 62, 190, 388.

Mezab (pays des beni-). 345.

Mezdeli (général alm.). 57.

Mhïa (tr. ar.). 11.

Miknaça de Taza (ville). 358 et s.

Miknaça (tribu berb.). 4, 34, 35, 140, 180, 389.

Mila. 217, 250, 256, 312, 315.

Miliana. 27, 116, 147, 161, 179, 184, 188 et s., 191, 219, 240, 252, 262, 280, 297, 301, 304, 321, 327, 336, 338, 347, 354, 360, 366, 377, 388, 389, 400, 407.

Mina (riv.). 55, 77, 103, 191, 229, 353, 389.

Mindas. 77, 299, 389.

Mirdas (tr. ar. des Riah). 12.

Mirdas (tr. ar. des Soleïm). 14, 132, 190, 356, 382, 387.

Misserghine. 421.

Mittidja (la). 155, 189, 220 et s., 239 et s., 247, 258, 282, 296 et s., 304, 336, 340, 354, 381, 388, 400.

Moafan (tr. ar.). 12.

Moaounïa, chef des Heskoura. 154.

Moatacem l'Illah (el), voir Yahïa.

Mobacher (l'eunuque). 60.

Modafa le Kaïsite. 20.

Modaffer (el), voir Abd-el-Malek.

Moder (tr. ar.). 9.

Moennecer le ziride. 33.

Moëzz (el), fils de Youssof-ben-Tachefine. 46.

Moëzz (el) le ziride. 5, 15 et s., 28, 97.

Mohadjer (tr. ar.). 12.

Mohammed-ben-Abbad. 5 et s.

Mohammed (Abou-Abd-Allah), ém. zey. 396 et s.

Mohammed-Abou-Aelda. 237.
Mohammed - Abou - Borba - ben - el - Lihyani (El-Mostancer IV), kh. hafs. 264 et s., 268, 273.
Mohammed-ben-Abou-Amer, chambel. mer. 311, 314.
Mohammed-ben-Abou-Amrane. 271 et s., 275 et s.
Mohammed-ben-Abd-Allah, dit Ibn-Toumert, le Mehdi. 63 à 73.
Mohammed-ben-Abd-el-Hakk, cheïkh mer. 163.
Mohammed-ben-Abd-el-Kaouï, cheïkh des Toudjine. 183, 197 et s., 202, 208, 216 et s., 220, 231.
Mohammed-ben-Abkem, amir. mer. 316.
Mohammed-ben-Ali, général mer. 200.
Mohammed-ben-Allal, général mer. 369.
Mohammed-ben-Arif, cheïkh des Souéïd. 310, 349, 353.
Mohammed I ben-el-Ahmar, roi de Grenade. 158 et s., 167 et s., 193, 202, 205.
Mohammed II ben-el-Ahmar, dit El-Fakih. 205 et s., 212 et s., 215 et s., 224 et s., 235 à 242.
Mohammed III ben-el-Ahmar, dit Abou-l'Djoïouch. 242 et s., 253 et s.
Mohammed IV ben-el-Ahmar, dit Abou-l'Hadjadj. 279 et s., 280, 284 et s., 322 à 325.
Mohammed V ben-el-Ahmar. 325 et s., 342 et s., 350 et s., 361 et s., 364 et s., 367 et s., 370 et s., 377, 378, 390.
Mohammed VI ben-el-Ahmar. 391, 393.
Mohammed VII ben-el-Ahmar (Moulaï). 402.
Mohammed-ben-el-Hâkim, général hafs. 282 et s., 287.
Mohammed-ben-el-Mehdi, pr. mer. 320.
Mohammed-ben-Hacene, général mer. 352.
Mohammed-ben-Ibrahim-ben-Thimna. 22 à 30, 38.
Mohammed - ben - Ishak - ben -R'ania. 115, 119.
Mohammed-ben-Meïmoun, amiral.

99, 101 et s. (voir Ibn-Meïmoun).
Mohammed-ben-Mendil, Emir des Magraoua. 180.
Mohammed-ben-Merdenich. 96.
Mohammed-ben-Messaoud, dit El-Bolt. 129 et s., 133 et s.
Mohammed-ben-Mozni, de Biskra. 272.
Mohammed - ben - Omar - ben - Mendil. 241.
Mohammed-ben-Othmane, cheïkh mer. 158.
Mohammed-ben-Othmane, général mer. 350 et s., 363.
Mohammed-ben-R'ania (fils d'Ali). 74.
Mohammed-ben-Thabet (de Tripoli). 287, 290.
Mohammed-ben-Thouar, officier mer. 290.
Mohammed-ben-Tinâmer. 46, 54.
Mohammed-ben-Yakoub, cheïkh des Daouaouïda. 373.
Mohammed - ben - Youssof - ben - Houd (dit Ibn-Houd). 148 et s., 151, 154, 155, 158, 159.
Mohammed-ben-Youssof, général zey. 258, 262, 265, 267.
Mohammed (beni), tr. ar. des Athbedj. 11.
Mohammed (b.), tr. ar. des Riah. 12, 318, 345.
Mohammed (b.), tr. ar. des Makil. 13.
Mohammed-el-Abli, officier zey. 425.
Mohammed-el-Baïaci, dit Ed-Dâfer, em. de Jaën. 145, 148.
Mohammed-el-Lihiani. 172.
Mohammed-el-Kitrani. 175.
Mohammed-er-Regragui. 129 et s.
Mohammed, fils d'El-Metaoukkel, em. zey. 407.
Mohammed le brave, pr. de Grenade. 410 à 412.
Mohammed (Moulaï), sultan mer. 428.
Mohammed (Moulaï), khal. hafs. 426.
Mohammed-ou-Medjoun, général alm. 48.
Mohammed, petit-fils d'Abou-Einane, sult. mer. 396.
Mohammed, pr. zey. 228.
Mohammed, rebelle mer. 201.
Mohammed-Sr'eïr-ben-el-Ahmar. 402.
Mohammedïa (canton d'El-). 221.
Mohcen (khal. ham.). 21.

Mohelhel (tr. ar.). 14, 255, 201 et s., 204 et s., 299, 305, 313 et s., 315, 356, 387.
Mokaddem (tr. ar.). 12, 61, 120.
Mokhaddeb (el). 80.
Mokhtar (beni), tr. ar. 13, 389.
Moktader (el). 43.
Molab (tr. ar.). 14.
Mondégo (fl. esp.). 43.
Monebbate (tr. ar.). 13, 180, 171, 204, 363.
Montaçar (el) de Tripoli. 18, 36.
Montaçar (el), pr. hafs. 375.
Montaçar (el), pr. mer. 364 à 366.
Montaçar (el), pr. zey. 366 et s., 396 et s.
Montakheb-li-Yahïaï-Dine-Allah (el-), kh. hafs. Voir Abou-Hafs.
Montpellier. 60, 91, 384, 418.
Montpellier (comté de). 210.
Morg'em-ben-Saber. 220.
Moron (Esp.). 6 et s., 28 et s.
Morra (tr. ar.). 11.
Mortafa (tr. ar.). 11.
Morteda (el-) Abou-Ibrahim, khal. almoh. 171 et s., 174 et s., 179 à 181.
Morzouk (Fezzan). 124.
Mostadher (el), khal. abb. 55.
Mostag'anem. 222, 407.
Mostaïn-b'Illah (el). Voir Abou-Zeyane.
Mostaïn (el)-ben-Houd. 60.
Mostancer-b'Illah (el), khal. alm. 139, 143.
Mostancer (el), khal. fâtem. 15 et s.
Mostancer (el) I Abd-Allah, khal. hafs. 172 et s., 176 et s., 179, 182 et s., 194 et s., 205 à 208.
Mostancer-b'Illah (el) le hafside (v. Abou-Hafs).
Mostancer (el) IV (v. Mohammed-Abou-Dorba).
Mota (tr. ar.). 12.
Motacem (el) d'Almeria. 47, 51.
Motacem (el), dernier khal. abbass. 176.
Motacem (el), fils du mer. Abou-Eïnane. 320.
Motaded (el)-ben-Abbad. 5, 28, 43.
Motaded (el)-l'Illah (v. Abou-l'Hacen-Ali-Es-Saïd).
Motamed (el)-Ala-Allah (v. Abou-Farès).

Motamed (el)-ben-Abbad. 43 et s., 46 et s., 50 à 53.
Motamed (el), fils d'Abou-Eïnane. 320.
Mouahedoun (el) Almohâdes.
Mounïed (el), v. Abou-Moussa.
Moulahem-ben-Omar-ben-Abou-l-l'eïl. 264, 272.
Moulaï (Maître). V. le nom qui suit.
Moulouïa (fl.). 4, 34, 62, 140, 167, 176, 188 et s., 276, 327, 332, 355, 358, 389.
Mouça-ben-Ibrahim-el-Irniani, off. hafs. 311, 315.
Mouça-ben-Ikhelef, général zey. 371.
Mouça le Kurde, général zey. 262 et s., 272 à 275.
Mouça, fils d'Abou-Eïnane, sult. mer. 362 à 364.
Mounès-ben-Yahïa, ch. des Riah. 16 et s.
Mountaçar (ou Montaçar) (el), pr. hafs. 356.
Montamen (el), fils d'El-Moktader. 44.
Moussa (beni), tr. ar. 12.
Moussa (tr. ar.). 12.
Moussa (rebelle mer.). 201.
Mouzaïa. 116, 262.
Mozahem (affr. alm.). 181.
Mozarabes (tributaires esp.). 60, 79.
Mozni (beni), dyn. de Biskra. 190, 236, 247, 299, 310 et s.
M'raï (tr. ar.). 14.
Murcie. 44, 50 et s., 90, 96, 108 et s., 144, 148, 158 et s., 167, 193.

N

Nabete (tr. ar.). 11.
Nacer-ben-Atiya, général mer. 299.
Nacer (en-)-li-dine-Allah, sult. mer. (V. Abou-Yakoub).
Nacer (en-), khal. hammad. 8, 27 et s., 35 et s., 53, 98.
Nacer (en)-li-Dine-Allah, khal. alm. (V. Abou-Abd-Allah-Mohammed).
Nacera (tr. ar.). 10 et s., 14, 387.
Naceria (Bougie). 37.
Nacir (page d'El'Ouathek). 220.
Nâdj (en-), historien. 381.
Nadja le Slave. 6.
Nadr (En-), tr. ar. 13.

Nafta (ou Neſta), oasis. 118, 190, 315, 352, 356, 392.
Naïl (tr. ar.). 13, 382.
Naïr (tr. ar.). 14.
Najira (Esp.). 343.
Naples (roy. de). 194, 283, 403, 419.
Narbonne. 60, 418.
Nasah (affr. almoh.). 166.
Navarre. 105, 107, 125, 136, 145, 192, 377, 402.
Navarre (ou Navarro), Pierre de, général esp. 412 et s., 425, 428.
Nedjd (prov. d'Arabie). 9.
Nedroma. 156, 238 et s., 245, 280, 297 et s.
Nefath (tr. ar. des Soléïm). 133.
Neils (ouad). 71.
Neils (ville). 23, 212.
Nefouça (Djebel). 2, 102, 118, 131.
Nefouça (tr. berb.). 188, 386.
Nefta ou Nafta (voir à Nafta).
Nefzaoua (terr. des). 220.
Nefzaoua (tr. berb.). 3, 62, 120, 189, 381, 387.
Negnous (ou Megnous). 28, 117, 183, 382, 388.
Nehel (ouad). 262.
Nekkariens. 232.
Nemamcha (ou Lemamcha), tr. berb. arabisée. 189, 382, 387.
Nemi (O.), tr. ar. 14.
Nevers (prince de). 199.
Nicotera. 42.
Niébla. 28, 90.
Niger. 2, 23 et s.
Nigritie (ou Soudan). 25.
Nil (fl.). 17.
Noire (mer). 404.
Nokour (rivière de). 141.
Nokour (ville). 46.
Normands de Sicile (les). 21 et s., 29 et s., 38 et s., 43, 59 et s., 62.
Noua, tr. ar. 14.
Nouaïl, tr. ar. 13.
Noual, tr. ar. 12.
Nour-ed-Dine, le Turc. 110, 118.
Nuño de Lara. 207.

O

Obba (ville). 19.
Obbad ou Eubbad (el), près Tlemcen. 166.
Obéïd (beni), tr. ar. 13.
Obéïd-Allah (tr. ar.). 13.
Obéïd-Allah (beni), tr. ar. 13, 191, 207, 321, 324, 345 et s., 348, 371, 381, 389.
Océan atlantique. 406.
Omar-ben-Abd-Allah (viz. mer.). 328 et s., 330 à 337.
Omar-ben-Aoukarite. 153 à 157.
Omar-ben-Hamza-ben-Beltil. 302 et s.
Omar-ben-el-Ouzir. 310.
Omar-ben-Messaoud, viz. zey. 316.
Omar-ben-Ouir'ern, des O. Mendil. 240 et s.
Omar-ben-Othmane, cheïkh des Ti-g'rine. 267.
Omar-el-Askri, rebelle maroc. 230.
Omar (le Sid), petit-fils d'Abd-el-Moumene. 123.
Omar, fils d'Abou-l'Hacen. 96, 97.
Omar, fils d'Abou-Yahïa, le mer. 176.
Omar, le khalife d'Orient. 415.
Omaïr, prince zey. 306, 391.
Oporto. 60.
Oran. 3, 77 et s., 94, 280, 290, 297, 299, 324, 327, 366, 380, 399, 407, 414 à 420 et à 425 et s.
Oran (province d'). 103, 130, 209, 382, 429.
Orbos (el) ou Laribus. 19, 35, 264.
Oréto (fl. sic.). 40.
Oroua (tr. ar.). 13, 191, 389.
Osmaïn, pr. de Grenade. 402.
Othamna (O. Othmane), tr. ar. 13, 321.
Othmane I, fond. de la dynastie ottomane. 403.
Othmane I, émir abd-el-ouadite. 219 et s., 223, 226, 228 et s., 231, 234, 237 à 242.
Othmane-Aderg'al, fils du mer. Abd-el-Hakk. 144.
Othmane-ben-Abou l'Ola, pr. mer. 243 et s., 250 et s., 268.
Othmane-ben-Djerrar, chef zey. 295, 297.
Othmane-ben-Seba, cheïkh des Daouaouida. 240, 319.
Othmane-ben-Youssof, cheïkh de Daouaouida. 339 et s.
Othmane, cheïkh Abd-el-Ouadite. 156.
Othmane, dit Ibn-Kadib, fils d'Abou-Yakoub, le mer. 254 et s.

Othmane, fils d'Abou-Tachefine I, pr. zey. 281.
Othmane, fils d'Abou-Debbous l'al-moh. 232, 248.
Othmane, le borgne, fils d'Abd-el-Hakk, ch. mer. 157.
Othon (emp. d'Allemagne). 141 et s.
Otrante. 169.
Ottobone (consul génois). 121.
Ottomans (les). 401.
Ouacine (beni), tr. berb. 3, 21, 62, 76, 132, 139 et s., 189, 282.
Ouad (rivière). Voir au nom qui suit.
Ouad-el-Abid. 151.
Ouad-en-Nadja. 332.
Ouadjdidjene, tr. berb. 4.
Ou-Aggag, le lamti. 23.
Ouanoudine-ben-Khazroun. 4, 24, 34, 35.
Ouarensenis (Djebel). 3, 54, 62, 68, 140, 155, 188 et s., 210, 229 et s., 238, 262, 267, 281, 302 et s., 310 et s., 327, 388, 389.
Ouargla (oasis). 36, 347, 349.
Ouargla (tribu berbère). 3, 62, 100.
Ouar'mert, tr. berb. 4.
Ouatate (territ. de). 327.
Ouathek (el), dit El-Makhloua, khal. hafs. 208 et s., 214 et s., 216, 257.
Ouathek (el), sult. mer. 364 et s., 367 à 369.
Ouchah (oulad), tr. ar. 13.
Oudjda. 46, 165, 173, 202, 258, 260, 280, 291, 298, 308, 321, 370.
Ouédjer (riv.). 146.
Oueddane. 124, 142.
Ouemannou (tr. berb.). 2, 20, 54 et s., 58, 77, 78, 110.
Ouenzemmar-ben-Arif (ch. des nomades arabes). 282 et s., 296 et s., 301 et s., 308 et s., 319, 332, 335, 344 et s., 349, 358, 368.
Ouerd (el) l'Arabe. 20.
Ouerg'a (dans le Rif). 368.
Ouir'lane, le hammad. 53 et s.
Oukab (ou Ougab) (Hisn-el)- nom de la bataille de Las-Navas de Tolosa. 137, 139.
Oulad (enfants). Voir le nom qui suit.
Oulhaça, tr. berb. 3, 180, 198, 381.
Oum-Ahmed (oulad), tr. ar. 14.
Oum-el-Alou. 92.

Oum-er-Rebïa (fl.). 25, 151, 155, 163, 172, 176, 179, 249, 271, 303, 357, 406, 429.
Oum-er-Ridjeleïne. 179.
Oungacene (tr. merinide). 330.
Ourelfene (tr. berb.). 77.
Oureg (riv.). 209.
Ouringol (beni), tr. berb. 67.
Ournid (tr. berb.). 4, 189.
Ourtadjene (tr. merinide). 245.

P

Padilla (L. de). 419.
Padul (près Grenade). 413.
Palerme. 5, 22 et s., 20 et s., 28 et s., 84, 94, 96, 122, 127 et s., 142.
Palestine. 120, 169, 170, 195.
Pantellaria (île de). 12, 59, 169.
Pedro d'Aragon. 193.
Pedro (don), infant de Castille. 212.
Pedro (don), infant de Portugal. 136.
Pedro (don), régent de Castille. 268, 269.
Pedro de Menesès (v. Menesès).
Peñon d'Alger. 426, 429.
Peñon de Velez. 422, 425.
Perès de Guzman. 236.
Perpignan. 232.
Philippe-Auguste. 122, 142.
Philippe de Bourgogne. 410 et s.
Philippe I, de Castille, dit le Cruel. 301, 322, 324 et s., 342 et s.
Philippe III, d'Aragon. 193, 214 et s., 217 et s., 219, 231 et s.
Philippe IV, d'Aragon. 325.
Philippe, général sic. 94.
Philippe le Hardi. 193, 199 et s., 211, 231 et s.
Pierre l'eunuque, amir. sic. 101.
Pisans (les). 7 et s., 39, 42, 60, 105, 111, 121 et s., 177, 209, 374, 383, 418.
Pise. 7 et s., 39, 105, 121, 152, 209, 218, 383 et s., 418.
Porto-Venere. 418.
Portugais. 400 et s., 405 et s., 417 et s., 420, 429.
Portugal. 111, 123, 125, 136, 224, 284, 325, 394 et s., 405 à 429.
Pouille (la). 21, 30, 40, 63, 127, 173, 193.

Prince Noir (le). 312 et s.
Procida (sicilien). 217.
Provençaux (les). 105, 196, 209, 381, 418 et s.
Provence. 102, 418.
Pyrénées (monts). 43, 232.

R

Rabat (ville du Maroc), appelée aussi Rabat-el-Fetah. 127, 172, 201.
Rached, fils d'El-Motamed. 45.
Rached, fils de Thabet-ben-Mendil. 246, 247.
Rached (tr. berb.). 4, 62, 70, 110, 156, 189, 202, 273, 282, 290, 388, 407.
Rached (mont ou Djebel). 4, 5, 35, 62, 140, 191, 345.
Rachgoun. 67.
Rachid-ben-Djama. 86.
R'adamès. 142.
Rafâ-ben-Kacem-ben-Mera. 218.
Rafâ-ben-Kâmel. 59.
Rahho-ben-Mansour, ch. des Kharadj. 346, 348.
Rahma (tr. ar.). 11.
Rameta. 30.
Ramon Carroz. 428.
Ramon-Montaner. 214, 257.
R'anem, fils d'Ibn-Medernich. 110.
Raoul-os-Senadjera. 264.
R'aribou (oasis). 387.
R'assaça (ou R'assassa). 276, 355, 417.
Raymond-Bérenger IV d'Aragon. 107.
Raymond-Bérenger V. 107.
Raymond Lulle. 259.
R'azali (el). 52.
R'azi, le Sanhadjien. 117.
Reba (oasis). 345.
Rebîa (Makil). 56.
Rédemption (ordre de la). 193.
Redjelane (tr. ar.). 11.
Redouane (aff. de Grenade). 322 et s.
Reggio (Italie). 30 et s., 42.
Regraga (tr. berb.). 89, 181.
Remel (ouad). 117.
R'erara (ou Gherara (droit du sac). 191, 380.
R'eris (ou Gheris). 273.

Resentadores. 193.
Rhodes (île de). 426.
R'iah (tr. ar.). 10 et s., 17 et s., 20, 28, 35 et s., 57 et s., 61, 88, 93, 90, 103 et s., 108, 110, 118, 120 et s., 129 et s., 133 et s., 141, 157, 158, 160, 182 et s., 190, 191, 221, 247, 258, 262, 298, 339, 345, 346, 373, 388.
Riah-ben-Yahîa (Soleïm), tr. ar. 11.
Rins. 275.
Ribat (couvent). 24.
Richard-Cœur-de-Lion. 122.
Rif (ou pays des R'omara). 34, 45 et s., 70, 100, 140, 189, 213, 249, 355, 361, 368.
Rio-Salado (Esp.), bataille de. 284, 288.
Rio-Verde (bat. de). 416.
Rir (ouad). 62, 190, 236, 283, 318, 388.
Rir'a, tr. berb. 3, 388.
R'irane (el), mont. 371.
Robert Wiscard. 22 et s., 29 et s., 39 et s.
R'ocel (tr. ar.). 13, 321.
Rodrigue le Campéador (le Cid). 50, 56.
R'ofeïr (tr. ar.). 12.
Roger I, de Sicile. 21, 29 et s., 41, 62, 63.
Roger II, de Sicile. 59, 63 et s., 73, 84 et s., 102, 122.
Roger d'Elf'Orin. 232, 247.
Roger, fils de Robert. 41, 63, 94.
Rois catholiques (les). 410 et s., 411 et s.
Rokaïtate (tr. ar.). 13, 389.
R'oïout (tr. ar.). 12.
Romaïkîa. 53.
R'omara (pays des). 34, 156, 201, 237, 246, 250.
R'omara (tribu). 108, 109, 206, 243, 322, 364.
Rome. 41, 142, 169, 194.
R'omert (pays). 119.
R'omert, trib. berb. 36.
Rostemides. 3.
Rouaha, tr. ar. 386.
Roummane (Beni) de Biskra. 236.
Roussillon. 210, 236.
R'ozz (archers). 107.

S

Saad (tr. ar.). 12.
Saada (affr. zey.). 370.
Saada (l'eunuque). 245.
Saada (réform. sonnite). 247.
Sabah (Sobha), tr. ar. 11.
Sadina, tr. berb. 33.
Safi (ville du Mag'reb). 428.
Safiha (mont. dans les R'omara). 322. 368.
Safir (ouad). 34.
Saguiet-el-Hamra (prov. de Deran). 382.
Sahara. 4 et s., 23 et s., 32 et s., 117, 133, 147, 190, 354, 388, 392.
Sahari (tr. ar.), 13, 382.
Sahel (ouad). 190, 240, 267.
Saïd (haute Égypte). 9.
Saïd (tr. ar.). 12, 310, 381 et s., 388.
Saïd (Abou-l'Hassen-Ali-Es-). khal. alm. 102 et s.
Saïd (Moulaï), émir zey. 392. 395.
Saïd (Moulaï), sult. mer. 400.
Saïd (Moulaï), sult. mer. 428.
Saïd (prince mer.). 395.
Saïd-ben-Mouça, le Kurde. 304 et s.
Saint-Ange (château de). 41.
Saint-Jean d'Acre. 122.
Saint-Siège. 7 et s., 53, 127, 152, 194 et s., 217 et s., 232.
Sakher (O.), tr. ar. 13.
Sakil (tr. ar.). 13.
Salah, caïd mer. 394.
Salah-ben-Amrane (général alm.). 45.
Salah-ben-Hammou (général mer.). 377.
Salah-ben-Tarif. 26.
Saladin (Salah-ed-Dine). 108, 118 et s., 123, 176.
Salamanque. 26.
Saldoe (Bougie). 37.
Salé. 4, 7, 73, 81, 89, 91, 104, 106, 110, 120, 127, 157, 171 et s., 174, 176, 178, 250.
Salem (tr. ar.). 13, 186.
Salem-ben-Brahim, ch. des Thâaleba. 349, 354.
Salem-et-Toumi, cheïkh des Thaaleba. 425.
Salerne. 41.
Saltès (Esp.). 28.

Salvatierra (Esp.). 136.
Samuel Halévy. 6.
Sancho de Castille. 107.
Sancho IV de Castille. 207, 211, 215 et s., 223, 225, 227 et s., 235 et s.
Sancho V de Navarre. 107.
Sancho II de Portugal. 151, 162.
Saneg (sur le Chelif). 389.
Sanhadja (tr. berb.). 2, 18 et s., 35 et s., 61, 78, 155, 187, 189, 206, 220, 256, 258, 311, 319, 388, 400.
Sanhadja au lithâm. 2, 4, 23 et s., 32 et s., 190.
Sanhaga. Voir Zenaga.
San-Lucar. 419.
Santa-Cruz (colonie portug. au Mag'reb). 428.
Santa-Fé (près Grenade). 413.
Santa-Maria (Esp.). 28.
Santarem (Esp.). 52, 60, 112, 114.
Saoula (tr. ar.). 12, 381.
Saoula-ben-Khaled. 375.
Saragosse. 7 et s., 20, 43 et s., 47 et s., 55, 60, 90.
Sardaigne. 7 et s.
Sebâ (O.), tr. ar. des Daouaouida. 12, 278, 327.
Sebâ-ben-Menar'fad (chef des R'omara). 108 et s.
Seb'eïn (tr. ar.). 12.
Sebiba. 35.
Sebou (fl.). 163.
Sedouïkch, tr. berb. 3, 189, 198, 221, 227, 240, 311, 314 et s., 328 et s., 382, 387.
Sedrata (tr. berb.). 34.
Seggout-el-Berg'ouati. 34, 45.
Séguin J., chef des cavaliers arag. 271.
Seïf-ed-Daoula. 90.
Sekeioua (tr. berb.). 312.
Selama (oulad), tr. berb. des Toudjine. 238 et s.
Selite (Ouad). 175.
Sénégal (fl.). 25.
Seressou (plateau de). 189 et s., 229, 249, 301, 310 et s., 389.
Serhane (ou Serhana), tr. ar. 11.
Serour (O.), tr. ar. 11.
Servand (prêtre). 8, 53.
Setif. 3, 93 et s., 116, 189, 227, 382.
Séville. 5 et s., 28 et s., 43 et s., 46

et s., 52 et s., 74, 76, 90 et s., 99, 109 et s., 111, 114, 124 et s., 127, 135, 138, 148, 157, 162, 168, 207, 227, 411.

Sfakx. 35, 57, 87 et s., 96, 102, 221, 383, 408.

Sicile. 4, 7 et s., 21 et s., 29 et s., 38 et s., 62 et s., 84 et s., 94 et s., 101, 108 et s., 110, 122, 127 et s., 144 et s., 168 et s., 173, 194 et s., 199 et s., 219, 232, 257, 283, 373, 376, 383, 386, 392, 398, 418, 425.

Siciles (royaume des deux). 194 et s., 217 et s., 401, 403.

Siciliens (les). 374, 378.

Sidi-Bou-Medine (mosquée à Tlemcen). 328.

Sidi-Okba (oasis). 291.

Sidjilmassa (Tafilala). 2, 4, 23 et s., 34 et s., 80, 89, 132, 147 et s., 151, 155 et s., 162 et s., 175 et s., 180 et s., 184 et s., 191, 203, 206, 220, 230, 261, 270 et s., 277, 279, 303, 331 et s., 338 et s., 358 et s., 400.

Sid-Yahïa, gouv. de Baëza. 112.

Sierra-Morena. 137.

Sierra-Nevada. 110, 112.

Sikka-Vénéria. 102 (voir Chekbenaria).

Silves. 28, 123.

Simon, fils de Roger I de Sicile. 63.

Simsam (Sic.). 5.

Sinane (O.), tr. ar. 13.

Sinber (tr. ar.). 12.

Sindjas (tr. berb.). 4, 199, 388.

Sir-ben-Abou-Beker (général alm.). 47 et s., 52, 60.

Sir-ben-R'ania. 133.

Sirat (mont. et plaine de). 77, 340, 389.

Slimane (Oulad), tr. ar. 12.

Slimane (tr. ar. des Soleïm). 13, 387.

Slimane-ben-Daoud, viz. mer. 317 et s., 320, 322, 329.

Snous (beni), tr. berb. 78, 275.

Sobha (tr. ar.). 13, 186.

Sollane (tr. ar.). 12, 145, 147, 149, 153, 155 et s., 162 et s., 166 et s., 171 et s., 178 et s., 185 et s., 191, 212, 339.

Soleïm-ben-Mansour (tr. ar. de). 8 et s., 13, 17, 36 et s., 61 et s., 118 et s., 123, 160, 199, 205, 334, 382, 386.

Soleïmides (les). 9 et pas., 174, 182, 225, 230, 248, 263, 292, 381.

Soleïssel-ben-el-Ahmar. 54.

Sonnites (doctrine des). 247.

Sort (ville). 17, 131.

Soumbe (maison de). 194, 205.

Souça (ville). 35, 87 et s., 101, 108, 199, 221, 280, 294, 352, 356.

Soudan. 23 et s., 287, 348.

Souéïd (tr. ar.). 12, 161, 218, 282, 296 et s., 298 et s., 301 et s., 304, 319, 332 et s., 338, 344 et s., 349 et s., 353 et s., 366, 370, 381, 389.

Soumam (l'ouâd Sahel à son embouchure). 277, 427 et s.

Soura, fille de Youssof b. Tachefine. 68.

Soura (O.), tr. ar. 14.

Sous (comprenant le Sous-el-Adna et le Sous-el-Akça). 4, 25 et s., 70, 80, 105, 174, 178 et s., 182, 184, 190 et s., 200, 270, 340, 389, 428.

Sr'eïr-ben-Amer, ch. des Amer. 319.

Stora. 419.

Syracuse. 29, 41, 64.

Syrie. 9, 123.

Syrtes (golfe des). 61.

T

Taber (tribu kurde). 178.

Tachefine-ben-Makhoukh. 78.

Tachefine-ben-Tinâmer. 56 et s.

Tachefine (Ibn-), v. Youssof-ben-.

Tachefine-ben-Makhoukh. 78.

Tachefine-ben-Tinâmer. 56 et suiv.

Tachefine, fils Ali, khal. almor. 71, 75 et s., 79, 83.

Tachefine (Abou-Omar), fils du sult. mer. Abou-l'Hacen. 279, 312, 328, 330, 341.

Tadjehammoumt. 306, 377.

Tadjera (Djebel). 131.

Tafercite (ville du Maroc). 177.

Taferguinte. 231.

Tafna (riv.). 216.

Tafrata (plaine de). 115.

Tage. 112.

Tagliagozzo (bat. de). 194.

Tagraret. 46.
Tagraret (ou Tagger) (Akbou). 240, 262.
Tahar-ben-Kebbab. 78.
Taki-ed-Dîne (le Turc). 418.
Talcha (prince mer.). 230.
Talcha (prince mer.). 322.
Tameskroute (mont. des Hentata). 340.
Tamesna (ou Temesna) (prov. de). 20, 120, 182, 189, 191, 212, 289.
Tamzezdekt, près de Bougie. 273, 275 et s., 277 et s.
Tamzezdekt, près d'Oudjda. 165 et s.
Tancrède (de Sicile). 122, 127.
Tanger. 4, 6, 7, 34 et s., 45 et s., 53, 145, 164, 172, 203, 206, 211, 213 et s., 250, 276, 322, 350, 368, 369, 400 et s., 417 et s.
Taount (fort.). 230.
Taormina. 41.
Taourirt. 237.
Taourirt sur le Za. 279.
Taour'zoute. 229, 338.
Taref (Oulad) ou Mabed (tr. ar.). 13.
Tarifa. 44, 52, 91, 148, 206, 211, 228, 236, 284 et s., 409.
Targa (tr. berb.). 4.
Targa (ville). 417.
Taroudent. 25, 182.
Tasekdelt. 238.
Tatars (les). 176, 178, 195.
Taza (ou Thaza). 119, 140, 156, 158, 163, 165, 172, 177, 215, 243, 254, 260 et s., 296, 330, 345, 348, 350, 355 et s., 362, 368, 371, 376.
Tazouta (près Fès). 141.
Tazzoult. 331.
Tebbane (O.), tr. ar. 11.
Tebessa. 3, 93, 130, 132, 190, 225, 381 et s.
Tedla. 25, 75, 323.
Tejada (Esp.). 145.
Tel. Passim.
Telar', près Tlemcen. 185.
Temesna (tr. ar.). 89.
Telilane (beni). 257.
Temim, de Malaga. 47, 51 à 53.
Temim, fils d'El-Moëzz, le ziride. 28 et s., 35 et s., 38 et s., 42, 54 à 57, 97.
Temim, fils de Moannecer, le Ma-g'raouien. 34.

Temim, fils de Youssof-ben-Tache-fine. 60.
Templiers (les). 253.
Tendella (comte de). 419.
Ténès. 3, 54, 155, 180, 204, 210, 220, 237, 240, 252, 280, 304, 310 et s., 388, 400, 407.
Tennouna (oasis). 387.
Tensift (Ouad). 33.
Terre-Sainte (la). 123, 168, 195.
Tessala. 27, 56, 278, 290 et s.
Tetouane. 120, 250, 308, 393, 423, 417 et s.
Thâaleba (tr. ar.). 13, 38, 62, 68, 191, 220, 258, 240 et s., 258, 300, 304, 347, 349, 354, 381, 388, 400, 426.
Thabet-ben-Mendil (le Mag'r.). 204, 219, 237 et s., 240.
Thabet (beni), tr. berb. 258.
Thaza. V. Taza.
Theniya (col au sud de Tunis). 293.
Tigourarine (oasis). 347 et s.
Tig'rine (b.), tr. berb. 202, 267, 388.
Tiharet. 3, 20, 55, 132, 140, 407.
Tiklate. 273, 311.
Timour. 393, 404.
Tine-Mellal (mont.). 71 et s., 74 et s., 79, 105, 112, 148, 207.
Tine-Mellal (tr. berb.). 70, 112, 116, 149, 154, 186.
Tin'amrine. 301.
Tisekht (dans le Sous). 182.
Titeri (mont. de). 191, 220, 304, 336, 339, 345 et s., 354, 366, 389.
Tlemcen. 3, 4, 21, 27, 45 et s., 54 et s., 62, 67, 77 et s., 91, 95, 116, 132, 140, 150, 156 et s., 160 et s., 165 et s., 214 et s., 219 et s., 222 et s., 226, 230, 234 et s., 237 et s., 243 et s., 248 et s., 254 et s., 262 et s., 266 et s., 272 et s., 276 et s., 281 et s., 290, 295 et s., 299 et s., 307 et s., 311 et s., 318 et s., 321, 324, 326 et s., 330, 332 et s., 335 et s., 344, et s., 348 et s., 355 et s., 358 et s., 363 et s., 366 et s., 370 et s., 376 et s., 381, 389, 391 et s., 395, 397, 400, 407, 414, 419 et s., 423 et s.
Tolba (disciples du Mehdi). 70, 74.
Tolga (oasis). 316.
Toro (bat. de). 409.

Touareg (berb. du Sud). 23, 386.
Touba (tr. ar.). 11.
Toudjine (beni), tr. berb. 4, 37, 62,
   76, 79, 110, 120, 125, 140, 146,
   155, 160, 163, 173, 177 et s., 183 et
   s., 188 et s., 191, 197, 202, 204, 206
   et s., 215 et s., 220 et s., 238 et s.,
   248, 258 et s., 267, 273, 281 et s.,
   293 et s., 297 et s., 301 et s., 310
   et s., 327 et s., 338 et s.
Touggourt. 285.
Toukal (dans l'Ouarensenis). 267.
Touzer (oasis du Djerid). 117, 118 et
   s., 190, 220, 292, 315, 352, 354, 356,
   365, 375, 392.
Trajana (Sic.). 38.
Trapani (Sic.). 41, 219.
Tripoli. 2, 15, 17, 20 et s., 26 et s.,
   61, 66, 85, 88, 102, 118 et s., 124,
   130 et s., 146, 160, 188, 190, 220 et
   s., 232, 248, 256, 265 et s., 273,
   287, 313, 345, 333, 352 et s., 356 et
   s., 376, 383, 386 et s., 392, 418 et s.,
   425 et s., 429.
Tripoli (prov. de). 219 et s.
Tripolitaine. 2, 17 et s., 62, 118 et s.,
   147, 159, 188, 190 et s., 230, 232,
   268, 271 et s., 294 et s., 352 et s.,
   382, 386 et s.
Troud (tr. ar.). 10 et s., 14, 387.
Tunis. 3 et s., 7, 28, 88, 100, 111, 119,
   124, 129 et s., 142 et s., 145, 147 et
   s., 155 et s., 159 et s., 163, 167,
   172 et s., 176 et s., 179 et s., 182
   et s., 188, 194 et s., 199 et s., 202
   et s., 204, 208 et s., 214 et s., 219
   et s., 225 et s., 229 et s., 246 et s.,
   255 et s., 263 et s., 271 et s., 278 et
   s., 287, 291, 296, 300, 305, 310 et s.,
   316, 318 et s., 327 et s., 331, 333 et
   s., 341 et s., 352 et s., 356 et s.,
   364 et s., 372 et s., 375 et s., 381
   et s., 388 et s., 392 et s., 398, 402,
   408, 415, 418, 426 et s.
Tunisie. 2, 10, 15 et s., 28 et s., 35
   et s., 57 et s., 61 et s., 96 et s.
   103, 117 et s., 120 et s., 130 et s.,
   155 et s., 182 et s., 189 et s., 195
   et s., 214 et s., 226 et s., 268, 288 et
   s., 291 et s., 316 et s., 356 et s.,
   380, 382, 387, 399.
Tunisiens (les). 255, 317.

Turcs (les). 110, 187, 193, 394, 403,
   405, 409, 417, 427, 420.
Turkestan. 103.

U

Ubeda (Esp.). 76, 136.
Urbain IV (pape). 194.

V

Val Demone (Sic.). 30, 41 et s.
Val-di-Nota (Sic.). 41.
Valence. 6 et s., 43 et s., 50 et s., 55
   et s., 71, 90, 100, 158 et s., 167,
   192, 209, 232.
Velez (Esp.). 412.
Velez (du Magreb). 417 et s.
Vianelli (Geronimo). 420, 424.
Venise. 7 et s., 152, 200, 376, 383,
   386, 418 et s.
Vénitiens. 105, 209, 374, 417 et s.
Vêpres Siciliennes. 218.
Viseu (Esp.). 20.
Volontaires de la foi (les). 201, 280,
   350.

X

Xativa (Esp.). 52, 167.
Xerès (Esp.). 28, 76, 91, 224, 227 et s.

Y

Yabache (ouâd). 163.
Yahïa-ben-Ibrahim, le lemtounien,
   23.
Yahïa-ben-Meïmoun (général mer.).
   315.
Yahïa-ben-Moussa, général zey. 275
   et s., 281.
Yahïa-ben-Omar, le lemt. 24 et s.
Yahïa-ben-Ouanoudine, général alm.
   179 et s., 182.
Yahïa-ben-Rahho, général mer. 316,
   320 et s.
Yahïa-ben-R'anïa (chef de la famille).
   89 et s., 115.
Yahïa-ben-R'anïa (fils de Yahïa). 115

et s., 121 et s., 123 et s., 129 et s., 142 et s., 146 et s., 150 à 155.
Yahïa-ben-Sebâ (tr. ar. des Daou-aouïda). 328, 345.
Yahïa-ben-Slimane, général mer. 281.
Yahïa-ben-Tafout. 428.
Yahïa-ben-Yar'mor. 80.
Yahïa-ben-Yemloul. 357, 365, 375.
Yahïa-es-Saharaoui (général almor. 80, 89.
Yahïa, fils d'El-Aziz, le ham. 59 et s., 78, 88, 92, 98.
Yahïa, fils d'En-Nacer (El-Motacem-l'Illah), khal. alm. 147 et s., 150, 153 à 156.
Yahïa, fils du hafside El-Mostancer (V. El-Ouathek).
Yahïa, fils de Temim, le ziride, 57 et s., 97.
Yahïa, fils d'Yar'moracene. 180, 184.
Yahïa, l'Edriside. 5.
Yahïa le Hammoudite. 6.
Yaïche, pr. mer. 260.
Yaïche, pr. mer. 321.
Yakdane (tr. ar.). 13.
Yakouta (el). 277.
Yakoub (beni), tr. ar. 12, 180.
Yakoub (Oulad), tr. ar. 13.
Yakoub-ben-Abd-Allah. 177.
Yakoub-ben-Ali, cheïkh des Daou-aouida. 298, 316, 318, 339, 372.
Yakoub-ben-Djermoun. 171 et s.
Yakoub-ben-Kanoun-ben-Djermoun. 171.
Yakoub-ben-Khalouf-el-Mezouar. 255.
Yakoub, pr. mer. 395.
Yala (beni), tr. berb. 4, 21.
Yar'moracene-ben-Hammama, général zey. 204.
Yar'moracene-ben-Zeyane, émir zey. 156 et s., 160 et s., 163, 166 et s., 173 et s., 177 et s., 180 et s., 184 et s., 188, 201, 204, 206 et s., 212 et s., 214 et s., 219, 222, 223, 389.
Yas (el). 426.
Yazouri (el). V. Hacen-ben-Ali.
Yetama (tr. ar.). 11.
Yezid (tr. ar. des Zorba). 12, 190, 331, 335.
Yezid (beni), tr. ar. des Soleïm. 13, 386.
Yolande (femme de l'emp. Frédéric). 169.

Youçof-ben-Ali, ch. des Hoseïn. 350.
Youçof-ben-Mozni. 316, 317.
Youçof (O.), tr. ar. 12.
Youçof (O.), tr. berb. des Sedouïkeh. 312.
Younos. 4.
Younos, le hafside. 129.
Youssof (affr. des B. Djama). 86 et s.
Youssof-ben-Abd-el-Moumene, sar. Ech. Cheffane. 166.
Youssof-ben-Ali, ch. des Hentata. 146.
Youssof-ben-bou-Aïad, pr. mer. 249.
Youssof-ben-R'albonn-el-Haouri, général zey. 259.
Youssof-ben-Kades, général alm. 137.
Youssof I ben-L'Ahmar, de Grenade. 280.
Youssof II ben-L'Ahmar. 378, 390 et s.
Youssof III ben-L'Ahmar. 393 et s., 402.
Youssof-ben-Makhlouf (général alm.). 81.
Youssof-ben-Ouanoudine (général alm.). 80.
Youssof-ben-R'anem, ch. des Makil. 368.
Youssof-ben-Slimane (disciple du Mehdi). 104.
Youssof-ben-Tachefine (khal. almor.). 26 et s., 32 et s., 45 et s., 47 et s., 54 et s., 57, 83, 105.
Youssof (ch. des Toudjine). 262.
Youssof-el-Djochemi, viz. mer. 249.
Youssof-el-Mostancer, khal. alm. 139, 187.
Youssof (prétendant). 402.

Z

Za (riv.). 62, 237, 370, 389.
Zab. 20, 35, 37 et s., 62, 77, 93, 143, 182, 190, 236, 247, 283, 288, 310, 318, 345, 365, 372 et s., 375, 380, 387, 388.
Zahara (Esp.). 410.
Zaher (mont. des B.-Zenacen). 178.
Zakaria, frère du hafside Abou-l'Abbas. 375.
Zanaga. V. Zenaga.

INDEX DES NOMS PROPRES

Zegdane, fils de Zeyane-ben-Thabet, ch. abd-el-ouadite. 150.
Zelfoun (ou Azelfoun). 258 et s.
Zélad (tr. ar.). 14.
Zeïneb, la nefzaouienne. 25 et s., 32 et s.
Zeïneb, sœur du mehdi. 75.
Zekkate (impôt). 392.
Zekrir (O.), tr. ar. 11.
Zellaka (bat. de). 46.
Zenaga, Zanaga ou Sanhaga, tr. berb. 182, 185, 189, 201, 234, 330.
Zendak (tr. berb.). 388.
Zenetes ou Zenata, tr. berb. 2, 19, 33, 35, 62, 70, 99, 110, 150 et s., 156 et s., 172, 187 et s., 197, 200, 215, 220, 238, 248, 273, 290, 335, 344, 387.
Zeraïa (près de Tobna). 183.
Zerhoun (mont.). 351.
Zeyane (dyn. des beni), zeyanites ou abd-el-ouadites. 188 et s., 223, 238, 244 et s., 258 et s., 273 et s., 278 et s., 282, 300.

Zeyane-ben-Thabet (ch. abd-el-ouadite). 150.
Zïane-ben-Merdeniche. 150.
Ziane (Beni), tr. ar. 13.
Zir'b (tr. ar.). 13, 133.
Ziri-ben-Atiya (descendants de). 27.
Zirides (dyn.). 3, 42, 63, 87, 88.
Zirides de Grenade. 6.
Zirem-ben-Hammad (de Brechk). 252.
Zobéïr (b.), tr. ar. 11.
Zohéïr, d'Almeria. 6.
Zor'ba (tr. ar.). 10 et s., 12, 17 et s., 20 et s., 28, 35, 37, 56 et s., 62, 93 et s., 104, 108, 110, 119, 125, 140, 177 et s., 190 et s., 202, 215, 217 et s., 262 et s., 296 et s., 304 et s., 310 et s., 318, 326 et s., 333, 339, 348, 353, 388, 389, 400.
Zor'li (tr. ar.). 12.
Zouaoua (tr. berb.). 3, 37, 189, 206, 300, 310, 388.
Zouar'a (tr. berb). 33, 188, 389.
Zouila (faubourg d'El-Mehdïa). 42, 96, 97, 101, 108.
Zueur (l'île de). 159.

Chartres. — Imp. Durand, rue Fulbert.

ERNEST LEROUX, ÉDITEUR
Rue Bonaparte, 23

M. BOMPARD
ANCIEN SECRÉTAIRE GÉNÉRAL DU GOUVERNEMENT TUNISIEN

LÉGISLATION DE LA TUNISIE

Recueil des lois, décrets et règlements en vigueur dans la Régence de Tunis
Un fort volume grand in-8 à 2 colonnes. . . . . 20 fr.

H. D. DE GRAMMONT

HISTOIRE D'ALGER

SOUS LA DOMINATION TURQUE (1515-1830)

Un volume in-8. . . . . 8 fr.

GÉNÉRAL PHILEBERT

SAHARA ET SOUDAN

Un beau volume richement illustré (*sous presse*). . . . . 10 fr.

COMTE DE SAINT-PHALLE

LA VITICULTURE ET LA VINIFICATION
EN ALGÉRIE

Un volume in-8 illustré . . . . 5 fr.

A. LE CHATELIER

L'ISLAM AU XIXᵉ SIÈCLE

In-18 elzévir . . . . 2 fr. 50

LES CONFRÉRIES MUSULMANES DU HEDJAZ

In-18 . . . . 5 fr.

A. HEINRICH

HISTOIRE DE LA LITTÉRATURE ALLEMANDE

3 volumes in-8 . . . . à 7 fr. 50

Chartres. — Imprimerie DURAND, rue Fulbert.

www.ingramcontent.com/pod-product-compliance
Lightning Source LLC
Chambersburg PA
CBHW051617230426
43669CB00013B/2076